Über dieses Buch

Seit zehn Jahren ist diese Geschichte der Weltliteratur
das Standardwerk für jeden, der sich – vor den vielbändigen
Literaturgeschichten entmutigt – mit Hilfe von großen, klärenden
Zusammenfassungen einen Überblick über diesen gewaltigen
Stoff verschaffen will. Ungezählte Leser haben hier erfahren, wie
ihnen die Darstellungskunst des Verfassers Epochen und
Gestalten der Weltliteratur plötzlich lebendig werden läßt, wie
Zusammenhänge sichtbar werden, ungeahnte Reichtümer sich
auftun und Wege, sie zu erschließen. Ein kluges Vorwort definiert
den Begriff der Weltliteratur und gibt einen Einblick in die
Probleme und Grundfragen der Literatur-Geschichtsschreibung.

«Nationale Literatur will jetzt nicht viel sagen, die Epoche der
Weltliteratur ist an der Zeit», konstatierte schon Goethe, und
seitdem hat Literatur von Weltrang und Weltwirkung aus den
fernsten Ländern der Erde für uns eine ungeahnte Nähe
gewonnen. Daraus ergeben sich neue Kenntnisse und Erkenntnisse,
neue Einblicke auch in die weltweite Gemeinsamkeit
der großen menschlichen Grundthemen. Diese Weltgeschichte
der Dichtung aller Zeiten und Völker, für einen breiten Leserkreis
bestimmt, ist ein Handbuch im besten Sinne.

D1620593

September 1963
Vollständige Textausgabe
© 1953 by Droemersche Verlagsanstalt Th. Knaur Nachf.
München/Zürich
Graphische Ausstattung Hermann Rastorfer
Satz und Druck Süddeutsche Verlagsanstalt
und Druckerei GmbH Ludwigsburg
Einband Verlagsbuchbinderei Hans Klotz Augsburg
Printed in Germany

Erwin Laaths:
Geschichte der Weltliteratur

Band 2

KNAUR

Inhalt

Der englische und der französische Geist im Zeitalter der
Aufklärung   7

Wegbereiter der modernen Subjektivität 39

Die deutsche Vorklassik 65

Die deutsche Hochklassik 91
Goethe 91
Schiller, Jean Paul, Hölderlin 123

Die Romantik 154
Die deutsche Romantik und die Epigonen der Klassiker 154
Romantische Literatur außerhalb Deutschlands 185

Vom Realismus zum Naturalismus 225
Französische und angelsächsische Romanciers 225
Poetischer Realismus in Deutschland 248

Erneuerung der Dichtung in Frankreich und England 267

Die skandinavische Moderne 282

Die russische Literatur des 19. Jahrhunderts 291

Literatur um die Jahrhundertwende 317
Literatur des Auslandes 317

Deutsche Literatur um die Jahrhundertwende 371

Ausblicke 408

Personen- und Sachregister 443

Das 17. Jahrhundert vollendete den Triumph des Barocks; als es sich seinem Ende zuneigte, war die innere Auflösung seines prunkvollen Weltgebäudes bereits zu erkennen. Seine geistesklare Form hatte Frankreich hervorgebracht; in dieser Metamorphose waren die nationalen Eigentümlichkeiten so weitgehend ins Regelhaft-Allgemeine sublimiert, daß der französische Stil den anderen Völkern Europas entgegenkam. Wie er überall das gesellschaftliche Leben als Absolutismus und Merkantilismus bestimmte, so fand insbesondere seine rationalistische Energie infolge ihrer allgemein anwendbaren abstrakten Methode ein breites Wirkungsfeld. Neben der ohnehin vom volkheitlichen Leben international abtrennbaren Philosophie wurde die theoretische Ästhetik der Franzosen zum mondänen System der Kritiker. Es liegt in der Natur der Sache, daß die Gesetze der Klassizität ehestens für die dramatische Literatur anerkannt wurden: die Theater waren ja meist protegierte Unternehmungen der Fürsten, die Aristokratie gab den Ton an – und in Fragen des Geschmacks glich sich diese Oberschicht in allen großen und kleinen Staaten. Auch andere Literaturgattungen suchte man dem französischen Kodex anzupassen, und es kam zu den wunderlichsten Nachahmungen, wie etwa in Rußland, wo sich eine nur oberflächlich zivilisierte Hofgesellschaft in nüchternen Stunden «à la française» zu unterhalten bemühte. So kraß war freilich der Unterschied zwischen der Literaturmode und den wirklich zu neuen, eigentümlichen Schöpfungen drängenden Kräften im abendländischen Kulturkreis nicht; immerhin divergierten das aristokratisch-offizielle und das national-selbständige Schrifttum doch so stark, daß ein Ausgleich wie in der italienischen Frührenaissance kaum noch möglich war. Auf die Dauer mußten freilich die nach den Regeln hergestellten Literaturwerke in dem Maße dünnblütiger geraten, als die seelischen Gehalte verblaßten und immer unverbindlicher wurden. Die großen Philosophien wichen bequem-verständlichen Gemeinplätzen; die ratio verwandelte sich zum behenden Esprit; das Ethos schwächte sich ab zur Moral; der Schönheit folgte die Gefälligkeit. Die interessanteste und fruchtbarste Neben-, zum Teil auch Gegenbewegung zur französischen Klassizität bietet die Geistesgeschichte Englands seit der zweiten Hälfte des 17. Jahrhunderts.

Der monarchische Absolutismus in Frankreich war das gegebene

Vorbild für die englische Restauration nach dem Sturze der Puritaner. Hof und Aristokratie des Inselreichs orientierten sich an Versailles; der französische Literaturgeschmack war maßgeblich für den schöngeistigen Zeitvertreib der höheren Stände. Die Theater öffneten wieder ihre Pforten; zum ersten Male traten Schauspielerinnen auf – die vornehme Jugend witterte pikante Abenteuer. Man besuchte die Aufführungen «heroischer» Dramen, in denen noch ein untergründiges Beben der Shakespearezeit nachgrollte, obwohl man Handlung und Personen der neuen Stücke barock ins Außergewöhnliche gesteigert, den Blankvers durch gereimte Diktion ersetzt hatte und vor allem die Liebe feiern wollte. Diese Dramatik ist untergegangen – und nur ein zum Großen berufenes Talent, Thomas Otway, 1652–1685, wirft noch den Flammenschein des Genies über die Zeiten hinaus. Otway, ein tief unglücklicher, leidzerrissener Mensch, erinnert an die Mitgenossen Shakespeares; seinen bedeutendsten Wurf, die Tragödie *Das gerettete Venedig*, erneuerte Hugo v. Hofmannsthal in einer frei bearbeiteten Nachdichtung. Die Theatergeschichte verzeichnet neben den «heroischen» Dramen das rasch emporschießende Sittendrama, dessen Sphäre vom Adel bis zum Bürgertum reicht, oftmals einen snobistischen Müßiggang vorführt, gelegentlich noch erwärmt von der Lebensfreude des «alten lustigen England». In seinen besseren Erzeugnissen glich sich das Sittendrama der Forderung nach Korrektheit und Eleganz an, die der literarische Wortführer John Dryden, 1637–1700, erhoben hatte. Er ist der englische Boileau: sein Ideal von guter Prosa ist die rationale Klarheit, die Poesie solle das Großartige maßvoll bringen, genaue Regeln die rechte Form ermöglichen. In seiner eigenen Produktion, für die später Lord Byron nur höhnische Verachtung äußerte, überschritt Dryden häufig diese theoretischen Gesetze; weder seine Lyrik noch seine Satiren hätten den angestrebten Klassizismus in England begründen können, wäre er nicht als Kritiker eine wirkliche Macht gewesen. Seither beobachtet man eine permanente Zweigleisigkeit im englischen Schrifttum, die ihre Entsprechungen in der Architektur und auch im Sozialen findet: die Aristokratie bevorzugt klassizistische Kulturformen, sie bewohnt Paläste im Stile Palladios – das Bürgertum, ein für allemal durch den Puritanismus moralisch determiniert, pocht auf Tugendhaftigkeit und Besitz, in der Öffentlichkeit erstrebt es vor allem Kredit und Reputation, im häuslichen Familienleben entfaltet es ein Patriarchat, gemildert durch weibliche Empfindsamkeit. In allen Ständen aber gibt es «insulare» Charaktere: Individualitäten, deren Steckenpferde, hobbies, geduldet, ja anerkannt werden – solange sich nicht andere Menschen danach richten sollen. Bald wird der zu Anfang des 18. Jahrhunderts aufkommende Roman eine bis zur Gegenwart nicht abreißende Kette von Porträts solcher Käuze und Sonderlinge festhalten.

Während aus der englischen Bürgerlichkeit allmählich neue literarische Formen aufsteigen, bleibt der aristokratische Klassizismus mit ganz geringen Ausnahmen unfruchtbar. Erst im Übergang zum Rokoko tritt eine repräsentative Erscheinung auf: Alexander Pope, 1688–1744. Körperlich war der verkrüppelte, bucklige Zwerg alles andere als eine Persönlichkeit; aber der Ehrgeiz dieses ebenso empfindlich-empfindsamen wie anspruchsvollen Gnoms verschaffte sich überall Gehör. Eigentlich ein bürgerliches Naturell, verlangte er nach dem Noblen und Majestätischen; in diesem Sinne übertrug er Ilias und Odyssee, schrieb er seine Essays, oktroyierte er aller Welt die Maßstäbe des Urteils. Pope selbst erklärte als sein Meisterwerk das kleine parodistische «Helden»-Epos *Der Lockenraub*, und die Nachwelt hat einhellig zugestimmt; selbst in Frankreich, wo doch dergleichen seit langem Mode war, sucht man vergeblich nach einem Kunstwerk, das in seiner Art so vollendet ist wie Popes Gedicht. Es behandelt einen Vorfall aus der höchsten Gesellschaft; souverän spielt es ihn hinüber in ein satirisch-poetisches Gefabel – Rokoko, wie es mit solcher Feinheit vielleicht nur ein englisches Ingenium mit der nationalen Freude am Unsinn in glänzender Form verherrlichen konnte.

Denn der dichterische Beitrag des Rokokos ist gering. In Frankreich verstummte die reine Poesie nach Racine, wenn auch gewandte Versifikatoren die Kleinform der «poésie fugitive» pflegten. Der unaufhaltsam anwachsende Kult der Vernunft duldete nur spielerische Produkte, deren Heiterkeit sich in Ironie zersetzte. Als der alternde Ludwig xiv. dem Einfluß der Frau von Maintenon nachgab, förderte er eine meist nur äußerlich-bigotte Devotion, die selbstverständlich der immer mehr sich ausbreitenden Glaubenslosigkeit keinen Einhalt gebieten konnte. Ein theoretischer Materialismus war häufig die Rechtfertigung plattester Frivolität, die, über alles räsonierend, alles in Frage stellte, dabei entweder einem intellektuellen Optimismus fortschreitender Verstandeskultur oder offen einem bedenkenlosen Sinnengenuß huldigte. Allmählich hatten sich die geistig-sittlichen Werte-Ordnungen gelockert; sie wurden durch eine unverbindliche Toleranz ersetzt. Zweifellos war die Tugendpredigt, deren man sich in zärtlich-schönen Zirkeln befliß, manchem Gemüt ernst gemeint, wie ja auch in der bildenden Kunst neben der gefälligen Dekoration eine gefühlvollere, male-

9

rische Richtung aufkam. Man ließ sich von der «comédie larmoyante», dem tränenreichen bürgerlichen Sittenspiel, rühren, wie auch von den schwärmerischen Bildern Greuzes. Aber insgeheim und bald immer offener plauderte die «chronique scandaleuse», die Lastergeschichte, teils zwinkernd, teils entrüstet das Treiben der Gesellschaft aus. Zuweilen gelangen in diesem literarischen Genre Miniaturen von delikater Technik, wie auch in den Eingebungen der «gepuderten Muse», der gefügig einige Autoren das Erbe La Fontaines aufbrauchten. Vor großen, zusammenfassenden Darstellungen versagte sich die Poesie; mit Recht hat man später gesagt, daß Frankreichs einziger Dichter in dieser Epoche ein Maler war: Antoine Watteau, der als letzter Künstler des Abendlandes noch mythologische Bilder schuf – die Mythologie einer erträumten menschlichen Gesellschaft, verklärt vom Lächeln der kythereïschen Aphrodite.

Ein Spiegel der absinkenden Zeit Ludwigs des Großen und der makabren Régence sind die *Memoiren* des Herzogs Louis von Saint-Simon, 1675–1755. Oft schwerfälligen Stils, entwerfen sie Bildnisse und Szenen von eindrucksvoller Plastik, die, gesehen mit dem scharfen Auge eines Frondeurs, diesen literarisch am Absolutismus rächen sollten, weil ihm die ritterlichen Waffen versagt waren. Ein kalter Haß macht sich Luft – aber es bleibt immer noch ein vornehmer Geist, der ihn ausspricht, kein rankünöser Heuchler, wie es Prokop am Hofe Justinians war. Diese Rachsucht benahm natürlich dem Autor die höhere Überlegenheit, das Zeitalter zu durchschauen, wie denn der Haß immer unproduktiv ist. Saint-Simons Memoiren bleiben jedoch ein hervorragendes zeitgeschichtliches Denkmal, den meisten, häufig verschlüsselten Tatsachen- oder Klatschgeschichten jener Epoche weit überlegen.

Aber diese Literatur fristet ihr Weiterleben im historischen Interesse, und so bliebe denn das weltlich-irdische Treiben ihrer Zeitgenossen nur noch dem Erforscher der Dokumente gegenwärtig, wenn nicht ein Epiker unbefangen freien Geistes damals den vielleicht souveränsten, unbeschwertesten und heitersten Roman der Franzosen geschrieben hätte. Es ist der «Gil Blas» von Alain René Le Sage. Der Autor war Bretone: er wurde am 8. Mai 1668 in Sarzeau geboren; er starb am 17. November 1747 in Boulogne-sur-Mer. Man bemerkt kaum bei ihm das Bedenkliche des bretonischen Volkscharakters: Enge und Starre, Kleinlichkeit und Geiz, wie ihn später Flaubert und vor allem Maupassant geschildert haben; jedoch die positiven Seiten, seelischen Stolz und klaren Unabhängigkeitssinn, verkörperte er auf frische und lebenskluge Weise. Zwei Bücher bewahren seinen Namen: *Der hinkende Teufel* und *Geschichte des Gil Blas von Santillana*. Während die Dramatiker sich seit Corneille von spanischen Einflüssen frei gemacht hatten, wirkten auf die Prosaerzählung noch immer der spanische Roman und die spanische Novellistik ein. So übernahm Le Sage für den hinkenden Teufel ein spanisches Muster und behielt auch die spanische Kostümierung: einem einsamen Studenten deckt in nächtlicher Träumerei der Teufel einmal alle Dächer der Großstadt ab – und nun sieht man das sonst hinter Anspruch oder Angst verborgene Treiben der Leute. Sie kommen nicht eben gut weg, und Le Sage erweist sich gewissermaßen als ein Nachfahr La Rochefoucaulds, der das Allzu-Menschliche der Leidenschaften und des Egoismus entlarvte. «Dies Buch ist moralisch wie die Erfahrung», erklärte Sainte-Beuve. Der Tendenz nach gilt das ebenso für den reifen und reichen «Gil Blas», auch er scheinbar ein Nachzügler der Spanier, und zwar ihrer Schelmenromane. Der Held des Buches erzählt sein Leben in der Ich-Form. Dabei spricht er sich entwaffnend freimütig über seine mehr krummen als geraden Wege aus, die ihn quer durch alle Stände der Gesellschaft führen. Da nun einmal das Unterhaltende aus der bürgerlichen Unkorrektheit weit ergiebiger sprudelt als aus der gesitteten Normalität – das Unterhaltende, wohlverstanden! –, so haften im Gedächtnis des Lesers denn auch vorwiegend die lockeren Begebenheiten und Figuren des «Gil Blas»: hochstapelnde Abenteurer, wendige Domestiken und entgegenkommende Schauspielerinnen. Gil Blas trachtet wesentlich nur nach einem Ziel: als arrivierter Mann eine gesicherte Rente zu verzehren, und dies möglichst in einem sozial respektierten Familienleben. Es gelingt ihm – und man trägt dem strebsamen Helden nichts nach: im Gegenteil, man freut sich seiner Geschicklichkeit, aus scheinbar rettungslos verlorenen Situationen heil herauszukommen. Dem spanischen Vorbild getreu, verarbeitet Le Sage in seinem großen Roman mehrere Novellen, die mit dem Ganzen eine ebenso farbige wie geschlossene epische Darstellung bilden. «Dies Buch hinterläßt die Leser zufrieden mit sich selbst und mit der Menschheit» – ein Ausspruch Walter Scotts, dem man beipflichtet.

Trotz der spanischen Namen und des spanischen Milieus ist der «Gil Blas» ein echt französisches Werk. Er ist es zunächst geistig, wenn man auch sagen könnte, daß er über das Nationale hinausreiche und die vielleicht weltläufigste Verkörperung des romanischen Typs darstelle. Gil Blas steht zwischen dem Panurg in Rabelais' «Gargantua und Pantagruel» und dem Figaro, wie ihn später, kurz vor der Revolution, Beaumarchais unsterblich

gemacht hat. Sainte-Beuve umschreibt dieses Verhältnis folgender-
maßen:

Man hat dem Gil Blas gegenüber oft die Namen Figaro und Panurg genannt. Panurg, diese feinste Schöpfung des Rabelaisschen Genies, ist indessen viel einzigartiger als Gil Blas; er ist ein weit merkwürdigeres Original mit besonderer Phantasie und Begabung für das Grotesk-Poetische.
Indem Panurg gewisse Seiten der menschlichen Natur darstellt, chargiert
er sie und übertreibt sie absichtlich ins Lächerliche. Figaro ist mehr in der
Linie des Gil Blas, er hat eine Verve, ein Temperament, ein Brio, das ans
Lyrische streift. Gil Blas ist weniger kompliziert und hält sich mehr in der
jedermann gewohnten Tonart. Er ist, man muß es wiederholen, wir selbst,
wie wir in verschiedenen Lebensaltern durch verschiedene Zustände gehen.

Diese Bemerkung kann zu einem Vergleich mit Grimmelshausens
Simplizissimus, ja mit dem deutschen Entwicklungsroman überhaupt herausfordern. Le Sage ist durchaus unmetaphysisch und
ideenlos; er verbleibt im Bereiche der Menschenbeobachtung und
entwirft in flüssigem Erzählen lediglich ein klares Porträt vom
Menschlich-Durchschnittlichen, das ganz einfach das Normale und
Gewöhnliche ist. Dieses Normale und Gewöhnliche war für Le Sage
durchaus das Charakteristische am Menschen; es überraschte ihn als
anschauenden Künstler tatsächlich weit mehr als das Seltsame, Verbrecherische oder Erhabene. Das wunderbar Erheiternde im Treiben durchschnittlicher Leute kläräugig zu sehen und zu schildern,
verlangt allerdings einen unvoreingenommenen, ebenso heiteren
wie tiefen Ironiker. Ein solcher Ironiker war denn auch Le Sage,
jedoch ohne das geringste Ressentiment, ohne Entrüstung, ohne
Hinterhältigkeit, ohne moralisierende Absicht. Aus dieser seelischen
Geradheit und Gesundheit dürfte vielleicht der gediegene Prosastil
des «Gil Blas» herrühren: ein episches, fließendes Erzählen,
nirgends forciert oder belastet, stets anschaulich, gelassen fabu-
lierend – ein Jungbrunnen der Sprache, wie Sainte-Beuve geurteilt hat.
Lediglich ein Lustspielautor jener Zeit kann neben Le Sage noch
als Meister der rein künstlerischen Rede genannt werden: Pierre
de Marivaux, 1688–1763. Zwar ist seine Diktion nicht frei von
preziösen Zügen, aber die «Marivaudage», wie man sie genannt
hat, erwarb sich das Entzücken der Zuschauer durch ihre witzigen
Pointen, die eine feine, poetisch-phantasievolle Erfindungsgabe
brillant erhellen – ähnlich den sprühenden Lichtern in Guardis
spätvenezianischen Bildern. Die Theaterhistorie überliefert wohl
viele Verfasser von klassizistischen Epigonendramen und Nachahmungen Molières – aber nur Marivaux, schon ein wenig roman-

tisch aufgelockert und zugleich zeitgemäß aufklärerisch, wahrte
als echter Künstler ein höheres Niveau des Lustspiels, dessen Themen
heitere Irrungen der Liebe sind, leicht idealisiert, bei aller Tändelei
nicht ohne psychologische Feinheit.

Wie in Frankreich der Tragödie keine den Klassikern vergleichbare
Folge beschieden war und lediglich die Komödie durch Marivaux
einen eigenen Akzent aufwies, so gelangte auch in England nur
die Sittenkomödie der Restauration vornehmlich durch die vier
Dramen von William Congreve, 1670–1729, zu einer höheren
Kunstform. Sie ist von den Franzosen innerlich unabhängig und
bewegt sich auf der Linie des intellektuellen, geistreichen Dialogs,
die noch in der neuesten englischen Dramatik innegehalten wird.
Congreve beschied sich als Autor mit diesem schmalen Werk, um
alsdann vor der Öffentlichkeit nur noch Wert auf seine Geltung
als Gentleman zu legen – ein sehr englischer Charakterzug. Die
bürgerlichen Rührdramen, die es schon in Frankreich und England
gab, waren meist nur Theaterstücke und wurden vielfach von
Schauspielern für den unmittelbaren Bedarf hergestellt. Lediglich
im norddeutsch-dänischen Raum fand Molière eine beachtliche
Nachahmung in den gesellschaftskritischen Lustspielen, die Ludwig
Holberg, 1684–1754, für das mit einem anspruchsvollen Repertoire in Kopenhagen eingerichtete Dänische Theater geschrieben
hat. Holberg war amtlich mit einer Professur für Metaphysik beauftragt; aber der spottlustige, vielgereiste Mann dürfte das Speku-
lieren nicht so ernstgenommen haben. Ein satirisches Epos hatte
ihn bekannt gemacht; dann produzierte er für die Bühne und brachte
es auf 32 Komödien. Sie haben lange das dänische und auch das
hamburgische Publikum ergötzt; brettergerecht und mit treffsicherer
Typenbeobachtung gearbeitet, fanden sie Bewunderer, die Holberg
den «dänischen Molière» nannten. Das dürfte übertrieben sein;
immerhin haben sich später deutsche Romantiker, besonders Ludwig Tieck, für ihn eingesetzt.

Weder diese Theaterliteratur noch die epische Leistung Le Sages
waren bei allem lebendigen Kontakt zum Zeitalter ein tendenziös
engagiertes Schrifttum, weil die Absicht nicht auf Kosten der Form
ging, wie es sich dann schon im Laufe des 18. Jahrhunderts zeigen
sollte. Ebenso behauptet sich der gegen Ende des 17. Säkulums
aufsteigende englische Roman, der zwar bei Defoe und Swift auch
aktuelle und kritische Beziehungen unterhält, dank seiner künstlerischen Gestaltung doch über den Wandel der Zeiten. Mit dem
Roman kommt das Bürgertum zu Worte, und daß es gerade in

England mit so nachdrücklicher Folge geschah, ist ein Zeichen für die innere Selbständigkeit des Bürgertums neben und manchmal auch gegen die Aristokratie. Daniel D e f o e , 1660–1731, verkörpert exemplarisch den Romanautor jener arrivierten Bürgerlichkeit – und er verwirklicht den Typus bereits so vollständig, daß man bei ihm schon die Züge des heute die Romanindustrie beherrschenden Tatsachenreporters findet. Tatsachen und romanhaft eingekleidete Belehrung, weltanschaulich und lebenspraktisch den Bedürfnissen des breiten Publikums entsprechend: diese handlichen Elemente mischte Defoe in seiner betriebsam organisierten Arbeit. Er traf bei seinen Lesern auf begeisterte Zustimmung; nutzbringende Auswertung der Realität war damals wie heute begehrt. Dieser Schriftsteller redet als Wirtschaftstheoretiker zu Erwerbsnaturen; er bestärkte die puritanische Wirtschaftsmoral, die eine ersprießliche Bilanz als gott-wohlgefällig nicht nur empfand, sondern direkt ausgab. Außerdem befriedigte er das Verlangen nach Unterhaltung, das in jenen Tagen der sich mächtig ausbreitenden englischen Seefahrt besonders auf Seeabenteuer, Berichte von Schiffbrüchigen und wunderbare Rettungen gerichtet war. Ein guter Ausgang mußte sich von selbst verstehen, um das Gefühl der göttlichen Vorsehung und Erwählung zu bestätigen. Aber nicht nur das englische Lesepublikum war so geartet. Auf dem Kontinent, wo sich das Bürgertum weit mehr im Gegensatz zur Aristokratie empfand, begann man nach dem Inselreich zu blicken und seine staatlichen Zustände zu preisen. Die intensiven Anregungen, die vom englischen Verfassungsleben aus bald in die französische Publizistik eindrangen, sind im 18. Jahrhundert gar nicht hoch genug einzuschätzen. Kein Wunder, daß Defoe bei dieser gesellschaftlichen Situation mit einem Roman europäische Sensation machte: es war der *Robinson Crusoe*, die Geschichte des auf eine einsame Insel Verschlagenen, der sich jahrelang fast nur dank seiner Arbeitsfähigkeit und moralischen Selbstsicherheit so lebenstüchtig einrichtet – bis er jene erschreckende Fußspur findet, deren sich alle Leser aus ihrer Kindheitslektüre so deutlich erinnern. Nun ist es bekannt, daß diese Spur zu dem guten Freitag führt, dem braven Wilden, den Robinson so erfreulich zivilisiert. Den gutgläubigen Knaben, die atemlos überm «Robinson» gebeugt die endliche Rettung lasen, entging natürlich die Bürgersehnsucht des Buches nach familiärer Gemütlichkeit, bekömmlicher Nahrung und gesundem Schlaf, die sorgsame Aufzeichnung des moralischen Soll und Habens – die für Defoes Zeitgenossen in England und auf dem Kontinent mit das Wichtigste waren. Denn die echt epische Darstellung läßt diese Tendenzen schließlich fast vergessen: die Spannung triumphiert heute wie ehedem, als Defoe mit dem Geschäftssinn des Reportage-Romanciers seinen Schlager durch schwache Fortsetzungen ausmünzte und überhaupt eine erschreckende Masse von Nachahmungen erschienen. All diese Robinsonaden verblassen vor dem Original, lagen aber im Zuge der Mode, die beinah ein Jahrhundert lang die Form des Reiseberichts als die gegebene Erzählungstechnik des Romans anwandte. Durch den «Robinson» wurde leider das andere Schaffen Defoes fast ganz überblendet; wenn der Verfasser auch mit gutem Recht durch dieses Buch in die Weltliteratur einging, so empfiehlt sich doch wenigstens noch die Lektüre seines Romans *Moll Flanders:* die Schilderung des Lebens einer ja nicht gerade wie Robinson musterhaften Person – Molly ist eine Londoner Straßendirne –, aber mit ihrer gegenständlichen Erfassung der Großstadtwirklichkeit einzigartig in der Romanliteratur jener Tage und mit unvoreingenommener Gelassenheit erzählt.

Es macht nichts aus, daß beinahe alle Menschen den «Robinson» als ein Jugendbuch zurechtgemacht gelesen haben, weil die Vermischung der utilitaristischen Tendenzen dem epischen Gehalt zugute kommen. Aber die auf den ersten Blick wie ein Märchen anmutende Geschichte Gullivers, die Jonathan S w i f t, 1667–1745, ersonnen hat, als Kinderlektüre zusammengestrichen und verharmlost, bedeutet eine glatte Fälschung. Denn *Gullivers Reisen* sind eine furchtbare, geradezu tragische Satire. Swift ist ein erschreckender Außenseiter: bebend von einer Dämonie des Widerspruchs und des Aufstandes nicht nur gegen die Gesellschaft seiner Zeit, sondern gegen das Dasein und die Beschaffenheit des Menschen überhaupt. Im «Gulliver» fällt Swift jede Selbstsicherheit des Bürgertums und der Oberschicht wütend an – seine Empörung über den Menschen und dessen kreatürliches Wesen kennt keine Grenzen. Scotts Bemerkung, daß Swift die Menschen durch das umgekehrte Ende eines Fernrohrs betrachte, kennzeichnet das Verfahren dieses Entrüsteten, der noch in seiner Grabschrift «saeva indignatio», «die wilde Entrüstung», vermerkt! Gewiß kann man das Mißverhältnis zwischen ethischem Sollen und animalischem Sein aufdecken, wie es im «Gulliver» geschieht: noch relativ milde in den ersten Büchern als Gegensatz von Riesig und Zwergig mit einigem Humor, alsdann aber im Bilde der puren Verrücktheit und endlich des widerlich Stinkenden aller humanen Existenz, so daß der Mensch als Diener edler Pferde selbst die Tiere anekelt – man kann es so tun wie Swift, geschüttelt vor Widerwillen; dann aber handelt es sich nicht mehr um das Leid des um Wahrheit Bemühten, nach Wahrheit sich Sehnenden, sondern recht eigentlich um die fixe Idee eines maniakalisch nach Wahrheit Süchtigen! Für einen solchen verwandelt sich diese Wahrheit jedoch in einen Moloch – es erhebt sich zuletzt der Verdacht, ob es nicht eine verrückte, forcierte, höchst private «Wahrheit» sei: ein terroristisches Idol von Wahrheit. Das rechte, natürlich-gesunde Menschenmaß – und es geht um das Menschenmaß im «Gulliver»! – beschiede sich mit Wahrhaftigkeit, denn die Wahrheit gehört wie das Gute und Schöne zu den zwar regulierenden, aber transzendenten Ideen. Bei dem inneren Zusammenhang zwischen geschlechtlicher und geistiger Artung sei ein sexuelles Gebrechen, das Swifts Männlichkeit ausschaltete, angedeutet.

Diese Bemerkungen wollen nicht Swifts ungewöhnliche Geisteskraft herabsetzen oder verkleinern. Für die Qual der moralischen Existenz des Menschen ist Swift ein Ereignis von erschütternder Sinnbildlichkeit; sein tragisches Ausgeschlossensein, auch leiblich-seelisch durchlitten in einer sich steigernden psychopathischen Heimsuchung bis zum Wahnsinn, erfüllt das Herz mit Trauer. Wohl nicht ein edler Geist wie Hamlet, aber doch ein seltener Geist ward hier zerstört; die kaum je zu lösende Frage erhebt sich, in welchem Ausmaße die eigene Natur, der eigene Dämon diese Zerstörung einleitete – oder ob es Besessenheit war, der Swift verfiel. Vielleicht zog beides einander an, weil sich ein äußerer Dämon nur dort breitmacht, wo ihm ein innerer Raum bereitet ist. Ein seltener und auch ein mutiger Geist – keine rachsüchtige Paria-Natur wie Strindberg: so ragt Swift zeitlos in seiner wie noch in unserer Zeit. Ein großer Schriftsteller, ein scharfer Intellekt, ein bestürzend gewaltiges Buch; das ist das eine – das andere aber ist der wertende und abwehrende Anspruch des Menschen auf sein natürliches Recht, zu leben und zu überleben, indem er sich selbst und sein Leben positiv nimmt. Die Opfer der existentiellen Paradoxie, zugleich kreatürlich und wissend leben zu müssen, sind nicht kläglich, sondern beklagenswert; der Mensch sei dem Menschen erbarmungswürdig – nicht erbärmlich! Bei Swift gerann der Gram zwar nicht zu Grämlichkeit, aber zu Haß; jedes Ressentiment jedoch bleibt unschöpferisch, es bietet höchstens Feststellungen.

Swifts Einsamkeit unter seinen Zeitgenossen wird um so auffallender, wenn man die überwiegend optimistische Lebensdeutung der damaligen englischen Philosophie bemerkt. Die von Locke inaugurierte, zwei Menschenalter später von David Hume, 1711–1776, fortgeführte Kritik der menschlichen Wahrnehmung und Erkenntnis hatte sich zwar zu einem Skeptizismus verschärft, dem geistige Wesenheiten und damit eine idealistische Philosophie unmöglich waren. Hume lehrte in seiner Untersuchung «Über den menschlichen Verstand», daß alle Vorstellungen und folglich auch alle Begriffe einzig auf sinnliche Erfahrungen zurückgehen, die sich gewohnheitsmäßig assoziieren; selbst der Begriff der Kausalität erbilde sich aus Gewohnheit; eine «Substanz» des Seienden, wie sie Descartes, Spinoza und Leibniz gelten ließen, gebe es weder im Objekt noch im Subjekt. Aber dieser Kritizismus, der später von Kant zu Ende gedacht wurde, hatte in Humes Methode keineswegs die Sinnenwelt entwertet; wie er in seiner *Geschichte Englands* den leitenden Ideen der Entwicklung nachspürte und dabei der Entwicklung als solcher doch Rang und Sinn beimaß, so diente ihm sein Philosophieren überall den Zwecken der Aufklärung, war also positiv gestimmt. Es erwies sich bald als eine der folgenreichsten intellektuellen Energien, weil es eben den Tendenzen der auch auf dem Kontinent immer sieghafter vordringenden Aufklärung entsprach und ihr schärfste Waffen lieferte. Die Aufklärung, über die noch ausführlicher zu berichten sein wird, war im Kern optimistisch gestimmt – wenngleich sie geistig wie politisch recht differenziert war. Ihrer zwar nervösen, nicht minder jedoch elastischen Kraft verdankte sie einen weit umfänglicheren Aktionsraum der zündenden Wirkung, als daß der überwiegend behagliche, populärphilosophische Idealismus des englischen Bürgertums damit konkurrieren konnte. Der absolute Idealismus eines George B e r k e l y, 1684–1753, der als konsequenter Spiritualist einen reinen Geistglauben lehrte und deshalb das Vorhandensein des Materiellen bestritt, überhöhte metaphysisch den verklärenden Moralismus einer Gesellschaft, in der die Bürgertugenden demonstriert wurden und die Frauen den Ton angaben. Damals schuf sich das englische Bürgertum über seiner politischen Insularität noch die behütende und abdichtende Glasglocke einer temperierten Gefühls- und Denkatmosphäre. Gesichert und gesättigt oblag man dem Kult des Schicklichen, wie es sich für eine Welt von häuslicher Gediegenheit und Nächstenliebe geziemt.

Das solchergestalt korrekt eingerichtete Bürgertum gelangte damals zuerst in England zur Verwirklichung seiner Lebensideale; doch beschränkte sich eine derartige Mentalität keineswegs nur auf die Inselbewohner, sondern erschien in verschiedener nationaler Ausprägung auch auf dem Kontinent – und hat sich in ihrem eigentlichen Wesen seither unverändert behauptet. Lediglich das Stichwort «Deismus» erlitt Wandlungen, wie Patriotismus, Liberalismus und Sozialismus; in den Parzellen der bürgerlichen Ideologie und derjenigen, die nur so lange nicht zu ihr gehören wollen, als sie es noch nicht können – dann aber als untergebrachte Funktionäre ihre getreuen und oft so lächerlichen Adepten werden –: in diesen Parzellen des Geltungswillens und des gesicherten Einkommens wechseln nur die Fahnen und Benennungen. Es besteht kein Zweifel, daß Schriftsteller wie Anthony Ashley Cooper, Earl of Shaftesbury, 1671–1713, oder Richard Steele, 1672–1729, und Joseph Addison, 1672–1719, als Wortführer einer idealisierenden Lebensphilosophie der sich damals festigenden englischen Bürgerlichkeit nicht nur von achtbaren Tendenzen geleitet waren, sondern auch Achtbares geleistet haben. Shaftesburys lyrische Philosophie mit ihrem Glauben an die sittliche Macht des Schönen nimmt auf ihre Weise teil an dem hohen Gedankenzuge, den Platon eingeleitet hat; für die Ästhetik der deutschen Klassiker, besonders für die Anschauungen Schillers, wurde der Engländer zu einem bedeutenden Anreger. Steele und Addison, lange befreundet, vertraten in ihren Zeitschriften novellistisch-essayistisch einen gehobenen common sense, der mit englischer Akzentuierung ungefähr dem französischen bon sens entspricht. Der plaudernde Feuilletonismus ihrer Arbeiten – im *Spectator* meist als Unterhaltung eines Clubs fingiert – kann als eine Vorform zu einem Meisterwerk der neueren abendländischen Literatur, den «Pickwickiern» von Dickens, angesehen werden – nicht zu vergessen die gleichfalls fingierten «Unterhaltungen deutscher Ausgewanderten» Goethes. In England konnte sich das einem auf Allgemeinbildung haltenden Bürgertum gemäße Zeitschriftenwesen weit früher entfalten als in Frankreich. Im grand siècle und während der Régence kursierten an dessen Stelle Memoiren und Briefe. Als Ausdruck einer höheren gesellschaftlichen Lebensart ist eine derartige Schriftstellerei auch in England intensiv betrieben worden; für die Sittengeschichte sind, um nur einiges zu nennen, die weltmännischen Briefe Lord Chesterfields, 1694–1773, an seinen Sohn, sowie die Briefe und Erinnerungen des Grafen Horace Walpole, 1717–1797, formal bedeutsam und inhaltlich ergiebig. Von Walpole rührt außerdem noch ein Roman her, dessen romantische Phantastik seinerzeit großes Aufsehen erregte, weil die üblichen Formen der Prosaerzählung entweder wirklichkeitsnah oder empfindsam waren. Aber nicht Walpoles Roman, sondern eben doch die beiden anderen, lange anhaltenden Strömungen gruben sich der englischen und der kontinentalen Literatur ein. An zwei Namen heftete sich die nächste wichtige Phase des englischen Romans nach Defoe und Swift: das

Sentimentale kam bei Richardson, das Realistische bei Fielding zu Wort. Und bald trat auch schon jener Schriftsteller auf, bei dem sich die Selbstauflösung des bürgerlichen Romans, lange vor seiner heutigen Krise, ebenso genial wie humoristisch zeigte: Sterne.

Es lassen sich immer nur nachträglich die Ursachen für den Erfolg eines Romans bei den Zeitgenossen aufdecken. Man erkennt alsdann, daß Thema und Behandlung Bedürfnis und Geschmack der Leser trafen. Warum fesselte der Buchdrucker Samuel Richardson, 1689–1761, mit seinem achtbändigen Roman *Pamela* das Publikum Englands und bald darauf Europas auf eine wohl kaum von ihm selbst vorausgeahnte Weise? Weil er die «zartere Sittlichkeit» der Epoche so intim ansprach wie damals kaum ein zweiter Schriftsteller. Wir nennen diese gefühlsmäßige Voraussetzung heute Empfindsamkeit, Sentimentalität, ja Tränenseligkeit, in der das Rokoko schwelgte – wenn es sich nicht lasziver Genüßlichkeit oder vernünftiger Aufklärung überließ. Aber diese Stimmungen vertrugen sich nun einmal miteinander, obwohl sie in den ständischen Schichten der Gesellschaft verschieden dosiert waren. Das Bürgertum neigte jedenfalls überwiegend zur Betonung des Gefühlvollen, und Richardsons Romane ließen es geradezu wogen in einem Meer von wohltuenden Tränen. Um den notwendigen Ausgleich durch Gegensätze zu schaffen, bestätigte ihm der Autor den Abscheu vor allem Unschicklichen, vor Mangel an Moral, bestärkte zugleich die «delicacy», die nicht ohne weiteres der aristokratischen Delikatesse gleichzustellen ist, sondern ein ehrbares Benehmen nach dem Sittenkodex untadeliger verheirateter Frauen meint. Der lange Untertitel der «Pamela» verhieß:

Die belohnte Tugend, eine Reihe von Familienbriefen, geschrieben von einer schönen, jungen Person an ihre Angehörigen und zu Druck gebracht, um die Grundsätze der Tugend und der Religion in den Geistern der Jugend beider Geschlechter zu fördern, ein Werk mit wahrem Hintergrund und zugleich voll angenehmer Unterhaltung des Geistes durch vielfältige, merkwürdige und ergreifende Zwischenfälle und durchaus gereinigt von allen Bildern, die in allzu vielen, nur zur Ergötzung verfaßten Schriften das Herz entflammen, statt es zu bilden.

Richardsons Ruhm hielt bis in die Jugendzeit Goethes an; Pamela und die Heldin der ebenfalls achtbändigen *Clarissa* waren die Idole preiswürdiger Jungfräulichkeit als reine und duldende Seelen – der Verführer Lovelac wurde zur Bezeichnung für eine besondere Art von Don Juan. Als Richardson die Briefform wählte, fand er instinktiv das rechte Mittel zur Ausbreitung des Gefühls; abgesehen von dem inhaltlichen Effekt seiner Romane festigte er für Generationen diese Darstellungsweise: Rousseau und Goethe folgen ihm hierin, später triumphiert der Roman-Brief in Jean Pauls Epik, selbst die Romantik läßt nicht von ihm ab. Wo auch immer in der Gegenwart diese Stilisierung der Romantechnik erscheint, befinden wir uns in einem Strome, den Richardson zum Sprudeln brachte. Dem Realismus und später dem Naturalismus des 19. Jahrhunderts mußte Richardson eine veraltete, wunderlich-komische Figur werden – aber die Zeiten ändern sich, und so beobachtet man gegenwärtig in der englischen Literaturkritik eine positivere Bewertung Richardsons vor allem aus stilistischen, aber auch aus psychologischen Gründen. Man entdeckte in seiner ausführlichen Schilderung der seelischen Bewegungen etwas vexatorisch Hintergründiges: eine Art von gestikulierender Schlüsselloch-Guckerei, die angehaltenen Atems das Spiel der Verführung beobachtet und belauscht, unersättlich in ihrer Neugier und in ihrem Mitteilungsdrange.

Als Sohn einer stilsicheren Epoche brauchte dem Liebling der Leserschaft auf solchen unterirdischen Miniergängen aber nicht jener große Romancier zu Leibe zu rücken, der mit einer Parodie auf die «Pamela» vor die Öffentlichkeit trat: Henry Fielding. Denn dieser reife und freie Mann gründete aus der Fülle seines Naturgeistes inmitten jenes Tränenozeans den heiteren, gesunden und fruchtbaren Kontinent einer wertbeständigen Epik.

Den am 2. April 1707 bei Glastonbury geborenen Fielding hat das Leben scharf angefaßt und zur Bewährung in den verschiedensten Situationen gezwungen. Was war er nicht alles: anfänglich Student, dann Rechtsanwalt, Stückeschreiber, Theaterdirektor, Richter, Kriminalist, zwischendurch auch einmal Häftling im Schuldgefängnis – stets aber ein Mensch mit unbeirrbarem Sinn für Herzensgüte, zwanglosen Takt, kräftiges Erdenbehagen, weite Umsicht und innerliche Unabhängigkeit. Dem Bildungsgrad nach Richardson unbedingt überlegen: anschauend, wenn dieser berechnete, blutvoll, wenn dieser nervös reagierte – an Produktivität ihm nicht nachgebend: so kann man den Fundus umschreiben, der Fieldings Autorschaft des rundesten englischen Romans ermöglichte. Es ist *Tom Jones, die Geschichte eines Findlings.* Der rückschauende Blick zieht Verbindungslinien von diesem Buche zum Don Quijote, zum Gil Blas und zum Komödiantenroman Scarrons. Fielding verspricht dem Leser als nahrhafte Kost, die er ihm bereite, «die menschliche Natur». Er vergleicht seinen Roman einem schier endlosen Diner und zählt die Ingredienzien der Komposition mit der Kennerschaft eines Gourmets auf. Denn in Wahrheit sei «echte Natur bei den

Schriftstellern so schwierig anzutreffen, wie Bayonner Schinken oder Bologneser Würstchen in den Gassenläden». Er werde

dem scharfen Appetit unserer Leser zu Anfang die menschliche Natur in jener schlichten und simpleren Art vorstellen, wie sie sich auf dem Lande findet, und sie hierauf haschieren und ragoutieren mit all der hohen französischen und italienischen Würze von Ziererei und Laster, die man an Höfen und Städten erzeugt.

Und sein Werk hält, was die Annonce ankündigt. Denn die Lebenswege des jungen Tom Jones von den behüteten Anfängen im Hause seines väterlichen Gönners nach den Verwirrungen infolge einer böswilligen Intrige führen quer durch die Gesellschaft des damaligen Englands unter mancherlei retardierenden Abenteuern bis zum guten Ende. Unmerklich wird auch die innere Entwicklung Tom Jones' geschildert, ohne daß man von einem Sucher-Roman deutschen Stils sprechen dürfte; es kommt zuletzt darauf an, daß sich der Findling ordentlich in die Gesellschaft einfügt und damit auch zu beruhigenden Einkünften gelangt. Mit einem Bonmot hat man den «Tom Jones» die Reise nach der Pfundrente genannt, und es trifft zu, wenn man reserviert und witzig das Ganze überblickt. Der etwas hämische Seitenhieb, der ja eine bestimmte Mentalität treffen und gegen höhere pädagogische Tendenzen in Nachteil setzen will, geht aber doch ins Leere: denn warum sollte es kein episches Unternehmen sein, die vielverschlungenen Wege zum Erfolg, sagen wir: die Karriere, mit jenem unbefangenen Gewissen zu bejahen, das sich an das fortschreitende Leben und eine bestmögliche Einrichtung darin hält? Zweifellos unterläuft dabei zuweilen etwas Opportunität, und auch dawider ist nichts einzuwenden, wenn sie nicht die berechtigten Interessen anderer Menschenkreise stört. So schildert es Fielding: mit heiterer, ein wenig schalkischer Anteilnahme für seinen «Hans im Glück» – denn das ist eigentlich Tom Jones und sein bürgerliches Märchen.

Eine Reihe von kunsttechnischen Mitteln des «Tom Jones» fanden breiteste Nachahmung. Nicht so sehr die grundsätzlich realistische Optik, die ja schon von älteren Verfassern gleichfalls beobachtet wird – als vielmehr das kordiale Verhältnis des Autors zu seinem Stoff und die spezifisch englische Form des Humors. Fielding erörtert stets im Eingang der Kapitel die Lage mit dem Leser, er unterhält sich mit ihm darüber und weiht ihn in seine Allwissenheit über den Verlauf der Geschichte so weit ein, wie es die Spannung erlaubt. Das ist es: Im «Tom Jones» präsentiert sich der Romancier als spiritus rector, der allgegenwärtig alles überschaut – ohne daß in dem Leser die Empfindung aufkommt, den Direktor eines Marionettentheaters beim Spiel zu belauschen. Diese ironische Distanz, wie sie später Thackeray fortführte, entspricht einer weitergetriebenen Desillusionierung des künstlerischen Schaffens, die seither im europäischen Raum ständig um sich gegriffen hat. Fielding ist aber noch ganz positiv eingestellt, und die gelegentlichen parodistischen Töne besonders bei mythologischen Vergleichen oder emphatischen Anrufungen der Musen machen als ein sparsames Gewürz seine table d'hôte so einladend und abwechslungsreich.

Die Ästhetik des Humors scheint eine Sisyphusarbeit zu sein, denn trotz der vielen Versuche auf diesem Gebiet entschlüpft das koboldige Problem stets von neuem. Während eine Begriffsbestimmung des Tragischen und mit ihm des Komischen als seines Widerspiels im allgemeinen feststeht, gleiten die Beschreibungen des Humors ins herzbewegend Zwielichtige und Zwieschichtige, die sozusagen Klima und Geologie des Humors ausmachen. Der Worterklärung nach ist der Humor «das Feuchte»; im Plural sind die «Humore», wie sie bereits Shakespeare bringt, die vitalen «Säfte» eines Menschen; es bestehen übrigens terminologische Zusammenhänge mit der älteren Medizin, die gleichfalls von den menschlichen «Humoren» sprach. Es ist rätlich, diese reellen Beziehungen selbst bei den sublimen Spielarten des Humors nicht zu vergessen, denn immer ist er eine Ausstrahlung der physischen Substanz und keineswegs des Intellekts, der sich der Ironie zu bedienen pflegt, wenn er schon brüchig gewordene Positionen verteidigen oder kaschieren will. Der Humor findet seinen Ausdruck immer in einer mit Güte gepaarten Aktion, die Ironie ist im Kern resignierte Defensive und vertuscht diesen Zustand als scheinbare Offensive. Die ältere, konkrete Bedeutung des Wortes Humor wandelte sich zu einer übertragenen; seine dichterische Form bildete sich während der zunehmenden Subjektivität, als sich diese ihrer Unendlichkeit und zugleich ihrer Einsamkeit ebenso beglückt wie bestürzt bewußt wurde. Mit der eigentlichen Modernität reifte der Humor; es fällt auf, daß er in der Antike und im Mittelalter kaum anzutreffen ist. Die klassischen, also die objektiven Darstellungen der Lebenspolarität kennen das Tragische und das Komische; wechselseitige Überblendung ergibt das Tragikomische, dessen erhabenste Einerleiheit im Don Quijote je nach dem Standpunkt einmal als tragisch, ein andermal als komisch empfunden wird. In der deutschen Ästhetik sind Bezeichnungen wie «klassisch» oder «naiv» gegen «romantisch» oder «sentimental» aufgekommen. In dieser Richtung ist Jean Pauls grundsätzlich wohl triftige Definition des Humors als des «romantisch Komischen» zu verstehen. Das klingt freilich recht abstrakt, und man gelangt selbst mit erweiternden Umschreibungen des romantisch Komischen noch nicht eigentlich zu dem künstlerischen Phänomen; immerhin wird eine bestimmtere Fassung durch die Beobachtung erreicht, daß der tragische wie der komische Effekt aus einem Konflikt hervorgeht: als die Unvereinbarkeit von zeitlichbedingter Erscheinung mit überzeitlich-absolutem Wert. Diesen Konflikt überbrückt der Humor insofern, als sich das Individuelle gleich dem Universalen als unendlich fühlt, dennoch aber von einem heiteren Weh, einer wehen Heiterkeit heimgesucht wird. Unbeschreiblich wie dieses Gefühl bleibt es denn auch unsagbar – weshalb die Erörterung abgeschlossen werde mit ein paar Worten Hermann Hesses, der sich über den Humor, allerdings aus der Bewußtseinslage der außenseiterhaften «Steppenwölfe» unserer Zeit, ausspricht:

Die friedlosen Steppenwölfe, diese beständig und furchtbar Leidenden, denen die zur Tragik, zum Durchbruch in den Sternenraum erforderliche Wucht versagt ist, die sich zum Unbedingten berufen fühlen und doch in ihm nicht zu leben vermögen: ihnen bietet sich, wenn ihr Geist im Leiden stark und elastisch geworden ist, der versöhnliche Ausweg in den Humor. Der Humor bleibt stets irgendwie bürgerlich, obwohl der echte Bürger unfähig ist, ihn zu verstehen. In seiner imaginären Sphäre wird das verzwickte, vielspältige Ideal aller Steppenwölfe verwirklicht: hier ist es möglich, nicht nur gleichzeitig den Heiligen und den Wüstling zu bejahen, die Pole zueinander zu biegen, sondern auch noch den Bürger in die Bejahung einzubeziehen. Es ist ja dem Gottbesessenen sehr wohl möglich, den Verbrecher zu bejahen, und ebenso umgekehrt, ihnen beiden aber, und allen Unbedingten, ist es unmöglich, auch noch jene neutrale laue Mitte, das Bürgerliche, zu bejahen. Einzig der Humor, die herrliche Erfindung der in ihrer Berufung zum Größten Gehemmten, der beinahe Tragischen, der höchstbegabten Unglücklichen, einzig der Humor (vielleicht die eigenste und genialste Leistung des Menschentums) vollbringt dies Unmögliche, überzieht und vereinigt alle Bezirke des Menschenwesens mit den Strahlungen seiner Prismen. In der Welt zu leben, als sei es nicht die Welt, das Gesetz zu achten und doch über ihm zu stehen, zu besitzen, «als besäße man nicht», zu verzichten, als sei es kein Verzicht – alle diese beliebten und oft formulierten Forderungen einer hohen Lebensweisheit ist einzig der Humor zu verwirklichen fähig.

Noch einmal den «Tom Jones» betrachtend, von dem sich die stattliche Reihe der englischen humoristischen Romane herleiten läßt, sei angemerkt, daß Fieldings Humor vergleichsweise milde und zart erwärmend ist. Der Autor war, wie die meisten Humoristen, nicht ein Mensch von Größe, aber doch eine freie und kräftige Natur. Die Kenntnis des Autors von der Wirkung gut angebrachter szenischer Effekte, ausgemünzt auch in seinen etwa 25 Komödien, wird übrigens in der Behandlung des Dialogs und der Kapitelabschlüsse ausgenutzt. Als Fielding am 8. Oktober 1754 in Lissabon starb, «verlor er mehr als viele andere, denn niemand genoß das Leben mehr als er, obwohl wenige Menschen geringere Ursache dazu hatten» – wie eine kluge Zeitgenossin schrieb.

Die wahre «Form» des an sich formlos offenen Romans ist die einer biographischen Entfaltung, zu der die Stationen einer wirklichen oder bildlichen Reise den besten Stoff liefern. Eine reale und eine imaginäre Reise spinnen denn auch die beiden Hauptwerke des Laurence Sterne aus, deren epische Optik bereits die äußerste Möglichkeit einer subjektiven Distanz bietet – jenseits derer die Selbstauflösung des Romans unvermeidlich wird. Sterne, am 24. November 1713 in Clonmel, Südirland, geboren, entschied sich nach seinen Studien in Cambridge für die Seelsorge. Man kann die innersten Antriebe nach einer menschlichen Entscheidung nicht bloßlegen: vielleicht war es Neigung, wahrscheinlich eher Bequemlichkeit, die Sterne zum anglikanischen Kleriker machte. Aus seinem Porträt blickt irritierend und doch auch sympathisch eine Physiognomie, die an Voltaire erinnert, aber dessen intelligente Häßlichkeit übertrifft durch satyrhafte, phallische Züge. Das Laszive des großen Mundes, darüber ein Riechorgan wie ein witternder Rüssel, die sexuelle Faszination der Augen verraten einen lüsternen Elementargeist; doch dieses Ensemble überglänzt eine ebenso charmante wie sentimentale, vergeistigte Heiterkeit. Aus der Verbindung von Satyr und «schöner Seele» entsprang eine kokette Humanität, mehr verliebt, wenn nicht gar liebelnd, als liebend, in der Erfüllung minder befriedigt als im Flirt, vom Trieb wie vom Geist eher beherrscht als sie beherrschend. In seinen gelösten Stunden beschenkt er den Leser mit einer ungezwungenen Harmonie der Psyche in den Sphären des Daseins; dann wieder ahnt man erste Regungen jener unheimlichen Wucherung des Spleens, der zum «ennui» der Modernen wurde: der «ennui», der mehr als bloße Langeweile das «taedium vitae», den Lebensekel auslöst und in der Maske des snobistischen Dandys nur so lange artistisch verbleibt, als er nicht aus Daseinsangst kapituliert. Wie gesagt, Sternes Gestalt und Werk sind dem noch nicht verfallen – aber sie deuten darauf hin. Er selbst bewahrte sich Freiheit des Geistes; wie aber der Typ schon klar die Merkmale der modernen Existenz zeigt, so spürt man bereits in seinem Schaffen virulent die unausbleibliche Zersetzung der Kunstform. Da sein Werk in völlig originaler und origineller Weise auftrat, übte es einen unwiderstehlichen Zauber auf die Mitwelt aus; Goethe bekannte sich stets zu ihm, Jean Paul ist ohne Sterne gar nicht zu denken – und somit muß man den Autor des «Tristram Shandy» eine integrale Kraft auch der deutschen Prosaepik nennen.

Das Leben und die Ansichten Tristram Shandys beginnt mit der Erzeugung des Helden; am Ende des neunten, abschließenden Buches ist man nicht eben weit über die Geburt Tristrams hinausgelangt. Denn der Roman spielt nicht in der Zeit, sondern er spielt mit ihr. Bald bemerkt der Leser, daß Sterne die äußere Handlung vernachlässigt, retardiert und ersichtlich nicht wichtig nimmt; die Personen führen ihre Dialoge, andeutend, skurril, ständig zu Abschweifungen aufgelegt, die der Autor selbst durch Einschiebsel noch hinauszögert; bisweilen neckt Sterne sein Publikum mit typographischen Scherzen – sei es, daß eine Serie von Pünktchen die Gespräche oder Szenen unterbricht, sei es, daß einige Kapitel Begebenheiten andeuten oder ganz einfach leere Seiten die Verblüffung steigern. Dann wieder verspricht der Verfasser, in schnurgeradem Faden ordentlich zu erzählen – um es selbstverständlich zu unterlassen. Wortwitze, Wortspiele und ein Jonglieren mit Gelehrsamkeit, manchmal seitenlang betrieben, schrauben die Geistesbahnen scheinbar ins luftig Verstiegene. Und dennoch wird das Ganze keineswegs von jener romantischen Ironie, die anfangs des 19. Jahrhunderts ausgebeutet wurde, desillusioniert – Sternes Distanz ist selber Stil: eine Mischung von Esprit, Humor und Sentiment. Er prägte den Ausdruck «sentimental» als jenen Terminus, der seither üblich ist; die deutsche Wiedergabe durch «empfindsam» stammt von Lessing. Direkt bezeichnete Sterne eine sich aus dem Anlageplan des «Tristram Shandy» entwickelnde kleinere Arbeit als *Sentimental Journey;* diese «Empfindsame Reise» durch Nordfrankreich nach Paris und Italien errang denselben Ruhm wie das Hauptwerk. Während die «Reise» nun doch einigermaßen im Gleise einer Handlung verläuft, wird die prismatische Brechung der Zeit im «Tristram» zum Muster eines epischen Stils, den einige der symptomatischsten Romane unserer Epoche nicht mehr überbieten, sondern lediglich abwandeln. Der «raunende Beschwörer des Imperfekts», wie Thomas Mann den Romancier einmal apostrophiert, hat es zunächst einmal mit jener Zeit zu tun, in der die geschilderten Vorgänge ablaufen; ebenso wichtig, ja zunehmend wichtiger wird ihm die gelebte, empfundene, innere Zeit seiner

Gestalten, und nach ihr richtet sich die Komposition des Ganzen. Dieses Mit-, Neben- oder gar Gegeneinander von gelebter Zeit und abmeßbarer Uhrzeit, sodann die gegenwärtige Zeit des Erzählers und die entlegene Zeit seines Erzählten: all dies kann zur Aufhebung des rationalen Zeitbegriffs zugunsten einer imaginären Zeit, zur Nicht-Zeit, zur Zeitlosigkeit, führen.

Aber die Identität von Werk und Person in Sternes «Tristram Shandy» heben das Buch als eine Kunstleistung der großen Form deutlich ab von den gebrochenen Bekenntnisdichtungen der romantischen Moderne.

Rudolf Kaßner präzisiert den historischen und ästhetischen Ort Sternes einmal so:

Die Frage nach der Übereinstimmung von Werk und Schöpfer ist eine von jenen, die vom Geiste aus erst in der zweiten Hälfte des 18. Jahrhunderts gestellt wurde und gestellt werden konnte. Sie erweist sich, wie leicht einzusehen, zudem als eine wesentlich deutsche Frage, das heißt: sie konnte erst gestellt werden, als der Deutsche ebenso spät wie glanzvoll seinen Einzug in die Weltliteratur hielt, was eben um die Mitte des 18. Jahrhunderts geschah ... Laurence Sterne und eben sein Eines Buch ... gehören mehr noch im idealen als im wirklichen Sinne der ersten Hälfte des Jahrhunderts an, wenn sie auch genau und überaus bedeutend an der Grenzscheide beider Zeithälften stehen. Was beide: Werk und Autor, zusammenbindet, ist noch das, was auch Pope und dessen Werk zusammengehalten hat: die große Form, die Form überhaupt, die Form des Jahrhunderts ... Mit anderen Worten: er ist noch nicht Bekenntnis im Sinne Goethes, und somit ist es keineswegs sehr wichtig, zu wissen, was von Sterne persönlich drinnen stecke ... Die Vorstellung der Lebensbeichte des Dichters ist nebenbei durchaus der Ausdruck jenes grenzenlosen Individualismus aus der zweiten Hälfte des 19. Jahrhunderts, der durch die großen Erschütterungen des 20. korrigiert wurde oder korrigiert werden mußte. Die Form des Tristram Shandy ist also noch Form, große Form, aber doch schon am oder vor dem Umkippen ins Goethesche Bekenntnishafte, daher der Glanz wie von etwas Spätem, Gebrochenem, daher der Schwung, die Strömung ... Der Begriff der Handlung, wie ihn uns die Antike überliefert hat, als welcher sich letztlich auf den mythischen Begriff der aus der Ewigkeit entsprungenen Zeit zurückführen läßt, ist völlig vernichtet. Dabei ist die Verinnerlichung, die neue Handlung nach innen, keineswegs Gefühlsschwelgerei oder ähnliches, sondern das Drama, das unendliche, der Seele selbst. Charakter und Situation bilden zuweilen so sehr ein Ganzes, daß jener in dieser aufgelöst erscheint, wie der Kopf im Ornament eines Barockgitters. Es ist ganz wesentlich und bedeutet ebensosehr die Seele wie die Form des Buches, weist auf eine letzte, metaphysische Einheit von Werk und Schöpfer hin und ist zugleich höchster Ausdruck eben jener genannten Handlung nach innen, daß das Buch kein Ende hat.

Für die weltliterarische Topographie und Paradigmatik des englischen Romans als der epischen Form des Bürgerlichen im 18. Jahrhundert genügen Richardson, Fielding und Sterne, weil an ihnen die Grundtypen sichtbar werden; daß Richardsons lyrisch-psychologische Brieffrom durch Goethes «Werther» erst klassisch wurde, während Fieldings Realismus kraft der Natur des Schriftstellers eigengültig bleibt und gar Sternes Leistung selbst schon die Perfektion seiner Kunsttechnik bietet, gehört zum geschichtlichen Befund – einem System der Ästhetik genügen die exemplarischen Fälle. Dennoch müssen zwei andere englische Romanciers jener Zeit aufgeführt werden, weil ihre Wirkung weit über den nationalen Raum hinausging. Die Bücher von Tobias Smollet, 1721 bis 1771, gehören zu der durch Fielding bekräftigten realistischen Strömung; aber die Komik wird hier derber, possenhafter, die Gestalten der sich von jeder Kollektivität echt englisch abhebenden Käuze erscheinen in grotesken Umrissen manchmal auf Kosten des Psychologischen; die außermoralische Landstraße des Lebens, von Smollet selbst als Übernahme des Gil-Blas-Stils gekennzeichnet, wird aus einem untergründigen Pessimismus zum krassen Durcheinander eines plebejischen Cockney; im *Roderick Random* schuf Smollet übrigens den ersten englischen Seeroman. Deutliche Spuren seiner Epik trifft man später bei Charles Dickens.

Von Richardson kommt Oliver Goldsmith, 1728–1774, her, der im *Vikar von Wakefield* die Empfindsamkeit idyllisch verklärt; dennoch richtet sich der Humor dieses Buches gegen die forcierten Gefühlsschwelgereien des tränenreichen Buchdruckers. Eine innere Heiterkeit überglänzt seinen milden Realismus; die sanfte Humanität des nach so vielen Widerwärtigkeiten und Unglücksfällen zuletzt vom Geschick wieder begütigten Vikars, eines reinen, christlichen Toren, bezauberte Goethe. In Dichtung und Wahrheit schreibt er:

Die Darstellung dieses Charakters auf seinem Lebensgang durch Freuden und Leiden, das immer wachsende Interesse der Fabel, durch Verbindung des ganz Natürlichen mit dem Sonderbaren und Seltsamen, macht diesen Roman zu einem der besten, die je geschrieben worden; der noch überdies den großen Vorzug hat, daß er ganz sittlich, ja im reinen Sinne christlich ist, die Belohnung des guten Willens, des Beharrens bei dem Rechten darstellt, das unbedingte Zutrauen auf Gott bestätigt und den endlichen Triumph des Guten über das Böse beglaubigt, und dies alles ohne eine Spur von Frömmelei oder Pedantismus. Vor beiden hatte den Verfasser der hohe Sinn bewahrt, der sich hier durchgängig als hohe Ironie zeigt, wodurch dieses Werkchen uns ebenso weise als liebenswürdig entgegenkommen muß. Der Verfasser, Doktor Goldsmith, hat ohne Frage große Einsicht in die moralische Welt, in ihren Wert und in ihre Gebrechen;

aber zugleich mag er nur dankbar anerkennen, daß er ein Engländer ist, und die Vorteile, die ihm sein Land, seine Nation darbietet, hoch anrechnen. Die Familie, mit deren Schilderung er sich beschäftigt, steht auf einer der letzten Stufen des bürgerlichen Behagens, und doch kommt sie mit den höchsten in Berührung; ihr enger Kreis, der sich noch mehr verengt, greift, durch den natürlichen und bürgerlichen Lauf der Dinge, in die große Welt mit ein; auf der reichen bewegten Woge des englischen Lebens schwimmt dieser kleine Kahn, und in Wohl und Weh hat er Schaden oder Hülfe von der ungeheueren Flotte zu erwarten, die um ihn her segelt.

Diese großartige Deutung, alles erschöpfend, kann nicht durch andere Ausführungen ergänzt, sondern nur abgeschwächt werden. Zugleich erhellt sie, daß Goldsmith bereits am Ausgang des Rokoko steht und ein Vorläufer der neuen, naturunmittelbaren Poesie gegen Ende des 18. Jahrhunderts ist; mithin sind auch französische Einwirkungen bei ihm größer als bei früheren englischen Autoren.
Im allgemeinen aber bewahrten die englischen Romanautoren ihre insulare Selbständigkeit, und man trifft bei den maßgebenden Franzosen jener Epoche weit mehr Beziehungen zum englischen Wesen als umgekehrt. Das zeigt sich weniger in formaler Hinsicht als in der Propagierung der innerpolitischen Verhältnisse des konstitutionell regierten Englands durch kontinentale Publizisten und Staatstheoretiker. Etwas Stockenglisches eignet dem berühmtesten Literaturkritiker jener Tage: Dr. Samuel J o h n s o n , 1709–1784, dessen Urteilsfindung von den klassischen Tendenzen des Rationalismus beherrscht wird; mit der eigensinnigen Würde seines Stils verbindet er die Hartköpfigkeit eines gebildeten John Bull. Er gab ein Wörterbuch in englischer Sprache heraus, edierte Shakespeare – über den er oft aus der Enge der bloßen Ratio spricht – und formulierte in seinem *Leben der berühmtesten englischen Dichter* zum Teil heute noch anerkannte Aussagen. Berühmt ist seine Charakterisierung Miltons und des «Verlorenen Paradieses»; daß Johnson sich gegen Fielding und Sterne erklärte, hängt mit seiner einer gewissen imponierenden Borniertheit nicht entratenden ästhetischen Position zusammen.
Schon durch ihre Gegenstände war Johnsons Schriftstellerei vor der Anfälligkeit der Tagespublizistik gesichert, wie sie bald in England aus parteipolitischen Machtkämpfen mit fast umstürzlerischer Wucht besonders in den sogenannten *Junius-Briefen* laut wurde. Sie illustrierten die zwar kontinuierliche, aber doch nicht immer gleichmäßig ruhige Umwandlung des englischen Verfassungslebens zur Herausbildung der modernen Demokratie. Zu reifster Vollen-

dung gedieh jedoch die Geschichtsschreibung, nachdem das Empire sich zu konsolidieren begann und den weltmännischen Geistern der Zeit die großen Maße der Umsicht und Einsicht gewährte. In Edward Gibbon, 1737–1793, fand sie den ebenso gelehrtenhaft gründlichen wie überlegenen Meister. *Verfall und Untergang des Römischen Kaiserreiches* schildert sein Hauptwerk; der klassizistische Geist entwarf hier einen gewaltigen Palast; wie Säle muten die überwölbenden Epochen an, und ihr Durchblick reicht bis zum Falle von Byzanz. Gibbon erkannte die innere Zusammengehörigkeit der Imperatoren Roms mit denen am Bosporus: seine gestalterische Gabe konzentriert die Darstellung gern auf beherrschende Figuren der Epochen; die Lust des Barocks an festlicher Selbstbehauptung und Repräsentanz entzückt sich bei ihm mit besonderer Freude vor Triumphen, Einzügen und pompösen Staatsakten. Seine Historie ist die letzte hochstilisierte Schau des Abendlandes von weltgeschichtlichen Abläufen; sie war nur möglich im Einklang mit der noch tragfähigen Werte- und Ordnungswelt des Barocks: ein abendländisches Monument, errichtet mit dem stolzen Würde-Bewußtsein eines Volksgeistes, dessen universaler Herrschaftsschwung noch nicht von der Hegemonie des Geschäfts aufgezehrt war. Auch als musisches Kunstwerk findet Gibbons «Römische Geschichte» nicht ihresgleichen bei den Zeitgenossen. Schiller bewunderte sie und deutete auf die Identität von Stil und Autor, «der in unaufhaltsam weiterwogendem Rhythmus prunkhafte Perioden formt». In der Tat vertritt der Historiker damals abendländische Geistigkeit in englischer Sprache mehr als mancher Belletrist oder Theaterautor. Einzig Richard Brinsley Sheridan, 1751–1816, wäre als der Verfasser der *Lästerschule* unter jenen Schriftstellern hervorzuheben, die als letzte Nachzügler des englischen Rokokos vor der neuen Ära der Blake, Burns und Wordsworth gelten müssen; von Sheridans Komödien war noch Lord Byron entzückt.

So verlief die literarische Entwicklung Englands im Spätbarock und im Rokoko mit natürlicher, vom äußeren Tagesstreit der politischen Dynamik nicht wesentlich berührter Ruhe: den Bewegungen auf dem Festland innerlich wohl zugehörig, zugleich aber auch in einer vornehmen Isolation.

Das 18. Jahrhundert präsentiert in Frankreich ein Star-Ensemble im brillierenden Agitations-Schauspiel engagierter Literaten. Vor dem Getöse ihrer offensiven Aufklärung verschlägt es der lyrischen und tragischen Muse die Stimme; selbst die künstlerische Prosaepik überdauert nur mit ein paar Titeln jene schreibwütige Epoche. Die führenden Namen werden nicht nur von der Literaturgeschichte verzeichnet; Philosophie, Journalistik und Soziologie beanspruchen sie vielfach mit größerem Rechte in ihren Annalen als ihre geistigen Anreger. In dem dubiosen Streit über den Einfluß des Buches auf das politische und soziale Geschehen bietet die französische Aufklärungsliteratur den Verfechtern eines dem Tage zugewandten Schrifttums illustre Kronzeugen; inwieweit dennoch eine geschichtsphilosophische Erklärung der in die Große Revolution von 1789 einmündenden Tendenzen das Hauptgewicht auf volkswirtschaftliche Faktoren verlegen und den literarischen Propagandisten lediglich einen symptomatischen Rang zuerkennen darf, wird wohl immer ein unlösbares Problem bleiben. Die Bedeutung vieler französischer Autoren des Aufklärungsjahrhunderts nimmt an Gewicht zu, je mehr sie von nicht-literarischen Gesichtspunkten aus gewürdigt werden: je unlöslicher sie mithin dem politischen, wissenschaftlichen und soziologischen Geschäft verbunden sind.

Der Thesaurus der Aufklärung ist die große *Enzyklopädie*, das Sammelwerk des Wissens, das in jener Zeit noch zwei Absichten vereinigen konnte: dem Gelehrten Rüstzeug zu liefern und zugleich die wissenschaftlichen Ergebnisse verallgemeinernd zu popularisieren. So fragwürdig ein derartiges Verfahren für den heutigen Wissenschaftsbegriff auch sein mag, so bezeugt es doch die Möglichkeit der Epoche, das Esoterische exoterisch, das Wissenschaftliche gesellschaftlich zu verarbeiten; in ihrer Art ist die Enzyklopädie noch ein letzter Ausdruck großer, einheitlicher Form, «das letzte vollständige System von Meinungen, das in Europa Lebenskraft bewahrt hat, der letzte Glaube», wie Ortega y Gasset sagt. Das *Dictionnaire historique et critique*, «Historisch-kritisches Wörterbuch» von Pierre B a y l e, 1647–1706, mit seiner freigeistigen Duldsamkeit und genauen Trennung zwischen Vernunft und Glaube, Philosophie und Religion, wurde die Waffenkammer der aufklärerischen Avantgardisten; ihm entlehnten sie das Material, sein zynischer Skeptizismus teilte sich als Grundstimmung mit. Zum geistigen Marschall wurde Charles de M o n t e s q u i e u, 1689–1755, der dem intellektuellen Generalstab die Direktive zum entscheidenden Angriff wies, als er ein neues Staatsziel sichtete. Durch Montesquieu wurde die französische Moralphilosophie politisch aktiviert. Der literarischen Zeitmode war er durch die Rezeption orientalischer Pseudonyme verpflichtet; er schrieb die *Persischen Briefe*, eine aufsehenerregende und leicht durchschaubare Kritik an den politischen Verhältnissen Frankreichs. Die Tarnung war ein Gebot der Vorsicht und erstreckte sich auch nur auf das Kostüm; eine wirklich motorische Kraft aber war die Berührung mit dem englischen Kritizismus und Konstitutionalismus. Die Teilung der politischen Gewalten im Inselreich erschien vernunftgemäß; im *Esprit des Lois,* «Geist der Gesetze», doziert Montesquieu, elegant und eindringlich, die Energien der Republik, Monarchie und Despotie als Tugend, Ehre und Furcht – einzig die Einordnung des Individuums in gesetzlich geregelte Freiheit garantiere den richtigen Staat. Montesquieus Vorliebe verweilte bei den Idealen der stoischen Republikaner; die Nutzanwendung seiner pragmatischen Geschichtsauffassung legte ihm dennoch die konstitutionelle Monarchie nahe. Als Historiker lehrte er in den *Betrachtungen über die Ursache der Größe der Römer und ihren Untergang* eine streng kausale Gesetzmäßigkeit der Vorgänge; indem Montesquieu nicht nur rationale und ethische Denkprozesse ausschöpfte, sondern auch den Naturwissenschaften Aufmerksamkeit zollte, belebte seine Arbeiten ein umfassenderer Geist, als ihn dann Voltaire ins Feld führen konnte. Montesquieu, der Staatsdenker, und George Louis Leclerc B u f f o n, 1717–1788, der Zoologe und Botaniker, förderten die von ihnen vertretenen Disziplinen fruchtbarer als der vielleicht einflußreichste Schriftsteller des neueren Europas: François Arouet l(e) i(eune), der sich mit anagrammatischer Umstellung der Buchstaben seines Familiennamens V o l - t a i r e, 1694–1778, schrieb.

Voltaire begehrte den Dichterlorbeer – er war selbst damals nicht echt, als seine Verse, Epen und Dramen noch gelesen wurden; er galt als ein Philosoph – er war es nie, obschon ihn heute noch einige Reaktionäre, die auf Wissen als Macht schwören, manchmal dafür halten; sein Witz illuminierte das Zeitalter – aber er war nur ein Feuerwerk. Unter den intellektuellen Pyrotechnikern sind eben die Lukiane sehr selten – noch seltener erhebt sich unter ihnen ein Genie vom Range des Aristophanes. Aber ungeachtet aller Einschränkungen und Revisionen: Warum blitzt der Name Voltaire allen anderen voran, wenn man der Aufklärung gedenkt? Er war das meteorische Phänomen des Schriftstellers par excellence – und wenn ihn die Kritik zerreißt, dann zuckt noch ein jeder Nerv dieser Intelligenz. Sein langes Leben hat sich absolut in Literatur umgesetzt; aber das Erstaunlichste bleibt dabei seine selbstherrliche Individualität, die trotz eines beinahe jeden anderen Menschen aufzehrenden Engagements ihre genießerische Ungezwungenheit nie einbüßt. Welch ein Glücksfall für diesen Mann, daß er im Hochalter triumphierend in Paris einziehen konnte und dann starb – elf Jahre vor der Revolution, die bald jeden seinesgleichen auf die Probe stellte ... Voltaire hätte nicht zu ihr gepaßt. Seine Absichten waren dem Reformismus des Zeitalters wohl stets voraus, seine eigentliche Substanz jedoch wurzelte im Ancien Régime. Nichts ist dafür so bezeichnend wie sein Ehrgeiz nach der Tragödie: er konnte sie sich nicht anders denn als tragédie classique vorstellen; der Geist Shakespeares, gerade wieder oberflächlich entdeckt, konnte ihn nur streifen, nicht wandeln. Voltaires Dramen verblassen vor Corneille und Racine; nur *Zaïre*, vielleicht noch *Mahomet* und *Mérope*, können heute den Leser ansprechen. Seinen Versuch im heroischen Epos *Henriade* rettet nichts vor der Makulatur; seine *Pucelle* bewitzelt vergeblich die heilige Johanna. In seinen Romanen zappeln Gliederpuppen am Draht der rationalen Tendenz: der ahnungslose Spott gegen Leibniz im *Candide* kann selbst als Satire keinen Vergleich mit Swifts tragischem Buch aushalten, der billige Relativismus des *Zadig* beglückt höchstens linientreue Aufklärer.

Aber der Stil! Aber die intellektuelle Bravour! Sie machten Voltaire, wie Goethe schreibt, zum höchsten unter den Franzosen denkbaren, der Nation gemäßesten Schriftsteller. Es ist schwer, Hofmiller beizupflichten, daß man sich einige allerhöchste Autoren aus manchem nationalen Schrifttum wegdenken könne, weil es auch ohne sie vorstellbar wäre – aber er hat recht, daß man allerdings die französische Literatur ohne Voltaire nicht denken kann. Aus der enormen Fülle der Produktion Voltaires noch andere Titel namhaft zu machen, erscheint müßig, denn er hat sich beinahe über alles geäußert, was den Zeitgeist beschäftigte; immer wird es eine Genugtuung bereiten, daß tatsächlich einmal ein Mann der Feder den politischen Prominenten gegenübertrat auf gleicher Ebene – ja, daß dieser eine Mann nur durch die Gewalt des geschriebenen Wortes eine politische Großmacht wurde. Seine Auslassungen dienten dem Tag und der Stunde; zugleich waren sie Ableger überzeitlicher Ideen – seine Philosophie mehr behende als gründlich, mehr interessiert als schauend. Auf dem breiten Strom seiner Arbeiten schwimmen Überreste einer teleologischen und deistischen Metaphysik, stets umspült von skeptischem Agnostizismus. Immer tragen seine Formeln den Stempel einer Persönlichkeit und ihrer irritierenden Widersprüche: der Gegner des Absolutismus hielt nicht viel vom Volke, der unverwüstliche Anwalt einer sauberen Rechtspflege war keineswegs in Finanzdingen sehr ehrenhaft, der Positivist neigte doch zu den großen Linien einer universalhistorischen Systematik. Offenkundige und vertuschte Skandale beflecken seine Biographie; nur allzuoft gab er der Eitelkeit und Rachsucht nach, wenn er sich nur schon herausgefordert wähnte. Dennoch darf man nicht zweifeln, daß die Wahrung der Menschenrechte von ihm aufrichtig gemeint war; sein mutiges Eintreten für schuldlose Opfer einer korrupten oder ganz einfach teuflischen Justiz korrigiert sein inneres Bild weit besser, als es die ästhetische Bewunderung vermag. Wenn auch alle Schriften Voltaires vergessen werden, so bleibt doch das Phänomen seiner Lebensgeschichte.

An Voltaire wurde zuletzt die innere Überalterung des Zeitgeistes sichtbar. Nicht der Esprit konnte eine Wiedergeburt einleiten. Die Zählebigkeit Voltaires wirkte schließlich wie die leibhaftige Versteinerung eines einstmals großen Auftrages. So empfand ihn Goethe, wenn er rückschauend in Dichtung und Wahrheit sagt: «Eben dieser Voltaire, das Wunder seiner Zeit, war nun selbst bejahrt wie die Literatur, die er beinahe ein Jahrhundert hindurch belebt und beherrscht hatte. Neben ihm existierten und vegetierten noch, in mehr oder weniger tätigem und glücklichem Alter, viele Literatoren, die nach und nach verschwanden ... Schon hieß er laut ein altes, eigenwilliges Kind; seine unermüdet fortgesetzten Bemühungen betrachtete man als eitles Bestreben eines abgelebten Alters; gewisse Grundsätze, auf denen er seine ganze Lebenszeit bestand, deren Ausbreitung er seine Tage gewidmet, wollte man nicht mehr schätzen und ehren; ja seinen Gott, durch dessen Bekenntnis er sich von allem atheistischen Wesen loszusagen fortfuhr, ließ man nicht mehr gelten; und so mußte er selbst, der Altvater und Patriarch, gerade wie sein jüngster Mitbewerber, auf den Augenblick merken, nach neuer Gunst haschen, seinen Freunden zu viel Gutes, seinen Feinden zu viel Übles erzeigen, und, unter dem Scheine eines leidenschaftlich wahrheitsliebenden Strebens, unwahr und falsch handeln ... Wie unerträglich ein solcher Zustand sei, entging seinem hohen Geiste, seiner zarten Reizbarkeit nicht; er machte sich manchmal sprung- und stoßweise Luft, ließ seiner Laune den Zügel schießen und hieb mit ein paar Fechterstreichen über die Schnur, wobei sich meist Freunde und Feinde unwillig gebärdeten: denn jedermann glaubte ihn zu übersehen, obschon niemand es ihm gleichtun konnte. Ein Publikum, das immer nur die Urteile alter Männer hört, wird gar zu leicht altklug, und nichts ist unzulänglicher als ein reifes Urteil, von einem unreifen Geiste aufgenommen ... Bejahrt also und vornehm war an sich selbst und durch Voltairen die französische Literatur.»

Ein gelebtes Leben, wie es sich in Voltaire vollzog, bleibt stets anziehend; die Wissenschaftsmasse der «Enzyklopädie» hingegen ist tot und geht nur das Archiv der Historie etwas an. In ihren fünfunddreißig Bänden war das Fazit der Aufklärung gezogen; dem Sammlerfleiß der Herausgeber Diderot und d'Alembert ist nichts vorzuwerfen. Hätte sich Denis Diderot, 1713–1784, aber hierin erschöpft, dann würde er das Schicksal des einst so bewunderten Werkes teilen. Aber er, den Goethe den «deutschesten» unter den französischen Autoren genannt hat, bleibt unvergessen als Verfasser einiger kleiner Romane, wie *Jacques, der Fatalist* und *La Réligieuse*, «Die Nonne», sodann des vor seiner originalen Publikation bereits in der Übertragung Goethes bekannt gewordenen Dialoges *Rameaus Neffe*. In seinen Anmerkungen sagt Goethe über Diderot: «Indem er also für die gegenwärtige Schrift eine Gesprächsform wählte, setzte er sich selbst in seinen Vorteil, brachte ein Meisterwerk hervor, das man immer mehr bewundert, je mehr man damit bekannt wird.» Diderot landete zuletzt in einem atheistischen Materialismus und Naturalismus. Sein Jugendwerk *Les bijoux indiscrets*, «Die vorlauten Kleinigkeiten», hatte als chronique scandaleuse eine Epoche des genüßlichen Spiels abgeschlossen. Aus der moralphilosophischen «nature» war dann fast ausschließlich die physikalische Natur geworden; Sensualismus und Hedonismus bildeten Theorie und Praxis der gängigen Weltanschauung. Systematiker wie Helvétius und Holbach rundeten sie ab, La Mettrie gab das Stichwort «Der Mensch als Maschine». In einem solchen Klima konnte selbstverständlich die Poesie weder in ihren reinen noch in ihren angewandten Formen gedeihen; einzig der Sittenroman bot die Möglichkeit zu künstlerischen Gestaltungen. Während *Die gefährlichen Liebschaften* von Choderlos de Laclos, 1741–1803, wohl ein glänzend geschriebenes, ebenso interessantes wie widerliches Zeitdokument des seelisch-sittlichen Verfalls sind, tatsächlich aber schon literarisch abständig bleiben mit ihrem Erscheinen acht Jahre nach Goethes «Werther», hebt sich aus der vielbändigen Produktion des Abbé Prévost, 1697–1763, ein einziger, kleiner Roman als wesentliches Glied der epischen Entwicklung hervor: meist nach der Heldin nur «Manon Lescaut» genannt, in Wirklichkeit aber die Geschichte ihres Liebhabers weit ausführlicher berichtend, wie es der genaue Titel auch besagt: *Abenteuer des Chevalier des Grieux und der Manon Lescaut*. Dieser Roman vertiefte als ein echtes Kunstwerk den psychologischen Realismus; es bestehen Beziehungen zu Richardson, wenngleich von einer auch nur annähernd mit dem Engländer vergleichbaren Sentimentalität nicht die Rede sein kann. Zwar weht bereits in einzelnen Szenen des Romans ein romantisierender Gefühlshauch, aber die gleichmütig unbefangene Maxime der Personen, die sich in heiklen Lagen vor allem durchsetzen wollen ohne die geringste Rücksicht auf die Umwelt, wird vom Autor nicht nur erzählt, sondern als selbstverständlich anerkannt: weniger durch direkte Urteile, als vielmehr durch die Sympathie, die er dem Liebespaar zollt. Insofern erscheint der Opportunismus des Rokokos noch ganz ungebrochen; das Neue ist die übrigens kaum beschriebene, vielmehr als Handeln oder Erleiden dargestellte seelische Passion der Gestalten.

Selbst in Spanien, auf dessen weltumspannende Barockdichtung die traurige Ödnis seines 18. Jahrhunderts folgte, erwies sich die französische Aufklärung als eine zwar nur sporadisch wirksame, aber doch als die einzig anregende Macht. Poesie und Theater siechten dahin; die wacheren Köpfe interessierte eigentlich nur die Wissenschaft. Nur ein Roman läßt wenigstens noch die große Vergangenheit ahnen: der *Pater Gerundio* des Jesuiten José Francisco de I s l a, 1703–1781. Das Buch ist eine Satire auf Moralprediger und erzählt den Werdegang eines «Don Quijote der Kanzel»; Isla kam es besonders auf die Anprangerung eines entarteten Sprachstils an, wie seine Exkurse im Roman zeigen.

Während «Manon Lescaut» auch als sittengeschichtliches Buch anzieht und sich zugleich über eine zeitdokumentarische Bedeutung erhebt – bleiben die französisch geschriebenen *Memoiren* von Giovanni Jacopo C a s a n o v a, 1725–1798, der sich Herr de Seingalt titulieren ließ, lediglich dank ihrer kulturhistorischen Schilderungen wichtig. Casanova fesselt allerdings seine Leser durch einige abenteuerliche Episoden, vor allem die berühmte Flucht aus den Bleikammern Venedigs; hingegen wird sich nur anfangs die Neugier von seinen amourösen Geschichten befriedigt fühlen. Die Psychologie des Sexuellen entnimmt daraus die immer wieder bestätigte Erfahrung, daß der pure, gewissermaßen anonyme Trieb im Grunde weder ein tieferes Erleben zu verschaffen, noch es wirklich auszuschöpfen fähig ist. Casanovas Beschreibungen seiner Partnerinnen haften fast ausschließlich an der Epidermis und treffen selbst hier kaum charakteristische, sinnenhafte Unterschiede: diese Mädchen und Frauen haben eine fatale, klischeehafte Ähnlichkeit und verschwimmen im Gesichtslosen. Der Abenteurer selbst ist eigentlich auch kein profilierter Typ, sondern wesentlich nur verkörperte Geschlechtlichkeit. Erst der alte, grämliche und nörgelnde Casanova gewinnt ein bestimmtes Aussehen: es sind die Züge eines misanthropischen Fauns, mit dem niemand, auch er selber nicht, etwas anzufangen weiß. Aber dieser Hochstapler, Falschspieler, Spitzel und was er sonst noch alles war, bleibt eine ergötzliche Charge im Rokoko-Ensemble, das wendigen Roués ein so ergiebiges Gelände bot; unser Vergnügen an jener Epoche wird nicht zum wenigsten durch ihre Scharlatane, Mystagogen und andere belletristisch anziehende Figuranten erhöht! Selbst ein so elegantes und funkelndes Talent wie Caron de Beaumarchais, 1732–1799, streifte zuweilen suspekte Lebensbereiche. Ein unverfrorener, aber unleugbar bestrickender Geist, arriviert, arrogant und mondän: so stellt er sich zwar nicht in seinen auf eine gute Presse bedachten *Memoiren* dar, wohl aber der Nachwelt. Wenn er auch das gewünschte Aufsehen erregte, so ließ ihn doch Fürst Kaunitz einmal schlankweg verhaften; schließlich kompromittierte sich der Verstand Beaumarchais' mit seinem ahnungslosen Gespött über Goethes «Clavigo», als dieses Drama eine Episode aus seinen Erinnerungen vorführte. Er wußte sich übrigens für Demütigungen durch mokante Aristokraten zu rächen; als emporgekommener Intellektueller nahm er die aufrührerischen Stimmungen gegen den Adel vorweg und brachte mit *Figaros Hochzeit* die Revolution auf die Szene, wie später Napoleon geurteilt hat. Der Figaro ist Beaumarchais' große Leistung; seine bühnenkundige Begabung war schon im *Barbier von Sevilla* durchschlagend zum Zuge gekommen – nunmehr, als Figaro die kecke Philosophie des Dritten Standes formulierte und einem Parkett von Marquis ins Gesicht sagte, daß sie sich nur die Mühe gegeben hätten, geboren zu werden, war die frivole Instinktlosigkeit der herrschenden Schichten offenbar geworden. Eine Sittenkomödie als politischer Faktor, das seltene Zusammentreffen von engagierter und purer Literatur in einem Meisterwerk: dieser Fall hat für den Ruhm Beaumarchais' gesorgt.

Dennoch: in Frankreich schwieg die große Dichtung. In Italien aber zeitigte sie noch ein einziges Mal, ehedenn die neue, romantische Ära begann, einen poetischen Nachklang. Beschwor in Frankreich einzig der Maler Watteau die Schönheit des Rokokos, so ertönte sie aus den Dramen des Italieners Metastasio als «eine von Musik schon durchdrungene und umgeformte Poesie», wie de Sanctis schreibt. Pietro Trapassi, der seinen Namen zu Metastasio gräzisierte, wurde am 13. Januar 1698 in Rom geboren. Das geistige Klima seiner Jugend erleuchtete die heitere Erdenfestlichkeit der späten venezianischen Kunst, der Tiepolos strahlende Deckengemälde Ausweitung und Erhöhung in eine transzendierende Mythologie geschenkt hatten. Eine Hochflut von Opern und Oratorien rauschte sieghaft über die Grenzen Italiens in alle kulturellen Zentren des Abendlandes; ihre Pracht bändigte noch ein großer Stil, den das dichterische Wort allerdings meist verlassen hatte. Wäre damals nicht Metastasio aufgetreten – die italienische Poesie wiese zwischen Tasso und Leopardi ein langes dunkles Tal auf. Nunmehr aber war in seinen Texten zu 27 Melodramen und 8 Oratorien ein Dichter am Werke, dessen Sprache, ähnlich gesiebt wie diejenige der französischen Tragiker, zwar nicht deren absolute Form gewann, aber doch immer in verklärender, reiner Schönheit erklang. Deshalb sind einige Dramen Metastasios auch als Sprachkunstwerke gelungen: so *Dido, Titus, Siroes* und *Cato* – ja, sie offenbaren sich ohne die artistische Überlagerung der Opernmusik noch weit vollkommener. Seine edle Künstlerschaft fand zu ihrer Zeit die gebührende Anerkennung: er lebte als Hofdichter über fünfzig Jahre in Wien, wo er am 12. April 1782 gestorben ist.

Schuf so der größte italienische Dichter der Zeit im Ausland seine Werke, so wurde in Italien selbst eine Erneuerung der volkstümlichen Komödie durch Carlo Goldoni, 1707–1793, erzielt. Nachdem das obligate Schema der commedia dell' arte in gleichförmiger Leere verkommen war, orientierte sich Goldoni an französischen Mustern, vornehmlich an Molière. Gleich dem Dänen Holberg verblaßt auch der Italiener im Vergleich mit seinem Vorbild; Ansätze einer höheren Charakterzeichnung sind unverkennbar zu spüren – der szenische Witz läßt sie jedoch oft verkümmern. Aber die Atmosphäre seiner umfangreichen Produktivität, rund 150 Komödien, vermittelt doch die farbige Regsamkeit Venedigs, die Goldoni sichtbar zu machen verstand; wie sein Denkmal ihn zeigt, war er der stets animierte Spaziergänger in der Lagunenstadt. Den Theaterhistoriker, und nicht nur ihn, werden außerdem die französisch abgefaßten Memoiren Goldonis fesseln. Sein artistischer Gegensatz war Graf Carlo Gozzi, 1720–1806, der die französischen Aufklärungstendenzen ablehnte und die alte Stegreifkomödie nicht abschaffen, sondern poetisch verfeinern wollte. Tatsächlich geriet ihm der dichterische Ertrag seines Schaffens reicher als Goldoni; schon regt sich eine vorläuferhafte Berührung mit der Romantik. Gozzis dichterische Grazie wurde in Schillers Bearbeitung der *Turandot* allerdings durch eine pathetische Schwere fast unkenntlich.

Ebenfalls ein Feind der französischen Vorherrschaft, ein Fanatiker des italienischen Patriotismus mit römisch-heroischen Idealen, aber formal doch ein Erbe des französischen Klassizismus war Vittorio Graf Alfieri, 1749–1803. Plutarchs Charaktere begeisterten ihn, ein rigoroser Republikanismus loderte in seinem alle weiche Schönheit verwerfenden Eifer; wie der junge Schiller, an den Alfieris Profil physiognomisch erinnert, wütete der italienische Graf «in tyrannos». Diese Leidenschaft wirkt oft so borniert, weil ihre Ideale zu Idolen erstarren, doch sie enträt nicht einer grandiosen Erhabenheit. In reimlosen Versen, männisch und ohne die klingende Kantabilität der italienischen Sprache, sind seine formal besonders durch Voltaire mitbestimmten Tragödien gehalten; die Hegemonie des französischen Geistes und der französischen Klassizität konnte selbst der dezidierte Nationalismus Alfieris nicht sprengen. Der Tendenz nach bereitet er das Risorgimento vor, und wie dessen Motorik auch romantische Züge trägt, so vertritt schon Alfieri jenen Bund von Romantik und Politik, der für Italien und Frankreich im Gegensatz zu Deutschland und England durchaus typisch ist.

Ein Phänomen, kausal nicht auflösbar, ist die hinreißende Durchdringung der anakreontischen Mode des Rokokos mit volkhaft elementarem Dichtertum bei einem schwedischen Poeten. Es ist nach Holberg der zweite Name eines skandinavischen Autors der neueren Zeit, der in die Weltliteratur einging – und man darf wohl sagen, daß er eine noch höhere Legitimation für seine Aufnahme auf dem Parnaß erwarb. Carl Michael Bellman, von väterlicher Seite deutschen Blutes, wurde am 4. Februar 1740 in Stockholm geboren. Doppelt begabt, als Musiker und Poet, war Bellman die Seele eines gleichgestimmten frohen Kreises, begünstigt vom König, der ihm auch wirtschaftlich zu helfen suchte – freilich ohne dauerhaften Erfolg: das vagantische Naturell des Dichters wollte sich nicht bürgerlicher Auskömmlichkeit anbequemen. Später, als er nach der Ermordung Gustavs III. den Rückhalt verloren hatte, trafen ihn äußere Mißhelligkeiten: Schwedens strahlendes Genie war zuletzt gar Häftling im Schuldgefängnis. Von Freunden befreit, fand der schon vorher kränkelnde Mann nicht mehr den früheren Elan; am 12. Februar 1795 raffte ihn die Schwindsucht dahin. Aber seine Popularität wuchs, Kenner und Volk pflegten Bellmans Gesänge; alljährlich feiert man am 26. Juli zum Gedächtnis an den Tag einer Denkmalserrichtung für Bellman im Tiergarten Stockholms ein großes Volksfest. «Fredman», Mann des Friedens, nannte sich Bellman pseudonym; in scherzhafter Parallele zu den Episteln des Apostels Paulus heißt eine Sammlung seiner Gedichte *Fredmans Episteln;* eine zweite geht unter dem Titel *Fredmans Lieder.* In diesen Versen glüht die Anakreontik mit einem dionysischen Feuer; ihre bildhafte Phantasie folgt ganz der musikalischen Rhythmik, so daß die Strophenmaße den instrumentalen Begleitungen angepaßt sind. Häufig apostrophiert Bellman einige Zechgenossen und Freunde; auch der Mädchen wird gedacht, vor allem der «Nymphe und Priesterin in Bacchi Tempel» Ulla Winblad – ihr sang Bellman manches Gedicht zu. Einen Lyriker von solchen Graden, in dem sich der Sturmgeist eines vordem so kriegerischen Volkes chevaleresk verklärt hatte, sucht man im Umkreis der französisch bedingten oder doch angeregten Literatur des ausklingenden Rokokos vergeblich; Bellman gehört als ihr wahlverwandter Dichter zu jener musischen Erneuerung, die damals von englischen und deutschen Kräften bewirkt wurde. Während aber diese Wiedergeburt zunächst auch unter politischem oder doch nationalem Pathos stand, war Bellmans ungestüme und doch auch federnde elegante Kunst ein freies Verströmen, einzig dem Genius des Liedes gehorsam.

WEGBEREITER DER MODERNEN SUBJEKTIVITÄT

Schon längst hätte der Name jenes Mannes fallen müssen, mit dessen Person und Schaffen damals eine radikale Umwertung aller Werte, eine vollständige Wendung der Lebensschau und -darstellung verbunden war, deren Folgen bis in das 20. Jahrhundert reichen. Als ein epochales Ereignis gehört er dazu, wenn man den Abbé Prévost oder Beaumarchais betrachtet; selbst neben so grundverschiedenen Naturen wie Voltaire und Diderot ist er als der große Andere gegenwärtig. Auch Sterne und Goldsmith sind Reaktionen auf ihn; die Vorläufer der Romantik stehen in seinem Kraftfeld. Er ist der erste Schriftsteller jenes modernen Typs, wie wir ihn seit dem Umbruch der Französischen Revolution allgemein verstehen: der Bürger aus Genf – Jean-Jacques Rousseau.
«Zwar ist jederzeit am Anfang einer Krisis großer Überfluß an vermeintlich großen Männern, wofür man die zufälligen Anführer der Parteien, oft wirklich Leute von Talent und Frische, gütigst zu nehmen pflegt. Dabei besteht die naive Voraussetzung, daß eine Bewegung von Anfang an ihren Mann finden müsse, der sie bleibend und vollständig repräsentiere, während sie selber so bald in Wandlungen hineingerät, wovon sie anfangs keine Ahnung gehabt», schreibt Jacob Burckhardt, dem man noch die Charakterisierung vieler jener Akteure als «terribles simplificateurs» verdankt. Der Verfasser der «Weltgeschichtlichen Betrachtungen» hat dabei auch an Robespierre gedacht – aber dieser «Vereinfacher» war sich doch bewußt, daß erst Rousseau ihn sein Denken gelehrt habe. Auch in der Großen Französischen Revolution ist, wie Burckhardt feststellt, «der Utopist schon früher dagewesen und hat das Feuer anzünden helfen, wie Rousseau mit seinem Contrat social». Deshalb nannte

der Geschichtsdenker das erwähnte Buch ein größeres Ereignis als den Siebenjährigen Krieg. Denn der «Gesellschafts-Vertrag» mit seiner Lehre von der Freiheit und Gleichheit aller Menschen entzündete die seither keineswegs zu ruhig wärmender Flamme gereifte Idee, sondern die immer noch flackernde Ideologie der Volkssouveränität, die anscheinend nicht oder so schwer zu verwirklichen ist, daß an ihrer Stelle und in ihrem Namen die Ausbeutung des Menschen durch den Staat offenbar wurde.

Mit demselben Rechte, wie Droysen von Alexander dem Großen das Ende einer alten und den Anfang einer neuen Epoche herleitet, kann man von Rousseau sagen, daß er an der Grenzscheide zweier Zeitalter stehe. Er besiegelte den endgültigen Durchbruch der modernen Subjektivität, nach der es keinen hohen Stil abendländischer Gemeinschaftsformen mehr gibt. Seitdem ermangelt auch die Literatur des hohen Stils; die Kunst wurde entweder eine selbstbezogene Aussage des persönlichen Welterlebnisses oder nur ein Ausdruck gewisser Gesellschaftsschichten. Beides aber, die geistige und die politische Umwandlung, erfolgte für die Gefühls- und Bewußtseinslage jener Zeit im Zeichen einer Rückkehr zur Natur.

«Zurück zur Natur!» – diese Losung war schon dem späten Rokoko vertraut. Die herausfordernde Unbesonnenheit, die uferlose Diskussion, die unbekümmerte Vergeudung von Esprit, nicht zuletzt der entschlossene Glaube an den Unglauben, worin sich das Zeitalter gefiel, mußten schließlich in ihr Gegenteil umschlagen. Gefühl und Träumerei, Frömmigkeit und Mystik, Fernensehnsucht und Utopismus lockerten die Bande der Legitimität, der Konventionen, der Verstandesmethodik; lyrische Wallungen durchströmten erst einzelne Individuen, dann den gesellschaftlichen Körper. Man war der korrekten Linien des französischen Parks überdrüssig geworden; man hatte sie mit aparten Chinoiserien aufgelockert; man erging sich in schäferlichen Spielen; die klassizistische Regelmäßigkeit langweilte. Eine so schwärmerisch-zarte Zwecktheologie der gottväterlichen Fürsorge und Vorsehung, wie sie Bernardin de Saint-Pierre, 1737–1814, in seinen *Studien zur Natur* vortrug, traf aufnahmewillige Gemüter; vor allem ließ man sich von der holden Unschuld des kindlichen Liebespaares *Paul und Virginie* – im vierzehnten Bande der «Studien» als halb antikisierende, halb romantische Geschichte erzählt – gern verzaubern und rühren. Die Sentimentalität des kleinen Romans wird mit edler Kontur gebändigt; ihre Stimmungen halten sich noch in den Grenzen des Klassizismus, stehen auch der Rhetorik nicht immer fern. Den heutigen Leser wird die Leuchtkraft gewisser Naturdarstellungen überraschen; damals müssen sie wie erregende Botschaften gewirkt haben.

Da brach in den aristokratischen Zeitvertreib schmachtender Schäferei, armenisch gekleidet, mit ein paar Gebärden des edlen Wilden, wie man sich ihn nach exotischen Reiseberichten vorzustellen liebte, ein großer Empörer ein – und man applaudierte ihm! Anders, als sich das adlige Parkett an den Brüskierungen Figaros ergötzte, wurde der «Bürger aus Genf» wie der Bringer eines neuen Evangeliums begrüßt. Sein «Citoyen de Genève» galt dem 1712 im calvinistischen Genf geborenen Jean-Jacques R o u s s e a u zeitlebens als der wahre Ehrentitel. Er hielt darauf, als ein Sohn des Volkes angesehen zu werden: stolz auf seine Heimat, deren demokratische und glaubensstrenge Traditionen eindrucksvoll abstachen von der Dekadenz der Aristokratie, von der Frivolität des Atheismus. Auch Rousseaus Biographie ist gleich der Voltaires für die Nachwelt wichtiger oder doch interessanter geworden als viele seiner Schriften, obwohl deren Studium für die Geschichtswissenschaft dauernd obligat bleiben wird, wenn man die Große Französische Revolution verstehen will. Sein Leben ist selbst ein Roman gewesen, und keine Nacherzählung könnte ihn so charakteristisch wiedergeben, als er es in seinen «Bekenntnissen» getan hat. Der junge Rousseau war bereits literarisch tätig gewesen, als ihn sein publizistisches Debut mit der negativen Beantwortung einer Preisfrage der Akademie von Dijon prominent machte. Das Thema lautete: *Hat der Fortschritt der Wissenschaften und Künste die Sitten gereinigt oder verdorben?* – und Rousseau verneinte! Nach diesem Angriff auf die fortschrittsgläubige Weltanschauung des Rokokos schlug ein zweiter Diskurs Rousseaus noch eine weit tiefere Bresche: er schrieb *Über den Ursprung der menschlichen Ungleichheit* und denunzierte darin als Grundursache alles menschlichen Elends den persönlichen Besitz! Die beiden Schriften ergänzen einander; gemeinsam ist ihnen die These, daß ein paradiesischer Urzustand voll unschuldigen Glückes durch den Verstand und den Egoismus ruiniert worden sei – es sei aber der eigentliche, der natürliche Zustand des Menschenlebens, den es mithin wiederherzustellen gelte. Gegen so viel Naturenthusiasmus war selbst der Spott, der sonst so tödlich wirkt, ohnmächtig; weder dem Autor noch der Öffentlichkeit hat es geholfen, daß Voltaire nach der Lektüre schrieb: «Man bekommt beim Lesen Lust, auf allen vieren zu gehen.» Der Sieg Rousseaus kann nicht allein durch seine politisch-publizistische Theorie erklärt werden; der Lyrismus seines erlebten, natur-dithyrambischen Stils war das Unwiderstehliche. Adlige Damen und Herren bemühten sich um den interessanten Wildling, und der Revolutionär verschmähte durchaus nicht deren Gönnerschaft – wie sich überhaupt seinesgleichen von jeher der Protektion gefühlvoll-extravaganter Seelen erfreut, die nicht ahnen, daß hinter dem Propheten prompt der Scharfrichter auftauchen wird.

Es schadete dem Ruhme Rousseaus nicht, daß er, der pädagogische Reformator, seine eigenen Kinder, fünf an der Zahl, sogleich nach ihrer Geburt dem Findelhaus übergab, weil sie seiner Lebensführung hinderlich waren; man wird es als notwendig begriffen, wohl auch entschuldigt haben – weil man ihn damals wie seither als ein psychologisches Phänomen genoß. Denn das war das Neue: man trachtete nach der subjektiven Beziehung zwischen Persönlichkeit und Schaffen, man nahm bald ein jedes Kunstwerk nur als Chiffre eines Bekenntnisses und gewöhnte sich daran, es vor allem als Persönlichkeitsausdruck anzusehen, wie umgekehrt die Persönlichkeit mehr und mehr das Kunstwerk als Ausdruck seines Erlebens behandelte. Das Ich als absolute Subjektivität – die Welt als vorrationale, außerrationale Natur; zwischen diesen beiden Polen der Modernität das Erlebnis als Vermittler: dies ist seit Rousseau das Gepräge und das Geschick der modernen Zeit, die sich geistig um die Mitte des 18. Jahrhunderts, soziologisch mit der Französischen Revolution herausbildet. Wie Voltaire blieb es Rousseau erspart, die Praktizierung seiner Ideen noch selbst zu erleben: er starb 1778. Seine Jünger und Schüler aber mußten das Leid des geistigen Menschen auskosten: die Verwandlung der Idee in ein Programm, der Frohbotschaft in den Terror. Wie dennoch alles sich zuletzt wieder ins rechte Gleichgewicht zu setzen pflegt, so förderte die Große Revolution immerhin das soziale Gewissen unter den Menschen; die Makel der Politik fallen nicht dem geistigen Urheber zu.

Ein Gedachtes und zugleich Geschautes sind die beiden theoretischen Hauptwerke Rousseaus. *Emile* und der *Contrat social*, «Der Gesellschaftsvertrag», erweitern die früheren Diskurse als systematische Darstellungen einer neuen Pädagogik und Politik. Der Erzieher Rousseau hat das Individuum, den «natürlichen Menschen», im Sinne – nicht mehr den Typus eines bestimmten Standes. An wen sollte er auch denken, nachdem der soziale Ordo endgültig zerfallen war, Aristokratie und Monarchie hinweggefegt, weil sie weder edel noch überlegen waren! Lediglich der einzelne Mensch, Anfang und Ende einer jeden menschlichen Selbstbesinnung, verblieb als Gegebenheit und als das Wesentliche. Rousseaus Vernunft, ungeachtet allen subjektiven Lyrismus, verharrte aber nicht beim Individuum; er betrachtete auch den «bürgerlichen Menschen», den

Einzelnen in der Gemeinschaft. Im «Gesellschaftsvertrag» versuchte er die Aufhebung des Gegensatzes: der Einzelwille entäußere sich freiwillig seiner persönlichen Ansprüche im Gemeinwillen – diese Freiwilligkeit aber adle die Einfügung des Individuums in die nationale Gemeinschaft, jenseits von Zwang und Gewalt, zur Bürgertugend. Durchdrungen von der Überzeugung, daß Gewalt nie und nimmer Recht schaffe und zu Recht werden könne, feierte Rousseau als das wahrhaft legitime Fundament jeder Souveränität eben jene – «Tugend», auf die sich später Robespierres Ideologie so entsetzlich berufen sollte. Es ist hier nicht der Ort, die leicht zu mobilisierenden Argumente wider Rousseaus Tugendideal anzuführen; er war sich selbst dessen bewußt,

daß eine übergeordnete Vernunft nötig wäre, um die beste Gesellschaftsordnung für die Völker zu finden – eine Vernunft, die alle Leidenschaften zwar sieht, aber doch selbst nicht empfindet; die keinerlei Bindung an unsere Natur besitzt und sie doch gründlich kennt; deren Glück vom unseren unabhängig ist, und die sich dennoch darum kümmert, die schließlich im Fluß der Zeiten, einem fernen Ruhme dienend, in dem einen Jahrhundert arbeitet und im nächsten erntet: Götter müßten das sein, den Menschen Gesetze zu geben.

Mit diesen erhabenen Worten wird der Traum von einem erreichbaren irdischen Paradiese als utopisch erkannt; dennoch bleibt die Idee der Volkssouveränität als freie Übereinkunft ein hohes Ziel und ein hoher Maßstab der Urteilsfindung über das Politische. Ein Irrtum war Rousseaus Glaube, der Einklang von natürlicher Freiheit des Einzelnen und von bürgerlichem Gemeinwohl sei in einer historischen Vergangenheit irgendwann einmal verwirklicht gewesen, in einer historischen Zukunft irgendwann einmal zu verwirklichen; immerhin irrte hier eine Liebe, denn Rousseaus Staatslehre entsprang nicht der kalten Konstruktion, sondern der sehnsüchtigen Verklärung seiner Heimat und ihrer Bürger.

Gibt es etwas Schöneres, als ein ganzes Volk zu sehen, das sich an einem Festtage der Festesfreude hingibt!

so schrieb er einmal; man wird diese Töne später bei Beethoven und bei Hölderlin wieder vernehmen – und hier, wie bei dem Bürger von Genf, sind sie anders gemeint, als es die Antreiber eines Kollektivs je zu erreichen vermögen, welcher Fanfaren sie sich auch immer für ihre Festaufmärsche bedienen!

An der Echtheit der Gefühle Rousseaus ist trotz aller persönlichen Schwächen des Autors nicht zu zweifeln. Wie sie den theoretischen Schriften die Schwungkraft verliehen, so eröffneten sie den Zeitgenossen in den dichterischen Büchern eine neue Welt. *Julie oder die neue Heloïse*, ein Roman in der beliebten Briefform des Zeitalters, berauschte die Leser mit bisher in französischer Sprache nicht vernommenen, naturhaften und schwärmerischen Tönen. Sainte-Beuve sagt, daß Rousseau der erste gewesen sei, der das Grün der Landschaft ins französische Schrifttum gebracht habe, und nennt ihn den «Vater der intimen Literatur und der Interieurmalerei». Der Dichter Rousseau, der ja auch als Erzieher zunächst Bildung des Körpers und des Gemüts, danach erst des Intellekts gefordert hatte, spricht hier aus der Hingerissenheit des Herzens, die selbst den apodiktischen Sätzen seiner Lehre die überredende Gewalt verleiht. Mit dem romantischen Wirrwarr der Begebenheiten und der wenig gelungenen Komposition war das Buch dazu bestimmt, eigentlich nur wegbereitend zu bleiben und unterzugehen in reineren dichterischen Darstellungen; daß Goethes «Werther» die Vollendung wurde, daß später in Frankreich erst die psychologischen Romane eines Chateaubriand, Constant und Stendhal das Vermächtnis Rousseaus geläutert verarbeiteten, setzt Rousseaus *Heloïse* in das rechte Licht. Deshalb hat sich die Nachwelt minder mit diesem Werk als mit Rousseaus unmittelbarem Selbstzeugnis in den «Bekenntnissen» beschäftigt.

Seine *Confessions* geben bewußt nicht mehr objektive Erinnerung, sondern Geständnis und Beichte des Herzens. Den heutigen Menschen wird die prätentiöse Einleitung allerdings bedenklich stimmen:

Ich unternehme etwas, das ohne Beispiel ist und nie wird nachgeahmt werden können. Ich will meiner Umwelt einen Menschen zeigen in der ganzen Wahrheit der Natur – und dieser Mensch werde ich sein, ich allein! Ich fühle mein Herz, und ich kenne die Menschen. Ich bin geartet wie keiner von jenen, die ich gesehen habe; ich bin so kühn zu glauben, daß kein existierendes Wesen mir gleicht. Wenn ich nicht besser bin, dann bin ich wenigstens doch ein anderer.

Und der Revolutionär stürzt sich auf sakrosankte Stilprinzipien:

Ich werde nicht darauf Wert legen, einheitlich zu schreiben. Ich werde immer den Stil haben, der gerade in mir entsteht. Ich werde ihn bedenkenlos mit meinen Stimmungen wechseln.

Aber auch er gehört als ein Kind seiner Zeit zu den Wissenschaftsgläubigen und legt Wert auf Methode:

Denn es ist ein Beitrag zum vergleichenden Studium des menschlichen Herzens.

Diese ebenso anspruchsvolle wie auch eitle Selbstbespiegelung war das eigentlich Herausfordernde; die Mündigkeitserklärung des autonomen Ichs, beziehungslos revolutionär und zugleich in ihrer subjektiv wahrhaftig gemeinten Schonungslosigkeit sich selbst gegenüber ebenso impertinent wie taktlos, überwältigte das Zeitalter des Kostüms und der Zeremonie. Sah man doch auch hierin «Natur»: die Natur eines Menschen, vielleicht sogar des Menschlichen – und war mit dieser Meinung nicht schlechthin falsch beraten, jedenfalls dazu genügend vorbereitet durch die desillusionierende Entlarvung des Menschen in der Moralphilosophie der Weltleute. Es fragt sich nur, welchen Gewinn die Entblößung des Allzumenschlichen einträgt; in vielen Fällen wird ein desperater Relativismus eintreten.

In Werken wie Rousseaus «Bekenntnissen» enthüllt sich das Problem der Schamlosigkeit, das in mancher künstlerischen Selbstaussage virulent vorliegt; haftet beinahe jedem sich vor der Öffentlichkeit Produzieren leicht ein Schatten von Prostitution an, so droht er fast unentrinnbar der Schaustellung des eigenen Ichs. Niemand wird es wagen dürfen, Jean-Jacques Rousseau die Wahrhaftigkeit abzusprechen; man wird ihr wahrscheinlich ein stärkeres Gewicht zubilligen als seinem melodramatischen Deismus, dem er im *Glaubensbekenntnis eines savoyarischen Vikars* Ausdruck verliehen hat. Diese Religiosität stand für ein Verlangen der Zeit, die sich allzulange in rationaler Kritik oder in zynischem Hohn gegen dogmatische Religionsfragen ergangen hatte und nun in der schalen Leere des puren Verstandes, des nackten Egoismus aufschrie nach Wiedervereinigung der Natur mit Gott. Solchen Stimmungen, hier echter Qual, dort unbefriedigter Langeweile, erschien Rousseaus Lebensbericht als ein Manifest, als ein Stimulans ohnegleichen. Und so trägt er denn auch ein Doppelantlitz: Humanität und Komödiantentum. Er hält keinen Vergleich aus mit dem ersten Konfessionsbuch des Abendlandes: den «Bekenntnissen» des Augustinus, die eine Aussprache der Seele mit der Gottheit in der angemessenen Form, als Gebet, sind. Ebensowenig ist er auf eine Stufe zu stellen mit Goethes «Dichtung und Wahrheit», worin sich ein Individuum als Organismus einordnet in den Gang allgemeiner Entwicklung, sich an ihr bildend und sie wieder bildend.

In Rousseau debütierte die Interessantheit des modernen Individuums, die so gern ein reizvoll-erregendes Ensemble von Widersprüchen züchtet. Wie jeder Widerspruch war er schöpferisch und zerstörerisch. Der outrierte Individualist förderte das Erwachen des sozialen Gewissens, der Apostel der Tugend die Entfesselung des

Terrors. Aber nicht nur Robespierre meinte ihm zu folgen – auch
der junge enthusiastische Schiller, selbst der seherische Hölderlin
nannten Rousseau ihren Ahnen.
In Frankreich aber erstickte die Politik als das neue Schicksal, dem
die Menschen unterworfen wurden, vorerst jede freiere Geistes-
arbeit und Literatur. Ein grausiges Symbol dafür ist die Hin-
richtung eines echten und reinen Dichters kurz vor dem Sturze
Robespierres: André Chénier, am 30. Oktober 1762 in Galata
(Konstantinopel) als Sohn des französischen Generalkonsuls und
einer Griechin geboren, der hochsensible, zarte und leidenschaftliche
Lyriker, verfiel am 25. Juli 1794 der Guillotine! Nach Generationen
war endlich wieder ein Poet erstanden, dessen Eklogen und Elegien,
Oden und Idyllen eine einsame Vollendung französischer Lyriker
bieten, so daß es wie eine Auferstehung anmutet nach der langen
poesielosen Zeit der Aufklärung. Im Gefängnis schrieb Chénier
seine glühenden *Jamben:* Strophen der adligen Kühnheit einer
großen Seele, die schon ahnungsvoll ihre Sendung ausgesprochen
hatte:

Du schläfst, mein Genius? ein Gott verlangt nach dir;
Wach auf! das Leben flieht; von unsren Tagen hier
Sind einzig jene Stunden immerdar erhaben,
In denen heiß das Herz die hochgemuten Gaben
Der Dichtkunst wie ein Panzerhemd zum Kampfe trägt,
Das Reine rächend, das Gemeine niederschlägt.

Sainte-Beuve feiert die erhabene Gestalt und ihr Werk als «eine
Weidenflöte, einen goldenen Bogen, eine elfenbeinerne Leier» und
nennt Chénier den «Klassiker des Verses seit Racine». Dieses Urteil
ist maßgebend geblieben; man hat es für die Versdichtung eher
noch erhöht und Chénier als den «klassischen Lyriker Frankreichs»
bezeichnet. Seine Gedichte bewahren aus der Tradition Gehalte
und Formen, sie vergegenwärtigen das Überlieferte zu erneuter
Ursprünglichkeit aus der zeitlosen Schöpferkraft der Seele. Erst bei
Chénier wird der freier rhythmisierte Alexandriner wiederum zur
dichterischen Aussage befähigt; als der anfangs die Revolution
bejahende Dichter dann in der Haft von St. Lazare ganz auf sich
selbst verwiesen war, drängte ihn das Leid noch tiefer in die Einsamkeit des Ichs: er erkennt den ersten Lyriker des Abendlandes,
Archilochos, als den Ahnherrn von seinesgleichen. Neben den
«Jamben» entsteht das großartige Gedicht *Die junge Gefangene.*
Diese Vermächtnisse beweisen, daß die antiken Erinnerungen in
Chéniers Versen keine bildungsmäßigen Ornamente sind, sondern

die innere Heimat des Dichters. Daher schwellt seine Gedichte ein heroischer Atem; man vernimmt den Ton eines echtbürtigen Sohnes elementarer Gott-Natur: stolz und doch liebend unserer Erde zugewandt. Ein französischer Hölderlin war er, doch anders als der Deutsche verlangte er nicht «ins bessere Land hinüber», ins Reich der Abgeschiedenen: denn Hellas war ihm Gegenwart, seine Stimme, sein Gesang werde im durchatmeten Laube beben, in Wind und Wolken wandern «oder aus dem Meer wie traumentstiegen züngeln in der Luft…» Das sinnenhafte Griechentum Chéniers könnte mit dem Keats' verglichen werden; aber gesünder und stärker als die verzehrend sensitive Melancholie des großen Engländers glüht bei Chénier eine heroische Schwungkraft über den irdischen Bannkreis hinauf in den Reigen versternter Götter:

Euch, Feuerküsten, die der Menschen Mund
Nach Tieren und nach Zeichen einst benannt:
Wie flammt die Krone purpurn um mich auf,
Ziehn ihre Kreise Adler, Schwan und Leier!
Und in der Ferne die gewundne Schlange,
Wie krümmt sie silbern schimmernd Ring an Ring! –
O Unermeßlichkeit, die hohen Geister
Lockt deine Tiefe, in dich einzutauchen:
Abgründe ihr der Klarheit, darin frei
Der Mensch dem Ratschluß, der das All erschuf,
Beiwohnen darf, wo wieder nah dem Ursprung
Die Seele sich als Teil des Lichts erkennt.

Gestalt und Werk André Chéniers zeigen mit ihrer alles Toben des Zeitgeistes überflügelnden, die Mauern des irdischen Leids sprengenden Schönheit, daß die Oriflamme der fränkischen Seele noch nicht erloschen war. Er allein hütete sie; deshalb ist sein Dichten gefeit gegen die ausmerzende Gewalt des weitereilenden Lebens und leuchtet mit Geisteswärme intensiver als alle französische Literatur der Aufklärung. So ist denn auch Chénier nicht gestorben; Apollon schenkte seiner frommen Bitte Gewährung:

O Tod, du kannst ja warten. Geh, entferne dich!
Und suche jene Lippen, draus das Blut entwich,
Such Stirnen, die sich grau verfärben –
Für mich bewahrt die Liebe noch ein Eiland grün:
Ich höre Kuß und Sang. – O Tag in vollem Glühn,
Ich will vor Abend noch nicht sterben!

Schon überschattet vom gewaltsamen Tode, räumte hier ein Dichter Frankreichs alle Schranken hinweg, die den musischen Geist der

Nation so lang umzirkelt hatten: klar stieg wiederum Gesang auf. Die Schergen konnten das Gefäß zerbrechen – frei schwebte eine große Seele den Göttern zu, gekrönt mit dem Lorbeer hohen Ruhmes. Die Gloire hatte sich in einem Einzigen gerettet.

Es ist müßig zu fragen, wie sich Chénier weiterentwickelt hätte. Allem Anschein nach wäre unter dem Gedröhn des neuen Cäsar-Imperators Napoleon sein Schicksal gewesen, echolos zu verhallen. Denn der Weltgeist dichtete in der genial-dämonischen Sternen-bahn des Kaisers ein antikes Epos von eigenen Ausmaßen: «Das antike Ideal trat leibhaft und mit unerhörter Pracht vor Auge und Gewissen der Menschheit», wie Nietzsche sagt; demgegenüber vermochte sich nur eine Klassik zu behaupten, deren Herrschaftsbereich nicht minder raumgreifend und vollständig war. Das Wiedererwachen der dichterischen Kraft in Deutschland türmte dieses Monument auf, weil hier die moderne Subjektivität noch einmal und zum letztenmal den Abstieg zu den unteren, den Aufschwung zu den oberen Daseinsmächten unternahm und sie in einem bedeutsamen Welt-Innen-Reich zusammenband. Wie die anhaltende Pause vor dem Einsatz eines gewaltigen Themas erscheint die Stille der europäischen Dichtung in jenen Tagen: noch durchzittert von Nach-klängen, leise präludierend mit einigen versuchenden Takten.

Selbständig verläuft die Entwicklung der englischen Literatur. Sie wahrt ihre splendid isolation; aber dabei erstehen ihr einige schöp-ferische Gestalten, die trotz ihres solitären Charakters unverwechsel-bare Energien zum Kontinent ausstrahlen. Nicht nur, daß sie Shakespeare wiederentdeckten, daß Milton zum Schutzpatron der Phantasie wider den Rationalismus aufgerufen wurde – eigenbröt-lerische Geister deuteten schon im verwelkenden Rokoko ein neues Zeitalter an. Fünf Jahre älter als Pope war Edward Young, 1683 bis 1765, dessen monotone Klage in den rund zehntausend Blank-versen seiner *Nachtgedanken über das Leben, den Tod und die Unsterblichkeit* die zeitgenössische Welt aufhorchen ließ. Er war ein Dichter der Einsamkeit, die lediglich in der Natur noch einen Raum zur Zwiesprache fand; aber nicht mehr der geometrische Garten, sondern der schonend von Menschenhand geformte, neue «englische» Parkstil kann dieser nach Traum und Unendlichkeit dürstenden Seelenstimmung genügen. Eine gefühlvolle Beziehung zur Natur jedoch ist bereits sentimental und setzt Distanz, das empfundene und bewußte Anderssein des Menschen voraus. Man spürt es in den *Jahreszeiten* von James Thomson, 1700–1748: nun wird die Natur idealisiert, sie wird umworben und schön gesehen, man erntet in ihr Poesie. Eine fromme Erbaulichkeit spielt in diese Sentimentalität hinein; weil die Empfindung über die Anschauung triumphiert, konnten Thomsons Verse die Textgrundlage zu Haydns Oratorium hergeben. Der Autor hatte sich an Miltons Werk gebildet, um der gebieterischen Ästhetik Popes entgehen zu können; er war bald nicht mehr allein in seinem Kampfe, denn jüngere Schriftsteller griffen den literarischen Diktator an, neue Ideale gegen die französisch-lateinische Klassik aufrichtend. Schon vor Herders revolutionierender Kunstauffassung hatte Thomas Warton der Jüngere, 1728–1790, die dichterischen Formen als Ausdruck eines volkhaften Lebensgefühls gedeutet; Warton schrieb eine Literaturgeschichte aus dieser Sicht und belehrte die junge Generation über den organischen Zusammenhang eines echten, großen Kunstwerkes mit den nationalen Ursprüngen. Bisher galten die Formen als eigengültige, abstrakte Gesetzmäßigkeiten: nachahmbar, erfüllbar, lehrbar; nun verdrängte diese Einstellung ein romantischer Geschichtssinn, der im Einklange war mit der neuen Naturschau und so lange gefeit vor einem leeren Historizismus, als er sich an die universalen Wechselwirkungen im Natürlichen und Organischen hielt.

Es ist verständlich, daß die neue Deutung nicht sogleich schon zu einer gesicherten Methodik reifen konnte. Zunächst war man Entdecker in unbetretenem Gelände und, wie alle Entdecker, beglückt und glaubenswillig. Nur so läßt sich die überschwengliche Begeisterung für den *Ossian* von James Macpherson, 1736–1796, erklären. Das Halb-Echte dieser frei nachgedichteten und frei ergänzten Heldenepen aus keltischer Frühe wurde bereits erörtert; worauf es hier ankommt, ist der Erfolg des Ossians als Sieg des romantischen Naturrausches, des Widerrationalen, des seelisch Ausschweifenden, nachdem die Aufklärung allzulange die Phantasie auf Eis gelegt hatte. Auch die Sammlung alter Volksballaden durch Thomas Percy, 1729–1811, fand schon Erwähnung; daß sie in dieser Epoche erschien, bezeugt die Zugehörigkeit der erwachenden Volkskunde zur Frühromantik. Percys Anthologie leitete in England und Deutschland eine lange geübte, neue Balladenpoesie ein; selbst klassizistisch gerichtete Autoren entzogen sich nicht der expressiven Rhythmik jener urtümlichen Balladen. «Volkspoesie» möglichst hohen Alters wurde derart große Mode, daß sie sogar ein echtes Talent verführte und verdarb. Thomas Chatterton, 1752 bis 1770, ein hochbegabter Jüngling, fingierte für seine eigenen Gedichte als Urheber einen mittelalterlichen Autor: solange die Verse dieses vermeintlichen «Rowley» als echt betrachtet wurden, wirkten sie geradezu faszinierend; bald aber mußte Chatterton seine Mystifikation eingestehen – und mit einem Schlage sollte alles wertlos sein! Um die Gestalt dieses poetischen Fälschers wittert eine seltsam anziehende seelische Aura, die später eine dichterische Behandlung durch Alfred de Vigny und gegenwärtig durch Ernst Penzoldt erfahren hat. Chatterton war eines der ersten Geistesopfer, die in der modernen Bewußtseins- und Gefühlsspannung zwischen Welt und Ich, Natur und Seele, zugrunde gerichtet wurden. Schon trieb es ihn einem halben Wahnsinn zu; in die Nacht der Schwermut aber versank der pietistisch fromme William Cowper, 1731–1800, ein kindhaft scheuer, meditierender Mensch, von Rousseau behext und doch mit den Möglichkeiten zu einer heiteren Freiheit. Er war der scheue Vorklang zu den kräftigen und zarten, stolzen und frechen, vagantischen und bäuerlichen Liedern des Schotten Robert Burns, 1759–1796. Dieser größte Volkspoet englischer Zunge bekannte, daß

Liebe und Poesie stets meine höchsten, oft meine einzigen Güter gewesen sind.

Seinen Wahlspruch «Vive l'amour et la bagatelle» verwirklichte er in faunisch unbekümmertem Verströmen seiner sangbaren, Volkstümlichkeit und Kunstform mühelos verschwisternden Schöpferkraft. Goethe rühmt ihn vor Eckermann: «Nehmen Sie Burns. Wodurch ist er groß, als daß die alten Lieder seiner Vorfahren im Munde des Volkes lebten, daß sie ihm sozusagen bei der Wiege gesungen wurden, daß er als Knabe unter ihnen heranwuchs und die hohe Vortrefflichkeit dieser Muster sich ihm so einlebte, daß er darin eine lebendige Basis hatte, worauf er weiterschreiten konnte. – Und ferner wodurch ist er groß, als daß seine eigenen Lieder in seinem Volke sogleich empfängliche Ohren fanden, daß sie ihm alsobald im Felde von Schnittern und Binderinnen entgegen klangen und er in der Schenke von heiteren Gesellen damit begrüßt wurde. Da konnte es freilich etwas werden!»
Die Nation hat ihn innig bewahrt: wie das Volk ihn immer wieder singt, so preisen ihn die Kenner. Von Burns' Gedicht *Ae fond kiss*, «Einen Kuß noch», erklärte Scott, daß es den Kern von tausend Liebesgeschichten enthalte:

Einen Kuß noch, eh wir scheiden,	Wer beklagt sein Schicksal gerne,
Eh wir uns auf ewig meiden!	Dem es läßt der Hoffnung Sterne?
Tief in herzgepreßten Tränen	Ich nur seh kein Sternlein funkeln,
Trink ich dir Bescheid, mein Sehnen.	Fühl Verzweiflung mich umdunkeln.

Carlyle sagte von Burns: «Seine Seele ist die Äolsharfe, deren Saiten, vom gemeinsten Winde berührt, in ausdrucksvollen Melodien erklingen.»

Der Ruhm solcher Volksliederdichter bleibt im allgemeinen auf den sprachlichen Raum ihrer Kunst eingeschränkt. Da Übersetzungen gerade dieser Lyrik beinahe immer das Entscheidende, die rhythmische Melodie der Sprache, verlieren, muten sie den Ausländer womöglich flach und trivial an: die Motive sind eben so schlicht, so allgemein typisch, daß sie lediglich in der poetischen Magie des Originals wirken können. Es erhebt sich die Frage, ob Dichter wie Burns, der hier stellvertretend als einer der größten seines Typus stehe, tatsächlich der Weltliteratur angehören. Ihre nationale Repräsentanz ist über jedem Zweifel; weil sie aber vom Nationellen allein erfüllt sind, müssen sie den Rang im eigenen Volkstum erkaufen um den Preis einer übernationalen Bedeutung. Im Falle der Zugehörigkeit zu einer der großen Nationen erringen sie dennoch eine höhere Schätzung; man anerkennt ihre weltliterarische Geltung, vermißt oft jedoch weltliterarische Wirkung. Burns gelangte auch dazu, ungeachtet der gelegentlichen Verwendung des schottischen Dialekts in seinen Liedern. Vielleicht ist er überhaupt der einzige neuere Volksliederdichter auf dem abendländischen Parnaß; man wird dies für Béranger, den beliebten Chansonnier Frankreichs im neunzehnten Jahrhundert, bestreiten müssen – von vergleichbaren deutschen Lyrikern der Romantik ebenfalls abgesehen: womit übrigens nicht ein abschätziges Urteil gemeint ist.

Von den englischen Dichtern der Gefühlsmacht, die gegen Akademismus und Rationalismus auftretend eine neue Epoche einleiteten, ist Robert Burns nicht eine lediglich historisch bewunderte Gestalt geblieben: nie verblaßten Persönlichkeit und Leistung. In unseren Tagen aber erregt ein anderer Name doch noch stärkere Aufmerksamkeit, der eine Zeitlang in England schon verdunkelt war – bis ihn die Wiederbelebung der «metaphysischen Dichter» erneut ins Zentrum des Interesses rückte. Es ist William B l a k e, 1757–1827, der Mystiker, Dichter, Zeichner und Maler, dessen handgeschriebene, auf Platten radierte Bücher heute in England begehrte Kostbarkeiten sind. Mit Blake beginnt die «keltische Renaissance» ihren seither unverminderten Triumphzug ins englische Geistesleben. Er war irischer Abstammung; die früher angedeuteten Eigenschaften des Keltentums sind bei ihm überaus eindrucksvoll abzulesen: Geheimnis und Gestaltlosigkeit. Blake gab sein Schaffen als übernatürliche Offenbarung aus: seine Visionen, von rationalistischen

Kritikern bald als Lüge, bald als Wahnsinn beurteilt, sind unbedingt von subjektiver Glaubwürdigkeit. Sein Schaffen verdankt sich so ausschließlich der Einbildungskraft, also der ursprünglichen Quelle des Musischen, daß gerade er der Dichter und Darsteller des Imaginativen genannt werden muß. Das unterscheidet ihn von dem Schweden Emanuel S w e d e n b o r g , 1688–1772, dessen theosophische Schriften eine geradezu apostolische Bewegung ausgelöst hatten. Swedenborg galt seinen Anhängern als ein auserwähltes Gefäß höherer Schau und höheren Umgangs, nachdem er in vielen Abhandlungen Nachrichten von seinem Verkehr mit Engeln und anderen Mächten der Transzendenz gegeben hatte. Hinzu kam die Faszination seiner Persönlichkeit; die nach seinem Tode in Stockholm gegründete Gemeinde erweiterte sich in England zur New Jerusalem Church und zählte bald auch Konventikel in der Schweiz und in Amerika. Der junge Blake wurde durch seinen Vater auf Swedenborgs Schriften gelenkt; der Einfluß des Schweden blieb auch fürderhin wirksam, obwohl Blakes eigene Mythik und Mystik nicht nur inhaltlich, sondern auch seelisch-sittlich von der für die Gegenkräfte der Aufklärung so charakteristischen Prophetie Swedenborgs abweichen.

Aus der Bibel, sodann aus der klassischen, der germanischen und der keltischen Mythologie, nicht zuletzt auch aus kabbalistischen Angaben schuf Blake einen neuen Mythos; seine Weltschau ist keineswegs allegorisch, sondern wirklich gemeint und geht Hand in Hand mit einer Ethik. Die Einbildungskraft, eine absolut schöpferische Phantasie ist beider Urgrund; deshalb münden sie auch nicht im Theoretischen, sondern zielen auf Handlung, Tat, Fruchtbarkeit. Blake sah Natur und Kultur als Mythos; so hatte er denn auch nicht ein rein ästhetisches Verhältnis zur Kunst, sondern nahm sie als unmittelbare Manifestation der göttlichen oder der satanischen Macht. Etwas durchdringend Leidenschaftliches lebte in diesem Mann, der liebes-überschwenglich, aber auch dämonisch-hassend reagieren konnte. Er stand maßlos selbstsicher auf dem Boden seiner imaginativen Existenz; nie korrigierte er eine Zeile, weil sie ja Offenbarung war. Anfangs berauscht von der Französischen Revolution, deren rote Jakobinermütze er trug, wandte er sich nach dem Terror von ihr ab, ohne deshalb auf den Legitimismus zu schwören. Widersprüchlichkeit gehört zu ihm als Dichter wie als Zeichner: er erinnert ständig an den Barock, und zwar überwiegend an dessen überladene Ausdrucksformen – er unterhielt Beziehungen zur Gotik, arbeitete aber in seinen Radierungen gemäß den linearen Idealen des Klassizismus; die Farbe hatte sich unterzuordnen. Die englischen

Präraffaeliten bewunderten seine Radierungen und feierten seine Gedichte als den Beginn des Symbolismus.

Der Zeichner und Radierer Blake wird den heutigen Betrachter nicht in dem Grade überzeugen oder gar überwältigen können, wie es ein anderer Meister des Griffels aus jener Zeit vermag: die Blätter Francisco Goyas offenbaren wirklich das Mythische und Dämonische, während Blakes Arbeiten schließlich im Allegorischen befangen bleiben. Aber seine Gedichte gewinnen immer mehr an Leuchtkraft. Sie haben etwas geisterhaft Transparentes und zugleich eine substantielle Gedrungenheit; sie sprechen ein Besonderes aus, dennoch schwingt in einem jeden die Resonanz allheitlicher, mythischer Welt. Ein bezeichnendes und berühmtes Beispiel für die imaginativ-schöpferische Fülle der dichterischen Welt William Blakes ist *Der Tiger:*

Tiger, Tiger hell entfacht	Welche Schulter, welch Gesetz
In den Abgründen der Nacht:	Flocht dein Herz als sehnig Netz?
Welches Aug wars, welche Hand,	Als es schlug, weß Hand voll Grauen
Die dein furchtbar Gleichmaß band?	Formte deine Schreckensklauen?
Feuer –: wo im Himmel brannte	Welcher Hammer, welcher Griff
Das dir in das Aug gebannte?	Ballte deine Kraft und schliff
Wessen Hand hat es geraubt?	Dein Gehirn? Was für Gewalt
Wem war solcher Flug erlaubt?	Hat dein tödlich Graun geballt?

> Als die Sterne Speere schossen,
> Tränen in den Himmel gossen,
> Sah lächelnd Er sein Werk vor sich?
> Schuf Er, der auch das Lamm schuf, dich?

Das «Lamm» ist die fleischgewordene Inspiration durch den erlösenden Christus; aber der Weltschöpfer Blakes ist auch Schöpfer des «Tigers». Daher stammt des Dichters verehrendes Ethos für alle Größe, zuhöchst der menschlichen, die ihm Verkörperung des göttlichen Geistes war.

Die Inspiration Blakes zu seinen prophetisch-mythologischen Werken strömt aus der christlichen Substanz des Abendlandes; ihr spezifisch Englisches ist der Filter der puritanischen Erlebniswelt, die schon vorher immer wieder Auserwählte und Erweckte zu freiem Worte kommen ließ. Man empfand es nicht als subjektives Sektierertum, sondern durchaus als konform dem eigentlichen, dem urchristlichen Verhältnis des Einzelnen zur Gottheit; als ein pfingstliches Zungenreden, das jederzeit möglich ist. Wenn man deshalb vorsichtig sein muß bei einer Beurteilung von Blakes Visionen als bloßen Mythologemen, wie sie später literarisch kreiert wurden, so läßt ein Vergleich mit Milton – auf den sich Blake oft bezieht – doch einen Wandel erkennen. Der Dichter des Verlorenen Paradieses erging sich zwar mit schöpferischer Phantasie innerhalb der überkommenen biblischen Topographie und ihrer Gestalten, hingegen sind Blakes Gesichte trotz ihrer quellenkritisch nachweisbaren Benennungen wesentlich original, und er hebt dies ausdrücklich hervor.

In weltliterarischer Zusammenschau dürfte man kaum den deutschen Autoren, die zwischen 1650 und 1750 wirkten, eine breitere Untersuchung einräumen; wenn sie nicht auf ihre Weise die gleichlaufende Produktion der Engländer und Franzosen widerspiegelten, zwar meist mit einiger Verspätung, doch nicht ohne episodischen und illustrativen Reiz – wenn sie nicht vor allem die Hochepoche zwischen 1750 und 1850 vorbereiteten. Deutsche Schriftsteller und Gelehrte unterstützten die Aufklärung, indem sie zunächst einen Reinigungsprozeß einleiteten. Spätere Generationen haben oft mit amüsierter oder bestenfalls mitleidiger Nachsicht auf diese Männer herabgesehen; das ist ebenso gedankenlos wie undankbar. Gewiß kamen keine weltbewegenden, ja kaum in der Nation selbst weiterlebende Schöpfungen zustande; dennoch wäre die Erfüllung ohne jene Bemühungen vielleicht nicht oder nur in schlackenhafter Gestalt hervorgetreten. Es ist ferner beklagt worden, daß die unstreitig schülerhafte, pedantische Anlehnung an englisch-französische und antike Muster den Nährboden des Volkstümlichen, des Volksnahen, Volkhaften, kurzum des deutsch Eigentümlichen nicht nur vernachlässigt, sondern gar verschüttet hätte; zwar haben einige solcher kritischen Stimmen wenigstens die ungebrochene Durchdringung des deutschen Volkstums mit dem Christentum vornehmlich deshalb positiv gewertet, weil sie als gefühlsreiner Pietismus eine echte Äußerung der «deutschen Seele» gewesen sei; daß andere, meist politisch gestimmte Publizisten selbst die Christlichkeit der Nation als «Überfremdung» hinstellten und am liebsten gewaltsam ausgelöscht sehen wollten, ist ja bekannt. Den immerhin ernst gemeinten und auch ernst zu nehmenden Vorbehalten, die der Literatur der deutschen Klassik und Romantik Vorherrschaft und Ziel der Bildung als einen Irrweg schon der vorklassischen Periode zurechnen, muß geantwortet werden, daß es weder in Deutschland noch irgendwo im Abendlande nach 1789 eine Nation im Sinne der «Volkheit» gibt. Gewiß haben sich im Verlaufe der romantischen Tendenzen diejenigen Gebilde herauskristallisiert, die man seither die europäischen «Nationen» nennt – und es soll nicht bestritten werden, daß deren wertvollster und echter Kern noch legitim vom alten Volkstamm abstammt. Aber die betont politischen Akzente dieses

neuen Nationalen radikalisierten sich nur allzu behende ins Nationalistische, also mehr oder weniger doch ins Machtpolitische, dessen
Merkmale teils privatkapitalistische, teils massensozialistische Ideologien sind. Es zeigt sich nunmehr, daß man unter Kultur allmählich zu verstehen beginnt: entweder das Funktionieren des sozialen
Gewissens oder den Bildungsstandard einzelner Individuen. Im
ersten Falle hat man es eindeutig mit Moral zu tun – und wie sich
das Wertesystem einer Moral sehr oft gegen das Geistige und Musische abgesetzt hat, so geschieht es auch im Geltungsbereich der
sozialen Gewissenhaftigkeit: der Sozialismus aller Spielarten neigt
dazu, Kunst und Geist zu beaufsichtigen, wenn nicht gar zu regle-
mentieren. Die «freien Künste» werden als «Arbeit», als soziale
Funktion angesehen.
Allgemein sichtbar scheiden sich seit der Großen Französischen
Revolution die prinzipiell moralisch oder moralisierend gearteten
Ideologen und Organismen sozial-gewissenhafter Prägung – und
die vielfältigen, ebenso interessanten wie zersplissenen Selbstdar-
stellungen gebildeter Individuen. Diese beiden Mächte streben
manchmal nach einer Allianz, die man politisch als Bemühung um
eine praktikable Demokratie bezeichnen darf. Aber auch darin
überwiegt ein sittliches Wertesystem; die freien, theoretischen und
musischen Beschäftigungen dürfen sich nicht gegen dieses Fundament richten. Die Demokratie trachtet nach dem Bürgerlichen und
dem Bürger; im Ernstfall bestreitet sie die Kultur als Alibi der
Moral. Es besteht die Möglichkeit des kosmopolitischen oder des
sozialistischen Bürgers: dieser wird streng von einer Ethik her beurteilt, jener bewegt sich in einem vergleichsweise liberalen Raum.
Die damit einsetzende Nivellierung der Literatur läuft Gefahr, eine
korrespondierende Funktion der Gesellschaft zu werden; eine Ver-
engung des Gehalts kann die Folge sein. Der große, hohe Stil verfällt der Verbürgerlichung, zuletzt der Vermassung. Bevor es aber
dazu kam, erhob sich an Stelle des religiösen Ordos ein metaphysischer: der deutsche Idealismus. Die moderne Subjektivität fügt sich
einer transzendierenden Wertordnung ein, die sie sich selber schuf,
und konnte so ein Beispielhaftes, ein Klassisches erwirken wie auch
daran teilnehmen. Es war eine letzte und äußerste Möglichkeit, ein
extremes Wagnis, das Objektive mit dem Subjektiven zu vermählen;
das Ergebnis ist die «moderne Klassik», oder eine «Klassizität des
Modernen», erzielt von der deutschen Literatur um 1800. Die Elemente ihrer Ursprünge enthalten aber zugleich schon die Ursachen
ihres Zusammenbruches.
Zwar nicht eigentlich primär, jedoch sekundär bedeutsame Ur-

sprünge läßt eine Betrachtung der überwiegend zur Aufklärung unternommenen gelehrten und schöngeistigen Arbeit in der ersten Hälfte des 18. Jahrhunderts erkennen.

Die zahlreichen Nachahmungen und Entlehnungen besonders aus dem französischen, sodann aus dem antiken Schrifttum während des deutschen Spätbarocks sind offenkundig. Daß sie bei subalternen Autoren in Pedanterie oder Affektiertheit ausarteten, ist bereits frühzeitig zu bemerken. Man trug die Kleider ausländischer Machart selten mit natürlicher Grazie und Sicherheit; nur zu oft lugt, komisch und rührend zugleich, die alte, unverkennbare «teutsche» Biederkeit, Schwerfälligkeit, Kleinbürgerlichkeit aus den Schlitzen des kostbaren Putzes. Dies war das vielzitierte und vielbeschriene «à la mode»-Unwesen – ein anderes war die nachgerade immer steifere, hölzerne Orthodoxie des deutschen Protestantismus. Längst war der großartige, nothafte und begeisterte Aufbruch der Reformation vergessen und erloschen. Die beamtete Landeskirchenhierarchie entriet allmählich des Feuers der volkhaften Religiosität, die sich deshalb isolierte in Konventikeln, wo man nicht mehr voll lutherischer Entschlossenheit und Stoßkraft seinen Gott beschwor – von einer auch nur annähernd mit Jacob Böhme oder gar mit Meister Ekkehart vergleichbaren Vergeistigung ganz zu schweigen. Dafür aber verinnigte sich das religiöse Erleben und fand als eine lyrische Frömmigkeit, als Pietismus, echte Gebärden und echte Worte. Man möchte geneigt sein, den deutschen Pietismus als eine Parallele zum französischen Jansenismus anzusprechen – aber der Vergleich zeigt, daß dieser Seelenstimmung in Deutschland dauernd etwas Provinzielles, zwar gottselig Inniges, nicht minder jedoch auch gottselig Eifriges, privat Spintisierendes anhaftet; einen deutschen Pascal sucht man vergebens. Wohl dichtete man fleißig langstrophige Erbauungslieder, und das Gesangbuch erweiterte sich zum Staubecken von Ergüssen; die große Zeit war vorüber – einem Paul Gerhardt folgte kein echtbürtiger Lyriker. Poesie und Schriftstellerei verödeten trotz dieser pietistischen Aufhöhungen; es muß aber daran festgehalten werden, daß sich im Pietismus gute, ja unleugbar beste Kräfte auf ihre Weise regten: wenn nicht schöpferisch, so doch erhaltend und immerhin aufgeschlossen. Die «schönen Seelen», die hier gediehen, waren durchaus mitbeteiligt an dem gewaltigen deutschen Geistesbau zwischen 1750 und 1850. Aus ihren Kreisen entstammen vielfach jene Männer, die der zugespitzten rationalistischen Aufklärung ein heilsames Gegengewicht verliehen; kamen sie auch nicht immer direkt aus dem Pietismus, so waren sie ihm doch gefühlsverwandt.

Die Unausgeglichenheit, in seinem persönlichen Falle gar die selbst-
zerstörerische Zerrissenheit eines typischen Übergangsmenschen
zeigt ein Lyriker, den man als eine Vorahnung Goethes charakterisiert hat: Johann Christian Günther, 1695–1723. Das ist lediglich
mit Bezug auf die eigenkräftige Wortmacht seines Dichtertums zu
verstehen. Es gilt kaum für seine studentischen, eher schon für seine
geistlichen Lieder – und auch hier nur für das Aufleuchten erlebter,
erlittener Stellen; Günthers Liebesgedichte, die Leonoren-Verse,
sind die originalste Leistung. Bei seinem versifikatorischen Talent,
wie es eine Masse von auf Verlangen angefertigten Poesien verrät,
hätte sich Günther vielleicht eine bürgerliche Position sichern können; aber Trunksucht und Unzuverlässigkeit ließen ihn früh verkommen; «er wußte sich nicht zu zähmen, und so zerrann sein
Leben wie sein Dichten» – dieses vielzitierte Urteil Goethes trifft
schon die Sache. Immerhin zuckte hier aus der bürgerlichen Dumpf-
heit ein Strahl des Genies – eine unbequeme Auflichtung der
menschlichen Situation für Sittenrichter, damals wie heute. Der
Wollust und Unflätigkeit zieh Günther ein Literaturprofessor, der
wie die fleischgewordene Spießer-Verständigkeit anmutet: es war
der erste neuere deutsche Literaturpapst Johann Christoph Gottsched, 1700–1766.

Jene Zeit bedurfte eines neuen Opitz. Daß Gottsched auch nicht annähernd den bahnbrechenden Ästhetiker der Ersten Schlesischen
Schule erreicht, ist ein persönlicher Fall; er beweist zudem, daß es
nicht dasselbe ist, wenn zwei dasselbe tun. Gottsched hatte eine
kritische Dichtkunst veröffentlicht, deren Verdienste um die Reinigung des Schrifttums man nicht leugnen sollte. Die derbe Borniertheit, die «der große, breite, riesenhafte Mann» – so sah ihn der
junge Goethe bei einem Besuch – vor dem eigentlichen Wesen aller
Dichtung in seiner Begriffsbestimmung der Poesie als Nachahmung
der Natur wie in seiner Verständnislosigkeit für Homer, Sophokles,
Vergil, Ariost, Shakespeare und Milton bewies, mußte allerdings
seine Reform zum Scheitern verurteilen. In einigen Definitionen erinnert er oberflächlich an Opitz; war jedoch dessen Klassifizierung
der Tragödie und der Komödie noch von einem rechten Wertgefühl
getragen, so machte sich Gottsched dabei nur lächerlich. Etwa, wenn
er sagt, eine Tragödienhandlung dürfe nicht in der Nacht vor sich
gehen, weil die Nacht – zum Schlafen bestimmt sei! Eine klotzige
Intoleranz brach ständig in seinen literarischen Fehden durch, obwohl er theoretisch Duldsamkeit als vernunftgemäß forderte.
Mit Gottscheds Namen verbindet sich eine theatergeschichtliche

Säuberungsaktion. Er wollte eine deutsche Schaubühne anbahnen, deren Vorbilder die klassischen französischen Dramen waren. Er ließ zu diesem Zwecke übersetzen, beteiligte sich selbst an solchen Arbeiten und fand endlich bei der Gattin des Komödiantenprinzipals Neuber auch die praktische Hilfe. Im Bunde mit der Neuberin verbannte Gottsched den allmählich zur ordinärsten Gemeinheit entarteten Harlekin aus dem Ensemble; die Aufführungen erfolgten alsbald im französischen Hofstil.

Obwohl diese Ulkfigur – Harlekin, Hanswurst, auch Pickelhering genannt – mit rüdesten Späßen die Szene erfüllt und offenbar damit dem Vergnügen breiter Massen entsprochen hatte, stritt man bald über Gottscheds Aktion – und verurteilt sie gelegentlich noch heute. Die lustige Person im Drama Shakespeares, Clown, und der Spanier, Grazioso, war nicht nur für den Kontrast wirksam und wichtig; ihre Funktion rundete das Weltbild jener Bühnendichtung zur Vollständigkeit ab: ein Gegenchorus zu den passionierten Oberstimmen. Als Abkömmling phallischer Naturdämonen gehört er zum «Welttheater». In der Praxis geringer Theaterschriftsteller oder gewinnsüchtiger Prinzipale verfiel diese Figur der Plattheit und dem Obszönen. Mithin war es mit der Verbannung des Harlekins durch Gottsched höchste Zeit; daß der lehrmeisterhafte Purist diesen Typus nicht von innen her läutern und poetisch durchgeistigen konnte, darf ihm nicht vorgeworfen werden: das vermochten ohnehin nur größte Dichter. Die Kritik, besonders die gegenwärtige, bedauert nun die Abschnürung der echten, komödiantischen Entwicklung von jenem volkhaften oder elementaren Humus, aus dem der Harlekin hervorgegangen war: indem man ihn verfemte, habe man das Theater und damit auch die dramatische Poesie zwar bildungsmäßig verfeinert – aber auch verfeinert ins nur Bildungsmäßige.

Der ganze Streit ist danach zu beurteilen und zu entscheiden, ob überhaupt eine Identität von Theaterstücken und dramatischem Gedicht besteht oder gar bestehen muß. Zweifellos bestand sie zur Zeit der höchsten neueren abendländischen Dramatik: bei den Elisabethanern und bei den Spaniern. Bei der französischen tragédie classique ist das anzuzweifeln; diese Dramen bahnen ersichtlich eine Loslösung des dichterischen Textes von dem bloßen Libretto der Bühne an. Wohl wurden und werden die französischen Klassiker auch inszeniert – unbedingt notwendig ist das nicht. Durch die Aushöhlung der volkhaften Nationen verlor das Theater seine legitime Verbundenheit mit dem Gemeingeist – und nicht nur das Theater, sondern die Literatur überhaupt verlor sie. Aber aus dem Mangel

erwirkte der dichterische Genius eine neue Schöpfung: das dramatische Gedicht. Nun kursiert immer noch mit der Zählebigkeit der
Phrase die Ansicht, daß solche dramatischen Gedichte nur «Buch-
oder Lese-Dramen» seien: «blutleer» und wie die einschlägigen
allgemeinverständlichen Anprangerungen sonst lauten mögen. Dabei lehrt ein Blick auf die hohe Musik des Barocks eine ganz ähnliche
Entwicklung: die Sätze oder Konzerte tragen Tanzbezeichnungen –
dennoch wurde nach solchen Werken von Bach und Händel gar
nicht mehr getanzt; es handelt sich lediglich um formale Gesetzmäßigkeiten der Komposition, die als Menuett, Allemande, Cou-
rante, Sarabande, Gigue usw. erscheinen und kenntlich gemacht
werden. Man hat auch darauf aufmerksam gemacht, daß die plato-
nischen Dialoge von der Dramentechnik beeinflußt sind; natürlich
wurden sie nicht inszeniert, und niemand wäre auf den Gedanken
verfallen, sie deshalb als mißratene oder fragwürdige Produkte zu
werten. Es blieb neben so vielen Begriffs- und Instinktverwirrungen
in den ästhetischen Ordnungen erst der neuesten Zeit vorbehalten,
das dramatische Gedicht zu bedauern oder rundweg abzulehnen,
nur weil es «bühnenfremd» sei.

Die hier vorgetragenen Erwägungen beschäftigten natürlich den
Professor Gottsched noch nicht; er wollte den Theatergeschmack
reinigen – und das war gut und fruchtbar. Daß er damit die Entstehung des dramatischen Gedichtes förderte, geschah über den
zweckbewußten Willen hinaus.

Unmittelbare Folgen für den Gang der deutschen Literatur und für
die Begriffsbildung der literarischen Ästhetik hatte Gottscheds Niederlage in seinem Streit mit einigen Schweizer Schriftstellern. Die
Schweiz stand als Asyl- oder Reiseland führender französischer Aufklärer mit im Zentrum des geistigen Lebens; die Internationalität
der Aufklärung verwischte hier allerdings niemals die Nähe zum
Volkstümlichen – in der Person Rousseaus bekannte sie sich sogar
repräsentativ zum Bodenständigen und zum Gefühl. Johann Jakob
B o d m e r, 1698–1783, und Johann Jakob B r e i t i n g e r, 1701–1776,
miteinander befreundet, kämpften für die Rechte der Phantasie.
Das Wunderbare war ihnen vorbildlich in Miltons Werk aufgegangen – so gestärkt beantwortete Bodmer mit seiner *Kritischen Dichtkunst* die gleichnamige Abhandlung Gottscheds. Den Nachgeborenen erscheint der Unterschied nicht einmal so erheblich, weil auch
die Schweizer die Nachahmung der Natur forderten, und schon
Goethe bemängelte Bodmers moralische Nutzanwendung des Wunderbaren, die eine Überbewertung der lehrhaften Fabel zeitigte.
Die Schwierigkeiten, eine selbstgültige Kunstlehre für die Literatur

aufzustellen, wurden durch die Anlehnung der beiden Schweizer an die Malerei vermehrt; als Breitinger «die Poesie eine beständige und weitläufige Malerei» nannte, förderte er den leidigen Hang zur Beschreibung. Außerdem hatten die Schweizer das Wunderbare nicht ohne teilweise erheiternde Folgen als das Neue erklärt: neu war damals aber auch die Wirkung Miltons, und so eiferte man dem Dichter des Verlorenen Paradieses mit biblischen Epen von redseliger Breite nach. Bodmers *Noah* oder *Noachide* wurde geradezu «ein vollkommenes Symbol der um den deutschen Parnaß angeschwollenen Wasserflut, die sich nur langsam verlief», wie Goethe in Dichtung und Wahrheit schrieb. Mit Bodmers Namen aber ist die Wiederentdeckung des Nibelungenliedes, der mittelhochdeutschen Minnesänger und des Wolframschen Parzifal verknüpft, die jahrhundertelang vergessen waren oder doch nur in den «Volksbüchern» ein entstelltes Dasein fristeten.

Der originale Beitrag der Freunde zur Poesie geriet mehr und mehr in Vergessenheit; aber ein anderer Schweizer, der Naturforscher, Arzt und Dichter Albrecht v. H a l l e r, 1708–1777, hat in einigen Partien seines idealen Lehrgedichts *Die Alpen* reine Anschauung in reicher Sprache gegeben. Mit der Genauigkeit seiner Urteilsformulierung bemerkte Schiller, dem Hallers Werk neben Goethes Schilderungen der Alpen für den «Wilhelm Tell» dienlich war, später dazu: «Der Gedanke selbst ist kein dichterischer Gedanke, aber die Ausführung wird es zuweilen, bald durch den Gebrauch der Bilder, bald durch den Aufschwung zu Ideen. Nur in der letzteren Qualität gehören sie hierher. Kraft und Tiefe und ein pathetischer Ernst charakterisieren diesen Dichter ... Nur überwiegt überall zu sehr der Begriff in seinen Gemälden, so wie in ihm selbst der Verstand über die Empfindung den Meister spielt. Daher l e h r t er durchgängig mehr, als er d a r s t e l l t...»

So zählebig herrschte also noch immer das Klima der rationalistischlehrhaften Aufklärung, und Haller war nicht der einzige, der da glaubte, «daß philosophische Begriffe und Anmerkungen sich reimen lassen». In diesem Vorstellungskreis bewegte man sich fast allerorten; die meist noch ungetrübte oder doch nur lyrisch angehauchte Selbstsicherheit der Vernunftkultur wiegte sich in anthropozentrischer Naturverehrung – nicht ohne einen erbaulichen Deismus. Im deutschen Norden, in Hamburg, schrieb Barthold Heinrich B r o c k e s, 1680–1747, sein *Irdisches Vergnügen in Gott* – einen «gereimten physiko-theologischen Beweis», wie David Strauß witzig, aber doch nicht zulänglich, bemerkt hat.

Ob nun gereimter Beweis oder gereimte Erbauung: die Unterschiede fallen kaum ins Gewicht. Denn sie alle, die Schweizer und der Hamburger, betrieben ihr Dichten meist als Versifikation. Auch etwas jüngere Autoren, die sich im allgemeinen der neuen Richtung anschlossen, produzierten im gleichen Sinne. Diese poetischen Beschreiber gaben noch ihr Bestes mit kleinen Idyllen und mit einzelnen Miniaturen; ihre Verse klingen nach Freizeitbeschäftigung – es sind «erlesene Proben poetischer Nebenstunden», wie Friedrich v. Hagedorn, 1708–1754, ein Freund Hallers, seine erste Veröffentlichung nannte. Er neigte zu der französisch kostümierten Anakreontik, war überhaupt ein Mann größeren Umblicks, fühlte sich als Europäer, «um nicht bloß eine einheimische Vernunft» zu haben. Sein Vorbild war La Fontaine, den er als Fabelautor auswertete; mit Oden und Liedern entzückte er seine Generation: im Ganzen ein verkleinerter Horaz mit verspielter Lebensfreude, Satire und Lehrhaftigkeit. Eine dauerhafte Bürgerpopularität erwarb sich Christian Fürchtegott Gellert, 1715–1769, der in Leipzig als Professor der Moral und Poesie dozierte: pietistisch fromm, überprüde – und doch ein rätselhafter Charakter. Der junge Goethe lächelte mit anderen Kommilitonen über diese «schöne Seele» und entwarf ein anschauliches Porträt: «Mit gesenktem Köpfchen und der weinerlich angenehmen Stimme pflegte er uns zu fragen, ob wir denn auch fleißig in die Kirche gingen, wer unser Beichtvater sei und ob wir das heilige Abendmahl genössen. Wir waren mehr verdrießlich als erbaut, konnten aber doch nicht umhin, den Mann herzlich lieb zu haben.» Seine *Fabeln* rührten weit und breit gleichgestimmte Herzen – und nicht nur in behüteten Bürgerhäusern, auch im einfachen Volke fand er Resonanz. In seinen *Familiengemälden* erkannte man sich wieder; das evangelische Gesangbuch hat einige Lieder aufgenommen – zuhöchst das schöne «Die Himmel rühmen des Ewigen Ehre».

Gellert gleicht als Verspoet dem liebenswürdigen und liebesfähigen Johann Ludwig Gleim, 1719–1803, der in seinem langen Leben das Erwachen so vieler Großer mitangesehen und eigentlich aller Jugend ein aufgeschlossenes Herz bewahrt hat. Bei ihm wurde die all-europäische Gefühlswoge zum Freundschaftskult: er vereinigte in seinem Freundschaftstempel die Bildnisse derer, die ihm nahestanden oder denen er sich seelisch verbunden wußte. Ein leichtes Reimtalent, nicht mehr und nicht minder konventionell als das der Zeitgenossen, führte seine Feder: herkömmlich anakreontisch besang er Mädchen und Wein, ohne sich an beidem zu übernehmen. Aber die sanfte, temperierte Stimme des Wassertrinkers erhob sich plötzlich im Getöse des Siebenjährigen Krieges und wurde patriotisch in den *Preußischen Kriegsliedern*. Denn auch Gleim war «fritzisch» gesinnt – wie der kaiserliche Rat Goethe in Frankfurt, und geriet in Grenadierbegeisterung. Lessing schrieb: «Es ist aber eine sehr gehorsame Begeisterung, die sich nicht durch wilde Sprünge und Ausschweifungen zeigt, sondern die wahre Ordnung der Begebenheiten zu der Ordnung ihrer Empfindungen und Bilder macht.»

Dennoch wäre es zu billig, die Begeisterung auch vieler Männer, die von Natur aus alles andere als «Militaristen» waren, für den preußischen König und seine Unternehmungen überlegen oder bedauernd abzutun. Denn nach wie vor steht maßgeblich die Betrachtung Goethes im siebenten Buche von Dichtung und Wahrheit, das überhaupt einer Rückschau auf die unmittelbare Vorläuferschaft der eigenen Jugend des Dichters gewidmet ist: «Der erste wahre und höhere eigentliche Lebensgehalt kam durch Friedrich den Großen und die Taten des Siebenjährigen Krieges in die deutsche Poesie. Jede Nationaldichtung muß schal sein oder schal werden, die nicht auf dem Menschlich-Ersten ruht, auf den Ereignissen der Völker und ihrer Hirten, wenn beide für einen Mann stehn. Könige sind darzustellen in Krieg und Gefahr, wo sie eben dadurch als die Ersten erscheinen, weil sie das Schicksal des Allerletzten bestimmen und teilen und dadurch viel interessanter werden als die Götter selbst, die, wenn sie Schicksale bestimmt haben, sich der Teilnahme derselben entziehen. In diesem Sinne muß jede Nation, wenn sie für irgend etwas gelten will, eine Epopöe besitzen, wozu nicht gerade die Form des epischen Gedichts nötig ist ... Denn der innere Gehalt des bearbeiteten Gegenstandes ist der Anfang und das Ende der Kunst. Man wird zwar nicht leugnen, daß das Genie, das ausgebildete Kunsttalent, durch Behandlung aus allem alles machen und den widerspenstigen Stoff bezwingen könne. Genau besehen entsteht aber alsdann immer mehr ein Kunststück als ein Kunstwerk, welches auf einem würdigen Gegenstand ruhen soll, damit uns zuletzt die Behandlung, durch Geschick, Mühe und Fleiß, die Würde des Stoffes nur desto glücklicher und herrlicher entgegenbringe. Die Preußen und mit ihnen das protestantische Deutschland gewannen also für ihre Literatur einen Schatz, welcher der Gegenpartei fehlte und dessen Mangel sie durch keine nachherige Bemühung hat ersetzen können. An dem großen Begriffe, den die preußischen Schriftsteller von ihrem König hegen durften, bauten sie sich erst heran, und um desto eifriger, als derjenige, in dessen Namen sie alles taten, ein für allemal nichts von ihnen wissen wollte.»

Denn der Fürst, F r i e d r i c h d e r G r o ß e, hat seine Geringschätzung der deutschen Autoren hartnäckig bis ins hohe Alter konserviert; er schrieb im Jahre 1780, als bereits größte Dichtungen in deutscher Sprache veröffentlicht waren, seine bittere Abhandlung *De la littérature allemande*. In der «halbbarbarischen» deutschen Sprache gebe es nichts, was sich den großen Mustern des Altertums vergleichen lasse; obendrein vergehe das deutsche Publikum vor Entzücken beim Anhören der «abscheulichen Dramen von Shakespeare», «dieser lächerlichen, für den Wilden in Kanada geeigneten Farcen»; ja man schreibe «eine verwerfliche Nachahmung jener schlechten englischen Stücke», womit Goethes Götz, eine «widerliche Plattheit», gemeint ist. Wohl um das gekränkte deutsche Nationalgefühl zu besänftigen, verwies man später oft auf den Schluß der Abhandlung:

Die schönen Tage unserer Literatur sind noch nicht gekommen; aber sie nahen sich. Ich künde sie euch an, sie werden erscheinen, ich werde sie nicht schauen, mein Alter versagt mir diese Hoffnung. Ich bin wie Moses: ich schaue von ferne das Gelobte Land, aber ich werde es nicht betreten.

Vielleicht ahnte der König seine abständige, überalterte Geisteslage, als er diese Prophetie aussprach. Wie dem auch sei, die Nation selbst und ihre Wortführer haben es ihm nicht lange nachgetragen – so bemüht waren sie, sich einen Dämon gemütlich nahezubringen durch Anekdoten und Verehrung. Für diesen zwie- oder auch vielschichtigen Mann war eine der edelsten Erscheinungen jener deutschen Frühe auf dem Schlachtfelde von Kunersdorf tödlich verwundet worden: Ewald v. K l e i s t, 1715–1759, die «gleichsam seliggesprochene deutsche Dichtergestalt», wie Goethe bemerkt. Das Gedächtnis mehr der Kundigen als des Volkes bewahrt ihn als Verfasser des *Frühling*, einer beschreibenden, gleichwohl lyrisch durchseelten Dichtung in Hexametern, jedoch mit einer unbetonten Vorschlagsilbe. Er stand Lessing nahe und soll verklärt als der Major Tellheim in Minna von Barnhelm porträtiert sein. Ewald v. Kleist liebte ebensowenig wie später ein anderer Sproß dieses Hauses, Heinrich, den preußischen Drill und die Methoden des Exerzierplatzes; dennoch schrieb er eine *Ode an die preußische Armee*, erfüllt von der Ahnung eines frühen Todes.
An Stelle einer originalen Klassizität war auch Ewald v. Kleist auf den akademischen Klassizismus seiner Generation angewiesen. Und wie die Folgezeit lehrt, wäre aus dem Gehalt einer «Nationaldichtung» auch nicht der klassische, «eigentliche Lebensgehalt» erwirkt worden. Denn die Epoche der Nationaldichtung war abgeschlossen: sie hatte sich in Italien, Spanien, England und Frankreich nach der

musischen Vergeistigung des Volkhaften zu übernationaler Gültigkeit in den voraufgegangenen Jahrhunderten manifestiert – die Aufgabe der deutschen Literatur sollte es sein, ein Beispiel von Weltliteratur zu liefern. Auch hierüber hat sich Goethe geäußert, als er in dem Essay «Literarischer Sanskulottismus» davor warnte, die Ausdrücke klassischer Autor, klassisches Werk allzuoft zu gebrauchen. Diese Untersuchung ist an der Schwelle der «modernen Klassik» so prinzipiell, daß sich erst im Anschluß daran Funktion und Vermächtnis der deutschen Klassiker und Romantiker in einigen Zügen andeuten lassen. Goethe fragt:

Wann und wo entsteht ein klassischer Nationalautor? Wenn er in der Geschichte seiner Nation große Begebenheiten und ihre Folgen in einer glücklichen und bedeutenden Einheit vorfindet; wenn er in den Gesinnungen seiner Landsleute Größe, in ihren Empfindungen Tiefe und in ihren Handlungen Stärke und Konsequenz nicht vermißt; wenn er selbst, vom Nationalgeiste durchdrungen, durch ein einwohnendes Genie sich fähig fühlt, mit dem Vergangenen wie mit dem Gegenwärtigen zu sympathisieren, wenn er seine Nation auf einem hohen Grade der Kultur findet, so daß ihm seine eigene Bildung leicht wird; wenn er viele Materialien gesammelt, vollkommene oder unvollkommene Versuche seiner Vorgänger vor sich sieht und so viel äußere und innere Umstände zusammentreffen, daß er kein schweres Lehrgeld zu zahlen braucht, daß er in den besten Jahren seines Lebens ein großes Werk zu übersehen, zu ordnen und in e i n e m Sinne auszuführen fähig ist ... Eine bedeutende Schrift ist, wie eine bedeutende Rede, nur Folge des Lebens; der Schriftsteller so wenig als der handelnde Mensch bildet die Umstände, unter denen er geboren wird und unter denen er wirkt. Jeder, auch das größte Genie, leidet von seinem Jahrhundert in einigen Stücken, wie er von andern Vorteil zieht, und einen vortrefflichen Nationalschriftsteller kann man nur von der Nation fordern ... Wir wollen die Umwälzungen nicht wünschen, die in Deutschland klassische Werke vorbereiten könnten.

Dieser letzte Satz raunt eine jener hintergründigen Ahnungen und Einsichten Goethes, wie sie die Geschichte bestätigt hat: den klassischen Nationalliteraturen in Italien, Frankreich, Spanien und England gingen allerdings solche «Umwälzungen» – durchaus nicht wünschenswert im Hinblick auf die Wohlfahrt der in Mitleidenschaft gezogenen Menschen! – voraus; man sollte nie die Leiden, die Schmerzen, auch und gerade die körperlichen, vergessen, mit denen die Menschheit ihre Aufschwünge bezahlen mußte und in Zukunft ebenfalls wird bezahlen müssen. Die deutsche, die moderne Klassik ist keine Klassik einer Nationalliteratur – und sie brauchte es nicht zu sein, weil es nicht mehr der Forderung der Epoche entsprach.

Ehe die Flamme einer neuen Dichtung und einer neuen Metaphysik emporstrahlen konnte, mußte die Atmosphäre des Zeitalters von den letzten Resten starrer Verstandeskonstruktionen gereinigt werden. Die Aufklärung neigte bei allem Willen zur Toleranz zu einem Prinzipienglauben, dessen Alleinherrschaft eine Despotie ideologischer Normen heraufführen konnte. Dem gebot Einhalt, indem er aus dem Rationalismus selbst die Gegenkräfte weckte, der größte Sohn der europäischen Aufklärung: Immanuel K a n t. Im selben Jahre wie der Erneuerer der deutschen Dichtung, Klopstock, geboren, 1724 in Königsberg, wo er 1804 gestorben ist, hat der Philosoph dem gesamten abendländischen Geistesleben entscheidende Direktiven gegeben. In welchem Sinne Kant, der auf seine Herkunft aus der Aufklärung stolz war, das große Werk unternommen hat, sagt seine Begriffsbestimmung der Aufklärung:

Aufklärung ist der Ausgang des Menschen aus seiner selbstverschuldeten Unmündigkeit. Unmündigkeit ist das Unvermögen, sich eines Verstandes ohne Leitung eines anderen zu bedienen. Selbstverschuldet ist diese Unmündigkeit, wenn die Ursache derselben nicht am Mangel des Verstandes, sondern der Entschließung und des Mutes liegt, sich seiner ohne Leitung eines anderen zu bedienen. Sapere aude! Habe Mut, dich deines eigenen Verstandes zu bedienen! ist also der Wahlspruch der Aufklärung.

Er galt, wie selbstverständlich für Kant, so auch für die kühnen Männer, die vorher in Frankreich und England «es wagten, zu wissen». Und nicht nur in diesen Ländern waren solche Bahnbrecher aufgetreten – auch in Deutschland gab es Vorläufer: allen voran Christian W o l f f, 1679–1754. Er hatte sich an Leibniz gebildet, befocht anfangs die Freidenker, Deisten, Skeptiker und Materialisten, gelangte in seiner Kritik an der Wunder-Überlieferung der Bibel zu weitgehender Selbständigkeit als Religionsphilosoph und schuf – auch hierin Leibniz folgend – in seinen deutsch gehaltenen Vorlesungen und Abhandlungen die Grundlagen der heute noch üblichen philosophischen Begriffssprache. Schon der Titel eines seiner wichtigsten Bücher ist charakteristisch für Geist und Methode: *Vernünftige Gedanken von den Kräften des menschlichen Verstandes und ihrem richtigen Gebrauch in Erkenntnis der Wahrheit;* Kant wußte sich als Fortsetzer eines solchen vernünftigen Denkens und feierte das berühmte Schulhaupt der älteren deutschen Aufklärung als «Urheber des bisher noch nicht erloschenen Geistes der Gründlichkeit in Deutschland».

Diese Gründlichkeit war nach dem Herzen eines Mannes, der sich als Sittenlehrer zu einer rigorosen Pflichtethik bekannte, die ihren formelhaften Ausdruck im «kategorischen Imperativ» gefunden hat:

Handle so, daß die Maxime deines Willens zugleich als Prinzip einer allgemeinen Gesetzgebung dienen kann!

Daß dieser Satz so formalistisch nicht nur klingt, sondern auch ist, hielt Kant gerade für einen besonderen Wert; dennoch darf man den kategorischen Imperativ nicht zurückführen auf das billige «Was du nicht willst, das man dir tu, das füg auch keinem andern zu» – wie es Schopenhauer, selber ein großer Verehrer Kants, getan hat. Diese Ethik eines Sollens, die im Sieg der Vernunft über natürliche Menschenneigung das höchste Gut erblickt, wird ja nun freilich kaum von Menschen eines umfassenderen, mit den irrationalen und dämonischen Gewalten vertrauten Lebensgefühls anerkannt werden; außerdem verengt sie die Sittlichkeit ins nur Moralische, Widernatürliche und Lebensfeindliche. Aber Kant erfüllte für seine Person und in seinen Schriften diesen ethischen Formalismus eben doch mit dem Gehalt einer verehrungswürdigen Humanität; «Gefühl für Humanität» – ein Wort des sterbenden Philosophen – überwachte alle praktischen Erweiterungen seines Denkens. Andererseits verrät der ethische Formalismus Kants, daß er aus einer Gefühls- und Bewußtseinslage stammt, die nicht mehr der theoretischen und praktischen Sicherheit einer von hohen, unbezweifelten Universalien durchwalteten Epoche angehört. So schuf denn Kant mit dem eigentlichen Mittel der Aufklärung gleichsam neue, fraglos aber vorwiegend wiederum rationale Sicherungen. Gleichfalls mit der Methodik des Rationalismus bewies er ja auch die Unmöglichkeit einer rationalistischen Metaphysik: die *Kritik der reinen Vernunft* vernichtete den totalen Gültigkeits-Anspruch der Ratio, die nicht «a priori», zeitlos-ewig oder metaphysisch, «synthetische» Erkenntnisse vermitteln, sondern nur analytisch vorgehen kann. Daraus ergibt sich, daß die Kritik Kants nicht selbst schon eine Philosophie, sondern eine Propädeutik der Philosophie ist; propädeutisch müssen selbst die auf vorausgesetzte Inhalte gerichteten beiden anderen «Kritiken» Kants, die *Kritik der praktischen Vernunft* und die *Kritik der Urteilskraft*, genannt werden.

Die Anschauung ist weitverbreitet, daß Kant jede Metaphysik als unmöglich nachgewiesen habe; das stimmt aber nur insofern, als er eine rationalistische Metaphysik ablehnte, indem er zwangsläufige Folgen antinomistischer, widersprüchlicher Aussagen ihrer Spekulationen aufzeigte. Nicht für das deutsche Schrifttum überhaupt, wohl aber für die Dichtung und die freie, künstlerische Schriftstellerei ist der Ethiker Kant wichtiger als der Erkenntnistheoretiker; seine Leistung auf diesem Gebiet, die den voraufgegangenen Kritizismus besonders der Engländer Locke und Hume vollendete, gehört überwiegend zur Geschichte der Philosophie. Wie sich Kants ethischer Formalismus als Ausdruck eines verweltlichten, auf die Fragwürdigkeit der subjektiven Entscheidung gestellten Lebensgefühls deuten läßt, so kann man auch seine Vernunftreligion mit ihrem Schwerpunkt im moralischen Lebenswandel als einen Ersatz für das früher einmal verwirklichte religiöse Wertesystem ansehen; von einem anderen Schwerpunkt aus, der den inneren und äußeren Abschluß der religiös betonten Weltzeit feststellt und dabei das Christentum reduziert auf eine Tatethik der Einzelseele im Einklang mit dem menschlichen Gemeinwohl, wird man Kants Vernunft-Religion jedoch als notwendige und richtige Weiterentwicklung der Humanität von allen Tabus hinweg schätzen. Entwicklungsgeschichtlich, also auch die Entwicklung der Literatur angehend, dürfte Goethes Ausspruch zutreffen: «Skeptizism, Kantischer, oder Kritizism, konnte nur aus den Religionssekten entstehen, aus dem Protestantism,wo jeder sich recht gab und dem andern nicht, ohne zu wissen, daß sie alle bloß subjektiv urteilten.»

Kants Ästhetik hat die Kunsttheorie Schillers formen helfen. Aber der Einfluß eines anderen deutschen Schriftstellers auf die Ästhetik ist vielleicht noch durchdringender geworden. Die *Geschichte der Kunst des Altertums* von Johann Joachim Winckelmann, 1717 bis 1768, lenkte den deutschen Klassizismus auf eine unwiderrufliche, schicksalhafte Weise in bestimmte Bahnen. Winckelmanns Buch wurde der Beginn einer Epoche: daß sich Geschichte und Deutung der Bildkunst lange vor ähnlichen Versuchen in der Literatur einer gediegenen Methodik und Tradition erfreuten, ist sein Verdienst. Unbestreitbar muß Winckelmanns instinkthafte Nähe zum Altertum anerkannt werden; sie erfährt dadurch keine Beeinträchtigung, daß sich gerade auf dem eigentlichen Arbeitsgebiete Winckelmanns, der antiken Plastik, gegenwärtig die Maßstäbe der Wertung verändert haben. Von den archaischen Schöpfungen ahnte man damals kaum etwas und stand ihnen fremd gegenüber: Winckelmanns plastische Antike ist vielfach römische Antike.

Mit Winckelmann erneuern sich die Pilgerfahrten deutscher Geister über die Alpen, fort vom Norden ins Südreich zu den ersehnten Gottheiten eines schönen, starken Lebens. Wie aber namhafte Geschichtswissenschaftler die deutsch-römische Union der alten Kaiserzeit beklagt und im Untergange der Staufen das Urteil der Historie über einen verfehlten politischen Weg erblickt haben, so verstummen auch nicht die Kritiker an der antikisierenden Schwenkung seit der Mitte des 18. Jahrhunderts. Die Rezeption der Antike habe die führenden Vertreter unserer Kultur mehr und mehr dem eigenen Volkstum entfremdet; die betont volkhafte oder volkstümliche Tendenz besonders der jüngeren Romantiker wird dann als eine leider nicht durchschlagende Revision des deutschen Klassizismus beurteilt. Die Berührung mit dem Mittelmeerischen wurde aber keineswegs immer nur aus bewußter Lernabsicht gesucht; daß sie häufig mehr triebhaft erfolgte, zeigt auf einen unbeirrbaren Instinkt. Der Hang der Deutschen zum Innerlichen, Expressiven geht oft auf Kosten der Versinnlichung, der Gestalt. Die Sucherzüge nach Süden sind Werbungen um das Deutliche, Bestimmte, Urbildliche, Vorbildliche; die Erkennung der antiken Ursprünge förderte deshalb einen Reifeprozeß: die Ausweitung und Vertiefung des Nationellen zum Gesamt-Abendländischen. Die Geschichte des deutschen Geisteslebens zeigt in der Anverwandlung neuer, bisher nicht erschauter Schichten des Altertums jeweils auch neue Stationen deutscher Geistesentscheidungen. Die Gefahr des subjektiv Maßlosen, individuell Übersteigerten, privat Zugespitzten, der man in Deutschland stets zu erliegen droht, kann nur abgewandt werden durch eine Vermählung des «Faustischen» – als welches man den Charakter und das Schicksal der Deutschheit seit Goethes Werk empfindet – mit «Helena», der Verkörperung des Antiken.

Spätere Generationen revidierten die Winckelmann-Deutung der Antike als «edle Einfalt und stille Größe»: sie war eigentlich eine Interpretation der Sehnsucht und des inneren Zieles. Aber sie sprach eine Zeitstimmung aus, wie es die Malerei, etwa bei Poussin, beweist. Der idealisierende, träumerische Schleier der Winckelmann-Antike lüftete sich erst allmählich, bis er das Gesetzmäßige, Geistesstrenge, Formdichte der hellenischen Klassik, das «Apollinische», enthüllte. Von Winckelmann und von Goethe wurde es mehr geahnt als ausgesprochen; als dann eine dem Hellenischen so schicksalhaft verfallene Natur wie Hölderlin die abgründige, chthonische Todesschicht unter der Sonne Apollons erfuhr, rundete sich das deutsche Bild von der Antike zur Vollständigkeit: das «Orphische», die Passion der Seele, die gleichermaßen mit dem Reiche der Toten wie mit dem der Olympier vertraut ist, wurde erkannt und schöpferisch vergegenwärtigt.

Winckelmann stiftete, gleichsam als neuen Glauben, eine Bildungsreligion mit der Antike im heiligen Kern. Aber seine Leistung barg auch Ansätze zu einer ästhetischen Begriffsverwirrung. Seit Winckelmann leidet die deutsche Kunstlehre an einer Terminologie, die allzusehr von der Bildkunst abstrahiert worden ist. Noch immer müssen wir Ausdrücke wie «Gestalt» oder «Gestaltung» anwenden, um den dichterischen Vorgang zu umschreiben – weil sie sich eingebürgert haben. Dabei sind Gestalt und Gestaltung doch zunächst auf das Plastische bezogen; nicht einmal das Wesen der Malerei wird damit genau erfaßt. Immerhin trüben diese Ausdrücke eine ästhetische Erfassung der zwei-dimensionalen Bildkünste nicht in dem verhängnisvollen Maße wie die einer Kunst des Nacheinanders, also der Dichtung. Hilfsweise gebraucht man für die Poesie auch Worte wie «Melodie» und «Rhythmus», die eigentlich für die Musik gelten; immerhin sind Dichtung und Musik als Ausdrucksformen in zeitlichem Nacheinander verwandt. Der größte Teil aller Begriffsunklarheit in der Ästhetik der Literatur rührt daher, daß man Termini der Bild- und Tonkunst auch für sie anwendet; man ist übrigens dazu gezwungen, weil es die Dichtung teils mit der Anschauung, teils mit dem Gefühl zu tun hat. Aber Anschauung und Gefühl sind nicht ihre Mitte-Kraft: dies ist die Energie der Sprache – der Logos als schöpferische Beschwörung wie als Mittel des vernünftig-sittlichen Verkehrs.

Winckelmann, wie Petrarca an der Schwelle eines neuen Zeitalters stehend, wird als der erste Wiederentdecker der eigentlichen Antike und somit der neben dem Christentum wichtigsten Lebensmacht des Abendlandes unverwelklichen Ruhm bewahren. Da er als eine antike Natur entscheidend an der Geburt der modernen Klassik beteiligt ist, seien Goethes mythische Sätze über das Antike aus dem *Winckelmann*-Essay angeführt:

Der Mensch vermag gar manches durch zweckmäßigen Gebrauch einzelner Kräfte, er vermag das Außerordentliche durch Verbindung mehrerer Fähigkeiten; aber das Einzige, ganz Unerwartete leistet er nur, wenn sich die sämtlichen Eigenschaften gleichmäßig in ihm vereinigen. Das letzte war das glückliche Los der Alten, besonders der Griechen in ihrer besten Zeit; auf die beiden ersten sind wir Neuern vom Schicksal angewiesen. Wenn die gesunde Natur des Menschen als ein Ganzes wirkt, wenn er sich in der Welt als in einem großen, schönen, würdigen und werten Ganzen fühlt, wenn das harmonische Behagen ihm ein reines, freies Entzücken gewährt: dann würde das Weltall, wenn es sich selbst empfinden könnte, als an sein Ziel gelangt, aufjauchzen und den Gipfel des eigenen Werdens und Wesens bewundern. Denn wozu dient all der Aufwand von Sonnen und Planeten und Monden, von Sternen und Milchstraßen, von Kometen und Nebelflecken, von gewordenen und werdenden Welten, wenn sich nicht zuletzt ein glücklicher Mensch unbewußt seines Daseins erfreut? Wirft sich der Neuere, wie es uns eben jetzt ergangen, fast bei jeder Betrachtung ins Unendliche, um zuletzt, wenn es ihm glückt, auf einen beschränkten Punkt wieder zurückzukehren, so fühlten die Alten ohne weiteren Umweg sogleich ihre einzige Behaglichkeit innerhalb der lieblichen Grenzen der schönen Welt. Hierher waren sie eingesetzt, hiezu berufen, hier fand ihre Tätigkeit Raum, ihre Leidenschaft Gegenstand und Nahrung ... Aber nicht allein das Glück zu genießen, sondern auch das Unglück zu ertragen, waren jene Naturen höchlich geschickt; denn wie die gesunde Faser dem Übel widerstrebt und bei jedem krankhaften Anfall sich eilig wiederherstellt: so vermag der jenen eigene gesunde Sinn sich gegen innern und äußern Unfall geschwind und leicht wiederherzustellen. Eine solche antike Natur war, insofern man es nur von einem unsrer Zeitgenossen behaupten kann, in Winckelmann wieder erschien ...

Dieser zum Universum ausströmende Hymnus einer schauenden Deutung bezeichnet auch das wesentliche Inbild der deutschen Klassizität: die kosmische Beziehung der Einzelseele, die Weltwerdung des Menschen, die Menschwerdung der Welt, genährt von antiken Kräften. Daß sich «ein glücklicher Mensch unbewußt seines Daseins erfreut», wäre der reinste, den Göttern gleiche Zustand: ein Gelöstsein von den Spannungen der humanen Existenz – doch selbst den antiken Göttern war er nicht beschieden, denn sie wußten die «Anangke», die Notwendigkeit des Schicksals, über sich. Aber nobel, wie die Olympier als Ebenbilder von aristokratischen Naturen sind, beklagen sie sich nicht darüber; sie genießen die ein wenig geminderte, aber verwirklichte «Freude mit Geist» – von der Hölderlin, ein Eingeweihter, spricht. Die Musen als Geleit zu dieser geistigen Freude: das ist die ebenso ideale wie vitale Botschaft der deutschen, modernen «Klassik». Sie stärkt und befeuert das Herz, daß es sich in hohen Stunden im Einklang fühlt und weiß mit dem schöpferischen Herzschlag des Lebens. Der Freudenhymnus der Erzengel im Prolog zu Goethes Faust, die Geschichte Hölderlins, die Träume Jean Pauls, der Chorus der Dioskuren Schiller und Beethoven: sie sind erhaben über äußere Zumutungen an die Kunst, sie schwingen im Sternenreigen menschlicher Vermächtnisse, längst zugesellt den erlauchten Taten hoher Ahnen – unbekümmert überdauernd «des Zeitengeists unendlich freches Toben».

Der Einzug der Deutschen in die Weltliteratur gleicht dem stürmischen Aufbruch heldischer Jünglinge: dem «heiligen Frühling» der Alten, der wagend neue, unbekannte Küsten ansteuerte. Als Jünglinge bewahrt die Nachwelt viele Gestalten unserer Dichtung im Gedächtnis, weil sich viele von ihnen zeitlebens eine innerliche Jünglingschaft erhalten haben. Mit einer Prachtode rief sie damals

der anführende Dichter auf und erinnerte mit gutem Sinn an die
Argo: jenes mythische Schiff hellenischer Heroen, das selbst wie ein
geheimnisvoll-göttliches Wesen aus dunkler Tiefe zu tönen begann
– wie es im vierten Gesang der «Argonautika» des Apollonios Rhodios erzählt wird.

Komm goldne Zeit, die selten zu Sterblichen
Heruntersteiget, laß dich erflehn und komm
Zu uns, wo dir es schon im Haine
Weht und herab von dem Quell schon tönet!
Gedankenvoller, tief in Entzückungen
Verloren, schwebt bei dir die Natur. Sie hats
Getan, hat Seelen, die sich fühlen,
Fliegen den Geniusflug, gebildet.

Natur, dich hört ich im Unermeßlichen
Herwandeln, wie mit Sphärengesangeston
Argo, von Dichtern nur vernommen,
Strahlend im Meere der Lüfte wandelt.
Aus allen goldnen Zeiten begleiten dich,
Natur, die Dichter! Dichter des Altertums!
Der späten Nachwelt Dichter! Segnend
Sehn sie ihr heilig Geschlecht hervorgehn

– es waren Verse eines Meisters, den ahnungsvoll entzückt eine auf-
horchende Jugend damals mit überschwenglichem Danke ehrte –
den heute aber nur diejenigen in seiner fürstlichen Größe schätzen,
in denen «Sphärengesangeston, von Dichtern nur vernommen»
Widerhall findet. Er mußte einen unpoetischen Namen tragen, und
nur die Vornamen könnte man als bedeutungsvoll empfinden:
Friedrich Gottlob Klopstock.
In Bremen hatte eine Gruppe junger Autoren *Neue Beiträge zum
Vergnügen des Verstandes und des Witzes* herausgebracht. Zu den
Bremer Beiträgern gehörten einige vielversprechende Talente, vornehmlich Johann Elias Schlegel, 1718–1749 – ein Oheim der
später die ältere Romantik programmatisch einleitenden Brüder
August Wilhelm und Friedrich Schlegel. Seine Dramen sind von
literarhistorischem Interesse als Anbahnungen eines neuen Stils
und wurden noch von Lessing und Schiller gewürdigt. Er entfernte
sich mit theoretischen Formulierungen vom Aufbauprinzip der
tragédie classique, als er die Einheit des Ortes ablehnte; schon verteidigte er Shakespeare gegen Gottsched, spürte «einen großen
Vorzug in den verwegenen Zügen, dadurch er (Shakespeare) seine
Charaktere andeutet», und verglich den Elisabethaner mit Gryphius. Seine Tragödie *Hermann* wahrt aber französierend noch

einen gleichbleibenden Schauplatz, dekoriert ihn jedoch mit den Standbildern der altgermanischen Gottheiten Thuiskon und Mannus. Dieses Stück hatte eine leidige Folge: es impfte dem Zeitbewußtsein ein feierlich romantisiertes Bild germanischer Frühe ein, dem selbst Klopstock mit vermeintlich germanischen *Bardieten* – drei Dramen um den Cherusker Hermann – gehuldigt hat. So verdienstvolle Arbeiten auch die Bremer Beiträge sammelten, es gebührt ihnen vor allem deswegen ein Ehrenplatz in der deutschen Literatur, weil sie im Jahre 1748 die ersten drei Gesänge von Klopstocks Messias veröffentlichten. Es war der Auftakt einer neuen Dichtung überhaupt.

Klopstock, niedersächsischer Herkunft, wurde am 2. Juli 1724 in Quedlinburg geboren. Bereits als Schüler in Pforta spürte er die dichterische Berufung: die Schriften der Schweizer und mit ihnen Miltons Werk waren ihm bekannt geworden – er rühmte in einer lateinischen Abschiedsrede «Das verlorene Paradies» und deutete seine Absicht an, die ästhetisch am höchsten gewertete Form des Epos mit einem Werk noch erhabeneren Inhalts dereinst zu erfüllen. Zunächst schwankte er hinsichtlich des Themas, trug sich mit dem Plan eines Epos über König Heinrich den Vogler, verwarf Bodmers Rat einer «Kolumbus»-Dichtung und entschied sich endlich für den «Messias» – anfangs noch in Prosa, dann in Alexandrinern gehalten, bis ihm der Homerische Hexameter allein formgerecht erschien. Trotz des ungeheuren Erfolges, den die drei ersten Gesänge auslösten, war es ein Wagnis, fürderhin die gesamte Existenz lediglich auf dichterisches Schaffen zu stellen; man war Poesie nur als Beschäftigung in Freizeitstunden gewöhnt, und der Autor war entweder in öffentlichen Diensten oder gewann sein Ansehen als Gelehrter. In Klopstock sahen die Zeitgenossen erstmals wieder verkörpert ein volles Menschendasein kraft dichterischer Würde – man billigte sie ihm zu, sei es auch nur wegen des heiligen Themas seiner Arbeit. Um so bestürzter waren manche biedere Leute, als sie den jugendlichen Klopstock mit seinem ungezwungenen, durchaus jede feierliche Attitüde verschmähenden Selbstgefühl, zugleich so frohsinnig, geselligkeitsbedürftig, voll naiver Freude an Mädchen, an Wein und Freundschaft kennenlernten! «Er war, von der sinnlichen wie von der sittlichen Seite betrachtet, ein reiner Jüngling», schrieb Goethe später, als er die Zeit seiner bedingungslosen «Werther»-Schwärmerei für Klopstock sachlich gemäßigt, aber doch niemals verworfen hatte. Daß die innere Jugendlichkeit Klopstocks zugleich einen gepflegten Weltsinn betätigte, lehrt Goethes Beschreibung nach einem Zusammentreffen: «Er war klein von

Person, aber gut gebaut, sein Betragen ernst und abgemessen, ohne steif zu sein, seine Unterhaltung bestimmt und angenehm. Im ganzen hatte seine Gegenwart etwas von der eines Diplomaten.» Um die Begeisterung der Jugend für Klopstock zu verstehen, braucht man nicht nur die literarischen Produktionen zur Zeit seines Auftretens mit dem «Messias» oder den ersten veröffentlichten *Oden* zu vergleichen – man kann es auch von unserem zeitgenössischen Sprachgefühl aus. Hier strömt die dichterische Rede mit einer Ausdrucksgewalt, die damals unerhört war und die heute noch zupackt: kühne Wortballungen; eine Werdekraft der verbalen Bewegung, die scheinbar zu abstrakten Substantiven oder Adjektiven erstarrten Wörtern neues Leben verleiht; der Betonungsrhythmus der deutschen Sprache durch die Annahme antiker Versmaße über jede leere, formelhafte, höchstens gefühlsverzierte Glätte hinaus recht eigentlich zur vollen Wirkung gebracht! Klopstocks Verzicht auf den Reim war gleichsam eine Annäherung an den urtümlichen, germanischen Sprachgeist in der sublimen, geistig-rhythmisch bereicherten und geläuterten Sphäre der Begegnung mit Hellas. Nachdem für die zeitgenössische Erkenntnis des Dichterischen Stefan George wohl als erster den Urheberrang Klopstocks im «Jahrhundert Goethes» zeigte, haben auch ein paar Schriftsteller der Gegenwart die überragende Leistung Klopstocks wieder erfaßt und ausgesprochen. In einem Essay über Klopstocks Oden schreibt Friedrich Georg Jünger:

Es ist eine merkwürdige Erscheinung, daß die antiken Metren, der heroische Hexameter etwa oder die Erfindungen des Alkaios und der Sappho auf diesem Gebiete, sich in der deutschen Sprache nicht nur nachbilden lassen, sondern in einer den Gesetzen unserer Sprache gemäßen Anwendung deren Kraft und Wohllaut auch erhöhen ... Die akzentuierende Kraft unserer Sprache wird nicht geschwächt, sondern gesteigert, ihre Ausdrucksfähigkeit wird vermehrt. Schon durch den Fortfall des Reims, denn auf ihn verzichten, heißt hier, daß das Gedicht einem absoluten metrischen Gesichtspunkt unterworfen wird, dem auch der Wohllaut unterstellt wird ... Da die Metren der Griechen die kunstvollsten sind, die durchdachtesten und gesetzmäßigsten, so hebt sich unsere Sprache durch sie zu einer höheren Regel, vor der das Irreguläre und Willkürliche weichen muß. Dieser Vorgang läßt sich der Kristallbildung vergleichen, denn die Sprache geht hier vom Amorphen ins Kristalline über, indem sie Gebilde von einer hohen Regularität hervorbringt. Das Ohr wird zu einem neuen Bewußtsein sprachlicher Vollkommenheit gebildet. Von dieser akzentuierenden Kraft unserer Sprache ... gibt die Klopstocksche Ode eine neue Vorstellung. Das Reimgedicht, wie es vor ihm gehandhabt wurde, hat hiervon nur geringe Ahnung; es schmeichelt sich gerade durch Verminde-

rung des Akzentes, durch den Gleichklang, der mehr oder weniger melo-
disch wiederkehrt, ins Ohr ein. Aber der Akzent bewirkt die Aktion, er
schafft Leben, Bewegung, Leidenschaft ins Gedicht. Der Akzent beherrscht
die Klopstocksche Ode mit außerordentlicher Kraft, indem er in die Verse
und Strophen gewaltsam eingreift und den Satz, die Periode, die kunstvolle Inversion der Periode ordnet.

Diese Ausführungen legen das Hauptgewicht auf die Lyrik, die
Oden Klopstocks; aber auch der rhythmischen Sprachgewalt des
Messias wird an anderer Stelle hoher Rang zuerkannt. Die zwanzig
Gesänge der Messiade vollendete der Dichter in zäher Arbeit nach
fünfundzwanzig Jahren: das Ergebnis sprengte jedoch das eigentliche Wesen der epischen Form. Denn Klopstocks ausschließlich aus
lyrisch-hymnischer Inspiration strömendes Dichtertum verfügte
nicht über die gediegene Fülle des objektiv Angeschauten, ohne die
ein Epos nicht bestehen kann. Schillers Beanstandung des allzu
Musikalischen und des allzu wenig Plastischen hatte vielleicht eine
etwas einseitige Vorstellung vom Epos, traf aber doch im Kern zu.
Denn jede dichterische Aussage, selbst die lyrische, unbedingt aber
die epische und dramatische, bedarf des Bildhaften; das bloße Gefühl kann lediglich ein kleineres Lyrikon tragen; bei jeder größeren
Komposition sind Elemente der Anschauung als verläßliche Substanzen notwendig. Damit sind nicht beschreibende Partien gemeint,
sondern lebendige, also in zusammenschauender Konzeption organisch geeinte, charakteristisch der rhythmischen Bewegung einer
Dichtung zugeordnete Bilder. Klopstocks «Messias» enthält gleichwohl großartige Stellen bewegter Imagination, besonders im ersten
Drittel – und die unverfroren nachgeschwätzten Verurteilungen des
Werkes beweisen zumeist, daß man es gar nicht gelesen hat.
Die zum Teil wunderlichen Wiederherstellungsversuche einer altgermanischen Mythologie, die der «Messias»-Sänger im Schwall
der Ossianbegeisterung unternommen hat, sind erledigt. Man kann
sie nur als Ausdruck eines Stolzes auf volkhafte Ursprünge verstehen, wie auch in Klopstocks *Deutscher Gelehrtenrepublik* mit
altsächsischen Zunftschnörkeln eine seltsame Geistesparallele zur
französischen Republik versucht wird. Als Klopstock am 14. März
1803 in Hamburg starb, wurde es dem geistigen Deutschland bewußt, welch eine hohe Gestalt gelebt hatte und nun dahingegangen
war: sein Begräbnis vereinigte Deputationen aller Volksschichten!
Man mag geahnt haben, daß hier aus deutscher Frömmigkeit –
denn Klopstocks innige Beziehung zum Pietismus ist offenbar – ein
welthaltiger Seher-Dichter gesprochen hatte, dem die «heilige
Poesie» Amt und Beruf war. Dabei war sein Hauptwerk doch vor

allem eine Leistung der Kunst: nicht mehr unreflektiert dem Gottesdienst eingebettet wie die Arbeit des nur wenig mehr denn ein Menschenalter früher geborenen Thomas-Kantors Johann Sebastian Bach. Der allmächtige Meister der Tonkunst war sich kaum einer Genie-Würde als Schaffender bewußt und hatte sein Werk einzig zur Ehre Gottes und zur «Rekreation» des Gemütes vollbracht. Klopstock opfert wohl seine Kunst der Religion, doch zugleich ist ihm seine Kunst Religion! Das schmälert weder ihn selbst noch sein Schaffen, bezeichnet aber den historischen Ort des Auseinandertretens von Kultus und Kultur und damit die mit ungestümer Schnelligkeit sich vollziehende Verabsolutierung der Kunst: sei es als die Religion der Gebildeten, sei es als Mythos überhaupt. In dem Maße, wie sich diese neue Feierlichkeit auf ein rein Imaginäres zurückzog, mußte sie einer tragischen Beziehungslosigkeit zum Opfer fallen.

Denn Sehnsucht, nicht Besitz; Streben, nicht Genuß; Musik, nicht Plastik – sie müssen die Gründung des inneren Welt-Reiches der deutschen Klassik leisten. Selbst ein so ruhig-theoretischer Geist wie Gotthold Ephraim Lessing gehorchte diesem Gesetz der deutschen Entwicklung. 1729 im sächsischen Kamenz geboren, ist er nur noch mit zwei, drei Werken an einer überzeitlichen Aktualität beteiligt – während die größte Masse seiner Produktion lediglich historisches Material darstellt. Dafür aber werden Charakter und Gestalt dieses Mannes als reine Vorbilder der geistigen Erziehung nichts verlieren. Die deutsche Literatur hat den Typus des verantwortungsbewußten Schriftstellers kaum noch einmal mit jener Sauberkeit wiederholt, wie sie in Lessing erscheint. Er selbst hat mit seiner großartigen Offenheit bekannt, daß er kein Dichter, ja nicht einmal ein schöpferisches Ingenium gewesen sei.

Ich bin weder Schauspieler noch Dichter. Man erweist mir zwar manchmal die Ehre, mich für den letzteren zu erkennen. Aber nur, weil man mich verkennet. Aus einigen dramatischen Versuchen, die ich gewagt habe, sollte man nicht so freigebig folgern. Ich fühle die lebendige Quelle nicht in mir, die durch eigene Kraft sich emporarbeitet, durch eigene Kraft in so reichen, frischen, so reinen Strahlen aufschießt, ich muß alles durch Druckwerk und Röhren aus mir herauspressen,

so schreibt Lessing in seiner *Hamburgischen Dramaturgie*. Das erscheint sehr hart geurteilt, wenn man die Tatsache der ungebrochenen Leuchtkraft unbedingt einer dramatischen Arbeit Lessings feststellt: seine Komödie *Minna von Barnhelm* ist das einzige vorklassische deutsche Drama, das aus sich selbst wirksam ist und nicht des Umweges über ein historisches Interesse bedarf. Mit diesem

Stück krönte Lessing seine produktiven Bemühungen um ein deutsches Nationaltheater, das er theoretisch durch radikale Ausmerzung des französischen Einflusses und dessen Ersatz durch Shakespeare vorbereiten wollte. Seine Auseinandersetzungen über den in der tragédie classique nach seiner Ansicht mißverstandenen Aristoteles schossen freilich weit übers Ziel hinaus; man kann sich einer gewissen Bestürzung nicht erwehren, bei dem so klarsichtigen Mann die herausfordernde Bemerkung zu lesen, daß es kein Drama Corneilles gäbe, welches besser zu machen er sich nicht getraue.

Als Lessing in der Überzeugung, daß die Deutschen «mehr in den Geschmack der Engländer, als der Franzosen einschlagen», Shakespeare zum Leitstern einer deutschen Dramatik ausrief, trug er dazu bei, die mächtigen Impulse des deutschen Sturm und Drang auszulösen. In seiner dozierenden Beweisführung sagt er:

Wenn man die Meisterstücke des Shakespeare mit einigen bescheidenen Veränderungen unsern Deutschen übersetzt hätte, ich weiß gewiß, es würde von besseren Folgen gewesen sein, als daß man sie mit dem Corneille und Racine so bekannt gemacht hat. Erstlich würde das Volk an jenem weit mehr Geschmack gefunden haben, als es an diesen nicht finden kann; und zweitens würde jener ganz andere Köpfe unter uns erweckt haben, als man von diesen zu rühmen weiß. Auch nach Mustern der Alten die Sache zu entscheiden, ist Shakespeare ein weit größerer tragischer Dichter als Corneille; obgleich dieser die Alten sehr wohl und jener fast gar nicht gekannt hat. Corneille kommt ihnen in der mechanischen Einrichtung und Shakespeare in dem Wesentlichen näher. Der Engländer erreicht den Zweck der Tragödie fast immer, so sonderbare und ihm eigene Wege er auch wählet ...

Mit diesem Manifest wurde der anfangs so irrationale deutsche Shakespearekult begründet von einem Manne, dessen Denkweise im Kern rational geartet war, so daß die eigene Produktion immer Gefahr lief, «in Schweiß und Pein» aus dem reinen Verstande zu fließen, wie Friedrich Schlegel über *Emilia Galotti* urteilte – eine Meinung, der auch Goethe beitrat. Nicht zuletzt entsteht dieser Eindruck infolge der übersorgfältigen Motivierung, die Lessing in seinen Stücken für die Wahrscheinlichkeit der Handlung aufwendet. Leser und Zuschauer werden aber durch allzu gedankliche Konstruktionen zur Überprüfung der Stichhaltigkeit solcher Motive angeregt; es mischt sich der Kalkül ein und mit ihm die verschiedenen Möglichkeiten einer Lösung. Dadurch verliert die dramatische Aktion die durchschlagende Wirkung, die von dem reinen Vollzug ausgeht – eine Beobachtung, die gerade Shakespeares Szenenführung oftmals überwältigend beweist.

Mit «Emilia Galotti» erhob Lessing das von ihm angestrebte «bürgerliche Trauerspiel», wie er es den Engländern schon in *Miss Sara Sampson* nachgeformt hatte, wiederum in eine klassizistische Sphäre. Als er dann den Blankvers Shakespeares zur Bühnensprache seines *Nathan der Weise* aufgriff, schlug er den Weg ein, der später bei Goethe und Schiller eine Abkehr vom Shakespeare-Stil und eine unverkennbare Annäherung an die Form der klassizistischen Dramatik herbeiführte. Lessing selbst hatte das Werk «ein dramatisches Gedicht» genannt – übrigens nach einem Beispiel Voltaires; von diesem Gedankendrama der religiösen Duldsamkeit geht die Form des dramatischen Gedichts als ästhetische Eigenkategorie unserer Literatur aus.

Lessings Versuch, eine deutsche Dramenliteratur zu erwecken, verdankt sich den Gattungsbestimmungen der Kunstlehre; das als Krönung der Poesie gewertete Drama sollte auch in Deutschland hervortreten. Somit erweist sich dieses Unternehmen bereits in den Ursprüngen überwiegend als bildungsbedingt – und die Folgezeit hat gelehrt, daß die Entfaltung des dramatischen Gedichts jenseits aller Kompromisse mit der Bühne weit eher in einer deutschen Form des Klassizismus gedeihen konnte als in der «Shakespeare-Manie» – wie später Grabbe die Faszination des gewaltigen Engländers auf deutsche Autoren genannt hat. Lessing inthronisierte Shakespeare als ein Muster des recht verstandenen Dramas; es handelte sich dabei nach dem Sinne des Kritikers durchaus um eine neue, bessere Regel – allerdings um eine innere Regel: um die richtige dramaturgische Organisation. Erst Herder hob den Elisabethaner als ein Urphänomen des dichterischen Sprachgeistes aus dieser immerhin noch rationalen Musterhaftigkeit heraus. Lessing war denn auch keineswegs erbaut von den shakespearisierenden Dramen der jungen Generation, die den «Zweck der Tragödie» ebenso «mutwillig zu verscherzen» drohte wie die «Erfahrungen der vergangenen Zeit»! Der «Zweck der Tragödie»: das deutet als intellektuelle Formel jene moralisch-bürgerliche Auffassung des Tragischen an, die Lessing in seiner Interpretation der Katharsis, der «Läuterung», unter Verkennung des sakral-kultischen Sinnes als «Verwandlung der Leidenschaften in tugendhafte Fertigkeiten» beschrieben hat.

Weitaus wichtiger als die zeitgebundene Journalistik und Publizistik dieses Mannes ist die Richtung seines Charakters. Denn in Lessings Munde war das Bekenntnis zur Humanität echte, gelebte Überzeugung:

Die edelste Beschäftigung des Menschen ist der Mensch.

Dieser Satz steht über seiner ganzen Arbeit, und um dieser ehrwürdigen Leidenschaft willen hat er die Fehden und Leiden seiner schriftstellerischen Laufbahn ausgehalten. Die Behutsamkeit in der Beurteilung seiner selbst und des Wertes auch seiner kritischen Tätigkeit sollte aber nicht als jene billige Bescheidenheit, die dem selbstgefälligen Bürger so wohltut, hingenommen werden; Lessing war sich seines Ranges in einem höheren – man möchte beinahe sagen: mystischen – Sinne wohl bewußt und empfand sich als eine überpersönliche Geisteskraft, deren irdischer Weg in einem einzigen Leben keinesfalls die ganze Erfüllung zeitigen könne:

Warum könnte jeder einzelne Mensch auch nicht mehr als einmal auf dieser Welt gewesen sein? Ist diese Hypothese darum so lächerlich, weil sie die älteste ist? Weil der menschliche Verstand, ehe ihn die Sophisterei der Schule zerstreut und geschwächt hatte, sogleich er darauf verfiel? Warum könnte auch ich nicht hier bereits einmal alle die Schritte zu meiner Vervollkommnung getan haben, welche bloß zeitliche Strafen und Belohnungen den Menschen bringen können? Und warum nicht ein andermal alle die, welche zu tun uns die Aussichten in ewige Belohnungen so mächtig helfen? Warum sollte ich nicht so oft wiederkommen, als ich neue Kenntnisse, neue Fertigkeiten zu erlangen geschickt bin? Bringe ich auf einmal so viel weg, daß es der Mühe wiederzukommen etwa nicht lohnt? Darum nicht? – Oder, weil ich es vergesse, daß ich schon dagewesen? Wohl mir, daß ich das vergesse! Die Erinnerung meiner vorigen Zustände würde mir nur einen schlechten Gebrauch des gegenwärtigen zu machen erlauben. Und was ich auf itzt vergessen m u ß , habe ich denn das auf ewig vergessen? Oder, weil so zu viel Zeit für mich verloren gehen würde? – Verloren? – Und was habe ich denn zu versäumen? Ist nicht die ganze Ewigkeit mein?

Lessing soll niemals geträumt haben; der Mann, der dieser Ahnung von der Fülle des Geistes in der Ewigkeit gewürdigt war und ihr vertraute, hat freilich auf eine gewaltige Weise geträumt. Der Mut zum ewigen Unterwegs-Sein des suchenden Geistes, dem der Trieb nach Wahrheit – «obschon mit dem Zusatze, mich immer und ewig zu irren» – so kostbar war, daß er Gott nur um ihn bittet und gern auf die reine Wahrheit verzichtet: dieser hohe Mut adelt Lessings männlich-aufrechte Spur in der modernen Geistesgeschichte.
Er liebt nicht die Gebärde des Eiferers, und wenn er ein Sucher war, so genoß er doch auch die Freude am Geiste. Aber er war kein Kind des Glückes: fast immer litt er unter wirtschaftlichen Schwierigkeiten. Er starb 1781 als ein armer Mann; «ein deutscher Schriftsteller – ein deutscher Märtyrer»: dieses Wort hat sich an ihm reichlich erfüllt.

In dieser Hinsicht hatte es ein anderer Poet jener Tage leichter, der die Probleme der Kunst und der Form läßlicher, ja behaglicher nahm. Christoph Martin W i e l a n d , 1733–1813, war eine proteïsche Natur unter den Autoren der Vorklassik, der von allen Tendenzen und Strömungen kostete und sich keiner unbedingt verpflichtete, weil er den Verkehr mit den Musen als ein graziöses Spiel betrieb. Einflüssen leicht zugänglich, schrieb er anfangs seraphisch-empfindsam in der Nachfolge Klopstocks; dann entsetzte er die Pietisten mit galant-epikureischer Sinnlichkeit im Stile der «gepuderten Muse»; als Shakespeare modern wurde, ging er mit viel Geschick an eine Prosaübersetzung, wobei er achtgab auf den immer noch französisch reagierenden Geschmack; nach einer fleißigen, flüssigen Produktion durchaus im Formensinn des Rokokos überrascht er die Nachwelt durch sein exaktes Kunstgefühl selbst für die ihm so ungemäßen Werke einer weit jüngeren Generation: Wieland war es, der Kleists Stellung hellhörig begriff! Zu seiner Zeit ein geschätzter Unterhalter für weltmännische Liebhaber der Poesie, deshalb natürlich in Verruf bei einer Jugend, die sich dem Unbedingten verschworen hatte, geriet Wieland allmählich in Vergessenheit, als Realismus und Naturalismus triumphierten. Erst heute würdigt man wieder seine geschmeidige Kunst, die das Schöne gefällig, das Lehrhafte geistreich sagen konnte.

Die verbindliche Eleganz und die scherzhafte Grazie Wielands in den Verserzählungen werden eine Kennerschaft vermutlich noch länger ansprechen, als es sein literarhistorisch so wichtiger Entwicklungs-Roman *Agathon* vermag. Aber auch hier wird der Leser staunend eine nervige Stilkunst feststellen, die den Vergleich mit raffiniertesten Büchern zeitgenössischer Autoren aushält. Von dem aparten und manierlichen Vortrag eingefangen, folgt man der Erziehungsgeschichte Agathons, der im Grunde zu jenen deutschen Jünglingen gehört, wie sie im Parzival, dann im Simplizissimus, später im Wilhelm Meister oder im Grünen Heinrich zu stellvertretenden Figuren geworden sind. In diesen «Sucher»-Romanen – wie Albrecht Schaeffer sehr gut sagt – erscheint die deutsche Vorliebe für den Jüngling als Anteilnahme an seiner seelischen Entfaltung. Es geht dabei meistens um transzendierende Werte, ohne die Berührung, ja die Zurechtweisung durch das weltliche Leben auszuschalten. Dieser Sucher-Roman ist spezifisch deutsch, weil seine sittliche Bahn als Entelechie der inneren Artung einmündet ins Göttliche oder in eine göttlich erfaßte Natur. Die biographischen Romane der westlichen Völker Europas zielen auf die Anpassung des Individuums an die Gesellschaftsordnung. Wielands

«Agathon» spielt allerdings in hellenistischer Umwelt und zeigt die Korrektur des Helden von jugendlicher Tugendschwärmerei durch das Leben: zwar erliegt er der sinnlichen Versuchung, ohne doch seine innere Reinheit zu verlieren, und erringt eine maßvolle, gesicherte Lebenshaltung. Der Autor stellt sich selbst dar, «wie er in den Umständen Agathons gewesen zu sein sich einbildet, und seinen Helden am Ende so glücklich machte, als er selbst zu sein wünschte». Erst mit diesem Werk verfüge die neuere deutsche Literatur – nach Lessings Urteil – über «den ersten und einzigen Roman für den denkenden Kopf von klassischem Geschmack». Noch herrscht ein distanzierendes Formprinzip, und erst Goethe wagt die realistische Schilderung der zeitgenössischen Umwelt im Bildungsroman.

Über ein nur literarhistorisches Interesse erhebt sich Wielands *Oberon*, ein heiter-romantisches Epos in zwölf Gesängen. Auch hier gehen die einzelnen Motive, wie immer bei Wieland, auf ältere Quellen zurück: morgenländische Märchen, keltische Sagen, mittelalterliche Volksbücher, aber auch Episoden aus Chaucer, Ariost, Shakespeare und vielen anderen Dichtern werden zu einem neuen Gespinst des Fabulierens, mehr noch des Formtriebes verwoben. Mit penibler Sorgfalt schliff Wieland an den Stanzen des Oberon – die er übrigens nicht dem strengen Vorbild der italienischen Renaissanceepik nachbildete, sondern metrisch und reimtechnisch frei behandelte. Es sei «ein schätzbares Werk für Kinder und Kenner; so was macht ihm niemand nach», vermerkte Goethe nach der Lektüre und gab sodann brieflich einem Urteil Ausdruck, das leider meist nur zur Kenntnis genommen, nicht aber durch eigene Lektüre überprüft und bestätigt wird: «Oberon wird, solange Poesie Poesie, Gold Gold und Kristall Kristall bleibt, als ein Meisterstück poetischer Kunst geliebt und bewundert werden.» Es war «romantisch» im Sinne des Rokokos, weil es orientalisch, mittelalterlich und phantastisch war; diese Charakteristik geht also mehr auf die Handlung als auf eine innerliche Magie.

Wie damals in Frankreich Perrault volkstümliche Märchenstoffe elegant nacherzählte, so griff in Deutschland Johann Karl August Musäus, 1735–1787, sagenhafte, zum Teil sogar mythische Themen auf, die er als *Volksmärchen der Deutschen* vortrug. Dabei hat sich der Verfasser erlaubt, das Vage dieser Erzählungen zu lokalisieren und sie in Zeiten und Örter zu versetzen, die sich zu ihrem Inhalt zu passen schienen. Ganz in ihrer eigentümlichen Gestalt waren sie nicht wohl zu produzieren. Ob es aber mit Bearbeitung dieser rohen Massen ihm also gelungen, wie seinem Nachbar, dem Bildner, der mit kunstreicher Hand, Schlägel und Meißel aus einem unbehilflichen Marmorwürfel bald einen Gott, bald einen Halbgott oder Genius hervorgehen läßt, der nun in den Kunstgemächern pranget, da er vorher ein gemeiner Mauerstein war: das zu entscheiden

stelle er dem Leser anheim. Man wird noch heute seiner aparten Mischung an sich unvereinbarer Ingredienzien, so Rokoko und Märchenwelt, ein Vergnügen abgewinnen. Freilich kommt ein Elementargeist wie Rübezahl, von dem Musäus fünf Legenden berichtet, in seiner wahren Natur nur ahnungsweise heraus – aber er

hauset in friedlicher Eintracht neben Apoll und seinen neun Musen,

und ein solches Ensemble hat seinen besonderen Reiz. Die Grazie, deren damals die deutsche Poesie gerade durch die Beobachtung einer urbanen, zart arkadisch beseelten Form fähig war, offenbart neben Wieland vielleicht kein zweiter Prosaist so fein wie der Schweizer Salomon G e ß n e r , 1730–1788. Seine *Idyllen* verhauchen den Zauberatem jener frohen Musen, die einst Longus in «Daphnis und Chloe» inspirierten. Geßner war auch ein begabter Zeichner, seine kleinen Kupferstiche, das Medaillon bevorzugend, muten freier, gelöster und lyrischer an als Chodowieckis ein wenig harte, preußische Interieurs. Geßners liebenswürdige Kunst trat eine Zeitlang in den Hintergrund trotz Gottfried Kellers Lob, der sie «fertige und stilvolle kleine Kunstwerke» nannte; ein unbefangenes Urteil hat sie wieder schätzen gelehrt.

Die Welt Wielands, Musäus' und Geßners ist stilisiert; ihr tritt eine ganz realistisch geschaute bei einigen anderen Schriftstellern gegenüber. Ein so originelles Temperament wie Georg Christoph L i c h t t e n b e r g , 1742–1799, hat an Anziehungskraft nicht verloren. Seine *Aphorismen* sind eine deutsche Parallele zu der weltkundigen Lebensphilosophie der französischen Moralisten. Lichtenberg war ein körperlich ungestalter Mann; oft verließ er monatelang nicht seine Wohnung. Dafür sammelte sich in ihm ein Vorrat psychologischer Meditationen, oft ins Satirische gewendet, orientiert an Swift, Sterne und Fielding. Ein Londoner Aufenthalt Lichtenbergs machte ihn mit dem Schauspieler Garrick bekannt, der gerade damals Shakespeare wieder für das Theater belebte; Lichtenbergs Berichte über Londoner Aufführungen haben eine deutsche Schauspielerkritik gegründet – Lessings Untersuchungen in der Hamburgischen Dramaturgie galten überwiegend der dramatischen Literatur.

Die zentrale Bedeutung von Goethes Wilhelm Meister für den deutschen Roman hat lange Zeit nur Wielands Agathon als eine Stufe der Entwicklung gelten und darüber zwei Prosapoeme jener

Tage fast ganz in Vergessenheit geraten lassen. Während sich aber Heinses Ardinghello als das eine von beiden allmählich wieder zu neuer Leuchtkraft erhob, ist der andere Roman noch immer «im Schatten der Titanen». Im Jahre 1780 erschien *Hermann und Ulrike*, ein Roman von Johann Carl W e z e l. Es war ein Meisterwerk. Der Autor, 1747–1819, schuf damit einen wahren deutschen National-roman, wie einsichtige Beurteiler, unter ihnen auch Wieland, so-gleich erkannten. Dieses hohe Lob ist keineswegs nur zeitbedingt, weil Wezels Buch allen realistischen Gesellschaftsromanen im deut-schen 18. Jahrhundert überlegen bleibt. Zwar wäre es ohne die Anregungen, die von Richardson, vor allem aber von Fielding aus-gegangen waren, nicht in der Gestalt zu denken, die ihm Wezel verliehen hat. Dennoch erreichte der recht produktive Autor hier eine reine Selbständigkeit. Als ein realistisches Gesamtbild gibt es zwi-schen dem Simplizissimus und Wezels Roman in Deutschland nichts Vergleichbares; im 19. Jahrhundert hält einzig Immermanns Prosa-epik dieses Niveau der Gesellschafts-Darstellung, bis dann mit Thomas Manns Buddenbrooks wiederum die Höhe erreicht wird. Übrigens gab Wezel für die ästhetische Einordnung des realistischen Gesellschaftsromans eine exakt zutreffende Definition: diese Kunst-art werde dadurch vollkommen gemeistert, «wenn man sie auf der einen Seite der Biographie und auf der andern dem Lustspiel näherte: so würde die wahre bürgerliche Epopöe entstehen, was eigentlich der Roman sein soll».

Aber die Vollendung deutsch-eigentümlicher Prosaepik wurde doch erst in der objektiv-lyrischen Phantasmagorie des romantischen Romans erreicht. Den Auftakt zum romantischen Roman gibt Wil-helm H e i n s e, 1749–1803, im *Ardinghello*. Der die Leserschaft seiner Zeit häufig schockierende Autor kam von Wieland her; aber bald nannte ihn der Meister einen Libertin und Satyr – so sehr be-stürzte den gehaltenen Formkünstler Heinses «Taumel der Phan-tasie»: die «blühendste Schwärmerei der geilen Grazien», wie Goe-the erst anerkennend schrieb, bevor er sich später distanzierte. Heinses Antike ist freilich nicht diejenige Winckelmanns; er stieß zu der dionysischen Schicht der Hellenen vor und entdeckte die farbige Sinnlichkeit der italienischen Renaissancemalerei. Heinse pries den Orgiasmus bei Rubens; seine Ästhetik, die im Ardinghello breiten Raum einnimmt, feiert den Triumph der Nacktheit; seit Heinse gibt es keine Kunstgeschichte aus dem Erlebnis. Vielleicht als einziger spürte Hölderlin die dionysische Mystik in Heinse, dem er die Elegie «Brot und Wein» gewidmet hat. Die Sinnenkraft seiner Anschauung bewährt sich auch in Heinses *Reisetagebüchern*

– besonders in den Schweizer und in den italienischen Partien. Er scheint auf Stilkunst zu verzichten, denn seine Sprache ist artikuliertes, nicht eigentlich kultiviertes Wort.

So steht Wilhelm Heinse als eine der selbständigen Gestalten fast außerhalb der deutschen Jugendgeneration, die von Klopstock ein neues Dichterum, von Lessing eine neue Kunstlehre – von Wieland aber fast ausnahmslos nur den Inbegriff des Undeutschen und Amoralischen aufgenommen hatte. Es waren reine, gutherzige, begeisterungsfähige Jünglinge, die sich 1772 in Göttingen zum H a i n - b u n d vereinigten, wider «welsches» Unwesen schwuren, dem «Messias»-Sänger Treue gelobten und Wielands Namen entrüstet verfemten. Diese kurzlebige Gemeinschaft war eine enthusiastische Entladung des Pietismus, die idealistische Variante des andernorts bald gegen alles Bürgerliche revolutionär aufstehenden Sturm und Drang. Aber ein echter Lyriker war unter ihr: Ludwig Christoph Heinrich H ö l t y , 1748–1776, dessen kurzes, von früher Todesahnung überschattetes Dasein in Gedichten aufleuchtete, die sich zwischen Klopstocks hymnischer Größe und Goethes welthaftem Gelegenheitsdichten ungetrübt behauptet haben. Eine tänzerische Grazie voller wissender Sinnlichkeit und süßer, dunkler Schwermut beseelt seine formschönen, dabei in sprachlich ungezwungener Melodie und Rhythmik schwebenden Verse. Ein anderer Mitgenoß aus dem «Hainbund» wahrte seinen Nachlaß: Johann Heinrich V o ß , 1751 bis 1826, dessen eigenes Schaffen mit Ausnahme der idyllischen *Luise*, die von Goethe geschätzt gleichsam eine Vorform zu «Hermann und Dorothea» ist, der Vergänglichkeit verfiel, während seine nachschaffende Leistung am Homer zum klassischen Bestande der übersetzten Weltliteratur gehört. Seine deutsche *Odyssee* ist die jugendlich schimmernde Vermählung des griechischen Originals mit dem deutschen Sprachgeist, und auch in der ersten Fassung seiner deutschen *Ilias* weicht Voß keinem modernen Übersetzer; leider hat später sein Philologentum im Eifer immer größerer Genauigkeit die frühen Fassungen zunehmend dieses dichterischen Glanzes beraubt. Zu den Göttingern stieß auch Gottfried August B ü r g e r , 1747–1794, als Lyriker nicht von jener Makellosigkeit wie Hölty, wennschon seine Liebessonette diese Kunstform zuweilen mit erschütternder Ausdruckskraft erfüllen. Einen Taumel süchtig ausgekosteten, poetischen Entsetzens erregte jedoch Bürgers Balladendichtung; von Percys englischen Mustern ergriffen, schrieb Bürger seine berühmte *Leonore*, deren expressive Visionskraft allerdings in keiner anderen Ballade wiederholt wurde; bald mischten sich moritatenhafte, bänkelsängerische Effekte in seine erzählende Dichtung. Aus einer literarischen Geschäftsarbeit aber entwickelte sich Bürgers volkstümlich bekanntestes Buch *Wunderbare Reisen zu Wasser und zu Land und lustige Abenteuer des Freiherrn von Münchhausen*; ein englisches Original, jedoch von einem Deutschen verfaßt, lag Bürger vor; seine Übertragung folgte keineswegs genau dem englischen Text – «man hat dieses Werkchen nicht sowohl als anvertrautes Gut, sondern vielmehr als Eigentum behandelt, über das man nach eigenem Gutdünken zu schalten berechtigt ist». So wurde Bürgers Münchhausen das letzte deutsche Volksbuch – nicht der Abfassungszeit nach betrachtet, sondern hinsichtlich des Motivs.

Deutschtümlich waren Wesen, Werk und die zuweilen auch affektierte Naivität des *Wandsbeker Boten* Matthias C l a u d i u s, 1740 bis 1815. Die herzlich durchgeistigte Sprachprosa seiner Schriften geht auf das Sittliche; eine untergründige Vertrautheit mit dem Tode verleiht ihr über das Lehrhafte hinaus eine tiefere Resonanz. Ein Dichterisches atmet in seinen schlicht gebauten Versen, die den seltenen Fall einer kunsthaften Volkstümlichkeit bieten. Der religiöse Atem der evangelischen Barocklyrik hat sich verwandelt in den reinen Gesang des Einfach-Menschlichen, heilig-sicher geborgen von Natur unterm Himmelszelt. Das *Abendlied* von Claudius ist deutsch und doch von der innigsten Christlichkeit Europas geadelt; selten, aber dann mit hoher Macht, bricht ein Pathos bei Claudius durch, wie in den todesmystischen Versen:

Was weinest du neben dem Grabe
Und hebst die Hände zur Wolke des Todes
Und der Verwesung empor?
Wie Gras auf dem Felde sind Menschen
Dahin, wie Blätter! Nur wenige Tage
Gehn wir verkleidet einher!
Der Adler besuchet die Erde,
Doch säumt nicht, schüttelt vom Flügel
Den Staub, und
Kehrt zur Sonne zurück!

Matthias Claudius wie Johann Peter H e b e l, 1760–1826, den alemannischen Verfasser von Mundartgedichten und dem *Schatzkästlein des rheinländischen Hausfreunds*, ehrt Hofmannsthal als Volksschriftsteller: «Was sie in ihren Zeitschriften den Zeitgenossen darboten, ist aus der mittleren Tiefe der Nation heraus geboren: wahrhaftig, rechtlich, witzig, sinnig und gemüthaft, und darum heute so lebendig, giltig und wahr wie damals. Im Fortleben eines solchen bescheiden-gehaltvollen Menschenwerks durch fünf Geschlechterfolgen liegt das Zeugnis, wie beständig die Mitte der Nation sich im Geistigen und Sittlichen hält.»

Zuflucht bei dieser bewährten Beständigkeit der Kraft des Volkstums und bei der Religion suchte der rasch in die Einsamkeit des Persönlichen hineintreibende Geist der kleinen wie der großen Begabungen. Während sie die Volksschriftsteller in der gemüthaften Wärme des bürgerlich Beschränkten fanden, rührte die metaphysische Spekulation an die natürlichen und geschichtlichen Ursprünge der menschlichen Existenz überhaupt. Könnte man sich forschende Charaktere wie Kant, Winckelmann und Lessing noch mit einiger Mühe auch in anderen nationalen Gemeinschaften denken, so bleibt die neue Philosophie der Entwicklung, wie Hamann ahnt und Herder überreich ausgestaltet, an die Besonderheit des nordischen, ja des deutschen Wesens gebunden. Mit einem radikalen Protest aus radikalem Anderssein beginnt die neue Bewegung bei Johann Georg Hamann, 1730–1788, der gegen Kant und damit auch gegen Kritizismus und Aufklärung den entscheidenden Einwand erhebt:

Entspringen Sinnlichkeit und Verstand als zwei Stämme der menschlichen Erkenntnis aus einer gemeinschaftlichen Wurzel, zu welchem Behuf eine so gewaltige, unbefugte, eigensinnige Scheidung desjenigen, was die Natur zusammengefügt hat?

Oder in positiver Fassung:

Alles was der Mensch zu leisten unternimmt, es werde nun durch Tat oder Wort oder sonst hervorgebracht, muß aus sämtlichen vereinigten Kräften entspringen; alles Vereinzelte ist verwerflich.

Zu dieser These, die er «eine herrliche Maxime!» nennt, bemerkt Goethe: «Von Leben und Kunst mag sie freilich gelten; bei jeder Überlieferung durchs Wort hingegen, die nicht gerade poetisch ist, findet sich eine große Schwierigkeit: denn das Wort muß sich ablösen, es muß sich vereinzeln, um etwas zu sagen, zu bedeuten. Der Mensch, indem er spricht, muß für den Augenblick einseitig werden, es gibt keine Mitteilung, keine Lehre, ohne Sonderung.» Aber der «Magus aus Norden», wie man damals Hamann feierte, war so ausschließlich beherrscht von seiner prophetisch-pietistischen Mystik, daß er zur Synthese des Unvereinbarsten drängen mußte, die er in einem dunklen, bizarren Stil aussprach. Er greift «nach allen Elementen; die tiefsten geheimsten Anschauungen, wo sich Natur und Geist im verborgenen begegnen, erleuchtende Verstandesblitze, die aus einem solchen Zusammentreffen hervorstrahlen, bedeutende

Bilder, die in diesen Regionen schweben, andringende Sprüche der heiligen und Profanskribenten und was sich sonst noch humoristisch hinzufügen mag, alles dieses bildet die wunderbare Gesamtheit seines Stils, seiner Mitteilungen», so charakterisierte Goethe Hamanns *Sibyllinische Bücher*. Immer umranken kabbalistische Sentenzen die Rhapsodie seiner Prosa; mit einem berühmten Satz übergab er das Stichwort seinem größeren, vollendenden Schüler:

Poesie ist die Muttersprache des menschlichen Geschlechts.

Das war es: Poesie als Muttersprache des Menschen, dem Herder zustimmte und was er unermüdlich paraphrasierte:

Der Anfang der menschlichen Rede in Tönen, Gebärden, im Ausdruck der Empfindungen und Gedanken durch Bilder und Zeichen konnte nicht anders als eine Art roher Poesie sein und ists noch bei allen Naturvölkern der Erde.

Johann Gottfried H e r d e r, am 25. August 1744 in Mohrungen, Ostpreußen, geboren, war ein Landsmann Hamanns. Mit Bitterkeit erinnerte er sich seiner Schuljahre. In Königsberg konnte er sich dem Theologiestudium widmen und hörte Vorlesungen Kants. Danach war ihm die Gelegenheit geboten, sich als Prediger in Riga auch bürgerlich zu befestigen; aber eine innere Unruhe ließ ihn eine Reise nach Frankreich allen günstigen Aussichten vorziehen. Neue Verbindungen führten nach Bückeburg und verhießen ihm das Oberpfarramt – als ein Zufall vorerst diese Pläne hinausschob: ein hartnäckiges Augenleiden zwang Herder zu monatelangem Aufenthalt in Straßburg. Hier erfolgte die schicksalhafte Begegnung mit dem jungen Goethe, der als angehender Jurist in Straßburg studierte, aber zu dieser Zeit, 1770/71, die ersten Schritte seiner ureigentlichen schöpferischen Entfaltung wagte. Auf Grund der in Straßburg eingegangenen Beziehung erfolgte später Herders Berufung nach Weimar; hier beschloß er in der Würde eines Generalsuperintendenten am 18. Dezember 1803 ein fruchtbares, zugleich aber enttäuscht als Verkanntsein gewertetes Leben. Wenn je ein verschwenderisch begabter Mensch den ganzen Stolz und das ganze Leid des Vorläufertums auskostete, dann war es Herder, dem der Genius die Fülle des Geistes verheißungsvoll zeigte und der doch nur als Gast, nicht als Sohn des Hauses, an den reichen Tischen sitzen durfte. Denn der Erkorene war Goethe; Herder jedoch, der Mann der «unzeitigen Präsumption», als der er sich selbst erkannt hat, sah mit Neid auf die Verwirklichung dessen, was er doch selbst verkündet hatte.

In den reinen Stunden der klaren Schau war es ihm bewußt, daß sein Leben ein Fragment sei:

Statt Worte zu säen pflanze ich Gedanken und Aussichten. Diese Samenkörner aufzuziehen und zu Bäumen zu erheben und vielleicht auch Früchte zu sammeln, überlasse ich anderen, und ich erbitte mir bloß die Aufmerksamkeit, die man anwendet, um vielleicht edlen Samen zu finden.

Gleich einem Orpheus des Geistes weilt sein Vermächtnis unendlich verteilt und schon längst als üppige Ernte oft unkenntlich geworden im Wachstum des deutschen Geistes. Von Herder datiert der morphologische Sinn für das Verständnis aller menschlichen Entwicklung; seit Herder gibt es eine Geschichtsphilosophie, die wiederum den Rang einer Philosophie großen Stils nach der historischen Vision des Augustinus hat. Ihn erfüllten das moderne Pathos der Distanz, der romantische Sinn für das Erlebnis und für die Geschichte. So wurde er der Vater der modernen deutschen Geisteswissenschaft.

Man kann seine Lehren nicht aus einem einzelnen Werk erfahren; selbst die zu einer gewissen Abrundung gediehenen *Ideen zur Philosophie der Geschichte der Menschheit* enthalten nicht den ganzen Herder. Denn Herder ist einer der großen, modernen Fragmentaristen; der dänische Religionsphilosoph Sören Kierkegaard nannte «fragmentarisch üppige Produktivität» das kennzeichnende Merkmal der modernen, subjektiven, schrankenlosen Existenz. Die Erkenntnis des Lebendigen ist Erkenntnis einer Entwicklung: nach diesem Grundprinzip behandelte Herder Geschichte, Menschheitskunde, Erziehung, Theologie, Mythologie, Philosophie, Sprachwissenschaft und Kunst. Als einen göttlich belebten Kosmos empfand er die Unendlichkeit der Welten; neuplatonisch und idealistisch deutet er die Phasen der Entwicklung als Emanationen aus diesem Seinsgrund. Im Menschen jedoch hebe eine neue Folge schöpferischer Entwicklung an: das Gesamt der humanen Geschichtlichkeit – worin die politische nur einen kleinen, geringen Teil ausmache. Wenn auch der Mensch ein Geschöpf der Gottheit sei, so eigne ihm doch eine geheimnisvolle Freiheit: denn er ist der «Freigelassene der Schöpfung», und er «ist, sofern er vermag». Als ein sichtbarer Gott und als ein Tier unter Tieren führe der Mensch seine paradoxe Existenz; diese Polarität befähige ihn aber zu dauernden Gestaltungen im Wandel der Wirklichkeit. Herders Entwicklungslehre verläuft bei aller Verwandtschaft mit dem Idealismus Weimars nicht transzendierend; er sah die Ideen als Kräfte der lebendigen Ursprünge, als Entelechien, wie es schon Aristoteles getan hatte; Herder durfte seinen Idealismus als «reichsten und strengsten Realismus» bezeichnen. Er suchte in der Geschichte denselben Gott, «der in der Natur ist» – doch ruht das Schwergewicht seines Philosophierens durchaus auf dem Historischen im weitesten Sinne. Denn der Kosmos war ihm auf den Menschen hin gerichtet; das Humanitätsideal der Aufklärung erfuhr so bei ihm eine resolute Korrespondenz mit dem Universalen. In der Geschichte verfolgte er «den Gang Gottes durch die Nationen», und er sah ihn analog den menschlichen Altersstufen – wie später auch Hegel in seiner Geschichtsphilosophie, allerdings im Zusammenhang mit einer objektiven Dialektik. Ungeachtet der schöpferischen Autonomie des Menschen betrachtet Herder auch dessen Gebundenheit durch die Überlieferung, die ihm gleichermaßen eine physische und psychische ist. Historisch erscheine diese wechselseitige Verflechtung in den volkhaften Gemeinschaften; mit Entschiedenheit ging Herder nicht an «die Menschheit», jenes lyrische Abstraktum des Rationalismus, sondern an die Völker, an die Nationen – wenngleich sie vor Gott nur «Schattengruppen» seien.

Nicht minder fruchtbar als Winckelmanns Erweckung eines neuen Antikebildes wirkte Herders Erlotung des gemeinsamen Urgrundes von Mythos und Dichtung. Er fand ihn im Wunder der menschlichen Sprache; der Mensch sei ein «Sprachgeschöpf», und Herder stellt fest: Der Genius der Sprache ist auch der Genius von der Literatur einer Nation.

Gleich der organischen Metamorphose aller Entwicklung keime, knospe, blühe und verblühe eine Sprache. Wie der namengebende Mensch durch Nennung das Erdgebundene und Ungestalte kennbar mache und sinnvoll verbinde mit den schöpferischen Triebkräften des lebendigen Seins, so entstehe der Mythos als die älteste und wesentlichste Kundgebung der menschlichen Natur. Herders allumfassender Blick hielt auf das gleiche Recht aller großen Mythologien; er legitimierte die vorher so vagen Schwärmereien für die germanische Frühzeit durch die genaue Bestimmung ihres ebenso mythischen Charakters, wie er dem hellenischen Altertum bisher allein zugesprochen wurde. Mythische Dichtung ist älteste, eigentliche, absolute Dichtung; wenn Herder die alte anonyme Volkspoesie allzu freigebig mit dieser mythischen Dichtung identifizierte, so bedurfte diese Übertreibung allerdings einer Korrektur durch spätere Geschichtsbeobachtungen. Herder lenkte die Aufmerksamkeit auf Märchen, Sagen, Volkslieder aller Zeiten und Zonen: wie er selbst in den «Volksliedern» – später *Stimmen der Völker in Liedern* genannt – die richtungweisende Sammlung veranstaltete, so folgten ihm darin die Romantiker Arnim und Brentano, als sie

«Des Knaben Wunderhorn» redigierten, und die Brüder Grimm mit ihren deutschen Volksmärchen. Schon zu seinen Lebzeiten nahm man es mit dem enthusiastischen Kult für Volksdichtung, ja für das Volks-Schöpferische allzu leicht und schmückte die Masse mit dem Kranz des Genius – aber bereits Herder sagte:

Der wahre Geschmack wirkt durch Genius, und ein edles Genie ist immer wie ein Stern im Dunkeln.

Der junge Goethe verdankte Herder in den Straßburger Lehrmonaten die Einsicht, daß Kunstwerke wie die Homers und Shakespeares volkhafte Urphänomene sind, die nicht ohne weiteres nachgeahmt werden können. Freilich entgleiste selbst Goethe in seiner dramatischen «Geschichte Gottfriedens von Berlichingen» und erregte Herders unwillige Zurechtweisung, daß Shakespeare ihn verdorben habe – aber das geschah im Rausch des jugendlichen Sturmes und Dranges, der sich später schon klären sollte. Durch Herder wurde das «Erlebnis» als ein Antrieb des dichterischen Schaffens ins volle Licht des Bewußtseins gerückt; wenn er es auch in kosmischer Verflochtenheit nahm, so lag doch die Gefahr nahe, daß man zunehmend nur der privaten Beziehung zwischen Kunstwerk und Urheber nachforschte und die Leistung mehr und mehr als Ausdruck, nicht mehr als Gebilde wertete. Schließlich wird dann jedes Produkt irgendwie «interessant», es verflüchtigt sich in der Sphäre einer relativierenden Psychologie – das Maß und mit ihm die objektiven Gesetzmäßigkeiten der künstlerischen Verwirklichung einer inneren Schau gehen zugrunde. In unseren Tagen hat nun das bahnbrechende Werk «Europäische Literatur und lateinisches Mittelalter» von Ernst Robert Curtius gezeigt, daß die lehr- und lernhaft überlieferten technischen Mittel: Grammatik, Syntax, Prosodie, auch der künstlerischen, der dichterischen «Beredsamkeit» dank der zähen Bewahrung durch ein Jahrtausend hindurch erst die Vervollkommnung in klassischen Nationalliteraturen vorbereitet und ermöglicht haben: «Es ist die große Paradoxie des lateinischen Mittelalters, daß die Bildungsschicht der nordischen Völker die fremde Südsprache annahm, ihre Formen beherrschen und endlich ihre Künsteleien meistern lernte. Welche Entfremdung vom Eigenen! Aber wie reich sollte sie sich lohnen, als die Volkssprachen mündig geworden waren!» Die herkömmlicherweise als hemmend verachteten «Gemeinplätze» der streng exerzierten lateinischen Literatur, ihre «argumenta» und «topoi», lehrt Curtius als latente Energien erkennen, die bei Dante, Shakespeare oder Calderon dann zu dichterischer, lebendiger Leuchtkraft erhoben wurden. Erst unter

Berücksichtigung dieses geschichtlichen Sachverhaltes kann man Herders Phänomenologie von originaler Dichtung sinnvoll und schadlos nutzen.

Er selbst hätte sich vermutlich einer solchen Einschränkung oder erweiternden Korrektur verschlossen. Sein bitteres Abseitsstehen während der Hochklassik Goethes und Schillers dürfte nicht nur als beleidigtes Ressentiment dessen, der sich selbst vergessen sah oder fühlte, zu verstehen sein. Die Weimarer Klassik war doch auf ihre Weise wieder zu den regelhaften Formtendenzen jahrtausend-alter abendländischer Vergangenheit zurückgekehrt – oder genauer: sie hatte dieses Erbe in ihrer eigenen, modern-subjektiven Sphäre erneuert und sich selbst daran objektiviert. Gewiß teilt Herder mit ihr einige «Ideale», wie das der Humanität oder der Erziehung durch Tradition zu einem allmenschlichen Schönheitsmaß. Aber er blieb doch der Einzelgänger des Protestes und der gotischen Einsamkeit.

Obwohl Herder als Persönlichkeit wie als Schaffender im Zwielicht des Übergangs steht, so hat ihn dieses Geschick doch nicht in dem Maße für die Nachwelt verdunkelt wie den Neapolitaner Giambattista Vico, 1668–1744, dessen Hauptwerk einer gegen den Rationalismus ankämpfenden Geschichtsbetrachtung *La Scienza nuova*, «Die Neue Wissenschaft», beinahe unterm Schutt der Historie verblieben wäre, hätte nicht Benedetto Croce Verfasser und Buch so nachdrücklich wieder ans Tageslicht gezogen. Vico erinnert vielfach an Herder – so im Schwanken zwischen Dichtung und Wissenschaft, ja selbst in der Dunkelheit seines phantasievollen Stils. Schwer zu entwirren heben sich aus der «Scienza» drei Themen hervor: geistes-philosophisch untersucht Vico die ideale Menschheitsgeschichte, sodann den wirklichen historischen Verlauf und endlich die sozialen Verhältnisse. Für ihn handelt es sich weniger um eine Entwicklung, die von der Barbarei über die Theokratie zum Heroischen und zuletzt zum Gesellschaftlichen führe, als vielmehr um einen Kreislauf – gemäß der mystisch-platonischen Grundeinstellung des Autors. Gleich Herder sah Vico im Mythos die älteste, ursprünglichste Philosophie; die Religion nahm er als natürliche Notwendigkeit des menschlichen Daseins. Vicos Geschichtsphilosophie enthalte «das 19. Jahrhundert im Keim», urteilt Croce; tatsächlich entstanden ja auch Deutungen der Historie als ewiger Kreislauf des Geschehens, als «ewige Wiederkehr», wie Nietzsche wollte, als organische Zyklen wie bei Spengler, oder als Kultur-Kreis-Lehre. Vicos Warnung, daß es vom Gesellschaftlichen jäh den Rückfall in die Barbarei gebe, scheint sich fürchterlich zu bestätigen.

Dieser Exkurs auf Giambattista Vico zeigt, daß gelegentlich an verschiedenen Orten und unabhängig voneinander gewisse Geistesideen entspringen, die nicht durch die früher so beliebte «Einfluß»-Theorie zu erklären sind, sondern offenbar aus der Struktur der Epoche als solcher herrühren. Treten sie verfrüht auf, dann nehmen weder das Zeitalter noch oftmals auch die Nachwelt gebührende Notiz davon, während das rechte Wort des rechten Mannes zur rechten Zeit eine geschichtliche Station markiert. Diesen Erfolg errang Herder nun doch für sein erbittertes Leben; zwar hörte er nicht mehr Goethes Manifest von der «Weltliteratur», aber ihm ward die Genugtuung, daß sich die reichste dichterische Kraft der deutschen Literatur neben Goethe, ja der «deutscheste» unserer Klassiker, Jean Paul, in verehrendem Danke zu ihm bekannte.

So war denn Herder die schöpferische Unruhe in jenen brauenden kosmischen Nebeln der Mitte des 18. Jahrhunderts; aus ihnen aber rundete sich ein Stern erster Größe, mehr noch: gleichsam ein neues Sonnensystem. Noch leben wir in seiner unmittelbaren Ausstrahlung. Dessen Kern und Mitte ist Johann Wolfgang Goethe.

DIE DEUTSCHE HOCHKLASSIK

Goethe

Und als wir nun so um und um
Eins mit dem andern glücklich
      waren
Wie Geister im Elysium,
Auf einmal stand in unsrer Mitten
Ein Zauberer! – Aber denke nicht,
Er kam mit unglückschwangerm
      Gesicht
Auf einem Drachen angeritten!
Ein schöner Hexenmeister es war,
Mit einem schwarzen Augenpaar,
Zaubernden Augen voll Götter-
      blicken,
Gleich mächtig, zu töten und zu
      entzücken,
So trat er unter uns, herrlich und
      hehr,
Ein echter Geisterkönig, daher!

Und niemand fragte: «Wer ist
      denn der?»
Wir fühlten beim ersten Blick,
      's war e r !
Wir fühltens mit allen unsern
      Sinnen
Durch alle unsre Adern rinnen.
So hat sich nie in Gottes Welt
Ein Menschensohn uns dargestellt,
Der alle Güte und alle Gewalt
Der Menschheit so in sich vereinigt!
So feines Gold, ganz innrer Gehalt,
Von fremden Schlacken so ganz
      gereinigt!
Der, unzerdrückt von ihrer Last,
So mächtig alle Natur umfaßt.
So tief in jedes Wesen sich gräbt
Und doch so innig im Ganzen lebt!

– mit diesen Versen aus einem «herrlichen Traum», den er «an Psyche» verplaudert, feierte der dreiundvierzigjährige Wieland, längst geistige Prominenz in Weimar; einen noch verhältnismäßig jungen Mann, der rund ein Jahr ebenfalls in der kleinen Residenz weilte. Der «Zauberer» war ein Lizentiat der Rechte, Sohn eines kaiserlichen Rates – und was mehr bedeutete: Autor zweier Bücher, die Deutschlands Jugend berauscht, bei den Älteren zuweilen etwas reservierte Zustimmung gefunden hatten: eines Dramas «Götz von Berlichingen» und eines Romans «Die Leiden des jungen Werthers». Der also Hochgelobte war mithin Johann Wolfgang Goethe. Es ehrt den schon arrivierten Wieland, den neuen «Geisterkönig» so zu empfangen, denn weder waren diese Bücher so ganz nach dem eigentlichen Geschmack des Rokokopoeten, noch brauchte er Goethes unbedacht jugendliche Satire *Götter, Helden und Wieland* so rasch zu verzeihen – ganz abgesehen davon, daß die Sonne des Ankömmlings ihn sehr bald, wenn auch unabsichtlich, in den Schatten rückte.

Nun die Darstellung des Ganges der «Weltliteratur» bei G o e t h e angelangt ist, zögert sie selbst vor dem bescheidenen Versuch, nur umrißhaft jenen zu beschreiben, in dessen Zeichen die Schilderung eines großen Teils der älteren Zeiten doch gestanden hat und der noch die letzte Wegstrecke geistes-gegenwärtig weisen wird. In welchem Lichte sollte auch ein Unternehmen wie die Erfassung der Weltliteratur erfolgen – wenn nicht ermutigt durch Goethe, der überhaupt Vorstellung und Aufgabe einer Weltliteratur geschaffen hat als lebendige und aktuelle Entelechie aller geistig-musischen Kräfte! Dennoch und gerade deshalb erschrickt man vor dem Wagnis, mit Andeutendem ein Unausschöpfliches zu berühren, sich in den Chorus großer und befugter Stimmen zu drängen, deren vereinte Bemühung immer nur ein «Goethe und kein Ende» ausmacht. Was er selbst über die Arbeit an Shakespeare ausgesprochen hat: daß sie stets unzulänglich bleibe, das gilt noch mehr für ihn. Aber um dieser Unermeßlichkeit willen sind die ständigen Auslegungen von Goethes Gestalt und Werk so wichtig und notwendig; wer wollte es leugnen, daß viele Bücher über Goethe im ganzen oder über einzelne Strecken seiner Erdenbahn eine Erhellung geschaffen haben: Grundsätzliches und immer feiner Angenähertes – zur Ehre derjenigen, die als echte «Philo-Logen», aus «Liebe zum Wort», Erkenntnisse zutage förderten, die wahr sind, weil sie fruchtbar sind.

Um mit dem Nächstliegenden zu beginnen, seien die hauptsächlichsten Daten von Goethes Leben vorangestellt. Er wurde am 28. August 1749 in Frankfurt am Main geboren; der Vater, obschon kaiserlicher Rat, stammte von einfachen Leuten – die Mutter, eine geborene Textor, gehörte zum bürgerlichen Patriziat. Von 1765–1768 studierte Goethe in Leipzig Jurisprudenz und Staatsrecht; er setzte 1770–1771 das Studium in Straßburg fort. Nach kurzer Tätigkeit als Anwalt ging er 1772 nach Wetzlar zum Reichskammergericht. Von 1772–1775, unterbrochen von Reisen an den Rhein und in die Schweiz, weilte Goethe wieder in Frankfurt. Auf diese Epoche des jungen Goethe folgen die rund elf Jahre des Aufenthaltes in Weimar von 1775–1786 nach der Berufung durch Herzog, später Großherzog Karl August (1759–1828). Zwei Reisen in den Harz, eine Fahrt nach Potsdam und Berlin, eine zweite Schweizer Reise unterbrechen diese Ära. Nacheinander wurde Goethe Legationsrat, Geheimrat, Kammerpräsident, geadelt. Am 3. September 1786 «flieht» Goethe von Karlsbad nach Italien, erreicht am 29. Oktober 1786 Rom, hält sich in der ersten Jahreshälfte 1787 in Neapel und Sizilien auf, wendet sich dann nochmals nach Rom. Mitte 1788 ist er wieder in Weimar. Nunmehr bleibt Weimar sein ständiger Wohnsitz; die wichtigsten Ausfahrten sind: 1790 nach Venedig, Schlesien und Galizien; 1792 die kriegerische Campagne in Frankreich, 1793 Aufenthalt in Mainz; 1797 die dritte Schweizer Reise; später häufig Kur in Karlsbad; 1814 und 1815 Reisen an Rhein, Main und Nekkar. Im Jahre 1790 wurde er zum Staatsminister ernannt; von 1791 bis 1817 leitete er die Direktion des Weimarer Hoftheaters. Am 22. März 1832 starb Goethe in Weimar. Weil er selbst in «Dichtung und Wahrheit» die Geschichte seiner Jugend bis zur Berufung nach Weimar erzählt hat, erübrigt es sich hier, etwa den Liebesbindungen nachzugehen, die Goethe in der Jugend mitgeformt haben. Es genügt anzumerken, daß er in Weimar Frau Charlotte v. Stein kennenlernte, daß ihm Christiane Vulpius 1788 begegnete, daß er sie 1806 heiratete, daß die Sonette an Minna Herzlieb 1807 entstanden, daß der «Diwan» u. a. die Liebesgedichte an Marianne v. Willemer aus den Jahren 1813–1815 enthält, daß Christiane 1816 starb, daß die letzte Passion – Werbung und Entsagung um Ulrike v. Levetzow – in den Marienbader Aufenthalt 1823/24 fällt. Der Bund mit Schiller erfüllt die Jahre 1794–1805.

Goethes Arbeiten an vielen Hauptwerken erstrecken sich oft über Jahre und Jahrzehnte, beim Faust sogar über rund sechzig Jahre, von 1772–1831. In Leipzig entstanden die ersten veröffentlichten Gedichte. Nach der Begegnung mit Herder in Straßburg schrieb Goethe seine ersten ihm ganz eigenen Verse, Lyrik und Hymnen, den Götz, dann zwischen 1772–1775 Werther, Clavigo, Stella. Das

Weimarer Jahrzehnt vor der Reise nach Italien zeitigt neben der ohnehin Goethes Leben begleitenden Lyrik Wilhelm Meisters theatralische Sendung, die Erstfassungen von Iphigenie und Tasso, sowie Studien zur Geologie, Botanik, Osteologie, Mineralogie. In Italien beendete er Egmont und Iphigenie. Die Römischen Elegien entstehen nach der Heimkehr; 1789 schließt er Tasso ab. Zwischen 1792 und 1793 stehen einige kleinere Dramen zum Zeitgeschehen, Reineke Fuchs und optische Studien. Wilhelm Meisters Lehrjahre werden 1795 vollendet; 1796 Hermann und Dorothea, 1797 das Balladenjahr, 1802 Die natürliche Tochter, 1807 Pandora und Wahlverwandtschaften sowie Einzelstücke zu Wilhelm Meisters Wanderjahre; 1810 beginnt die Selbstbiographie Dichtung und Wahrheit; zwischen 1813 und 1815 die Gedichte des Westöstlichen Diwans, 1826 die «Novelle». In all diesen Jahren laufen Goethes naturwissenschaftliche Arbeiten. Der erste Teil des Faust wurde 1808 veröffentlicht. In den zwanziger Jahren arbeitet Goethe weiter an den Wanderjahren, schließt 1830 den vierten Teil von Dichtung und Wahrheit ab, redigiert zwischendurch den Briefwechsel mit Schiller, nimmt 1826 die Formung der Gesamtausgabe aller Werke in Angriff – unterstützt besonders von Eckermann, der im Jahre 1823 nach Weimar kam. Während der Zusammenarbeit mit Schiller dienen die Zeitschriften Horen und Propyläen den Dichtern als Sprachrohre; der alte Goethe gab «Kunst und Altertum» heraus.

Die dichterischen Bücher sind die innigsten Ausstrahlungen Goethes. Aber die Gesamt-Erscheinung «Goethe» ist nicht vollständig als Wirksamkeit seines Dichtertums zu erfassen; der Weise und der Schriftsteller sind nicht geringeren Ranges als der Dichter. Selbst mit diesen musischen und geistigen Charakterisierungen bleibt man jedoch immer noch erheblich zurück, wenn man seine Gestalt erfahren und deuten will. Dafür ist vieles geschehen, ohne daß Endgültigkeit oder Einhelligkeit der Bestimmungen gewonnen wurde. Frühere Generationen sahen in Goethe den überlegenen Bildner seines Lebens; sie errichteten ein Monument, das sie den «Olympier» Goethe nannten. Unser Jahrhundert will sich mit dieser Sichtweite nicht begnügen, ja bestreitet sie. Man findet die ältere Anschauung klassizistisch und kühl, zuweilen akademisch und gipsern. Eine Vertiefung in die Lebensgeschichte Goethes, verbunden mit psychologischen und manchmal auch psycho-analytischen Untersuchungen seiner Natur, hat gelegentlich zu einem problematischen Goethe, zu einem «Dämon» Goethe geführt, dessen Lebenskunst nunmehr als das fast tragische Unternehmen einer künstlichen Selbststilisierung gilt. Beide Auslegungen: diejenige einer Epoche, die man bis zum abendländischen Schicksalsjahr 1914 rechnen darf, und die gegenwärtige haben miteinander doch das eine gemeinsam, daß sie Person und Leben Goethes einer jeden Einzelform seines Schaffens überordnen und als das eigentliche Phänomen bewerten. Es bleibe dahingestellt, ob der olympische oder der dämonische Goethe das genauere Porträt liefert. Immerhin sollte man bedenken, daß Goethe selbst die Vielfältigkeit und Gegensätzlichkeit seines Wesens deutlich ausgesprochen, sich aber das «Dämonische» abgesprochen hat:

Das Dämonische ist dasjenige, was durch Verstand und Vernunft nicht aufzulösen ist. In meiner Natur liegt es nicht, aber ich bin ihm unterworfen.

Die moderne Goethedeutung mutet in gewissen Tendenzen ein wenig modisch an als Symptom eines Zeitalters, das die Berührung mit den elementaren Daseinsschichten, vor allem mit dem Tode, geflissentlich als dämonisch anspricht. Man ist auf dem besten Wege, dieses Dämonische zu einem redensartlichen Gemeinplatz zu machen. Die Tiefenpsychologie der Gegenwart mit ihren großen Objekten: den Kulturen, Völkern und Genies, dürfte wohl kaum eine Erneuerung des Mythischen – wozu der «Dämon» gehört – bewirken; immerhin brachte sie dem Bewußtsein eine Aufhellung der allezeit bestehenden mythischen Lebenszusammenhänge nahe. Es ist jedoch kein Grund vorhanden, diese Verflechtungen unbedingt als dämonisch anzusehen; warum sollten sie nicht auch olympisch sein? Wahrscheinlich sind sie beides zugleich – in den Einzelwesen zwar nicht je zur Hälfte ausgewogen, aber doch stets wirksam und annähernd erkennbar. Goethe, der früh schon wußte, daß ihm kein «Mittelzustand» beschieden sei, hat bis ins Hochalter seine proteïsche Mannigfaltigkeit, Vieldeutigkeit und damit auch Selbstwidersprüchlichkeit behalten.

Schöpferische Menschen zeigen sich, wie die Kulturen, der Nachwelt unter zeitlich einander ablösenden Bildern. Diese wechselvolle Ausdeutung ist eine geistige, ideenhafte Metamorphose – um den Mitte-Begriff der Goetheschen Naturlehre anzuwenden: also der Gestaltwandel des sich in der Zeitlichkeit darlebenden und durch sie mitbedingten Grundtypus, der als individuell, als unteilbar, nicht auf Ursachen zurückführbar, eigentlich ein Zeitloses ist. Es handelt sich – um wiederum mit Goethe zu sprechen – um eine «gottgedachte Spur», um einen Gedanken Gottes, oder wie man sonst die einheitlich-zwiespältige Lebensmacht benennen mag. In aller Gegenwärtigkeit wird niemals eine solche Urgestalt erfahren und begriffen – oder um es einzuschränken: eine geschichtliche Urgestalt, denn die natürliche Urgestalt, das Urphänomen, wird von jenen vollständig und vollendet gesehen, die über eine «anschauende Urteilskraft» verfügen: so «sah» Goethe die «Urpflanze». Die geschichtliche Urgestalt selbst und ihr Bild entfalten sich hingegen im Nacheinander der Zeit. So fand beispielsweise die griechische Antike eine fast zweitausend Jahre anhaltende Metamorphose der Darstellung und Wertung bereits nach ihrer römischen Deutung. Bei diesem Wandel hebt nun keineswegs eine jüngere Betrachtung die ältere auf; die jüngste Meinung pflegt sich zwar abzusetzen gegen die unmittelbar voraufgehende, verarbeitet aber meistens unter anderen Formulierungen dennoch frühere Aussagen. Dasselbe trifft für Goethe zu. Der «Olympier» ist augenblicklich nicht eben modern, weil der «Dämon» ihn verdrängt hat; es dürfte aber kaum noch lange währen, bis man bei dem allgemein spürbaren Verlangen nach objektiv gültigen Werten, die ja von der Analyse zerrüttet wurden, den Ordner und Gestalter Goethe wieder entdeckt als ein maßgebendes Urbild des menschlichen Daseins. Alsdann kehrt auch der Olympier wieder – und zwar bereichert und vertieft um jene Erfahrungen, die in der Zone des Dämonischen oder auch des Nihilistischen gemacht worden sind.

In der Tat ist *eine* Erkenntnis allen bisherigen Goethe-Deutungen gemeinsam: die Konturen seines Lebens und seiner Person reichen weiter als die seiner Produktion. Jeder, der selbst die wichtigen Werke gelesen hat, wird das empfinden; davon ist auch die Faust-Dichtung nicht auszunehmen. Insofern hat man stets Goethes Weisung richtig verstanden, daß alle seine Werke Bruchstücke einer großen Konfession seien. Bruchstücke also – und je vertrauter man mit dem einen oder anderen Buch Goethes wird: sogar Fragmente sind die meisten von ihnen. Trotz des äußeren Anscheins ist der innere Zustand fast jeder Arbeit Goethes fragmentarisch in dem Sinne, daß er zu einem Unendlichen hin «offen» ist; daran ändert nichts, daß er vielen seiner Fragmente einen abrundenden Schluß aufgenötigt oder sie, noch auffälliger, lose in einen Zusammenhang hineinredigiert hat, ja sogar hineinredigieren ließ! Der Leser Goethes beobachtet an sich, daß sein Verlangen steigt, allmählich in immer andere, teils unbekannte, teils unzulänglich verstandene Werke einzudringen und so die Kette jener Bruchstücke um neue Glieder zu bereichern. Bald verzichtet man auch darauf, zwischen Haupt- und Nebenwerken zu unterscheiden; zu dem dichterischen und schriftstellerischen Oeuvre treten Briefe und Gespräche, Notizen des Tagebuchs und dergleichen. An entlegenen Stellen seines Gesamtwerkes leuchtet unvermutet nur zu oft die ganze dichte, einmalige Schau- und Sprachkraft auf, an die man sich, manchmal ohne hinzuhören, in den berühmten Stücken gewöhnt hat – und sie gerade deshalb nicht erfaßte.

Es wurde bereits darauf hingewiesen, daß Sören Kierkegaard den kennzeichnenden Ausdruck für die Gefühls- und Bewußtseinslage des modernen Menschen, der in seinem Verhalten als reine Individualität die Welt auf sich, das Objekt auf das Subjekt, bezieht, im Fragmentarischen gefunden hat. Die daraus entspringende, bald hinbrütende, bald üppige Produktivität bezeugt Goethe auf eine exemplarische Weise: er vor allen anderen europäischen Geistern bis auf den heutigen Tag ist der «moderne Klassiker» schlechthin – wenn man es wagt, das Klassische und das Moderne zusammenzufügen. Gewichtige Gründe sprechen dagegen; man kann sie sogar aus Goethes eigenen Untersuchungen über klassische Nationalliteratur entlehnen. Besonders im Ausland sind neuerdings Stimmen lautgeworden, die Goethe nicht als einen Klassiker annehmen wollen; wunderlich kontrastiert dazu eine modische Geschichtsphilosophie, die Goethe allzu klassisch findet und ihm vorwirft, er sei am «Leben», worunter das geschichtlich-gesellschaftliche Leben zu verstehen ist, nicht als mitagierende, «dramatische» Person beteiligt gewesen: das Leben sei dramatisch, aber Goethe habe sich ihm seit seiner Übersiedlung nach Weimar entzogen! In früheren Zusammenhängen war davon die Rede, daß bei einer rigoros-formalistischen Definition des Klassischen in der abendländischen Literatur zuletzt nur die Epen Homers, die antiken Tragödien, sodann Vergil und Dante, vor allem dieser, allein als klassisch gelten können. Bei einer erweiterten Fassung des Begriffs, wie sie historisch gefordert werden muß, läßt sich feststellen, daß Goethes Gestalt und Arbeit eine Klassizität des Modernen ermöglicht und verwirklicht haben. Die besondere geschichtliche Lage war nun die, daß Goethe, nach den vorbereitenden Schriften Winckelmanns, Kants und Lessings, die rationale und objektive Aufklärung mit dem vollen Gehalt des Natürlichen als der Ganzheit aller Urphänomene substantiell erfüllt hat – und daß er die subjektiven Seelenströmungen der antirationalen Bewegung, der Rousseau, Herder und wie sie sonst noch heißen, nicht etwa nur in diese Substantialität hineingeleitet hat, sondern daß sie für ihn ebenfalls Substanzen als «Erlebnisse» sind. Bei den anderen Autoren trennten sich diese Tendenzen in eine klassizistische und romantische; bei ihm durchdringen sie sich als

Einerleiheit und können lediglich in der begrifflichen Analyse geschieden werden.

Noch verbunden mit den nachschwingenden Elementen der voraufgegangenen abendländischen Kultur, jedoch nicht mehr unbedingt und unbewußt im Einklang mit ihren metaphysischen Werte-Ordnungen und auch nicht mehr mit deren gesellschaftlich-verweltlichten Satzungen, sondern durchaus selbständig und autonom – eben als ein moderner Typus –, umfängt Goethes Lebensarbeit die äußerste oder doch die vielseitigste Anverwandlung von Natur und Geist in einem Individuum. Er vollendete sie als ein Mensch, einzig auf sich selbst angewiesen – allein aus dem, was in des Menschen Macht steht. Damit sind gewisse Grenzen angedeutet sowohl gegen das Überweltliche, das Göttliche, als auch gegen das Unterweltliche, das Dämonische. Nicht als ob Goethe diese Gemarkungen «jenseits» des Irdischen verkannt oder als Schaffender vor ihnen versagt habe! Aber er trat ihnen als der moderne, entbundene Mensch mit gebotener Vorsicht gegenüber – mit einer Vorsicht, die Dichtern mythischer Zeiten wie Homer, oder religiöser wie Dante, nicht auferlegt war. Die ehrfürchtige Scheu, die Goethe vor dem Göttlichen beobachtete und die ihm die Grenzen eines erlaubten Vorschreitens anzeigte, wahrte er auch vor dem Dämonischen. Die dramatische Auseinandersetzung zwischen beiden Sphären, die notwendig tragisch verlaufen muß, mied er mit steigender Reife – und zwar vornehmlich aus zwei Gründen: er kannte die Labilität seiner Empfindungen und fürchtete deshalb die zwingende Ausweglosigkeit des Tragischen; außerdem bestand er auf Erhaltung des Lebendigen, auf eine sich vollendende «Bildung». Wie er beim Gedanken an seinen eigenen Tod erschrak als vor der Zerstörung eines einmaligen, einzigartigen Organismus, so wehrte er auch dem Einbruch der dionysischen, die Tragödie auslösenden Gewalten in den überpersönlich gewordenen Organismus seines geistig-sittlichen Reiches. Er verbot sich Schrankenlosigkeit, wie er sie als Hüter seiner Schöpfung auch anderen verbieten mußte; Entsagung und Ordnung stehen als Merkworte fast über dreißig Jahren seines Lebens. Wie er lieber ein Unrecht geschehen lassen wollte, als daß es je zu Unordnung käme, so zwang er als Entsagender sich lieber jene oft verkannte, maskenhafte Geheimrätlichkeit auf, als daß er seinem Verlangen nach unendlichem Selbstgenuß nachgegeben hätte. Goethe war nicht mehr ein Sohn, sondern ein Enkel der Erde – dennoch gewann er sich, dem Antäus gleich, immer wieder neue Kräfte aus einer innig-unmittelbaren Berührung mit der Natur.

In keinem Einzelwerk erscheint Goethe voll und ganz. Wenn man diesen Befund erweitern muß selbst auf große Werk-Kreise, so macht einzig seine lyrische Dichtung davon eine Ausnahme. Zwar muß man einräumen, daß wiederum kein besonderes Gedicht und kein besonderer Zyklus Goethe zureichend vergegenwärtigen. Aber viele Gedichte, aber alle Gedichte zusammen enthalten ihn. Denn seine Lyrik entspringt dem Kern seines Wesens als unmittelbarste Kundgebung seiner schöpferischen und seiner leidenden Existenz. Das ist immer so empfunden worden, und Goethe selbst hat dafür das Kennwort geprägt, als er seine Lyrik «Gelegenheits»-Dichtung nannte. Es gilt aber für seine poetische, ja im Grunde auch für seine wissenschaftliche Produktion überhaupt.

Damit wird den Generationen, die nach und durch Goethe eine Beziehung zur Dichtung haben, zunächst kaum etwas Entscheidendes oder Eigenartiges gesagt. Seit Goethe – und in populärer Weise verbreitet durch die Romantik – stellt man sich den Dichter vor als einen Sänger, der infolge eines «Erlebnisses» singt wie der Vogel, «der in den Zweigen wohnet». Ganz abgesehen davon, daß eine vorschnelle Anwendung dieses Urteils zu schiefen Meinungen über das Natürliche in einem dichterischen Kunstwerk geführt hat, unterstützt sie den Wahn, insbesondere lyrische Dichtung entstehe zufällig und gleichsam von selbst. Sogar jenem Vogel muß doch der Schnabel auch zum Singen gewachsen sein; das ist eine Voraussetzung, die Goethe mit vermeintlichem Widersinn ausdrückt, wenn er von «angeborenen Verdiensten» spricht. Nach landläufiger Wertung gibt es lediglich erworbene Verdienste; Goethes Wort zielt nun ebenso auf die angeborene Begabung wie auf die niemals durch ein sittlich-arbeitsames Streben zu erreichende Begünstigung eines solchen Begabten von seiten jener Mächte, die in gläubigen Epochen als Götter, als Musen oder als die Gnade Gottes bezeichnet wurden. Der musische Mensch sieht in dieser Begünstigung mehr das Walten des Glückes als der Gnade – denn die Gnade ereignet sich im ethischen Bereiche des Lebens. Jedenfalls kann der bildende Mensch niemals ablassen von einem heidnisch vertrauten Umgang mit den Musen, und er «glaubt» mindestens so stark an das heidnische Glück wie an die christliche Gnade. Ungeachtet gelegentlicher Absagen ehrte Goethe das Christentum und seinen Stifter; aber die ständig wiederholten Rettungsversuche überzeugen kaum, die Goethe als einen im Grunde existentiell christlichen Menschen ausgeben wollen. Seine Religiosität, gar nicht zu leugnen nach jeder nur einigermaßen ausreichenden Kenntnis seiner Werke, hielt es zwar auch mit einem Göttlichen, das Sittlichkeit nicht ausschließt –

aber noch inbrünstiger anvertraute er sich einer alles Natürliche göttlich begeistenden Schöpfermacht. Er betete den an,

der eine solche Produktions-Kraft in die Welt gelegt hat, daß, wenn nur der millionste Teil davon ins Leben tritt, die Welt von Geschöpfen wimmelt, so daß Krieg, Pest, Wasser und Brand ihr nichts anzuhaben vermögen: das ist mein Gott.

So behutsam man bei der Zitierung Goethescher Worte vorgehen muß, weil sich jedem ein anderes leicht entgegenstellen läßt, so kehren doch im polaren Gewoge seiner Aussagen Grundströmungen gleichsam als Generalbaß der freier modulierten Stimmen wieder; dies sind dann seine Urworte, von denen aus sich Maßgeblichkeit oder Beiläufigkeit der einzelnen Formulierungen ableiten lassen.

Goethes Dichtertum offenbart sich als glückhafte Reaktion auf die «Gelegenheit» – auf den heidnischen «Kairos» –, mehr oder minder unmittelbar das Erlebnis bildend, in einem sprachrhythmisch geformten Kunstwerk. Deutet er mit seinem Hinweis auf die «Gelegenheit» ein Zufälliges an? Etwa das Zufällige des Erlebnisses? Nein, oder doch nur in dem Sinne, daß Zufall und Erleben dabei eine Rolle, keineswegs aber die allein entscheidende, spielen. Der Weimarer Kanzler Friedrich v. Müller überliefert einen Ausspruch Goethes:

Was tut man denn Bedeutendes, ohne durch einzelnen Anlaß aufgeregt zu sein? Die Gelegenheiten sind die wahren Musen, sie rütteln uns auf aus Träumereien, und man muß es ihnen durchaus danken.

Dem jungen Eckermann schärfte Goethe zu Beginn ihrer Bekanntschaft ein:

Die Welt ist so groß und reich und das Leben so mannigfaltig, daß es an Anlässen zu Gedichten nie fehlen wird. Aber es müssen alles Gelegenheitsgedichte sein, das heißt, die Wirklichkeit muß die Veranlassung und den Stoff dazu hergeben. Allgemein undd poetisch wird ein spezieller Fall eben dadurch, daß ihn der Dichter behandelt. Alle meine Gedichte sind Gelegenheitsgedichte, sie sind durch die Wirklichkeit angeregt und haben darin Grund und Boden. Von Gedichten, aus der Luft gegriffen, halte ich nichts.

Also, die Musen rütteln auf aus Träumereien; die populäre Meinung wähnt aber, daß die Musen in Träumereien versetzen – weshalb sie denn auch im Ernstfalle die Dichter ihren gepriesenen Fachmännern unterordnet: aber gerade sie, die Dichter, sind weitaus öfter Sach-Männer, als sich das bei den Fach-Männern bemerken läßt ... Der einzelne, aufregende Anlaß, von dem Goethe spricht, geht mithin auf das Bestimmte, auf das Genaue in einem Erlebnis – und man folgt seiner Weisung, wenn man dieses bestimmte, genaue Erleben wohl als Gefühl, nicht weniger aber auch als Anschauung nimmt. Denn in allen Teilen seiner Dichtung findet man Anschaulichkeit, Farbe und Plastik; allerdings verwirklichte er sie nicht mit bloß beschreibender Wiedergabe, sondern «aufgerüttelt» – eben aus einem «Erlebnis», dessen Aussage dann zu gefühlter Anschauung oder umgekehrt: zu angeschautem Gefühl wird. Aber selbst Gefühl und Anschauung machen noch nicht das Wesen der Dichtung aus. Als ein Sprachkunstwerk gehört sie ebenso dem Bereiche des geistig Begrifflichen und des sittlich Wertsetzenden an: Dichtung ist Anschauung, Gefühl und Ordnung in menschlich-beseelter Sprache. Mit der Tonkunst durch das Gefühl, mit der Bildkunst durch die Anschauung verwandt – Gefühl und Anschauung aber nicht in dem intensiven Grade verwirklichend wie diese Künste –, das ist der Logos, die schöpferische Sprachseele, ihr eigentlicher Ursprung, weshalb sie dem Göttlichen doch noch nähersteht als Ton und Bild.

Das Dichten Goethes aus der Gelegenheit hängt zunächst mit einem singulären Ereignis zusammen: mit einem ganz besonderen, einmaligen, also vielleicht zufälligen Erleben. Es führte und verführte ins Weite, wenn man die Beziehungen zwischen Geschick und Zufall untersuchen wollte. Wie auch immer das Ergebnis ausfiele, es wäre ein Bekenntnis und wurzelte in der Weltanschauung oder Religiosität dessen, der sich hier bekennt. Für Goethe, wie wohl für jeden musischen Menschen, gibt es eigentlich keinen leeren Zufall. Abgesehen von der ursächlichen Verflechtung alles Geschehens, die ja zum selbstverständlichen Lehrsatz auch des Rationalismus gehört, sieht und fühlt der Dichter im Vorfallenden, im Zu-Fallenden ein Bedeutungsvolles: etwas, das hindeutet auf ein Urphänomen des Seins. Von dieser geheimen, dem Seher zuweilen offenbaren Bedeutung ist der im Erlebnis aufgerüttelte Dichter überzeugt; ihr verleiht sein Werk den treffenden Ausdruck. Nun wird sie allgemein und poetisch, nun tritt allen aufnahmefähigen Menschen das Wirkliche in poetischer Gestalt entgegen. Wohl überwiegend, aber nicht ausschließlich, gipfelt für Goethe das poetisch gestaltete Wirkliche in der Schönheit; aber sie ist ihm nicht nur ein «Scheinen», wie das Wort eigentlich besagt, sondern die Vollendung auch der Wahrheit. Goethes Ästhetik – wenn er überhaupt eine systematische Kunstlehre je besaß – zielt auf das schöne Wahre; er faßte es keineswegs als ein «Ideal» auf, sondern als Entelechie des Seienden, erfahren ebenso durch Anschauung wie durch Hingabe. Die Hingabe ist Goethes Reaktion auf die Allmacht der Liebe – sie ist das «Ewig Weibliche», das uns hinanzieht; die berühmten Schlußverse des mystischen Chores aus dem Faust feiern also nicht nur das Weib und die Schönheit des Weibes. Daß ihm aber das Schöne vor allem in Frauengestalt erschien, hat er immer wieder ausgesprochen.

Das Wort Urphänomen wurde hier gebraucht, wie überhaupt in der bisherigen Schilderung, weil sich Goethe dieser Bezeichnung häufig bedient hat. Er nannte das Urphänomen «ideal als das letzte Erkennbare, real als erkannt, symbolisch, weil es alle Fälle begreift, identisch mit allen Fällen». Es steht ihm hilfsweise als «ein Symbol für alles übrige, wofür wir keine Worte noch Namen zu suchen brauchen». Der Natur-Betrachter Goethe achtete bewußt und ehrfürchtig jene Grenze, die unserem Erkennen gesetzt ist, und warnte stets davor, sie zu überschreiten. Dies ging so weit, daß er die technischen Hilfsmittel zur Erforschung des Allerkleinsten und des Allergrößten, Mikroskope und Teleskope, als nicht-menschlich, als unbefugte Anmaßung zurückwies: so sehr hielt er sich im Erfahrungsraum der Menschensinne und der Menschenvernunft. Wie nun doch sein ahnungsvolles Dichtertum jene Grenzen überschwang, so ließ er sich zuweilen in vertrautem Gespräch hinreißen zu mystischen Überwindungen der gesetzten Schranken. Schon als Knabe richtete er sich einen heimlichen Natur-Kult – der Greis, «wie Merlin vom leuchtenden Grabe her», tat es nicht anders. Durchdrungen vom Gedanken wie vom Gefühl der Entwicklung und zugleich der Steigerung in der sich ewig gestaltend-umgestaltenden Welt war ihm «der ganze Mensch wieder nur ein Wurf nach einem höheren Ziele». Man kann diese Mystik «faustisch» nennen, wie sie denn sicherlich aufs engste mit Fausts Unruhe und seinem Verlangen, «alle Wirkenskraft und Samen» zu schauen, verschwistert ist – doch zielt sie eben auf Vereinigung mit der Weltseele, mit dem All-Leben, glaubt an ewige Verjüngung und erfreut sich in ihrem begünstigten Träger einer wiederholten Pubertät an Körper und Geist. Geprägte Form der Individualität, die sich lebend entwickelt zu gefühlt-bewußter Identität mit dem All – sei es ein Kosmos, sei es ein Chaos: auch hierin bekundet sich die zu klassischer Urbildlichkeit in Goethe gelangte Vereinigung von Ich und Welt. Das Goethesche Urphänomen ist verwandt mit der Idee Platons; dies kann hier nicht im einzelnen verfolgt werden, weil man unversehens in eine weitläufige philosophische Erörterung verstrickt würde. Auffallend ähnlich ist die Wirkung des Urphänomens auf den Menschen mit der Wirkung der Idee, wie sie Platon beschrieben hat; Goethe sagt dazu:

Vor den Urphänomenen, wenn sie unseren Sinnen enthüllt erscheinen, fühlen wir eine Art von Scheu, bis zur Angst. Die sinnlichen Menschen retten sich ins Erstaunen; geschwind aber kommt der tätige Kuppler Verstand und will auf seine Weise das Edelste mit dem Gemeinsten vermitteln.

Der zur Schau Berufene unterscheidet sich also ebenso von den sinnlichen wie von den verstandesmäßigen Menschen; deshalb erfährt, man kann auch sagen: erleidet er voller Scheu und Angst die höhere Erfahrung eines Urphänomens. Goethes Dichtung meint, ihr gelungenes Ergebnis ist gewissermaßen die enthüllte Idee, das enthüllte Urphänomen; sein gesamtes naturwissenschaftliches Forschen umkreist einzig diese innerlichste, zugleich sichtbar sich zeigende Entelechie.

Es wird klar, daß die Wirklichkeit in poetischer Gestalt bei Goethe keineswegs dasselbe ist, was landläufig als halb träumerisches, halb unverbindlich-gefühlvolles Erlebnis gilt. Gerade das Dichten aus der Gelegenheit distanziert sich durchaus von dem scheinpoetischen Gebild einer lässig sinnenhaften, populären Natürlichkeit, die man mit dem Gesang des Vogels im Gezweig verbindet. Goethes Dichten rührt an die Sphäre jener ahnungsvollen Erinnerung, in der die Seele ihrer außerzeitlichen Vertrautheit mit der Idee, mit dem Urphänomen, innewird. So übersteigt sein Dichterwort die bloß sinnenhafte Wirklichkeit; das soll aber nicht heißen, daß es eine gedachte, ersehnte, imaginäre «andere» Welt, eine jenseitige etwa, verkünde. Im Gegenteil: Goethes poetische oder geistige Aussage geht auf eine immanente, innerweltliche Transzendenz – ein Schauen und Fühlen, ein Darstellen und Deuten der inneren Wirkkräfte des Daseins. Aber selbst ein solches Dichten erreicht nicht den lebendigen Seinsgrund – oder religiös gesprochen: es sagt nicht die Gottheit selber aus. Goethe schreibt:

Wenn ich mich beim Urphänomen zuletzt beruhige, so ist es doch auch nur Resignation; aber es bleibt doch ein großer Unterschied, ob ich mich an den Grenzen der Menschheit resigniere oder innerhalb einer hypothetischen Beschränktheit meines bornierten Individuums.

Am unmittelbarsten und vollständigsten aber enthüllt sich das Urphänomen bei Goethe doch in der poetischen Verwirklichung des Erlebnisses. Um das Erlebnis produktiv werden zu lassen, bedurfte es der «angeborenen Verdienste», die in ihm die Einbildungskraft erweckten – jene Kraft der «Erinnerung», des ahnungsvollen Vertrautseins mit dem Urphänomen; noch einmal gedenke man des griechischen Mythos, wonach die Musen Töchter der Erinnerung sind, gezeugt vom Geistgott Apollon. Goethes Gelegenheits-Dichten machte nun entscheidend Epoche vorzüglich innerhalb der deutschen, aber auch in der abendländischen Literatur. Es förderte und besiegelte den Durchbruch der modernen Erlebnis-Aussage.

Der junge Student Goethe in Leipzig schrieb noch überwiegend im anakreontischen Modestil seine zwar flüssig-gewandten, selten aber mit eigener Bild- und Gefühlskraft aufleuchtenden Verse. Treten somit diese frühen Lieder, ausgenommen die hochoriginalen Oden an Behrisch, im Ganzen hinter dem entzückenden Alexandriner-Dramolett *Die Laune des Verliebten* zurück, so spürt man bereits in den Frankfurter Gedichten vor der Reise nach Straßburg eine dunkle, hinbrütende Unruhe – bis dann plötzlich das rokokohafte Spielen mit seinem unverbindlichen Behagen am Getändel und am wohltemperierten Genuß bacchischer Gaben jählings durchblutet wird von einer Leidenschaft, in der die Bedeutung dieses Wortes offenbar wird: Leiden, Hingerissenheit, Schicksal. In näherer oder fernerer Berührung mit gleichgestimmten jungen Poeten des «Sturm und Drang» – der Name wurde von einem Drama Friedrich Maximilian Klingers, 1752 bis 1813, eines Autors jener «Genie-Zeit», auf die ganze Bewegung übertragen –, schien nunmehr Goethes Produktivität ausschließlich dem unmittelbaren Ausdrucksverlangen des persönlichen Gefühls, empörerisch oder auch hingabeselig, zu frönen; aber was ihn damals schon von den literarischen und oftmals nicht nur literarischen Revolutionären unterschied, waren eben Natur und Gegenständlichkeit. Weil der junge Goethe vermeintlich mit aller Überlieferung brach, hat man immer wieder seine Originalität mit dem Originellen verwechselt – wie man übrigens auch seine titanische Prometheus-Gebärde überbewertet hat, die im Vergleich mit seiner umfangend-umfangenen, «ganymedischen» Natur-Hingabe tatsächlich nur episodisch geblieben ist. In den ersten selbst-eigenen Dichtungen des Straßburger Goethe enthüllt sich das Elementare der Natur: nun sind die Vergleiche nicht mehr schmuckhafte, poetisch-rhetorische Aufhöhungen der Sprache, sondern Anrufe, Darstellungen, Beschwörungen gefühlter und angeschauter Daseinsmächte. Nicht in akademischer Nachahmung überkommener Formen äußert sich damals seine überpersönliche Verbundenheit mit früheren Zeitaltern der abendländischen Kultur – sondern in ihrer Wiederbelebung auf einer eigentümlichen Stufe der individuellen wie der epochalen Entwicklung. Wenn Goethe einen antiken Dichter wie Theokrit erwähnt, dann wird das Idyllische, dessen Meister jener war, nicht als Kostüm oder Imitation sichtbar, vielmehr als ein ähnlich empfundener Naturzustand. Dasselbe gilt für Pindar, in dessen festlich-pathetischem Geiste, aber nicht in dessen metrisch-strophischen Formen Goethe bald nach seiner Erweckung in Straßburg die ausladenden Hymnen eines weltumspannenden Aufbruches gestaltete. Das volkstümlich Deutsche in Goethe fand ganz ungezwungen einen lebendigen Zugang zum Knittelvers Hans Sachsens; dem Heimeligen, Herzigen und auch Derben war diese «altdeutsche» Rhythmik gemäß. Somit steht die Produktion schon des jungen Goethe nicht beziehungslos und deshalb sehr anfällig nur auf sich selbst: sie verbindet aus instinktivem Natur- und Geschichtsgefühl zu neuem Leben Originalität, das einmalige Persönliche, mit Tradition, der sich zeithaft verwandelnden Überlieferung. Der schöpferische Mensch wird von der Überlieferung getragen; dafür befeuert er die Entwicklung, die sonst bei der allgemeinen Trägheit des Herzens und des Geistes stets zum Verfall neigt. Man spürte es allgemein, als sein «Götz» und dann sein «Werther» erschienen; hier sprach der, der zum Organon der Epoche werden sollte.

Weil das lyrische Gedicht die unmittelbarste Ausstrahlung von Goethes Schaffen aus der Gelegenheit, aus dem Erlebnis ist, spiegelt die chronologische Folge seiner Lyrik und seiner eigentlich lyrischen Dramen – vornehmlich «Iphigenie», «Tasso» und das Fragment «Pandora» – auch die Erneuerung voraufgegangener abendländischer Seelenzustände am eindrucksvollsten wider. In der mittleren Zeit – von seiner Übersiedlung nach Weimar bis zur Zusammenarbeit mit Schiller – verlangen seine bildenden und wertsetzenden Anlagen zunehmend größeren Raum. Sein Wille zum Gegenständlichen, seine bewußte Selbstdisziplin im Dienste der Ordnung halten sich nunmehr scheinbar unpersönlicher an formale Muster und überlieferte Motive. Es ist die Zeit, in der Goethe mit Vorliebe die antike Distichen-Elegie aufgreift, daneben die italienische Stanze; beide metrische Systeme kommen manchmal noch in der Altersdichtung vor. Auch hier folgte Goethe nicht äußerlich einem gegebenen Vorbild; sein eigenes Lebensgefühl und die Richtung seines Geistes drängten dahin. So geriet ihm denn eine ungezwungene Haltung, als er im Gewande der Antike oder der Renaissance auftrat. Aber nicht ohne Grund stellte er seinen elegischen Gedichten das Motto voran: «Antiker Form sich nähernd» – denn es blieb durchaus eine Begegnung seiner ungeminderten Persönlichkeit mit der Antike, wie es auch eine solche war bei der Übernahme des italienischen Renaissancemilieus für seinen Tasso. Als

Goethe später das lange gemiedene Sonett mit eigener Aussage nachgestaltete, war es weniger ein Bekenntnis zu Italien, als vielmehr eine Berührung mit dem romantischen Geiste seiner eigenen Zeit, der sich bereits ausgiebig am Sonett versucht hatte.

Dichterisch weit intensiver fiel die Berührung mit der morgenländischen, vor allem mit der persischen Literatur aus, als Goethe den *West-östlichen Diwan* schrieb. Dieses große zyklische Werk eröffnet die Altersdichtung, die vorwiegend eine Vergeistigung des Erlebnisses bringt, ohne daß Fühlen und Schauen deshalb beeinträchtigt werden. Vergeistigung ist dem Alter natürlich und gemäß: Goethe erkannte entzückt in der Poesie des Orients dieselbe Tendenz. Deshalb zogen ihn östliche Weite und Ferne an, und es war keine kunstgewerbliche Maskerade, sondern wiederum eine organische Selbstentfaltung, die in den meist nur angedeutet morgenländischen Formen zum Ausdruck kam. Im Hochalter, immer mehr entrückt dem Zeitlichen, wurde Goethe noch einmal von einem sehr fernen Geist der Dichtung erreicht: ein paar Übertragungen chinesischer Gedichte, wenig zulänglich, erweckten in ihm ein ahnungsvolles Begreifen östlicher Poesie, von dem seine *Chinesisch-deutschen Jahres- und Tageszeiten* Kunde geben. Dann verschwebte seine dichterische Produktivität in einer allweltlichzarten und tiefen Mystik, leise durchhaucht auch vom schlichten Tone des deutschen Volksliedes, der ja so oft in seinen Gedichten hörbar wird, ohne daß er dieses Volkstümliche je übertrieb.

Die «natur»-hafte Entfaltung der Dichtung Goethes als ein Schaffen aus dem Erlebnis, aus der Gelegenheit, bewirkte, daß ein einzelnes Lyrikon zwar zunächst ganz für sich steht – daß es aber auch in einem übergeordneten Einklange geborgen ist. Wie seine Lyrik eine Erneuerung vieler älterer Formen und Gehalte als Wieder-Vergegenwärtigung in der Sphäre des Modern-Subjektiven darstellt, eine Summa gleichsam der voraufgegangenen abendländischen Dichtung, so strahlt sie übermächtige Keime, ja häufig schon vorweggenommene Gestaltungen einer kommenden Entwicklung des Dichterischen aus. Sein Oeuvre hütet nicht nur das lebendige Vermächtnis von Gefühl, Schau und Weisung eines beispielhaften Menschentums, sondern auch weiterwirkende, aktuelle Mächte von dichterischen Ausdrucksformen, bezogen auf die seelische Mitte des Menschlichen in seiner Einzigartigkeit und Welthaltigkeit. «Geist» ist für ihn nur eine andere Erscheinungs- und Wirkungsweise von «Natur» überhaupt; deshalb begabte er auch die Beschwörung früherer Bildungswelten mit natürlicher Substanz. In gewissem Sinne war für ihn das Vergangene gar keine Vergangenheit, sondern wie sich im Gegenwärtigen Vergangenes zeigt, so auch im Vergangenen Gegenwärtiges. Der weltumspannende Innen- und Außenraum des Faust ist nicht zuletzt dadurch ein Mysterium geworden, daß diese sein ganzes Leben begleitende Dichtung Altertum, Mittelalter und Gegenwart als Einheit umfängt – und wenn in ihr das Morgenland nicht erscheint, so erfährt es im West-östlichen Diwan, poetisch und deuterisch, seine Rezeption. Das Besondere, ja Singuläre des Individuums vermählt sich mit dem Geiste aller Zeiten und Zonen – und so trifft denn für Goethes Dichten seine naturforscherliche Definition des «Urphänomens» als des Symbols für alle Möglichkeiten eines Typus gleichfalls zu. Er wandte die Methodik der Morphologie, also die Erkennung des Gestaltwandels der Typen, an als Deutung einer durchgängigen Lebens-Polarität, die wie Tag und Nacht, Einatmen und Ausatmen neue Formen hervorbringt gemäß dem Prinzip der Steigerung. Wie Goethe, der Dichter und Schriftsteller, selbst als eine schöpferische Entelechie angelegt war und sich vollendete, so fand er dieselbe Gesetzmäßigkeit in der ganzen Natur. Er «fand» sie, weil er sie beobachtete mit der unbeirrbar innegehaltenen «anschauenden Urteilskraft» – aber er hatte sein Finderglück, weil er sich kraft der Zeitlosigkeit der Seele bei der nicht zu irgendeinem historischen Zeitpunkt fixierbaren, sondern stets im Gange befindlichen Schöpfung als gegenwärtig wußte. In dieser Sicht heißt «Erinnerung» nicht ein Wissen von Früherem, sondern ein «Inne-Sein», ein Dabei-Sein. Auch dieses Zeitlose nannte er Urphänomen, Idee, oder – mit einem Ausdruck aus der Metaphysik von Leibniz – «Monade». Goethe umschreibt das so am Begräbnistag Wielands, um dann mit einer «Unsterblichkeit» der Seele als Entelechie fortzufahren:

Die Intention einer Weltmonade kann und wird manches aus dem dunklen Schoße ihrer Erinnerung hervorbringen, das wie Weissagung aussieht und doch im Grunde nur dunkle Erinnerung eines abgelaufenen Zustandes, folglich Gedächtnis ist; völlig wie das menschliche Genie die Gesetzestafeln über die Entstehung des Weltalls entdeckte, nicht durch trockne Anstrengung, sondern durch einen ins Dunkel fallenden Blitz der Erinnerung, weil es bei deren Abfassung selbst zugegen war. Er würde vermessen sein, solchem Aufblitzen im Gedächtnis höherer Geister ein Ziel zu setzen oder den Grad, in welchem sich diese Erleuchtung halten müßte, zu bestimmen. So im allgemeinen und historisch gefaßt, finde ich in der Fortdauer von Persönlichkeit einer Weltmonas durchaus nichts Undenkbares.

Wie Goethe hier die eigentliche Erschauung der Natur-Gesetzmäßigkeiten scheinbar mystisch ausdrückte, so konnte er von sich als Dichter sagen, daß er stets, also auch in frühester Jugend, die seelischen Zustände nicht nur seiner selbst, sondern von Menschen überhaupt, durch «Antizipation» genau gewußt habe und sie eben deshalb darzustellen vermochte. Antizipation ist ein anderes Wort für Imagination, ja zielt noch genauer auf die Erfassung des dichterischen Vorgangs, indem es die Einbildungskraft nicht als leere Phantastik, sondern als «Vorwegnahme», ahnungsvoll und wissend zugleich, eines wirklichen Zustandes charakterisiert. Dank dieser Vorwegnahme ist der echte Dichter überhaupt fähig, darzustellen; bei sehr hohen Graden bedarf er kaum des äußeren Materials, um etwa einen leidenschaftlichen Zustand so zu erkennen und wiederzugeben, daß die Schilderung das Wesentliche trifft. Selbstverständlich schaltet diese Urbegabung des Dichters nicht die Notwendigkeit aus, sich für geschichtliche Zustände, ja selbst für geographische, die Grundvorstellungen zu verschaffen, wenn sie ein Werk als Milieu fordert.

Die Entfaltung seines Lebens wurde zur Entfaltung seiner Begabung; die Stationen seiner Erdenbahn sind seine Werke, worin sich Natur geistig offenbart. Leben und Dichtung sind ebensowenig zu trennen wie Natur und Geist. Lediglich zum Zwecke einer einprägsamen Schilderung darf man diese Einheit behelfsweise sondern, weil anders keine Darstellung möglich ist. Beim Überblick auf Goethes Biographie muß immer auch der weitgespannte außerpersönliche Zeitraum berücksichtigt werden. Er kam aus der Welt des Rokokos: Gesellschaft und Kultur waren noch getragen von freilich vielfach schon zerfließenden Ordnungen. Das Heilige Römische Reich existierte als ein Kondominat mehr oder minder absolutistisch gearteter Herrschaften; das Christentum als Protestantismus war die Sphäre seiner familiären Ursprünge; eine ständische Gesellschaft bestimmte die Tätigkeitsbereiche. Als Goethe starb, war die moderne bürgerliche Demokratie längst ideologisch und zum Teil auch staatlich gefestigt; Kapitalismus und Industrialismus bestimmten schon die soziale Zukunft; Weltwirtschaftspolitik mit globalen Energien deutete grundlegende Umwälzungen an; Weltliteratur hatte die nationalen Literaturen abgelöst. Diese Hinweise könnten leicht um ein Vielfaches vermehrt werden. Alle diese Symptome einer epochalen Umgestaltung nahm dieser Eine große Mann in Weimar spürend, deutend, oftmals vorausschauend wahr. Wie ein Proteus erschien er deshalb seinen Mitlebenden – stets ein anderer, ständig sich spaltend und doch immer dieselbe Gestalt.

Die Leipziger Studentenjahre zeigen einen gutbürgerlich situierten, ganz im Lebensstil des Ancien régime beheimateten jungen Herrn; erst der spätere Betrachter erkennt die frühen Regungen einer hochpassionierten Seele. In Straßburg rechnet man ihn zu den teutschen Stürmern und Drängern; Goethe wird der Jüngling, dem die vaterländischen und gotischen Ursprünge der Nation enthusiastisch bewußt werden; allerdings gleicht er in seinen Manieren nicht den auftrumpfenden, pochenden Literatur-Revolutionären. Die Heimsuchungen durch den Eros schleudern den ohnehin zeitlebens von pathologischem Wirrsal bedrohten Mann beinahe in den Untergang – aber ein anderer junger Mann nahm sich in wertherischer Passion das Leben: nicht Goethe, den sie fast bis zum Selbstmord bedrängt hatte. Als er *Die Leiden des jungen Werthers* schrieb, rettete er sich durch die dichterische Gestaltung vor dem Zusammenbruch; er hat es auch später meistens ähnlich gehalten – wenn er sich nicht durch direkte Flucht, und sei sie verschleiert als Krankheit, den Krisen entzog. Die Annahme der Berufung nach Weimar geschah kaum als überlegte Planung, wie er sein künftiges Dasein formen wollte; erst der rückschauende Geist sah darin die Möglichkeit, einer ins Ziel- und Bodenlose verströmenden Taumelfahrt bestimmte Gleise vorzuschreiben:

Wie von unsichtbaren Geistern gepeitscht, gehen die Sonnenpferde der Zeit mit unsers Schicksals leichtem Wagen durch, und uns bleibt nichts, als mutig gefaßt die Zügel festzuhalten und bald rechts, bald links, vom Steine hier, vom Sturze da, die Räder wegzulenken. Wohin es geht, wer weiß es? Erinnert er sich doch kaum, woher er kam!

Die rund zehn Weimarer Jahre vor Italien waren mehr und mehr der Einfügung ins alltäglich Bestimmte und Geordnete gewidmet, um «Mäßigung dem heißen Blut» zu erlangen. Die formelle amtliche Bestallung, 7. 11. 1775, nahm er wörtlich, sehr zum Staunen der Mitwelt, ja bis zu einer heute noch nicht immer gebilligten Beeinträchtigung der poetischen Produktion durch penible Geschäftsführung.
Der Aufbruch von Karlsbad nach Italien war durchaus Flucht aus allen bisherigen Lebensumständen. Klarheit und Sicherheit in reinem Anschauen zu gewinnen, trieb es Goethe; die naturwissenschaftlichen Studien und die immer noch angestrebte Ausbildung als Zeichner beschäftigten ihn im Süden weit mehr als die poetische Leistung, wenngleich ihn die eigentliche Berufung auch hier nicht verließ. Es fällt den Nachgeborenen schwer, Goethes Wort zu glauben, daß er später, rückgekehrt aus Italien, nie mehr so glücklich gewesen sei wie in jenen Jahren: der dichterische «Ertrag»

aus vier Altersjahrzehnten scheint dem zu widersprechen! Dennoch erwarb sich Goethe in Italien die endgültige Bestätigung seiner bildnerischen Natur: im Wirklichen das Bedeutungsvolle unbefangen und rein zu erleben, zu schauen und auszusagen. Außerdem fielen für diese wenigen Jahre alle äußeren Beanspruchungen von ihm ab, und er genoß eine Freiheit, die Freiheit zu sich selbst war. Der gewandelte Goethe, der danach wieder in Weimar sein Wesen trieb, mutete die Zeitgenossen häufig fremdgeworden an; beinahe nur sein einsames Werk fing ihn auf – außerdem hielt ihn das junge Weib aus dem Volke, Christiane, ans Menschlich-Natürliche. Dennoch war es eine Glücksfügung hohen Ranges, daß er mit Schiller ein Bündnis schließen konnte, das als Freundschaft von der deutschen Nachwelt vielleicht ein wenig zu gemüthaft gewertet wurde. Ohne diesen großen Versteher seiner Arbeit und seiner Schaffensrichtung wäre Goethe womöglich nicht mehr in dem Maße wieder für die Dichtung gewonnen worden, wie es damals geschah. Dennoch vollendete auch in diesen Jahren Goethe die schöpferischen Kreise seiner vielfältigen Tätigkeit eigentlich immer insgeheim: selten nur eröffnete er sich über das, was sich an Produktion keimhaft in ihm regte; zumeist überraschte er mit Fertigem, während der Verbündete es liebte, sich über jede im Entstehen begriffene Arbeit hellbewußt auszulassen.

Immer riesiger weitete sich Goethes Innenreich. Nirgendwo traf er auf eine herrscherliche Potenz von vergleichbarem Range; einzig die Begegnung mit dem neuen Cäsar Napoleon war eine jener unfaßbaren «Sternstunden der Menschheit», die zwei Genies – der eine die Verkörperung des schauenden, der andere die des handelnden Lebens – zueinander führte. Ob man wie Nietzsche so weit gehen darf, zu sagen, daß Goethe wegen der Erscheinung Napoleons das ganze Problem «Mensch» umgedacht habe, bleibe dahingestellt; ohne Zweifel aber berührte der Philosoph damit eine sehr entscheidende Seite des «Faustischen», weil dessen «Unendlichkeit im Busen» zum Rausche hohen Machtgefühls gehört. Wen aber sah die abendländische Menschheit in neueren Jahrhunderten auch nur annähernd vergleichbar einer antiken Inkarnation imperialer Macht, wie den Kaiser? Daß der spätere und späte Goethe unverkennbar von einer verbürgerlichten und verchristlichten «Humanität» abrückte, ist aus einer Fülle von Merkworten zu beweisen; allerdings geht diese Ungeniertheit im Bekenntnis zur machtbewußten Führung des Regiments Hand in Hand mit einer sozialen Tendenz – und es ließe sich unschwer zeigen, daß Goethe unter gewissen Voraussetzungen, die bis heute allerdings auch nicht annähernd erfüllt wurden, wahrscheinlich ein zustimmendes Verhältnis zu einer sozial gerichteten Diktatur gefunden hätte. Wie dem auch sei: ein Eroberer war er auf seine Weise, wie Napoleon – und daß sein Respekt selbst für den gestürzten Titanen nicht im geringsten erschüttert war, zeigte eine Art von Kult für ihn.

Während der Kriegsläufte von Leipzig bis Waterloo erfolgte besonders augenfällig eine jener mehrfachen Verjüngungen von Goethes gesamtem Wesen, deren dichterisches Gleichnis der «West-östliche Diwan» wurde. Immer breiter, tiefer, bisweilen auch weit unheimlicher als in der Jugend bekundet sich im Alter die Polarität seiner Natur: die Nähe zum Dämonischen, die mystische Verklärung. Die klassizistischen Tendenzen weichen hochbarocken, formelhaft hintersinnigen und schrullig verschnörkelten Stilen; die Prosa, einst lyrisch und expressiv, mäßigt sich zu dunkel untertönter, gleichwohl geisterhaft die Konturen mehr umschreibender als direkt plastisch zugreifender Aussage. Die Stunden behaglich geselliger Lebensführung werden seltener; neben einer vom Mephistophelischen immer mehr ins Schicksal-Sorgenvolle hinabsteigenden Einsamkeit regt sich auf der anderen Seite sphärenhaft verschwebend ein Zug zum seraphisch Entkörperten. Stets aber bleibt der schöpferische Ausdruck wahrhaftig, immer noch empfängt Goethe «der Dichtung Schleier aus der Hand der Wahrheit».

Man stirbt allmählich um ihn hinweg – er aber ignoriert das! Vielleicht scheidet nichts so die antikisch-heidnische, gleichwohl allreligiöse Natur Goethes von einem dezidierten Christentum, als dieser eigensinnige, manchmal eisig-heitere Bann, den er über den Tod verhängt hat. Zweifellos ist es eine sehr zugespitzte, nordisch-protestantische Formulierung von Christlichkeit, wenn Kierkegaard das Leben im Zeichen einer «Krankheit zum Tode» sah und so die dunklen Gegenstimmen wider die heidnische Welt-Festlichkeit des Katholizismus mit einer hartnäckigen Predigt über die in ewiger Agonie sich windende Seele so überaus genau fugierte – dennoch liegt eine solche Haltung virulent in jeder Erlösungsreligion, also auch im Christentum. In Weimar aber, im Weimar Goethes, wurde nicht vom Tode gesprochen; immer wieder bemerkten Freunde und Besucher eine gewaltige Gleichgültigkeit Goethes, sein scheinbares oder offenkundiges Nicht-davon-Notiz-nehmen, wenn gestorben wurde: ob es Vater und Mutter, ob es der Großherzog, die Gattin, die Frau v. Stein oder sonstwer war. Das soll nicht heißen, daß Goethe niemals eine innere Bewegung gezeigt habe; dennoch gleicht er darin Ludwig dem Vierzehnten, in dessen Gegenwart Bemerkungen über Krankheit und Sterben als Provokationen galten. Christlich gestimmte Beobachter seines Lebens und Werkes glauben deshalb, in manchen Zügen Goethes etwas wie eine irreligiöse Angst zu finden, und führen das «Maussade», die unruhige Verdrießlichkeit, vieler Alterstage auf einen naiv-molochhaften «Egotismus» – um ein Wort Stendhals zu gebrauchen, das nicht zu verwechseln ist mit Egoismus – zurück. Es sei Goethes Grenze «nach oben» hin, die Grenze zum Göttlichen, der unheilbare Bruch, der sich aus Selbstbewahrung vor dem Geschick, ja sogar vor der völligen Bejahung der Liebe, ergeben habe: identisch mit jener dunklen Melancholie, die nach moraltheologischer Auslegung ein sicheres Zeichen für ein Verharren der Seele im Zustande der Sünde, also der Absonderung, sei. Ein großer Verlust entstand nicht nur unserer Kenntnis Goethes, sondern der menschlichen Einsicht in den Menschen, daß er einen geplanten Roman *Der Egoist* nicht verwirklicht hat; den Sinn deutet nach Überlieferung Riemers die Beobachtung an, daß «die Meisterschaft oft für Egoismus gilt».

Wer dürfte es wagen, hier zu entscheiden oder gar Gericht zu halten? Vielleicht war Goethes Verklammerung mit dem Willen zum Leben ganz einfach das allernatürlichste menschliche Verhalten überhaupt, das gar keinen Grund hat, auf den Tod hin zu leben, und dessen ungestümer Drang zum Leben, zum Licht, eher die reinste, selbstverständliche Frömmigkeit ist. Jedenfalls hat sich Goethe immer an das Gesetz der lebendigen Umgestaltung und Verwandlung gehalten, das doch auch ein «stirb und werde» ist, von ihm in «seliger Sehnsucht» gefeiert. Die denn aber unbedingt das Leben, das Natürliche, die Welt – für den Christen unleugbar doch Gottes Schöpfung – verneinen wollen und eine Sympathie mit dem Tode unterhalten, denen empfahl er in Stunden «voll Übermut, Ironie und mephistophelischer Laune», von denen selbst Eckermann, der ansonsten damit fürsorglich verschonte Unterredner Goethes, berichtet, daß sie «gar nichts Besseres tun konnten, als den schwachen Rest ihres bißchen Lichtes vollends auszublasen». Der letzte Tag vor seinem Tode war schwer für Goethe, aber dann starb er doch in sanftem Dahindämmern – und er «starb schreibend. Er tat in letzten, verschwimmenden Träumen seines Bewußtseins, was er, mit eigener Hand, in seiner schönen, klaren, reinlichen Schrift, oder diktierend sein Leben lang getan hatte: er schrieb auf, er übte diese Tätigkeit, die das Feste zu Geist zerrinnen läßt und das Geisterzeugte fest bewahrt; er bannte letztes Gedanken- und Erfahrungsleben, das ihm vielleicht als endgültige und höchst mitteilenswerte Erkenntnis erschien, obgleich es wohl nur das Produkt hinüberträumender Schwäche war, in die Runen der Schrift; er suchte bis zum Ende den Gehalt seines Busens in die formende Sphäre seines Geistes zu erheben», wie Thomas Mann in seinem Vortrag «Goethes Laufbahn als Schriftsteller» das glaubhaft überlieferte, geisterhafte Schreiben des verscheidenden Dichters deutet. Denn «andere verschlafen ihren Rausch – meiner steht auf dem Papiere», wie Goethe einmal launig sagte. Er hatte aber, was mit das größte Wunder seiner Existenz ist, sehr viel Stoffe, die sich ihm zur Behandlung anboten. Fast jeder Autor, selbst allerhöchste Meister, haben eigentlich nur den Stoff zu *einem* Buch in sich getragen – und wenn sie dennoch mehr schrieben, so ging die Zeit darüber hinweg. Goethe nun, dieser im Grunde lyrisch monologisierende Dichter, verfügte über mehrere. Abgesehen von der eigentlichen Lyrik, die sein ganzes erwachtes Leben begleitete, formte sich diese lyrische Kraft gemäß der polaren Struktur seines Wesens auch dramatisch aus; damit sind übrigens weniger die häufig gespielten Dramen *Götz* oder gar *Clavigo* gemeint, sondern eher *Stella*, jenes noch heute so moderne «Schauspiel für Liebende», und *Egmont* – doch vor allem die dramatischen Gedichte *Iphigenie* und *Tasso*, nicht minder das herrliche Festspiel-Fragment *Pandora*, in gewissem Sinne noch *Die natürliche Tochter*, in der Goethes schwer durchschaubares Manifest einer politischen Ethik, eine Antwort auf die Französische Revolution, vorliegt. Untheatralisch sind gerade die wichtigsten Zeugnisse: «Iphigenie», «Tasso» und «Pandora» – doch sind sie nichtsdestoweniger hochdramatisch als Austrag des Konfliktes unvereinbarer Seelenkräfte, die Goethe hier jeweils in verschiedenen Figuren sprechen läßt, während er selbst freilich doch der eine Mensch war, der sie in sich vereinigte. Je entschiedener sich dieser dramatische Konflikt zum Tragischen verschärft, wie in «Tasso», dem gesteigerten Werther, um so strenger bannt ihn Goethe in die verobjektivierende, einfache, klassizistische Form, die den großen Franzosen näher steht als Shakespeare. Ein kataraktisches Verströmen seiner lyrischen Urkraft ist auch die Prosa des mit dieser Unmittelbarkeit wirklich erst die Briefform rechtfertigenden Romans *Die Leiden des jungen Werthers*. Alle europäischen Seelenromane der englischen und französischen Empfindsamkeit verblassen vor diesem einzigen, auf seine Weise klassischen Dokument einer Liebespassion, an dem weit weniger, und eigentlich gar nichts, «veraltet» ist, als es manche intellektuelle Kritiker auszusprechen wagen.

Der Lyriker Goethe hat diese Ausformungen seiner Polarität und Passioniertheit durch seine Darstellungsmacht über bloße Variationen hinaus zu eigengültigen Stoffen erhoben. Die epische Fähigkeit, sonst erfahrungsgemäß bei lyrischen Talenten selten, manifestiert sich bei Goethe überwältigend mit drei großen Themenkreisen. *Wilhelm Meisters Lehrjahre*, dem eine frühere, nicht abgeschlossene Fassung als *Wilhelm Meisters theatralische Sendung* voraufgegangen war, ist der deutsche Zentralroman. Hier durchdringen sich die immer wiederkehrenden deutschen Tendenzen des Sucher-Romans, als eine Geschichte einer inneren Entwicklung, mit der zusammenschauenden Darstellung einer realistischen Gesellschaft. Außerdem birgt dieses Werk alle Elemente auch des romantischen Romans und hat deshalb selbst die sich von Weimar absetzenden Vertreter der älteren und der jüngeren Romantik beschäftigt; sie spürten, daß Goethe ein Inbegriff von «klassisch» und «romantisch» war – obgleich er es selbst wohl kaum in solcher Formulierung wahrhaben wollte. Die Exegese von «Wilhelm Meisters Lehrjahren» ist noch nicht abgeschlossen und wird es auch so lange nicht sein, als sich jeder Generation erstaunlich und vorher kaum bemerkt Neues in dem vermeintlich bekannten Buch enthüllt. Im sogenannten «Lehrbrief» des neunten Kapitels aus dem siebenten Buch hat Goethe den Schlüssel zum Ganzen einfach und doch hintersinnig gegeben:

Die Kunst ist lang, das Leben kurz, das Urteil schwierig, die Gelegenheit flüchtig. Handeln ist leicht, Denken schwer: nach dem Gedanken handeln unbequem.

Und so geht es nüchtern-sibyllinisch fort, um mit dem bündigen Satz zu schließen:

Der echte Schüler lernt aus dem Bekannten das Unbekannte entwickeln und nähert sich dem Meister.

Der Briefwechsel zwischen Goethe und Schiller über die «Lehrjahre» wird immer das Fundament jeder Auslegung bleiben; das Fundament jeder Kritik aber die Betrachtungen von Novalis in den «Fragmenten». Minder episch, dafür geistig bedeutend bereicherte Goethe seinen Meister-Stoff in dem späteren, vielfach aus ursprünglich novellistischen Einzelstücken zusammenredigierten Buche *Wilhelm Meisters Wanderjahre*. Vor allem gehört dazu die Schilderung der Pädagogischen Provinz, die ein Gleichnis der Gemeinschaftserziehung aufrichtet, deren Zweckbetontheit und -gebundenheit wurzeln in der «Ehrfurcht»: «Ehrfurcht vor dem, was über uns ist», «Ehrfurcht vor dem, was unter uns ist», «Ehrfurcht, die der Mensch in sich walten läßt». Nach einigen entzückenden Fabulierungen Goethes in den «Wanderjahren» hat sich das romantische

Elementargeistige der «Lehrjahre» nunmehr in eine rein spirituelle Mystik verwandelt, die überhaupt breite Strecken des gesamten Altersschaffens beherrscht.

Selbst in den zweiten groß-epischen Stoff Goethes, die *Wahlverwandtschaften*, spielt sie hinein: es ist der Roman von der naturhaften Anziehungs- und Abstoßungskraft, die sich wie in den chemischen Elementen und Verbindungen, so auch in der erotischen Beziehung der Menschen offenbaren. Diese kosmische Bezogenheit der Handlung macht die scheinbar in gebändigter Ruhe und nur gelegentlich stärker aufschäumenden Leidenschaft des Themas zu einem Symbolum der Natur, deren gewaltigste Veränderungen so oft unbemerkt und mit leiser, aber unwiderstehlicher Gewalt erfolgen. Sein Motiv führt der Dichter mit einer Kunst der psychographischen Entwicklung vor, die erhaben über psychologische Analyse die innere Handlung registriert wie mit den zarten, bebenden Kurven eines Seismographen. Es ist begreiflich, daß Goethes hauptsächliche Prosaepen die kleineren Erzählungen für das allgemeine Bewußtsein überlagert haben; dennoch behauptet sich die *Novelle* als eine moderne Legendendichtung, gehen von dem *Märchen* noch magische Anregungen aus, sollte nicht nach glücklich überstandener Schullektüre vergessen werden die einzige deutsche Familienidylle klassischen Adels, *Hermann und Dorothea*, und der gleich ihr in Hexametern gehaltene, ein volkhaftes, ja abendländisches Fabelthema erneuernde *Reineke Fuchs*.

Goethes dritter Stoffkreis ist die Entwicklung seiner selbst. Zwar sprach er sie – fragmentarisch, bruchstückhaft, als der sich Bekennende – ohnehin in jedem Werke aus; aber die einordnende Überschau seines Biographischen im Zusammenhange mit dem Geschehen der Zeit wurde eben doch eine Leistung sui generis. Das Denkmal schlechthin ist *Dichtung und Wahrheit:* Kindheit, Jugend und Reifen zum Manne erzählend bis zur Übersiedlung nach Weimar. Anläßlich der «Konfessionen» Rousseaus wurde versucht, Goethes Selbstdichtung mit dem Werke des Franzosen und mit dem Urtyp dieser literarischen Gattung mit den «Bekenntnissen» des Augustinus, zu vergleichen und dadurch auch zu charakterisieren. Allen übrigen Beschreibungen von einzelnen Fahrten steht die *Italienische Reise* voran; Goethe hat sie nicht in der unmittelbaren Notierung seiner Tagebücher, sondern in komponierender und ausgleichender Überarbeitung des unmittelbaren Materials gegeben. Wer mit einer vorgefaßten Meinung vom lyrischen Dichter an die «Italienische Reise» geht, wird enttäuscht werden: er findet eigentlich kaum eine poetisch hingerissene Stelle, die etwa das Glück der

Vermählung Fausts mit Helena ausspräche. Nein, es ist ein ganz anderes Glück, ein männlich ruhiges, ständig erwärmt von der Freude am Anschauen, am Bestimmten und Klaren – und der Autor begnügt sich damit, es so genau wie möglich zu beschreiben.

Denn es besteht eine seltsame Voraussetzung, eine Art von selbstverständlicher Abrede zwischen Goethe und seinem Leser: danach sei alles interessant, wichtig und bedeutungsvoll, was diesem einen Menschen Goethe widerfährt! Diese Spielregel gilt übrigens für das gesamte Oeuvre: weil er, Goethe, dies und jenes erlebt, deshalb empfehle es sich höchlichst, davon Kenntnis zu nehmen. Mit sanfter Gewalt zieht er einen jeden in die magischen Kreise seiner Ichheit; man begreift ihn besser, wenn man die Anlässe kennt; immer mehr Einzelheiten seines Tun und Lassens soll man, muß man wissen – und man gehorcht. Von einem reservierten Standpunkt aus könnte man es ein unglaublich naives Unternehmen nennen, daß hier ein Mensch sich und seine Entwicklung kanonisch wertet; wenn Goethe auch im Eingang von Dichtung und Wahrheit mit leichter Ironie die siderischen Aspekte seines Auftritts in dieser Welt verzeichnet, so spürt man dabei zugleich ein bißchen Feierlichkeit. Er hat denjenigen, der eine Autobiographie schreibt, für den höflichsten Autor erklärt; man fragt sich, ob das nicht ein Euphemismus für etwas ganz anderes ist: nämlich für narzißtische Selbstbespiegelung! Vielleicht treffen hier der Egoismus des Meisterlichen und der Narzißmus der Selbstfreude zusammen? Streng und anspruchsvoll bemerkte Goethe einmal über sich selbst:

Ich habe niemals einen präsumptuoseren Menschen gekannt als mich selbst ... Niemals glaubte ich, daß etwas zu erreichen wäre, immer dachte ich, ich hätte es schon. Man hätte mir eine Krone aufsetzen können, und ich hätte gedacht, das verstehe sich von selbst. Und doch war ich grade dadurch nur ein Mensch wie andre. Aber daß ich das über meine Kräfte Ergriffene durchzuarbeiten, das über mein Verdienst Erhaltene zu verdienen suchte, dadurch unterschied ich mich bloß von einem wahrhaft Wahnsinnigen ... Ich verfolgte jeden Zweck mit Ernst, Gewalt und Treue; dabei gelang es mir oft, widerspenstige Bedingungen vollkommen zu überwinden, oft aber auch scheiterte ich daran, weil ich nachgeben und umgehen nicht lernen konnte. Und so ging mein Leben hin unter Tun und Genießen, Leiden und Widerstreben, unter Liebe, Zufriedenheit, Haß und Mißfallen Anderer. Hieran spiegele sich, dem das gleiche Schicksal geworden.

«... nur ein Mensch wie andre»: da liegt es! Goethe sprach nur aus, was die andern Gevattern und Gevatterinnen mühsam zu verbergen trachten; «präsumptuos» sind sie alle – die Kläglichen abgerechnet, die Bescheidenheit fordern, weil ihnen keine Verdienste zuteil wurden; die stolze Bescheidenheit jener, die dienend einem hohen Ziele nachstreben, sollte damit nicht verwechselt werden – noch weniger die demütige Bescheidenheit des Heiligen. Zu dem Vorzug naiver und großartiger Wahrhaftigkeit kommt Goethes verbindliche, unwiderstehlich angenehme und liebenswürdige Ausdrucksweise, der gewinnende Stil, in dem er den Roman seiner Entwicklung vorträgt. Dieser Autobiograph wirkt niemals aufdringlich, zudringlich und enträt jener unausstehlichen Wichtigtuerei mit Offenheit, Ehrlichkeit und Schonungslosigkeit, deren sich so mancher Autor indiskret befleißigt. Die Selbstbeschreibung, die gegen sich selbst und den Leser niemals Delikatesse vermissen läßt, wurde in Goethes Ich-Roman zum köstlichen Ereignis und seither nie wieder so vollkommen gemeisterten Vorbild. Insofern kann man Dichtung und Wahrheit, die Italienische Reise, die anderen autobiographischen Schilderungen, schließlich aber auch den weitaus größten Teil des Gesamtwerkes als Kundgebung eines Humanisten bezeichnen, der das innerlichste Bestreben des Humanismus, die Anerkennung der eigenen wie der fremden menschlichen Würde, achtete und bewährte. Die Subjektivität des Modernen fand in sich Halt und Schwerpunkt, so daß die riskante Gründung und Errichtung eines Werte-Reiches fast allein kraft humaner Möglichkeiten nicht von vornherein zum Scheitern verurteilt war. Unbedingt auf Selbstbeherrschung angewiesen nach dem Zusammenbruch überpersönlicher Ordnungen nach «oben», zum Göttlichen hin, nach «unten», zum Mütterreiche hin, fragwürdig bereits innerhalb der menschlichen Sozietät, konnte ein Kanonisches, Regelhaftes, Klassisches nur so lange von Bestand bleiben, als es von echter «Persönlichkeit» getragen war.

Als Naturbetrachter hatte Goethe gleich zwei gewaltige Stoffe. Der eine ist die Findung der Morphologie, der andere die *Farbenlehre*. Anerkannt wurde der erste, umstritten bleibt der zweite. Jahrzehnte seines Lebens hat er der Untersuchung des Lichtes und der Farben gewidmet, unter konsequenter Ablehnung der mathematischen und abstrakt physikalischen Methoden, die Newton autoritär vorgeschrieben hatte. Goethe erklärte die Farben als Taten und Leiden des Lichtes; sie entstünden bei der Durchdringung des an sich nicht zusammengesetzten Lichtstrahles mit einem trübenden Medium. Die Naturwissenschaft war und ist anderer Meinung; sie erklärt das Licht als ein Phänomen von verschiedenartig schwingenden farbigen Wellen. Wenn Goethe das Polemische meist gemieden hatte, so verstrickte er sich hingegen bei der Behandlung der Farbenlehre in ein unentwirrbares Streiten mit allen newtonisch arbeitenden Forschern. Die immer noch im Gange befindlichen Erörterungen über Goethes Farbenlehre gehören nicht eigentlich zur Literatur und stellen jeden Versuch einer literarischen Schilderung vor Aufgaben, die allem Anschein nach noch nicht lösbar sind. Es sei deshalb hier verzichtet auf eine Analyse des methodisch-sachlichen Teils seiner Farbenlehre, um desto nachhaltiger auf den allgemeinen Teil des Goetheschen Werkes hinzuweisen. Er bringt wesentlichste Formulierungen seiner «anschauenden Urteilskraft» und Naturphilosophie überhaupt, weist außerdem auf die Zusammenhänge zwischen den Farben und der seelisch-sittlichen Beschaffenheit der Menschen, schildert endlich in einem historischen Überblick den Gang der Bewußtwerdung des menschlichen Erkennens. Von diesen allgemeinen Ausführungen, wie von ähnlichen Partien in speziellen Abhandlungen über andere naturwissenschaftliche Themen, dürfte noch immer dieselbe Lehrkraft ausgehen wie von den *Maximen und Reflexionen*.

In der Faust-Dichtung berührt man die Sphäre der zentralen Summa von Goethes schöpferischer Existenz. Sie ist als Ganzes und keineswegs nur mit Bezug auf die Figur des Namensträgers das Symbol der Goethe-Welt kat exochen. So wurde sie zum Inbegriff eines Goethe-Mythos, und weil sie das erreichte, auch zum letzten abendländischen Mythos, wie Schelling erkannt hat. Alles in diesem Kapitel Gesagte gilt, mit anderen Worten, auch für den Faust. Überkommt den Schilderer ein Zagen, wenn er «Goethe» zu umschreiben unternimmt, so wiederholt es sich in gleicher Stärke angesichts des «Faust». Dieses Werk ist eine Enzyklopädie und ein Organismus – sozusagen ein planetarisches System von eigener Gesetzmäßigkeit, geistig und ästhetisch mit keinem früheren Dokument der Weltliteratur meßbar und vergleichbar, ebensowenig mit einem späteren. Unendliches Feld der Auslegung seit seinem Bekanntwerden eröffnend, sind die Horizonte einer abschließenden Interpretation noch nicht abzusehen. Der Ausgang einer jeden Faustdeutung wird immer in Goethes eigenen Äußerungen über das Gedicht zu finden sein. Sie sind nicht einheitlich, nicht auf einen gemeinsamen Nenner gestimmt – es sei denn der Nenner von Goethes Persönlichkeit und Entwicklung.

Da kommen sie und fragen, welche Idee ich in meinem «Faust» zu verkörpern gesucht? – Als ob ich das selber wüßte und aussprechen könnte! Vom Himmel durch die Welt zur Hölle, das wäre zur Not etwas; aber das ist keine Idee, sondern Gang der Handlung. Und ferner, daß der Teufel die Wette verliert, und daß ein aus schweren Verirrungen immerfort zum Besseren aufstrebender Mensch zu erlösen sei, das ist zwar ein wirksamer, manches erklärender, guter Gedanke, aber es ist keine Idee, die dem Ganzen und jeder einzelnen Szene im besonderen zugrunde liege. Es hätte auch in der Tat ein schönes Ding werden müssen, wenn ich ein so reiches, buntes und so höchst mannigfaltiges Leben, wie es im «Faust» zur Anschauung gebracht, auf die magere Schnur einer einzigen durchgehenden Idee hätte reihen wollen! Je inkommensurabler und für den Verstand unfaßlicher eine poetische Produktion, desto besser.

Das sagte Goethe am 6. Mai 1827 zu Eckermann, als er wichtige Strecken des zweiten Teils noch nicht geschrieben und auch nicht innerlich entworfen hatte; im Jahre 1831 aber machte Goethe ausdrücklich darauf aufmerksam, daß die häufig zitierte Stelle:

Wer immer strebend sich bemüht,
Den können wir erlösen

den «Schlüssel zu Fausts Rettung enthalte»: also keineswegs etwa den Sinn der gesamten Faustdichtung ausspreche. Denn ein solches Merkwort gibt es nicht.

Schließlich entstand ja das ganze riesige Werk im Laufe von fast sechzig Jahren. Ursprünglich war die Dichtung eine chimärische Koppelung zweier Motive. Das Faustische: das Verlangen, aller Dinge innerlichste Wirkkräfte zu erfahren und sich ihnen vollständig, tätig und leidend, zu überantworten, wurde verbunden mit einem tragischen Liebesmotiv, das eigentlich gar nicht zur Faustsage gehört. Aus dieser im Subjektiven verbleibenden Mischung zweier Stoffkreise, die selbst in der endgültigen Fassung des «Ersten Teils» das Heterogene des *Urfaust* nicht überwinden konnte, entwirft der zweite, weitaus einheitlicher, gleichsam die Objektivation der Faust-Welt. Daher rühren denn auch die formalen Unterschiede des Ganzen. Man zögert, zu entscheiden, ob Goethes Faust überhaupt ein Drama sei; eher möchte man ihn ein Mysterium nennen, in dem sich die Stilelemente des Lyrischen und Epischen «formlos» begegnen. Das Ergebnis ist denn auch eine einzige Phantasmagorie: Spiegelung des Ichs durch die Welt, der Welt durch das Ich. Dadurch büßen viele Details an unmittelbarem Seinswert ein; am wenigsten geschieht dies in der Gretchen-Tragödie des ersten Teils, die infolgedessen dramatisch-darstellerisch die stärkste Wirkung ausübt, während sie im Organismus des eigentlichen Faust-Mythos, streng genommen, «entbehrlich» oder doch viel zu sehr ausgesponnen ist. Aber es handelt sich auch gar nicht um die direkte

Existenz der Einzelmotive des Faust, sondern um ihre Bedeutung im phantasmagorischen Mysterium. Formal ist der Faust ein – Maskenzug, und zwar der breiteste und umfänglichste, den Goethe geschrieben hat. Derartige Dichtungen, die man auch aufführen kann, deren theatralische Versinnlichung Goethe selbst innigst am Herzen lag, hat er schon ziemlich früh ausgearbeitet und noch im Hochalter gepflegt. Der Faust ist kunsttechnisch ein Maskenzug, dem Gehalt nach ein Mysterium; Maskenzug und Mysterium zusammen bilden die moderne dramatische Phantasmagorie – eine «offene» Gestalt und somit einen Selbstwiderspruch, aber doch die Verschmelzung von Klassisch und Modern. Mit dem Faustmysterium schuf Goethe die wahrhaft moderne Form des Dramas, welche eben phantasmagorisch ist, bei der das Lyrische episch, das Epische lyrisch erscheint – er «vollendete» sie, soweit eine solche Quasi-Form überhaupt vollendbar geraten kann. Wohl als erster hat Hebbel die metaphysische Struktur der Epoche, deren Manifest Goethes Faust bildet, gesehen, als er von diesem Werk – übrigens in scharfsinniger Einbeziehung der Wahlverwandtschaften – schrieb: «Nach Shakespeare hat zuerst Goethe im Faust und in den mit Recht dramatisch genannten Wahlverwandtschaften wieder zu einem großen Drama den Grundstein gelegt, und zwar hat er getan, oder vielmehr zu tun angefangen, was allein noch übrigblieb, er hat die Dialektik unmittelbar in die Idee selbst hineingeworfen, er hat den Widerspruch, den Shakespeare nur noch im Ich aufzeigt, in dem Zentrum, um das das Ich sich herumbewegt, d. h. in der diesem erfaßbaren Seite desselben, aufzuzeigen ... gesucht.» Eben deshalb sind die Figuren des Faust – mit Ausnahme Gretchens – nicht immer vollplastische, individuelle Gestalten, sondern oft «Personen» in dieses Wortes ursprünglicher Bedeutung: per-sonal, «Stimmen, durch die ein Ton hindurchströmt» – sie sind Masken! Das moderne phantasmagorische Mysterium kann dichterisch kaum auf eine andere Weise hergestellt werden: denn «Gott», die Dialektik unmittelbar in der Idee, kann wohl kaum einen Monolog halten, wie Hebbel geistreich sagt.

Noch die firnenhöchsten Gebilde der dichterischen Kraft Goethes bewahren den unmittelbaren Atem menschlich beseelter Sprache. Für die Deutschen ist Goethe deshalb zum Wortführer auch der «Volkheit» geworden: der Volkheit, wie er sie verstand, nicht als zusammenzählbare Masse von Einzelnen, sondern als eine Einheit im urphänomenalen, ideenhaften Sinne – ähnlich wie Kindheit, Menschheit, ja selbst Gottheit gemeint sind. In Goethes Sprache fand die durch Luther der Nation geschenkte Einheit des Wortes ihre Vollendung. Bis zu seinem Eintritt in die nationale Geschichte hatte sich unsere Sprache zwar die Möglichkeit der Gewalt und Zartheit, der Sinnlichkeit und Beseeltheit trotz vieler äußerer Mißgeschicke bewahrt; dennoch war sie einerseits nicht völlig dem Zustande des gewissermaßen Rohstofflichen entwachsen, andererseits vom formelhaft Gedanklichen bedroht. Erst Goethe befestigte sie volkstümlich und vergeistigt zugleich in jenen Möglichkeiten, er entband sie zur umfassenden poetischen Wirklichkeit, er wies ihr über sein Zeitalter hinaus ferne Zukünftigkeit. Hugo v. Hofmannsthal beschreibt das so: «In Goethe waltet der Sprachgeist wie in keinem Zweiten: was ihn leibhaft anrührt durchs Auge, durchs Ohr oder durch das Gemüt, worin alle Sinnenreiche unmittelbar einmünden, das verwandelt er, es ausredend, in Geist. Ja, man darf es sagen: er redet als der Volksgeist selber, indem er doch nur meint, sein einziges volles Herz auszusprechen.»

Aus deutscher Bürgerlichkeit erbildete sich Goethe zum Weltbürger. Die Klassizität seines Werkes ist deutsch und zugleich gesamtabendländisch. Dazu zwei Stimmen: eine deutsche und eine amerikanische. Nietzsche stellt fest: «Er nahm die Historie, die Naturwissenschaft, die Antike, ingleichen Spinoza zu Hülfe, vor allem die praktische Tätigkeit; er umstellte sich mit lauter geschlossenen Horizonten; er löste sich nicht vom Leben ab, er stellte sich hinein; er war nicht verzagt und nahm so viel als möglich auf sich, über sich, in sich. Was er wollte, das war Totalität; er bekämpfte das Auseinander von Vernunft, Sinnlichkeit, Gefühl, Wille (in abschreckender Scholastik durch Kant gepredigt, den Antipoden Goethes); er disziplinierte sich zur Ganzheit, er schuf sich. Ein solcher freigewordener Geist steht mit einem freudigen und vertrauenden Fatalismus mitten im All.» Emerson, der in «großen Männern» nicht nur historische Mächte, sondern Verkörperungen von Teilen der Weltidee sah, sprach Goethe als «writer» im Sinne «Aufzeichner der Taten des allwirkenden Lebensgeistes» an: «Der Verstand dieses Mannes ist ein so mächtiges Lösungsmittel, daß die vergangenen und das gegenwärtige Zeitalter, ihre Religionen, Politiken und Denkarten sich darin zu Urtypen und Ideen auflösen. Welche neuen Mythologien keimen in diesem Kopf! Die Griechen sagten, Alexander sei so weit vorgedrungen, daß er das Chaos erreichte; Goethe kam ebenso weit, ja er wagte sich noch einen Schritt weiter – und kam sicher zurück. Sein ganzes Denken ist von herzerfreuender Freiheit erfüllt.»

Als Summa der abendländischen Zeiten und ihrer Geistesformen, wie kein zweites, ist Goethes Gesamtwerk das Integralsystem von

Nationalliteratur und Weltliteratur. Er forderte die Deutschen auf, die Welt in sich aufzunehmen, um auf die Welt zu wirken:

Nationalliteratur will jetzt nicht viel sagen, die Epoche der Weltliteratur ist an der Zeit, und jeder muß jetzt dazu wirken, diese Epoche zu beschleunigen.

Wurde diese Weisung befolgt? Von deutschen Vertretern des Geistes im allgemeinen – von ausländischen nur gelegentlich! Es ist zwar nur ein äußeres Merkmal, spricht aber doch als ein wesentliches Symptom, daß in keine europäische Sprache so viele Werke fremder Literaturen übersetzt wurden wie in die deutsche. Die anderen Zivilisationen haben weitaus starrer an ihren nationalen Überlieferungen festgehalten, in denen sie sich sicher, aber auch häufig borniert bewegen; der Auftrag zu übernationaler Schau fand bei dem einzig kosmopolitischen Volksgeist der nachantiken Zeiten, im Deutschtum, immer noch die begierigste Aufnahme. Für diese große Bereitschaft, die ja den instinktiven Zug zur geistig-musischen Totalität voraussetzt, hat wiederum Goethe treffend und gelassen die Erkenntnis geprägt:

Um einer solchen Forderung sich zu nähern, so müßte man keine der menschlichen Kräfte bei wissenschaftlicher Tätigkeit ausschließen. Die Abgründe der Ahndung, ein sicheres Anschauen der Gegenwart, mathematische Tiefe, physische Genauigkeit, Höhe der Vernunft, Schärfe des Verstandes, bewegliche sehnsuchtsvolle Phantasie, liebevolle Freude am Sinnlichen, nichts kann entbehrt werden zum lebhaften fruchtbaren Ergreifen des Augenblicks, wodurch ganz allein ein Kunstwerk, von welchem Gehalt es auch sei, entstehen kann ... Vielleicht ist es kühn, aber wenigstens in dieser Zeit nötig zu sagen: daß die Gesamtheit jener Elemente vielleicht vor keiner Nation so bereit liegt als vor der deutschen.

Es hat schon seine guten Gründe, wenn die moderne Klassik weltliterarischen Ranges zugleich die Klassik der neueren deutschen Literatur ist. Der Herr dieses inneren deutschen Welt-Reiches ist Goethe. Es kann die Spur von seinen Erdentagen nicht in Äonen untergehen. Seine Situation wird immer wiederkehren, weil eine jede nach Glaubensnormen gedeutete Welt – wie auch die jeweils wirksamen Universalien heißen mögen – vergänglich ist. Weltanschauungen und selbst Religionen sind sterblich; bleiben wird, solange Menschen leben, der Mensch als solcher auf der einen, die naturgeistige Welt auf der anderen Seite. Welt und Leben lassen sich keine Gesetze vorschreiben, nicht einmal solche von heiligen Ordnungen. Die Aufgabe, Welt, Leben, Schöpfung unbefangen hingebungsvoll zu erfahren und für Menschen verständlich auszusprechen, behält und erteilt über allen Wandel das letzte Wort.

Die Stanzen eines Huldigungsgedichtes, das Platen an Goethe gerichtet hat, leuchten noch heute ohne Trübung:

Wenn auch der alte hohe Baum verdorben,
Der eine Welt im Schatten konnte wahren,
Wenn auch der Glanz von ehedem erstorben,
Zerstückt ein Reich, das trotzte tausend Jahren,
So war dafür ein geistiges erworben,
Und immer schöner wird sichs offenbaren,
Und fehlt ein Kaiser dieses Reiches Throne,
So nimm von uns, die du verdienst, die Krone!

Schiller,
Jean Paul, Hölderlin

In Deutschland war es einmal üblich, von den «Dichterfürsten» Goethe und Schiller zu sprechen oder gar die Reihenfolge umzukehren. Ebenso üblich war und ist es zum Teil, Schiller als den «Volksdichter» gegen den «Fürstenknecht» Goethe auszuspielen. Das geschah aus «Männerstolz vor Königsthronen» – ehedem oftmals aufrichtig gemeint; freilich konnten die Verfechter der Volksherrschaft noch nicht voraussehen, daß die Errichtung einer parlamentarischen Parteiendemokratie unvergleichbar teurer zu stehen kommt als eine – Monarchie. Man verzichte wenigstens auf die Manen Schillers beim Selbstlob einer Karikatur von Volksherrschaft! Denn dieser hohe Geist war schon in seinen nur von oberflächlichen Betrachtern mißdeutbaren Jugendanfängen, erst recht in seiner Reife ein Aristokrat – und er war es weit exklusiver als Goethe. Da Schillers Ansichten durch Zitate leichter belegbar sind als Anschauungen Goethes, weil er so oft durch den Mund seiner Figuren selber spricht, empfiehlt es sich, zu dem angeschnittenen Thema ein paar Worte aus seinem letzten großen Entwurf, dem leider fragmentarischen «Demetrius», zu beherzigen:

Was ist die Mehrheit? Mehrheit ist der Unsinn,
Verstand ist stets bei den wen'gen nur gewesen.
Bekümmert sich ums Ganze, wer nichts h a t ?
Hat der Bettler eine Freiheit, eine Wahl?
Er muß dem Mächtigen, der ihn bezahlt,
Um Brot und Stiefel seine Stimm verkaufen.
Man soll die Stimmen wägen und nicht zählen;
Der Staat muß untergehn, früh oder spät,
Wo Mehrheit siegt und Unverstand entscheidet.

Ein bedeutendes und vorbildliches Menschentum hat man unter den gebührenden Aspekten seines Ranges hinzunehmen. Schillers heroisch-aristokratischer Geist bietet aus dieser seiner Artung den Schlüssel zum Verständnis seines Werkes. Da er von eigenen Gnaden war und sich gebildet hat, spielt seine Herkunft, die man beflissenerweise oft als eng und ärmlich hinzustellen beliebt, kaum eine Rolle. Der Vater war durchaus kein Subalterner, sondern immerhin ein Mann in Offiziersrang; die Mutter stammte aus guten Handwerkskreisen. Johann Christoph Friedrich Schiller kam in dem kleinen schwäbischen Marbach am 10. November 1759 zur Welt. Aus dem vorgesehenen Theologiestudium wurde nichts, weil der Vater seinen Sohn auf Grund einer herzoglichen Aufforderung in die Militärakademie einreihen mußte. Erst Jura, dann Medizin studierend, wurde der junge Schiller nach achtjähriger Akademiezeit als Regimentsfeldscher entlassen. Aber tatsächlich war er seiner inneren Berufung gefolgt; im Alter von zweiundzwanzig Jahren hatte er das erste Drama, *Die Räuber,* vollendet. Die Uraufführung dieses eigentlich etwas verspäteten Sturm-und-Drang-Werkes machte es jedoch zum öffentlichen Symbol jenes Aufbruches junger Geister in Deutschland. Nie gab es bei uns eine auch nur entfernt vergleichbare literarische Sensation, wie am 13. Januar 1782 in Mannheim, als man sich im Theater wie im Irrenhause – nach zeitgenössischem Bericht – gebärdete: «... rollende Augen, geballte Fäuste, heisere Aufschreie im Zuschauerraum. Fremde Menschen fielen einander schluchzend in die Arme, Frauen wankten einer Ohnmacht nahe zur Türe. Es war eine allgemeine Auflösung, wie im Chaos, aus dessen Nebeln eine neue Schöpfung hervorbricht». Die Folgen dieses Ereignisses sind wohl allgemein bekannt: Schreibverbot, Flucht, neue, völlig veränderte Lebensumstände.

Als Schiller später in Jena eine Professur für Geschichte erhielt, war er zunächst auf einem Gebiete tätig, für das er sich nicht eigentlich vorbereitet hatte. Sein Instinkt für das Geschichtliche ließ ihn aber bald mehr als nur eine wissenschaftliche Ausbeute finden: er gewann die sinnliche Substanz für seine Dramatik. Außerdem drängte die philosophische Tendenz seines Geistes nach allgemeinen Prinzipien; in der Schulung an Kant festigte er seine Ästhetik und Ethik. Nicht elementare Naturerlebnisse haben ihn geformt; seine Selbsterziehung stärkte und steigerte sich auf den Spuren der Bildung, deren direkte Faktoren die Geschichte, Kant und Goethe sind, während ihm als indirekter Leitstern ein humanistisches Ideal von Griechentum vorschwebte. Seine großartige Fähigkeit, wesentliche Züge seines Wesens in scharf formulierender Charakterisierung zu benennen, ließ ihn in einer Schilderung für Wilhelm v. Humboldt gleichsam das Programm des eigenen Lebens entwerfen:

Nehmen Sie den Fall an, die Natur habe mich wirklich zum Dichter bestimmt, so wird Ihnen der ganz zufällige Umstand, daß ich mich in dem entscheidenden Alter, wo die Gemütsform vielleicht für das ganze Leben bestimmt wird, von vierzehn bis vierundzwanzig, ausschließend nur aus modernen Quellen genährt, die griechische Literatur völlig verabsäumt und selbst aus der lateinischen sehr sparsam geschöpft habe, meine ungriechische Form bei einem wirklichen unverkennbaren Dichtergeist erklären. Der Einfluß philosophischer Studien auf meine Gedankenökonomie erklärt das übrige. Ein starker Beweis für diese Behauptung ist der, daß ich gerade jetzt, wo ich durch Krankheit, Lebensweise, selbst durch das Alter, durch jahrelang getriebene Spekulation von der dichterischen Vorstellungsweise um so viel mehr hätte abkommen können, nichtsdestoweniger ihr eher nähergekommen bin, und warum konnte dies geschehen? Weil ich zugleich in dieser Zeit, obgleich nur sehr mittelbar, aus griechischen Quellen schöpfte. Geben Sie mir nichts als Muße und so viel Gesundheit, als ich bisher nur gehabt, so sollen Sie sicherlich Produkte von mir sehen, die nicht ungriechischer sein sollten als die Produkte derer, welche den Homer an der Quelle studierten!

Und schon zehn Jahre später hatte die Krankheit, von der Schiller hier spricht, seinen ungestüm vorwärtsdrängenden und gewissermaßen den Tod überflügelnden Genius ereilt: am 9. Mai 1805 verschied er in Weimar. Goethe war in jener Zeit ebenfalls von einer Krankheit heimgesucht; die Bestattung geschah übereilig und ohne Teilnahme:

...Ein Unbekannter nur,
Von eines weiten Mantels kühnem Schwung umweht,
Schritt dieser Bahre nach. Der Menschheit Genius wars!

– wie C. F. Meyers Ballade schließt.
Eine heroische Leistung ist die Folge seiner großen Dramen seit den «Räubern», abgerungen dem Widerstand der eigenen Physis und fast einem Nichts an zeitgenössischer Musterhaftigkeit; heroisch ist überhaupt seine Aktivität, die auf den luftigen Bahnen der gedanklichen Spekulation und des eingestandenen Mangels an Welt- und Menschenkenntnis doch zu Gestaltungen findet; heroisch endlich sein absolut sittlicher Wille zum Großen Gericht über selbstverschuldete Verstricktheit der seelischen Gefühle im apokalyptischen Strudel des Geschehens. Seit Schiller kam in die Kunstlehre vom Tragischen ein vorher unbekanntes Element: das sittliche – die Schicksalssterne in der eigenen Brust, für die der Mensch verantwortlich ist. Man hat über seine schon früh vorgetragenen Ansich-

ten in dem Aufsatz *Die Schaubühne als moralische Anstalt betrachtet* später kritisch, ja höhnisch den Stab gebrochen: Schiller habe den Moralismus in das Tragische eingeschmuggelt und es so verdorben oder doch von dessen kultischen, dionysischen Ursprüngen abgebogen. Seine Dramen seien Schulthemen eines schicksalsfremden, entgotteten Inquisitionsverfahrens, in dem es um die moralische Bewährung wohl von «schönen Seelen», aber durchaus nicht um die Erschütterung und Katharsis der echten Tragödie gehe.

Was aber ist nach Schiller eine solche «schöne Seele»? Die Abhandlung *Über Anmut und Würde* gibt die Auskunft:

In einer schönen Seele ist es also, wo Sinnlichkeit und Vernunft, Pflicht und Neigung harmonieren, und Grazie ist ihr Ausdruck in der Erscheinung. Nur im Dienste einer schönen Seele kann die Natur zugleich Freiheit besitzen und ihre Form bewahren ... So wie die Anmut der Ausdruck einer schönen Seele ist, so ist Würde der Ausdruck einer erhabenen Gesinnung.

Schiller hatte den Mut, ungeachtet der «Geworfenheit» des Individuums in eine Welt, die für sinnlos zu erklären nicht erst die neuesten Existenzialisten Urheberrechte beanspruchen dürfen, weil schon zu Beginn der Modernität überragende Geister etwas vom Nihilismus wußten und verstanden, aus den schöpferischen Möglichkeiten des Individuums allgemeine und vornehme Wertordnungen zu entwickeln. Die psychologische Differenziertheit des Dichters ist lange Zeit kaum oder ungenügend erkannt worden; seinen Idealismus nahm man als ein festliches, innerlich unkompliziertes Bekenntnis eines hochgestimmten Bürgers – sogar ein Nietzsche, sonst so hellsichtig, kompromittiert sich mit seinem Spott über Schiller als den «Moraltrompeter von Säckingen». Jean Paul aber, der nicht eben eine besondere Neigung für Schiller empfand, erkannte ahnungsvoll tief das Wesen des Dichters allein bei Betrachtung eines Bildnisses: «Schillers Porträt oder vielmehr seine Nase daran schlug wie ein Blitz in mich ein: es stellet einen Cherubim mit dem Keime des Abfalls vor, und er scheinet sich über alles zu erheben, über die Menschen, über das Unglück und über – die Moral. Ich konnte das erhabene Angesicht, dem es einerlei zu sein schien, welches Blut fließe, fremdes oder eigenes, gar nicht satt bekommen.»

Schillers Umdeutung des Tragischen als Konflikt in einer Seele, die ihren höchsten Antrieben folgen, im Widerstreit mit der Welt sich selbst und damit auch die Welt rechtfertigen soll, entspricht legitim der Forderung seiner Epoche und tut es noch heute. Die

Ausmaße dieser Auseinandersetzung sind auf ihre Weise nicht minder «kosmisch» als in den Tragödien früherer Zeitalter, die übrigens während einer alles in Frage stellenden und jene Tragödien gerade dadurch hervorbringenden Krise ebensowenig glaubensgeschlossen waren wie die Ära Schillers und die unsrige. Denn die tragische Katastrophe Schillers rührt in seinen wesentlichen Dramen *Die Räuber, Kabale und Liebe, Don Carlos, Wallensteins Tod* an die Festen der Welt; es weht ein Schicksalsatem darin. Im *Fiesko* verläuft sie freilich mehr nach dem Kalkül eines Theatereffektes; selbst auf der kunsttechnisch höheren Ebene der *Maria Stuart*, dem formal gelungensten, aber an Sinnbildlichkeit schwächsten Stück, wird der Abschluß des Ganzen eine Angelegenheit des Bühnenpraktikers. Das durchschlagende Theatertemperament Schillers hat allerdings die Grundkonzeptionen seiner Gefühls- und Geistesdramatik manchmal zugunsten einer Rollenwirksamkeit von Figuranten getrübt, so daß die Personen wegen der Bretter-Intrige oftmals Handlungen begehen, die keineswegs zu ihrer Anlage passen. Um des Regieeffektes willen gab Schiller häufig dem Theatermann in sich nach; er berührte dabei selbst das Opernhafte, wie in der «romantischen» Tragödie von der *Jungfrau von Orleans* oder im *Wilhelm Tell*, wo gar rauschende Musik dem Rütli-Schwur folgen muß. Das Beiwort «romantisch» für die Apotheose der Jeanne d'Arc – denn darauf zielt das Stück – kennzeichnet übrigens mehr den Stoff und sein Wunderbares, keineswegs etwa mystische Züge; solche hatte Schiller, ohnehin dem 18. Jahrhundert tief verwurzelt, nicht. Allerdings hat sich niemals wieder ein deutscher Dramatiker zugleich so theaterkundig erwiesen wie Schiller. Vielleicht hätte gerade er wie kein zweiter das dramatische Gedicht einer sehr reinen Form nähern können – sein Don Carlos zeigt ihn auf dem besten Wege; als er in der *Braut von Messina*, seinem sprachschönsten Werke, die Klassizität beinahe vollendete, hat der Mechanismus einer Schicksalsidee, mehr äußerlich von der antiken Tragödie übernommen, der Dichtung eine gewisse Starre mitgeteilt.

Die besondere Bühnenwirksamkeit, die fast unterschiedslos von Schillers gesamtem dramatischem Schaffen ausgeht, verdeckt für den hingerissenen Zuschauer die Gefühls-Verwerfungen in der Seelenschicht der Figuren, wie sie auch die Vereinfachung in Gut und Böse vorerst verbirgt. Alle Kritik an Schiller gründet zuletzt in jener Feststellung Goethes, daß Schiller durch sein gedankliches Philosophieren dahin gekommen sei, «die Idee höher zu halten als alle Natur, ja die Natur dadurch zu vernichten»! Zu völliger Ablehnung kam später Otto Ludwig, der in seinen Shakespeare-Studien den deutschen Dramatiker an dem britischen maß. Er hat auch das Sentenziöse der Schillersprache, die sich zum Gebrauch und Mißbrauch als Zitat geradezu anbietet, mit den scharfen Worten charakterisiert:

Schiller bleibt es darum zu tun, daß die Reflexion so, das heißt in solcher Form herauskommt, wie sie als Zitat sogleich in dem gebildeten Verkehr als geprägte Münze in Umlauf kommen kann. In seinem Bergschachte stecken überall die geprägten Taler und Dukatenstücke blinkend und locker im Gesteine, so daß man sie mühelos herausnehmen und damit in die Tasche fahren kann und den Schacht nicht verläßt, ohne die Tasche voll ausgeblichenem Golde mit davonzutragen. Bei Shakespeare sehen wir die unterirdischen Kräfte wirken, da sind die chemisch-tellurischen Prozesse, die das Metallblut schaffen und durch die Erdadern pumpen; wir hören den Pulsschlag der Natur, nicht das Dröhnen des Prägestockes.

Solche Beanstandungen liefern nun viel Wasser auf die Mühlen der Benörgler Schillers, die gerade an ihm ihr Mütchen kühlen, um ihre Ressentiments gegen das dichterische Pathos anzubringen. Die berechtigte Kritik an vielen aufgehöhten Sentenzen verkennt aber die Unterschiede zwischen Gedankenerotik und Pathos; Pathos wird ständig mit Deklamation verwechselt. Es hängt mit dem griechischen Wort «pathein», «leiden», zusammen und bewirkt seit jeher in allen hohen Literaturen den echten Ausdruck der dichterischen Erschütterung, wenn es gilt, die Passion der Seelen auszusprechen. Welcher Seelen? Gewiß nicht aller Seelen, sondern der «schönen», erhabenen, menschlich-urbildlichen und vorbildlichen Seelen! Die fürstlichen Meister der attischen Tragödie, die heldische Hymne der Antike, der großraumige Hymnengesang der mittelalterlichen Kirche, die Reden der shakespearischen Könige und großen Herren, die majestätische Traurigkeit der klassischen Tragiker Frankreichs: nur ein paar, und doch welche Beispiele für das hohe Maß der pathetischen Dichtersprache! Mit seinen erhabensten Aufschwüngen rauscht auch Schillers Ton in 'solchem erlauchten Stromgefälle, und er gebietet ihm kraft der Hoheit seiner geistesheroischen Natur. Es soll nicht geleugnet werden, daß der metallische Katarakt zuweilen unverschmolzene, schlackenhafte Reste dahinjagen läßt: in seinen Dramen wie in seiner meist philosophischen Lyrik.

Es sind übrigens nicht immer die bekanntesten *Gedichte*, in denen sich seine expressive Sprachgewalt äußert. Schillers didaktische Lyrik entwirft das adlige Programm des deutschen Klassizismus; aber seine Ideale werden doch häufig auch zu poetischen Visionen voller Bildkraft, wenn die Begeisterung ihn Aug in Aug vor die großen Überlieferungen des Altertums entrückt. Sein *Hymnus an die Freude*, vor der klassizistischen Epoche und nach den stürmischen Naturalismen der Frühdramen gedichtet, wölbt schon den Ruhmesbogen des deutschen Geistesauftrages jener Zeit hin zu dem innerlichsten Kern aller musischen Tätigkeit: Preislied auf die hohe Lust des schöpferischen Menschentums, die eins und einig ist mit dem Lebensdrang aller Welten. Der Enthusiasmus Schillers ist eine Offenbarung des Dionysischen in der Sphäre der reinen Anschauung; der oft als «Kantianer» summarisch angesprochene Dichter erweist sich in seinen originalen Ursprüngen und in deren Verwirklichung als eine fühlend-gestaltende Natur. Sein am wenigsten populäres, aber vielleicht kühnstes Lehrgedicht *Das Glück* steht geradezu antipodisch zu Kants Pflichtenlehre:

Groß zwar nenn ich den Mann, der, sein eigner Bildner und Schöpfer,
Durch der Tugend Gewalt selber die Parze bezwingt;
Aber nicht erzwingt er das Glück, und was ihm die Charis
Neidisch verweigert, erringt nimmer der strebende Mut.
Vor Unwürdigem kann dich der Wille, der ernste, bewahren,
Alles Höchste, es kommt frei von den Göttern herab.
Wie die Geliebte dich liebt, so kommen die himmlischen Gaben,
Oben in Jupiters Reich herrscht wie in Amors die Gunst ...
Wem er geneigt, dem sendet der Vater der Menschen und Götter
Seinen Adler herab, trägt ihn zu himmlischen Höhn.
Unter die Menge greift er mit Eigenwillen, und welches
Haupt ihm gefällt, um das flicht er mit liebender Hand
Jetzt den Lorbeer und jetzt die herrschaftgebende Binde,
Krönte doch selber den Gott nur das gewogene Glück.

Als Zeugnis eines gesetzgeberischen Dichtertums werden Schillers didaktische und philosophische Verse beständig bleiben. Man kann es aber kaum von den *Balladen* annehmen. Sie verdanken sich nicht seiner ureigentlichsten Berufung, sondern entstanden allzu bewußt als Beispiele und Musterstücke einer ästhetischen Tendenz, die sich auf objektiven Vortrag geworfen hatte. Die anekdotischgeschichtliche Ballade, wesensmäßig unterschieden von solchen erzählenden Gedichten, die ein mythisch-elementares, numinoses Naturwalten darstellen, gedeiht allenfalls im Raume einer frühepischen Rhapsodenkunst, wo sie denn auch einem dramatisch-schicksalhaften Geschehen verflochten ist. Abgelöst davon, wird sie nur zur äußerlich schmuckhaften Versifizierung eines novellistischen Stoffes gelangen. Unter der Hand Goethes entstanden freilich gleichnishafte Dichtungen wie «Der Gott und die Bajadere» oder ein so chthonisches Nachtstück wie «Die Braut von Korinth»; Schillers Beitrag in dem großen Balladenjahr der beiden erreichte nicht diese Symbolik.

Der Triumph Schillers als Dramendichter hat, fast möchte man sagen: leider, seiner Bedeutung als Prosaschriftsteller noch immer nicht die gebührende Breitenwirkung verschafft. Von einem sehr strengen Standpunkt aus lassen sich ja Einwände gegen die Reinheit des dichterischen Gehalts seiner Dramen machen – und sie wurden in dieser Darstellung auch nicht verschwiegen.

Aber als Schönheitslehrer und Erzieher, als Verfasser der Ästhetischen Erziehung, der seinem Volk auch heute noch fremd ist und vermutlich noch lange bleibt, wird Schiller noch einmal eine glänzende Auferstehung feiern. In diesen Schriften hat die größere gedankenwissenschaftliche Bildung der Deutschen den Flug seines Geistes die Höhe erreichen lassen. Sie enthalten so endgültige Dinge über Form und Inhalt, Kunst und Volk, wie sie dem strenggläubigsten Schönheitseiferer genügen würden und wie sie dem heutigen durchschnittlichen Schillerverehrer unannehmbar sind:

diese Erklärung in der von Stefan George und Karl Wolfskehl eingeleiteten «Deutschen Dichtung» ist prägnant und braucht nur noch ergänzt zu werden durch einen Hinweis auf die stilistische Meisterschaft Schillers. Die in dem Zitat erwähnte Schrift *Über die ästhetische Erziehung des Menschen in einer Reihe von Briefen* greift, wie Schiller gleich im Anfang sagt, «größtenteils Kantische Grundsätze» auf – aber wie weit entfernt sich der Dichter von seinem Lehrer! Diese weitgespannte Abhandlung Schillers ist ein politisches Manifest, weil es die sechs Jahre vor seiner Publikation durch die Französische Revolution scheinbar praktizierte Idee der Freiheit und somit auch eines der Losungsworte des jungen Dichters ausspricht. Es war vergebliche Hoffnung, daß man dazu gelangte, «den Menschen endlich als Selbstzweck zu ehren und wahre Freiheit zur Grundlage der politischen Verbindung zu machen». Nicht die politische Praxis des Staates wird die Mittel zu einer Veredelung der Charaktere hergeben – sondern einzig «die schöne Kunst, diese Qellen öffnen sich in ihren unsterblichen Mustern». Denn der Spieltrieb des Musischen allein vermittle und läutere zwischen den auseinandergehenden sinnlichen und vernünftigen Anlagen des Menschen: zwischen Sachtrieb und Formtrieb. Das erhöhende Gemeinsame liege dann in der Schönheit – und

der Mensch soll mit der Schönheit nur spielen, und er soll nur mit der Schönheit spielen. Denn um es endlich einmal herauszusagen, der

Mensch spielt nur, wo er in voller Bedeutung des Wortes Mensch ist, und er ist nur da ganz Mensch, wo er spielt.

Das Ideal-Schöne sei die Verbindung eines gefühlvollen und eines tätigen Schönen. Nicht anders vollende sich die sittliche Schönheit als Grundlage des «ästhetischen Staates»!

Existiert aber auch ein solcher Staat des schönen Scheins, und wo ist er zu finden? Dem Bedürfnis nach existiert er in jeder feingestimmten Seele; der Tat nach möchte man ihn wohl nur, wie die reine Kirche und die reine Republik, in einigen wenigen auserlesenen Zirkeln finden, wo nicht die geistlose Nachahmung fremder Sitten, sondern eigne schöne Natur das Betragen lenkt, wo der Mensch durch die verwickeltsten Verhältnisse mit kühner Einfalt und ruhiger Unschuld geht und weder nötig hat, fremde Freiheit zu kränken, um die seinige zu behaupten, noch seine Würde wegzuwerfen, um Anmut zu zeigen.

Schillers ästhetisch-ethische Politeia ist die Magna Charta des humanistischen Welt-Innenreiches der Deutschen. Sie weicht an geistiger Bedeutung nicht der Politeia Platons, ja sie hat ihr die Freiheit voraus. Der realpolitische Praktiker wird mit Schillers «Briefen» nichts anfangen können – sie wenden sich auch gar nicht an ihn; deshalb ist die billige Kritik, die daran geübt wurde, ebenso vorlaut wie unbefugt. Aber Schillers ästhetischer Staat ist dennoch von «dieser», nicht von «jener» Welt: insofern als er dasjenige meint, was als ein Reich der Kultur, als Kulturstaat, zu gelten hat; der hat nichts zu schaffen mit jener Ordnungsorganisation des öffentlichen Verkehrs, welche als bürgerlicher Staat nur innerhalb dieser Aufgaben und Grenzen ein echter Wert ist. Der bürgerliche Staat als eine solche Organisation darf nicht identifiziert werden mit der Idee «Vaterland»; aber es geschieht trotzdem von seiten der Sachwalter der Organisation, wie sie ja auch das Prädikat «Kulturstaat» beanspruchen.

Die geistig-sittliche Erhöhung der Idee vom Staate benahm Schiller nicht den Blick für große politische Realverhältnisse, wie man in seinem fragmentarischen Roman *Der Geisterseher* mit einem Cagliostromotiv erkennt. Leider ist das Werk nicht durchgeführt worden; vielleicht besäße sonst die deutsche Literatur ein klassisches Muster des spannenden Ereignis-Romans neben den zur Vollendung gediehenen Typen des Seelen- und Sucher-Romans. «Weit angelegte Staatsintrigen, vielerlei Menschen in ein großes Geschick verknüpft, dafür hatte Schiller ein Auge, damit steht er fast allein unter den Deutschen, diese Seite ist sonst ihre Stärke nicht» – wie

Hugo v. Hofmannsthal sagt. Verblieb so der deutsche unterhaltende Roman ebenfalls in einer Mittellage, so haben wir dank Schillers Wallenstein-Trilogie das einzige abendländische Staatsdrama hohen Stils seit Shakespeares Trilogie um Richard II. und Heinrich IV. Aber die Nation ging wohl in Schillers Theater, genoß seine dramaturgische Spannungskunst – blieb aber doch unerweckt von ihr wie von seinen ästhetisch-erzieherischen Aufsätzen.

So erzog der Dichter das Volk ebensowenig, wie es Wilhelm v. Humboldt, 1767–1835, zu leisten vermochte. Dieser große Staatsphilosoph, Gründer der Berliner Universität, Meister der vergleichenden Sprachforschung und als Ästhetiker eine entscheidende Stimme der deutschen Klassik, schrieb die *Ideen zu einem Versuch, die Grenzen der Wirksamkeit des Staates zu bestimmen:* dem Staate sei lediglich die Vorsorge für die öffentliche Sicherheit zu überlassen – das angebliche Ziel der Politik, blühende, volkreiche Länder hervorzubringen, erwirke sich außerhalb der Staatsmacht ganz von selbst durch die Freiheit, welche die Kraft und Energie der Menschen erhöhe. Daß sich der Moloch «Staat», ungeachtet aller Warnungen und Gegenkräfte, zum Totalitären aufblähen konnte, war vor allem eine Folge der zunehmenden Vermassung, die ihre Anliegen wahngeschlagen der Staatsbürokratie übertragen und damit selbstverständlich an Stelle des Paradieses eines sozialen Glückes auf Erden die Verstaatlichung des Individuums erreicht hat. Außerdem war es aber auch eine Folge der schmalen Basis des deutschen Idealismus, der selbst mit seinen großen Persönlichkeiten die Anfälligkeit einer rein humanen Kultur nicht ins Religiöse vertiefen und erhöhen konnte. Daraus ist kein Vorwurf herzuleiten; es handelt sich eben um eine ungeheure Wandlung der menschlichen Erlebnisweise innerhalb der Welt, die sich nicht ereignet hätte, wenn sie nicht notwendig gewesen wäre.

Die Gefahren, die bereits damals für einen ahnungsvollen Betrachter der «gesellschaftlichen Grundfesten» Europas heraufzogen, erkannte auch ein häufig als liebenswürdiger idealistischer Träumer geschätzter, aber nur zu wenig ernst genommener Volkserzieher. Der Schweizer Johann Heinrich Pestalozzi, 1746–1827, hatte in seiner Jugend die Botschaften Rousseaus und Herders in sich verarbeitet; die christlichen Wesenszüge seiner Natur vertieften ihm noch besonders die Bedeutung des Individuellen, aus dem nach seiner Überzeugung allein Kultur des Herzens und des Geistes erblühen könne. Damit verglichen, wirke das kollektive Dasein des Menschen lediglich in der Richtung der Zivilisation. So unterschied Pestalozzi zwischen Kultur und Zivilisation bereits vor Spengler –

und man hat guten Grund, auf diese Unterscheidung aufmerksam zu machen, weil sie von manchen Kritikern oft als eine typisch deutsche Fehlmeinung hingestellt wird. Mit hellsichtiger Sorge bemerkte Pestalozzi, daß das Zeitalter dahin steuere,

den tierischen Ansprüchen unsrer Natur ein entscheidendes Übergewicht über die höheren und edleren Kräfte ihres göttlichen Wesens einzuräumen und die reinen, heiligen Ansprüche der Menschennatur mit Rücksicht auf das Ganze und Große der Staatsangelegenheiten als eine Nebenangelegenheit zu behandeln ... (Das werde) zur eigentlichen Auflösung aller reinen Gefühle der menschlichen Vereinigung hinführen und die europäische Menschheit dahin bringen, den teuer erworbenen Gehalt unsrer Rechtsbegriffe wieder zu verlieren und ihnen den ganzen Apparat des bürgerlich geformten Tiersinns unsrer sinnlichen Natur zu substituieren.

So verstand dieser seinem Volkstum so innig verbundene Erzieher «gebildete Menschlichkeit» als einen Humanismus christlicher Prägung. Die politische Entwicklung sollte zeigen, daß aber auch dieses Ethos nicht minder gefährdet war als die auf persönlicher Sittlichkeit und Bildung errichtete, lediglich einer Elite möglichen und mit ihr vergehenden Werteordnung des deutschen Idealismus.
Beide Entwicklungen, die des Staates überhaupt wie die des «Kulturstaates», widerlegen nicht, sondern erhöhen den Wert der Gesetzgebung Schillers. Auch in dieser Funktion bezeugt sich sein heroisch-aristokratischer Rang. Die im engeren Sinne ästhetischen Schriften des Dichters verbleiben keineswegs im Fachlichen, sondern gehören mit zu seiner universalen Politeia. In seiner Abhandlung *Über naive und sentimentalische Dichtung* hat er, formal in der Scheidung der regulativen Begriffe naiv und sentimental, die Position des modernen Autors sehr genau angegeben:

Die Natur macht ihn mit sich eins, die Kunst trennt und entzweit ihn, durch das Ideal kehrt er zur Einheit zurück,

dies erklärt Schiller übrigens als den Entwicklungsgang des Menschen überhaupt. So hat er denn ein geistig-sittliches Königreich – wie Carlyle sagt – gegründet; seine Taten geschahen aber «nicht für eine Nation auf Kosten der anderen, sie waren nicht besudelt mit dem Blute des Patrioten, mit den Tränen der Witwen und Waisen, sie wurden abgerungen dem öden Reiche der Finsternis zur Erhöhung des Glücks, der Macht, der Würde aller Menschen!»
Das entscheidende Bildnis Schillers für die deutsche und die abendländische Welt hat Goethe im «Epilog zu Schillers Glocke» errichtet. Darum gebührt es, wenigstens mit einigen Strophen aus dieser Dich-

tung den andeutenden Versuch einer Darstellung Schillers zu be-
schließen:

Denn er war unser! Mag das stolze Wort
Den lauten Schmerz gewaltig übertönen!
Er mochte sich bei uns, im sichern Port,
Nach wildem Sturm zum Dauernden gewöhnen.
Indessen schritt sein Geist gewaltig fort
Ins Ewige des Wahren, Guten, Schönen,
Und hinter ihm, in wesenlosem Scheine,
Lag, was uns alle bändigt, das Gemeine ...

Nun glühte seine Wange rot und röter,
Von jener Jugend, die uns nie entfliegt,
Von jenem Mut, der früher oder später
Den Widerstand der stumpfen Welt besiegt,
Von jenem Glauben, der sich, stets erhöhter,
Bald kühn hervordrängt, bald geduldig schmiegt,
Damit das Gute wirke, wachse, fromme,
Damit der Tag dem Edlen endlich komme ...

Er hatte früh das strenge Wort gelesen,
Dem Leiden war er, war dem Tod vertraut.
So schied er nun, wie er so oft genesen;
Nun schreckt uns das, wofür uns längst gegraut.
Doch schon erblicket sein verklärtes Wesen
Sich hier verklärt, wenn es herniederschaut.
Was Mitwelt sonst an ihm beklagt, getadelt,
Es hats der Tod, es hats die Zeit geadelt ...

In dem geistigen Staate der Gemeinschaft Goethes und Schillers
konnte es einem kritischen Besucher wiederfahren, daß er gleichsam
als ein ahnungsloser «Chinese in Rom» angeprangert wurde. Über
diesen «Chinesen» belehrt uns aber heute eine Stimme:

Von einem Dichter will ich euch reden, einem der größten und am meisten vergessenen ..., damit ihr wieder den reinen Quell der Heimat schätzen lernt und euch nicht zu sehr verlieret in euren mennigroten Wiesen,
euren phosphornen Gesichtern und euren Lila-Träumen ... Wenn es seiner
hohen Zeitgenossen Befriedigung war, empfundene und geschaute Wirklichkeit deutlich wiederzugeben, so war es Sein heiliges Streben, den
Zauber der Träume und Gesichte zu verbildlichen ..., wenn andere mit der
Worte Klarheit und Richtigkeit siegten, so hat Er mit der Worte ver-
schwindend zarten Abschattungen gewirkt, über ihren geheimnisvollen
unsichtbar rauschenden und anziehenden Unterstrom Aufschlüsse gegeben und zuerst – ein Vater der ganzen heutigen Eindruckskunst – die
Rede mit unerwarteten Glänzen und Lichtern belebt, mit heimlichen
Tönen, mit versteckten Pulsschlägen, Seufzern und Verwunderungen.

Wenn oft ein undurchdringliches Gestrüpp uns den Weg durch den anmutigen duftenden Garten mühsam macht: wenn ganze Seiten von wunderlichen Zusammenstellungen und maßlosen Abschweifungen uns erschrecken, so sollen wir uns zurückrufen, daß der Dichter zur Zeit des Zopfstils gelebt hat, den Er allein im Welt-Schrifttum vertritt ... Doch um wieviel öfter bleiben wir erstaunt und beschämt stehen vor einem so zarten Empfinden, einer so frauenhaften Aufmerksamkeit, einem solchen Reichtum der Gefühle, besonders da, wo es ihm gelingt – entgegen dem Beispiel der Gleichaltrigen –, herzlich und zugleich fein zu sein: traulich, aber nicht derb, weich, aber nicht verschwommen. Wie hat er noch den Wald gesehen, das kindliche Tal und die einfachen Blumen! Wie hat er noch der Vögel Sange lauschen können, mit welcher Kühnheit und mit welch frommem Schauer ist er durch die Unermeßlichkeiten, durch Räume voll Sonnen, Monden, Erden geschwebt! Wie hat er noch den Mai genossen von seinem ersten kühlen Windrauschen an bis zur himmlischen Trunkenheit und verzückten Auflösung im warmen Blütenmeere!

So feierte Stefan George in einer Lobrede J e a n   P a u l zu einer Zeit, als der Dichter, einst einer der meistgelesenen Autoren, beinahe nur noch ein historisches Dasein in den Literaturgeschichten führte. Man tat ihn mit ein paar Worten ab, während Romanschriftsteller wie Gutzkow seitenlang gewürdigt wurden – ein Verhältnis, das sich gegenwärtig, und zwar schon nach der Initiative Gottfried Kellers, dann Georges und Hermann Hesses durchaus geändert hat. Seither wuchs die Schätzung dieses, wie man gern sagt, «deutschesten» Dichters, allerdings immer nur noch bei Kennern, während er unter den ganz großen Namen des deutschen Schrifttums nach wie vor am wenigsten in die Breite wirkt. In der Lobrede sind auch die Gründe für die Schwierigkeiten einer Beschäftigung mit Jean Paul angedeutet; selbst historisch beflissene und dem Dichterischen innerlich sehr nahestehende Menschen finden oft nur zögernd einen Weg zu ihm. Es kann aber geschehen, daß sich nach mehreren ergebnislosen Anläufen unvermutet das Wunderreich Jean Pauls erschließt – und man alsdann womöglich das gesamte Werk in einem einzigen, hingerissenen Zuge aufnimmt. Man sollte überhaupt vor manchen hochgerühmten, aber zunächst kaum zugänglichen Großwerken der Weltliteratur das Wort Schopenhauers beherzigen, daß einige von ihnen wie Majestäten sind, bei denen man immer wieder antichambrieren muß, ehe man vorgelassen wird; vorher aber fehlt jede Befugnis zum Urteil – es sei denn zum schlichten Eingeständnis des Befremdetseins. Damit wird übrigens nicht behauptet, daß nunmehr die Einsichten maßgebender Kritiker und Schriftsteller über Jean Paul einhellig lauten; wie zu Lebzeiten, so weichen noch heute die Meinungen voneinander ab.

Wahrscheinlich trifft Stefan George den Tatbestand, wenn er an anderer Stelle Jean Paul «die größte dichterische Kraft der Deutschen» nennt – nicht den «größten Dichter, denn der ist Goethe»! Damit wird das allerdings unerhörte Potential Jean Pauls hervorgehoben, aber auch angedeutet, daß die Kraft der Formgebung dahinter zurücktritt. Früher erklärte man diesen Befund als das romantische Element in Jean Paul und konnte sich auf eigene Worte des Dichters beziehen, der in seiner *Vorschule der Ästhetik* das Romantische als das «schöne Unendliche» definiert und dabei seine Schreibweise mit charakterisiert hat. Tatsächlich dürfte Jean Pauls Begriffsbestimmung des Romantischen die umfassendste und genaueste sein, bleibt aber zugleich so weit allen Möglichkeiten geöffnet, daß die literarische Romantik im engeren Sinne als jene Bewegung, die eine ältere und eine jüngere Phase durchlief, diese Bestimmung nicht einmal vollständig erfüllt. Umgekehrt hat insbesondere der romantische Roman die Entwicklung so sehr ins Subjektive vorangetrieben, wie es bei Jean Paul wohl angebahnt, aber doch nicht vollzogen wurde. Vielleicht kennzeichnet das Barocke ihn noch besser als das Romantische.

Der Dichter stammte aus einer Landschaft, in der barocke Überlieferungen in voller Blüte standen. Jean Paul Friedrich Richter, der analog dem «Jean Jacques» Rousseaus als Autor nur mit seinen beiden ersten Vornamen in die Öffentlichkeit trat, wurde am 21. März 1763 in Wunsiedel, Fichtelgebirge, geboren. Unter ärmlichen Verhältnissen wuchs er heran, führte er seine Studien – übrigens planlos und schwelgerisch lesend – durch und hatte er noch als angehender Schriftsteller zu leiden. Allmählich besserten die Erfolge seiner Bücher seine Lage; er kam in Berührung mit den führenden Kreisen Weimars und schloß sich vor allem Herder an, der ihn begeistert pries. Seine Beziehungen zu Goethe, die persönlichen wie die literarischen, waren nicht eben gut oder doch gegenseitig sehr reserviert; immerhin hat gerade Goethe später überaus treffend geurteilt, daß sich Jean Paul wie kein anderer deutscher Autor den östlichen Poeten angenähert habe. Tatsächlich besteht eine Art von unbewußter Wahlverwandtschaft zwischen Jean Paul und dem asiatischen, vornehmlich dem indischen Kunstgeist. Schiller lehnte ihn völlig ab und nannte ihn «fremd wie einer, der aus dem Mond gefallen ist», nicht schlecht, wenn man es positiv nimmt – nämlich als Hinweis auf die sozusagen sternenhafte Heimat des Dichters, dessen Physiognomie schon die siderische Herkunft zeigt: die klaren, schönen Augen kindhaft in ewige Räume schauend, der ganze Mensch ein «endlicher Spiegel der Unendlichkeiten», wie er sich selbst als Schriftsteller schilderte. Als diese Augen in den letzten Lebensjahren fast erblindet waren, hatte er ein bändereiches Werk zustande gebracht, von vielen Menschen verehrt, von den Frauen besonders umschwärmt, die in Jean Paul allzusehr nur den empfindsamen Poeten sahen. Am 14. November 1825 starb er in Bayreuth. Zu den offiziellen Klassikern hat man ihn nie gezählt – widersprach doch sein Schaffen den idealen Vorstellungen von literarischer Form. Ein anderer Ruhm aber wurde ihm zuteil: der Dichter der deutschen Seele zu sein wie kein zweiter.

Aus der Folge seiner Erzählungen und Romane heben sich als die wichtigsten heraus: *Die unsichtbare Loge* mit der im Anhang gebrachten Idylle *Leben des vergnügten Schulmeisterlein Maria Wuz in Auenthal; Hesperus; Quintus Fixlein; Blumen-, Frucht- und Dornenstücke, oder Ehestand, Tod und Hochzeit des Armenadvokaten F. St. Siebenkäs; Das Kampanertal; Titan; Flegeljahre; Schmelzles Reise nach Flätz; Dr. Katzenbergers Badereise; Leben Fibels; Der Komet.* Zu der bereits erwähnten Vorschule der Ästhetik kommt als die zweite bedeutsame theoretische Schrift: *Levana oder Erziehlehre.* Schon der verschnörkelte Titel des Siebenkäs deutet auf jene stilistischen Eigentümlichkeiten des Ausdrucks und der Komposition, die nun im einzelnen, etwa bei der Benennung der Kapitel, die schrulligsten Orgien feiern. So ist der Hesperus in fünfundvierzig «Hundposttage» eingeteilt, weil der Autor anfangs berichtet, das Material zu dem Roman jeweils durch eine Hundepost erhalten zu haben; der Titan gliedert sich in «Jobelperioden» und «Zykel»; sodann gibt es eingeschobene Extrablätter, komische Anhänge und was dergleichen Abschweifungen und Zusätze mehr sind. Denn ein unübersehbarer Berg von Exzerpten, Zitaten und Kollektaneen, den sich Jean Paul in Zettelkästen angehäuft hatte, wird ständig ausgebeutet; es wimmelt von Anspielungen, vertrackten Einschüben, Anmerkungen, Wortwitzen, komisch angewandten Gelehrsamkeiten, so daß vorerst der Leser sich wie in einer undurchdringlichen Dornenhecke vorkommt. Man hat gelegentlich «gereinigte» Ausgaben seiner Romane hergestellt – sehr zum Schaden des Ganzen, weil die barocken Schnörkel organisch zu diesen Gebilden gehören.

Soweit man in diesem Durcheinander und Ineinander überhaupt von formalen Unterschieden sprechen kann, erscheinen drei von Jean Paul selbst definierte stilistische Gruppen. Im Geschmack der «italienischen Schule» erhebe sich die Darstellung zur Höhe ihres Gegenstandes; der idealisierenden Tendenz gemäß «fordert und wählt der höhere Ton ein Erhöhen über die gemeinen Lebenstiefen, die größere Freiheit und Allgemeinheit der höheren Stände, weniger Individualisierung, unbestimmtere oder italienische oder natur- und historisch-ideale Gegenden, hohe Frauen, große Leidenschaften». In der «niederländischen Schule» sehe man auf den Gegenstand herab; die «deutsche Schule» stehe mit dem Gegenstand auf gleicher Höhe, ihre Durchführung sei besonders schwer, weil sie «Flug und Lauf zugleich begehrt». Die Romane des hohen «italienischen» Stils – Hesperus und Titan – schließen keineswegs Humor, Witz, Ironie aus, wenngleich diese Quellen in den «niederländischen» Arbeiten – etwa Quintus Fixlein und Siebenkäs – hemmungsloser strömen.

Jean Pauls bewußter Kunstwille ging auf eine Synthese des Ereignis- und Entwicklungsromans, ermöglicht durch den Humor – wonach denn freilich das Ergebnis nicht mehr objektive, sondern weit überwiegend seelische Wirklichkeit bringt. Während bei Goethe der Seelenroman, wie die Wahlverwandtschaften zeigen, durchaus im klassischen Sinne noch der gegenständlichen Welt verbunden bleibt, steigert Jean Paul das Seelische zum absoluten Motiv, also zur bewegenden Energie überhaupt. Seine Wesen sind tatsächlich, wie George bemerkt, kämpfende und sich versöhnende Teile der eigenen Seele; einzig auf diese Allhaftigkeit der Seele, somit auch ihrer Gegensätze, kam es dem Dichter an. Über seine Tatsachenschilderei hat er selbst gelächelt; die romanhaften Begebenheiten, ihre Motivierung, Verknüpfung, Entfaltung, Komposition sind von einem realistischen oder gar nur gesellschaftskritischen Standpunkt aus häufig absurd oder doch wenig geschickt – sie fungieren eben ausschließlich als seelischer Ausdruck. Das ist nun nicht psychologisch zu nehmen; obwohl Jean Paul ein sehr sicherer Seelenbeobachter war – wie es nicht zuletzt seine tiefe pädagogische Schrift bezeugt –, handelt es sich in seinen Romanen nicht um psychologische Ergründungen und Durchleuchtungen, sondern um Ausstrahlungen der Seele überhaupt. Ihrem poetischen Ausdruck dienen die imaginativen Metaphern – werde doch durch die Metapher der Weg zum Gleichnis gefunden, wie Jean Paul schreibt. Einen allmächtigeren Gleichnisschöpfer als ihn glaubte Lichtenberg nirgendwo zu sehen; die gesamte deutsche Literatur bietet bis heute nicht seinesgleichen. Wielands genialer Spürsinn traf eine exakte Entsprechung, als er Jean Paul an «Allübersicht» allein mit Shakespeare verglich. Die seelisch durchglühte Metaphorik des Dichters erschafft Landschaften, die es «in Wirklichkeit» gar nicht gibt – und doch haben sie die Wahrheit der Imagination, weil sie Versinnlichungen des Gefühls sind. Dasselbe trifft für Jean Pauls

Träume zu, die nicht analytische Nachschriften, sondern schöpferische Leistungen der Seele darstellen.

Seine Helden sind meistens Jünglinge, wie sie wohl nur ein Deutscher zu zeichnen vermochte. In ihnen wogt die Fülle der seelischen Möglichkeiten aus grenzenloser Beziehung zur Weltseele. Jugendlichkeit, ja Kindlichkeit adelt manche seiner idyllischen Figuren – aber sie erscheinen äußerlich oft als Käuze, wie das Schulmeisterlein Wuz oder der Armenadvokat Firmian Stanislaus Siebenkäs. Infolge des «Jeanpaulisierens» späterer deutscher Erzähler, wie in Stifters Anfängen, in Kellers Novellen und noch in der verbürgerlichten Spiegelung bei Raabe, hat der humoristisch-idyllische Jean Paul immerhin einige Pflege bei der Nachwelt gefunden. Sein allumfassendes inneres Gral-Reich hingegen bleibt den Unberufenen verborgen. Hier herrschen königliche Jünglinge wie Victor und Emanuel (Hesperus), Albano (Titan), Walt und Vult (Flegeljahre); oftmals werden sie begleitet von weiblichen Gestalten gleichen Ranges. Während sich Jean Paul im Hesperus schrankenlos den Ekstasen seiner inneren Unendlichkeit überließ, näherte er sich in seiner gewaltigsten Schöpfung, im Titan, dem Bildungs- und Entwicklungsroman der Klassik. Dennoch überlagern diese Kulturmächte nicht die Zeitlosigkeit der geistig-seelischen Artung, die auszusprechen Jean Pauls Sendung war. Sie ist keineswegs einförmig, sondern vielgespalten, ebenso heilig-sicher in sich gegründet, wie zynisch-zerrissen sich und andere gefährdend. Das desillusionierende zeitgenössische Schrifttum des Abendlandes hat diese schizophrene Gefühls- und Bewußtseinslage mit ihrem Absturz ins chaotische Nichts keineswegs radikaler gestaltet, als es Jean Paul getan hat; er aber war keine Beute des Nihilismus, sondern stellte ihn dar. Die Lebensangst in ihrer furchtbarsten Heimsuchung als Schauder vor dem eigenen Ich war ihm in ihren luziferischen Ausmaßen wohlvertraut; er und sein Werk verfielen ihr jedoch nicht.

Schon im Hesperus berief Jean Paul die doppelgängerische Ich-Angst des modernen Menschen:

Ich sah ein Gespenst um diesen Leichnam schweben, das ein Ich ist ... Ich! Ich! du Abgrund, der im Spiegel des Gedankens tief ins Dunkle zurückläuft – Ich! du Spiegel im Spiegel – du Schauder im Schauder!

Dann steigerte er in der Figur des Leibgeber im Siebenkäs die Kräfte der Selbstzerstörung durch Isolierung und Einsamkeit des Ichs; er wußte:

Eine geistigere und größere Revolution als die politische, und nur ebenso mörderisch wie diese, schlägt im Herz der Welt.

Die Abgebrannten des Lebens finden ihren exemplarischen Vertreter in Roquairol, dem Gegenspieler Albanos aus dem Titan. Daß ihr Nihilismus eine Krankheit des Subjekts enthüllt und keineswegs die Beschaffenheit der Welt, die immer nur das eine ist: lebendiger Wandel im Sein, so daß das Nicht-Sein lediglich ein Gedachtes oder Empfundenes und als solches subjektive Reaktion bleibt, kommt in Jean Pauls Deutung dieses Zustandes als «poetischer Nihilismus» zum Ausdruck. Von Roquairol heißt es:

Alle herrlichen Zustände der Menschheit, alle Bewegungen, in welche die Liebe und Freundschaft und die Natur das Herz erheben, alle diese durchging er früher in Gedichten als im Leben, früher als Schauspieler und Theaterdichter denn als Mensch, früher in der Sonnenseite der Phantasie als in der Wetterseite der Wirklichkeit; daher, als sie endlich lebendig in seiner Brust erschienen, konnt er besonnen sie ergreifen, verzieren, ertöten und gut ausstopfen für die Eisgrube der künftigen Erinnerung.

Als ein heroischer Nihilist vollzieht Roquairol denn auch seine «Weltanschauung»; er beschwatzt nicht pessimistisch verneinend die Welt und sein Ich, sondern tötet sich – und wahrt noch dabei die Haltung des großen Dandy: in einer eigens von ihm für den Freitod arrangierten Bühnenszene erschießt er sich. Albano jedoch verwirklicht seine heldische Natur; das stürmische Übermaß seines Tatendranges läutert sich zur reinen Erfüllung, nachdem die Jugendideale unter Gräbern versunken sind:

Er war sich höherer Zwecke und Kräfte bewußt ... aus dem hellen, freien Ätherkreise des ewigen Guten ließ er sich nicht herabziehen in die schmutzige Landenge des gemeinen Seins – ein höheres Reich, als was ein metallener Zepter regiert, eines, das der Mensch erst erschafft, um es zu beherrschen, tat sich ihm auf – im Kleinen und in jedem Ländchen war etwas Großes, nicht die Volksmenge, sondern das Volksglück – höchste Gerechtigkeit war sein Entschluß.

So gelangte Jean Paul auf seine Weise, nicht humanistisch antikisierend, sondern aus seiner deutsch-parzivalhaften Natur, zu einem Vor- und Urbild klassischen Menschentums; es lebte nicht allein von Gnaden des Ästhetischen, sondern wurzelte auch in sittlichem Adel und überwindendem Mut.

Sei so groß, diese Erde zu verschmähen, werde größer, um sie zu achten,

das ist eines der heroischen Urworte desselben Jean Paul, der auch die apokalyptische Vision der *Rede des toten Christus vom Weltgebäude herab, daß kein Gott sei*, auszudichten vermochte.
Mit der Darstellung der «Titan»-Welt tritt Jean Paul ebenbürtig

als ein deutscher Klassiker zu den Großmeistern unseres Schrifttums; dieses seelische Prosa-Epos gehört neben dem Wilhelm Meister Goethes, dem Hyperion Hölderlins und dem Heinrich von Ofterdingen Novalis' zu den überzeitlichen Vollendungen des deutschen Romans. Nach der Steigerung im «Titan» kehrte Jean Paul wieder zu den volkhaften Sphären zurück. Später meinte er, daß seine «Flegeljahre» aus der ihm eigentümlichsten und wahrsten Richtung entstanden seien.

Ludwig Börne sprach in einer Denkrede wenige Tage nach der Beerdigung des Dichters die liebevollste Prosa-Hymne, die je auf Jean Paul gehalten wurde:

Fragt Ihr: wo er geboren, wo er gelebt, wo seine Asche ruht? Vom Himmel ist er gekommen, auf der Erde hat er gewohnt, unser Herz ist sein Grab ... Er ist zurückgekehrt in seine Heimat; und in welchem Himmel er auch wandere, auf welchem Sterne er auch wohne, er wird in seiner Verklärung seine traute Erde nicht vergessen, nicht seine liebenden Menschen, die mit ihm gespielt und geweint, und geliebt und geduldet wie er.

Als Goethe einmal Schiller aufsuchte, fand er in dessen Arbeitszimmer einen jungen Mann wartend vor. Man nahm nicht weiter Notiz voneinander. Später erfuhr der Unbekannte zu seinem Schrecken, daß es Goethe gewesen sei. Der aber fühlte nicht in seinem Herzen, sah nicht mit seinen Augen, wer vor ihm stand: ein Genius, auserwählt wie kein zweiter, die deutsche Sprache zu ihrem höchsten lyrischen Ausdruck zu bringen. Dabei war jener Jüngling schön; als Schüler ging von seiner Haltung, von seinem Antlitz ein Adel aus, der die Gleichaltrigen so gefangennahm, daß sie in seiner Gegenwart kein anzügliches Wort wagten. Er hatte den schönsten Namen, den je ein deutscher Dichter trug: Hölderlin.

Dieses Zusammentreffen in Weimar birgt ein tragisches Gleichnis. Wie fremd muß Hölderlin unter seinen Zeitgenossen gewandelt sein – ein unerkanntes Wesen, selbst von Schiller, der seinen jungen Verehrer anfangs wohl zu fördern trachtete, im Tiefsten nicht begriffen. Von ihm selbst galten die Verse:

Denn wie in himmlische   Dort bin ich, wo Apollo ging
Gefangenschaft verkauft   In Königsgestalt ...

War Friedrich Hölderlin, der Schwabe, der am 20. März 1770 in Lauffen geboren wurde, im Tübinger Stift Theologie studierte, dann als Hauslehrer ein bedientenhaftes Dasein führen mußte, nach einer Liebesbegegnung ohnegleichen beschimpft und verjagt ein unruhiges Wanderleben auskostete, in Südfrankreich weilte, auf der Rückkehr ein Erlebnis hatte, das seinen geistigen Untergang herbeiführte, vorübergehend gerettet schien und endlich durch fast vierzig Jahre bis zu seinem Tode am 7. Juni 1843 in Tübingen dahindämmerte – war Hölderlin «ein deutscher Grieche»? Alte Literaturgeschichten, die ihn nebenbei behandeln, sehen in ihm den Romantiker, der sich nach Hellas «sehnte» – und dem schließlich alles unter der Hand zerrann; neuere Darstellungen rühmen ihn nach seiner glanzvollen Auferstehung etwa um die Zeit des ersten Weltkrieges als Einkörperung hellenischen Seher-Dichtertums, als den einzigen echten Hellenen unter Deutschen – nur gelegentlich wird dem widersprochen. Dann aber wäre Hölderlin mehr als ein Klassiker gewesen: nämlich die Erfüllung aller antikisierenden Ideale, leibhaftig Wirklichkeit der zeitlosen Idee vom Griechentum. Nein: er war es nicht – und er war doch auch mehr! Die äußere Lebenskurve mit ihrem steilen Anstieg des Dichterischen, der Absturz und die monotone Dämmerung können als geschichtliches Abbild einer übergeschichtlichen Mythe angesehen werden: als das Geschick eines Auserwählten, der aus irgendeinem Grunde von den Göttern verstoßen wurde. Er begann wie ein Schwärmer; seine gereimten Hymnen an die Ideale der Menschheit, auf den Spuren Klopstocks und vor allem Schillers, feiern unsinnliche, wohl gefühlte und gedachte, aber nicht überzeugend wirksame Sehnsuchtsbilder. Diese Gedichte runden sich mit ihren vielstrophigen Preisungen zu einer Synthese jener programmatischen Hochziele, die eine junge Seele in klassizistischer Luft eingesogen hatte. Aber ein echter lyrischer Ton unterscheidet sie von Schillers Didaktik: ein Seelenklang, enthusiastisch und gläubig befeuert, doch überwiegend träumerisch, traurig, schwermütig, hinüberverlangend ins Reich erhabener Toten. Schon der frühe Hölderlin ahnte sein Verhängnis, das auf ihn wartete; er bemühte sich um einen festen Halt in der gedanklichen Zucht der Philosophie – und bestärkte damit doch nicht seine ganz anders gerichtete Sendung, wohl aber als eine heimlich wirkende Geisteskraft zwei Mitschüler beschenkend: Schelling und Hegel. Was an Philosophie in Hölderlin lag, kam den großen Weltdeutungen zugute, die von den beiden Denkern ausgestaltet wurden.

Er selbst sollte der Wirklichkeit begegnen: nicht derjenigen, die von Materialisten und Rationalisten allein als reell angesehen wird – sondern zwar auch dieser, zutiefst aber jener, deren Erfahrung den Menschen innerlich formt und entfaltet. Die Liebe zu Susette Gontard, die in Hölderlins Werk Diotima heißt, verlieh der gestaltlosen Welt seiner Ideale den belebenden Einstrom der Ideen, der Wirkkräfte des Daseins; nunmehr erst öffneten sich die Augen des Dichters für die Welt, für Landschaft und Geschichte. Hölderlins sinnenhafte und geistige Erfahrung der Welt blieb aber dennoch in einem verhängnisvollen Dualismus befangen.

Die Diotima, die im Hyperion und in den Gedichten erscheint, ja selbst die Diotima in den von Hölderlin an Susette Gontard gerichteten Briefen ist mehr ein Seelenzeugnis des Dichters als eine durch die Anschauung des Liebenden entdeckte, irdisch und wahrnehmbar gemachte Idee. Der Unterschied liegt auf der Hand. Wenn die Idee das höchste Ergebnis einer mit angestrengtem Eros betrachteten sinnlichen Wirklichkeit ist, so erweist sich das Ideal als ein vorgefaßtes Bild, das hier, von Hölderlin an die Wirklichkeit angelegt: an dies vollendete Frauengeschöpf, mit diesem ausnahmsweise zu einer glücklichen Übereinstimmung kam. Die Geliebte in ihrem sehr besonderen Wesen ermöglichte dem Dichter die sichtliche Anwendung des Ideals. Dies ist die spezifisch romantische Haltung, die, ungleich der griechischen Findung, die den Dingen eingeborene und nur aus ihnen abzulösende, durch unaufhörliche Bemühung an ihrer Erscheinung einzusehende Idee als eingeboren in die Seele des Individuums verlegt. Von der Wirklichkeit wird gleichsam verlangt, zu sein, wie sie der Einzelne denkt ... Das Ideal mit dem Anspruch, den die Idee hat, wirklich zu sein, ist für den Menschen, der sich ihm anvertraut, eine gefährliche Sicherheit. Im selben Maße, wie es unbedingt wird, wachsen die Möglichkeiten einer Enttäuschung ... Die Achtlosigkeit, mit der die in sich versperrten Philosophen des Idealismus ihr Leben verbrachten, rein um die Möglichkeit ihres Gedankens besorgt, die Unbekümmertheit, mit der sie der Wirklichkeit eine ihr fremde Ordnung auferlegten, war dem Dichter, den diese, ihre tatsächliche Ordnung enthüllend, in ständigen Begegnungen anging, versagt. Jede Berührung mit ihr trieb das Bewußtsein in eine immer herbere Enttäuschung, aus ihr in einen immer ferneren Heilsbereich und zu immer mühsameren Deutungsversuchen. Die Wirklichkeit folgte Hölderlin auf dem Fuße, verlangte gewaltsam, angenommen zu werden, brach in seine von Mal zu Mal höher gesteckte hymnische Welt von allen Seiten her ungestalt ein, um ungestalt in ihr liegen zu bleiben. Nur die Vorstellung eines in seiner Gleichmütigkeit dem Menschen grausam erscheinenden Weltenlenkers vermochte noch schließlich zwischen den auseinanderstrebenden Elementen eine locker geknüpfte Beziehung zu schaffen. Das Meiste, das Hölderlin anruft, bleibt nun Geheimnis, in pythischen Sprüchen beredet, beschlossen in einem dunklen, heroischen Schicksalsglauben, durch den die hölderlinsche Zartheit, wie sich an Hand des Briefwerkes beobachten läßt, sich allmählich mit einer tragischen Männlichkeit wappnet, und der sich vor dem Ansturm des Draußen verteidigte bis zum Zusammenbruch.

In dieser zusammenfassenden Deutung, die E. G. Winkler von dem gefährdeten Idealismus Hölderlins gegeben hat, ist der tragische Verlauf dieses ganzen Lebens umschrieben.

Zweifellos war der seiner Zeit so fremde Hölderlin doch mit den geistigen und musischen Tendenzen der Epoche verflochten. Der Protestantismus war in pietistischer Sublimierung noch für ihn lebendig – aber die gerade vom Pietismus zur unsinnlichen Bildlosigkeit durchgeführte protestantische Gottes-Vorstellung konnte ihn nicht befriedigen. Die antiken Gottheiten, schaubar, wie überhaupt allsinnlich erfahrbar, zogen ihn ungleich stärker an – diese Gottheiten, und keineswegs nur ihre klingenden Pseudonyme im festlichen Klassizismus, obschon sie ihm zunächst in dessen dekorativem Arrangement erschienen. Im selben Maße, wie er die schicksalsträchtigen Mächte alles Geschehens wahrnahm, wuchs sein Dichtertum zur Verkündung und Seherkraft. Gleichsam um sich einen historisch faßbaren Ort zu sichern, wahrte er die Haltung eines hellenischen Dichters: ihm bot die Gegenwart keine legitime Möglichkeit, der eigentlichen Berufung nachzuleben. Die zu Bildungsinhalten verblaßten abendländischen Kulterinnerungen fungierten doch zumeist nur noch als «Gleichnisse» für das wahrhaft Gemeinte – das aber waren Anliegen der humanen Kultur. Hölderlin ist, nach Jahrhunderten, wieder ein Dichter des Mythischen, für den die beschworenen Mächte wirksame Gegenwart sind. Er benennt sie in großen Teilen seiner Dichtung mit hellenischen Namen, weil dreitausend Jahre des Abendlandes keine besseren, schöneren und genaueren Bezeichnungen boten für das, was ihm gemäß war. Aber seine mythische Welt ist doch nicht jene Homers, der Tragiker oder Pindars, sondern trägt die unverwechselbaren Merkmale deutscher Ursprünge. Weil Hölderlin ein absoluter Dichter war, ohne die geringste Zumischung des Schriftstellerischen, konnte sein Werk durchaus keine anderen Gehalte als mythische aufgreifen; vor einem absoluten Dichtertum erhebt sich eine absolute Wirklichkeit.

Dichtern, die in einer ungebrochenen Mythenzeit leben, aber auch Dichtern einer geschlossenen Glaubenswelt erwächst aus der Einsinnigkeit zwischen Ich und Gemeinschaft eine Bestärkung ohnegleichen. Sie kennen nicht die Problematik der privaten Existenz: der Gemeinmythos, der Gemeingeist offenbaren sich unbewußt und selbstverständlich durch sie – und ihre einzige Sorge geht auf die höchste handwerkliche Leistung. Zur ungelegenen Zeit, zu früh oder zu spät geboren, muß ein solcher Seher eines Tages bestürzt erkennen, daß er sein Amt versieht, ohne sich verständlich machen zu können.

Allmählich geriet Hölderlin in diese Lage. Er, der in der *Hymne an die Dichter* gesagt hatte:

Doch uns gebührt es, unter Gottes Gewittern,
Ihr Dichter! mit entblößtem Haupte zu stehen,
Des Vaters Strahl, ihn selbst mit eigner Hand
Zu fassen, und dem Volk ins Lied
Gehüllt die himmlische Gabe zu reichen ...

– er spürte, daß er in entgotteter Welt stand, daß niemand seiner
bedürfe, niemand auf ihn hörte. In einer solchen Situation es
überhaupt zu wagen, die göttliche Strahlung des Gesanges zu ergreifen, Dichter in sinkender Zeit zu sein, war ihm ein gottloses,
unfrommes Beginnen. In der späteren Fassung seines *Empedokles*,
der lyrischen Tragödie seiner selbst, heißt es:

Wenn ich die Fremdlinge, die gegenwärtgen,
Die Götter der Natur, mit Namen nannt,
Und mir der Geist im Wort, im Bilde sich,
Im seligen, des Lebens Rätsel löste –
So wuchs ich still herauf und anderes
War schon bereit. Denn gewaltsamer,
Wie Wasser, schlug die wilde Menschenwelle
Mir an die Brust, und aus dem Irrsal kam
Des armen Volkes Stimme mir zum Ohre.
Und wenn, indem ich in der Halle schwieg,
Um Mitternacht der Aufruhr weheklagt',
Und suchend durchs Gefilde stürzt', und lebensmüd
Mit eigner Hand sein eignes Haus zerbrach
Und die verleideten, verlaßnen Tempel,
Wenn sich die Brüder flohn, und sich die Liebsten
Vorübereilten, und der Vater nicht
Den Sohn erkannt, und Menschenwort nicht mehr
Verständlich war, und menschliches Gesetz
Zerrann ...
Da faßte mich die Deutung schaudernd an:
Es war der scheidende Gott meines Volks!

Nunmehr waren die seherischen Beschwörungen zunichte geworden,
die er aufgeboten hatte: die «Engel des Vaterlandes», die Genien
der Volkheit, waren unwiderrufliche Vergangenheit. Vergeblich
hatte er ihnen Leben einzuhauchen versucht und am Ende erfahren, daß es wider einen höheren Ratschluß geschehen war:

Denn es hasset der sinnende Gott unzeitiges Wachstum!

Eine Zeitlang gab sich Hölderlin der Täuschung hin, dieses Verhängnis der Epoche wäre nur ein Versäumnis der Deutschen seiner
Umwelt. Am Schlusse seines Brief-Romans *Hyperion* mit dem

bezeichnenden Untertitel *Der Eremit in Griechenland* stehen die vielzitierten, bitteren Vorwürfe des Dichters wider seine Heimat:

Barbaren von Alters her, durch Fleiß und Wissenschaft und selbst durch Religion barbarischer geworden, tiefunfähig jedes göttlichen Gefühls, verdorben bis ins Mark zum Glück der heiligen Grazien, in jedem Grad der Übertreibung und der Ärmlichkeit beleidigend für jede gutgeartete Seele, dumpf und harmonienlos, wie die Scherben eines weggeworfenen Gefäßes ... Handwerker siehst du, aber keine Menschen, Denker, aber keine Menschen, Priester, aber keine Menschen, Herrn und Knechte, Jungen und gesetzte Leute, aber keine Menschen ...

Das ist die gramzerrissene Klage eines Mannes, der sein Volk liebte wie kein anderer deutscher Dichter, der es fähig glaubte, eine neue gottbeseelte Mitte der Menschheit zu sein, wie die um Olympia und Delphi gescharten Hellenen.

Hölderlin war ein Dichter so fern allem Literarischen, so zubereitet für das Werk des mythischen Sehers und Rufers, daß ihm der Ausweg in eine nur kulturelle Gemeinsamkeit nicht offenstand. Immer mehr wogte um ihn der Hades der Schwermut: das Schattenreich zwischen Diesseits und Jenseits, beiden zugewandt und doch keines teilhaftig. In den späten, vom Helldunkel fahl durchschienen Phasen vor seinem geistigen Erlöschen versuchte er, sich noch einmal der letzten Gottgestalt, die das Abendland gezeitigt hatte, zu bemächtigen. Er erinnerte sich wieder an den Gott seiner Jugend – aber der «Einzige», Christus, erschien ihm nun nicht als der Heiland im Sinne der Christenheit und tröstete ihn auch nicht als der vertrauliche Kindergott: wie eine Epiphanie, eine «Erscheinung», nach manchen früheren sah er den Stifter des Kultus von *Brot und Wein* – er galt ihm als Bruder des Herakles und Dionysos, jener Gott-Heroen, die gleichfalls eine Passion auf sich genommen und die Unterwelt durchschritten hatten, ehe sie der Apotheose gewürdigt wurden. Allmählich verdrängte jedoch zusehends Christus die älteren Gottheiten, ohne deshalb der alleinige Tröster, geschweige denn Erlöser zu werden.

Was Hölderlin von allem Kulturellen unterscheidet, ist, daß er – ein absoluter Dichter – alles wörtlich und seiend nimmt.

Was bleibet aber, stiften die Dichter,

schrieb er; es war nicht nur metaphorisch gemeint. Deshalb galten ihm die Mythen und ihre Gottheiten für wahre und bare Wirklichkeit, an der er die Zeit maß. Nach ihr richtete er – und war denn auch als ein königlicher Priestergeist das erste Opfer. Das Opfer zog den Blitz an, der es verbrennen sollte. Wie Orpheus, der griechische Ur-Dichter, die Dämonen der Zerstörung kraft seiner Eigenart selber gegen sich wachrief, so isolierte Hölderlin die unauflösbare Schwermut, die er war und die ihn umfing, für jenes Ereignis, das er so seltsam umschrieben hat:

Wie man Helden nachspricht, kann ich wohl sagen, daß mich Apollo geschlagen.

Nüchtern betrachtet, dürfte damit ein Sonnenstich gemeint sein, den Hölderlin in Südfrankreich erlitten hat; es war aber nicht nur eine leibliche Krankheit, die nunmehr Gemüt und Geist heimsuchte – der Schlag hatte einen schon wankenden Geist, ein von unstillbarer Traurigkeit verzehrtes Gemüt getroffen. Nach der Heimkehr löste sich für eine kurze Weile der Bann; Hölderlin schrieb damals einige seiner großen freirhythmischen Hymnen, in denen noch der syntaktische Zusammenhang und die dichterische Folge des Ganzen erhalten blieben; bald aber zerfielen die logischen und poetischen Elemente, wenn auch aus Trümmern und Entwürfen noch Strecken konzentrierter Anschauung leuchten. In diesen Anläufen und Andeutungen wird der Zusammenbruch nicht nur der Dichtung Hölderlins, sondern auch des deutschen Idealismus als des Versuchs einer Realisierung von Ideen offenkundig; obwohl einige Autoren noch innerhalb des geistumzirkelten Bereiches hoher Bildung eine dichterische Weltschau im Gleichnis bieten, einige Philosophen die dialektisch-idealistische Architektur einer Weltdeutung liefern konnten, war es kaum zu übersehen, daß der humane, poetische oder gedankliche Wertebau weder getragen war vom dunkel-verborgenen Seinsgrunde noch auch in sternenverklärte Sphären reichte: der dämonische und der seraphische Raum blieben außerhalb dieses lediglich auf den Menschen bezogenen Ordnungsgefüges der modernen Humanisten.

Alle Zeichen schon des jungen Hölderlin deuten auf eine seelische Traurigkeit hin, die vor aller wirklichen Erfahrung bereits die schwermütige Einsicht von der Unvereinbarkeit hoher Ideenwerte mit den Verhältnissen der Epoche vorausahnte, ja vorauswußte. Hätte der Dichter in einer mythischen oder religiösen Gemeinwelt gelebt – vielleicht hätte ihn die Schwermut nicht aufgesogen: ein Heiliger wie Thomas von Aquin konnte als natürliches Mittel wider die acedia, die gleichsam abstrakte und durch keinen besonderen Anlaß hervorgerufene «Traurigkeit der Seele», Schlafen und Baden anraten – für den heimatlosen Geist des modernen Menschen reichen derartige Heilkräfte anscheinend nicht mehr aus. «Spleen» und «ennui» näherten ihn unaufhaltsam dem Nihilismus – doch sollte man sich hüten, darin selbstverschuldete Übel zu sehen. Sie sind es ebensowenig wie Hölderlins Schwermut. Obwohl er ihr Opfer war, begabte sie seinen unseligen Schwebezustand zwischen der hiesigen und der ideellen Welt mit einer Erfahrungsmöglichkeit, wie sie dem Orphischen vorbehalten ist. Dem Totenreiche vertraut gewinnt ein solcher Dichter den heiligen Dunkelton göttlichen Leides weit über jeden persönlichen Schmerz und vermag deshalb auch die festliche Rühmung göttlichen Wirkens anzustimmen.

Sein hoher Beruf offenbart sich schon in den Anfängen, um danach in den Oden und Elegien das Dichterische immer reiner zu verwirklichen. Im *Hyperion* versuchte er «die Auflösung der Dissonanzen in einem gewissen Charakter»; sie konnte nicht gelingen und sprach sich am Ende des lyrischen Romans gemäß dem Charakter Hyperion-Hölderlins elegisch in einer feierlichen Klage aus. Wie Goethes «Tasso» ein gesteigerter «Werther» ist, so wiederholt auch Hölderlin in seiner Seelentragödie *Empedokles* das Schicksal Hyperions auf prophetischer Ebene. Der Dichter hat diese Inkarnation seiner selbst klar gedeutet; Empedokles ist

durch sein Gemüt und seine Philosophie schon längst zu Kulturhaß gestimmt, zur Verachtung alles sehr bestimmten Geschäfts, alles nach verschiedenen Gegenständen gerichteten Interesses, ein Todfeind aller einseitigen Existenz und deswegen auch in wirklich schönen Verhältnissen unbefriedigt, unstet, leidend, bloß weil sie besondere Verhältnisse sind und, nur im großen Akkord mit allem Lebendigen empfunden, ganz ihn erfüllen, bloß weil er nicht mit allgegenwärtigem Herzen innig wie ein Gott, und frei und ausgebreitet wie ein Gott, in ihnen leben und lieben kann, bloß weil er, sobald sein Herz und sein Gedanke das Vorhandene umfaßt, ans Gesetz der Sukzession gebunden ist.

In den großen *Nachtgesängen*, wie man Hölderlins späte Hymnen sehr irreführend früher einmal genannt hat, stieg er zur Vollendung empor; dann verebbte seine beschwörende Kraft – aber «es» dichtete in ihm weiter und gewährte ihm noch in den Jahren der Dämmerung einige Strophen, gesättigt mit reiner Anschauung der einfachen, seienden Dinge. Überall, wo Hölderlins Dichten aus konkreter Gegenständlichkeit erblüht, spürt man den wirklichen, heimatlichen Umkreis seiner Erdentäge; er war kein «Grieche», wohl aber, wie griechische Dichter der Frühe, ein Verkünder mythischer Ordnungen. In einer vornehmen Zeit hätte man seinen «Wahnsinn» als ein Zeichen der Götter empfunden und ihn scheu geehrt als einen, durch den sie sprachen: der wie ein Gefäß der Auserwählung wohl zerbrochen, aber doch auch gewürdigt war; nun aber vollendete er, nur von wenigen erkannt, sein Leben,

keineswegs verschont von Hohn und Spott! Als sich seit dem
ersten Weltkrieg immer mehr von dem zu ereignen begann, was
der späte Hölderlin in hymnischen Fragmenten sah und an-
kündigte:

Denn über der Erde wandeln	Denn alles fassen muß
Gewaltige Mächte,	Ein Halbgott oder
Und es ergreifet ihr Schicksal	Ein Mensch, dem Leiden nach,
Den, der es leidet und zusieht,	Indem er höret, allein – oder selber
Und ergreifet den Völkern das	Verwandelt wird, fernahnend die
Herz,	Rosse des Herrn

– da geschah die Auferstehung des Dichters erst in jungen Menschen
seines Volkes, dann auch in einigen spürsinnigen Geistern des Auslandes.

Die Hochklassik der deutschen Literatur findet ihre Entsprechung
in der gleichzeitigen Philosophie. Gegen den Kritizismus hatte sich
eine Bewegung aufgelehnt, die dem irrationalen, unmittelbaren
Empfinden wieder zu seinem Rechte verhelfen wollte, um das universale Ganze des Daseins zu erfassen. Herder war einer ihrer ein-
flußreichsten Sprecher gewesen. Man drängte nach einem Geistglauben, in dem sich eine humanistische Theologie aussprechen
sollte. Den entscheidenden Schritt unternahm Johann Gottlieb
F i c h t e, 1762–1814, dessen *Wissenschaftslehre* zunächst an Kant
anknüpfte. Diese Bezeichnung ist ein anderes Wort für Philosophie,
indem sie als transzendentale Betrachtung, als Lehre vom Erkennen und Wissen, die Wissenschaft von den Wissenschaften ermög-
liche. Aus der absoluten Setzung des Ichs, dem alle Objekte als
Nicht-Ich gegenüberstehen, folgerte Fichte das Praktisch-Sein eben
dieses Ichs als Wille zur Erkenntnis, die somit eine Tat-Handlung
sei. Das Wesen seines Philosophierens ist nicht allein ein theoreti-
sches Deduzieren, sondern eine ungestüme Aktivierung des Geistes;
ihn habe, wie der Historiker Niebuhr einmal sagt, ein «wahnsin-
niger» Glaube an die Schöpferkraft des Willens beseelt – wie denn
der Philosoph von sich selber gestand:

Ich habe nur eine Leidenschaft, nur ein Bedürfnis, nur ein volles Gefühl
meiner selbst, das: außer mir zu wirken. Je mehr ich handle, desto glücklicher scheine ich mir.

Diese Tatenlust trieb ihn auch zum unmittelbaren Eingreifen in
die Politik, so daß seine *Reden an die deutsche Nation* den Aufstand gegen Napoleon mitvorbereitet haben. Für die Romantik
legitimierte Fichte den «magischen Idealismus» durch seine Philosophie vom freien, schöpferischen Ich; im Bunde mit seiner

Rednerbegabung übte er lange anhaltend eine Macht auf die Jugend aus, so daß Friedrich Schlegel, einer der Capitanos der älteren Romantik, Fichtes Wissenschaftslehre, Goethes Wilhelm Meister und die Französische Revolution als die größten Tendenzen des Jahrhunderts bezeichnet hat.

Unter Fichtes, aber auch Herders Einfluß gestaltete Friedrich Wilhelm Joseph S c h e l l i n g , 1775–1854, den deutschen Idealismus zu seinem «Identitäts-System» aus, das als vollendeter Real-Idealismus Natur und Geist miteinander verschmelzen wollte. Eine pantheistische Mystik war in ihm lebendig, die ihn zur Konzeption einer «Welt-Seele» brachte, deren Strahlung auch Goethe angezogen hat. Schellings musischer Geist bezeugt sich in einer echten Beziehung zu den Künsten. Seine Ästhetik gipfelt in der Erkenntnis, daß die Transzendental-Philosophie ihr Ziel im Kunstwerk finde, weil in der Schönheit Freiheit zu Natur, Idee zu Materie werde. In der ästhetischen Anschauung objektiviere sich die transzendentale zum wahren Organon aller Philosophie; der Weg führe also von der intellektuellen zur ästhetischen Betrachtung. Schellings Systemprogramm aus dem Frühjahr 1796 enthält das zentrale Manifest des deutschen Idealismus überhaupt. Im Kern proklamiert es die meisten tragenden Ideen des Zeitalters:

Die erste Idee ist natürlich die Vorstellung von mir selbst, als einem absolut freien Wesen. Mit dem freien selbstbewußten Wesen tritt zugleich eine ganze Welt – aus dem Nichts hervor –, die einzig wahre und gedenkbare Schöpfung aus Nichts. – Hier werde ich auf die Felder der Physik herabsteigen, die Frage ist diese: Wie muß eine Welt für ein moralisches Wesen beschaffen sein? Ich möchte unsrer langsamen an Experimenten mühsam schreitenden Physik einmal wieder Flügel geben. So – wenn die Philosophie die Ideen, die Erfahrung, die Data gibt, können wir endlich die Physik im Großen bekommen, die ich von spätern Zeitaltern erwarte ... Von der Natur komme ich aufs Menschenwerk. Die Idee der Menschheit voran – ich will zeigen, daß es keine Idee vom Staat gibt, weil der Staat etwas Mechanisches ist, so wenig als es eine Idee von einer Maschine gibt. Nur was Gegenstand der Freiheit ist, heißt Idee ... Endlich kommen die Ideen von einer moralischen Welt, Gottheit, Unsterblichkeit – Umsturz alles Afterglaubens, Verfolgung des Priestertums, das neuerdings Vernunft heuchelt, durch die Vernunft selbst. – Die absolute Freiheit aller Geister, die die intellektuelle Welt in sich tragen, und weder Gott noch Unsterblichkeit außer sich suchen dürfen. Zuletzt die Idee, die alle vereinigt, die der Schönheit, das Wort in höherem platonischem Sinne genommen. Ich bin nun überzeugt, daß der höchste Akt der Vernunft, der, in dem sie alle Ideen umfaßt, ein ästhetischer Akt ist und daß Wahrheit und Güte in der Schönheit verschwistert sind – der Philosoph muß ebensoviel ästhetische Kraft besitzen wie der Dichter ... Die Poesie bekommt dadurch eine höhere Würde, sie wird am Ende wieder, was sie im Anfang war – Lehrerin der Menschheit, denn es gibt keine Philosophie, keine Geschichte mehr, die Dichtkunst allein wird alle Wissenschaften und Künste überleben. Zu gleicher Zeit hören wir so oft, der große Haufen müsse eine sinnliche Religion haben. Nicht nur der große Haufen, auch der Philosoph bedarf ihrer. Monotheismus der Vernunft und des Herzens, Polytheismus der Einbildungskraft und der Kunst, dies ists, was wir bedürfen. Zuerst werde ich hier von einer Idee sprechen, die soviel ich weiß noch in keines Menschen Sinn gekommen ist – wir müssen eine neue Mythologie haben, diese Mythologie aber muß im Dienste der Ideen stehen, sie muß eine Mythologie der Vernunft werden ... Dann erst erwartet uns gleiche Ausbildung aller Kräfte, des einzelnen sowohl als aller Individuen. Keine Kraft wird mehr unterdrückt werden, dann herrscht allgemeine Freiheit und Gleichheit der Geister ...

Welch eine Thronrede des gesetzgeberischen Humanismus! Es handelt sich hier nicht darum, diese Perioden kritisch zu untersuchen und ihr Weiterleben in dieser oder jener Form anzumerken; diese Aufgabe der Geschichte der Philosophie überlassend, wurden Schellings Sätze angeführt, weil sie ein Ausdruck des Zeitalters sind – die intellektuell-mystische Gegenstimme zum Chorus der klassischen modernen Literatur. Aus demselben Grunde sei nur im Vorübergehen auf Friedrich S c h l e i e r m a c h e r, 1768–1834, hingewiesen, der, wie Dilthey sagt, «innerhalb der großen transzendental-philosophischen Bewegung Deutschlands als Theologe, Philosoph und Altertumsforscher ein bedeutsames, ursprünglich wirkendes Element geworden» ist. Seine *Reden über die Religion an die Gebildeten unter ihren Verächtern* versuchen eine allgemeine Humanisierung der Religion überhaupt und erklären sie als «Sinn und Geschmack fürs Unendliche». Von Schleiermacher rührt die klassische Eindeutschung der Dialoge Platons her.

Es erübrigt sich hier, die sehr komplizierten Gedankengänge der transzendentalen Logik und Erkenntnistheorie nachzuzeichnen, die in der Philosophie Georg Wilhelm Friedrich H e g e l s, 1770–1831, ihren summarischen Abschluß gefunden haben. Seine dialektische Methode kann als eine intellektuelle Chiffre für die polare Bewegung alles Geschehens im Sein angesehen werden und bietet besonders den Geisteswissenschaften ein vortreffliches Instrument der Deutung. Daß Hegel selbst die physikalische Erfahrung oftmals vergewaltigte im Banne der Schlüssigkeit seiner Formel von der Thesis, welche dialektisch die Antithesis herausfordere, wonach die Synthese eine Ausgleichung der Gegensätze erwirke, hat ihn später in Verruf gebracht; außerdem standen ihm keineswegs immer ausreichende Erfahrungsdaten zu Gebote. Dennoch enthält seine dialektische Methode eine wertvolle Anleitung zum Verständnis auch der physischen Welt, wenn man sich ihrer als eines Hilfsmittels bewußt bleibt. In seinem gewaltigen philosophischen Roman von dem Wege der Selbsterfassung und -verwirklichung des Weltgeistes – der genialsten modernen Metaphysik –: in der *Phänomenologie des Geistes*, gab Hegel die erste grundlegende Zusammenschau seiner Lehre; hier wurde eine philosophische Architektur entworfen, deren Komposition auch ein ästhetisches Kunstwerk genannt werden muß.

In der «Phänomenologie» hat Hegel die Gefühls- und Bewußtseinslage der modernen Kunst und Geistigkeit mit seiner Begriffssprache festgehalten. Die schöpferische Problematik der Modernität als Distanz zum Seinsgrund wird von ihm so umschrieben:

... die Wirklichkeit der sittlichen Substanz beruht teils auf ihrer ruhigen Unwandelbarkeit gegen die absolute Bewegung des Selbstbewußtseins, und hiermit darauf, daß dieses noch nicht aus seiner ruhigen Sitte und seinem festen Vertrauen in sich gegangen ist; – teils auf seiner Organisation in eine Vielheit von Rechten und Pflichten, sowie in die Verteilung in die Massen der Stände und ihres besondern Tuns, das zum Ganzen zusammenwirkt; – hiermit darauf, daß der Einzelne mit der Beschränkung seines Daseins zufrieden ist und den schrankenlosen Gedanken eines freien Selbsts noch nicht erfaßt hat. Aber jenes ruhige unmittelbare Vertrauen zur Substanz geht in das Vertrauen zu sich und in die Gewißheit seiner selbst zurück, und die Vielheit der Rechte und Pflichten wie das beschränkte Tun ist dieselbe dialektische Bewegung des Sittlichen, als die Vielheit der Dinge und ihrer Bestimmungen, – eine Bewegung, die nur in der Einfachheit des seiner gewissen Geistes ihre Ruhe und Festigkeit findet. – Die Vollendung der Sittlichkeit zum freien Selbstbewußtsein und das Schicksal der sittlichen Welt ist daher die in sich gegangene Individualität, der absolute Leichtsinn des sittlichen Geistes, der alle festen Unterschiede seines Bestehens und die Massen seiner organischen Gliederung in sich aufgelöst und vollkommen seiner sicher zur schrankenlosen Freudigkeit und zum freiesten Genusse seiner selbst gelangt ist. Diese einfache Gewißheit des Geistes in sich ist das Zweideutige, ruhiges Bestehen und feste Wahrheit, sowie absolute Unruhe und das Vergehen der Sittlichkeit zu sein. Sie schlägt aber in das letztere um; denn die Wahrheit des sittlichen Geistes ist nur erst noch dies substantielle Wesen und Vertrauen, worin das Selbst sich nicht als freie Einzelheit weiß, und das daher in dieser Innerlichkeit oder in dem Freiwerden des Selbsts zugrunde geht. Indem also das Vertrauen gebrochen, die Substanz des Volks in sich geknickt ist, so ist der Geist, der die Mitte von bestandslosen Extremen war, nunmehr in das Extrem des sich als Wesen erfassenden Selbstbewußtseins herausgetreten. Dieses ist der in sich gewisse Geist, der über den Verlust seiner Welt trauert und sein Wesen, über die Wirklichkeit erhoben, nun aus der Reinheit des Selbsts hervorbringt. In solcher Epoche tritt die absolute Kunst hervor; früher ist sie das instinktartige Arbeiten, das, ins Dasein versenkt, aus ihm heraus und in es hinein arbeitet, nicht an der freien Sittlichkeit eine Substanz, und daher auch zum arbeitenden Selbst nicht die freie geistige Tätigkeit hat. Später ist der Geist über die Kunst hinaus, um seine höhere Darstellung zu gewinnen; – nämlich nicht nur die aus dem Selbst geborne Substanz, sondern in seiner Darstellung als Gegenstand dieses Selbst zu sein, nicht nur aus seinem Begriffe sich zu gebären, sondern seinen Begriff selbst zur Gestalt zu haben, so daß der Begriff und das erzeugte Kunstwerk sich gegenseitig als ein und dasselbe wissen.

Es versteht sich danach von selbst, daß als Sprachkunstwerk die Poesie die ästhetische Ausdrucksform des Geistes «par excellence» ist – erscheine doch im Epischen das Wesen der Bildkunst, in der Lyrik das der Musik, zur Synthese gelangend im Drama, das wiederum über sich hinausweise auf eine höhere Sphäre. Damit hat Hegel vornehmlich das deutsche klassische Drama als das erkannt, was es in Wirklichkeit ist: nicht ein Gebilde zum engeren Bedarf des Theaters, sondern eine dichterische Darstellung der Theodizee.

Durch seine Geschichts-Philosophie, neben der Phänomenologie die folgenreichste Arbeit, erhob Hegel die Historiographie wieder zu metaphysischer Bedeutung. Das Politisch-Ethische verschmilzt er mit dem Anthropologisch-Heroischen; er gab, wie Gundolf ausführt, «eine neue Perspektive, indem er die großen Männer als Wirkformen des Allgeistes nahm, und sie endlich zusammenschaute mit dem Gesamt der geschehenden und erscheinenden Welt ... Die Geschichte ist für ihn die Selbstdarstellung des Geistes in der Zeit ... Hegel sichert (die geschichtlichen Wesen) gegen die Ansprüche der Theologie, die den Menschen vernichtigt vor Gott, und gegen die Ansprüche der Soziologie, die ihn nur nutzen will für die Gesellschaft. Er sichert ihr Werk gegen die Ansprüche des ästhetisch-romantischen Seelenkults, er sichert Person und Werk gegen die Ansprüche der Sittenrichter und Menschheitschwärmer ... Und er hebt die Scheidung von Person und Werk auf, indem er die Person nicht mehr als partikuläre Seele, das Werk nicht mehr als partikuläre Sache gezeigt, sondern das Werk als die Form eben dieser Person, die Person als den Gehalt eben dieses Werks, beide als Träger des einen alldurchschreitenden Sinns. Damit hat Hegel den freiesten Standpunkt erreicht, von dem aus Geschichte bis dahin betrachtet wurde ... Die Trübungen, die seine eigene Metaphysik brachte, konnten den wirklichen Historiker weniger beirren und waren leichter abzustreifen als die uralten Vorurteile des Glaubens und der Sitte. Man konnte von seiner Warte aus blicken ohne die Brille seines Systems.»

Die europäische Ausstrahlung Hegels – des «deutschen Aristoteles», wenngleich es keinen «deutschen Platon», es sei denn Schelling, gibt – ist unabsehbar geworden. Aus dem erhabenen Geistesbau seiner Summa spalteten sich, wie es stets zu geschehen pflegt, bald ein sogenannter «rechter» und ein «linker» Flügel ab: zeitgeschichtlich als protestantisch-patriotische und als antireligiös-sozialistische Frontenbildung – beide Hegels Staatsphilosophie für ihre Zwecke gründlich mißverstehend als götzenhaften Etatismus. Diese häretischen Abspaltungen werden sich nach ihrer Kulmination wieder vernichtigen; übrigbleiben wird Hegels Methode einer allumfassenden Weltschau und Weltdeutung.

DIE ROMANTIK

Die deutsche Romantik und die Epigonen der Klassiker

Die alten Schuldefinitionen des Klassischen und Romantischen, abgezogen von den Lehrmeinungen Goethes und Schillers, können nur mit Mühe auf diese beiden Dichter selbst angewandt werden: repräsentiert wohl der reife Schiller den Klassizismus verhältnismäßig genau, so entzieht sich Goethes Werk jeder präzisen ästhetischen Einordnung. Die Programmatiker der frühen deutschen Romantik durften Goethe auch für ihre Theorien beanspruchen – hätten damals schon die Alterswerke Goethes vorgelegen: nur wenig hätte sie von den literarischen Ideen jener Autoren getrennt. Die verschiedenen Stilarten in Goethes Arbeiten, so sehr sie die Entfaltung des Dichters selbst widerspiegelten, entsprachen infolge seiner exemplarischen Gestalt und Leistung dem allgemeinen Zuge der Epoche, die moderne, autonome Subjektivität zum Universalen zu erweitern; mit einem Hinweis auf die Grundtendenz der damaligen Philosophie schrieb Friedrich Schlegel mit Recht:

Der Idealismus ist der Mittelpunkt und die Grundlage der deutschen Literatur; ohne ihn ist eine das Ganze der Natur umfassende Physik nicht möglich, und die höhere Poesie als ein anderer Ausdruck derselben transzendentalen Ansicht der Dinge ist nur durch die Form von ihm verschieden.

Die wesentlichsten Gestalten besonders der deutschen Frühromantik erscheinen uns heute als die jüngeren Erben der deutschen Klassik; als Erben schalteten sie denn auch verschwenderischer, ja bedenkenloser mit dem überkommenen Reichtum der geistigen und künstlerischen Möglichkeiten. Nun erst bricht sich das Spektrum des «unendlich Schönen», wie Jean Paul das Romantische definiert hatte, in seinem vollen, bezaubernden, verführerischen, zuweilen auch morbiden Glanz. Nur von den Extremen kann Goethes diktatorische Feststellung gelten, das Romantische sei das Kranke. Aber welches Oeuvre jener Zeit erfüllt auch nur annähernd die Forderungen, die Friedrich Schlegel einmal zusammengefaßt hat:

Die romantische Poesie ist eine progressive Universalpoesie. Ihre Bestimmung ist nicht bloß, alle getrennten Gattungen der Poesie wieder zu vereinigen und die Poesie mit der Philosophie und Rhetorik in Berührung zu setzen. Sie will und soll auch Poesie und Prosa, Genialität und Kritik, Kunstpoesie und Naturpoesie bald mischen, bald verschmelzen, die Poesie lebendig und gesellig und das Leben und die Gesellschaft poetisch machen, den Witz poetisieren und die Formen der Kunst mit gediegenem Bildungsstoff jeder Art anfüllen und sättigen und durch die Schwingungen des Humors beseelen ... Und doch gibt es noch keine Form, die so dazu gemacht wäre, den Geist des Autors vollständig auszudrücken: so daß manche Künstler, die nur auch einen Roman schreiben wollten, von ungefähr sich selbst dargestellt haben. Nur sie kann gleich dem Epos ein Spiegel der ganzen umgebenden Welt, ein Bild des Zeitalters werden ... Sie ist der höchsten und der allseitigsten Bildung fähig; nicht bloß von innen heraus, sondern auch von außen hinein; indem sie jedem, was ein Ganzes in ihren Produkten sein soll, alle Teile ähnlich organisiert, wodurch ihr die Aussicht auf eine grenzenlos wachsende Klassizität eröffnet wird ... Die romantische Dichtart ist noch im Werden; ja, das ist ihr eigentliches Wesen, daß sie ewig nur werden, nie vollendet sein kann. Sie kann durch keine Theorie erschöpft werden, und nur eine divinatorische Kritik dürfte es wagen, ihr Ideal charakterisieren zu wollen. Sie allein ist unendlich, wie sie allein frei ist und das als ihr erstes Gesetz anerkennt, daß die Willkür des Dichters kein Gesetz über sich leide.

Das Credo von der progressiven Universalpoesie legitimiert die deutsche Romantik als ein Gestalten aus den überpersönlichen Zusammenhängen von Ich und Kosmos, beide so unendlich gefaßt, daß auch das Chaos nicht ausgeschlossen bleibt. Die metaphysische Allheit unterscheidet sie von den bald auch in Italien und Frankreich aufkommenden romantischen Strömungen, die stets Funktionen der mediterranen Gesellschaftlichkeit bleiben: das politische Moment tritt hier weit schärfer zutage als in Deutschland – obschon es von den jüngeren Romantikern während der Erhebung gegen Napoleon gleichfalls behandelt wurde.

Der original dichterische Beitrag der beiden B r ü d e r S c h l e g e l – August Wilhelm, 1767–1845, und Friedrich, 1772–1829 – ist lediglich Material für literarhistorische Studien geblieben; selbst der kleine Roman *Lucinde* des jüngeren, damals die Öffentlichkeit wegen seiner Libertinage skandalisierend, wird heutzutage kaum noch einen Menschen aufregen, nachdem unterm Deckmantel des «Künstlerischen» längst jede Gemeinheit presse- und vortragsfähig geworden ist. Aber die Schriftstellerei Friedrich Schlegels und auch seine Lebensführung sind von geradezu beispielhafter Bedeutung für die ältere Romantik. Der Geist, für die Väter ein verpflichtendes Gesetz, wird für den Erben zum Genuß; die Bildung vermittelt den Nerven Rauschmittel für eine Subjektivität, die sich und ihr Erleben wie ein Schauspiel entzückt, aber auch ironisch betrachtet. Man proklamierte die Souveränität des individuellen Intellekts immer schrankenloser, bis sich die vorher in der Vernunft noch miteinander verschmolzenen Kräfte des Rationalen und des Irrationalen immer mehr scheiden; zwar forderte man das Gegenteil, vertiefte aber tatsächlich die Kluft und sah sich schließlich auf ein Mittel verwiesen, das typisch wurde für die neueste Literatur: auf die Ironie. Zweifellos ist die Ironie als Mitgift des reflektierenden Geistes das Gewürz aller höheren und feineren Kultur – aber nicht mehr! Mit ansteigender und sich zuspitzender Bewußtheit verliert sie an göttlicher Heiterkeit; sie befriedigt sich selbst durch Witzigkeit um jeden Preis. Die reinste Ausdrucksweise des Geistes war für Hegel noch das Pathos der dichterischen Rede; die intellektuelle Wendigkeit war aber des echten Pathos kaum noch mächtig; um so mehr pflegte sie das Gegen-Pathos: die Ironie. Friedrich Schlegel nannte die Ironie noch unter großartigen Aspekten eine «transzendentale Buffonerie». Das ist ebenso geistreich wie elegant, während er an anderer Stelle mit philosophischer Begrifflichkeit sagt:

Ironie ist klares Bewußtsein der ewigen Agilität, des unendlich vollen Chaos.

Für eine solche bewußte Beweglichkeit war bald die glänzende Formulierung eines Aperçus wichtiger als die werktreue Ausdauer bei der Durchführung eines künstlerischen Vorhabens; überhaupt konzentrierte sich das Interesse auf das persönlich Bekennerische einer Kunstleistung. Schiller betrachtete den «Wilhelm Meister» als objektives Weltbild, die Romantiker nahmen ihn als subjektives Bekenntnis – natürlich ist er beides zugleich. Das entging ihnen auch nicht, und es mehrten sich bald kritische Stimmen, die den Roman als prosaisch und bürgerlich hinstellten. So distanzierte sich später Friedrich Schlegel vom «Wilhelm Meister», und Novalis ging so weit, das Buch einen Candide gegen die Poesie zu nennen.

Die Kunst sollte autark sein – der Künstler nicht minder in seinem Selbstgefühl. Die Apotheose des Künstlers als eines Originalgenies nahm bald die anspruchsvollsten Attitüden an: nicht nur in Deutschland, sondern auch in Frankreich und in England. Damals kreierte das europäische Publikum den Artisten als den leibhaftigen Gott seiner Zivilisation.

Die intellektuelle Pointierung des Fragments beleuchtet scharf die rationalen Antriebe, die von der Romantik keineswegs zugunsten der irrationalen geopfert wurden; im Gegenteil: diese Polarität wird bejaht, gepflegt und auch ausgekostet. Die Hochromantik war weit entfernt von jeder orthodoxen Ideologie und insofern Ausdruck einer geistigen Freiheit, wie sie von der Klassik nicht einmal gewollt wurde. Allerdings bekannte man sich auch nicht zu irgendeinem geistigen Richtmaß; man wahrte Unverbindlichkeit um jeden Preis, die so lange noch positiv wirken kann, als sie vom metaphysischen Streben nach dem Unendlichen und Universalen erfüllt war oder – wie in der jüngeren Periode – wenigstens volkhafte Werte glaubensinnig verteidigte. Es fällt auf, daß viele Autoren zu alten geschichtlichen Bindungen zurückkehrten: die zahlreichen Konversionen protestantischer Schriftsteller zum Katholizismus gehören dahin. Nur zu oft scheint eine Art von intellektueller, ja von erotischer Panik den Übertritt ausgelöst zu haben: eine Angst vor sich selbst, vor den unheimlichen Rätseln am Rande der so weit gesteckten Abenteuer des Geistes und Herzens. Hingegen geriet den gebürtigen Katholiken unter den Romantikern die Erfassung des Mittelalters weit natürlicher, ihre Symbole sind ungezwungen und von gediegener Herkunft. Dennoch war die inbrünstige Beschäftigung mit der Vergangenheit eine der fruchtbarsten Tendenzen; nun erst rundete sich das Gefühl für Geschichte zu universellen Formen. Mit einem Mal erblühte die farbige Pracht des so lange als «dunkel» verschrieenen Mittelalters, öffneten sich die Augen für seine Architekturen, Gemälde, Plastiken. Diese Hingabefähigkeit hängt zusammen mit einem gesteigerten Gefühl für das spezifisch Weibliche; die Frauen spielten ja eine große, übrigens nicht immer erfreuliche Rolle in den Urheberkreisen der Romantik. Damals wurden die Parolen der Emanzipation geprägt, und wenn dabei in der Praxis das Bedenkliche mitunterlief, so war das eben die Kehrseite, die jedem menschlichen Streben verhängt ist. Geschlechtlichkeit und Geistigkeit bedingen einander; damals wurde man sich dessen bewußt – wie überhaupt Bewußtwerdung Größe und Gefahr des modernen Menschentums ist. In die mystische Metaphysik der Romantiker mischt sich ein Sexuelles; das

19. Jahrhundert erschürft diese Abgründe mit gieriger Lust, und es gelingen dabei Ergebnisse der frühgeschichtlichen Forschung wie die Freilegung der mutterrechtlichen Menschheitsschicht, psychologische Einsichten von fundamentaler Bedeutung – zuweilen überbewertet und süchtig genossen. Man wagt den Vorstoß in die Todeszone, den die Klassik bewußt vermied; es kommt eine neue Mythologie auf, die Eros und Thanatos, Liebe und Tod, als Indentitäten im Schoße des Lebens feiert.

In diese gierig geöffnete Gefühlswelt drang nunmehr die Musik mit einer Allgewalt ein, die den klassischen Jahrhunderten der neueren europäischen Kultur unbekannt und mit vergleichbarer Invasionskraft nur im tragischen Zeitalter der Hellenen aufgetreten war. Im Altertum läuterte das Apollinische freilich den Orgiasmus der Musik für die liturgische Gestaltung der Tragödie; die Romantik des 19. Jahrhunderts aber entfesselte die gebundenen Formen der Barockmusik – die Musik wird absoluter Persönlichkeitsausdruck. Die Literatur gibt sich fasziniert der Tonkunst hin, und selbst die philosophische Spekulation erhält von ihr nicht nur Anregungen, sondern wiederholt in ihrer Sphäre das musikalische Erlebnis: Als Schopenhauer die «Welt als Wille und Vorstellung» schrieb, geriet ihm das Werk wie eine viersätzige Symphonie, auf Themen des Wahns und der Erlösung aufgebaut, wie Ernst Bertram einmal sagt. Die literarische Hochklassik hatte sich weit mehr an der Bildkunst orientiert; ihre Ästhetik war aber durch diese Wendung zur Plastik und Malerei auch belastet.

Die Nachwelt hat sich fast ausschließlich nur an die lyrische Dichtung der Romantik gehalten. Die geringere Schätzung der romantischen Romane ist eine Folge des Siegeszuges der englischen, französischen und russischen Romancierkunst: im Vergleich mit ihr soll jene deutsche Prosaliteratur, jedenfalls in den Formen des großen Romans, der bestimmten realistischen Gegenständlichkeit entraten. Es kommt aber auf den rechten Standpunkt an, um hier ein sachliches Urteil zu fällen. Der englische und französische Roman des 19. Jahrhunderts müssen überhaupt als eine Reaktion auf die Romantik angesehen werden; der Realismus mit entschiedener Hinwendung zur irdisch faßbaren, deutbaren Welt, vornehmlich der Menschenwelt und somit der Gesellschaft, hat später auch deutsche Autoren ergriffen – allerdings reiften deren Leistungen nicht in einem durch bürgerlich freie Überlieferungen und Ordnungen so gesicherten Raum wie bei den westeuropäischen Zivilisationen.

Während also die epischen Möglichkeiten der bürgerlichen Gesellschaft von den großen Engländern und Franzosen ungleich breiter und tiefer ausgeschöpft werden, ist der deutsche romantische Roman ein Dokument nicht nur einer anderen Epoche – er trachtet vielmehr nach der Gestaltung der metaphysischen, in seiner Sprache: des transzendentalen Verhältnisses der Individualität zum Universum. Er ist eine dichterische Phantasmagorie in Prosa. Wiederum müssen hier Gedanken Friedrich Schlegels über den Roman im Sinne der progressiven Universalpoesie herangezogen werden. Er konzipierte seine Vorstellung vom Roman ganz allgemein von den fabulierfrohen Erzählbüchern des «romantischen» Mittelalters und im besonderen vom Don Quijote des Cervantes, vom Tristram Shandy Sternes und vom Wilhelm Meister; er schreibt, eine «Theorie des Romans würde selbst ein Roman sein müssen, der jeden ewigen Ton der Phantasie phantastisch wiedergäbe». Für ihn entscheidet der bekennerische Gehalt, so daß er Rousseaus «Konfessionen» der «Neuen Heloise» vorzieht – weil «das Beste in den besten Romanen nichts anderes ist als ein mehr oder minder verhülltes Selbstbekenntnis des Verfassers, der Ertrag seiner Erfahrung, die Quintessenz seiner Eigentümlichkeit». Eigentlich sei der Roman kaum erschöpfend zu definieren, weil er gewissermaßen alle literarischen Gattungen umfasse, somit jeder einzelnen übergeordnet sei. Karl Friedrich Solger, der Ästhetiker der älteren Romantik, äußerte sich im selben Sinne: «Alle heutige Kunst beruht auf dem Roman, selbst das Drama.» Als ein Gemisch aller literarischen Formen bleibt eine solche transzendierende Epik selbstverständlich «offen»; der romantische Roman verneint, ja er verträgt nicht einmal einen echten Abschluß – und wenn so viele von ihnen fragmentarisch enden oder nur notdürftig abgerundet werden, dann entspricht dies seinem innersten Wesen. Als «gemischt aus Erzählung, Gesang und anderen Formen» wird er eine einzige, riesige Arabeske. Sein innerlichster Motor ist die Liebe, wie sie aufgeht im All; das ganze Spiel aber genügt sich in stimmungshafter Abspiegelung der seelischen Begebenheiten durch angedeutete Wirklichkeit, die ja nicht die wahre Welt des oder der Helden ist, vorgetragen im virtuosen Wechsel von Lyrismen und Reflexionen. Ausgegangen von einer so geistesmächtigen Einheit ideenhafter Bildungselemente, wie sie der Wilhelm Meister repräsentierte, fugierte der romantische Roman in seinen kühnsten Kompositionen nunmehr Schöpfungen phantasmagorischer Welten allein aus der inneren Unendlichkeit individueller Seelen: Projektionen und Ausschweifungen unweltlich-überweltlicher Einsamkeit.

Zwei Dichter der deutschen Romantik, Novalis und Hoffmann, erlangten europäische Reichweite; ein dritter, Kleist, stand im

Grunde außerhalb dieser Bewegung als einer der großen Outsider des 19. Jahrhunderts.

Friedrich v. Hardenberg, der sich nach einer Seitenlinie seines Hauses Novalis nannte, wurde am 2. Mai 1772 zu Wiederstadt im Mansfeldischen geboren. In Jena lernte er die Wortführer der neuen Literatur kennen. Als Dreiundzwanzigjähriger verlobte er sich mit einem noch halbwüchsigen Mädchen; zwei Jahre später starb ihm die Braut. Dieser Tod entzündete in ihm den poetischen Gedanken, der Geliebten nachzusterben; die Idee fing bald an, sich in ihm zu verwirklichen als eine ständig wachsende Vertrautheit mit dem Tode. Dennoch nahm sie nicht eigentlich Schwermut oder Verneinung des Daseins in sich auf – eine leichte, fast entkörperte und doch auch naive Lebensheiterkeit leuchtet darin. Nur um wenige Jahre überlebte Novalis dieses für ihn so schicksalhafte Ereignis – obschon er sich mit dem Gedanken an eine neue Verbindung trug: am 25. März 1801 raffte den Lungenkranken der Tod hinweg. Mit ihm verlor die deutsche Dichtung die am weitesten angelegte, vielleicht auch modernste romantische Kraft. Sein Werk läßt sich vergleichsweise als die Transmission der Dichtung Hölderlins auf die Sphäre der Romantik ansehen: aus dem Mythos wird das Symbol, aus dem Hellenischen das Christliche. Wie Hölderlin steht auch Novalis als ein Jüngling im Gedächtnis der Nachwelt. Aber die Sehnsucht Hölderlins ist zur Süchtigkeit geworden; in den *Hymnen an die Nacht* rührt Novalis an die Mysterien des Schlafes und des Todes mit einer dunklen, buhlerischen Sympathie, deren schwebende Rhythmik eine magische Kommunion vollzieht «in jener Dämmerung der wahrhaften Nacht». Er schmeckt sie

in der goldenen Flut der Trauben, in des Mandelbaums Wunderöl und im braunen Saft des Mohns. Sie wissen nicht, daß du es bist, der des zarten Mädchens Busen umschwebt und zum Himmel den Schoß macht.

Eine dringende Wollust versenkt sich in die Schlünde des Vergehens; er fühlt sie wie eine Versenkung in den weiblichen Schoß –

welche Wollust, welchen Genuß bietet dein Leben, die aufwögen des Todes Entzückungen?

Aber die Höhle der Nacht, in der sich diese gestaltlosen Begattungen mit duftig erquillendem Fleische ereignen – sie ist auch durchfunkelt vom sprühenden Glanze der Edelsteine, vom Schimmer der Metalle, «der rastlosen Gestirne, die in seinem blauen Meere schwimmen». In solchen Gesichten spricht der gesteinkundige Bergmann Novalis, dessen mathematischer Sinn von den Gesetzmäßigkeiten der Kristallisation bezaubert wird. Mit einer magischen Laterne leuchtet er in die abgründigen Schatzkammern des Daseins, denen die Flüsse des Lebens entspringen und die Quelladern des Blutes: nur ein solcher Dichter vermochte die Hymnen an die Nacht anzustimmen.

Die herrnhuterischen Überlieferungen seiner Familie hat Novalis in seinen gereimten *Geistlichen Liedern* wieder zu einer Christlichkeit geweitet, die über konfessionelle Grenzen erhaben ist. Wohl kommen die einfachen strophischen Bildungen dieser Gedichte vom evangelischen Kirchenlied, aber sie erinnern auch an die klare Mystik der lateinischen Hymnen des Mittelalters – und Novalis findet innige Klänge der Marien-Lyrik. War Hellas die idealische Heimat Hölderlins, so waltet in Novalis das Pneuma der hohen Katholizität vor der Kirchenspaltung. Mit seinem geschichtsphilosophischen Aufsatz *Die Christenheit oder Europa* leitet Novalis die geistige Erneuerung des Katholizismus in Deutschland ebenso repräsentativ ein, wie es Chateaubriand in Frankreich mit seinem «Geist des Christentums» getan hat; an der deutschen Hochklassik war der Glaube der römischen Kirche ja kaum beteiligt; die lang anhaltende Brache des katholischen Volksteils begann nun hier wie in Frankreich einem Erwachen zu langsamer, aber inständiger Regeneration zu weichen. Aber Novalis meint nicht den tridentinischen Katholizismus, wenn er schreibt:

Angewandtes, lebendig gewordenes Christentum war der alte katholische Glauben ... Seine Allgegenwart im Leben, seine Liebe zur Kunst, seine tiefe Humanität, die Unverbrüchlichkeit seiner Ehen, seine menschenfreundliche Mitteilsamkeit, seine Freude an Armut, Gehorsam und Treue machen ihn als echte Religion unverkennbar und enthalten die Grundsätze seiner Verfassung. Er ist gereinigt durch den Strom der Zeiten ... Seine zufällige Form ist so gut wie vernichtet, das alte Papsttum liegt im Grabe, und Rom ist zum zweitenmal eine Ruine geworden. Soll der Protestantismus nicht endlich aufhören und einer neuen, dauerhaften Kirche Platz machen? ... Die Christenheit muß wieder lebendig und wirksam werden und sich wieder eine sichtbare Kirche ohne Rücksicht auf Landesgrenzen bilden, die alle nach dem Überirdischen durstigen Seelen in ihren Schoß aufnimmt und gern Vermittlerin der alten und neuen Welt wird.

Diese Botschaft verdankt sich gewiß der Sehnsucht, jedoch nicht nur einer rückgewandten, sondern einer voll Vertrauen auf die Zukunft. Denn die Christlichkeit war bei Novalis keine literatenhafte Schwärmerei – sie erblühte als eine geistlich-geistige Frucht seines liebenden Einfühls mit Christus. Seine unbemühte Vergegenwärtigung der mittelalterlichen Katholizität als wirkende Geistes- und Geschichtskraft stammt nicht aus unruhigem Fernenweh; sie ist Heimkehr ins alt-neue Ursprüngliche – wie er selbst sagt:

Wo gehen wir hin? – Immer nach Hause.

Aus demselben Grunde restaurierte er auch nicht das Hochmittelalter in seinem Roman-Fragment *Heinrich von Ofterdingen*, wie es bald die anspruchsvolle und auch die triviale Unterhaltungsliteratur seiner Zeit in Nachahmung besonders der historischen Romane Scotts unternahmen. Novalis strebte keine wissenschaftliche Genauigkeit an; die staufische Vergangenheit bot ihm vielmehr ein geeignetes Symbol für den religiös-metaphysischen Gedanken der seelischen Vollendung und Läuterung. Von allen romantischen Romanen zielt einzig der Heinrich von Ofterdingen auf diese sinngebende Abrundung des Ganzen; zugleich war er als eine Universaldichtung gemäß der romantischen Ästhetik angelegt. Schon im Eingangskapitel steht der Bericht eines Traumes von der Blauen Blume – sie wurde zum fast sakralen Kennwort der älteren Romantik überhaupt. Die Blaue Blume ist der Inbegriff der Poesie als jener Mitte, die das Geheimnis des Lebens bewirkt und bedeutet; in den sucherischen Visionen Heinrichs gleicht sich ihr Blütenstern den Zügen eines geliebten Mädchens an: eine Erkennung des weltenschaffenden Eros. Die geplante Weiterführung des Prosapoems verliert sich ebensowenig wie die vorhandenen Partien in die Bereiche des historischen Romans; alles entspricht der Definition, die Novalis gegeben hat: «Der Roman ist gleichsam die freie Geschichte, gleichsam die Mythologie der Geschichte.» Philosophie wird zu Märchen, und umgekehrt – nicht anders, als es auch die Erzählung von «Hyazinth und Rosenblüt» aus dem Entwurf *Die Lehrlinge von Sais* zeigt.

Bausteine zu einem einzigen, ungeheuern Prosagedicht vom Universum bilden die *Fragmente*. Sie schichten sich zu einer enzyklopädischen «Synthesis von Ewigkeit zu Zeitlichkeit»; oftmals paradoxe Formulierungen einer ironischen Mystik, transzendental und humoristisch, intellektuell und poetisch. Dieser Thesaurus von Fragmenten, der eine «szientifische Bibel» ausmachen sollte, ist als ein Torso auf die Nachwelt gekommen. Zu Lebzeiten des Dichters wurde nur eine Auswahl gedruckt; er selbst scheint nicht den selbstgenügsamen Wert anerkannt zu haben, den die Frühromantiker dem Fragment verliehen – denn er schreibt einmal: «Als Fragment erscheint das Unvollkommene noch am erträglichsten –

und also ist diese Form der Mitteilung dem zu empfehlen, der noch nicht im Ganzen fertig ist und doch einzelne merkwürdige Ansichten zu geben hat.» Die Spekulationen des Magischen Idealismus der Romantik gipfeln in diesen Fragmenten; daß sie den Charme der Jugend bewahren, die mit ihrem Herzen naiv Natur, ja einen ganzen Kosmos empfindet, macht sie berückend. Als Einheit von divinatorischer Innenschau und intellektueller Pointierung sind die Fragmente des Novalis der Gegenpol zu der «anschauenden Urteilskraft» Goethes. Die Anordnung der Fragmente in neueren Gesamtausgaben der Werke sind moderne Einteilungsversuche nach bestimmten Gruppen. Die geplante Totalität sei durch ein paar Überschriften angedeutet: Magische Philosophie, Bruchstücke physikalischer, medizinischer und psychologischer Enzyklopädistik mit den entsprechenden magischen Fragmenten; Menschenlehre; Rechts-, Staats-, Geschichtslehre; Mystizismen, Kunstfragmente usw.

In Novalis verdichteten sich die schöpferischen Antriebe der älteren Jenenser Romantik. Vom Werke Friedrich Schlegels blieben allein die fragmentarischen und essayistischen Arbeiten lebendig; August Wilhelm Schlegel aber wurde auf indirekte Weise ein deutscher Klassiker, weil er die entscheidende Übertragung Shakespeares lieferte. Von ihm rühren siebzehn eingedeutschte Dramen her – die anempfindende Tendenz der Romantik steigerte sich hier an einer gewaltigen Vorlage zu sprachschöpferischer Kongenialität. Das Werk wurde fortgeführt unter den Auspizien Ludwig Tiecks, 1773–1853, dessen Tochter Dorothea mit dem Grafen Baudissin die jeweils fertigen Partien dem Vater zur Begutachtung und gelegentlichen Korrektur vorlegte. Auf dieser mittelbaren Tätigkeit, wie auch auf seiner Übertragung des Don Quijote beruht womöglich Tiecks größerer Ruhm als auf eigener Produktion. Tieck fing gewissermaßen einen Richtstrahl der Romantik für das vorher noch weitgehend aufklärerisch-rationalistisch gestimmte Berlin ein; er selbst begann als ein Vertreter dieser nachgerade abständig gewordenen Schriftstellerei, wechselte jedoch geschmeidig zu der neuen Mode hinüber und huldigte mit Märchen, bald auch mit romantischen Literaturdramen dem neuaufkommenden Stil. Seine Gewandtheit war größer als die innere Kraft; schon Jean Paul urteilte, daß Tiecks Prosa poetischer sei als die Lyrik. Die Fülle von Liedern in seinem dem Wilhelm Meister nachgeformten Künstler-Entwicklungsroman *Franz Sternbalds Wanderungen* verhelfen diesem Buche ebensowenig zu einer höheren Existenz wie die im Äußerlichen verbleibenden Naturbeschreibungen. Dennoch rührt von Tieck eine der meistzitierten Formeln für das romantische Wesen her; es sind die Refrainstrophen aus dem *Aufzug der Romanze:*

Mondbeglänzte Zaubernacht,   Wundervolle Märchenwelt,
Die den Sinn gefangen hält,   Steig auf in der alten Pracht!

In einigen kleineren Erzählungen gelang es dem Autor, das geheimnisvolle Hinüberlangen der Seele zum naturhaft-elementischen Leben darzustellen. «Wir empfinden das unmittelbare Hineinragen des Wunderbaren in die gewöhnliche, natürliche Wirklichkeit als eine grauenvolle Unsicherheit, als eine Verwirrung, die uns schwindeln macht», wie Rudolf Haym von Tiecks Kunstmärchen *Der blonde Eckbert* gesagt hat. Fast immer aber bleibt die Nahtstelle zwischen der reellen Wirklichkeit und der irrationalen Welt des romantischen Programms sichtbar. Deshalb fand sich der vielgeschäftige Schriftsteller in Novellen mit eindeutig irdischem Milieu besser zurecht; ein unverkennbar didaktischer Zug tritt zuweilen etwas störend hervor – kaum in der entzückenden Idylle *Des Lebens Überfluß* oder in einigen Erzählungen mit historischen Motiven, stärker in dem leider fragmentarischen *Aufruhr in den Cevennen.* Ein Altersbuch ist sein Roman *Vittoria Accoromba:* das historische Thema wird ohne jede romantisierende Zutat, realistisch im Detail, mit dekorativer Herausarbeitung dramatischer Szenen behandelt.

Im Jahre 1804 erschien ein anonymes Buch unter dem Titel *Die Nachtwachen des Bonaventura;* man vermutete eine Größe der Romantik als Verfasser des schmalen Werkes, in dem die Blitze eines genialischen Temperaments sprühen. Aber nicht Schelling war es, wie man zunächst meinte; man glaubt gegenwärtig an die Autorschaft Friedrich Gottlob W e t z e l s, 1779–1819, der seine letzten Lebensjahre als Journalist in Bamberg verbracht hatte. Diese Stadt ist für den Literaturhistoriker aber nicht durch Wetzel, sondern durch E. T. A. Hoffmann wichtig geworden, der hier als Kapellmeister wirkte.

Ernst Theodor Wilhelm H o f f m a n n, der als Mozart-Verehrer seinen dritten Vornamen in Amadeus umänderte, wurde nach Novalis der zweite große Dichter der frühen Romantik. Seine epische Kunst ist mit der Jean Pauls eine deutsch-originale Leistung; aber nicht der ältere, sondern der jüngere Autor hat lange Zeit hindurch deutsche erzählende Literatur in der Wertung des Auslandes nachhaltig vertreten. Er wurde am 24. Januar 1776 in Königsberg geboren und ergriff – wie Herbert Eulenberg einmal reizend gesagt hat – das «Verlegenheits-Studium deutscher Dichter», als er sich für die Jurisprudenz entschied. Seine amtliche Laufbahn führt ihn zunächst in die von Preußen annektierten polnischen Gebiete. Später war er jahrelang als Kapellmeister in Bamberg, Dresden und Leipzig tätig, bis er wiederum in Staatsdienste trat und als Gerichtsrat am Kammergericht in Berlin bis zu seinem Tode, am 25. Juni 1822, amtierte. Dieser Großmeister der romantischen Erzählung war übrigens ein sehr exakter Jurist, wie seine Aktenführung in so hoher Stellung und auch seine genaue Handschrift zeigen.

E. T. A. Hoffmann rückte die romantische Prosaepik oft in das Milieu der zeitgenössisch-realistischen Umwelt und stellte sie dadurch auf substantiellen Boden. Bei großem Fabuliertalent formte er die einzelnen Motive eigentlich nicht aus der Einbildungskraft; er dichtete vielmehr an der reellen Gegenständlichkeit weiter und leitete sie in eine metaphysisch-psychologische, teils märchenhafte, teils gespenstische Sphäre hinüber. Das war früher und später keinem Romantiker in annähernd vergleichbarem Maße gelungen; sie verblieben meistens in der nur subjektiven Imagination einer psychischen Unendlichkeit; Hoffmann hingegen hat auf seine Weise, wie Goethe, das Wirkliche poetisch dargestellt, indem er es im Poetischen phantastisch entfaltete. Allerdings berühren sich manche Nebenwerke seine Produktion mit der Trivialliteratur, wozu eine gewisse Leichtigkeit des Schreibens den Dichter verführte. Aber der Kern seines Schaffens sind Darstellungen einer dichterischen Metaphysik. Hoffmann war mit dem Real-Idealismus Schellings vertraut; er vertiefte sich in die Naturphilosophie, wobei ihn die Nachtseite der Natur, die Psychologie des Traumes und verwandte Probleme der objektiven und subjektiven Existenz bewegten. Die Gespaltenheit des seelischen Innenlebens, die Zwei-, ja Mehr-Gleisigkeit der psychischen Schichten sowie deren Auswirkung und Leid finden in der häufigen Verwendung des Doppelgängermotivs Eingang in sein Schaffen; das Pathologische der exzentrischen Bewußtseins- und Gefühlslage wird nicht analytisch behandelt, sondern zum inneren Antrieb der Begebenheiten seiner Prosaepik. Die psychischen und kosmischen Dissonanzen bedingen einander – aber nicht mit bloßer Ursächlichkeit, sondern als ethische Phänomene der Erbsünde im wörtlichen Sinne: als Sonderung der Individualität aus der schöpferischen Einheit des Seins. Die Ich-Angst, von der schon Jean Paul sprach, schleudert das gespaltene Individuum in die Höllen des Wahnsinns oder in die nur relativ milderen Zonen des trügerischen Scheines.

Aufs irdische Getriebe wirkt aber erlösend die Macht der Musik: die Tonkunst wurde von Hoffmann für die deutsche Literatur entdeckt als ein Reich heiliger Aussöhnung und Verklärung. Er war nicht nur als Interpret ihr Diener, sondern hat auch eine Musik zur Opernbearbeitung von Fouqués, 1777–1843, hochpoetischem Märchen *Undine* – dem allein noch lebendigen Buch des damals mit zahlreichen Ritterromanen beim Publikum sehr beliebten Autors – geschrieben; die Partitur wurde 1906 von Pfitzner ediert. Es entspricht dem Geist der Epoche, daß Hoffmann als Musikschriftsteller eine der wesentlichsten Auslegungen der Fünften Symphonie Beethovens verfaßt hat: der heroische Individualismus des Genius der klassischen Musik ist ja neben der Literatur und der Philosophie des deutschen Idealismus einer der herrscherlichen Offenbarungen des Zeitalters. Hoffmann begründete die ästhetisch-philosophische Betrachtungsweise der Musik und vervollständigte dadurch die Kunstlehre der Hochklassik und Hochromantik. In den *Kreisleriana* gestaltet Hoffmann die Symbolgestalt des modernen Musikers: der Kapellmeister Kreisler befiehlt dem mythischen Einklang des «Sanskritta der Natur», wie die Musik genannt wird. In ihm hat sich der Dichter selbst ausgesprochen, seine Entzückungen und seine Leiden in der Zeit.

Mozart und Gluck waren für Hoffmann neben Bach und Beethoven die erhabensten Gestirne der Musik. Seine umfassendste Dichtung, der Roman *Lebensansichten des Kater Murr,* beschwört die Figur Kreislers zu ihrer Vollendung. Das Werk gibt sich formal als zweischichtige Komposition, indem die satirisch-spießigen Selbstbetrachtungen des Katers unterbrochen werden von einer Biographie des Kapellmeisters und so eine ähnliche Kontrastwirkung ergeben wie das Nebeneinander der Sphäre Sancho Pansas und Don Quijotes. Diese ironische Auflockerung eines tragischen Grundthemas schließt sich aber in Hoffmanns Roman zu einem Symbol hohen Ranges: Kreisler wird zum Gleichnis deutschen und modernen Menschentums; nicht ein Jüngling, wie in den meisten romantischen Romanen, sondern ein reifer Mann erleidet die ewigen Spannungen zwischen der aufs Unendliche und Ewige gerichteten Schöpferkraft und dem philisterhaften Ungeist der beschränkten Alltagswelt.

E. T. A. Hoffmann sichtete das Dämonische im scheinbar Gewöhnlichen der realen Welt. Seinem funkelnden Falkenblick wurde das leibhaft Gegenständliche durchscheinend, so daß er sich nicht eine Märchenwelt aussinnen mußte, um das Walten der Elementargeister zu erspüren und zu schildern. Mit seinen geistesmythischen Märchen *Der goldene Topf, Klein Zaches, Meister Floh* und *Prinzessin Brambilla* entwarf er das natürlich-übernatürliche Spektrum des innerlichsten Lebens in einer brillanten Bilderfolge; diese Phantasmagorien virtuos-poetischer Capriccios sind die reinste dichterische Form des neueren Kunstmärchens. Sie wurden von französischen Autoren in ihrer künstlerischen Einzigartigkeit früher gewürdigt als in Deutschland, wo lange eine populäre Vorstellung vom «Gespenster-Hoffmann» kursierte. So feierte Baudelaire die Krone dieser Erzählungen, die «Prinzessin Brambilla», als einen «Katechismus der hohen Ästhetik».

Hoffmann bereicherte den romantischen Roman wie um den «Kater Murr», so auch um *Die Elixiere des Teufels*. Hier verdichtet sich die Hoffmann-Welt der exzentrischen Schizophrenie mit einem tragischen Fatalismus, der sich als unentrinnbare Kette von sündhafter Schuld auswirkt. Es fehlen nicht kolportagehafte Motive, um das apokalyptische Gericht über ein verworfenes Geschlecht heraufzuführen; man erinnere sich aber des keineswegs nur geistreichen Hinweises von Thomas Mann, daß selbst die größten Romane der Weltliteratur fast immer Züge von Kolportage aufweisen.

Im Ausland hat kein älterer Dichter deutsche Prosaepik so beispielhaft vertreten wie E. T. A. Hoffmann. Balzac und Baudelaire in Frankreich, Puschkin und Dostojewskij in Rußland haben ihn leidenschaftlich bewundert; sie sahen mit Witterung für das Zukünftige in Hoffmann den genialen Erfinder und Gestalter des Psychischen; einen der großen Ahnherrn der neuesten abendländischen Romankunst überhaupt. Nachdem ihn die naturalistische Welle vorübergehend wegzuspülen schien, kehrt er, ein zeitloser Revenant, als der magische Poet wieder, dessen Erscheinung im Erdenleben uns einmal sehr gut beschrieben wurde: «Mit zwei wunderkleinen zarten Händen und einer Gestalt von regelmäßigem Knochenbau, mit seinen zwei Funkelaugen, deren Augäpfel so unbeweglich waren, daß gewiß niemand erfahren hat, ob diese Augen groß oder klein, mit seinen feinen Lippen, die man niemals lächeln sah, glich Hoffmann einem Gespenstwesen, an welches die Natur nur das unentbehrliche Quantum von Fleisch und Bein gewendet hat, um es unter die Körper reihen zu können. Glut und Beweglichkeit war alles, was man von ihm wahrnahm.» Die Freundin eines Schriftstellers, der gebürtiger Franzose war, in Deutschland aber zu einem Deutschen geworden ist, Adalbert v. C h a - m i s s o, 1781–1838, hat diese Charakteristik entworfen; Chamissos wertbeständige Erzählung *Peter Schlehmihl* hat übrigens auch auf Hoffmanns Novellistik eingewirkt, wie dessen *Abenteuer in der Sylvesternacht* zeigt.

In der wandelbaren geistigen Betriebsamkeit der Berliner Literatenkreise wirkte ein junger Dichter, aus dem Osten Deutschlands gebürtig und Abkömmling eines berühmten Hauses, wie ein wunderlicher Hinterwäldler. Dennoch geriet er im Laufe seines kurzen schöpferischen Lebens mit vielen Großen der Epoche in persönliche Fühlung, ohne daß er jemals als ein richtiger Literat angesehen werden konnte. Er durcheilte die geistigen Stilarten der Epoche, selbst solche, die durchaus unmodern geworden waren – und endete als einer, der erst nach zwei, drei Generationen wahrhaft verständlich werden sollte. Heinrich v. K l e i s t, am 18. Oktober 1777 in Frankfurt an der Oder geboren, war den Traditionen seiner Familie gemäß zum Offizier bestimmt: es waren ihm die unerträglichsten Jahre seiner Jugend, die er im Gamaschendienst zubringen mußte. Als er zu einem wissenschaftlichen Studium hinüberwechselte, glaubte er in naivem Rationalismus einen perfekten «Lebensplan» ausarbeiten zu können – ahnungslos, daß höhere Mächte derartige Vorhaben zu ignorieren pflegen. Nur ein kindhaft der Macht des Verstandes Vertrauender konnte sich dann plötzlich durch die Lektüre eines philosophisch-kritischen Buches so aus der Bahn geschleudert fühlen wie Kleist, der auf die «Kritik der reinen Vernunft» so reagierte:

Der Gedanke, daß wir hier hienieden von der Wahrheit nichts, gar nichts wissen, daß das, was wir hier Wahrheit nennen, nach dem Tode ganz anders heißt, und daß folglich das Bestreben, sich ein Eigentum zu erwerben, das uns auch in das Grab folgt, ganz vergeblich und fruchtlos ist, dieser Gedanke hat mich in dem Heiligtum meiner Seele erschüttert. Mein einziges und höchstes Ziel ist gesunken, ich habe keines mehr.

Natürlich verflog diese Erschütterung bald, und Kleist trat ohne Lebensplan seine Sendung an: der dionysische Tragiker der modernen Dichtung zu werden.

Aber eines bleibt doch symptomatisch an jenem verzweifelten Ausbruch: die Radikalität des Forderns und Planens, dies Alles oder Nichts, das beinahe von selbst in eine tragische Erdenbahn hineinzwingt. Nach einem ersten dramatischen Versuch entwarf er den Aufbau eines Dramas um den Normannenfürsten *Robert Guiskard*, das vielleicht sein ungeheuerlichster Zugriff war und wie ein Gleichnis seines eigenen, tigerhaft zum Ansprung auf höchste Ziele bereiten Wesens anmutet. Als er dem alten Wieland das Fertige rezitierte, wußte der kluge Greis sogleich den entscheidenden Punkt dieses Dichterlebens auszusprechen:

Wenn die Geister des Äschylus, Sophokles und Shakespeare sich vereinigten, eine Tragödie zu schaffen, sie würde das sein, was Kleists Tod Guiscards des Normannen, sofern das Ganze demjenigen entspräche, was er mich damals hören ließ. Von diesem Augenblick an war es bei mir entschieden, Kleist sei dazu geboren, die große Lücke in unserer dramatischen Literatur auszufüllen, die selbst von Goethe und Schiller noch nicht ausgefüllt worden ist.

Aber in einem Anfall von Verzweiflung an sich und seinen Fähigkeiten zerstörte Kleist das Werk, nur der später aus dem Gedächtnis wiederhergestellte Anfang ist erhalten. Wielands Erkenntnis hat fundamentale Bedeutung: einzig Kleist wäre vielleicht berufen gewesen, eine deutsche Dramatik frei von den kategorialen Belastungen ihres ästhetischen Ursprungs zu schaffen; aber sein ungestümes All-Begehren, im Bunde mit einer untergründigen «Verwirrung der Gefühle», wie Goethe scharfsinnig und kalt vermerkt, verwehrte ihm den ruhigen Standpunkt außerhalb und oberhalb des tragischen Konflikts. Er blieb stets befangen innerhalb des tragischen Spannungsfeldes – er konnte sich nur einmal, kurz vor seinem Tode, darüber erheben und das Gleichgewicht der ungeheuren Waage aller Geschicke anschauen und darstellen.
Trotz seiner heroischen Niederlage sammelte er sich wieder, maßlos gewillt, es den Größten gleichzutun, ja Goethe zu entthronen:

Ich werde ihm den Kranz von der Stirne reißen!

Bevor aber sein Prätendententum sich so weit verstieg, maß er sich zunächst mit Molière; er bearbeitete den *Amphitryon* auf eine sehr freie Weise und verwandelte das höfische Lustspiel des Franzosen fast in ein Erlösungsmysterium. Aus dem galanten Abenteuer Jupiters wird die firnenhaft-einsame Liebessehnsucht des Weltenschöpfers Zeus, sich in einem fühlenden Menschenherzen wieder zu finden. Die männlich gedrungene, harte, zustoßende Plastizität der Kleistsprache löst sich pantheistisch-lyrisch in dem werbenden Ausbruch des Gottes an die Geliebte:

Nimmst du die Welt, sein großes Werk, wohl wahr?
Siehst du ihn in der Abendröte Schimmer,
Wenn sie durch schweigende Gebüsche fällt?
Hörst du ihn beim Gesäusel der Gewässer
Und bei dem Schlag der üppgen Nachtigall?
Verkündet nicht umsonst der Berg ihn dir,
Getürmt gen Himmel, nicht umsonst ihn dir
Der felszerstiebten Katarakten Fall? ...
Du wolltest ihm, mein frommes Kind,
Sein ungeheures Dasein nicht versüßen?
Ihm deine Brust verweigern, wenn sein Haupt,
Das weltenordnende, sie sucht,
Auf seinen Flaumen auszuruhen? Ach Alkmene!
Auch der Olymp ist öde ohne Liebe.

Im Fluten dieser erotischen Hingabe-Sehnsucht treiben aber auch die scharfkantigen, bohrenden Splitter der Dialektik Kleists: sein inquisitorisches Verfahren, mit dem sich die Personen der Dramen einander bis aufs Blut verhören. So voll Zweifelsucht war diese Seele! Sein Lustspiel *Der zerbrochene Krug* wird herkömmlicherweise als die zweite große Komödie der deutschen Literatur nach Lessings Minna von Barnhelm angesehen. In der Tat enthält die während eines spannungsreich sich steigernden Gerichtsverfahrens rückläufig die Vorgänge entspulende Geschichte von dem Dorfrichter Adam, den ein amouröser Versuch in ein Gewebe selbständig weiterheckender Lügen verstrickt, eine Charakterkomödie hohen Grades. Man hat dieses Drama ästhetisch als eine komische Parallelform zum König Ödipus des Sophokles aufgefaßt – und es verläuft denn auch in einem einzigen Akt ohne Pause. Daß Goethe, den damaligen Theaterbräuchen gemäß, dennoch das Spiel zweimal unterbrach, hat vielleicht den Mißerfolg der Premiere verursacht; es ließ in dem jüngeren Dichter Mißtrauen aufkeimen, das sich noch verstärkte, als Goethe die *Penthesilea* Kleists rundweg ablehnte. Dabei erschwang Kleist gerade hier den höchsten Gipfel seines Dichtertums: wiederum rollt ein Eros-Mysterium ab in einem einzigen ungeheuren Akt – ein expressiver Rausch von Blut und Rosen. In der Penthesilea stieß Kleist bis zur Tiefenschicht des tragischen Blutopfers vor, aus dem sich einst die attische Tragödie entwickelt hatte. Die ätherische Zone des humanen Idealismus, in der sich die Klassik der modernen Literatur zu ihrem Adel, aber auch zu ihrer ein wenig treibhaushaft abgedichteten metaphysischen Schönheit und Üppigkeit entwickelt hatte, wird unter dem Zwange der dionysischen Passion verlassen; mit keinem anderen Werke erscheint Kleist so sehr als der zeitlose Außenseiter und Fremdling, den die Epoche nicht annehmen wollte und konnte. Der expressive Lyrismus der «Penthesilea» unterscheidet sie aber von der Objektivität des Tragischen, wie sie sich als ein Oratorium ausgewogener Kontrapunktik von widerstreitenden Gewalten bei Aischylos und Sophokles darbietet; die radikale Übersteigerung der Passion eines modernen Ichs bei Kleist vollendet die Katastrophe zuletzt im titanischen Willen zum Freitod, wie ihn seine Penthesilea aus einem selbstvernichtenden Gefühl erweckt.

Immer wieder äußerten sich Stimmen, die Goethes Ablehnung als vielleicht entscheidende Ursache für Kleists Zusammenbruch verantwortlich machen. Davon kann wohl nicht die Rede sein; der Dichter selbst hat später eingestanden, daß ihm auf Erden nicht zu helfen war. Ebenso wäre es verfehlt, Kleists Geschick aus den politischen Verhältnissen jener Zeit zu erklären. Gewiß beteiligte er sich als Publizist mit einer geradezu berserkerhaften Wut an der Propaganda gegen Napoleon und die Franzosen; seine Pamphlete atmen einen maniakalischen Haß und sind nur aus der fürchterlichen Unbedingtheit seines Fühlens zu verstehen – aber nicht damit zu entschuldigen. Bevor er diesen Tendenzen in seiner *Hermannsschlacht* ein dichterisch zweifelhaftes Opfer brachte – der Cheruskerfürst kann mit seiner geriebenen List nur die Sympathie dezidierter Nationalisten erringen –, schrieb Kleist mit dem hochpoetischen Schauspiel *Das Käthchen von Heilbronn* ein echt volkhaftes und volkstümliches deutsches Drama. Die Heldin ist der genaue Widerpart zu Penthesilea: ist diese eine titanische Mänade, so bezwingt jene durch die Unwiderstehlichkeit ihres dienenden Mädchentums; beide Figuren stehen im Banne des Eros. Das Stück ist für die gegenwärtige Literaturästhetik ein wenig außer Mode gekommen; deshalb seien Gerhart Hauptmanns innig verständnisvolle Worte zitiert:

Dieses Werk ist eines der vollkommensten Beispiele der von Schiller so hoch gewerteten naiven Dichtungsart. In dieser Hinsicht ist es schon ein Genuß, das Personenverzeichnis durchzulesen ... die naive Freude am Mannigfaltigen, der es nicht zu bunt und reich kommen kann, erhellt schon aus dieser mit der Person des Kaisers romantisch gekrönten Namenkolumne ... Und dazu, welche Gestaltungskraft: diese Imagination, die von schöpferischen Händen ins volle Dasein geworfen ist! Dieser Wetter vom Strahl, der mit aller Kraft, mit all seinem Feuer dem kleinen Käthchen nicht gewachsen ist, das keine andere Waffe als die unwiderstehliche Macht seiner Liebe besitzt!

Traumwandlerische Magie wie in diesem Drama durchzieht auch Kleists letztes großes Schauspiel *Prinz Friedrich von Homburg*. Es ist nach Schillers Wallenstein die zweite dichterische Haupt- und Staatsaktion der deutschen klassischen Dramatik, durchleuchtet von einem ritterlich-humanen, dem fortschreitenden Leben zugewandten Ethos. Der Konflikt zwischen dem Anspruch der Autorität und dem Antrieb der Spontaneität ist vom naturhaften Sein her betrachtet zwar nicht erster Ordnung, weil es sich bei einem Vergleich dieser beiden Rechte um eine Sphäre abgeleiteter Werte handelt: ein Blick auf die Antigone des Sophokles zeigt, wie ein ähnlicher Konflikt von dem attischen Tragiker auf hoher zeitloser Ebene dargestellt wurde. Aber Kleists Stück ist ja auch keine Tragödie, sondern ein Schauspiel, dem menschlich Konventionellen nahe. Der Durchbruch des Elementaren jedoch, ohne den kein kleistisches Werk denkbar ist, erfolgt in der kreatürlichen Todesangst des Heros

– und nur eine militärisch-staatliche Ideologie verkannte dieses Motiv: wenn je Kleist zu einer höheren Lebenswahrheit aufstieg, dann gerade mit der Gestaltung des inneren Todeskampfes in seinem Prinzen Friedrich!

Wie die Dramatik des Dichters nur mit mehr äußerlichen Zügen der Romantik verpflichtet ist – die Tragik der Individualität gehört nicht allein dieser Strömung, sondern im weitesten Sinne der modernen Epoche –, so berühren auch die Erzählungen Kleists die romantische Literaturtendenz lediglich mit gewissen Motiven. Denn es gibt im deutschen Schrifttum keine Novellen, deren Form und Vortrag so kristallisch sind wie diejenigen Kleists. Das Ausgefallene einiger Themen, wie in der *Marquise von O.*, ist weniger romantisch als echt novellistisch: sie sind «merkwürdige Begebenheiten», und die Durchführung hält sich streng an die Begebenheit, wie es die Klassizität des Novellenstils erfordert. Rein als Kunstwerk betrachtet, bieten die Novellen die genaueste Erfüllung einer Kunstform, die dem Dichter gelungen ist. Hier erscheint er nicht als einer, der sich verschwendet und vergeudet – wie in den Dramen und in seinem Leben. Die überlieferten Bildnisse verraten nichts von der Gefährdung seiner Seele; in seinem Innern aber raste der Aufstand, und der gescheiterte Titan wußte zuletzt keinen anderen Ausweg, als sich in einer hektischen Seeleneuphorie den Tod zu geben: am 21. November 1811 erschoß er sich am Wannsee bei Berlin – «schoß sich weg aus der erbärmlichen Welt, als ob er der allein überflüssige Sperling darin wäre», wie Hebbel dieses Ende bitter in seinem Tagebuch kommentierte.

Sein allgemeiner Ruhm erglänzte erst ein Jahrhundert später, als er wie Hölderlin eine geistige Auferstehung feierte. Vorher war sein Werk lediglich für ein paar auserwählte Menschen ein lebendiges Vermächtnis. Nietzsche, der bereits in seiner Jugend Hölderlin für sich entdeckt hatte, schrieb über die Vereinsamung Kleists: «Heinrich von Kleist ging an dieser Ungeliebtheit zugrunde, und es ist das schreckliche Gegenmittel gegen ungewöhnliche Menschen, sie dergestalt tief in sich hineinzutreiben, daß ihr Wiederherauskommen jedesmal ein vulkanischer Ausbruch wird. Doch gibt es immer wieder einen Halbgott, der es erträgt, unter so schrecklichen Bedingungen zu leben, siegreich zu leben; und wenn ihr seine einsamen Gesänge hören wollt, so hört Beethovens Musik.»

Weimar war die Hauptstadt des klassischen Deutschland. Aber den Musen gefiel es, noch andere Residenzen zu gründen: so sammelte sich in Jena das Hauptquartier der älteren Romantik, in Berlin entstand ebenfalls ein Zentrum neuer Bewegungen. Der deutsche Westen blieb zunächst außerhalb, obschon sich in vorklassischer Zeit zwischen Wuppertal und Düsseldorf ein geistiges Kraftfeld herausgebildet hatte. Doch ein anderer Ort erwarb bald hohen Ruhm: Heidelberg, «der Vaterlandsstädte ländlichschönste, soviel ich sah», wie Hölderlin sie gepriesen hat. Hier erschien im Jahre 1806 der erste Teil einer Sammlung deutscher Volkslieder: *Des Knaben Wunderhorn*, besorgt von Achim v. Arnim und Clemens Brentano, «Sr. Exzellenz, des Herrn Geheimrat von Goethe» Beifall erbittend. Das Verhältnis des «Wunderhorn» zu Herders «Stimmen der Völker» kennzeichnet einen Wandel der Zeit: die frühere Anthologie war menschheitlich und universalpoetisch angelegt, die jüngere beschränkte sich fast ausschließlich auf volkhafte deutsche Überlieferungen. Das bedeutete keineswegs eine nationalistische Reaktion auf den weltbürgerlichen Humanismus, sondern geschah im Zuge einer Ausbreitung der Geistesstudien auf so viele Gebiete der Kulturgeschichte, daß eine Spezialisierung notwendig wurde. Man vernachlässigte darüber keineswegs den weltliterarischen Auftrag – begann doch gleichzeitig die wissenschaftliche Erforschung des indischen Sanskrit, die vergleichende Sprachforschung überhaupt und mit ihr, wie ja die anhaltende Tätigkeit der Übersetzer beweist, die Eindeutschung romanischer und morgenländischer Literaturdenkmäler. Diese lebendige Betätigung des romantischen Geschichtssinnes ist gleichsam ein Verströmen der gewaltigen Konzeption Herders nach vielen Richtungen. Das von ihm entfachte Feuer erwärmte auch die eigentlichen Urheber der deutschen Volkstumkunde: die beiden B r ü d e r G r i m m , Jakob, 1785–1863, und Wilhelm, 1786–1859, deren gemeinschaftliche Arbeiten vor allem das *Deutsche Wörterbuch* – dieses maßgebliche Monument der deutschen Sprache ist übrigens gegenwärtig noch nicht abgeschlossen –, sodann die *Kinder- und Hausmärchen* sind. Während die von einer Nation erinnerten Sagen Absprengsel oder Keimzellen des heroischen Epos sind, gedeiht das Märchen im Reiche des Mythos; es ist an keine bestimmte Zeit und an keinen bestimmten Ort gebunden; es teilt mit der hohen Versdichtung das Haften des Gedächtnisses an der wörtlichen Formulierung der Altvordern – worauf ja auch der rechte Instinkt aller Kinder seit je besteht; es vergegenwärtigt ohne zu deuten das Walten der Natur-Gezeiten und -Ereignisse in Gestalten, die den Elementen der Welt angehören – jenen Elementen, die der Mensch naiv wahrnimmt: Feuer, Wasser, Luft, Erde. Die Brüder Grimm sammelten ihre Märchen in Hessen, in den Main- und Kinziggegenden; im Dorfe Niederzwehren bei Kassel lernten sie ihre Märchenfrau kennen, die Bäuerin Viehmann: ihrem bedächtigen, genauen, lebendigen Erzählen schrieben sie nach. Aber auch andere Quellen wurden bald erschlossen, so daß die endgültige Redaktion der Sammlung fast ein gesamtdeutsches Bild ergab.

Es ist neuerdings die absurde Meinung aufgekommen, daß diese Märchen das kindliche Gemüt gefährden; viele grausame Motive untergrüben eine temperierte Humanität bereits in der frühen Jugend. Solchen Anwürfen erwiderten schon die Brüder in dem Vorwort zu ihrem Märchenbuch ebenso ahnungsvoll wie souverän:

Wir suchen für ein solches nicht jene Reinheit, die durch ein ängstliches Ausscheiden dessen, was Bezug auf gewisse Zustände und Verhältnisse hat, wie sie täglich vorkommen und auf keine Weise verborgen bleiben können, erlangt wird, und wobei man zugleich in der Täuschung ist, das, was in einem gedruckten Buche ausführbar, es auch im wirklichen Leben sei. Wir suchen die Reinheit in der Wahrheit einer geraden, nichts Unrechtes im Rückhalt bergenden Erzählung ... Nichts besser kann uns verteidigen als die Natur selber, welche diese Blumen und Blätter in solcher Farbe und Gestalt hat wachsen lassen; wem sie nicht zuträglich sind nach besonderen Bedürfnissen, der kann nicht fordern, daß sie deshalb anders gefärbt und geschnitten werden sollen. Oder auch, Regen und Tau fällt als eine Wohltat für alles herab, was auf der Erde steht, wer seine Pflanzen nicht hineinzustellen getraut, weil sie zu empfindlich sind und Schaden nehmen können, sondern sie lieber in der Stube mit abgeschrecktem Wasser begießt, wird doch nicht verlangen, daß Regen und Tau darum ausbleiben sollen. Gedeihlich aber kann alles werden, was natürlich ist, und danach sollen wir trachten. Übrigens wissen wir kein gesundes und kräftiges Buch, welches das Volk erbaut hat, wenn wir die Bibel obenan stellen, wo solche Bedenklichkeiten nicht in ungleich größerem Maße einträten: der rechte Gebrauch aber findet nichts Böses heraus, sondern, wie ein schönes Wort sagt, ein Zeugnis unseres Herzens. Kinder deuten ohne Furcht in die Sterne, während andere, nach dem Volksglauben, die Engel damit beleidigen.

Die beiden Grimm kann man sich ungeachtet der Unterschiede ihrer Gemütsart eigentlich nur in Gemeinschaft vorstellen – im Gegensatz zu Armin und Brentano, den Sammlern der Volkslieder, Clemens B r e n t a n o, 1778–1842, hatte, wie sein Name sagt, auch italienisches Blut in den Adern. Ein spielerischer Geist beflügelte Brentanos Jugend; der Nerv seiner Kunst blieb lyrisch; das Liedhafte entzückte sein musikantisches Temperament. Klangselig, voller Lust am rhythmischen Wechsel durch Refrains oder refrainartige Variierungen, leider manchmal einem schwelgerischen Verseströmen in sich nachgebend und mit einer Unzahl von Strophen die lyrische Inspiration störend, dann wiederum mit einem süßverzehrenden Melos ganz eigener Eingebung: so klingt das Erschütternde und Verklärende der Gedichte Brentanos über die Zeiten hinweg; zugleich raunt oft ein Ton von Dämonie, Unrast und heimlicher Schuld durch ihre berückenden, scheinbar und wirklich kindlichnaiven, tänzerischen Kadenzen. Als sich die Gefühlswelt des Dichters verwirrte und verdunkelte, quollen in ihm die Schmerzensschreie des religiösen Leides nach Lösung und Erlösung auf: aus der Kavatine der kränze-umschlungenen Harfe wurde das Wiegenlied eines jammernden Herzens. Der alternde Brentano hatte der Kunst abgesagt, um nur noch den Visionen einer Stigmatisierten zu lauschen ... Was aber ließ der bereuende Dichter nicht alles hinter sich! Von ihm stammt der romantischste aller romantischen Romane: *Godwi*, dessen Form er selbst «verwildert» genannt hat. Brentano kennt in diesem chimärischen Werk, dessen grelle Handlung mit ihren sprunghaften Episoden von einer faszinierenden Poesie überglüht ist, nur ein Thema: die Liebe, in deren Dienst sich der Held schrankenlos vergeudet, ein Absolutum an Wollust – das Ganze gewürzt mit einer Ironie, die keck und arglos zugleich ist. Neben diesem Roman leuchten im Werk Brentanos die *Rhein-Märchen* und die *Italienischen Märchen:* nicht von metaphysischen Strahlungen begeistet, wie Hoffmanns Capriccios, sondern Kleinkunstwerke der reinen Lust am Fabulieren, immer poetisch selbst da, wo eine fremde Vorlage – zu den Italienischen Märchen der «Pentamerone» des Neapolitaners Basile – den Autor leicht zur bloßen Witzigkeit verleiten konnte. Selbständig steht das Märchen *Gockel, Hinkel und Gackelaia* da: «die Krone der Brentanoschen Poesie und ein unvergleichliches Kleinod deutscher romantischer Dichtung» (R. A. Schröder). Dann gibt es die reizvolle *Chronika eines fahrenden Schülers*, die tragisch-novellistische *Geschichte vom braven Kasperl und vom schönen Annerl*, das schönste Lustspiel der Romantik *Ponce de Leon* – endlich jene weitgefaßte Dichtung, die von manchen Brentano-Kennern als sein Höchstes gewertet wird: *Die Romanzen vom Rosenkranz.*

Aus dem Freundgenoß der Jugendfahrten und -träume Brentanos wurde Achim v. Arnim, 1781–1831, sein Schwager, als er Clemens' Schwester Bettina heiratete. Vielleicht waren es die Gegensätze, die beide Dichter zueinander zogen: Arnim, der Märker, war innerlich der weitaus klarere und gefestigtere – aber wenn bei ihm auch das Lyrische zurücktrat, so blühte seine Phantasie nicht minder. Eine große novellistische Begabung und eine Psychologie von oftmals überraschender Modernität, ein klares Anschauen des Gegenständlichen und ein differenziertes Gefühl für das Atmosphärische, das Figuren und Milieu verwebt, machen ihn zu einem der besten Erzähler jener Zeit. Romantisch ist die Stimmungskraft seiner Schilderungen, so daß die realistisch gesehenen Einzelheiten doch über sich hinaus ins Geheimnisvolle deuten. Arnim trug sich mit großen Kompositionsplänen, doch gelang ihm nur, für seinen hochproblematischen Eheroman *Armut, Reichtum, Schuld und Buße der Gräfin Dolores* einen Abschluß zu finden, während die unvollendeten *Kronenwächter* einer der vielversprechenden Torsi der deutschen Literatur sind. Im Zeitalter Kaiser Maximilians I. spielen die vorhandenen Partien. In einem chronikalischen Stil, realistischer als in dem ersten Roman und doch ein wenig stilisiert wie frühe mittelalterliche Gemälde, wird die sagenhafte Überlieferung von der Staufenherrlichkeit im absinkenden Deutsch-Römischen Reich der Reformation zu einem Symbol volkhafter und selbst politischer Visionen; Arnim wollte in dem Gesamtwerk «Geschichte, Sitten und Gebräuche von ganz Deutschland» episch zusammenfassen; bereits das Fragment enthält die Fundamente zu einem wahrhaft klassischen Historienroman.

Wie die ältere Romantik mit E. T. A. Hoffmann einen entscheidenden Namen auch aus dem Osten aufweist, so fand sich zur jüngeren ebenfalls ein Dichter aus deutschem Kolonialland: wiederum einer der größten. Joseph Freiherr v. E i c h e n d o r f f, 1788–1857, stammte aus schlesischem Adel und hat später als Verwaltungsbeamter lange in Westpreußen amtiert. In seinen Jugendjahren lernte er die führenden Autoren der Romantik kennen, deren Kunstideal seiner eigenen Naturempfindung entsprach, während er als ein klarsinniger und gerader Mensch von den Exzessen der Literaten oft peinlich berührt war. Denn darin liegt das Besondere seines Dichtertums: bei aller Wanderseligkeit und unbeschwerten Hingabe an die Schönheit der Wälder, Flüsse, Berge, des Sonnenhimmels und der mondverzauberten Nacht verlor Eichendorff niemals seine gesunde Natürlichkeit. Ein sicherer Geist, ein männlicher Charakter – dabei von seelischer Zartheit und träumerischer Weite: so ist auch seine Lyrik geraten. Die Themen seiner Wander- und Naturlieder sind die uralt einfachen und reinen; er hat für sie nicht einmal eine besondere Sprachfülle, und so wiederholt sich denn mancher Reim, manche Wendung – aber wenn in gesegneter Stunde der Gesang lerchenhaft aufsteigt oder das in allen Dingen schlummernde Lied erweckt, dann weben sich von dieser Poesie unendliche Fäden hinauf zu den Engelssphären und langen zum geheimnisvollen Gartenreich des Märchens. Eichendorffs kleinere Erzählungen, so der schweifende *Taugenichts* und die mythische Novelle *Das Marmor-bild*, zeigen, daß hier ein romantischer Dichter der Außenwelt doch ihr Recht widerfahren läßt, wenn auch die Nachzeichnung der innerlichen, lyrischen Gefühle den eigentlichen Gehalt ausmacht. Daß manche Szenen seines Romans *Ahnung und Gegenwart* und der längeren Erzählung *Dichter und ihre Gesellen* um der ein-gestreuten Gedichte willen geschrieben wurden, ist offensichtlich; nach der Kunstlehre Eichendorffs muß «auch der Roman doch vor allem ein Gedicht sein». Das verführte ihn aber nicht, die seelischen Bewegungen ins Gestaltenlose zu erweichen. Mit einer überaus genauen Formulierung umschreibt Hofmannsthal einmal die Dichtung Eichendorffs als «das Beglänzte, Traumüberhangene, das Schweifende, mit Lust Unmündige im deutschen Wesen, worin et-was Bezauberndes ist, das aber ein Maß in sich haben muß, sonst wird es leer und abstoßend».

Ein bewußter Klassizismus kann wohl als Reaktion auf romantische Strömungen verstanden werden – manche erklären ihn sogar selbst als romantisch, weil er ein Ausdruck von Sehnsucht oder Flucht in die Vergangenheit sei. So hat man denn auch die Lyrik des Grafen August v. Platen-Hallermünde, 1796–1835, charakterisiert; die genaue Innehaltung älterer Gedichtformen, wie Sonett, Ode, Gasel, und schließlich die strengstrophigen, Pindar nachgeschaffenen Fest-gesänge sollen demnach eine innere Schwäche des Dichters verber-gen. Nichts ist abwegiger als diese voreingenommene Meinung. Platens Werk aus formalen Gründen als romantisch hinzustellen, ist verfehlt; so verweist man denn auf den Gefühlsgehalt. Gewiß überwiegen hier Einsamkeit und Schwermut eines Individuums – aber alle neuere Dichtung ist individuell. Platens Lyrik ist ichbezo-gen; dennoch kreist sie nicht nur um seine private Existenz, sondern ordnet ihre Seelenwelt nach großen, objektiven Geistesmaßen. Ein-zig die Lyrik Platens wirkt nach der Goethes und Hölderlins euro-päisch, weil sie höchstverbindliche Konventionen der abendländischen Dichtung meistert. Für uns Deutsche wetteifern mit Platen wohl Novalis, Brentano, Eichendorff und Mörike, aber wir tun gut daran, diese Meister nicht gegeneinander auszuspielen; der Hin-weis auf die übernationale Bedeutung Platens soll ihn also nicht vor den übrigen hervorheben, sondern im Gefüge europäischer Versdichtung zeigen. Nur selten genügt eine rein lyrische Begabung, wie sie Platen eignet, ungeachtet seiner Literaturkomödien, Dramen und eines kleinen Märchenepos, um einem Dichter zeitlosen Rang zu sichern; einer der wenigen Auserwählten aber ist er. Dienst an der Schönheit und ein adliger Sinn, mit unbedingter Hingabe erlebt und erlitten, verleihen seiner Lyrik Größe und Würde; aber der Glanz seines einsamen Sternbildes erreicht immer nur einzelne, gleichgestimmte Naturen.

Seine Beherrschung der Form verlor sich niemals in spielerischer Produktion aus Virtuosität, wie sie Friedrich Rückert, 1788–1866, zuweilen unterlief. Lediglich weil beide Dichter kunstvolle Gedichtformen meisterten, hat man früher Platen und Rückert oft und gern zusammengestellt – und dadurch beide Autoren verkannt. Das Ansinnen, aus der uferlosen Versmasse Rückerts Gelungenes und Eigentöniges herauszulesen, bedeutet gewiß eine Zumutung, denn er erstickte die edle, zuweilen selbst mystisch-didaktische Weisheit seiner Aussagen ebenso durch Anhäufungen wie den Kern bitter erlebter Lyrik. Deutsch-Gemüthaftes, spielmännische Musikalität, Anverwandlung morgenländischer Geistpoesie – um die wesentlichen Werte der Dichtung Rückerts anzudeuten – hütet die innerliche Schatzkammer seines Werkes; aber um sie zu beleben, bedarf es einer kundigen Auswahl, so wie sie beispielsweise in seiner Ausgabe der Lyriker Oskar Loerke für unsere Gegenwart getroffen hat.

Auf die jüngeren Romantiker wirkte das Auftreten des deutsch-ungarischen Grafen Niembsch von Strehlenau, 1802–1850, der seine Arbeiten unter dem Namen Nikolaus Lenau veröffentlichte, sensationell: sie sahen einen Dichter vor sich, wie ihn das Zeitalter nach dem meteorischen Erscheinen Lord Byrons wünschte: mondän und romantisch, im kleidsamen Mantelschwunge einsamer Melancholie, nobel und genialisch. Daß Lenau damals so modern wurde und es auch ein bis zwei Generationen beim Bürgertum blieb, hat später seiner Würdigung im Wege gestanden. Heute bahnt sich wieder eine genauere Einschätzung an: die unselige Zerrissenheit dieses Mannes war echt – ihm ging der Weltschmerz doch durch die Weste bis ins Herz, was Hebbel für Heine, der in mancher Hinsicht als ein Erbe der byronisierenden Romantik anzusprechen ist, überskeptisch bestritten hat. Lenaus Lyrik war häufig angeregt von Themen des Volksliedes in dessen romantischer Auffassung und Erneuerung; aber er imitierte es keineswegs, sondern sprach sich und sein Leid wahrhaft darin aus. Die Bezogenheit der Natur ganz auf seine Subjektivität oder doch stets auf eine Symbolisierung subjektiver Zustände verengt manchmal die innerliche Substanz seiner Gedichte; dennoch verfügt er oft über ein Pathos, das dekorativ und zugleich großgesehen, weil großerlebt ist. Er griff nach hohen und umfassenden Motivkreisen: ein romantischer *Faust* sollte ebenso gelingen, wie ein strophisches Epos über *Savo-*

narola, ein *Don Juan* und eine historische Rhapsodie über die *Albigenser*. Ein freiheitlicher Sturm politischer Dichtung, wie ihn schon der Kampf gegen Napoleon in Deutschland, mit intensiverer Kraft aber englische, französische und vor allem polnische Dichter entfesselt hatten, rauscht in diesen Versuchen Lenaus und zeigt, daß er durchaus nicht nur ein klagender Sänger der Vergänglichkeit gewesen ist. Die Leidenschaft eines politischen Rüge- oder Begeisterungsdichters verbürgt jedoch nicht die Dauerhaftigkeit seiner Produktion, und man kann die weitaus meisten national-patriotischen Versmanifeste selbst bei den großen Autoren der Romantik missen.

Mehrmals umdröhnte politisches Getöse das scheinbar abseitige Dichterland «Orplid»; sein fernes Leuchten wurde zunächst überblendet von den grellen Gewittern der revolutionären Ereignisse der dreißiger und vierziger Jahre, zuletzt gar vollends den Augen der Mitwelt entzogen, als drei Kriege das seit der Heiligen Allianz lange ausbalancierte Staatengefüge Europas schicksalhaft veränderten. Wenig beachtet wurde in dieser Zeit der Dichter Eduard Mörike, ein schwäbischer Pfarrer, am 8. September 1804 in Ludwigsburg zur Welt gekommen, gestorben am 4. Juni 1875 in Stuttgart. Viele Tagesberühmtheiten galten vor und über ihm als Genie – nunmehr aber glüht der farbensatte, herbstkräftige und unendlich berückende Zauber seiner reingestimmten Sprachmusik wie das große abendliche Abschiednehmen der deutschen Dichtung von dem Jahrhundert Goethes. Mörikes Lyrik schließt noch einmal alle Grundtöne in mehr oder minder starker Variierung zusammen: den entzückenden Anruf der Vorklassiker und auch ihre anakreontische Heiterkeit, die plastische Fülle von Goethes beseelter Darstellung des Schauens und Fühlens, die mystischen Verklärungen der Romantiker, die wissende Formkraft der Klassizisten. Aber diese Elemente sind eine Verwandlung eingegangen, in der sie sich vereinen konnten: die Rhythmik differenzierte sich zu zartesten Schwingungen einer Nervigkeit, jenseits deren das Nervöse beginnen würde – die Melodik erfuhr eine nie wieder in deutscher Verskunst erreichte Musikalität, jenseits derer sie sich zerlösen müßte in weicher, ja weichlicher Impression. Mörike jedoch wahrte mit absolutem Takt und Geschmack das Maß sublimster Ordnung; aber man merkt es nicht, so selbstverständlich muten seine Gedichte an! Wer ihn, wie das früher oft geschah, nur einen Idylliker nennt, verrät eine kompromittierende Ahnungslosigkeit: denn in der tiefsten Seelenschicht dieses Dichtertums lauert etwas Dämonisches, Sinnverwirrendes, vielleicht gar der Wahnsinn. Man wittert dieses Unheimliche in seinem romantischen Entwicklungsroman *Maler Nolten* – vor allem in der Peregrina-Episode. In der Novelle *Mozart auf der Reise nach Prag* wird eine Deutung der «Don-Juan»-Musik dichterisch gestaltet. Wenn aber Mörike idyllische Motive behandelt, dann lächelt eine noble Grazie wie nur in den feinsten Dichtungen der Hellenen Siziliens und Alexandriens: ein wirklich Griechisches lebte ganz offensichtlich in diesem protestantischen Pfarrer, der so ungern Amtspflichten abarbeitete – wer hätte denn auch den Theokrit so zu übertragen vermocht wie er! Das unleugbar Neurasthenische in seiner privaten Lebensführung verrät jedoch die große Gefährdung, die mit dem sinkenden 19. Jahrhundert und seither unaufhaltsam wachsend jeder hohen, feinen und tiefen musischen Seele droht.

Ein Symbol dafür ist die romantische Philosophie Arthur S c h o - p e n h a u e r s, 1788–1860. Schon in verhältnismäßig jungen Jahren konzipierte er die Ideen seines Hauptwerkes, *Die Welt als Wille und Vorstellung*, um danach in unwandelbaren Gedankenbahnen, aber mit einer wahrhaft europäisch-mondänen Meisterschaft des stilistischen Vortrags sein System zu detaillieren oder zu kommentieren. Dem selbstsicheren Idealismus folgte eine pessimistische Weltanschauung; wohl vermöge der ästhetische Sinn in den Erscheinungen die platonische Idee als das Objekt der Kunst wahrzunehmen – aber das Beste sei die Verneinung des Willens und damit die Erlösung. Die Musikalität dieser philosophischen Komposition sympathisiert mit dem Tode; aus einem derart verdüsterten Umgang der Romantik mit der Musik konnte nur hervorgehen entweder ein opiatischer Kunstrausch oder eine süchtige Todesmystik; man versteht, daß Schopenhauers existentieller und kultureller Pessimismus eine mächtige Anziehungskraft auf große Geister der zweiten Jahrhunderthälfte ausübte. Welch ein Umschlag der seelischen Haltung hatte sich zugetragen! Das Reich der Geistesmacht wurde von der Inthronisierung des Vitalismus verdrängt: der blinde, ungeistige Trieb als weltschaffende Gewalt!

Wie anders wirkt das Zeichen auf uns ein, in welchem Carl Gustav C a r u s, 1789–1869, die Entwicklung des Lebens hin zu gestalteten Organismen anruft:

Beobachten wir das Leben näher, so sehen wir, es müsse durchaus in seiner Fortstrebung ein Gefühl, eine unbewußte Erinnerung von dem vorhanden bleiben, was früher vorhanden war, sonst erklärte sich nicht, wie auf der Spitze der Entwicklung, nach mannigfach durchlaufenden Phasen, etwas wiederkommen könne, gerade so, wie der Keim gestaltet war, von welchem die Bildung anhub (z. B. das Ei oder das Samenkorn); und hinwiederum erkennen wir, es müsse eine bestimmte, wenn auch unbewußte Vorahnung von dem in ihm leben, w o h i n sein Bildungsgang sich richten und was es anstreben solle, sonst wäre der sicher fortschreitende Gang, das regelmäßige Vorbereiten mancher Erscheinungen, die an sich nur Durchgangsperioden bilden können und selbst immer höheren Zwekken sich unterordnen, ganz unerklärlich. Je mehr man sich in alles dieses hineindenkt, je bestimmter man erkennt, daß mit einer außerordentlichen Fähigkeit das Nachgefühl des Vorherdagewesenen und das Vorgefühl des Kommenden sich hier unbewußt ausspricht, desto mehr muß man die Überzeugung gewinnen, daß alles, was wir im bewußten Leben Gedächtnis, Erinnerung nennen, und noch weit mehr alles, was wir in dieser Region Vorausehen, Vorauswissen nennen, doch gar weit zurückbleibe hinter der Festigkeit und Sicherheit, mit welcher in der Region des unbewußten Lebens dieses epimetheische und prometheische Prinzip, dieses Erinnerungs- und Vorahnungsvermögen, noch ohne alles Bewußtsein seiner Gegenwart, sich geltend macht.

Klassisches und Romantisches durchdringen sich in Carus' Auffassung der Gleichung Idee = Leben als «unbewußter Weisheit»; es erhebt sich das Naturschauen des großen Arztes und Philosophen – der sich übrigens mit einigen Gemälden als Geistesverwandter seines Freundes Caspar David Friedrich erweist – über den bloßen Intellektualismus wie über den bloßen Vitalismus: also über jene Einseitigkeiten, in die sich während der zweiten Hälfte des 19. Jahrhunderts die Naturwissenschaften aufgespalten haben. Dadurch aber wurde Carus, der Jünger Goethes, den er in einem der wichtigsten Bücher der Goethe-Literatur dargestellt hat, zu einem der Erneuerer des Geistes für unsere Epoche. In seinem Hauptwerk *Psyche* entwarf er ein auf Beobachtung gestütztes System metaphysisch unterbauter und erhöhter Seelenkunde: kraft ihrer klassischen Ganzheit noch immer musterhaft und gültig. Der mit dem Heilenden in der Natur vertraute Erforscher der «Region des Unbewußten» als des Ursprungsbereiches auch des bewußten Seelenlebens stieß dabei nicht auf das Zweifelhafte, Dämonische, Nichtige; es eröffnete sich ihm die Erkenntnis von der schöpferischen Unendlichkeit des Seins, die

das wahrhaft ewige Werden der Seele in Gott mit festem und unauslöschlichem Griffel verzeichnet.

Die pessimistische Melancholie Schopenhauers wird den letzten klassizistischen Dramendichter im Jahrhundert Goethes wesensnahe angesprochen haben. Der Österreicher G r i l l p a r z e r kannte die «Welt als Wille und Vorstellung», erwähnt aber nur deren ästhetische Ideen. Es wäre auch abgeschmackt, seine Gemütsart aus literarischen Einflüssen «erklären» zu wollen: Hypochondrie belastete schon früher seine freie Selbstentfaltung als Persönlichkeit und als Schaffender. Ein permanenter innerer Widerspruch, eine selbstquälerische Zerrissenheit, jedoch nicht eruptiv ausbrechend, sondern in gedehnter Trübsal schleichend, ständig mißvergnügt und verärgert: so führte sich ein langes Leben zu Ende – und war doch berufen! Am 15. Januar 1791 kam Franz Grillparzer – wie hat er immer seinen Namen gehaßt! – in Wien zur Welt; hier ist er auch am 21. Januar 1872 gestorben. Jenes Wien der Heiligen Allianz, des Metternichschen Konservatismus, der hofrätlichen Loyalität, Hort der größten deutschen Musiktradition, Pflanzstätte eines volkhaften, im Ursprung durchaus illiteraten Theaters: mit all seinem Reichtum und all seiner Beschränktheit war es die unentrinnbare Schicksalsatmosphäre Grillparzers. Er blieb ihr verhaftet selbst nach einigen Reisen ins Ausland, von denen er kaum eine dichterische Anschauung heimbrachte; sogar Italien verharrt in seinem Werk als Kulisse – denn er holte die Bildhaftigkeit seiner Szenen aus der seelischen Imagination, versehnte sich dabei aber nicht im Gegenstandslosen, sondern verdichtete Gefühl und Stimmung zu wirklichen Inbildern. Geistig erzog sich Grillparzer an der Weimarer Klassik; seine Heimat hatte ja alle musischen Kräfte für die Tonkunst aufgespart und würde ohne sein Schaffen kaum an der deutschen Literaturblüte beteiligt sein. Grillparzer wußte aber, daß die tiefsten Wurzeln seiner Dramatik doch im «Geister- und Feenmärchen des Leopoldstädter Theaters» lagen; dieses Theater aber hat sowohl Gottscheds Reform wie auch Lessings literarische Gesetzgebung nicht mitgemacht. Ungebrochen spielte es sich aus der Schauensfreude des Volkstums weiter – doch fand es eine übernationale Bedeutung nicht im Schauspiel, sondern in der Oper. Wäre der Wiener Theaterdichtung ein Genius erstanden – vielleicht besäßen dann die Deutschen eine volkhafte Bühne wie die Engländer und Spanier. Aber Ferdinand Raimunds, 1790–1836, märchenhafte Spiele mit Gesangseinlagen, die in echte Poesie hineinreichen, bleiben sprachlich doch unzulänglich. Raimund war sich seiner Grenzen schmerzlich bewußt; seine edle und leidend anfällige Natur beklagte rührenderweise ihren Mangel an Bildung – er irrte sich: es gab eben keine dichterische Überlieferung in Wien. Sein echtes und reines Talent konnte sie nicht ersetzen oder gar erschaffen. Raimunds Gegenspieler Johann Nestroy, 1801–1862, war zwar ein grandioser Komiker der Bretter und berührte fast aristophanische Bezirke als Parodist der Literatur und Politik, ohne wahrhaft ein Dichter zu sein. Immerhin zeigen beide Dramatiker eine lokale Schaubühne mit Ansätzen zu einer nationalen Theaterkunst.

Kaum die heitere, dafür aber die zauberische Seite dieser österreichischen Eigenart und Überlieferung lebt in Grillparzers Schaffen. Dramaturgisch folgte er Schiller; außerdem pflügte er «mit Goethes Kalbe», wie er selbst gesagt hat. So entstand denn ein Klassizismus von unverkennbar epigonenhaften Zügen – doch original genug, weil Grillparzer den Typ des klassischen Dramas um neue Motive bereicherte und erweiterte. Aber ein Übergewicht des Bildungsmäßigen, als bürgerliche Kultiviertheit, schwächte die Durchschlagskraft der tragischen Gestaltung.

Als Schriftsteller ist Grillparzer ein extrem moderner Typ, wie es seine Tagebücher und Erinnerungsblätter mit erregender Eindringlichkeit zeigen.

In mir bleiben zwei völlig abgesonderte Wesen. Ein Dichter von der übergreifendsten, ja sich überstürzenden Phantasie und ein Verstandesmensch der kältesten und zähesten Art,

so notiert er – und während äußerlich sein Leben als k. u. k. Archiv- und Hofrat beamtenhaft verläuft, wühlt das Bewußtsein der «Insuffizienz» in ihm: des Nicht-Genügens als Autor wie als Mann. Durch Jahrzehnte bleibt er der ewige Bräutigam einer frühen Geliebten und altert an ihrer Seite; er glaubt, daß seine Produktionskraft erkalte, und nennt «ein mit Zerstreuung abwechselndes, verworrenes Brüten» seinen natürlichen Zustand. In Gedanken war er ein unentwegter Selbstmörder, gestand sich selbst eine unüberwindliche Schwäche bei der Durchsetzung seiner Individualität und schrieb als Sechsunddreißigjähriger:

Wenn ich je dazu kommen sollte – aber ich werde es nie tun –, die Geschichte der Folge meiner inneren Zustände niederzuschreiben, so würde man glauben, die Krankheitsgeschichte eines Wahnsinnigen zu lesen.

Es ist bewunderungswürdig, daß Grillparzer diese seelische Pathologie nicht coram publico ausgebreitet hat – vielleicht hätte er den Tasso-Konflikt des Dichters weit neurasthenischer, damit aber auch privater dargestellt als Goethe. In der *Sappho*, seinem ersten wesentlichen Drama nach dem theatergrellen Schicksalsstück *Die Ahnfrau*, erinnert er ja an Goethes Werk; doch wählte er nicht nur einen antiken Stoff, sondern antikisierte ihn auch – um ein romantisches Künstlerdrama zu vermeiden. Gleichfalls in hellenischer Frühe spielt die Trilogie *Das Goldene Vlies*, die erst im dritten Stück, «Medea», einen rein tragischen Kampf vorführt, während die beiden voraufgehenden Teile den Gegensatz Griechisch-Barbarisch eher mit kulturhistorischen als mit dichterisch-dramatischen Mitteln wiedergeben. Grillparzers *Medea* krankt an der Stilwidrigkeit einer psychologischen Behandlung mythischer Vorgänge und Figuren: bei Euripides ist die kolchische Königstochter urtümlich ein dämonisches Wesen, teilhaftig der Unterwelt – bei Grillparzer soll sie durch Reflexionen das Unmögliche rechtfertigen, daß eine Mutter ihre Kinder tötet, um den treulosen Gatten zu strafen! Stoff, Gehalt und Darstellung schließen sich in Grillparzers letztem antikisierenden Drama *Des Meeres und der Liebe Wellen* zu vollkommener Einheit. Die schwermütig-süße Liebesgeschichte von Hero und Leander ist das Thema – und was der spätantike Musaios nicht vermochte, leistete der moderne Dichter: den Vorgang durchatmet Poesie, sogar der herzliche Charme Wiens – wie es der Titel der Dichtung mit einiger Naivität anzeigt. Das elegische Naturell Grillparzers fand sich hier besser zurecht als in der düsteren Welt der Heroen – denn wie unantik lautet Medeas Wort:

Was ist der Erde Glück? Ein Schatten!
Was ist der Erde Ruhm? Ein Traum!

Einem Dichter von solcher Grundstimmung mußte der durchscheinende Barock der spanischen Bühne wahlverwandt vorkommen. Grillparzer erschloß als erster für die deutsche Ästhetik das Werk Lope de Vegas, während sein Verhältnis zu Calderon zurückhaltender blieb. Nur in der Umkehrung des Titels erinnert *Der Traum ein Leben* an Calderons Drama; Grillparzer entlehnte den Stoff einer Erzählung Voltaires und Motiven Lopes, formte jedoch auf hochdichterische Weise hier ein Märchenspiel, wie man es in Wien gewohnt war. Parabolisch gleich Raimunds Bühne ist dieses Werk: es hat etwas Nutzanwendliches wie auch *König Ottokars Glück und Ende*, das österreichische Patriotendrama vom Siege Rudolfs von Habsburg über den Böhmen Ottokar – plante es der Dichter doch schon früh unter dem Titel «Übermut und sein Fall». An Darstellungskraft des Seelischen überragt dieses Stück das oft als subalternes Loyalitätsbekenntnis mißdeutete Drama *Ein treuer Diener seines Herrn*. Bancbanus, der ungarische Vasall und Paladin, ist mit seiner auf innere Probe gestellten Gesetzestreue eine hochdifferenzierte Figur: voll ähnlicher Konflikte wie der Autor, sie aber mit reifer Männlichkeit überwindend – gleichsam die Idee dessen, was Grillparzer selbst als eine höchste Seelenverwirklichung anstrebte. Der österreichischen Zensur erschienen diese Werke höchst bedenklich – und wie der ohnehin so mimosenhafte Dichter nur allzu leicht irritiert werden konnte, so mußte er zu den amtlichen Hemmnissen noch den schweren Mißerfolg der Uraufführung seines einzigen Lustspiels *Weh dem, der lügt* hinnehmen. Die reife Herzensheiterkeit dieses auf handfeste Theaterkomik verzichtenden Spiels hat immer nur wenig Verständnis gefunden. Grillparzer verschloß sich fürderhin vor der Welt; erst in seinem Nachlaß fand man noch drei Dramen – und jedes von ihnen ist ein Meisterwerk. *Libussa* behandelt die sagenhafte Gründung Prags - ein Thema, das schon Brentano aufgegriffen hatte; in zarter Schwebe zwischen Dramatik und Mythik hält sich das Werk, das die weibliche, fast mutterrechtliche Befestigung einer Menschengemeinschaft durch die liebende und doch königlich-priesterliche Heldin darstellt. Ein Staatsdrama hohen und zugleich psychologisch intimen Stils ist *Ein Bruderzwist in Habsburg;* die Hauptgestalt Rudolfs II. reicht mit Schillers König Philipp im «Don Carlos» als den einzigen deutschen Dramenfiguren an Shakespeares Könige. *Die Jüdin von Toledo* geht auf ein Werk Lope de Vegas zurück; Zwang der Politik und Liebeswahnsinn streiten widereinander, die Gewalt des Geschlechts sprengt die Anlage des Dichters zum Elegischen.

Mit souveräner Einsamkeit erörtert Grillparzer in seinen Tagebüchern Lebenssituationen und Probleme der Dichtung. Diese ungemein wichtigen Teile seines Gesamtwerkes gerieten ihm weit persönlicher als die Lyrik, deren interessantester Beitrag messerscharfe Epigramme sind. Außerdem schrieb er zwei Novellen: *Der arme Spielmann* und *Das Kloster bei Sendomir;* wie Kleists Erzählungen stehen auch diese Arbeiten nicht im Schatten der Dramatik. Lange hat man Grillparzer als dem «Klassiker aus Österreich» einen mehr konventionellen Rang in der deutschen Literatur eingeräumt, ohne sich Mühe zu geben, ihn genauer und innerlicher zu verstehen. Erst Hofmannsthal machte darauf aufmerksam, daß sich «in ihm überhaupt eine fast lückenlose Synthese österreichischer Elemente beisammenfindet: Die Synthese von Alt und Neu, die Synthese von Naiv und Reflektierend, die Synthese von Eigenbrötlerisch und Sozial, von Katholisch und Humanistisch, von Städtisch und Bäuerlich.»

Romantische Literatur außerhalb Deutschlands

Der Aufbruch einer neuen Dichterjugend in England gegen Ende des 18. Jahrhunderts ähnelt der Sammlung junger Autoren in Deutschland vor der klassischen Periode. Wie sich hier fromm-begeisterte Jünglinge zum Hainbund vereinigten, so fanden in Westmoreland 1797 einige englische Schriftsteller zueinander; man nannte sie die «Lakers» – jene Landschaft mit ihren einsamen Seen entsprach den natur-innigen, sentimental-elegischen Stimmungen einer Poesie, die anfangs noch in den Motiven und Formen der Thomson, Young und Cowper befangen war. Die Umwälzungen in Frankreich hatten bei der englischen Jugend dieselbe Begeisterung ausgelöst wie in Deutschland, und so ging auch die «See-Schule» durch einen republikanischen Radikalismus – bis sie durch den Gang der politischen Wirklichkeit wieder konservativ und legitimistisch wurde. Eine Reise nach Deutschland führte die beiden großen Begabungen der Lakers, Wordsworth und Coleridge, in den Stromkreis einer dichterisch-metaphysischen Kunst, deren Einwirkungen für sie wie für die neuere englische Literatur sehr folgenreich wurden. Samuel Taylor Coleridge, 1772–1834, einer der entscheidenden Kritiker des englischen Geisteslebens, aber auch als Lyriker eine originale Gestalt, machte seine Landsleute mit deutscher Philosophie und Ästhetik bekannt; er übersetzte Schillers Wallenstein; tiefe Einsichten in die Kunst näherten seine romantische, platonisierende Metaphysik dem Symbolismus. Edgar Allan Poe verdankte ihm wesentliche Züge seiner Philosophie der dichterischen Komposition und schrieb einmal: «Von Coleridge kann ich nur mit Verehrung sprechen. Sein ragender Verstand! Seine Gigantenkraft ... Lese ich seine Dichtung, so überkommt mich ein Schwindel, als stünde ich an einem Vulkan und ermäße gerade aus der ihm entströmenden Finsternis die drunten herrschende Glut und Lichtfülle.» Vornehmlich berühmt wurden drei Balladen, vor allem *Kubla Khan oder Ein Traumgesicht:* ein Poem, dessen Entstehung der Autor als eine ihm gleichsam geschenkte Vision geschildert hat. Er war mit William Wordsworth, 1770–1850, eng befreundet; daß der ein wenig Ältere von durchaus gegensätzlicher Natur war, wußte er, anerkannte aber dessen höheren Rang: «Der Gewalt der Einbildungskraft nach steht unter allen neueren Dichtern keiner Shakespeare und Milton so nahe wie Wordsworth.» Trotz dieses Urteils hat man später Wordsworth vernachlässigt; er galt als ein borniener und langweiliger Mensch – bis die präraffaelitische Renaissance seine einzigartige Leistung wieder würdigen lehrte. Matthew Arnold hat die vergeistigte, reine Gegenständlichkeit der Lyrik Wordsworths, in der sich alles Individuelle dem ruhig-gesetzlichen, nur fühlbaren Rhythmus der Natur einordnet, mit einem Vergleich gedeutet: «Die Natur selbst, so möchte man sagen, scheint ihm die Feder aus der Hand zu nehmen und nun statt seiner mit der ihr eigenen, nackten, lauteren und durchdringenden Gewalt zu schreiben.» Einfach und doch gewichtig tönt die Sprache dieses Dichters, die nicht die armen Alltagworte verschmäht, weil auch sie im selbstvergessenen Monolog des Ichs vor der Landschaft beseelt werden:

Mein Geist versank in tiefen Schlaf,
Fern allem Menschenleid;
Er schien ein Ding, das niemals traf
Der Hauch der Erdenzeit.

Nicht Regung kennt er nun noch
Gesicht nicht noch Gehör; [Kraft,
Kreis in der Erde Wanderschaft
Mit Fels und Baum und Meer.

Wie bei Stifter so auch bei Wordsworth wäre es ein Irrtum, zu glauben, daß diese weltumfangende Frommheit ein sanfter, beschönigender Schleier aus Poetenträumen sei; der deutsche Epiker bekannte etwas «Tigerhaftes» im Grunde seiner Seele – der englische Lyriker berief in seinem *Der Einsiedler* überschriebenen meditativen Natur-Epos – es wurde zu etwa zwei Dritteln des Plans ausgeführt – die Ich-Angst des modernen Menschen, die nur schöpferisch überwunden werden kann:

... Kein Chaos, nicht
Die unauslotbar düstre Unterwelt,
Noch blindrer Abgrund, schweifende Geburt
Aus Traum und Angst – zeugt solche Schreckenspein,
Wie sie uns überkommt, bei jedem Blick
In unser Innres, in des Menschen Geist –
Der mich in Bann hält, Ursprung meines Sangs.

Die hochdichterische Metaphysik der führenden Meister der See-Schule überdauerte die Popularität, deren sich fast das ganze vorige Jahrhundert hindurch Walter S c o t t, 1771–1832, erfreute. Der noble Schotte begründete für Europa den neuen historischen Prosaroman mit dem 1814 anonym veröffentlichten *Waverley*. Er hatte sich nämlich zu dieser Form epischer Gestaltung entschlossen, weil ihm die Verserzählungen Lord Byrons der eigenen Produktion in dieser Gattung überlegen schienen. Aber es ist derselbe Geist, der Scotts Verse und Prosa erfüllt: die romantisch-phantasievolle Hinwendung zur geschichtlichen Vergangenheit, wie sie bereits die Balladensammlung Percys eingeleitet hatte. In seiner berühmtesten Verserzählung *Die Jungfrau vom See* prologiert Scott:

O Nordlandsharfe! modernd hängst du schon
Beim Fillansborn am Zauberbaume lang;
Es braust' im Winde deiner Saiten Ton,
Bis neidscher Epheu enge sie umschlang,
Mit Laub erstickend deiner Lieder Klang.
O Harfe, tust du nimmermehr dich kund?
Inmitten Blätterrauschen, Wellensang
Verstummt' dein süßres Lied im stillen Grund,
Dem Mädchenträne floß und lächelt Kriegermund?

Diese Atmosphäre verliert sich in seinen großen Romanen aus der schottischen, englischen und französischen Geschichte, obschon Scott die Handlungen durchaus realistisch führt und sich als ein gediegener Situationsschilderer erweist. Um dieser Fähigkeiten willen schätzte ihn Goethe, so sehr er sich sonst von jeder historischen Epik distanzierte, weil sie ein Zwitter von Dichtung und Geschichte sei: der gegebene Stoff binde die poetische Wahrheit und Freiheit des Autors – romanhaft gestaltet verliere er das Zuverlässige für die Unterrichtung. Dennoch haben immer wieder große Romanciers historische Motive behandelt – andererseits werden ständig kritische Vorbehalte im Sinne Goethes geäußert. Um hier einige Klärung zu schaffen, berücksichtige man den Tatbestand der Literaturgeschichte: Für Homer, für Vergil, für den oder die Verfasser der indischen Heldenepen, für den Autor des Nibelungenliedes – um wesentliche Beispiele zu nennen – waren die Inhalte ihrer Dichtung geglaubte geschichtliche Wirklichkeiten. Soweit sie «erfanden», taten sie dasselbe, was alle erzählenden Epiker tun: einen Hergang möglichst genau, reich und anschaulich zu berichten. Wie die Alten, so die Neuen: Tolstoj in Krieg und Frieden, Flaubert in Salammbô, Manzoni in Die Verlobten, Stifter in Witiko, Thomas Mann im Joseph-Roman, Stucken in Weiße Götter. Das Schrifttum aller Zeiten und Zonen lehrt, daß eigentlich alle größeren literarischen Formen wie von der gegenständlichen Substanz der außermenschlichen Natur, so auch von der menschlichen Geschichte am sichersten getragen werden – selbst für die Lyrik, mit Ausnahme der kleineren liedhaften Gebilde, trifft das zu. Erst seit der Romantik trennte man Mythos und Geschichte – aber gerade mythische Epochen haben ihre Mythen als Geschichte genommen.

Zu Walter Scott zurückkehrend, läßt sich sagen, daß er in seiner Art ein Klassiker des neueren historischen Romans ist. Dazu gehört vor allem, daß er das Epische nicht zugunsten des Psychologischen vernachlässigt – daß sich die geschichtlichen Einzelheiten nicht rohstofflich verselbständigen, sondern stets zur Komposition und zum Weltbild des Ganzen gehören – daß er überhaupt ein echter Epiker ist: also Zeit und Ruhe hat zur Entfaltung breithinströmenden Lebens. Der malerisch detaillierte Vortrag in Scotts Romanen *Ivanhoe*, *Quentin Durward*, *Kenilworth* wird zuweilen mit einer Akkuratesse durchgehalten, die den realistischen Möglichkeiten der Beobachtung in dieser oder jener Situation widerspricht. Flaubert rühmt die Darstellungskunst des schottischen Romanciers, in der die Menschen der Vergangenheit lebende Wesen werden, bemerkt aber: «Künstlerisch zusammengestellte Landschaften umgeben die Szenen wie eine Theaterdekoration.»

Der imponierende, weltkundige Aristokratismus so mancher englischer Schriftsteller um die Wende zum 19. Jahrhundert verleiht der englischen Romantik eigene Prägung und eigenen Gehalt neben der deutschen. Als aufgeschlossene Geister verschmähten sie aber nicht die gewaltigen Anregungen, die sie von der deutschen Hochklassik erhalten konnten, wie Wordsworth, Coleridge und selbst der so ausgesprochen torystische Scott beweisen – hat der Romancier doch Goethes Götz übertragen. Nicht minder unbefangen nahm Lord Byron besonders Ausstrahlungen aus dem Werke Goethes in sich auf. Und der «illustrious Goethe», dem Byrons Drama *Sardanapal* gewidmet war, feierte den englischen Dichter mit einer Bewunderung, wie er sie keinem zweiten mitlebenden Autor gezollt hat. Inzwischen erlitt die Wertung des Dichters Byron einige Abstriche; man ist darin zu weit gegangen, wie sich bei genauerer Prüfung zeigt – obschon jene Umwertung zweifellos das Rechte trifft, nach der nunmehr Shelley und Keats als die Genien der englischen Romantik erscheinen. Aber der ungeheure Ruhm des Lords in den geblendeten Augen der Zeitgenossen war nicht unbegründet: Byron wirkte durch sein Leben wie die Inkarnation des romantischen Dichtertums.

George Gordon Noel Byron, aus altem normannischem Adel, wurde am 22. Januar 1788 in London geboren; mit zehn Jahren erbte er die Peerswürde. In dieser Eigenschaft nahm er 1809 seinen Platz im House of Lords, um unmittelbar darauf die südeuropäische Romania: Portugal, Spanien, Malta, kavaliersmäßig zu bereisen, dann brach er zur Levante auf: nach Griechenland, Albanien und Konstantinopel. Wieder in der Heimat, machte sein Eintreten für die notleidenden Arbeiter und für die unterdrückten Katholiken im Parlament Sensation – und eines Morgens im Jahre 1812 erwachte er als der gepriesenste englische Dichter der Zeit: von *Childe Harolds Pilgerfahrt*, einem Versepos in Spenser-Stanzen, wurden an einem einzigen Tage achtzehntausend Exemplare verkauft! Fast vier Jahre war der Dichter-Lord der Salonlöwe der gesellschaftlichen Creme; dennoch fand er zwischen Bällen und Soireen Zeit zu rascher Produktion mehrerer kleiner Versnovellen. Mit einem Schlage wendete sich das Blatt, als Byrons Ehe nach einem Jahr getrennt wurde: die Beziehung Byrons zu seiner Halbschwester entfesselte einen Skandal, und der Verfemte verließ 1816 für immer England. In der Schweiz befreundete er sich mit Shelley, reiste dann nach Italien, unterhielt hier eine nur lockere Verbindung zu den gegen Österreich arbeitenden Carbonari, glänzte in den Karnevalen Venedigs – wo sich übrigens seine Spuren mit denen Schopenhauers kreuzten. Byrons Antlitz war von auffallender Schönheit, hinzu kam die ritterliche Trainiertheit seines Körpers.

Obwohl ihn von Geburt an ein verkürzter, mißgestalteter Fuß hinderte – seine eigene Mutter, eine Hysterikerin, hatte ihn deshalb in der Jugend oft zeternd beschimpft! –, war er ein guter Fechter und Pistolenschütze, hatte sich im Boxen geübt und wagte es einmal, die strömende Meerenge der Dardanellen zwischen Sestos und Abydos wie einst Leander zu durchschwimmen. Wie war er nach dem Geschmack der Damenwelt, welch ein interessanter Ruf! Inmitten dieses Trubels, jedoch ständig auch als Dichter arbeitend, erreichte ihn die Kunde vom Aufstand der Neugriechen gegen die Türken. Bereits auf der ersten Reise hatte er zu Führern der Insurrektion Beziehungen angeknüpft; nunmehr zog es ihn unwiderstehlich nach Hellas, wo man ihn enthusiastisch begrüßte. Er selbst rüstete zwei Schiffe aus, landete in Missolunghi, bereitete den militärischen Sturm auf eine feindliche Feste vor – als er die Zwistigkeiten innerhalb der Hellenen und die Meutereien undisziplinierter Verbände erleben mußte. Schwere Nervenkrisen und schließlich eine Gehirnhautentzündung, die ihm die sumpfig ungesunde Landschaft eintrug, führten zum Ende: am 19. April 1824 starb er nach qualvollen Fieberschauern. Es bestand die Absicht, ihn zum ersten König des befreiten Griechenland zu machen; nur sein Herz verblieb in Hellas, beigesetzt in einer silbernen Kapsel – der Leib aber fand in England seine letzte Ruhe; jedoch nicht in St. Paul oder Westminster, weil die Geistlichkeit protestierte, sondern bei seinen Ahnen in der Dorfkirche von Hucknall Torkard bei Newstead Abbey. Ganz Europa trauerte erschüttert; in Byrons Heimat fand Sir Walter Scott, erhaben über den «cant», das ahnungsvolle Wort vom «Genius, der unter uns wandelte als etwas Höheres denn die gewöhnlichen Menschen, dessen Kräfte wir mit Staunen, bisweilen fast mit Schrecken erblickten, als ob wir nicht wüßten, ob sie zum Guten oder zum Bösen wären».

«Childe Harolds Pilgerfahrt» zeigt den Grundtypus der Dichtung Byrons: sie ist ihm ausschließlich ein Medium zur rein subjektiven Selbstaussage. Die späteren Versnovellen wiederholen diesen Typ nur in vorwandhafter Kostümierung; romantische Talente in anderen Ländern haben mit ähnlichen Formen dasselbe versucht, als der Byronkult in voller Blüte stand. Dennoch sollte man die antikisierenden Neigungen des Dichters nicht übersehen; seine ästhetischen Ansichten und sein Geschmack goutierten oftmals Literaturwerke, die gerade von der Romantik abgelöst waren. Man wird sich heute mehr als zu den scheinbar objektivierenden Erzählungen zu den ganz unverhüllten Ich-Poemen Byrons hingezogen fühlen, in denen der Autor am Modell einer Reise rhapsodisch seine Individualität ausspricht, wobei ihm eine Fülle von Tonarten zur Verfügung steht: lyrisch, ironisch, zynisch, rhetorisch, polemisch klingen die Verse, mit einer Gewandtheit behandelt, die immer wieder entzückt. Byron, der Rousseaus «Bekenntnisse» schätzte, gibt sich dabei mit einer souveränen Gelassenheit, die nicht herausfordernd, sondern einfach als Haltung und Geste großen Lebensstils wirkt. Es fragt sich, ob eine gewisse moralische Verlarvung, wie sie Byron in seiner Vorrede zum *Harold* beliebt, ernst gemeint oder nur eine nachsichtige Konzession ist:

Es wäre wohl angenehmer und gewiß auch leichter gewesen, ihn als einen liebenswürdigen Charakter zu zeichnen. Es wäre leicht gewesen, seine Fehler zu übertünchen und ihn mehr handeln und weniger sprechen zu lassen; aber er war nicht bestimmt, als ein Muster zu gelten. Höchstens sollte er zeigen, daß frühe Verderbtheit des Herzens und der Grundsätze zum Überdruß an vergangenen und zur Enttäuschung in gegenwärtigen Freuden führt und daß selbst die Schönheiten der Natur und der Trieb zum Reisen – außer dem Ehrgeiz vielleicht die mächtigste aller Anregungen – für ein so geschaffenes oder vielmehr übel geleitetes Gemüt nicht vorhanden sind.

Byrons Art, sich über den «ennui» zu einer poetischen Blasiertheit zu erheben, hat herrenhaftes Format. Er stellt den einzigartigen Fall dar, daß ein Dandy geistiger, und nicht nur geistiger Aktivist sein und zugleich Dandy bleiben kann – was den späteren literarischen Dandies, unter ihnen Genies wie Baudelaire, nicht gelang oder nicht gegönnt war. Der phaëtongleich dahinjagende Lebenswagen Byrons fuhr über Abgründe, in denen der Dämon der Selbstzerstörung lauerte. Sein von Goethes Faust beeinflußtes dramatisches Gedicht *Manfred* spricht dieses Geschick in der Schlußszene aus, wenn der Held einem anklagenden Geist entgegenschleudert:

Was ich tat, ist getan; ich trag im Innern
Qual, die von deiner sich nicht mehren kann.
Der ewge Geist schafft aus sich selbst Vergeltung
Für seine gut’ und sündigen Gedanken –
Ist selbst des Bösen Ursprung sich und Ende –
Sich selber Ort und Zeit – sein innrer Sinn,
Wenn von der Sterblichkeit getrennt, bedarf
Nicht Farbe von den flüchtgen Dingen draußen,
Sondern geht auf in Freude oder Weh,
Erzeugt von seines eignen Werts Erkenntnis.
Du hast mich nie versucht und konntest nicht;
Ich war dein Narr nicht, bin nicht deine Beute.
Mein Selbstzerstörer war ich und will ferner
Mein eigen sein –

Mit metaphysischem Tiefenblick erfaßte Byron die menschheitliche Gleichnisgestalt des Brudermörders Kain in einem Mysterium, dessen Bedeutung von Scott, Shelley und Goethe sofort erkannt wurde. Goethe, der im «Manfred» schon «ganz eigentlich die Quintessenz der Gesinnungen und Leidenschaften des wunderbarsten, zu eigner Qual geborenen Talents» entdeckt hatte, schrieb über *Kain:* «Der über alle Begriffe das Vergangene sowohl als das Gegenwärtige und, in Gefolg dessen, auch das Zukünftige mit glühendem Geistesblick durchdringende Dichter hat seinem unbegrenzten Talent neue Regionen erobert ... Er hält sich an den Buchstaben der biblischen Überlieferung; indem er nun das erste Menschenpaar seine ursprüngliche Reinheit und Schuldlosigkeit gegen eine geheimnisvoll veranlaßte Schuld vertauschen und die dadurch verwirkte Strafe auf alle Nachkommen forterben läßt, so legt er die ungeheure Last eines solchen Ereignisses auf die Schultern Kains, als des Repräsentanten einer ohne eigenes Vergehen in tiefes Elend gestürzten mißmutigen Menschheit.» Das einen Monat nach der Vollendung des «Kain» geschriebene oratorische Drama *Himmel und Erde* – thematisch beruhend auf Genesis, Kap. 6: «Da sahen die Kinder Gottes nach den Töchtern der Menschen, wie sie schön waren, und nahmen zu Weibern, welche sie wollten» – schließt mit dem Einbruch der Sintflut. «Und Weiber weinend um Dämonenliebe»: diese Verszeile Coleridges, als Motto vorangestellt, umschreibt den kosmischen Gehalt. Goethe sah dieses Mysterium als die vollkommenste tragische Dichtung Byrons an.

Unvollendet blieb im siebzehnten Gesang die dichterische Summa Byrons, der in exakten Stanzen geschriebene *Don Juan.* Das Werk ist ein gesteigerter «Childe Harold», sprachlich, vers- und reimtechnisch die virtuoseste Produktion dieses souveränen Artisten. Das englische Publikum tobte, als ihm die Salven dieser Verse seine Bastionen der Tugendhaftigkeit einrissen; wiederum wußte aber Scott den Dichter besser zu verstehen und die «ausgesuchtere Poesie» zu würdigen, «die der Autor mit so spontaner Kraft von sich zu schleudern scheint wie ein Baum, der seine Blätter abgibt». Mit ruhiger Sachlichkeit wies Goethe die Bekrittelung an Byron zurück: «Die englische Nation hat gar nicht Ursache, dem Lord Byron seine Mängel vorzuwerfen: wenn er fehlt, fehlt er als Engländer; als ungebändigter reicher Erbe, pedantisch erzogen, sittlich ungebildet, zum Widerspruch geneigt, in der Opposition sich gefallend, in der Tadelsucht sich erfreuend und zuerst seine Landsleute, König und Gemeine, zuletzt, ins Grenzenlose sich verlierend und ohne Maß und Ziel, die ganze Welt verlästernd. Diese nach und nach sich steigernden Unarten sind nationell und familienhaft, und da bleibt es dann immer ein Wunder, daß er als Mensch so gut geblieben und als Dichter über alle Zeitgenossen sich erhoben.»

Den «Don Juan» nannte Goethe «ein grenzenlos geniales Werk, menschenfeindlich bis zur herbsten Grausamkeit, menschenfreundlich, in die Tiefen süßester Neigung sich versenkend ...» An repräsentativster Stelle des modernen geistigen Abendlandes, im zweiten Teil des «Faust», wird Lord Byrons Apotheose vollzogen: er ist symbolisiert als der Knabe Euphorion aus dem Liebesbunde des nordisch-modernen Faust und der griechisch-schönen Helena. Es ist ein Zeichen für die innere Spannkraft des Engländertums, daß man den genialen Beleidiger endlich doch als einen der Größten der Nation erkannt hat.

Gleich ihm verließ Shelley sein Vaterland für immer und floh nach Italien, als sich Verdächtigung und Haß wider ihn, den «Atheisten», bis zur Stickluft geballt hatten. Percy Bysshe Shelley, aus altem und vornehmem Hause, wurde am 4. August 1792 in Field Place geboren. Bereits die Schrift des jungen Studenten *Über die Notwendigkeit des Atheismus* entschied sein Schicksal in der Heimat. Wohl kehrte er von seiner ersten Reise auf den Kontinent wieder nach England zurück; als er, nach einer zweiten Eheschließung, aus der Schweiz erneut heimkehrte, um die Kinder aus erster Ehe zu sich zu nehmen, sprach man dem Freidenker die moralische Würdigkeit ab. Nunmehr verbrachte er die letzten Lebensjahre in Italien – aber es war ihm nur eine kurze Spanne Zeit vergönnt. Noch in England, in Bath, hatte er einmal geschrieben:

Ich möchte in eines jener Boote steigen und Schiffbruch leiden; es wäre ein Tod, wünschenswerter als jeder andere.

Sein heidnisches Verlangen wurde buchstäblich erfüllt: während eines Gewittersturms in der Bucht von Spezia kenterte sein Boot – Shelley ertrank am 8. Juli 1822. Seine Leiche ließ Lord Byron vierzehn Tage später feierlich verbrennen; am Grabmal des Cestius in Rom, wo auch Goethes Sohn ruht, wurde die Asche bestattet.

«Ariel» hieß das Boot: es ist wie ein anderer, der richtige Name des Dichters. Denn das in so knapper Lebensfrist üppig geschaffene Werk Shelleys breitet sich, vor allem mit der Lyrik, äthergleich tönend wie Prosperos dienender Elementargeist in Shakespeares «Sturm» aus. Rudolf Kaßner, dem man luzide Deutungen englischer Dichter verdankt, sagt von diesem tropisch fruchtbaren Ariel des Nordens: «Die ganze Dichtung Shelleys gleicht einer ungeheuren Metapher. Die Dinge werden ihm zu Tönen, die sich den großen

Harmonien einfügen. Er hört in den Dingen, denen sein Auge offen ist, überhaupt nur die Musik, und sein Dichten ist ein Leiden der großen Harmonien ... Es ist die Lust der Dinge, die singt, und die Lust ist ihre Weisheit.» Der Atheismus dessen, der sich als «das Herz der Herzen» fühlte, ist in Wahrheit ein mystisch-poetischer Pantheismus:

Ich glaube, daß Gott eine andere Bezeichnung für das Weltall ist.

So erinnert Shelley gelegentlich an Hölderlin, obgleich seine Verse doch mehr geisterhaft schweben. Auch er hat an der Mythe vom Altertum weitergedichtet und die platonisierende Idee der «intellektualen Schönheit» aufgestellt, in der die irdische Erscheinung überzeitlich durchsichtig wird. Aber derselbe Poet, der solchen zartstrengen Gedanken nachging, war von tatverlangenden Impulsen gedrängt: Ein Revolutionär begehrt in ihm auf nach Freiheit des Menschen, auch nach Freiheit des Weibes von konventionellen Fesseln –

kann der Mann frei sein, wenn die Frau eine Sklavin sein muß?

Der menschliche wie der mann-weibliche Liebesbund wird ihm deshalb zu einer weltschöpferischen, sakramentalen Macht, wie es die glühenden Kadenzen am Schlusse seines Gedichtes von der Verewigung der Liebe *Epipsychidion* verkünden.

Ein kämpferisches Feuer loderte in diesem Ariel, wie manche seiner heldischen Gestalten aus kleineren Versdichtungen zeigen. Selbst in weiblichen Figuren bricht es sich Bahn – so in der Rächerin eines großen Frevels: Beatrice Cenci,

ein Geschöpf, für Liebe und Bewunderung geschaffen – durch den Zwang der Verhältnisse und Meinungen gewaltsam ihrer natürlichen Sphäre entrissen.

Ihre Tragödie bringt Shelleys fünfaktiges, in Blankversen geschriebenes Drama *Die Cenci* – nach einem Vorgang der italienischen Spätrenaissance. Byron sah in dieser Dichtung die einzige wertbeständige Leistung der ernsten englischen Bühne nach Shakespeare. Aber Shelley griff noch höher: er wagte den Kampf mit dem größten antiken Tragiker, Aischylos, als er das in kunstvollen lyrischen Versmaßen gearbeitete Drama *Der entfesselte Prometheus* veröffentlichte. Unter Berufung darauf, daß schon die Alten zwar fast immer dieselben Motive behandelten, an eine festgelegte Deutung jedoch nicht gebunden waren, verneinte er die Aussöhnung des von Zeus überwältigten Erlöser-Titanen, wie sie nach den Fragmenten der auf das erhaltene Stück des Griechen folgenden Tragödien den Abschluß des Prometheus-Mysteriums bildete. Shelley sagt dazu:

Das durch die Standhaftigkeit und die Leiden des Prometheus so mächtig erregte sittliche Interesse an der Handlung würde vernichtet durch die Vorstellung, daß er seine hohen Worte zurücknehmen und sich vor seinem siegreichen, meineidigen Gegner beugen könnte. Die einzige Gestalt der Phantasie, die dem Prometheus in gewissem Grade gleicht, ist Satan, und Prometheus ist meines Erachtens ein poetischerer Charakter als Satan; denn von Mut und Majestät und festem, geduldigem Widerstand gegen die allmächtige Gewalt erfüllt, läßt er sich zugleich darstellen frei von dem Makel des Ehrgeizes, des Neides und der Rache, frei von dem Wunsche nach persönlicher Größe, während alles dieses den Anteil an dem Helden des Verlorenen Paradieses beeinträchtigt. Der Charakter des Satans erregt in unserem Geiste eine gefährliche Kasuistik, die uns verleitet, seine Vergehen gegen seine Leiden abzuwägen, und jene zu entschuldigen, weil diese alles Maß übersteigen ... Aber Prometheus ist gewissermaßen der Typus der höchsten Vollkommenheit der sittlichen und intellektualen Natur, von den reinsten und wahrhaftigsten Motiven nach den besten und edelsten Zielen getrieben.

So dichtete er das alte Symbol zu einem Sinnbild für die Befreiung der Menschheit aus allen Banden der Knechtschaft. Sein normannischer Empörergeist reifte in der Begegnung mit Hellas zu sublimer Aktivität – und er leuchtete «aus ein Paar blauen Augen voller Unschuld und Lauterkeit»: ein Zeugnis von der hohen Heimat dieses Dichters, dessen Antlitz ein Freund so geschildert hat. Beseelter Adel ging auch von seiner arielhaften Gestalt aus: der ein Liebling der Frauen war, war es auch der Götter.
Seine antikische Kalokagathia, «die schöne Zucht des Wesens», erfüllte sich wie in der Liebe, so in der Freundschaft. Sie vereinte ihn mit Byron, noch inniger wohl mit John Keats, dem größten neueren Lyriker Englands. Und als ob ein drittes Mal höhere Mächte die Erscheinung eines Jüngling-Dichters mit leiblichem Glanz begnaden wollten: auch Keats war durch geistig-sinnliche Schönheit als ein Erwählter ausgezeichnet. Seine Züge sind ein wenig strenger in ihrer jungmännlichen Klarheit als die Shelleys: voll der Mund über einem kräftigen Kinn, witternd die rassige Nase, dunkelglühend die Augen. Wenn man die Bildnisse Byrons, Shelleys und Keats' betrachtet, erkennt man die Vollendung eines vornehmen Typus, wie er in England zuweilen bei Männern schöner auftritt als bei Frauen; vielleicht ist es die romanische Kultivierung des normannischen Geblüts, dem ein aphrodisischer Schimmer und die verinnerlichte Träumerei der Nebelinseln einzigartigen Charme verliehen haben.

John Keats war ein wenig jünger als Shelley: er wurde am 31. Oktober 1795 in London als Sohn eines Lohnkutscherei-Halters geboren. Schon seit den Jahren seiner frühesten Bewußtwerdung lebte er eigentlich nur im Reich der Kunst, obwohl er sich für den Arztberuf vorbereitete. Mit Ausnahme einer Wanderschaft nach Schottland gingen seine Tage still vorüber; die Tuberkulose, deren Opfer er so früh werden sollte, bestimmte sein Erdengeschick. Heilung, in Wahrheit nur Aufschub suchend, reiste er nach Italien – eine frühe, leidenschaftliche Liebe mußte er ohne Hoffnung auf Erfüllung in der Heimat zurücklassen. Fast unbekannt, nur von wenigen Freunden umgeben, verbrachte er etwa zweieinhalb Jahre im Süden; am 23. Februar 1821 starb er in Rom. Bei der Cestius-Pyramide wurde auch er begraben. Shelley hatte zu seiner Ehre die schmerzliche Totenklage *Adonais* angestimmt und mit dieser Namengebung das Überzeitliche des Dahingeschiedenen erkannt. Adonis ist eine Verkörperung der dionysischen Passion; seinen Tod beklagten gottergriffene und gottsüchtige Tänzerinnen des Altertums in ekstatischen Gesangsrhythmen.

Man hat später zuweilen Keats mit Hölderlin verglichen, weil der englische Dichter ebenfalls einen «Hyperion» geschrieben hat. Aber nur die Aufschrift des Werkes ist die gleiche: Keats' *Hyperion* ist ein kosmogonisches Fragment und meint den Titanensohn, dessen Vater Coelus, der Himmel, ist:

Mein hellstes Kind, geboren von der Erde,
Gezeugt vom Himmel, der Mysterien Sohn,
Der unentschleierten selbst für die Mächte,
Die sich begegnend dich ins Dasein riefen,
Bei deren Lust und lindem Tun Ich Coelus
Erstaune, wie sie kamen und von wannen,
Und deren Form in ihren Früchten Bild wird,
Klar, augenscheinlich: göttliche Symbole,
Enthüllungen des ewig schönen Lebens,
Unsichtbar ausgegossen durch den Raum.

Keats' Lyrik ist sinnenhafter, schärfer und körperlicher als die Shelleys; sein Gespür für das atmosphärische Weben und Duften, für die elementischen Ströme der Natur hat etwas Panisches, ohne je im Umgestalten zu verfließen: so genau benennt sein Dichterwort das lebendige Sein. Daß er als ein Sohn der Erde die Stimme der Erde sei, fühlte und wußte er; aber er wollte, daß man auf sein Grab die Inschrift setzte:

Hier liegt Einer, dessen Name ins Wasser geschrieben ist.

Damit ist nichts Natur-Mystisches gemeint, denn die prägende, formschaffende Kraft seiner Poesie liebt das Bestimmte und klar Gestaltete. Natur, Dasein, Dichtung, Kunst waren ihm eine untrennbare Einerleiheit; wenn er als einer der ersten neueren europäischen Meister des Wortes Kunst um der Kunst willen forderte und trieb, dann folgte er nicht einem substanzlosen Ästhetentum, sondern dieser Identität.

Wahres ist schön und Schönes ist wahr – ihr wißt
Im Leib nur dies, mehr braucht ihr Alle nicht:

so lautet seine Botschaft. Als er sie verkündete und durch ein Werk von makelloser Vollkommenheit bekräftigte, verstand ihn zunächst die literarische Öffentlichkeit seiner Heimat nicht; erst später fand Shelleys hoher Glaube an ihn bei den englischen Präraffaeliten bedingungslose Zustimmung. Selbst Alfred Tennyson, der klassizistische «Poeta laureatus» der Viktorianischen Zeit, gestand: «Wir alle kommen von ihm, und er wäre unser Größter geworden.» Dann stieg auch in Europa sein Gestirn auf, und Georg Brandes, der Apologet des Realismus, anerkannte ihn als «mit den schärfsten Sinnen und der feinsten universellen Sinnlichkeit ausgestatteten Sensualisten, der alle Nuancen von Farbenpracht und Vogelgesang und Seidenweichheit und Traubensaft und Blumenduft, die die Natur umfaßt, sieht, hört, fühlt, schmeckt und einatmet». Der 1930 verstorbene Robert Bridge, ebenfalls ein «poet laureate» Englands, formulierte für das zeitgenössische Wertbewußtsein Keats' Rang mit den Worten: «Eine Eigenschaft stellt das eigentliche Siegel seines Dichtertums dar, die höchste aller dichterischen Gaben, die die Dichtung ihrem Range nach über alle übrigen Künste erhebt: ich meine die Fähigkeit, alle weitverzweigten Mittel der Sprache konzentrisch auf einen Punkt zu richten, derart, daß ein einzelner, anscheinend sich ganz von selbst einstellender Ausdruck die künstlerisch empfängliche Einbildungskraft in dem Augenblick beglückt, in dem ihre Erwartungen und ihre Ansprüche aufs Höchste gestiegen sind und der zugleich dem Geiste einen überraschend neuen Aspekt der Wahrheit erschließt.»

Im Glanze so großer Namen wie Scott, Byron, Shelley und Keats noch einen anderen Autor wahrzunehmen, dessen Werk nur ein raffinierter Kunstsinn begriff, war wenigen Kennern vorbehalten. Es handelt sich um Thomas de Quincey, 1785–1859, aus dessen vierzehnbändigem Schaffen, darunter klassische Essays, vor allem ein einziges schmales Buch die Nachwelt erregt hat: *Bekenntnisse eines englischen Opium-Essers*. Seit Baudelaire fasziniert diese Schrift kundige Geister: sie fängt mit ruhig-sachlicher Darstellung einer Drogensüchtigkeit an, um alsdann den psychologischen Zustand aufzuhellen, der künstlerischem Schauen und Bilden voraufgeht. Das Neue aber ist die gleichzeitige Notierung der entsprechenden physiologischen Vorgänge, bewirkt und gesteigert bis zur Euphorie, wenn äußere Reize und Reizmittel hinzukommen. Die fünf gewaltigen Träume am Schluß des «Opium-Essers» sind eine dichterisch-visionäre Fuge, die nur ein heller und schauender Geist formen konnte: eines der großen Prachtfinale der abendländischen Dichtung überhaupt.

De Quincey steht original und originell in seiner Zeit. Heute lassen sich Verbindungslinien ziehen von seiner Welt rückwärts in die Vergangenheit zu William Blake, in die Zukunft zu den Präraffaeliten. Ihrer Zeit gemäßer, jedoch ihr nicht allein verhaftet, waren die Arbeiten von Thomas Carlyle, 1795–1881, der die schon von Coleridge begonnene Rezeption der deutschen Klassik in England fortsetzte und festigte. Er schrieb eine Biographie über Friedrich den Großen; sein Hauptwerk feiert *Helden und Heldenverehrung* – die romantische, glaubenswillige Inthronisierung großer Menschen als Maßstäbe neuer Bindung und neuen Ethos, nachdem die alten Weltordnungen von dem zunehmenden Nützlichkeitsglauben des Pragmatischen, Sozialen und Technischen zugrunde gerichtet waren. Die «große moralische Kraft», die Goethe schon früh in Carlyle erkannte, bewährte sich in ihrem langen Leben mit richtungweisender Geistesethik während der durchgreifenden Verwandlungen der allgemeinen ökonomischen und sozialen Struktur. Denn die Umbildung der menschlichen Gesellschaft durch Kapitalismus und Sozialismus wurde ja in England noch früher mit ihren radikalen Auswirkungen sichtbar als auf dem Kontinent; eine andere Generation hatte sich damit auseinanderzusetzen und sich dagegen auch zu wehren.

Erst die Romantik verhalf der amerikanischen Literatur zu künstlerischer Freiheit. Die Neue Welt war geistig und soziologisch vorläufig nur eine Kolonie geblieben; solange sich dort die Menschen noch wohnlich und wirtschaftlich einzurichten hatten, standen die Bedürfnisse des Alltags allem anderen voran. Die einzige Macht, die zunächst darüber hinaus wies, lag im Religiösen; die puritanische Orthodoxie wie die zahlreichen Sekten boten in einer geschichtlichen, erbaulichen und moralisierenden Literatur überwiegend eine sonntags-andächtige Rechtfertigung für gute Bilanz und Vorwärtskommen – «die ethisch gefärbte Verpflichtung zum Gelderwerb», wie Max Weber gesagt hat. Der dem Puritanertum seit je innewohnende republikanische Demokratismus entfaltete sich zwar frei von aller Überlieferung politischer und kultureller Art; dennoch bildete sich früh schon jene betätigte Weltanschauung von der Herrlichkeit des Dollars, die dem Besitzenden zwar nicht formell, dafür aber reell die Macht gewährte, mit dem Ergebnis, daß ein rein materieller Feudalismus entstand: sei es nun – wie schließlich in den Fronten des amerikanischen Bürgerkrieges – als kapitalistischer Industrialismus oder als freihändlerischer Sklavenbetrieb. Das Musische, das Geistige überhaupt hatten als freie Tätigkeiten wenig zu sagen und noch weniger zu erwarten. Aber man darf das Gewicht der puritanischen Mentalität in der amerikanischen Öffentlichkeit wie im Privatleben nicht unterschätzen und als leere Predigt abtun; diese Pioniere und ihre Erben, die nur den Selfmademan anerkennen, leben tatsächlich in zwei Daseinsschichten: diese beiden Sphären, Geschäft und Moral, berühren sich ganz unmittelbar, ja gehen ineinander über – und so entsteht ein unkompliziertes Gemisch von Sentimentalität und Realität, humoristisch, optimistisch, mit einer Tendenz zum Grotesken. In diesem seelisch komfortablen Milieu kann man aber nur so lange gedeihen, als man sich möglichst in nichts unterscheidet von den anderen Leuten; das soll nicht heißen, es böte sich kein Raum für exzentrische «hobbies» – dieses Reservat des Privatlebens hat man von der Alten Welt mit der englischen Sprache und der englischen Denkungsart übernommen und beibehalten.

Verwirrung und Tragik aber drohen dem, der in dieser Getriebigkeit ein Einsamer ist und sich gar als ein solcher erkennt: ihn und sein Schicksal hat der erste große Dichter Amerikas, Edgar Allan Poe, im «Mann der Menge» entdeckt. Jedoch nicht nur dieses Phänomen lauert im Dunkelgrunde des Gefühls und Bewußtseins – auch das bürgerliche Kollektiv vermag mit all seinem lärmigen Frohsinn und mit seinem photogenen «keep smiling» nicht die Bodenlosigkeit einer Existenz auf geraubtem, nur kolonial genutztem, aber nicht ursprunghaft zugehörigem, heimatlichem Lande zu verdecken: die Eroberer und Verschleißer der «Staaten» sind nicht die echtbürtigen Söhne der urtümlichen Götter und Dämonen dieses Kontinents. In den wesentlichsten Werken der amerikanischen Literatur werden diese Konflikte: der Einsame inmitten der Masse und die Yankees als Fremde, immer wieder behandelt. Die Versuche einer Lösung trachten entweder nach einer Beibehaltung, wenn nicht Erneuerung der Verbundenheit mit der gesamtabendländischen Gemeinschaft oder nach einer autonomen Sinngebung der nun einmal gegebenen Lage.

Nordamerika «groß und klug», zugleich «sinnlich und habgierig», wie Emerson schrieb, mußte sich geistig zunächst in eine Schülerschaft Europas – und das heißt nach der Anerkennung des Englischen als Amtssprache: in eine Abhängigkeit von der englischen Literatur begeben. Die erste geistige Persönlichkeit, die als solche auch auf die Alte Welt einwirken konnte, war Benjamin Franklin, 1706–1790; als Bürger einer freien Republik ein gefeierter Name für die Revolutionäre in Frankreich, Verfasser einer deïstischen und aufklärerischen *Selbstbiographie.* Doch geraume Zeit später kam erst jener amerikanische Autor zu Wort, der sich nach seiner schriftstellerischen Ausbildung an englischen und deutschen Mustern zu einer Selbständigkeit entwickelte, die ihn auch eine neue literarische Gattung erfinden ließ: Washington Irving, 1783–1859. Er schrieb das *Sketch Book of Geoffrey Crayon, Esq.,* womit er die romantische Verserzählung und die lyrische Novelle ablöste durch die «Kurzgeschichte» – «short story», von ihm noch «Skizze» genannt. Als Berichter erfand er die seitdem stellvertretend gewordene Figur des typischen New Yorkers Diedrich Knickerbocker. Irving hat auch Europa bereist und in einem zweiten Skizzenbuch, den *Geschichten von der Alhambra,* romantische Motive aufgegriffen und sie mit echter, reiner Empfindung erzählt.

Das erste Geschichtenbuch war Scott gewidmet, der es mit heiterem Entzücken gelesen hat. Scotts realistischer Beobachtersinn kam den amerikanischen Autoren entgegen, und so folgte ihm als einem bewunderten Vorbild der Prosaepik James Fenimore Cooper, 1789–1851, als er mit seinen geschichtlichen Romanen die Vergangenheit der Staaten darzustellen unternahm. Der «Philosoph der Wildnis» gestaltete in den fünf *Lederstrumpf*-Romanen ein Epos von wahrhaft kontinentaler Größe. Seitdem man diese Werke als Knabenlektüre zurechtgemacht hat, haben nur wenige Leser des Ganzen die dichterische Darstellungskraft Coopers erkannt: er war auf seine Weise ein homerischer Epiker der gewaltigen Wälder und Seen, der unberührten, elementarischen Natur in ihrer göttlichen Einsamkeit und Fülle. Diese Landschaften sind nicht etwa Staffage für abenteuerliche Begebenheiten, sondern das eigentliche und wahre Objekt seiner Kunst. Mit wissender Schwermut überschaute der Dichter die gierige, vergewaltigende, ausbeutende Eroberung einer Natur, die man vermeintlich zu besitzen glaubte – ohne zu ahnen, daß sie die Eindringlinge mit Seelenlosigkeit schlagen werde; die große Trauer der heldischen Epen tönt aus Coopers Romanen. Man hat seine Idealisierung der Indianer als romantisch hingestellt; wenn sie es auch ist, so handelt er damit nicht anders, als seit jeher der Dichter den Untergang reiner Bildungen der Natur – und die Völker gehören dazu – beklagt und entsühnt. Ungeachtet dieser Verklärung hat man doch die ethnisch-psychologische Richtigkeit seiner Schilderung eingeräumt. Außerdem schrieb Cooper aus einem vornehmen Wertgefühl: Tapferkeit, Hochherzigkeit und Würde sind ihm ein verbindliches Ethos – und so freut man sich des rechten Instinkts jugendlicher Leser, diese Welt in sich aufzunehmen. Daß Adalbert Stifter den Naturepiker Cooper geschätzt hat, soll nicht vergessen werden. Während so der «Lederstrumpf»-Verfasser noch weiterlebt, hat sich über Henry Wadsworth Longfellow, 1807–1882, allmählich ein Schweigen gesenkt, obwohl dieser hochgebildete Autor als Interpret und Übersetzer wichtiger abendländischer Dichtungen für die geistige Kultivierung Nordamerikas Verdienste hat. Seine eigene Produktion geriet konventionell und epigonenhaft; ein auf bürgerlich-moralische Allgemeinverständlichkeit haltender Idealismus ist die Frucht seines Bildungserlebens.

Ungleich wirkungsvoller war der «neuenglische Transzendentalismus», der wohl das Praktische und Optimistische nicht verleugnete, aber, von der Sonne des deutschen Idealismus erleuchtet, die Einzelpersönlichkeit in einen pantheistischen Zusammenklang mit dem Entwicklungsgedanken brachte. Das Haupt dieses Transzendentalismus wurde Ralph Waldo Emerson, 1803–1882: seine Rolle für Amerika läßt sich mit der Herders in Deutschland vergleichen. Er vermittelte zwischen dem alten abendländischen Erbe und den geistigen Möglichkeiten der Neuen Welt und vollendete mit höherem Geistesauftrag die politische Unabhängigkeitserklärung Washingtons. Sein divinatorisches Geschichtsgefühl sagte ihm, daß Amerika nunmehr der Kontinent der herrschenden Rasse werde; England müsse sich bald damit zufriedengeben, «wie andere Väter nur in seinen Kindern stark zu sein». Dennoch sei die schöpferische Kraft Europas nicht erloschen; vor allem die Deutschen seien die «Halbgriechen», die für das Abendland denken. Im Sinne Hegels galten ihm die schöpferischen Menschen als Verkörperungen der Weltidee, weil sie das Göttliche intuitiv erführen; sechs Gestalten der Vergangenheit hat er so gedeutet: Platon als Philosoph, Swedenborg als Mystiker, Montaigne als Skeptiker, Shakespeare als Dichter, Napoleon als Heros, Goethe als Schriftsteller. Emersons Geschichtsphilosophie hat metaphysische Fundamente; das Böse erschien ihm als «ein noch unfertiger Zustand des Guten». Wo man im kulturellen Leben der Vereinigten Staaten nur irgend

Ansätze eines überzeitlichen Schaffens bemerkt, ist Emerson gegenwärtig.

Als eines der frühesten Opfer der Vermassung erscheinen heute Einsamkeit und Untergang des ersten großen amerikanischen Dichters Edgar Allan Poe. Er war nach Herkunft und Artung wie vorausbestimmt zu seinem Geschick. In elenden Verhältnissen am 19. Januar 1809 in Boston geboren, früh verwaist, als Komödiantenbalg beschimpft, dann ein verträumter Student, mißriet ihm die Jugend. Nunmehr versuchte er es als Soldat, wurde aber wegen seiner Lebensführung ausgestoßen. Er arbeitete als Journalist, erlitt den frühen Tod der geliebten Gattin, trieb unstet umher, geriet immer stärker in den Bann des Alkohols, wurde schon delirierend als Wahlredner mißbraucht – bis ihn ein Gehirnschlag am 7. Oktober 1849 in Baltimore dahinraffte. Zweifellos sah das alles wie ein verbummeltes Vagantentum aus; aber den entrüsteten Bürgern war entgangen, daß sich hier eine ungewöhnliche Künstlerschaft mit der exaktesten logischen Begabung verbunden hatte. Wie bei E. T. A. Hoffmann, den Poe anscheinend nicht gekannt hat, so bemerkt man auch bei ihm eine korrekte, schöne Handschrift; hätte man seine Werke genauer gelesen, dann wären sein Gefühl und Verlangen nach Schönheit, wäre die Schönheit in seinen Schöpfungen entdeckt worden. Poes exzentrische Melancholie war nicht zuletzt die Qual eines Sehnsüchtigen; in seiner *Philosophie der Komposition* folgert er:

Indem ich nun Schönheit als meine Domäne betrachtete, bezog sich die nächste Frage, die ich mir vorlegte, auf die Stimmung, in der sie sich am stärksten offenbart – und alle Erfahrung hat gelehrt, daß dies die Stimmung der Trauer vermag. In ihrer höchsten Entfaltung rührt jede Art von Schönheit die empfindsame Seele zu Tränen. Melancholie ist daher die wesentlichste poetische Stimmung.

Im Kunstwerk sah der Dichter die Möglichkeit, Lust und Glück des Menschen frei zu entbinden – und zwar um so reiner und größer, als es sich in ästhetischer Einheit und Selbstgesetzlichkeit erfülle. Die Verwirklichung seines Ideals gelang ihm vor allem in der Lyrik; dennoch ist die novellistische Kunst ebenfalls ein Dokument seines hohen Ranges. Von ihm stammt die theoretische Festlegung des Begriffes «Kurzgeschichte»: sie müsse zunächst auf einen Sitz gelesen werden können, um die Ganzheit des beabsichtigten künstlerischen Effekts wahrzunehmen; in sachlicher Schilderung und durch eine dichterische Atmosphäre müsse Einheitlichkeit zustande kommen. Poe schrieb selbst eine große Anzahl von short stories für Zeitungen und Magazine. Poe stößt in unterbewußte Gefühlsschichten vor, wo sich das Menschliche im Dämonischen verliert; romantische Elemente der Szenerie unterstützen wohl als Stimmung den Einbruch eines spukhaften Verderbens, das gierig in die Seelen schlüpft – doch bedarf es kaum solcher Kulissen, um vom Mahlstrom dieser Phantasie aufgesogen zu werden. Denn die magische Bannkraft der Vernichtung arbeitet bei Poe wie ein messerscharfer Automat: abstrakt, zahlenhaft, gleichmütig. Zur dichterischen Imagination tritt eine rechnerische Analyse: so wurde Poe zum Schöpfer der Kriminalgeschichte, in der Kalkül den Tatbestand zwingend nachweist. Die stilistische Feilung der Prosa erfolgte, wie die Kristallisation der lyrischen Sprache, im Dienste der Schönheit; das Ergebnis sind oftmals Partien von dunkelglühender Pracht. Der Dichter verschwendete sie fürstlich, um das Grauen damit zu schmücken; ein Zeichen des Sieges über das Böse. Denn das Grauen soll sozusagen das Böse paralysieren: das Böse, dem Poe verfallen war oder sich verfallen wähnte, mit dem ihn eine verbrecherische Lüsternheit vielleicht bis zur Hörigkeit verband – wäre er seiner nicht als Schauender und Schöpfer Herr geworden. *Der Geist des Bösen* heißt eine Abhandlung Poes; sie ist das Dokument seiner menschlich-sittlichen Qual. Aber wie Baudelaire, der Autor der «Blumen des Bösen», doch die Inbrunst eines Aufschwunges in den seraphischen Bezirk der Verklärung und Schönheit hegte, so verlor auch Poe niemals das Inbild der Reinheit und Güte; wenn er sich dem Grauen überantwortet, dann, um seine Seele damit vertraut zu machen und zu durchtränken – zu leiden, um sich zu läutern.

Wie ein neuer Origines bekennt er sich zuletzt zur «Apokatastasis», zur Wiederherstellung alles Getrennten, zur Vernichtung alles Bösen, in der Gottheit:

Wir müssen uns vorstellen, daß das Gefühl der individuellen Identität stufenweise in dem allgemeinen Bewußtsein untertaucht; daß der Mensch zum Beispiel unmerklich aufhört, sich als Mensch zu fühlen, und mit der Zeit jene erhabene, triumphierende Epoche erreichen wird, wo er sein Dasein als das Jehovas ansehen wird. Bis dahin müssen wir dessen eingedenk bleiben, daß alles Leben ist – Leben, Leben im Leben – das Geringere im Größeren – und alles im göttlichen Geiste.

In dieser Metaphysik vom Bösen oder von der Schuld, die sich in einer «allumfassenden Sympathie über uns» sühnen wird, begegnet Nathaniel Hawthorne, 1804–1864, dem ihm befreundeten Poe. Beide Dichter sind ja auch bedingt von der fixen Idee der Sünde, die für den Puritaner als den konsequenten Nur-Ethiker des Christentums zum unerschöpflichen Anlaß wird, etwas von der Beschaffenheit der Seele zu erfahren. Bei einer Exegese dieses Gedankens wird die Sünde ebenso erregend wie anregend:

auch die Schuld hat ihr Hinreißendes. Das bedeutendste Ergebnis eines gebrochenen Gesetzes ist immer ein ekstatisches Gefühl von Freiheit –

so Hawthorne, der Autor des symbolistisch-spirituellen Romans *Der scharlachrote Buchstabe*. Damit ist das rote «A» (adulteress) gemeint, das man damals in einigen Staaten der Ehebrecherin allen sichtbar auf der Brust zu tragen befahl. Das Thema hätte Hawthorne im 19. Jahrhundert, als der psychologische Roman gerade dieses Motiv einigemal meisterhaft zeigte, mindest so bekannt, ja berühmt machen müssen wie Flaubert oder Tolstoi. Daß dies nicht geschah, ist eine Folge von Hawthornes weit über alles Psychologische hinausweisender, transzendierender Darstellung, für die der gesellschaftskritische Realismus kein Organ der Wahrnehmung hatte. Erst in unserem Jahrhundert rückte Hawthorne als einer der großen Amerikaner zu Emerson, Poe, Whitman und Melville; neigte er nicht gelegentlich dazu, das Symbol allegorisch oder parabolisch zu verdunkeln – er erhübe sich sogar über Tolstois gewaltiges Eheepos Anna Karenina. Die Sünde als verwandelnde Macht, die den Menschen durch Wissen ins Leiden führt, um ihn so zu erziehen, ist auch das Grundthema der anderen Romane Hawthornes; in variierter Gestalt wiederholt es sich in seinen meisterhaften Novellen, wie *Rappaccinis Tochter* – übrigens eingeleitet mit einer pseudonymen Selbstschilderung des Verfassers.

Vorwegnehmend wurden bereits Melville und Whitman erwähnt; diese beiden gehören aber schon einer anderen literarischen Epoche an als die hier geschilderten amerikanischen Autoren. Denn Cooper wie Poe und Hawthorne können als überseeische Vertreter der englischen Literatur während der romantischen Periode angesehen werden: sie wie auch Emerson sind nicht ohne europäische Überlieferungen, nicht ohne die Klassizität der englischen Literatursprache denkbar. Melville und Whitman, vom Realismus ausgehend, begründen jedoch ein autochthon amerikanisches Schrifttum.

Auch in Dänemark und in Schweden löste die Romantik die bis dahin allgemeine Nachahmung überwiegend französisch-klassizistischer oder aufklärerischer Literaturformen ab. Die Jugend der skandinavischen Länder schaute nunmehr nach Deutschland: Weimar wurde für sie der magnetische Ort, einige Autoren bekannten sich nicht nur geistig zur Deutschheit. Man pilgerte zu Goethe – und einer dieser jungen Schriftsteller, Adam Oehlenschläger, 1779–1850, ging daran fast seelisch zugrunde, als er sich nach anfänglich guter Aufnahme doch zuletzt ausgeschlossen fühlte. Die Literaturgeschichte Dänemarks ehrt seine phantasievollen, lyrisch gestimmten Dichtungen, vor allem das Märchendrama *Aladdin* und das unter dem begeisterten Eindruck von Tiecks romantisch-ironischen Stücken geschriebene *Johannisabend-Spiel*. Oehlenschläger bewegte sich formgewandt in antiken und altskandinavischen Motiven – als der «Dichterkönig des Nordens» errang er nationale Bedeutung, denn «das Größte, das Beste in griechischer und deutscher, in englischer und romanischer Dichtung hatte auf starken Flügeln der Däne herbeigetragen», wie ihm ein Biograph nachrühmt.

Mit Oehlenschläger war der Schwede Esaias Tegnér, 1782–1846, befreundet; das Gedächtnis seines Volkes bewahrt ihn als den Verfasser der *Frithjofs-Saga*. Diese Dichtung ist oder war gleichsam das schwedische Nationalepos; es behandelt gemütvoll und balladesk einen alten Heroenstoff. Wie mit edler Lasur tönt das Werk ein romantischer Hauch; aber Tegnér gab doch nicht die verbindliche Ethik eines platonisierenden Christentums auf, die übrigens stark von Schiller, geschichtsphilosophisch auch von Schelling inspiriert ist. Die Frithjofs-Saga ist eine Folge von Romanzen in verschiedenen metrischen und strophischen Formen; ihr geistig-sittlicher Gehalt will das Altnordische und Christliche verschmelzen, wie am Ende die feierliche Rede eines Baldur-Priesters verkündet:

Ihr glücklichen Geschlechter, denen einst das Licht
Des goldnen Friedensbornes strahlt, seid mir gegrüßt!
Wohl euch, wenn jede Wolke dann hinweggeweht,
Die jetzt des Lebens Sonne deckt mit feuchtem Dunst.
Doch dann verachtet auch nicht uns, die redlich treu
Wir suchten unermüdlich ihren Götterglanz!
Allvater ist der Eine, seiner Boten viel.

Wenn auch dieser romantisch klassizistische Baldurtempel milde beglänzt wird von einer religiösen Verklärung, so fehlt es doch nicht an packenden und dramatischen Szenen, stilistisch oftmals der Edda nachgebildet. Der Dichter, später als Bischof zu hohen Würden gelangt, war ein heiterer, naturfroher Mann; sein Hauptwerk wie auch andere, meist elegisch-idyllische Arbeiten lassen nicht auf das Schicksal schließen, das seine letzten Jahre geistig verdunkelt hat.

In diese deutsch-gerichtete oder volkhaft behütete Romantik züngeln die Blitze der Phosphoristen: so nach ihrer Zeitschrift «Phosphorus» genannt, die mit einem genialischen Sturm und Drang teils an Bellman, teils an die intellektuelle Mystik und Ironie der Jenenser und Berliner Romantik erinnern. Man hätte sie vergessen, wenn nicht ein Geist wie Jonas Love A l m q u i s t, 1793–1866, aus dieser Bewegung hervorgegangen wäre. Herrnhuterische Religiosität bestimmte seine Jugend; dann fesselte ihn Swedenborg; aber das Irdische, besonders neue soziale Strömungen und die Emanzipation der Frau, beschäftigten seinen zu Experimenten neigenden Verstand. Überhaupt verlagerte sich seine Produktion zunehmend ins Realistische, ja, einige seiner Prosaarbeiten muten mit ihrer literarischen Technik der rasch überblendeten Szenenführung fast wie Drehbücher an. Einem bizarren Kompositionsplan ordnete er später seine gesamten Arbeiten, Romane, Novellen, Dramen und Abhandlungen, ein: so entstand das *Dornrosenbuch*, seit 1833 publiziert. Der unruhige, sprunghafte Wechsel in diesem Sammelwerk eignet den literarischen Formen wie auch dem Grad der künstlerischen Bewältigung. Erstaunlich sind die Vielseitigkeit und die Phantasie des Autors; aber eine unverkennbare Distanzlosigkeit zu seinem Schaffen ließ ihn auch wahllos das Gelungene wie das Unfertige durcheinanderbringen. So mußte man denn, um diesem Autor überhaupt zur Wirkung zu verhelfen, wiederum Einzelstücke heraussprengen: etwa *Der Juwelenschmuck der Königin*, eine Hoferzählung um die Schwedenkönige Gustav II. und Gustav IV., oder die Novelle *Es geht schon* mit ihrer Apologie der freien Liebe. Als Almquist, unter einem falschen Namen aus Amerika herübergekommen, in Bremen starb, wußte niemand, um wen es sich handelte: der Autor war vor Jahren aus der Heimat geflohen, weil ihm ein Prozeß drohte wegen versuchten Giftmordes an einem Wucherer, in dessen Affären er sich eingelassen haben soll. Erst die schwedischen Modernen haben ihn wieder entdeckt.

Das sind freilich nur ein paar Namen aus der dänischen und schwedischen Literatur jener Zeit – gewiß nicht ausreichend, um die geistigen und künstlerischen Kräfte dieser Länder genauer darzulegen. In Dänemark und in Schweden verzeichnet die Geschichte des nationalen Schrifttums neben ihnen Persönlichkeiten von weitreichender national-kultureller und -pädagogischer Wirkung; sie bewahrt das Gedächtnis einiger Lyriker, die innerhalb ihres sprachlichen Raumes sicherlich ebenso Gültiges ausgesagt haben wie die Dichter jener Volkstümer, denen das historische Schicksal eine ungleich größere Repräsentanz verliehen hat. Hier wäre der Ort, sich erneut des gebundenen Wesens aller Dichtung zu erinnern: wenn sie kraft der vielschichtigen Ausstrahlungen des Wortes in ihrer lyrischen Form das innerst Unbewußte und Musikalische mit der Tonkunst, in ihrer epischen das Anschauende und Imaginative mit der Bildkunst teilt, beide Formen infolge ihrer Herkunft aus dem Magischen und Beschwörerischen zu einer Aktivität, sei sie olympisch, sei sie dämonisch, steigern kann, nicht zuletzt durch das Begriffliche und Wertsetzende logische und ethische Ordnungen von allgemeiner Konvention errichtet – so wahrt sie dadurch zwar den höchsten Rang unter allen Künsten, ist aber stets an ein Volkstum geknüpft und somit der geschichtlichen Begrenztheit und Vergänglichkeit besonders ausgeliefert. Das Sprachkunstwerk erkauft seinen Rang um den Preis einer erhöhten Anfälligkeit in der Zeit und im Raume. Infolgedessen gibt es «kleinere» und «kleinste» Literaturen nur in Hinsicht auf übernationale und übergeschichtliche Wirkung – aber diese Relativität führt nun einmal zu zwingenden Ergebnissen.

Abgesehen von der Edda hat der skandinavische Raum vor der Moderne nur zweimal weltliterarische Beiträge absoluten Ranges geleistet. Beide Ereignisse fallen in die spätromantische Strömung. Das erste sind die *Märchen* des Dänen Hans Christian A n d e r s e n, des armen Schustersohns, der am 2. April 1805 in Odense geboren wurde. In seiner Kindheit war er Armenschüler; später wollte er zum Theater gehen. Seine Ambitionen als Dramenautor scheiterten; immerhin konnte er mit einem Stipendium sich weiterbilden und auch Italien kennenlernen. Allmählich lichtete sich sein äußeres Leben; wo aber sein Herz um Liebe warb, blieb ihm Erfüllung versagt. Es ehrt den dänischen König und Hochadel, daß sie den Proletarier gefördert haben – es kam ihm selbst wie ein Wunder vor, und er schildert es als *Das Märchen meines Lebens*. Auf einer zweiten Mittelmeerreise traf er auch mit Hebbel in Thorwaldsens römischem Atelier zusammen; der deutsche Dichter hat ihn beschrieben: «Eine lange, schlotterige, lemurenhaft-eingeknickte Gestalt mit einem ausnehmend häßlichen Gesicht.» Als er am 4. August 1875 in Kopenhagen starb, umkleidete ihn Weltruhm. «Das häßliche junge Entlein» war aber in Wirklichkeit kein schwarz-grauer plumper Vogel – sondern ein edler Schwan, und der es dichtete, meinte von sich und von ihm:

Es schadet nichts, in einem Entenhofe geboren zu sein, wenn man nur in einem Schwanenei gelegen hat. Es fühlte sich so ordentlich erfreut über all die Not und Drangsal, die es erduldet; nun erkannte es erst sein Glück an all der Herrlichkeit, die es begrüßte.

Der Methodiker der Literaturwissenschaft wird die Märchen Andersens eine Erneuerung des Schwanks in der Sphäre des naiv Poe-

tischen nennen, womit das Volksmärchen denn kunsthaft weitergedichtet sei. So zutreffend das ist, erklärt es doch nicht den
graziösen Zauber, den echt märchenhaften Ton einer Verwandlung
des Realen – denn Andersen bleibt bei der Schilderung des Details
durchaus im Realen – ins Wunderbare. Der Dichter hat sich gelegentlich von Motiven der überlieferten Volks- und auch der Kunstmärchen
anregen lassen; aber sein Eigentum wird dadurch nicht geschmälert –
hat er doch oft seine Geschichten ausgesponnen auf Grund einer
Beobachtung in der alltäglichen Wirklichkeit, ja sogar Persönliches
märchenhaft umgeformt: wie beispielsweise die ergreifende Los-
sprechung seiner trunksüchtigen Mutter in der Geschichte *Sie taugte
nichts*. Aber Andersen war auch mit dem Geschick der Elementargeister vertraut, der urzeitlichen Quelle von Mythen und Märchen,
sonst hätte er *Die kleine Seejungfrau* nicht schreiben können. So
war er ein leiser, gewaltloser Herrscher im Reiche des Lebens und
selbst dessen, was für nüchterne Menschensinne eigentlich kein
Leben hat: der Dinge, die sich der Mensch zum Spiel und zum
Nutzen anfertigt.

Der zweite neuere weltliterarische Beitrag Skandinaviens stammt
aus Finnland. Sprachlich weist die eingesessene Bevölkerung hin auf
den ural-altaischen Sprachstamm, steht also außerhalb der indo-
europäischen Idiome. Das Finnische ist unmittelbar verwandt mit
dem Estnischen, Lappischen und Ungarischen, mit denen es den
uralischen Zweig bildet; der altaische umfaßt unter anderen das
Türkische, Kirgisische, Mongolische und Tungusische; zum ural-
altaischen Stamm gehören übrigens auch das Arktische und Japa-
nische. Zweifellos sind damit gewisse rassische Merkmale der
finnischen Bevölkerung verbunden – so vorsichtig man auch stets
sein soll, wenn von der Sprache auf die Rasse geschlossen wird, weil
es häufig zur Übernahme einer fremdstämmigen Sprache gekommen ist. Die Finnen wurden in den christlichen Kulturkreis des
Abendlandes einbezogen: überwiegend durch den Einfluß von
Schweden her, mittelbar auch durch die russische Herrschaft. In
seiner nördlichen Abgeschiedenheit nahm Finnland jahrhundertelang nur sporadisch Anteil am europäischen Geiste; mit der Romantik drang nun eine Vertiefung in das überkommene volkhafte
Dichtungsgut ein und ließ in dem Arzt und Forscher Elias Lönnrot, 1802–1884, einen Bewahrer höchster Poesie erstehen. Wohl
hatte man schon früher begonnen, die mündlich seit Urväter-Tagen
umlaufenden Gesänge zu sammeln und zu verbinden – aber erst
Lönnrot vermochte aus einem gewaltigen Reichtum jenes Werk zu

fügen, das ihm zwar nicht als Autor gehört, aber seinem Namen gleichsam als dem letzten Weitersänger uralter Überlieferungen Dauer verheißt: es ist das *Kalewala*-Epos.

Diese große Dichtung ist zunächst das nationale Eigentum des finnischen Volkes. Aber zugleich stellt sie den ältesten, beinahe vormythischen Typ von Dichtung überhaupt dar, den wir kennen: sie zeigt eine Welt, die der seelischen Struktur nach früher ist als der Homerische Gesang oder die Edda, früher auch als die Hymnen des Rig-Weda oder die Erinnerungen der Bibel. Einzig das Kalewala-Epos vergegenwärtigt noch eine Epoche der Dichtung, in der tatsächlich Singen älter ist als Reden: Gesang gleichsam die Ursprache des Menschen, als er und wodurch er Mensch geworden war. Die Griechen sagten von Orpheus, daß sein gesungenes Gedicht diejenigen Wesen erst ins Leben gerufen oder zum Leben erweckt habe, die sein beschwörendes, magisch aktives Wort benannte; sie verlegten dieses schöpferische Urdichtertum selbst in die Vorzeit – weit vor den Homer. Im Kalewala-Epos tritt nun ein solcher Dichter auf: Wäinämöinen, zugleich Heros, Magier und Sänger – von mythischer Vergangenheit: so habe ihn seine Mutter, die Tochter der Lüfte, siebenhundert Jahre im Schoße getragen. Sein Name erinnert an das Element des Wassers; vielleicht war er selbst eine Wassergottheit, denn die Dichtung bezeichnet ihn zuweilen als «Wogenfreund». Sie bezeichnet ihn so, weil sie von ihm erzählt; außerdem aber sind viele Gesänge des Kalewala von ihm – Wäinämöinen, «alt und wahrhaft», ist Hauptgestalt der Dichtung wie Sänger ihrer Gedichte. Das Epos schichtet sich aus einzelnen «Runen» zusammen: «runo» ist die finnische Bezeichnung für Vers, Gedicht, Lied. Der Name Kalewala heißt «Land des Kalewa»! Kalewa war ein Urriese, Vater von Riesen und Helden. Das Kalewala-Epos bewahrt auch insofern einen vormythischen Zustand, als die göttlichen und dämonischen Mächte noch nicht imaginativ konzipiert und bildhaft gefaßt sind; es umschließt magischen Gesang, der mit geheimen, an genauen Wortlaut und Wortfolge gebundenem Vortrag die elementaren Wesenheiten erst erschafft. Jakob Grimm nannte die finnische Sprache eine der gefügigsten und wohllautendsten der Erde. In der Mitte des vorigen Jahrhunderts veröffentlichte Anton Schiefner seine vortreffliche Übertragung des Kalewala-Epos ins Deutsche.

Seither hat dieses unschätzbare Dokument der Dichtung als eine schöpferische Ur-Handlung des Menschen die Aufmerksamkeit und Interpretation häufig angeregt. Albrecht Schaeffer und Martin Buber widmeten ihm eindringliche Studien. Buber schreibt:

Der finnische Mythos ist seiner ganzen Art nach ein magischer: nicht des Gottes, sondern des Menschen Macht ist sein eigentümlicher Gehalt. Die finnischen Götter sind vage Gebilde, ohne Eigenwillen, ohne Gemeinschaft, ohne ein Geschichte; alles, was von ihnen ausgesagt wird, fließt aus dem Wesen der magischen Handlung, die sie regiert. Sie sind nicht Verweser des Zornes und der Gnade, denen der Mensch als Bittsteller naht, sondern Bündel von Kräften, die der Magier in Bewegung setzt; sie sind Sendlinge und Werkzeuge dessen, der sie anruft ... Freilich sollen ja auch Heroen des Epos, Wäinämöinen, der Weltsänger, Ilmarinen, der Weltschmied, ursprünglich Götter sein ... Aber was von ihnen erzählt wird, das wird von ihnen eben nicht als Göttern, sondern zaubermächtigen Menschen erzählt ... Erst durch die Vermenschlichung haben sie eine Geschichte gewonnen, mit der sie jetzt all den Götterschemen gegenüberstehen wie das Gezeugte dem Gedachten. Und diese Geschichte des Heros ist auch wieder nichts anderes als eine Kette magischen Geschehens. Die Macht der Dinge und die Übermacht des Zauberers – das ist der Gegenstand der epischen Rune. Darum hat sie auch keine rechte Kontinuität, sie verläuft episodisch, explosiv ... Denn das Reich der Magie ist keine Welt der Abfolge und des ursächlichen Zusammenhanges aller Vorgänge; das Wirkende und Bewirkte sind seine Pole, zwischen ihnen die zuckende Tat, um sie das brandende Nichts. Die wesentliche Tat aber in der finnischen Magie ist das Wort.

Einer der frühesten politischen Rhetoren des italienischen Risorgimento war Vittorio Alfieri, 1749–1803: die leidenschaftliche Inbrunst des Patrioten nach einer Wiedergeburt des Vaterlandes in Freiheit und Einheit hatte mit seinen Tragödien zündende Fanale aufgeschichtet – ihr Feuer loderte weiter bei der Jugend. Sie sah ihre Hoffnungen nach dem Siege Frankreichs ruiniert, als erst republikanische, dann kaiserliche Standarten die Fremdherrschaft zu besiegeln schienen. Auch Napoleons Untergang brachte nicht die erträumte Wende; wiederum vegetierte ein zerstückeltes Italien ohnmächtig dahin; in der österreichischen Suprematie über die Lombardei haßte man den Druck des Auslandes. Seit jener Zeit verband sich die italienische Romantik mit einem Nationalismus aller Grade und behielt diesen politischen Akzent bis in die Gegenwart. Ein mehr oder minder national-ideologischer Aktivismus war vielfach der romantischen Bewegung eigen: immerhin wirkte er sich in Deutschland und England nicht entfernt so rasant aus wie in den Ländern der Romania, vornehmlich in Italien, nicht minder auch in Polen und Ungarn.

Die Kämpfer für Italiens Wiedergeburt um die Wende zum 19. Jahrhundert bargen aber in den Arsenalen ihres «heiligen Egoismus» neben nachdrücklichen nationalen Forderungen noch ideale und ideelle Werte gesamtabendländischer Weihe. Wie rigoros man sich zunächst von der französischen Bevormundung zu lösen trachtete, so wurde man doch nicht frei von den importierten Tendenzen der Aufklärung, weil das Ziel des geeinten Italien unausweichlich eine Auseinandersetzung mit dem Kirchenstaat herbeiführen mußte. Allerdings prägte man die französischen Devisen um zu national-italienischen, die sowohl gegen Napoleon wie gegen die Österreicher und den Vatikan verstanden werden konnten.

Der Beginn der Literatur des eigentlichen Risorgimento fällt zusammen mit der sogenannten Werther-Krankheit Europas. Goethes Buch bezeichnete, ganz abgesehen von seiner dichterischen Bedeutung, ja eine weitverbreitete, vorher schon durch Rousseaus «Bekenntnisse» offenbar gewordene psychische Pathologie des Zeitalters – nunmehr in einem künstlerischen Gleichnis ebenso sensationell wie überwältigend ausgesprochen. Der ungestüme Drang des modernen Individualismus nach Selbstbezeugung hatte sich auf eine Literatur des Geständnisses geworfen: schrankenlos, rücksichtslos, das Extrem herausfordernd und vollziehend. Natürlich hat Goethes Dichtung den Wertherismus nicht etwa erzeugt, ebensowenig wie Byron den Byronismus verursacht hat: die Kunstwerke sind eben Ausdruck einer innerlichen Fragwürdigkeit, Brüchigkeit, ja Verzweiflung der Zeit; daß gerade der Werther auch das Dokument einer Überwindung – nämlich durch den Autor – ist, zeigen die Gestaltung des Buches wie die Lebensführung Goethes selbst. Der Weltschmerz um 1800 fand, wie Karl Hillebrand, der 1881 die Bezeichnung «Werther-Krankheit» geprägt hat, ausführte, überwiegend in Deutschland und Frankreich, minder in England und Italien einen breiten Nährboden:

Wer den italienischen Mittelstand und seinen fast übertriebenen Stolz ... die beinahe kindisch naive Moralität des modernen italienischen Dramas, wer die Reihe von Namen kennt, deren Träger sechzig Jahre lang Verbannung und Kerker für ihr Vaterland würdevoll und männlich erduldet – der wird zugeben, daß wenig mehr übrig ist von dem Italien Winckelmanns ... Ein solcher Italiener aber, so lebendig, so gesund, so beschäftigt mit dem reellsten aller Interessen, das zugleich auch das ideellste ist, mit dem Interesse fürs Vaterland, ein so heftig erregtes, so leidenschaftliches Volk hatte weder das Temperament noch die Zeit, sich so recht con amore dem Weltschmerz hinzugeben.

Dennoch entstand gerade in Italien die genaueste Nachahmung des Werther in dem Briefroman *Die letzten Briefe des Jacopo Ortis* von Ugo Foscolo, 1778–1827; der Autor schrieb ihn als Zwanzigjähriger und widmete sein Buch dem «berühmten deutschen Schriftsteller» Goethe. Der Jacopo Ortis ist durchaus keine unreife

Jugendarbeit; einzig mit ihm wurde Foscolo weltliterarisch, denn abgesehen von den stilistischen und dichterischen Werten lebt doch ein großer Atem des geschichtlichen Pathos darin. Die Antike und der Geist der Frührenaissance bewähren sich als vitale und keineswegs nur bildungsmäßige Mächte; sie adeln den politischen Willen des Helden und lassen ihn zudem psychologisch stärker begründet erscheinen als den vorübergehenden Ehrgeiz Werthers, den Napoleon als einen Kunstfehler in Goethes Roman angemerkt hat. Für die italienische Verskunst sind auch Foscolos Gedichte bedeutend als edle Spätblüten des Klassizismus.

Foscolos Werk ist im Kern lyrisch und insofern kein echter Roman; die italienische Literatur, groß in der Versdichtung und in der Novelle, würde überhaupt keinen wesentlichen Roman gezeitigt haben, wenn nicht Graf Alessandro M a n z o n i, 1785–1873, mit *Die Verlobten* das wohl vollkommenste Kunstwerk der älteren geschichtlichen Prosaepik gegeben hätte. Manzonis Roman verdankt sich als Gattung der Technik Walter Scotts, geriet dem Dichter aber ganz selbständig. In Goethes Gesprächen mit Eckermann läßt sich der unmittelbare Eindruck der «Verlobten» nachlesen; lediglich mit der Einschränkung, daß sich Manzoni bei der Schilderung von Krieg, Hungersnot und Pestilenz im dritten Teile des Buches allzu sehr als Chronist erweise und darüber den Poeten vergesse, werden entscheidende Vorzüge hervorgehoben:

Es kommen Manzoni vorzüglich vier Dinge zustatten, die zu der großen Vortrefflichkeit seines Werkes beigetragen. Zunächst daß er ein ausgezeichneter Historiker ist, wodurch denn seine Dichtung die große Würde und Tüchtigkeit bekommen hat, die sie über alles dasjenige weit hinaushebt, was man gewöhnlich sich unter Roman vorstellt. Zweitens ist ihm die katholische Religion vorteilhaft, aus der viele Verhältnisse poetischer Art hervorgehen, die er als Protestant nicht gehabt haben würde. So wie es drittens seinem Werk zugute kommt, daß der Autor in revolutionären Reibungen viel gelitten, die, wenn er auch persönlich nicht darin verflochten gewesen, doch seine Freunde getroffen und teils zugrunde gerichtet haben. Und endlich viertens ist es diesem Roman günstig, daß die Handlung in der reizenden Gegend am Comer See vorgeht, deren Eindrücke sich dem Dichter von Jugend auf eingeprägt haben und die er also in- und auswendig kennt. Daher entspringt nun auch ein großes Hauptverdienst des Werkes, nämlich die Deutlichkeit und das bewunderungswürdige Detail in Zeichnung der Lokalität.

Wenn hier auf die Religiosität Manzonis hingewiesen wird, so läßt sich sagen, daß die sichere Geschlossenheit und Einhelligkeit des Weltgefühls, des Weltbildes und der Weltdeutung Manzonis Roman zu jenem in sich ruhenden epischen Kosmos verholfen haben, den, allerdings auf höchster, allgemein menschlicher Ebene, auch Cervantes erschaffen konnte, wie es Heine in ähnlichem Sinne für den Don Quijote hervorgehoben hat. Nicht mit seinen Dramen, sondern mit den «Verlobten» und mit seiner Lyrik stellt Manzoni die Höhe der italienischen Romantik dar. Er dichtete die großartige Ode *Der fünfte Mai* zum Tode Napoleons – das gereimte Original hat Goethe zwar ohne Reime, aber monumental übertragen; von Manzonis *Heiligen Hymnen* schrieb er:

Wo konnten aber diese wachsen und gedeihen, als auf dem fruchtbaren Boden der christlich-römisch-katholischen Religion? und doch läßt er aus diesem breiten Felde nur fünf Hymnen aufsteigen. Dann finden wir den mysteriös frommen Gehalt durchaus einfach behandelt; kein Wort, keine Wendung, die nicht jedem Italiener von Jugend auf bekannt wären; und doch sind die Gesänge originell, sind neu und überraschend. Von dem zarten Anklang des Namens Maria bis zum ersten Versuch einer Judenbekehrung alles lieblich, kräftig und zierlich.

Es war nicht mehr als nur der Weltschmerz der Zeit, der Giacomo Leopardi die wesentlichsten lyrischen Dichtungen des neueren Italien eingegeben hat. Er ist nicht nur der eigenartigste Geist der modernen italienischen Literatur, sondern überhaupt ihr größter Lyriker seit Petrarca. Mit Hölderlin, Keats, Poe und Baudelaire begründet er bereits die abendländische Lyrik des 20. Jahrhunderts. Der am 19. Juni 1798 zu Recanati in gräflichem Hause geborene Leopardi war ein körperlich mißgestalteter Mensch, «gebeugt und schwächlich, blaß von Farbe. Sein Haupt war groß, seine Stirne breit und hoch, sein Auge blau und sehnsüchtig, seine Nase gebogen und spitz. Die Züge seines Gesichtes waren sehr zart, seine Sprechweise bescheiden und sein Organ etwas heiser; sein Lächeln besaß einen eigentümlichen milden Zauber.» Leopardis kurzes Leben – er starb am 14. Juni 1837 in Neapel – verfloß äußerlich nur wenig bewegt, meistens sprachwissenschaftlichen Studien hingegeben. Um so bitterer hatte er in seinem Innern zu schaffen und zu leiden; hier spielte sich ein Prozeß ab, der symptomatisch und beispielhaft für den Menschen des 19. Jahrhunderts ist. Erhellt vom Licht der Vernunft sehe sich die Menschheit durch sie doch auch von Natur und Natürlichkeit abgedrängt; in dem Maße, wie die Macht der Vernunft zunehme, verderbe die unbewußte Kraft dessen, der sie gebraucht – aber darin liege nicht nur das Paradoxon der persönlichen Existenz, sondern ein tieferer Plan der Natur selbst:

Man könnte also sagen, daß die Natur, die stets nicht weniger darauf aus ist, zu vernichten, als zu schaffen, all denen, die in dieser Welt gedeihen und vorwärtskommen, den Trieb und die Aufgabe eingepflanzt hat, zu zerstören, um für sich Platz zu machen; und all denen, die sich dem Ende zuneigen und zur Abreise rüsten, die Aufgabe, zu erhalten und zu schaffen, als sollte ihr Platz nicht leerbleiben, als sollten sie etwas hinterlassen, wenn sie gehen und ihre Stätte reich machen, bevor sie sie räumen.

In den sieben Bänden seiner Tagebuch-Aufzeichnungen – Leopardi hat sie lässig *Zibaldone*, also etwa Sammelsurium genannt – meditiert er über philosophische und ästhetische Dinge und erweist sich hier als einer der großen seelischen und geistigen Seismographen, deren Notierungen die allgemeine Situation des modernen Menschentums nachzeichnen. Die menschliche Vernunft resigniere, auf ihre Weise die Struktur und damit den Sinn des Daseins zu deuten; Verzweiflung und mit ihr im Bunde eine erhabene Langeweile seien die Folgen, ausgesprochen mit einem Schmerz, der auf grellen Ausbruch nobel verzichte. Alles sei der Vergänglichkeit ausgeliefert:

Von der gesamten Welt und dem unendlichen Schicksalswechsel und Elend der Schöpfung wird nicht eine Spur bleiben, sondern reines Schweigen und tiefste Ruhe werden den unermeßlichen Raum füllen. Und so wird das wundersame, furchtbare Geheimnis alles Daseins, bevor es erklärt und begriffen wurde, schwinden und vergangen sein.

Deshalb sei der Schlaf so beglückend:

Es gibt keine größere Lust und kein größeres Glück im Leben, als nichts vom Leben zu spüren.

Dem wachen Menschen aber bleibe doch die Lust der Meditation und der Kunst. Leopardi begann als Dichter mit anakreontischen und petrarkischen Versen; vorübergehend nahm auch ihn die national-patriotische Woge auf – dann trennte er sich davon als von einer «Illusion» und formte seine völlig originalen Verse: nicht mehr in den überkommenen metrischen Systemen, sondern frei akzentuiert nach der rein seelischen Rhythmik der Konzeption. Idyllische und auch heroische Motive fügen sich einer übergreifend elegisch-meditativen Melodie ein. Zu Leopardis Gesängen treten die intellektuellen Phantasien seiner *Operette morali*, der «Moralischen Kleinarbeiten». Die melancholischen Capriccios sind ungeachtet der großen Belesenheit des Autors von jener Unbefangenheit oder wirken mit jener Erstmaligkeit, die auch aller Lyrik eigentümlich ist: ihr Rationales ist zugleich naiv und versucht kaum, mit Schlüssen zu überzeugen – so bestimmt erscheint alles gesagt. Leopardis Pessimismus hat den Stil einer sublimen Blasiertheit, wie ihn die *Auf mich selbst* geschriebenen Verse zeigen:

... Nichts lebt, das würdig
Wär deiner Regungen, und keinen Seufzer
Verdient die Erde. Bittre Langeweile

ist unser Sein, und Kot die Welt – nichts Andres.
Beruhige dich. Laß diese
Verzweiflung sein die letzte. Kein Geschenk hat
Für uns das Schicksal als den Tod. Verachte
Dich, die Natur, die dunkle
Gewalt, die schnöd uns quält, im Dunkel herrschend,
Die grenzenlose Nichtigkeit des Ganzen.

Während des Waffenlärms schweigen die Musen: dieser alte Spruch
bewahrheitete sich für Frankreich, als die Revolution und das
Kaiserreich von der Volkskraft für Generationen zehrten, so daß die
weltpolitische Rolle des Landes seither wohl noch von einem alten
Ruhm, aber nicht mehr von einer unbestreitbaren schöpferischen
Energie getragen wird. Dieser Ruhm muß sogar zusehends dem
Renommee, ja dem Prestige weichen – und die Franzosen leiden
darunter. Die französische Jugend, die während der Revolutions-
und Empirekriege aufwuchs, erbte einen tragischen Ruhm – und
er war keineswegs nur eine Folge der politischen Ereignisse, sondern auch der geistigen Vergangenheit. Die Romantik nahm deshalb die dunkle Farbe des Weltschmerzes, der Verzweiflung – oder:
mit einer fast arroganten Parade darauf, auch des Blasierten und
Künstlichen an. Sehr genau hat Karl Hillebrand diese Entwicklung
Frankreichs seit 1800 geschildert:

Seine Kultur war alt, beinahe greisenhaft-blasiert, und es hatte eben die
furchtbarste Katastrophe durchgemacht, welche die menschliche Gesellschaft
seit der Völkerwanderung erschüttert hatte. Es war kaum zu verwundern,
wenn in der Nation, die so unablässig auf der Bresche gestanden, dann
so furchtbar gerüttelt, endlich so gründlich berauscht worden war, sich
nach 1815 eine gewisse katzenjämmerliche Müdigkeit einstellte. Dazu die
völlige Abwesenheit aller Prinzipien, staatlicher wie gesellschaftlicher,
religiöser wie sittlicher. Die Revolution hatte alles in Frage gestellt. Die
traditionelle Autorität war vernichtet; eine innere aufzurichten war man
nicht imstande; eine äußerliche war noch nicht hergestellt. ‹Die ganze
Krankheit des Jahrhunderts›, sagt der französische Dichter, der am meisten daran gelitten, in dem Werke, in dem er sie am eingehendsten geschildert, ‹die ganze Krankheit des Jahrhunderts›, sagt Alfred de Musset
in den Confessions d'un enfant du siècle, ‹kommt von zwei Ursachen. Das
Volk, das 1793 und 1794 durchgemacht hat, trägt zwei Herzenswunden
mit sich herum: alles, was war, ist nicht mehr – alles, was sein wird, ist
noch nicht. Sucht nirgendwo anders das Geheimnis unseres Wehs.›

Für diese Krankheit Frankreichs hat das übrige Europa mitleiden
müssen, denn es nahm wohl das revolutionäre Ziel der staatsbürger-
lichen Freiheit in sich auf, widersetzte sich aber der napoleonischen
Fundamentierung einer übernationalen Union: die Hekatomben

für Waterloo wurden in zwei Weltkriegen geschichtet ... «Der Sieg, den Wellington und Blücher über Napoleon davongetragen haben, ist die Besiegung der menschlichen Vernunft durch den Unsinn»: so schrieb ein Russe – Dmitri Mereschkowskij. Um so bewundernswerter bleibt die Spannkraft des französischen Geistes, der im 19. Jahrhundert nicht nur eine klassische Romanepik, sondern auch eine neue Lyrik hervorgebracht hat. Auch der letzte europäische Kunststil, der Impressionismus mit seiner heiteren Freude am Erscheinenden, war Frankreichs Leistung. Die neue französische Versdichtung aber ist eine schöpferische Antwort auf die Romantik, die man deren englischen und deutschen Formen verdankt.

Am Eingange der französischen Modernen steht François René Vicomte de Chateaubriand, 1768–1848. Er inspirierte die Jugend, wie sie es selbst bekannt und wie Goethe es sogleich festgestellt hat. Es hätte nicht der häufig in Frankreich auftretenden anglomanen Mode und damit der Einwirkung Lord Byrons bedurft, um Chateaubriands Synthese des Royalistischen und Katholischen zu jenem geistigen Potential zu erheben, das seither in reichen Abwandlungen die Kultur Frankreichs mitbestimmt. Der Rousseauismus, der auch seine Jugend erfaßt hatte, nahm bei ihm die Wendung zu einem Gefüge neuer Ordnungen und Werte, das mehr noch als in seinen Dichtungen in dem *Geist des Christentums* und in den *Mémoires d'Outre-Tombe*, den «Erinnerungen jenseits des Grabes», aufgerichtet wurde. Als Romancier kräftigte Chateaubriand die zarten, idyllischen Farben Bernardin de Saint-Pierres zu dem pastosen, üppigen Kolorit seiner Erzählung *Atala* und deren Fortsetzung *René:* sie führen in die indianische Welt Nordamerikas und zeichnen die romantische Krankheit der Zeit, «das tiefe Gefühl der Langeweile», an der Figur Renés, der nur in Selbstaufgabe einen Ausweg aus sinnloser Einsamkeit sehen kann. Dieser René wird eine der Vorläufer-Gestalten des modernen Romans – in Frankreich, wie überhaupt in Europa; er ist der französische Werther. Die Indianerszenen dieser beiden kleinen Erzählungen sind von einem melodramatischen Pathos erfüllt und berühren das Opernhafte; die typisch französische Möglichkeit, Rhetorik und Lyrik zu amalgamieren, bestätigt sich wiederum. Den Schluß der *Reise von Paris nach Jerusalem* bildet Chateaubriands spätere Novelle *Der Letzte der Abencerragen:* eine Alhambra-Geschichte aus der islamischen Vergangenheit Spaniens – ein trotz des romantischen Hauches plastisch gedrungenes Kunstwerk mit adligem Ethos. Der Dichter war politisch ein entschiedener Gegner Napoleons; die Restauration brachte ihm hohe diplomatische Ämter, ohne daß er stets mit den wechselnden Strömungen der Regierung konform ging.

Der im breiten Volke wachsenden bonapartistischen Legende, die stets ein Merkmal auch des Demokratismus in Frankreich geblieben ist, erstand ein Chansonnier von unverwüstlicher Popularität in Pierre Jean de Béranger, 1780–1857: «das Volk ist meine Muse», rief er aus, und dichtete nach dessen Instinkten seine eingängigen, witzigen, pointierten, sangbaren Lieder. Als einen Reimschmied von Trivialitäten haben ihn Renan und Flaubert gehaßt – zu Unrecht, denn wenn Béranger auch niemals die vergleichsweise engen Horizonte des Volkstümlichen, «Savoyardischen», erweitert, so verfügt er doch über den tänzerischen Charme der alten gallischen Heiterkeit. Seine Chansons lockerten überhaupt die vom akademischen Klassizismus gefesselte, von der Aufklärung beinahe erstickte lyrische Melodie der Sprache. Durch Neuheit der künstlerischen Mittel waren auch die Verse der Marceline Desbordes-Valmore, 1786–1859, nicht eigentlich der Konvention überlegen, aber die erlebte, erschütternde Gewalt ihrer Gedichte fand Anerkennung bei größten französischen Autoren. Während Madame de Staël, 1766–1816, mit ihren publizistischen Schriften gegen das Kaiserreich oder mit ihrem Buche *Über Deutschland* journalistisch Aufsehen und Wirkung erzielte, während später die emsig geschriebenen Erfolgsromane der George Sand, 1804–1876, nicht die Zeit überdauerten, gehört Marceline als die zweite große Dichterin Frankreichs nach Louise Labé zu den zeitlosen Seelen, die ein ewig Menschliches – Leid der Liebe und Schmerz der Mutter – austönen: eine vita dolorosa ward hier Gesang.

Träumerei, Sehnsucht, zarte Harmonie und Verklärung in schmiegsamen, melodischen Versen erklangen der französischen Jugend in den *Méditations* von Alphonse de Lamartine, 1790–1867. Der Dichter hatte diesen für Lyrik ungewöhnlichen Titel unter dem Eindruck der «Nachtgedanken» Youngs gewählt; die romantische Verskunst nahm von Lamartine ihren Ausgang. Sainte-Beuve pries seine Lyrik als groß, wahrhaft innerlich, reich, erhaben, ganz göttlich; ein Urteil, das vielleicht ein wenig hoch griff, aber charakteristisch die Stimmung der Generation aussprach. Die Klassizität Chéniers schien sich mit weicher Musik zu erneuern, und in der Tat hat die französische Lyrik erst wieder bei Verlaine einen Ton von ähnlich schwebender, beseelter Schönheit gefunden. Lamartine war wie Chauteaubriand auch ein Repräsentant der Staatsmacht; er verfocht die Tendenzen der Restauration und schrieb eine *Geschichte der Girondisten*. Seine Prosa muß aber der Lyrik an Bedeutung für die Nachwelt weichen. Dem elegischen Petrarkismus Lamartines tritt die herbe, großartige Männlichkeit Alfred de Vignys, 1797–1863, entgegen; von seiner soldatischen Vergangenheit berichtet ein Novellenbuch *Militärische Größe und Knechtschaft*, in der ein heroischer und aristokratischer Geist den Verfall der modernen Armeen zu mechanisierten Automaten feststellt. Vigny gestaltete oft die Tragik eines erhabenen Menschentums: aus dem Willen zum eigentlichen, höheren Niveau des Menschen, aus dem Ethos der tätigen Güte. Die steile Einsamkeit des Erwählten schaute gefaßt ihr Schicksal an – wie Moses zur Gottheit spricht:

Den Hirten hatte kaum dein Hauch erfüllt,
War ich den Menschen wie der Tod verhüllt:
Sie bargen sich vor meiner Augen Flammen,
Den schrecklichen, die deinem Strahl entstammen:
Jungfrauen sah ich jählings vor mir fliehen,
Als hätt den Atem ich der Gruft entliehen –
Da hüllt ich tiefer mich in meine Wolken ein
Und schritt vorm Volk, mit meinem Ruhm allein,
Und sprach zu meinem Herz: was bleibt zu tun?
Zu schwer ist diese Stirn, an einer Brust zu ruhn –
Um mich ist Öde, letzter Klippen Grauen,
In meiner Stimme Sturm, und Blitz auf meinen Brauen;
Ich weiß: sie zittern, wenn ich längst verzieh,
Zeig ich mein Herz, fällt alles auf die Knie –
O Herr, da so mich deine Schauer trafen,
Laß mich nun endlich Schlaf der Erde schlafen!

Alfred de Vigny ist ein Dichter des Geistes und Gedankens – weder ein Rhetoriker noch eigentlich ein Romantiker. Zwischen Klassik und Romantik erhebt sich seine persönliche, aber doch wert- und formgeordnete Welt.

Der Name Alfred de Musset ist bereits gefallen als des Autors der *Bekenntnisse eines Kindes der Zeit*. Der am 11. Dezember 1810 in Paris geborene Dichter wirkte wie ein französischer Byron; er teilte mit dem Engländer Schönheit, Noblesse und einen legitimen Dandysmus. Die Anmut seines Wesens hatte etwas Gewinnendes: «Keiner gab auf den ersten Anblick eine bessere Vorstellung des jungen Genies», schrieb Sainte-Beuve in einem Nachruf, als Musset am 2. Mai 1857 in Paris gestorben war. Charme und Grazie leuchten aus seinen blühenden, eleganten Versen, aus der Prosa seiner Novellistik und in den Dialogen seiner kleinen Lustspiele. Das mondäne Kostüm darf nicht über die echte Schmerzlichkeit seines Welt- und Zeitgefühls hinwegtäuschen; Musset ist einer der wenigen Autoren, für die Lord Byron nicht nur ein modisches Vorbild war, sondern eine wahlverwandte Natur. Deshalb sind seine subjektiven Versnovellen sein Eigentum, vor allem *Rolla*, ein Kleinepos mit einem snobistischen Abenteurer als Hauptgestalt. Berühmt ist die Ouvertüre zu dieser Dichtung mit ihrem lyrisch-enthusiastischen Anruf der abendländischen Vergangenheit:

Klagt um die Zeit, da Himmel noch und Erde
Vereint in einem Volk von Göttern schweifte,
Da Venus mit jungfräulicher Gebärde
Des Meeres bittre Tränen von sich streifte
Und lockenschüttelnd lächelnd sprach: Es werde!
Klagt um die Zeit, wo lüsterne Najaden
Im Sonnenscheine sich im Schilf versteckten
Und lächelnd an den blumigen Gestaden
Die trägen Faune aus den Büschen neckten,
Wo Quellen von Narzissos Küssen wallten,
Und wo von Nord zum Süd durch diese Welt
Ein Herkules, umgürtet mit den Falten
Des Löwenfells, Gericht auf Erden hält!

So geht es weiter bis zum Preise des Mittelalters: seiner Epen und Romanzen, der Riesendome inmitten gekauerter Städte, der wahrheitwebenden Legenden und dem Gottesbild auf heiligen Altaren. Aber er, der Dichter, ein zu spät Geborener, sei nicht mehr zu Hause im alten Glauben – er habe ihn eintauschen müssen für die Verzweiflung der modernen, entgotteten Welt:

Mags sein! Doch will ich deinen Staub noch küssen,
Ein glaubenloser Sohn ungläubger Zeit,
Und Tränen, Christus, werd ich weinen müssen
Auf diese deine Welt, dem Tod geweiht.
O du mein Gott, wer schenkt ihr neu das Leben,
Das du ihr mit dem reinsten Blut gegeben,
Wer wird, was du einst tatest, wieder tun?
Und wer verjüngt uns junge Greise nun?

Das ist die Gegenstimme zu dem oft so spielerischen Orchester Mussets, die sich bei dem größten Lyriker Frankreichs im vorigen Jahrhundert, Baudelaire, zur tragischen Blasphemie steigern wird. Auch in der Lyrik Mussets schlägt die heillose Wirrsal des Dichters in verlorener Zeit einmal groß die Saiten: in den vier weitgespannten Dialogen der *Nächte*. Seine kleinen Komödien – *Proverbes* genannt, weil sie um ein Sprichwort als Pointe geschrieben sind – sind echte Lustspiele und gleichsam ein poetischer Nachhall der musikdurchklungenen Gesellschaften auf Watteaus Bildern.

Solange Musset lebte, hatte jener französische Dichter, in dem die

Romantik ihren monströsen Gipfel auftürmt – Victor Hugo –, einen Konkurrenten, den er selbst mit dröhnenden Verskaskaden nicht zu übertönen vermochte. Bei diesem Dichter angelangt, verschlägt es einem den Atem, wie man mit dem Unmöglichen fertig werden soll. Denn Hugo stört – aber er stört auf grandiose Weise. Er brach in die französische Literatur ein wie ein Faschist der Romantik: er stürmte am 25. Februar 1830 in der herrlichsten Literaturschlacht der neueren Zeiten das Kapitol der Klassik, als an diesem Tage sein spanisches Knalleffekt-Drama *Hernani* von der geschlossenen Phalanx der Jungen durchgepaukt wurde gegen die Gralshüter der Tradition. Tout Paris war beteiligt: man hatte nicht nur eine neue Epoche kreiert, sondern, wie seither manche Beurteiler meinen, den größten Dichter der Nation! Diese Nova des Sternenhimmels war am Vorabend ihres achtundzwanzigsten Geburtstages aufgegangen: am 26. Februar 1802 wurde Victor Marie Hugo in Besançon geboren. Mit einem «größten Dichter Frankreichs» hat es nun die Bewandtnis, daß es ihn nicht gibt; versammeln sich alle geistig-musischen Kräfte Italiens in Dante, Englands in Shakespeare, Deutschlands in Goethe, Rußlands in Puschkin – so zögert man schon, etwa dasselbe von Cervantes für Spanien auszusagen, weil er doch wohl mit Lope de Vega und Calderon eine Trinität bildet. Das französische Schrifttum gleicht einem Hochmassiv, aus dem sich wohl einzelne Spitzen hervorheben – jedoch nicht eine von ihnen allbeherrschend genannt werden kann. Selbst die Dreiheit Corneille-Molière-Racine vertritt Frankreich nicht vollständig, hinzu kämen einige Lyriker und Balzac. Nun hat sich Victor Hugo als Dramenautor, freilich mit fürchterlicher Theatralik, als lyrischer Dichter, freilich ebenso berauschend wie bombastisch, endlich als Romancier, freilich nicht minder kolportagehaft wie phantasievoll, betätigt – also, wie Musset sagte, «ein großer Mann vielleicht! Jedoch ein Dichter? Nein!» Aber er muß mit einer Treffsicherheit ohnegleichen den innersten Nerv seines Volkes gepackt haben, das ihn im Hochalter ehrte wie keinen zweiten Autor: als Hugo nach dem Sturze Napoleons III. aus freiwilliger Verbannung zurückkehrte – er, der früher schon Mitglied der Akademie und selbst Pair von Frankreich gewesen war –, da wirkte es wie die prophetische Apotheose des nationalen Geistes. Seinen Tod, am 22. Mai 1885, teilte man einer harrenden Menge mit wie den Hingang eines Monarchen; auf der Place de l'Étoile fanden die Funeralien statt, dann wurde der Sarg im Pantheon beigesetzt.

Wie man von Jean Paul gesagt hat, daß er die größte dichterische Kraft – nicht der größte Dichter – der Deutschen gewesen sei, so läßt sich ein Gleiches von Victor Hugo für Frankreich behaupten; übrigens sind auch die Folgen bei der Nachwelt die gleichen: wenn auch mit charakteristischen Unterschieden. Das Deutschtum Jean Pauls ist eine absolute Innerlichkeit – das Franzosentum Victor Hugos ist wesentlich Repräsentanz. In unseren Tagen hat André Gide, bei aller Skepsis doch ein Wahrer der Überlieferung, in dem Vorwort zu seiner Anthologie französischer Lyrik den irritierenden «Fall Hugo» literarisch und funktionell beschrieben: «In meiner Jugend, als mein Geist sich noch den Vorschriften unserer Klassiker beugte, verfehlte ich nicht, an gewissen Übertreibungen Anstoß zu nehmen, die ich bei Hugo als unausstehliche Geschmacksverwirrungen empfand. Heute halte ich dafür, daß diese unleugbaren Schlacken der Preis waren, wie ihn ein Genius zahlen mußte, der das Höckerichte dem Platten, das Unförmige dem Einförmigen und Banalen vorzog; und meine Bedenken scheinen mir, in der Erinnerung, etwas einfältig ... Die französische Literatur besitzt keinen zweiten, der mit gleicher Gewalt eine solche Fülle von Bildern zusammengezwungen, so mächtige Symbole heraufbeschworen, Klänge und Rhythmen so sicher gehandhabt, der unsere Syntax und unsere Sprachformen mit solcher Meisterschaft behandelt hätte wie er. Wollte man allerdings versuchen, aus dieser ungeheuren Masse von Versen eine Philosophie herauszuziehen – es wäre verlorene Liebesmüh. Allein, fordern wir denn wirklich, daß der Dichter uns dergleichen biete? Und besteht deshalb Veranlassung, von Hugo zu urteilen, er sei ‹dumm›, ob auch ‹wie der Himalaja›, weil er sich nur in einer unbestimmten kosmischen Hochsinnigkeit, einem Credo ohne Dogmen und ohne scharfe Umrisse behaglich fühlte? Aber hinter den Vorwürfen gegen Hugo steckt doch noch etwas anderes. Seit dem Beginn seines literarischen Lebens, als Liebhaber, als trauernder Vater, als milder Großpapa und alter Rappelkopf, als Bürger und Patriot, als Volksvertreter und Vorkämpfer der bürgerlichen Freiheiten, in der Verbannung sich als sein eigenes Standbild über dem Sockel seiner Insel aufreckend, immer ist Hugo jemand, der repräsentiert. Goethe fühlte und wollte sich stets musterhaft, was etwas völlig anderes ist: Goethe nimmt nach seinem besten Vermögen alles Menschliche in sich auf; Hugo fühlt und will sich bewundernswürdig; Goethe beschäftigt und fesselt mich vor allem als Mensch; Hugo als Mensch läßt mich fast gleichgültig; durchdrungen von seiner Wichtigkeit, setzt er sich in Positur und hüllt sich in den Faltenwurf seiner erhabenen Rolle; man fühlt, er ist zugleich Spieler und Zuschauer seines eigenen Spieles ...»

Victor Hugos Dramen sind mit ihm zu Grabe getragen; auch die

Legende der Zeitalter, einen lyrischen Koloß, wird kein Posaunenstoß erwecken. Aber die *Oden und Balladen*, die *Orientalen*, die *Herbstblätter*, die *Lieder der Dämmerung*, die *Inneren Stimmen* und die *Strahlen und Schatten* – wie die Titel der lyrischen Sammlungen lauten –, zücken immer noch die Blitze eines dichterischen Elans: oft eine Zumutung, oft eine Orgie, zuweilen aber auch ein Non plus ultra von Plastik, Symphonik, Vision, ebenbürtig den größten Schöpfungen Eugène Delacroix', des Genies der französischen romantischen Malerei. Von Hugos Romanen wurde *Der Glöckner von Notre-Dame* ein Standardbuch aller Leihbibliotheken, bei seinen Verschlingern beliebt wie nur die zeilenschinderischen Wälzer Alexandre Dumas': die «Drei Musketiere» und der «Graf von Monte Christo» mit ihrem besinnungslosen Szenenwechsel, dem fröhlichen Fanatismus und den erheiternden Blutbädern, wie Flaubert diese standhafte Kolportage charakterisiert hat. Aber ungeachtet der grellen Schaueroper auf breitesten Strecken offenbart «Der Glöckner» doch die Klaue des Löwen – und sei es nur in der Beschwörung der chimärischen Architektur von Notre-Dame. Fesselnd wie diese geniale Scharteke ist auch der später geschriebene Zeitroman *Die Elenden*: natürlich-romantisch, melodramatisch, sentimental und rhetorisch wie alles oder fast alles bei Hugo. Victor Hugo bleibt eben ein unmöglicher Dichter; meint man ihn eingepfercht zu haben auf sein gebührendes Maß, dann steigt er gleich dem in einer Flasche eingesperrten Geist aus «Tausendundeiner Nacht» plötzlich in seiner überdimensionalen, rauchigen und ätherischen Größe auf.

In Frankreich verbrachten auch die drei polnischen Dichter, die von ihrer Nation als die größten gefeiert werden, lange Zeiten eines Exils, weil die Heimat auf unübersehbare Dauer fremder Herrschaft verfallen schien. Und alle drei fanden in Paris die letzte Ruhestätte: es ist ein Gleichnis für die Unbehaustheit der polnischen Literatur, die während der Zarenherrschaft eigentlich nur deshalb ein untergründiges Dasein in Polen selbst fristete, weil ihr fast messianischer Nationalismus stets eine gefährliche Aktivität zu entfesseln drohte. Immerhin wurde doch 1890 der entscheidende Dichter, Adam Mickiewicz, bei den Sarkophagen der polnischen Könige in Krakau beigesetzt, während erst Pilsudski den zweiten, Julius Slowacki, vom Pariser Montmartre in die Königsgruft überführen lassen konnte.

Eine polnische Dichtungssprache schuf, schon während der Renaissance, Jan Kochanowski, 1530–1584, als er nach lateinischen

Anfängen die Muttersprache wählte zu einer Übertragung der Psalmen. Von seiner eigenen Lyrik werden zuhöchst die *Treny*, die neunzehn Klageelegien auf den Tod seiner Tochter, geschätzt. Nach Jahrhunderten provinzieller Dunkelheit fällt dann ein Strahl der deutschen Klassiker in den polnischen Raum: mehr als Goethe wirkt übrigens der ethische Idealismus Schillers ein; auch die Romantik hilft eine schöpferische Glut schüren – und man begeistert sich, wie überall, an Lord Byron. Aber Adam Mickiewicz, geboren am 24. Dezember 1798 in Nowogrodek, folgte diesen Anregungen nicht als ein Epigone, sondern als ein starker, männlicher Charakter von durchaus originaler Kraft. Vor dem polnischen Aufstande von 1831 hat er in der Heimat schon seine ersten Dichtungen veröffentlicht: *Balladen und Romanzen*, wichtige Teile eines lyrisch-szenischen Großwerkes *Totenfeier* und die vielbewunderte *Sonette aus der Krim*. In jeder dieser Poesien beben das Leid und der Zorn des Patrioten; aber Mickiewicz entzündet seine Kunst nicht allein aus politischem Temperament, sondern auch aus einer tiefen Verbundenheit mit seinem Volkstum. So vermochte er Erlebtes und Geschautes dichterisch zu gestalten – wie es vor allem sein Hauptwerk, das Versepos *Pan Tadeusz*, bezeugt. Hier ist die subjektive Verserzählung des Byron-Typs ins Gegenständliche gewendet und erweitert; Mickiewicz nimmt selbst das Alltägliche in seine Dichtung auf, beschwingt es mit dem Pathos der polnischen Hoffnungen und Leiden, rückt es so ins Weltgeschichtliche und bleibt als Persönlichkeit doch seelisch gegenwärtig. In der Totenfeier steigert sich der ethische Lyrismus des Autors häufig ins Phantastische. In den späteren Lebensjahren tritt sein dichterisches Schaffen zurück hinter wissenschaftlichen Studien, mystischen Neigungen und politischer Aktivität. Mickiewicz nahm zuletzt türkische Kriegsdienste, um gegen Rußland zu kämpfen; aber er kam nicht mehr ins Gefecht, denn am 28. November 1855 starb er in Konstantinopel. Die Leiche wurde nach Montmorency übergeführt.

Obschon Mickiewicz bei den Polen unbestritten galt als die Zentralsonne ihrer Literatur, haben manche Beurteiler Julius Slowacki, 1809–1849, als den reineren Dichter ausgegeben. Das Persönliche behauptete sich schärfer bei ihm, wie überhaupt die Byron-Nachfolge deutlicher ausgeprägt ist. Mickiewicz lehnte den satanischen Mystizismus Slowackis ab. Er erfüllt besonders eine breite dramatische Produktion; auch sie ist exklusiv nationalistisch.

Sigmund Krasinski, 1812–1859, der dritte Dichter der polnischen Romantik, war ein herrenhafter Magnat, dessen Machtwille gleichfalls der politischen Größe seiner Heimat galt: «Ich leide als

Sohn einer unterjochten Nation.» Als Künstler griff er kühn zu riesigen Plänen und Kompositionen, wie die *Ungöttliche Komödie*, in der ein Weltgericht über die Tendenzen des 19. Jahrhunderts abgehalten wird. Das Denkerische hat seinem Werk bestimmende Züge verliehen; immer ist er auf eine philosophische Durchdringung der Geschichte aus. In seinem großen Prosadrama *Irydion* gab er ein Gleichnis für den polnischen Befreiungskampf gegen Rußland: ein Grieche will sich an Rom rächen und überliefert sich deshalb selbst der Macht des Bösen, verkörpert in der Satansgestalt Masinissa; wohl trennt er sich zuletzt von ihr, weil ihn die Idealität seines Zieles innerlich bewahrt, muß aber für seine Irrung jahrhundertelang in Polen büßen.

Die polnische Literatur ist am Rande des Weltschrifttums geblieben, obwohl ihre Sprache die Sprache eines zahlenmäßig doch sehr großen Volkstums ist. Die nationalen Schranken konnte, ja wollte sie nicht einmal sprengen – und so verlor sie denn an breiterer Wirkung, was ihr im Lande selbst an enthusiastischer Begeisterung erwuchs. Vielleicht wäre sie doch weltliterarisch stärker in Erscheinung getreten, hätte der Vers, weitaus ihr vornehmster Ausdruck, bei der Unkenntnis des Polnischen im Abendlande sie nicht auf den nationalen Raum verwiesen. So konnte es geschehen, daß sich ein dichterisch unwesentliches Buch: *Quo vadis* von Henryk S i e n k i e - w i c z , 1864–1916, eines regen Exportes erfreute als in allen Weltsprachen übersetzter Roman und dem Autor gar den Nobelpreis eintrug; aber der bloße Erfolg ist nicht mit echter Wirkung zu verwechseln, und die Schweden haben mit ihrem Preis auch nicht immer die Rechten ausgezeichnet. Heute, da wir vor den apokalyptischen Folgen des Nationalismus stehen, denken wir zwangsläufig anders oder doch sehr zurückhaltend über ein Schrifttum von exklusiv patriotischer Tendenz.

Den vielleicht größten aller neueren politischen Dichter brachte Ungarn hervor. Alexander P e t ö f i , 1823–1849, fühlte sich während seines kurzen Lebens ganz als Sohn seines Volkstums und seiner Heimat, deren Schönheit er als erster entdeckt und in hinreißenden Gedichten gefeiert hat. Denn die Natur war doch die eigentliche Quelle seiner lyrischen Begeisterung, deren männlich-sieghaftes Temperament immer wieder in Liedern durchbricht, die sich bewußt an volkstümliche Formen halten, sie aber kunsthaft erfüllen und beseelen. Liebe und Freude, Zorn und Kampf, Freiheit vor allem: das sind die Themen seines Werkes, das früh schon außerhalb Ungarns die Bewunderung besonders der deutschen Roman-

tiker gefunden hat. So pries ihn Bettina v. Arnim als ihren «Sonnen-
gott», und Hermann Grimm rechnete ihn zu den größten Dichtern
der Weltliteratur. Petöfi selbst verehrte als seine Vorbilder Schiller
und Béranger; der Idealismus seiner Vergötterung des angestammten Volkes war zu jeder Hingabe entschlossen:

Nur ein Gedanke quält mich immerfort:
Auf weichem Pfühl im weichen Bett zu sterben;
Wie eine Blume langsam zu verderben,
Die wurmbenagt, geheim und still verdorrt; ...

Ich möcht ein Baum sein, den der Blitz erlegt:
Ein Baum, den der Orkan vom Boden fegt;
Ein Felsen, den ein Donnerkeil mit Wucht
Vom Berge reißt und schleudert in die Schlucht ...
Wenn einst die Sklavenvölker dieser Welt,
Der Ketten müde, sich zum Kampf gestellt,
Das Antlitz rot wie ihres Banners Samt,
Auf dem das Wort der heilgen Losung flammt:
«Weltfreiheit!» ach, für die sie längst erglüht –
Und wenn dann die Posaunen dieses Wort
Hinausgeschmettert über Süd und Nord
Und auch die Tyrannei zu Felde zieht:
Dort, Herr der Welt,
Dort fall ich gern im Feld ...

Und so geschah es denn auch: in der Schlacht bei Schäßburg durch-
bohrte den Mitkämpfer Petöfi eine Kosakenlanze; er ward in ein
Massengrab versenkt – unbekannt wo.

VOM REALISMUS ZUM NATURALISMUS

Französische und angelsächsische Romanciers

Der gesellschaftskritische und psychologische Roman entsteht in Zusammenhang mit der sozialen Umschichtung seit der Revolution
von 1789. Denn der Romantyp, der nunmehr aufkam, wurde von
französischen Autoren früher als von englischen durchgeformt. In
Frankreich verlief die allgemeine Entwicklung, kulturell und politisch, weitaus dramatischer als auf der Insel; die Gegensätze folgten
schärfer ausgeprägt aufeinander oder standen nunmehr, im 19.
Jahrhundert, besonders eindrucksvoll nebeneinander. Dennoch verbindet alle Kontraste wiederum auch eine zähe literarische Tradition

als gesicherte Vorstellung von künstlerischer Ausgeglichenheit. Das wesentlich Demokratische des neuen französischen Romans gilt überwiegend für die Stoffwahl, ferner für die gleichmäßig psychologische Durchdringung der Gestalten, so daß man ständisch hervorragende Figuranten durchaus nicht den Vertretern der bisher namenlosen Masse vorzieht, endlich auch in rein ästhetischer Richtung, weil die totale Herrschaft der Prosa und mit ihr schließlich zusammenhängend auch oft des Prosaischen keine sprach-stilistische Schichtung aufkommen läßt. Der Roman ist und bleibt eben, im Unterschied zur Novelle, eine offene, unverbindliche Form, weshalb sie denn auch dem Veralten ganz besonders ausgesetzt ist.

Man hat am Eingang des modernen psychologischen Sozialromans das Siegesdenkmal Stendhals errichtet. Es geschah freilich erst nach Generationen, wie er es vorausgesehen hat – dann aber mit unbestreitbarem Recht. Lediglich ein an Umfang sehr schmales, aber «großes Buch», wie Jean Cocteau es im Vergleich zu Prousts bänderreichem Hauptwerk nennt: der Roman *Adolphe* von Benjamin Constant, 1767–1830, bahnt vorher schon das Neue an – nein: vollendet es bereits in gedrängter, klar überschaubarer Weise. In dieser Liebesgeschichte von einem Manne, der sich um eine zunächst abweisende, dann aber gewährende Frau bemüht, die nunmehr das allmähliche Erkalten des Werbenden erkennen und bis zu den letzten, qualvollen Folgen auskosten muß – in dieser Geschichte gibt es keinen Wertherismus, weil Constant mit unerbittlichem Gleichmut die Passion lediglich notiert. Das Psychologische hat sich hier nicht als Technik verselbständigt, sondern wird selbst das eigentlich epische Ereignis – und doch ist es «mit einem Einblick in das menschliche Herz geschrieben, der denjenigen schaudern macht, der sich etwa in einer ähnlichen Lage befunden hat, oder befindet», wie Grillparzer nach der Lektüre für sich angemerkt hat. So wichtig Constants gedrungenes Werk ist sowohl für die Geschichte des Romans im allgemeinen, indem es nach «Gil Blas» und «Manon Lescaut» die Entwicklung einer objektiven Prosaepik weitertrieb, wie im besonderen eben als eine konsequente Seelendarstellung, so siegte doch Stendhal, 1783–1843, dank seiner größeren Produktivität.

Henry Beyle, der sich, vielleicht um Winckelmanns willen, nach dessen Geburtsort Stendhal nannte, war übrigens der Romantik – wie schon Goethe erkannt hat – noch stärker verpflichtet als Constant; außerdem schwang auch der Rationalismus des 18. Jahrhunderts in ihm nach. Die Bewegungen der Revolution haben ihn, den Bürger, frei zum Zuge kommen lassen – aber ein eingeborenes Rebellentum schied ihn von jeglicher Solidarität, und er hielt es lieber mit seinesgleichen: mit Genies! Napoleon wurde sein Abgott, denn in ihm selbst brodelte ein mühsam verhüllter Tatendurst, ein Abenteurertum, sein Glück um jeden Preis zu machen, wie es in *Rot und Schwarz* seinen Helden Julien Sorel schließlich zum Verbrechen treibt. Natürlich war Stendhal selbst deshalb kein Verbrecher, aber er hat sich doch gegen naheliegende Vergleiche mit diesem Julien wehren müssen: allzuviel des Persönlichen, Erlebtes und Gedachtes, stecken in dem Romanhelden – er ist «die Tat zu seinen Gedanken», wie Heinrich Heine erkannt hat. Dennoch ist dieser epochemachende Roman kein wertherisches Geständnisbuch, sondern reine Objektivation durch seine Psychologie und einen Realismus, der sich kaum vom Naturalismus unterscheidet.

Ein Roman ist ein Spiegel, der sich auf einer Landstraße bewegt. Bald spiegelt er das Blau des Himmels, bald den Schlamm und die Pfützen des Weges,

wie Stendhals berühmte Definition lautet, ein Credo für die Späteren, die sich darauf beriefen, wie Flaubert und Zola. Dem entspricht die artistische Technik, unterschiedslos «faits divers», Tatsachen, zu sammeln für Einzelschilderungen, ja selbst für die tragende Fabel; so geht «Rot und Schwarz» auf einen Zeitungsbericht zurück. Die Personen der Romane sind meist leicht umgeformte Porträts «nach dem Leben»:

Ich nehme mir eine gut bekannte Persönlichkeit, beobachte ihre Art, auf die Jagd nach dem Glück zu gehen, und mache sie nur geistreicher.

Demzufolge darf auch der Stil nicht poetisch aufgehöht werden – je trockener und sachlicher, desto besser. Daß er «Rot und Schwarz» «in einem allzu abgehackten Stil» geschrieben habe, nannte er selbst später «eine große Dummheit»; aber das antiromantische Programm verlangte es so. Stendhals fleißige Lektüre in Napoleons Code civil verrät sich in der sentenzenhaften Prägung der Sätze, die sich manchmal wie eine Kette von Aphorismen reihen.

Aber der schamhaft verborgene Romantiker in Stendhal verschafft sich doch seine poetischen Feste mit einer Hinwendung nach Italien und der Renaissance. Er sieht den südlichen Menschen bereits aus jener Perspektive, die in Nietzsches Philosophie eine Maske des Übermenschen erbildete. In Julien Sorel sind solche «italienischen» Züge; sie dominieren dann in Stendhals zweitem zeitpolitischen Roman *Die Kartause von Parma*; sie verlockten den Autor schließlich zu der novellistisch durchgearbeiteten Nacherzählung älterer italienischer Chronikstoffe.

Die erste Eigenschaft eines italienischen Herzens – ich spreche von denen, die nicht durch Tyrannei oder Frömmelei zum Stumpfsinn gebracht sind – ist die Energie, die zweite das Mißtrauen, die dritte die Wollust und die vierte der Haß. Sie waren es, die den Italienern des Cinquecento so viel Geist und Mut und ihren Künstlern so viel Genie gaben,

so faßt er es einmal zusammen. Die Liebe fehlt; sie fehlt natürlich nicht bei den Italienern, sondern – bei dem Autor! Ein indirekter Beweis dafür ist Stendhals Schrift *Über die Liebe*, in der ein materialistisches Denken die «Kristallisationen» der Liebe untersucht; ein direkter Beweis sind seine *Bekenntnisse eines Ich-Menschen*, die vom Aspekt des «Egotismus» aus gegeben werden. Dieses Wort meint etwas anderes als Egoismus, mit dem eine utilitaristische Ich-Bezogenheit benannt wird.

Rot und Schwarz wurde zum Prototyp des modernen Romans, weil hier die psychologische Darstellung der Personen zugleich deren Verhalten zu allgemeinen, kulturellen, sozialen und politischen Strömungen ihres Zeitalters einbezieht. Der Titel des Romans deutet auf die feindlich zueinander stehenden Gruppierungen in Frankreich nach dem Sturze Napoleons I., summarisch etwa Revolutionäre und Reaktionäre. Stendhals Werk ist aber nicht nur der Anfang der zeitgenössischen Romanform, sondern bereits deren künstlerische Vollendung und Vollkommenheit: es enthält grundlegend die Auseinandersetzung und Zuordnung des Psychischen und Gesellschaftskritischen, die als solche ästhetisch nur noch variiert und in unserem Jahrhundert wohl durch neue, mit nur wenigen Ausnahmen aber im Experimentellen verbleibende Formen abgelöst wurden. Außerdem nimmt gerade dieser Roman schon die sich nach einem Jahrhundert herauskristallisierende Endphase des realistischen Romantypus vorweg: den analytischen Nachweis vom Zusammenbruch der gesellschaftlichen Schichtung und die Verzweiflung des einzig auf sich gestellten Individuums.

Diese Erörterungen berühren nicht den Rang Stendhals. Ihm eignet nicht nur die Prärogative der schöpferischen Leistung, sondern die schon erwähnte artistische Beziehung zu einem Stoff: mit Freiheit und Überlegenheit steht er ihm gegenüber. Dieser Egotist verfügte geistig und ästhetisch über besondere Vollmachten – wie Nietzsche sie als großer Europäer zuerst in einer vielzitierten, grundlegenden Ausführung umschrieben hat. Er sah in Stendhal «das letzte große Ereignis des französischen Geistes, dem auch jeder billig denkende Ausländer die ersten Ehren geben muß, als einem erkennenden, vorwegnehmenden Genie, das mit einem napoleonischen Tempo durch sein unentdecktes Europa marschiert ist und zuletzt sich allein fand, schauerlich allein. Jetzt, wie gesagt, kommandiert er, ein Befehlshaber für die Auserwähltesten. Es hat zweier Geschlechter bedurft, um ihm nahezukommen; wer aber mit feinen und verwegenen Sinnen begabt ist, neugierig bis zum Zynismus, Logiker aus Ekel, Rätselrater und Freund der Sphinx gleich jedem rechten Europäer, der wird ihm nachgehen müssen. Möge er ihm auch darin folgen, voller Scham vor den Heimlichkeiten der großen Leidenschaft und der tiefen Seelen stehenzubleiben.»

Die begeisterte Kritik eines um sechzehn Jahre jüngeren Autors an seinem Werk wurde von Stendhal reichlich mokant aufgenommen: er amüsierte sich über den metaphorischen Stil dieses Kollegen! Denn hier scheiden sich zwei Typen: der psychologisch-naturalistische Notierer – und der imaginative Schöpfer. Ein solcher aber war Honoré de B a l z a c, fragwürdigen Adelstitels, geboren am 21. Mai 1799 in Tours – ein später Landsmann also des Tourainers Rabelais. Während Auguste Rodin den Verfasser der Menschlichen Komödie wie eine imperatorische Deklamation skulpiert hat, sah Balzac «in Wirklichkeit» weit angenehmer und interessanter aus. Eine prächtige Daguerreotypie zeigt einen Pykniker südfranzösischen Typs, fett und pausbäckig, über der aufgeknöpften Hemdbrust liegt eine kurze, fleischige Hand mit Grübchen, ganz in der Nähe des weißen, dicken, kurzen Halses. Nach landläufiger Vorstellung dürfte der Besitzer dieser geräumigen Körperlichkeit nicht über jene vergeistigten Züge verfügen, die sogenannte Geisteshelden dem Publikum glaubwürdiger machen. Aber ein paar dunkle Augen ruhen mit voller Schaukraft unter wölbiger Stirn, frei und unverstellten Herzens. So hatte denn dieser Mann noch eine zweite Heimat seiner Seele außerhalb des irdischen Bereichs seines lärmigen Plebejertums. Die naive Üppigkeit seiner Einbildungskraft gab diesem gutmütigen Koloß monströse Projekte nicht nur künstlerischer Art ein: nie versiegten bei ihm imaginäre Schatzquellen und Spekulationen, mit denen er hantierte wie mit gediegenen Bankkonten, weil er dann selbst daran glaubte. Überhaupt tat er sich viel zugute auf seine volkswirtschaftlichen Ein- und Tiefblicke; leider verschont er damit nicht seine Leser, die nicht nur in den Eingangskapiteln seiner Romane derartige Exkurse oft über sich ergehen lassen müssen.

Balzac war mit den rund 2000 Seiten seiner jährlichen Produktion ein Fröner der Arbeit; ihr opferte er seine Gesundheit, seinen Schlaf, selbst seine dandyhaften Anwandlungen. Eigentlich arbeitete er in wachem Zustande immer: glaubte er doch unablässig Beobachtungen einsammeln, bezeichnende Namen für seine Figuren aufstöbern, zeitgeschichtliches Material für eine totale Soziologie hamstern zu müssen. Wäre es bei diesen Fleißtaten geblieben – Balzacs Romane wären mit ihrer Gesellschaft vergangen. Gewiß benutzte er Informationen und Beobachtungen, wie denn jeder Dichter ein weitschichtiges Werk immer aus natürlichen Erfahrungen speist. Menschen-natürliche Erfahrungen sind aber auch Träume und Visionen, außerdem Eingebungen auf Grund irgendeiner manchmal geringfügigen Realität. Balzac sagt selbst darüber:

Die Beobachtung war bei mir schon intuitiv geworden. Sie drang bis zur Seele vor, ohne den Körper außer acht zu lassen, aber sie faßte alles Äußere so genau auf, daß sie sofort darüber hinausging. Sie gab mir die Fähigkeit, das Leben des Einzelnen zu leben, den sie ins Auge faßte, indem sie mir erlaubte, mich in ihn zu verwandeln. Wem danke ich diese Gabe? Ist sie ein zweites Gesicht? Ist sie eher eine jener Fähigkeiten, die durch Mißbrauch zum Wahnsinn führen? Ich habe niemals dieser Gewalt nachgeforscht, ich besitze sie und bediene mich ihrer, das ist alles. Wer die reine Anschauung besitzt, der ist notwendig der vollendetste Ausdruck des Menschen, der die sichtbarste Welt mit den höheren Welten verbindet. Er handelt, sieht und fühlt durch den inneren Menschen.

In seiner produktiven Imagination war Balzac besser zu Hause als in seinem Milieu; die erschaffenen Gestalten kannte er tiefer als diejenigen, die ihn wirklich umgaben. Welche Irrungen beging dieser Autor in seiner zweideutigen *Physiologie der Ehe:* man meint oft, einen zynischen Roué auftrumpfen zu hören – dabei haben ihm ein paar Frauen in seinen permanenten finanziellen Miseren und auch in seinem Liebeskummer geholfen. Er hat es überschwenglich anerkannt, irrte sich aber fürchterlich bei der «Unbekannten», deren schwärmerische Briefe er für bare Münze nahm und die ihm später beim persönlichen Kennenlernen gar nicht so unbedingt gefiel: bis er sich denn doch an sie gewöhnte, sich in sie verliebte – was ihm bei jeder einigermaßen passablen Frau möglich war – und sie heiratete. Nun glaubte er sich «fast wahnsinnig vor Glück»: da ersparte ihm der Tod wahrscheinlich eine bittere Enttäuschung. Nachdem Balzac am 18. August 1850 in Paris gestorben war, rührte die verwitwete Hanska, nunmehrige Mme. de Balzac, keinen Finger, als das geistige Vermächtnis des großen Mannes auf eine empörend achtlose Weise verschleudert wurde, so daß man Manuskripte von seiner Hand in der Straßengosse und als Einwickelpapier bei Händlern aufsammeln mußte!
Balzac wollte, wie sein Idol Napoleon, die Welt erobern: jener habe es mit dem Degen getan, er werde es mit der Feder schaffen. Ein Dichter mit bestimmter Begabung muß das Glück haben, in der

richtigen Epoche geboren zu werden, damit sich ihm der geeignete Stoff in jener Phase der Entwicklung anbietet, da das Werden abgeschlossen, ein Höhepunkt erreicht und der Verfall bereits sichtbar ist. Balzac erlebte unterm Glanze der nachnapoleonischen Restauration die totale Entfaltung der Bourgeoisie und des Kapitalismus. So konnte er der Epiker des Geldes werden, außerdem den rücksichtslosen Ehrgeiz und Machttrieb der entschlossenen Opportunisten darstellen. Weil es diese Figuranten ja nicht nur unter «Kapitalisten» gibt, gelangte Balzac dazu, die Monomanie der Leidenschaft, die nur um sich kreist und keine Werte sonst kennt, allüberall wahrzunehmen und zu gestalten. Das beste Terrain für dieses Getümmel bietet die großstädtische Metropole: deshalb ist Paris das ungeheuerliche Schlachtfeld der meisten Epopöen Balzacs. Erst seit der *Menschlichen Komödie* offenbart sich die Weltstadt als künstlerisches Thema in der abendländischen Literatur; Vergleichbares findet sich vorher nur in mehreren weitgesponnenen Erzählungen aus den «Tausendundein Nächten», die Balzac sehr geschätzt hat. Nach über vierzig älteren Romanen – literarischen «Sauereien», wie er sie selbst abgetan hat – machte sich Balzac an seine Riesenkomposition der Menschlichen Komödie. Die Einteilungen seiner Romane und Novellen sind unerheblich geworden, ebenso seine theoretischen Ansichten über das Ganze. Hätte er nur ein Panoptikum der Soziologie arrangiert – man würde sich um Balzac heute so wenig kümmern, wie man angefangen hat, sich minder noch um Zola zu kümmern. Die strömend faunische Natur Balzacs, erdhaft elementar und den dunklen Ursprüngen des Lebens verbunden, setzte sich im Elan ihrer Schöpferkraft hinweg über das flüchtige Getue der konventionellen und auch der revolutionären Tagesmeinungen – hinweg auch über seine eigenen Theorien und reduzierte, nein: konzentrierte alles Historische und Soziale auf das Menschliche. Darin liegt der überzeitliche Gehalt der Comédie Humaine. Obwohl es kaum möglich ist, mit ein paar Titeln das Bezeichnende hervorzuheben, seien einige Romane und Novellen doch namentlich aufgeführt: *Das Chagrinleder* als ein Gleichnis für die grenzenlose Süchtigkeit des Menschen, die es schließlich nicht mehr wagt zu wünschen, weil die Befriedigung immer auch einen Schritt näher zum Untergang führt; *Eugenie Grandet* mit einem von der Enge und vom Geiz der Provinzler opferhaft zugrunde gerichteten Frauenleben; *Vater Goriot* als die bürgerliche König-Lear-Tragödie eines Vaters, den seine arrivierten Töchter seelisch zertreten; *Tante Lisbeth* als Geschichte der lästigen alternden Verwandten; *Verlorene Illusionen* als typisches Beispiel für den Verderb einer vielversprechenden Jugendbegabung in der Flitterglanzarena der Großstadt; *Glanz und Elend der Kurtisanen* als eine weitgehend verselbständigte Fortsetzung der «Verlorenen Illusionen»; *Cäsar Birotteau* mit dem Schicksal eines in geschäftliche Spekulationen geratenen und von ihr aufgeriebenen Kaufmanns; *Die Bauern* als der bis heute wichtigste Roman vom französischen Bauerntum; *Oberst Chabert* als Tragödie eines irrtümlich totgesagten Offiziers der Großen Armee; *Die Lilie im Tal* als der lyrische Liebesroman Balzacs; *Die Suche nach dem Absoluten* als Symbol für die wahnsinnige Besessenheit eines Naturforschers; *Louis Lambert* als die fast mystische Entwicklungsgeschichte einer ahnungsreichen Jugend; *Seraphita* als der swedenborgische Roman verklärter Geistigkeit; *Der Landarzt* mit seiner dithyrambischen Verherrlichung Napoleons; *Vetter Pons* als ein Spätwerk schwermütig-einsichtiger Psychologie – und die übermütige Arabeske der *Drolligen Geschichten* im Sprachstil Rabelais'. Hippolyte Taine hat Balzac als den Shakespeare des Romans gefeiert; dieses oft nachgesprochene Wort kann aber nur im Hinblick auf die gewaltige Substantialität der Balzacwelt gelten. Balzac besaß nicht die überlegene Geistigkeit Goethes, die sich olympisch neigt als ein schwebender Genius über das irdisch flüchtige Gedränge; auch nicht die herrscherlich gebietende Magie Shakespeares, dem die Sphären dämonischer Widergeister und ätherischer, dennoch ungern dienstbereiter Luftgeister gehorchen; das gigantische Geschiebe der triebhaften Leidenschaft, die besessen aufgereckte oder geopferte Monomanie der Figuren Balzacs wird nicht bezwungen und gegliedert, wie es im Abendlande angesichts einer vergleichbaren Substanzenfülle als einziger Genius nur Dante vermochte. Mit allen diesen Dichterwelten verglichen – daß man jedoch auf den Gedanken kommen kann, kennzeichnet Balzacs Werk –, bietet seine «Menschliche Komödie» unleugbar das Bild einer Welt, die sich bereits dem Chaos entrungen hat, aber ihm noch verhältnismäßig nahesteht. Ihr Schöpfer hatte ein ungestüm sympathisierendes Verhältnis zum Leben. Deshalb ist der Riesenzyklus eben doch kein materieller Alpdruck, kein intellektuelles Theorem und kein tendenziöses Manifest – sondern ein Organismus: empfangen aus der Naivität, geschaffen aus dem Titanischen, eine Lust des Menschen am Menschsein!

Zu der Gesellschaft der bourgeoisen französischen Romanciers gehört Prosper M é r i m é e, 1803–1870, wohl als Künstler, nicht aber als menschlicher Typus. Nietzsche hat ihn charakterisiert: «ein vornehm zurückgezogener Artist und Verächter jener schwammigen Gefühle, welche ein demokratisches Zeitalter als seine edelsten

Gefühle preist, streng gegen sich und voll der härtesten Ansprüche an seine künstlerische Logik, beständig bereit, kleine Schönheiten und Reize einem starken Willen zur Notwendigkeit zu opfern; eine echte, wenngleich nicht reiche Seele in einer unechten und schmutzigen Umgebung und Pessimist genug, um die Komödie mitspielen zu können, ohne sich zu erbrechen.»

So scheinen sich also Stendhal und Mérimée zu gleichen – eben bis auf die Vornehmheit. In der Tat befähigte sie ihn zu einer lässigen Gleichgültigkeit in literarisch-technischen Stilmitteln; sie hat sogar etwas Arrogantes, versöhnt aber dadurch, daß ihr eine affektierte Spitze fehlt. Der Autor schrieb seine *Novellen* – sie allein bewahren seinen Namen für die Nachwelt – in einer Art von heiterer Distanz, so erregend, ja gewaltsam und unheimlich manche ihrer Themen sind. Wie er die Zeitgenossen an der Nase herumführte mit einer angeblichen Entdeckung illyrisch-serbischer Volksballaden – nur Goethe durchschaute vergnügt das Manöver –, so bleibt überhaupt sein klarer männlicher Geist immer ungebunden über dem Ganzen.

Überaus rasch radikalisierten sich gewisse formale Prinzipien der Prosaepik, unter deren Joch der französische Roman allmählich anfing, Dokumente einer gleichsam eingefrorenen artistischen Vollkommenheit bei innerlicher Verzweiflung hervorzubringen. Welch ein Gegensatz zwischen Balzac, dem vom Leben – es sei, wie es wolle – und vom Menschen – er sei, wie er wolle – berauschten Dichter, und Gustave Flaubert, 1821–1880, dem Asketen eines schlechthin furchtbaren Idols von ästhetischer Vollkommenheit! Er ist als Mensch ein schwer durchschaubares psychologisches Phänomen: der derbe Normanne mit der Physiognomie eines Rentiers verbirgt unter dem unerbittlichen Atmosphärendruck der «Form» einen nie zu beschwichtigenden Romantiker. Mit einem ausgesuchten Talent zur Selbstqual ausgestattet, brachte er sich selbst und seine Lebensführung dem Programm absoluter Kunst zum Opfer: so gewiß er recht hatte, daß das Leben als solches phantasielos ist – nur Laien glauben etwas anderes –, weil es erst durch die kunsthafte Darstellung zur Sinngestalt wird, so achtbar, ja fast heroisch seine rund siebenjährige Feilung am Sprachstil der *Madame Bovary* anmutet, so überschlägt sich sein Bildnerwille in der Forderung, gerade und erst recht an einem für den Autor gleichgültigen, noch besser: widerlichen Motiv das Nonplusultra des Kunstwerkes zu schaffen. Diese Gewalttätigkeit gegen die eigene Natur ließ ihn später alle Jugendarbeiten vor der «Bovary» verdammen – und dabei befindet sich unter ihnen ein hinreißendes, ein glühendes

Werk: die Eros-Passion *November*. An dem «Bovary»-Stoff ekelten ihn nicht nur das eigentliche Thema des Ehebruches der kleinen Bürgerin, sondern jede Person darin, das muffige Milieu der Provinz, die Nichtigkeit der Bestrebungen und Ehrungen – vor allem jenes Monstrum, das zu befechten den geistigen Menschen immer wieder qualvoll reizt, obwohl keiner es erlegen kann: die Dummheit! Flauberts Haß gegen die Dummheit hat etwas von einer Zwangsvorstellung: er hockt alpdruckhaft auf seiner Seele; er raubt diesem so sicheren Könner die Einsicht, daß der satirische Roman einer Revue über die Dummheit, durchexerziert an den Gliedermännern *Bouvard und Pécuchet,* überhaupt kein künstlerisches Unternehmen sein kann – es sei denn für einen Epiker fast übermenschlichen Wohlwollens mit dem Nur-Menschlichen. Um dem Ekel gelegentlich zu entrinnen, schuf sich Flaubert zwei nach bestem Wissen gelehrt fundierte Vergangenheitswelten: die eine, der in Karthago spielende Roman *Salammbô,* geriet ihm dennoch als große Oper – die andere, in einer *Versuchung des heiligen Antonius* das ganze Repertoire der religiösen Strömungen während des Synkretismus der ersten nachchristlichen Jahrhunderte gewissenhaft durchspielend, bahnt jene weltanschaulich oder forscherlich ausgestalteten enzyklopädischen Romangebilde an, bei denen die Kunst meistens aufgehört, die Wissenschaft aber doch nicht begonnen hat. Das aufwühlende Bekenntnisbuch der modernen Verzweiflung in der Ödnis des Positivismus ist Flauberts bezeichnenderweise früh begonnener, spät aber erst abgeschlossener Roman *Die sentimentale Erziehung*, in dem eine menschliche Entwicklung in graue Nichtigkeit einmündet. Seit der «Sentimentalen Erziehung» haben moderne Romanciers diese Verzweiflungsliteratur erbittert weitergetrieben – und man fragt sich endlich, warum sie es taten; selbst das bestgelungene artistische Produkt dürfte auf die Dauer für ein Weltgefühl allgemeiner Sinnlosigkeit kaum einen Wert behalten. Flaubert umklammerte sein Kunstidol so inbrünstig, weil ihm alle anderen Tempel des Lebens eingestürzt waren; natürlich konnte es ihm nicht helfen. In seinem Gemüt aber muß eine schamhaft verdeckte Stelle der Liebe lebendig gewesen sein: sie schenkte ihm die schönste seiner kleinen Arbeiten, die Erzählung *Ein schlichtes Herz*.

Flauberts Schaffen berührt sich nur oberflächlich mit der in breiten Kreisen seiner Zeitgenossen herrschenden Weltanschauung des Positivismus; die zwar nicht tragische, aber doch auf ihre Weise heroische Einsamkeit des Romanciers war über den bei aller Sachlichkeit doch parvenühaft selbstbewußten Fortschrittswahn jener Aufgeklärten des 19. Jahrhunderts erhaben. Aber wie die Romantik noch oder auch bei Flaubert ihr Opfer fordert, so bildet sie stets auch eine Gegenströmung des Positivismus. Diese Feststellung bezeugt bereits der philosophische Wortführer dieser Lehre in Frankreich. Auguste Comte, 1798–1857, faßte den Positivismus zu einem in sich bezüglichen System zusammen. Danach bewege sich die Menschheit von den bereits früher durchlaufenen religiös-militärischen und metaphysisch-juristischen Stadien der Entwicklung auf die wissenschaftlich-industrielle Phase hin. Mit wunderlicher Schwärmerei, wie sie Stifter-Naturen oftmals eignet, wollte Comte dieses Lehrgebäude zur Religion des modernen Menschentums ausgestalten: mit Festen zu Ehren fortschrittsfördernder «großer Männer», nachdem der Heiligenkalender durch eine bestimmte Jahresfolge der Namen derartiger Menschheitshäupter ersetzt sei.

Die exakte geschichtliche und philologische Schulung des wissenschaftlichen Jahrhunderts gab Charles-Auguste Sainte-Beuve, 1804–1869, gediegene Fundamente für seine kritische Phänomenologie der Literatur, so daß sich seine ungewöhnliche, bewußt geübte Gabe der ästhetischen Einfühlung nicht im Ungefähren verlor. Eine solche Einheit von Journalistentum und Gelehrtentum, die einander tragen, anregen und steigern, hatte etwas Vorbildliches und blieb dennoch unerreicht; man gab ihm den Ehrentitel eines «Fürsten der Kritik». Er war für die französische Literaturwissenschaft der Wiederentdecker Ronsards und der Plejade; von seinen essayistischen Sammlungen heben sich die *Literarischen Porträts* und die *Montagsplaudereien* als klassische Leistungen hervor. Er war dem Dienst an der Literatur so verfallen, daß er es über sich brachte, einen jüngeren Kopf wie Hippolyte Taine, 1828–1893, generös zu fördern, obwohl man erkennen konnte, daß unter allen aufstrebenden Konkurrenten einzig dieser dem Alten echte Konkurrenz machen würde. Taine stand nicht so frei dem Positivismus gegenüber wie Sainte-Beuve; nunmehr sollten die Komponenten des Milieus – Klima, Rasse, Boden – die entscheidenden Kriterien auch der Urteilsbildung in geistigen und künstlerischen Dingen hergeben; ohnehin galten sie den meisten als die Artikel des modernen soziologischen Credo. Die Stilkunst Taines bezeugt ihre gute Herkunft; neben Essays hat sein historisch-soziologisches Hauptwerk *Ursprünge des zeitgenössischen Frankreich* nachhaltigen Einfluß ausgeübt. Der Geschichtsschreiber und Semitologe Ernest Renan, 1823–1892, arbeitete ebenfalls positivistisch, war aber doch ein idealistisch-glaubensinniger Mann. Als er sein *Leben Jesu* veröffentlichte und die Gestalt Christi rein menschlich, aber durchaus edel und vorbildlich begriff, hatte er sich keineswegs zum Atheismus bekannt. So fragt er sich einmal nach dem Schicksal der Bretagne, wo seine Jugendjahre verlaufen waren – und gibt die lyrische Antwort:

Wenn die Bretagne nicht mehr sein wird, wird Frankreich sein. Und wenn Frankreich nicht mehr sein wird, wird die Menschheit noch sein, und ewig wird man sprechen: Einstmals war ein edles Land, das allem Schönen zugetan war und dem es bestimmt war, für die Menschheit zu leiden und zu kämpfen. An diesem Tage wird der einfachste Bauer, der von seiner Hütte bis zum Grabe nur zwei Schritte hatte, in diesem großen unsterblichen Namen leben. Und wenn die Menschheit nicht mehr sein wird, wird Gott sein, und in seinem weiten Schoße wird sich alles Leben wiederfinden; und dann wird es buchstäblich wahr sein, daß kein Glas Wasser, kein Wort, das dem göttlichen Werke diente, verloren sein wird.

Dieses alte, ritterliche und romantische Frankreich lebte selbst im Herzen des entschlossensten Romanciers des Positivismus: Emile Zola, 1840–1902. Den jungen Schriftstellern, die sich in den achtziger Jahren des vorigen Jahrhunderts am europäischen Naturalismus orientierten und Zola zusammen mit Ibsen und Tolstoj als Propheten einer neuen Literatur feierten, fiel die untergründige Romantik im Werke des französischen Tatsachenschilderers zunächst nicht auf: man pries in Deutschland wie allerorts Zolas Serie der *Rougon-Macquart*-Romane als die reinste Verbindung von Kunst und Wissenschaft im Dienste der fortschreitenden Gesellschaft. Der Naturalismus, als Evangelium und als Technik, schien hier «klassisch» geworden zu sein: die innerseelischen Bewegungen ein streng kausaler Ablauf der Vererbung, die gleich der Schwerkraft ein absolutes Naturgesetz sei – das Milieu der zusätzlich mitbestimmende Faktor der geistigen und sittlichen Reaktionen –, dazu ein logisch nicht aus der herrschenden Weltanschauung zu rechtfertigender Zukunftsglaube. Der wissenschaftliche *roman expérimental* soll eine soziale Funktion ausüben, und sie wird meistens im Sinne der politischen Linken gewertet und gefordert. Bei Zola und den ihm nacheifernden naturalistischen Romanautoren muß alles die Beobachtung hergeben: so entspricht es der Doktrin. Sie würde nicht dergestalt anerkannt worden sein, wenn die schöpferische Einbildungskraft stark und überlegen genug gewesen wäre. Zolas vererbungssoziale Romanfolge verwittert vor unseren Augen – ein paar Titel aus der Serie, wie *Nana*, *Germinal* oder *Die Bestie im Menschen*, halten wohl noch stand. Aber das Andenken an den tapferen Vorkämpfer für menschliche Hochziele wird sich ehrenvoll behaupten: an jenen Zola, der den schwachen, aber ethisch rührenden Roman *Doktor Pascal* schrieb – die lyrische Zukunftsphantasie am Schlusse der «Rougon-Macquart»; vor allem an den Verfasser von *J'accuse!* – den Ankläger einer korrupten Justiz und einer schamlosen Kliquenpolitik, die sich in der niederträchtigen Verurteilung des schuldlosen Hauptmanns Dreyfus enthüllt hatten. Als Zola es wagte, für den Juden Dreyfus öffentlich einzutreten, begann eine neue Epoche des politischen und auch des geistigen Lebens in Frankreich: seit diesem Prozeß scheiden sich die inneren Fronten des Landes bis auf den heutigen Tag.

Der reinere Prosadichter neben Zola war der ihm gleichaltrige Alphonse D a u d e t, 1840–1897: selbst wenn von seiner Produktion schließlich nur der kleine Roman *Tartarin von Tarascon* übrigbleiben sollte. Seine naive Phantasie belasten nicht die Theorien der Weltanschauer und Literaten; dafür leuchtet ein herzlicher Humor – sehr selten innerhalb der französischen Mentalität! –, ohne satirische Spitze, in seinen Erzählungen; aber auch poetische Zartheit und Tiefe adeln sein Werk. Im «Tartarin» – dem er später einen Fortsetzungsroman *Tartarin in den Alpen* nachschickte – erschuf Daudet einen beispielhaften Typus von erheiternder Menschlichkeit: der spießige, renommierende Phantast, der zwar ein Feigling ist, aber schließlich doch grundsympathisch bleibt. Welch eine Oase inmitten einer intellektuell aggressiven, bald alles verneinenden, bald an allem verzweifelnden Literatur – ein Dichtertum, ausgezeichnet mit der Seelenwärme des Lebens, Dauer verbürgend über alle noch so interessante und nur interessante Produktion der auf Absicht und Weltanschauung Eingeschworenen! Wenn sich doch auch Anatole F r a n c e, 1844–1924, von den Tendenzen seiner Zeit freigehalten hätte: dieser wunderbare klassische Stilist einer gallisch-heiteren Prosa, der Verfasser des ergreifendsten Liebesromans der französischen Moderne, *Die rote Lilie*, der überwältigende Fabulierer des grotesken *Aufruhr der Engel*, der elegante Kompositeur mancher kleinerer Novellen und dialogisch-aphoristischer Szenen, der feine Humanist des *Doktor Bonnard*, der Darsteller der Revolution in *Die Götter dürsten!* Seine Zeitromane sind verblaßt, wie auch seine voltairianischen Sophistereien. Sein artistischer Geschmack verwarf den Naturalismus Zolas – was nicht ausschloß, daß France als dreyfusardischer Sozialist den älteren Vorkämpfer doch ehrlich pries. Im Ganzen gesehen, hat die naturalistische Strömung in Frankreich nur einen echten Künstler geschult: es ist der noch von Flaubert in seinen schriftstellerischen Anfängen überwachte Guy de M a u p a s s a n t, 1850–1893. Auch hier gelten auf die Dauer nicht die Romane, sondern die *Novellen*, die als Ganzes gleichsam eine epische Summe des 19. Jahrhunderts ausmachen wie Balzacs

Menschliche Komödie. Und gleich dieser enthält auch die Novellistik Maupassants mehr als nur eine realistische Abschilderung des modernen Lebens: sie stößt vor zu den Wurzeln des menschlichen Daseins im Psychischen und Vitalen; hinzu kommt ein Reichtum an Einfällen, der die Skala des Menschlichen von absoluter Tragik bis zu frivoler Komik durchspielt.

Die lange Lebensdauer Carlyles umfängt für die stetige Entwicklung des englischen Schrifttums sowohl die klassische Idealität um die Jahrhundertwende wie den Anbruch des sozialen Realismus. So sind in England die neuen Tendenzen des psychologischen und gesellschaftskritischen Romans auch minder scharf gegen den älteren Literaturtypus abgesetzt: Dickens und Thackeray heben sich nicht so entschieden ab von Fielding, Sterne, Smollet und Goldsmith, wie Stendhal und Balzac von den älteren französischen Autoren. Die Festigkeit des insularen Charakters spiegelt sich in der Wesensbestimmtheit der Romanfiguren; sie als Produkte der Umwelt aufzufassen, wie man es in Frankreich rasch bis zur allein-gültigen Milieutheorie vorwärtstrieb, war man in England lange nicht geneigt: es wäre gleichsam eine Verletzung der Habeas-Corpus-Akte des Individualismus gewesen. Dafür aber bevorzugt die englische Romanschriftstellerei ein anders Kollektiv: die Familie. Ist zunächst ein jeder Engländer für sich eine Insel, was er zum Ausdruck bringt, wo er sich auch befinde, so erweitert sich doch diese umhegte Abgeschlossenheit auf die Sippe: aber auch sie wird eine Insel für sich. Der bürgerliche Sittenroman der Engländer bietet in seiner typischen Art das Bild der Entwicklung einiger Individuen innerhalb ihres «clan» und zielt auf die Gründung eines neuen Zweiges der Sippe durch eine Ehe, in der sich nach Gottes erfreulicher Fügung eine ehrbar-nützliche Verbindung von Liebe und Geld ereignet. Diesem Schema der unterhaltenden Trivial-Literatur unterwarf sich natürlich nicht immer eine höhere Romancierkunst; dennoch übte es auch hier oft untergründig seine Macht aus – sei es als humoristisch-satirisch behandelter Gegenpol, sei es gar als naives Prinzip bei dem Größten: nämlich bei Charles D i c k e n s.

Zum Teil aus diesem Grunde wollten heutzutage einige Radikale der literarischen Jugend in England Charles Dickens überhaupt nicht als einen wirklichen Romancier anerkennen. Die Opposition wider ihn wird sich allerdings verlaufen, wenn die Produktionen der neuesten Verzweiflungsliteratur, des Desillusionismus und Nihilismus, ihre zeitbedingte Anziehungskraft verloren haben. Allerdings war Dickens eigentlich kein moderner Romancier, sondern eher ein Geschichtenerzähler. Seine altmodisch anmutende Technik, die Menschenwelt nach Bös und Gut in Schwarz-Weiß-Manier ebenso übersichtlich wie kindlich zu scheiden, rührt aber keineswegs aus einem Mangel an realistischer Erfahrung her; sie ist vielmehr mit ein Ausdruck seiner imaginativen Epik, wie denn Chesterton hervorgehoben hat, daß Dickens der letzte Mythenschöpfer der englischen Literatur gewesen sei! Wie gesagt, es fehlte dem Dichter nicht an engster Fühlung mit dem sozialen Leben: am 7. Februar 1812 kam er in Landport bei Portsmouth zur Welt als Sohn eines kleinen Beamten, lernte früh die Entbehrungen eines ärmlichen Daseins kennen, sah seinen Vater in Schuldhaft wandern, mußte sich als Diener in einer Schuhwichsefabrik, dann als Anwaltsschreiber und Reporter durchschlagen. Daß er Lehrjahre in der Tagesberichterstattung hinter sich hatte, ehe er mit kleinen *Londoner Skizzen* und dann vor allem mit seinem Roman *Die Pickwickier* entscheidenden Erfolg errang, merkt man seiner Darstellungsweise übrigens bis zuletzt an. Seit den «Pickwickiern» blieben sein Ruhm und seine Breitenwirkung unerschüttert, eroberten den Kontinent und die Neue Welt, ergaben zuletzt das überaus seltene Zusammenfallen von Popularität in allen Schichten und Bewunderung bei der Kennerschaft. Die Amerikaner luden ihn zu einer Vortragsreise ein, aber sie hatten Pech: Dickens entwarf nach seiner Rückkehr ein denkbar unsympathisches Bild von den Zuständen in den «Staaten». Als er am 9. Juni 1870 in Gadshill Place bei Rochester starb, war sein Tod «ein Weltereignis. Ein Unikum von Talenten ist plötzlich erloschen; mit ihm scheint die harmlose Fröhlichkeit der Nation plötzlich verdunkelt» – so schrieb Carlyle.

Die Leiden seiner Jugend haben bei Dickens tiefe Spuren hinterlassen. Er kannte sich aus in den Gefühlen der Armen, Beleidigten und Vernachlässigten; die sozialen Akzente seiner Romane sind so einprägsam gesetzt und bis zur Tendenz verschärft, daß sie tatsächlich eine Reihe von Mißständen in seiner Heimat beseitigen halfen. Die unmenschliche Kälte der Schuldhaft, die in Not geratene Leute dem Moloch einer für sakrosankt erachteten Geldforderung opferte, hat er häufig dargestellt; die miserablen Schulverhältnisse in Stadt und Land, wie überhaupt die Ausbeutung schon der Jugend durch ein kapitalistisches Verdienertum, gestaltete er in eindringlichen Szenen; das fühllose Räderwerk einer schwerfälligen Justiz mit seiner grausamen Benachteiligung des wirtschaftlich Schwächeren gab er der Verachtung preis. Aber wie eifrig Dickens auch diese sozialen Übel anprangerte und bewußt auf Reformen drängte, so war der Antrieb dazu doch nicht die Gesellschaftskritik als solche, sondern sein gutes, menschlich liebendes Herz! Das Mitleid ist die unerschöpfliche und kristallklare Quelle seiner Arbeit; es verschmäht keineswegs die künstlerisch durchaus zweitrangigen Mittel des Melodramatischen und Sentimentalen – aber es verfügt zugleich über einen Humor ohnegleichen! Dieser Humor, für den Dickens zu wiederholten Ritardandos der Handlungsführung bereit ist, hat nichts Metaphysisches, sondern stammt aus dem Sinnenhaften und Vitalen: es sind noch immer die alten humours, «die Säfte», die sich hier ausströmen mit einem Reichtum der Beobachtung, mehr noch der schöpferischen Einbildung, wie sie in solcher atmosphärischen Gegenwärtigkeit bei keinem neueren englischen Autor anzutreffen sind. Inmitten eines dichtgedrängten Menschenzuges sind aber gelegentlich Episoden ausgespart, in denen die Kehrseite dieses humoristischen Märchenfabulierens offenbar wird: plötzlich enthüllt sich die grauenhafte Schicksals-Einsamkeit des Menschen auf dieser Erde, umgeben von spukhaften Gewalten, die wie Lemuren die aus Bahn und Ordnung geschleuderte Seele belauern, sie wie ein blutsaugender Alpdruck belasten – elementische Geister, die jählings die Masken abwerfen, unter denen sie meist unerkannt zwischen den Menschen ihr Wesen treiben.

Man gerät in Schwierigkeiten, wenn man die besten – oder richtiger: die schönsten – Dickens-Romane namhaft machen soll. Herkömmlicherweise gilt als Hauptwerk *David Copperfield:* die lange Geschichte der Entwicklung des jungen Davy in seinen Knabenjahren bei einer wunderlichen Tante bis zur bürgerlichen Situierung und Eheschließung. Dickens hat manchen autobiographischen Zug hineingetragen und seinen Jüngling mit einem höchst charakteristisch profilierten Personal aller Art umringt; im ganzen verlaufen die Begebenheiten auf der lichteren Seite des Lebens, obschon man nirgends von einem bequemen Optimismus sprechen kann. In dem später geschriebenen Roman *Große Erwartungen* liegt ein streckenweise fast tragisches Gegenbild zu Copperfields Entwicklungsgeschichte vor: das Werk bewegt sich überhaupt janushaft auf der Grenzscheide des Hellen und Dunklen, und die unheimlichen Kräfte erweisen sich eigentlich als die stärkeren. Die psychische und, wie immer bei Dickens damit eng verflochten, die atmosphärische Abgründigkeit machen diesen Roman zu dem vielfach modernsten, sicherlich zum einsamsten des Autors, der bis zuletzt schwankte, welchen Abschluß er der Handlung geben sollte: die doppelte Fassung des Endkapitels – die eine ausgleichend, die andere resigniert – ist ein Zeichen für die innerliche Problematik des Dichters. Daß jemand diesen beiden Romanen den großen Anfangserfolg Dickens', *Die Pickwickier*, noch vorzöge, wäre zu begreifen, weil die

Welt des Erzählers hier in ihrer freiesten Heiterkeit und Fabulier-
kunst erscheint. Die Entscheidung über die liebsten Dickensromane
wird individuell ausfallen; mancher wird noch dazurechnen *Martin
Chuzzlewitt, Nikolaus Nickleby*, den zwischen London und Paris
spielenden Revolutionsroman *Zwei Städte, Bleakhouse* – oder auch
Klein Dorrit, Oliver Twist und nicht zu vergessen die hochdichteri-
schen *Weihnachtserzählungen.*

Zu volkstümlicher Wirkung konnte sich neben Dickens der scheinbar kühlere William Thackeray, 1811–1863, nur allmählich
durchsetzen, obschon er nach englischem Urteil wohl den größten
Roman seines Zeitalters geschrieben hat. Es ist der *Jahrmarkt der
Eitelkeit:* ein beziehungsreich bitterer Titel für ein Buch «ohne
Helden», wie der Autor bemerkt. Thackeray vergleicht sich in der
Vorrede mit dem Direktor eines Marionettentheaters; seine Figuren
seien eben nur Puppen an den Fäden des Schicksals. Aber Thackeray
ist noch nicht angekränkelt von dem wachsenden Nihilismus der
Epoche: seine Verbundenheit mit den humanen Werten, eine hinter
ironischer Distanz verborgene Neigung zum Menschen führte ihm
die Feder; wohl sind ihm das Zeitliche und das Allzu-Menschliche
sehr fragwürdig geworden – nicht aber die Maßstäbe, nach denen
er richtet. Die Handlung der Romane verläuft vor dem weltpoliti-
schen Schauspiel des europäischen Kriegstheaters um Napoleon.
Thackeray hat nicht, wie später Tolstoj, die Feldzüge selbst zum
Gegenstande der Schilderung gemacht – aber die Schlacht bei
Waterloo dröhnt doch unmittelbar in den Gang des Ganzen hinein, und ihre Beschreibung regt einen Vergleich an mit Stendhals
wohl berühmterer Darstellung aus der «Kartause von Parma». Das
breite Zeitgemälde des «Jahrmarkts der Eitelkeit» mobilisiert Figuren aus allen Schichten der englischen Gesellschaft, sicher und genau
beobachtet von einem Autor, dessen persönliche Lebensumstände
einen großen Reichtum an unmittelbarer Menschenerfahrung zei-
tigten. Diese Porträts sind, besonders hinsichtlich der Aristokratie
und der Geschäftswelt, durchaus schonungslos. Aber es fehlen auch
nicht heitere Lichter: voller Humor verweilt Thackeray bei den
Reiseerlebnissen seiner übrigens oft kompromittierend beleuchteten
Landsleute während der Kriegsläufte in Belgien und nach dem
Frieden in Deutschland. Wenn also der «Jahrmarkt der Eitelkeit»
tatsächlich «unheldisch» geartet ist, so eignet diesem Buch doch
eine trotz all ihrer moralischen Bedenklichkeit immer sympathisch
bleibende «Heldin»: die abenteuernde Becky Sharp, deren zähes
Streben nach einer lebenslänglichen Pfundrente zwar nicht gerade
triumphiert – das konnte, durfte oder wollte der Autor seinen

Lesern wohl nicht zumuten –, die aber endlich ein, wenn auch kleines Schäfchen sicher ins trockene heimbringt.

In Thackerays *Pendennis* wird der bürgerliche Sittenroman zu einer Art von Memoire um den Typus des Snobs; den Snobismus hat der Autor außerdem in einer berühmten Skizzenfolge für die humoristische Zeitschrift «Punch» dargestellt. Der historische Roman *Henry Esmond* steht ganz selbständig neben der Epik Scotts durch seine straffere Komposition und eindringlich plastische Charakterschilderung: als Kunstleistung vielleicht dem «Jahrmarkt der Eitelkeit» überlegen, ihm aber an epochaler Weitschichtigkeit weltliterarisch doch untergeordnet. Da der «Jahrmarkt» der größte englische Zeitroman geblieben ist, fragt man sich, weshalb Thackeray, der als Sohn eines Beamten in Kalkutta geboren wurde, nicht das repräsentative Empireepos schaffen konnte, das dem angelsächsischen Schrifttum versagt geblieben ist. Er hätte als Epiker das Format zu einer solchen Leistung gehabt – kannte aber als unbestechlich wahrhaftiger Mensch seine Landsleute. Denn – wie Carlyle sagen konnte – «seine Seele war groß und weit, wenn auch nicht immer gleich vollendet und ausgeglichen in ihren Verhältnissen».

Den großen Auftrag des christlichen Abendlandes, in dem so oft nur vorgeblichen Sinne der Mission – also im Dienste einer höheren Idee – wahrhaftig ein Neues Weltreich zu errichten, haben englische und spanische Politiker allerdings vertan und verraten, so daß beim Gedanken an die Kolonisierungen bis ins 19. Jahrhundert hinein dem Europäer die Schamröte aufsteigen muß und das Geständnis, wie berechtigt die tiefe Verachtung besonders der asiatischen Völker für die weißen «Zivilisatoren» ist! So konnte denn keine der kolonisierenden Nationen ihre Herrschaft in einem großen Gedicht rechtfertigen oder gar als sinnvoll feiern. Aber wie einst der Portugiese Camões den heillosen Wahn der überseeischen Vorstöße ahnungsvoll aussprach – denn er war ein großer Dichter, und das heißt wohl auch: ein wahrhafter Mensch! –, so wagte der Gerechtigkeitssinn eines Holländers die Wurzeln der neu-europäischen Conquista bloßzulegen: Eduard Douwes Dekker, 1820–1887, der sich M u l t a t u l i – «Ich habe vieles ertragen» – nannte, schrieb den Roman *Max Havelaar oder die Kaffeeauktionen der Niederländischen Handelsgesellschaft*, der weit über eine nur gegenständliche Darstellung der ausbeuterischen Kolonialverwaltung in Niederländisch-Indien hinausgeht und sowohl durch das ethische Pathos seiner Entrüstung wie durch dichterische Mythik eines der wenigen bleibenden Zeugnisse der realistischen Prosaepik geworden ist.

Ohne Multatulis «Max Havelaar» wäre Holland an der Romancier-kunst des Westens weltliterarisch nicht beteiligt.

Bemerkenswert ist, daß der englische Roman vorerst nicht so entscheidend reagierte auf den Kapitalismus und Industrialismus, die ja im 19. Jahrhundert gerade auf der Insel rücksichtslos in Erscheinung traten, wie es vornehmlich nach Balzacs «Menschlicher Komödie» der kontinentale Roman tat. Der Puritanismus war stets begabt, eine Brücke zwischen religiöser Ethik und ökonomischem Interesse zu schlagen: die Heiligung der Arbeit, zu der sich auch Carlyle bekannte, darf aber nicht nur als Verbrämung verstanden werden, sondern war vielen Engländern ein echtes sozialreformatorisches Anliegen. Die Ausbildung des englischen Sozialismus geschah in einem ebenso realistischen wie idealistischen Bündnis zwischen Christentum und Nationalökonomie, und zu seinem Ahnherrn gehören schon die «Erweckten» der Cromwell-Epoche, sodann Carlyle und John Ruskin, 1819–1900. Die Erlösung des Menschen in der Ewigkeit soll nach Kräften schon als Erlösung des Armen vom niederdrückenden Frondienst an den Maschinen in der Zeitlichkeit vorbereitet werden – und die geistigen Vorkämpfer der Proletarisierten in England dachten und denken nicht minder an die Hebung der sozialen Lage wie an die Einwirkung des Ästhetischen auf das Gemüt des Einzelnen. Ruskins Botschaft vom eigentlichen Sinn der Kunst als Lobpreisung gehört mit zu seinem gesellschaftlichen Bekennertum; er erweckte auch ein neues, besseres Verständnis für die Gotik und die mittelalterliche Kunst, das sich bald bei den Präraffaeliten, besonders bei dem großen Sozialisten William Morris, fruchtbar erweisen sollte. Im Glauben an eine wechselseitige Durchdringung von Religiosität und Kunst betrieb Matthew Arnold, 1822–1888, seine Kulturkritik; sie verharrt nicht beim Anschauen, sondern will durch Deutung des Lebens die Entwicklung der modernen Zivilisation positiv fördern helfen. In großen Epochen habe sich die Dichtung immer als Bestärkung und Leitung des Gemüts bewährt; Zeiten der Krise erschweren ihr diese Aufgabe und verlagern die geistige Bemühung eben auf das Gebiet der kritischen Sichtung. Aus allen diesen Tendenzen der frührealistischen Jahrzehnte spricht ein Optimismus, der dem Einbruch einer Verzweiflungsliteratur zunächst Einhalt gebietet. Noch ist das Vertrauen auf die Humanität nicht untergraben, und selbst ein so kühler, rationaler Kopf wie der Historiker Thomas Babington Macaulay, 1800–1859, verkündet in seiner *Englischen Geschichte* rhetorisch und klar zugleich die gediegenen Prinzipien einer protestantischen Liberalität vom Standpunkte der Whigs aus.

Dennoch schiebt sich allmählich der kontinentale Positivismus französischer Prägung auch auf die Insel vor, wie es die Romane der George Eliot, 1819–1890, zeigen: Motive des ländlichen Handwerks und der Fabrik werden der Milieutheorie gemäß behandelt, die Charaktere verlieren ihre innere Prägung und werden durch die äußeren Umstände bestimmt. Diese Schriftstellerin galt eine Zeitlang gleichsam als ein weiblicher Zola, das Gemüt bewegend durch einen predigenden Unterton des Erbarmens, aber ihr Ruhm hält an, solange die prismatischen Brechungen der naturwissenschaftlichen und soziologischen Theorien die allgemeine Blickrichtung beherrschen.

Die stärkeren Begabungen der Prosaepik lebten auf dem Lande außerhalb der verqualmten, getriebigen Massenansammlungen; aber ihr Schaffen zeigt keineswegs etwa ein idyllisches Ausweichen vor der Gegenwart. Einem Naturereignis vergleichbar, steht der dämonische Roman *Sturmhöhe* der Emily Brontë, 1818–1848, vor der Nachwelt; die jugendliche Autorin scheint ihn wie eine Vision empfangen zu haben. Der Eros als Herrschaftsmacht, der sich das Weib unterwirft, weil ihr Blut es so will: das übersteigt bei weitem den flachen Vitalismus einer rational deutbaren Zuchtwahl und wird mit einer urtümlichen Gewalt dargestellt – selbst die Landschaft ist an diesem natürlich-kreatürlichen Schicksal beteiligt. Nicht diese vorweltliche Wucht, aber doch auch die atmosphärischen Ausstrahlungen der Natur als übernationale Gewalten vergegenwärtigen die Romane und Erzählungen Thomas Hardys, 1840 bis 1928; ihre Fatalität ist pessimistisch und oftmals auch spukhaft. Der Kampf des Menschen mit den ihm eigentümlichen intellektuellen Mitteln gegen die Zerstörung seiner Existenz durch Natur und Leidenschaft verläuft bei Hardy meist erfolglos; seine Figuren sind überhaupt der Handlung untergeordnet, die sich mit schicksalhafter Gesetzlichkeit unausweichlich vollzieht. George Meredith, 1828–1909, glaubt an die befreiende Läuterung durch den «comic spirit» im irrenden Menschen. Das silberne Gelächter der Kobolde, die in den Seelen wie in den Situationen ihr Wesen treiben, begleitet den andauernden Austrag innerlicher Dramen. Meredith schildert die feinsten seelischen Schwingungen wie ein Impressionist, für den aber die Nuancen nicht nur durchsichtig, sondern zugleich substantiell sind. Wie Flaubert den französischen psychologischen Roman mit «Madame Bovary» klassisch vollendete, so tat Meredith für das englische Schrifttum ein Gleiches mit seinem Roman *Der Egoist*. Zwischen drei Frauengestalten wird hier Sir Willougby gestellt: in jeder dieser Beziehungen behauptet sich sein

Egoismus auf eine geradezu entwaffnende Weise; zwar ist er zuletzt dank der raffinierten Attacken der «comic spirits» ein erledigter Mann – aber er selbst merkt es nicht ... Die ironische Tragik des Buches wird zur Vollkommenheit einer Romanpsychologie, die nicht mehr überboten werden kann. In seiner Novelle *Chloe* gab Meredith noch ein zweites Meisterwerk seiner indirekten dichterischen und zugleich kritischen Psychologie.

Der Verzicht auf ein solches subtiles Raffinement bei Robert Louis Stevenson, 1850–1894, erfolgte nicht aus dem Ehrgeiz eines Anders-seins, sondern aus der Naivität des Autors. Zwar verfügt seine Sprache über eine üppige Fülle der Impression: ob er nun heimatliche oder exotische Landschaften beschreibt – aber intensiver noch ist seine bildkräftige Beschwörermacht der Elemente. Denn Stevenson ist ein Mythiker, für den die Natur ein Wirkungsraum der Numina wird, wie bei einem echten Märchenfinder. Deshalb verselbständigen sich ihm auch nicht die artistischen Möglichkeiten; wenn er als ein Psychologe schöpferischen Ranges auftritt – wie in der Prosadichtung von Schuld und Sühne *Dr. Jekyll und Mister Hyde* oder in der Mördernovelle *Markheim* –, dann steigt seine Kunst ins Mysterienhafte und erhebt den individuellen Fall zum Symbol einer höheren Ordnung. Stevenson liebt die starke, einprägsame Handlung; sie soll auch dramatische Akzente haben; deshalb ist er – wie später der anglisierte Pole Joseph Conrad – einer der leider so seltenen modernen Erzähler, die den von der Analyse und Entfabelung bedrohten Roman auf den immer noch tragfähigsten Boden der Begebenheit gestellt haben.

Für die nordamerikanische Literatur waren die komplizierten Formprobleme des psychologischen Romans, wie sie von Franzosen und Engländern durchdacht und auch zerdacht wurden, lange unerheblich. Ein Bedürfnis danach hätte sich vielleicht früher geregt, als es geschehen ist, wenn die literarische Abhängigkeit von England nicht doch aufgegeben worden wäre zugunsten einer Epik, wie sie dem noch so unbestimmten Völkergemisch der «Staaten» entsprach. Von Hawthorne und Poe aus gesehen lagen hochdifferenzierte Gestaltungsformen des Romans und der Kurzgeschichte nahe; sie wurden aber zunächst vernachlässigt. Etwas hemdsärmelig schienen zwei Autoren an ihre Produktion heranzugehen: beide hatten eine echt amerikanische Vergangenheit, ehe sie berühmte Verdiener wurden. Lehrer, Reporter und Goldgräber war der eine, Francis Bret Harte, 1839–1902; später vertrat er aber die Vereinigten Staaten als Konsul in Deutschland und England. Was er einst praktisch geübt, beutete er dann als Schriftsteller aus: die kalifornische Goldgräberlandschaft – und er macht es mit spannenden Themen, deren flottes Tempo dramatische Szenen begünstigt, mit klarem Blick für Realitäten, voller Kolorit und Plastik. Gleich ihm hat auch Mark Twain, 1835–1910, in Kalifornien nach Gold gegraben; daneben war er wie die meisten amerikanischen Literaten Reporter, vorübergehend auch einmal Nichtstuer, dann Lotsenhelfer – woher sein Pseudonym rührt: denn «mark twain» heißt «markiere zwei», nämlich zwei Faden Tauchtiefe; sein eigentlicher Name lautet Samuel Langhorne Clemens. Er lernte von Bret Harte das Technische, übertraf jedoch seinen Meister – und zwar vor allem durch die von ihm klassisch gestaltete Groteske. Seine Kurzgeschichten erzeugten eine typisch amerikanische Variante des Humors: ein trocken erzählter, scheinbar purer Unsinn enthält einen parabolischen Kern von oftmals hoher Ethik. Mark Twains Doppelroman *Tom Sawyer* und *Die Abenteuer Huckleberry Finns* wird jenseits vom Großen Teich als sein Bestes angesehen: als «Epos von Amerikas glücklicher Kindheit».

Es verdrängte lange für die Öffentlichkeit in Amerika, für die europäische gar bis in das Jahrzehnt nach dem ersten Weltkrieg, das «Epos von Amerikas unruhigem Geist», wie man den wohl gewaltigsten Roman des amerikanischen Schrifttums, *Moby Dick oder der Weiße Wal* von Herman Melville, 1819–1891, genannt hat. Melville war mit Hawthorne befreundet, dem er «Moby Dick» als dem wahrhaft verständnisvollen Geist widmete. Diese Verbindung hat auch innere Gemeinsamkeiten des Weltgefühls: die metaphysische Bedeutung der Sünde. Melville verfügt über eine breite, aber offenbar ganz ungeordnete Belesenheit; er scheint sie als ein grüblerischer Mann gierig betrieben zu haben, um hinter ein gewiß ungeheuerliches Mysterium zu kommen: nämlich den Ursprung des Bösen zu erkennen! Eine geheime Anziehungskraft besteht für ihn zwischen dem elementar, ja kosmisch Bösen und dem empörerischen Menschengeist, dessen Taten schwanken im Zwielicht herakleischer Befehdung des Chaos und triumphierender Rache. Sein Prosaepos «Moby Dick» schildert die Jagd des Kapitäns Ahab, dem der von Seeleuten gleich dem legendären Leviathan bewunderte und gefürchtete weiße Wal einst ein Bein abgerissen hat und der nun seinem Feind mit grauenhafter Verfallenheit nachspürt.

Man erkennt jedoch, daß es Ahab und somit auch seinem Dichter noch um mehr als diese Aktion geht: er will den rätselhaften, unheimlichen, unerbittlichen Sinn des Daseins erfassen – und wird doch, wie Hiob, nicht belehrt, sondern durch eine Demonstration der furchtbaren Pracht, die um Gott liegt, zurechtgewiesen. Strecken-weise liest sich der Roman wie eine Reportage, beladen mit fach-technischen Details und Abschweifungen; doch das Ganze weitet sich in seinen dichterischen Visionen zu einem wahrhaft ozeanischen Epos aus. Mit überwältigender Wirklichkeit dargestellt, wogt doch in der zuweilen von majestätischem Pathos strömenden Sprache des Buches eine transzendierende Symbolik, und man hat nicht – wie gelegentlich bei Hawthorne – den Eindruck, daß Melville das Gleichnishafte allegorisch verselbständigt oder lehrhaft übertreibt.

Für den europäischen Kontinent entdeckte der französische Roman-autor Jean Giono die Dichtung Melvilles. Begeistert schrieb er: «Melvilles Werk ist gleichzeitig ein Sturzbach, ein Gebirge und ein Meer, und wenn er nicht nachdrücklich bewiesen hätte, daß man die Struktur des Walfisches sehr wohl erforschen kann, möchte ich sagen, ein Wal. Jedoch dieses Werk mit all seinem Geheimnis, es rollt dahin; es steigt an und fällt ab wie das Gebirge, wie der Sturzbach und das Meer ... Immer schenkt es den Genuß einer Schönheit, die keine Erforschung duldet, aber leidenschaftlich er-schüttert.»

Der Dichter erweist sich auch in anderen Arbeiten, etwa in *Billy Budd*, als ein Epiker hoher Grade; daß er, der Meister der weiten und riesigen Dimensionen, auch ein ganz außerordentlicher Novel-list war, zeigen seine kürzeren Erzählungen, wie die Novelle *Bartleby*. Der amerikanische Roman hat später, unter dem direkten Einfluß des europäischen Naturalismus, noch mehrere Male ähnlich elementare Motive zu behandeln versucht: den realistischen Ro-manciers ist aber doch bis heute nur noch ein Buch gelungen, das beinahe dem «Moby Dick» gleichgestellt werden könnte – im übrigen seinem europäischen Vorbild Zola vielleicht überlegen ist: es handelt sich um den Roman *Octopus* – eine deutsche Übersetzung heißt *Die goldene Fracht* – von Frank N o r r i s, 1870–1902, der vom Bau einer Eisenbahnlinie quer durch die Weizenländereien des Westens als einer dämonischen Unternehmung an der spendenden, aber seelenlos ausgebeuteten Erde berichtet – unleugbar ein kon-tinentales Epos!

Ein gemeinsamer Zug geht durch die großen Werke des amerika-nischen Realismus: es ist ein religiöser, und zwar unverkennbar ein alttestamentarischer. Wie Melvilles Kapitän im «Moby Dick» den altjüdischen Namen Ahab trägt, wie Hawthornes Theologie der Sünde in einer puritanischen Werteschicht gründet, so waltet auch im «Octopus» eine spekulative Moralität mit sinnfälliger Bestrafung des Übels. Während viele französische und englische

Autoren immer mehr einer nihilistischen Relativität verfallen, wahrt der ethisch-religiöse Ordo des protestantischen Christentums bei den Amerikanern lange seine Macht.

Poetischer Realismus in Deutschland

Die deutsche Literatur um die Mitte des 19. Jahrhunderts ist auf eine durchaus arteigene Weise am Realismus dieser Zeit beteiligt, weshalb sich diejenigen Werke am lebenskräftigsten erwiesen haben, die nicht in Nachahmung westlicher Formen entstanden sind. Die nunmehr zu überschauende Epoche bietet zunächst ein ähnliches Nebeneinander wie in Frankreich und England: Die romantischen Autoren, im allgemeinen etwas älter als die realistischen, reichen oft nicht nur mit ihrer Lebensdauer, sondern auch mit ihrer Produktion in die hohe Zeit der gesellschaftskritischen und psychologischen Romanciers hinein – ja, in manchen Fällen überschneiden sich unleugbar die Tendenzen beider Richtungen, bei deutschen wie bei westlichen Schriftstellern.

Das deutsche Schrifttum nach der klassischen und romantischen Periode verläuft als ein Mit-, In- und natürlich Gegeneinander von Frührealismus, Epigonentum und Zeitliteratur. Wohl die eindringlichste Schilderung des gesamtkulturellen Zustandes der mit dem 19. Jahrhundert aufwachsenden deutschen Generation hat Immermann in seinen «Memorabilien» geliefert. Er hat darin klar erkannt, daß die deutsche Literatur um 1800 «die vorzugsweise moderne» ist, denn:

Das moderne Leben ist mit seinen feinsten Nuancen, mit seiner Anatomie der Seele, mit allem Zauber und Elend der Gegenwart nur in ihr zu seinem vollen Ausdrucke gelangt. Während die anderen Nationen nach genuinen Schöpfungen aus der Fülle ihres modernen Lebens heraus umhertasten und nur zu solchen mittleren Maßes gelangt sind, besitzen wir in Symbolen des modernen Geistes – der nicht immer an einem Stoffe aus der jüngsten Zeit sich abzudrücken braucht; ich erinnere an ‹Nathan› – unsere Hauptwerke.

Immermann unterstreicht die Subjektivität als Antrieb und Gehalt dieser Klassik des Modernen und bemerkt über die Beziehung zwischen den Schaffenden und den Aufnehmenden:

Mit dieser subjektiven Poesie trat nun die Mehrzahl der Empfangenden von jeher in ein subjektives Verhältnis. Während bei den andern Völkern sich rasch das Gefühl erzeugte, daß die Dichtkunst eine Kunst, ein heiteres

Spiel, eine Form sei, blieb bei uns vorwiegend der stoffartige Anteil, hervorgegangen aus dem Glauben, daß Dichten eigentlich ein Handeln in Versen vorstelle. Vielfältig hat man sich über dieses unzarte und schwerfällige Interesse geärgert, und doch war es nur eine deutsche Notwendigkeit. Die ausgestattetsten Individuen bei uns wollten ja, von keinem äußeren Gesetze bestimmt, nur den innersten stofflichen Gehalt ihres Busens entladen; dieser Gehalt, zwar durch eine Form gefaßt – denn sonst hätte er nicht Poesie werden können –, aber doch immer über die Form hinausschwellend, wurde von den Empfangenden entgegengenommen, wie nun eines jeden Individualität die Wahlverwandtschaft bildete.

Diese subjektive Beziehung des Deutschen zum Kunstwerk hält unverändert an bis auf den heutigen Tag; da sie im Charakter der Nation liegt, dürfte sie stets vorherrschen. Der deutsche Geist hat aus dieser privaten, in der Auswirkung häufig formlosen, jedenfalls nie zu allgemein gängigen und anerkannten ästhetischen Konventionen geeigneten Haltung einerseits sein Größtes und Bestes geleistet; sie ist der unverwüstliche Kern seines Glaubens an Natürlichkeit und Ursprünglichkeit. Andererseits aber kann sie ein provinzielles Zurückbleiben, eine kleinbürgerliche oder auch subjektiv-geniale Abseitigkeit verursachen, die vor der «Forderung des Tages», verstanden als schöpferische Reaktion auf bestimmte Situationen der Kultur und Zivilisation, versagt oder doch unfruchtbar bleibt. Der kluge Verfasser der «Memorabilien» fand auch dafür treffende Worte:

Ein stoffartiger Anteil solchen Gepräges ist nun freilich etwas gar Schlimmes. Jener ältere aber, der mehr aus dem Vollen auf das Volle ging, wird so lange immer wieder emportauchen, bis die deutsche Poesie die Form findet, die sie bei ihrem subjektiven Ursprunge noch nicht rein erlangen konnte. Ich meine nicht die äußere grammatische Form, für die Platen lebte und starb, sondern eine innere, geistige, eine, wie sie mir aus Shakespeare, Dante, Cervantes deutlicher entgegentritt als aus Goethe. Die deutsche Poesie als K u n s t will mir als eine zweite Möglichkeit unserer großen Literatur erscheinen.

Der Schriftsteller Karl Immermann, 1796–1840 – «ein breitschultriger, untersetzter Mann im braunen Oberrock, den man schon zu den Korpulenten zählen konnte», wie er sich selbst schilderte –, erkannte die von der Zeit seiner Generation gestellte Aufgabe, nicht nur mit dem Los des Spätgeborenen fertig zu werden, sondern auch eine gebieterisch sich anbahnende soziale und wirtschaftliche Entwicklung geistig zu meistern: die Heraufkunft des Industrialismus brachte neben ungeheuren sozialen Problemen noch eine wachsende Gefährdung von Kunst und Gesittung mit sich. Der Poet in Immermann wagte es noch, einem riesigen Symbol metaphysischer Weltdeutung nachzuhängen, als er seine Mythe *Merlin* schrieb: ein dramatisches Gedicht aus dem ihm durch eine Übersetzung der altfranzösischen «Geschichte des Zauberers Merlin» genauer bekanntgewordenen altkeltischen Sagenkreise. Es sollte sozusagen ein Gegen-«Faust» werden; aber die geistige Konzeption überragt die künstlerische Bewältigung im Werk. Obwohl diese Mythe sein liebstes Kind war, wußte Immermann, daß er vermutlich nur mit einem anderen Werk die Zeit überdauern werde: es ist sein Roman *Münchhausen* – «eine Geschichte in Arabesken», wie er sie nennt. Hier tritt der Lügenbaron, dessen Leben in Bürgers Nacherzählung so volkstümlich geworden war, als die Verkörperung des «Zeitgeistes» – ein Wort, das damals geprägt wurde – auf, und zwar in dessen höchst windbeuteliger Erscheinung. Diese Art von «Zeitgeist» ist in Wahrheit

nicht der Geist der Zeit oder richtiger gesagt, der Ewigkeit, der in stillen Klüften tief unten sein geheimes Wesen treibt, sondern der bunte Pickelhäring, den der schlaue Alte unter die unruhige Menge emporgeschickt hat, auf daß sie, abgezogen durch Fastnachtspossen und Sykophantendeklamation von ihm und seiner unergründlichen Arbeit, nicht die Geburt der Zukunft durch ihr dummdreistes Zugucken und Zupatschen störe.

Diese Deutung Immermanns zeigt, daß seine Kritik am äußerlichen «Zeitgeist» doch nicht negativ verläuft, sondern von einer inneren Getrostheit oder doch Gefaßtheit erfüllt ist. Denn der Autor verfügt über einen hintergründigen und oft gütigen Humor, der die parodiert romantische Form des Romans – einer seiner Ahnen ist Sternes «Tristram Shandy» – dichterisch legitimiert. Daß manche Ausgaben die in den Münchhausen eingebaute, episch gediegene Parallel- und Kontrastgeschichte *Der Oberhof* herausgelöst haben, ist zwar begreiflich, zeugt jedoch von einer Verständnislosigkeit für die höhere künstlerische Gestaltung des Gesamtwerkes. Immermanns zuvor verfaßter Roman *Die Epigonen* ist ein bürgerlicher «Wilhelm Meister» – nicht frei von einer Anleihe: denn die Figur der Fimetta, das «Flämmchen», geistert hier als eine Doppelgängerin Mignons in einem eigentlich nicht ganz zu ihr passenden Ensemble.

Immermann bedauerte einmal, daß aus der vom Kultur- und Geschäftstreiben so ausgesparten, abseitigen Landschaft Westfalens nicht die ihrer reinen Urtümlichkeit zugehörige dichterische Begabung entstanden sei. Aus westfälischem Adel, wo man lange höchst peinlich davon berührt war, daß ein Mensch von Stande, obendrein gar ein Fräulein, mit gedruckten Sachen vor die Öffentlichkeit trat, entstammte jedoch Annette von Droste-Hülshoff, 1797–1848. Ihren Rang hat einer der Spitzenreiter der deutschen Modernen, Liliencron, mit seinem ihn so liebenswert auszeichnenden Kavaliers-Enthusiasmus erkannt und gepriesen. Ihre Bedeutung beruht auf einer Reihe von Gedichten und auf der schmalen, aber konzentrierten Prosa der Novelle *Die Judenbuche*. Das eigentlich Lyrische ist nur in ein paar Gedichten wirklich Gesang von unverwechselbarer Originalität des Rhythmischen und Melodiösen geworden; die stärksten bildhaften Verse gab sie in numinosen Natur- und Geschichtsballaden. Das Sinnenhafte, vorzüglich die scharfe, manchmal fast übergenaue Sicht für das Gegenständliche, die zuweilen mikroskopische Präzision beim nahen Detail, die impressionistische Behandlung von atmosphärisch-visuellen Stimmungen haben manche Beurteiler aus der Kurzsichtigkeit der Droste herleiten wollen; diese Erklärung reicht aber nicht aus, die eindringlich beschwörerische Magie mancher Bilder und das raunend Unheimliche des Tones zu erfassen. Hier offenbart sich die gewissermaßen vierte Dimension ihrer intensiven, vorläuferhaften Kunst als ein vom Elementargeistigen getragener Realismus. Das Konservative ihrer religiösen und politischen Haltung hatte gar nichts gemein mit den Borniertheiten ihrer Standesgenossen. Sie stand in einer Zeit, da eine naturwissenschaftlich-aufklärerische Welle durch die Lande ging, zum Katholizismus nicht als erbaulich reimende, gehorsame Tochter der Kirche: dafür griff diese Welle viel zu stark auch in ihr Herz. Der Lyrikzyklus *Das Geistliche Jahr* ist eine sehr persönliche, in den bebenden Grundfesten ihres Daseins selbst zitternde Konfession von Herz und Verstand – lange übergangen von Mit- und Nachwelt, die sich geflissentlich an ein paar scheinbar dem Neuen zustimmende Tendenzen ihres Werkes hielten.

Im selben Jahre wie die Droste wurde im deutschen Süden jener volkhafte schwere Epiker geboren, der gleichfalls ohne literarische Anregung einen dichterischen Realismus fand und verwirklichte, wie er mit vergleichbarer Wucht der Substanz in Deutschland nicht ein zweites Mal zu Worte gekommen ist. Für ihn aber hatten die Kritiker aus dem «Zeitgeist» überhaupt kein Organ; weil er schrieb, um zu belehren und zu erziehen, galt er als ein predigender Didaktiker – weil er gar vom bäuerlichen Leben seiner Heimat bewußt für Bauern schrieb, wurde er als «Heimatdichter» abgestempelt und abgetan. Albert Bitzius, 1797–1854, der evangelische Pfarrer im schweizerischen Lützelfluh im Emmental, der sich als Autor Jeremias Gotthelf nannte, kam aus der seelsorgerisch-pädagogischen Praxis zur Schriftstellerei.

Es ist merkwürdig, daß die Welt und nicht Ehrgeiz oder Fleiß mich zum Schriftsteller gemacht; sie drückte so lange auf mich, bis sie Bücher mir aus dem Kopf drückte, um sie ihr an die Köpfe zu werfen. Und da ich etwas grob werfe, so will sie das nicht leiden: das kann ihr natürlich auch niemand übelnehmen.

So erkannte sich Gotthelf selbst; lieber hätte er sich ja alle zwei Tage ordentlich ausreiten mögen – ja manchmal überkomme es ihn,

als möchte ich nichts als ein wacker Roß und einen guten Säbel und möchte reiten und schlagen gegen Teufel und Welt und möchte fließen sehn mein schwarzrot Blut in wackerm Streite.

Aber weil ihm nun einmal als Waffe «nur die Feder» gegeben sei, wolle er sie führen, «als ob es die beste Lanze wäre». Sein Leben – sagte er einmal –

mußte sich entweder aufzehren oder losbrechen auf irgendeine Weise. Es tat es in der Schrift. Und daß es nun ein förmlich Losbrechen einer lange verhaltenen Kraft, ich möchte sagen, der Ausbruch eines Bergsees ist, das bedenkt man natürlich nicht. Ein solcher See bricht in wilden Fluten los, bis er sich Bahn gebrochen, und führt Dreck und Steine mit in wildem Graus. Dann läutert er sich und kann ein schönes Wässerchen werden. So ist mein Schreiben auch gewesen ein Bahnbrechen, ein wildes Umsich-schlagen nach allen Seiten hin, woher der Druck gekommen, um freien Platz zu erhalten ... So sprang der «Bauernspiegel», dann der «Schul-meister» hervor, mit der gewohnten Rücksichtslosigkeit, die nach nichts frägt, als ob es gut und recht sei.

Gotthelf packt Realitäten rücksichtslos an, wirft genug damit polternd um sich – aber in diesem Manne, der wie ein überlebender germanischer Volkspriester anmutet, spürt jener Leser, der wirklich das lebendige Erzählen eines epischen Mundes erlauscht, gleich Gottfried Keller «einen reichen und tiefen Schacht nationalen, volksmäßigen, poetischen Ur- und Grundstoffs». Zu einem Mythos der kompakten Realität steigert Gotthelf sein Episches in dem Doppel-Roman *Uli der Knecht* und *Uli der Pächter*. Erstaunlich, daß dieser breite, verweilende Erzähler gerade in einigen Novellen ein absoluter Meister ist. So gleicht Gotthelf einem erratischen Block im Gefälle der neueren deutschen Literatur: unübersehbar, unbe-quem, nicht fortzuwälzen – Urgestein, ungeformt als Ganzes, aber lauter und dauernd.

Das Zeitalter aber wollte etwas anderes hören. Man kann es der Jugend, die mit dem Jahrhundert aufwuchs, nicht verdenken, daß sie dem Schicksal des Epigonentums entrinnen wollte, daß sie sich neuen Ideen eröffnete, die fortzeugend aus der großen Französischen Revolution herrührten, daß sie die Diktatur der systematischen Geistesmetaphysik ablehnte um der wissenschaftlichen Erkenntnis willen, daß sie sich entschlossen in einer technisch und sozial veränderten Welt einzurichten anschickte. Der ökonomische und technische Wandel war viel zu rasch und auffallend vor sich gegangen, so daß radikale Reaktionen ausgelöst werden mußten.

Literarisch bekundeten sich der intellektuelle, technische und soziale Wandel während der ersten Hälfte des 19. Jahrhunderts in jener Bewegung, die sich als das «Junge Deutschland» ausrief. Ältere Literaturgeschichten widmeten ihm verhältnismäßig breiten Raum der Darstellung, weil die Historiker selbst vielfach von den Tendenzen der Jungdeutschen unmittelbar oder mittelbar beeinflußt worden waren. Es besteht aber für die meisten der als «fortschrittlich» deklarierten Autoren kaum die Aussicht, daß sie sich wie der einzige von den «Jungdeutschen» vor dem Urteil der Historie ausweisen können als Dichter und Schriftsteller, die nicht nur der «Zeitgeist», sondern der Geist überhaupt beauftragt hat.

Heinrich Heine war, am 13. Dezember 1797 geboren, beinahe so alt wie das 19. Jahrhundert; sein Geschick als Mensch und Dichter fügte es jedoch, daß er darüber hinauswuchs. Als er, seit 1831 als Emigrant in Paris lebend, am 17. Februar 1856 sein bitteres Sterben in der «Matratzengruft» vollendete, war er reif für die Zeitlosigkeit geworden. Wertung, die sich auf Vergleiche stützt, zwingt zum Eingeständnis, daß fast alle der einst so vom Bürgertum gerühmten Gedichte Heines aus dem *Buch der Lieder* brüchig geworden sind: diese so sorgfältig durchgefeilten und scheinbar wie hingehaucht oder hingesungen anmutenden Verse – teils raffiniert dem Volkslied nachgeahmt, teils durch ihre beliebt wehmütigen und nicht minder beliebt kecken Pointen das Lyrische verfälschend oder bourgeoisvernünftig ironisierend – halten nicht stand. Nicht viel besser ist es um die *Neuen Gedichte* bestellt, und erst der *Romanzero*, vor allem die *Lamentationen* darin, bietet echtere Töne. Dennoch: In dieser Masse von Reimen webt unleugbar, allmählich bestrickend, endlich überhaupt ergreifend – ergreifend nicht im üblichen sentimentalen Wortsinne, sondern buchstäblich! – eine Verzauberung der Nerven, mehr melodiös als rhythmisch, mit einer Kantilene als Dauerton, der selbst den Hautgout fast jedes einzelnen Gedichts erträglich, zuletzt unwiderstehlich macht. In dem Kammerorchester der Lyrik Heines sitzt ein blasphemischer Komödiant der Gefühle: von dem rührt jener oft zu Überdruß, gelegentlich zu Empörung aufreizende falsche Klang im Zusammenspiel her – aber auch ein anderer musiziert mit: der spendet die perlende, durchsichtige Schönheit und die verzehrende, bebende Schmerzlichkeit einer ganzen Menschenseele. Um dieses erwählten Gerechten willen gehört Heinrich Heine zu den bedeutenden Namen der deutschen Lyrik.

Der Prosaist Heine ist nicht d e r deutsche Schriftsteller, als den ihn manche auf der Suche nach einem deutschen Voltaire ausgegeben haben. Verbindliche und welthaltige deutsche Prosa haben andere Autoren musterhafter gemeistert; aber wie selten hat sich in unserem Schrifttum eine so mondäne und zugleich gehaltvolle Stilkunst wiederholt! Heine gilt als deutscher Klassiker des Feuilletons; das könnte respektiert werden, wenn man so freigebig ist mit dem Prädikat des Klassischen auf Gebieten, die gerade damit wenig zu tun haben. Nein: Heine dürfte wohl als Feuilletonist in deutscher Sprache kaum seinesgleichen finden – aber seine Bedeutung als Stilist erschöpft sich keineswegs darin. Heines elegante Virtuosität beherrschte auch die Ausdrucksmittel des Journalismus, die in seiner Pariser Zeit zu weltstädtischen Formen gediehen; dennoch waren ein romantisches Dichtertum und eine freischwebende, allerdings auch ahasverisch heimatlose Geistigkeit in ihm fast immer am Werk. Aus diesem Grunde sind seine Prosaschriften nicht veraltet; selbst dort, wo sein kulturpolitisches Engagement eine mehr oder minder bekennerische Rolle spielt, bleibt er souverän – unter vieldeutigen Aspekten: als Sybarit der Gefühle und des Intellekts, aber auch als passionierte Seelenkraft. Man hat ihm innere Anteilnahme stets bestreiten wollen; es fehlt nicht an Vorwürfen, beginnend mit seinem herausfordernden Zynismus, endend mit Anrüpeleien lediglich seiner jüdischen Herkunft wegen. Aber was ist unwiderleglicher als der Meißel der Zeit, der Antlitz und Gestalt dieses Menschen formte, so daß aus «einem feisten, aus kleinen schalkhaften Augen Funken sprühenden Lebemann» der heimgesuchte, leidgeschundene Dulder, körperlich ohnmächtig, doch unbezwungenen Geistes wurde, den Levin Schücking, der Freund der Droste-Hülshoff, beschreibt: «Er lag gelähmt auf seinem Ruhebett, von dem er uns, sich mühsam erhebend, die Hand entgegenstreckte. – Die frühere gesunde Röte war von seinem Antlitz gewichen und hatte einer feinen Wachsbleiche Platz gemacht; fein waren alle Züge geworden, sie waren verklärt, vergeistigt, es war ein Kopf von unendlicher Schönheit, ein wahrer Christuskopf, der sich uns zuwandte.»

Dieser Kranke war längst der «Zeitgeist»-Literatur innerlich entrückt. Sein vornehmes Künstlertum empörte sich gegen die plebejischen Auswirkungen der einst von ihm selbst doch mitgeförderten politischen Tendenzen, weil er die Heraufkunft des Massenzeitalters darin erkannte. Er revidierte seine Urteile über Monarchie und Religion, deren «matte Umwandlung» in den neueren Zeiten schließlich das Höchste und Beste, worüber der Mensch in seiner auf sich gestellten und vom Politischen immer nur bedrohten Existenz verfüge: Geist und Kunst, ruinieren werde. Den Sozialismus verstand er ausschließlich ethisch und niemals staatsökonomisch – denn Demokratie und Sozialismus würden

in ihrem blödsinnigen Gleichheitstaumel alles, was schön und erhaben auf dieser Erde ist, zerstören und namentlich gegen Kunst und Wissenschaft ihre bilderstürmische Wut auslassen ...

Da er kein kapitalistischer Glückspilz sei, der für sein Geld fürchten müsse, quäle ihn eine andere Scheu vor dem Kommunismus:

Mich beklemmt vielmehr die geheime Angst des Künstlers und des Gelehrten, die wir unsere ganze Zivilisation, die mühselige Errungenschaft so vieler Jahrhunderte, die Frucht der edelsten Arbeiten unserer Vorgänger, durch den Sieg des Kommunismus bedroht sehen ... Alle überlieferte Heiterkeit, alle Süße, aller Blumenduft, alle Poesie wird aus dem Leben herausgepumpt werden, und so wird davon nichts übrigbleiben als die Rumfordsche Suppe der Nützlichkeit. Für die Schönheit und das Genie wird sich kein Platz finden in dem Gemeinwesen unserer neueren Puritaner, und beide werden fletriert und unterdrückt werden, noch weit betrübsamer als unter dem älteren Regime. Denn Schönheit und Genie sind ja auch eine Art Königstum, und sie passen nicht in eine Gesellschaft, wo jeder, im Mißgefühl der eigenen Mittelmäßigkeit, alle höhere Begabnis herabzuwürdigen versucht bis aufs banale Niveau.

Nach vielen Erfahrungen bekannte sich Heine instinktiv und bewußt zu der einzigen Aufgabe des musischen Menschen in seiner und auch noch in unserer Zeit, ein Reich der Kunst allein aus der Eigengesetzlichkeit der Kunst zu errichten. Heine war überzeugt,

daß der Künstler nicht alle seine Typen in der Natur auffinden kann, sondern daß ihm die bedeutendsten Typen, als eingeborene Symbolik eingeborener Ideen, gleichsam in der Seele offenbart werden.

Genauer kann der künstlerische Grundsatz des Symbolismus kaum ausgedrückt werden.
Nicht von den aktivistischen Autoren des «Jungen Deutschland» wurde die wirkliche Krise des Jahrhunderts schöpferisch dargestellt – ungeachtet vielbändiger «Zeitromane», die man in Nachahmung vornehmlich französischer Kolporteure anfertigte –, zu schweigen von dem revolutionären Einsatz, durch den mancher Schriftsteller

deutlicher in das Scheinwerferlicht der Begebenheiten geriet als durch seine Leistungen. In der frührealistischen deutschen Literatur des 19. Jahrhunderts fielen die Entscheidungen des Geistes über die innere Problematik der Zeit nicht in taggebundenen Manifesten und Romanen, sondern im Drama. Das erste Eindringen des Realismus in die Dramatik reifte zwar nicht über ein instinktives Versuchen am Rohstofflichen zur dichterischen Gestaltung – dafür reichte Christian Dietrich G r a b b e, 1801–1836, weder als menschlicher noch als geistiger Charakter aus. In seinen Stücken tobte oft überderb und rüde, gelegentlich aber mit entschiedenem Zugriff ein nicht geniales, aber doch genialisches Temperament. Grabbe fühlte genau, daß zum wirklichen großen Drama jener volkhafte Kraftstrom gehört, wie ihn Shakespeare stets vergegenwärtigt. Aus Grabbes zuckendem und schwelendem Werk dürften vor allem die beiden *Hohenstaufen-Dramen*, sodann als Experiment eines Konflikts zwischen Sinnen und Geist sein *Don Juan und Faust*, endlich sein artistisches Meisterstück, die einzig dichterische deutsche Literaturkomödie *Scherz, Satire, Ironie und tiefere Bedeutung* noch immer eine Anziehungskraft bewahren. Grabbe an Geist fraglos überlegen bleibt Georg B ü c h n e r, 1813–1837, der verheißungsvolle Fragmentarist der deutschen Dramatik. Wohl ist sein *Dantons Tod* abgeschlossen, wirkt aber mehr durch den ungeheuerlichen Stoff als durch eine dichterische Gestaltung; sehr bezeichnend, daß Büchner überlieferte Reden aus dem Revolutionskonvent zum Teil wörtlich in sein Stück aufnahm! Wohl gelang ihm in *Leonce und Lena* eines der geistreichsten deutschen Lustspiele, das auch poetische Intermezzi zeigt, als Ganzes aber mehr ein verspielter Nihilismus denn ein Spiel der Heiterkeit ist. In seiner Novelle *Lenz* mit der psychologisch-pathologisch fundierten Schilderung des Zusammenbruches von Goethes Straßburger Jugendgenossen offenbart sich eine originale epische Begabung: leider blieb die Erzählung ein Torso. Ein Torso blieb auch Büchners kühnster Entwurf: *Woyzeck*, die moritatenhafte und balladeske Szenenfolge um einen leidenden Helden aus dem einfachen Volk. Später haben die Naturalisten, in Deutschland vor allen Gerhart Hauptmann, diesen Dramentyp entwickelt. Obwohl nur ein Fragment, überragt der «Woyzeck» mit seiner gedrungenen Plastik die weit mehr durchgearbeitete, auf ihre Weise gleichfalls das volkhaft Reale suchende Dramatik Otto L u d w i g s, 1813–1865, wie sie dessen *Erbförster* zeigt. Denn die in formale Bedenklichkeiten und grübelnde Symbolisierungen verstrickte Natur Ludwigs vermochte es nicht, sich über das Stoffliche und das Gemeinte zu erheben; er, dessen interessantestes Werk die *Shake-*

speare-Studien wurden, konnte sich von seinen abstrakten ästhetischen Erkenntnissen nicht befreien – wie er denn auch zeitlebens behindert war durch ein Ressentiment gegen Schiller, weil in ihm selbst viel von dem stak, was er befocht. Das verrät sein epigonales Drama *Die Makkabäer*. Als Erzähler war der Autor auf den ihm gemäßen Pfaden; in dem Roman *Zwischen Himmel und Erde* gelang ihm ein dichterisches Gleichnis der schicksalhaften und seelischen Verflechtung von Schuld und Ausgleich, mit epischer Atmosphäre und tragischer Folgerichtigkeit, wenn er auch die Gestalten aus einer überwiegend literarischen Vorstellung vom Volkstümlichen nicht reinlich abzulösen vermochte.

Im «Dramatikerjahre» 1813 wurde auch der letzte wesentliche Dramendichter Deutschlands nach den Klassikern – und vor Hauptmann und Hofmannsthal – geboren: Friedrich Hebbel, am 18. März in Wesselburen. Er war ein Proletarierkind: von seinem Vater, einem Maurer, hat er gesagt: «Die Armut hatte die Stelle seiner Seele eingenommen.» Die gedrückten Verhältnisse der Jugendjahre wirkten noch weit in die Mannesreife Hebbels hinein und hinterließen scharfe Spuren nicht nur in seinem Charakter, sondern auch in seinem Geiste. Deshalb war seine Jugendbildung dem Zufall unterworfen, der ihm dies oder jenes nahebrachte ohne System und Folge. Um so erstaunlicher ist die Fährtenfindigkeit seines scharfen Intellekts, so daß er selbständig zu Erkenntnissen gelangte, die sein Zeitalter formten. Man hat vornehmlich den Beziehungen oder Einflüssen nachgeforscht, die zwischen Hegel und Hebbel bestehen, weil die Konflikte in den Dramen des Dichters und seine eigenen Deutungen von einer dialektischen Krise innerhalb der Weltideen Zeugnis geben. Der psychische Zustand seiner Gestalten und die philosophische Auslegung der allgemeinen geschichtlichen Situation in manchen Dramen entsprechen der Lehre Hegels vom dialektischen Umschlag der Thesis in die Antithesis, wie er historisch im zwangsläufigen Wechsel einer Entwicklungslinie in ihr Gegenteil zum Ausdruck kommt. Von einer geistigen Abhängigkeit oder gar Schülerschaft Hebbels in bezug auf Hegel darf nicht ernsthaft gesprochen werden; wohl kannte er die Lehren des Philosophen, erwähnt ihn aber verhältnismäßig selten und hat seine Dramaturgie so früh schon gefunden, zudem das ihr zugrunde liegende Weltgefühl und Geistesbewußtsein nicht minder früh auch lyrisch ausgesagt, so daß seine Leistung durchaus sein Eigentum ist. Hebbels Gedanken wurzeln in seiner Wesensart und sind nicht angelernte Bildungsinhalte.

Sein Ideendrama debattiert die «Berechtigung» der Idee selbst.

Da es ein dichterisches Kunstwerk ist, gestaltet es den Konflikt der Schöpfung so, wie ihn das Leben offenbart:

Leben ist der Versuch des trotzig-widerspenstigen Teils, sich vom Ganzen loszureißen und für sich zu existieren, ein Versuch, der so lange glückt, als die dem Ganzen durch die individuelle Absonderung geraubte Kraft ausreicht.

Seine Figuren werden tragisch durch die «starre, eigenmächtige Ausdehnung des Ich». – eine Definition, die sich mit Goethes Deutung des tragischen Konflikts bei Shakespeare berührt, wenn nicht gar deckt. Hebbels besondere Akzentuierung liegt nun in der ethischen Pointe dieser tragischen Schuld: die Katastrophe seiner Dramen ist eine Wiederherstellung von Sittlichkeit und Vernunft als Selbstkorrektur der Welt. Der Dichter war überzeugt, mit dieser Deutung des Tragischen den innersten Geist der modernen Epoche zu fassen; er sagt:

Der Mensch dieses Jahrhunderts will nicht neue und unerhörte Institutionen, er will nur ein besseres Fundament für die schon vorhandenen, er will, daß sie sich auf nichts als auf Sittlichkeit und Notwendigkeit, die identisch sind, stützen und also den äußeren Haken, an dem sie bis jetzt zum Teil befestigt waren, gegen den inneren Schwerpunkt, aus dem sie sich vollständig ableiten lassen, vertauschen sollen.

Eine so weitgehend gedanklich filtrierte Kunst droht Einbuße zu leiden an der dichterischen Unmittelbarkeit des Gefühls. Es wird zersetzt vom Bewußtsein, es weicht der Analyse. Nichts unterstreicht diesen Befund so klar wie die Sprache als der entscheidende Ausdruck eines jeden Dichtertums. In Hebbels Dramen mangelt es der Sprache oft an Magie, seelischer Strömung, schöpferischer Bestimmtheit. Um so verwirrender wirkt nun die Feststellung, daß in Hebbels Gedichten der inkommensurable dichterische Eigenton echter Lyrik doch häufiger erklingt; man hat deshalb geurteilt, daß seine *Gedichte* die Dramen überleben werden. Mörike hörte aus Hebbels Lyrik eine «spekulative Sehnsucht» heraus; er fühlte den «Glutmenschen» darin, den die Gegner Hebbels immer wieder verkennen, wenn sie ihn als reinen Dialektiker abtun. Der Dichter wußte übrigens um die Fragwürdigkeiten, die in seinem Typus und in seiner Kunst lauern: so viel Bewußtsein sei gefährlich und rühre an den Schlaf der Welt ... Das vielleicht Pathologische dieser eigensinnigen Analytik enthüllt sich auch in Hebbels *Tagebüchern*, die als legitime Form für derartige Aussagen mehr als die Dramen eine ständig wachsende Anteilnahme gefunden haben. Das dialektische Verhör, dem die Idee, das Leben, der Geist unterworfen werden, wird in den Tagebüchern als gleichsam den Akten eines Prozesses um die Rechtfertigung Gottes protokolliert.

Viele Interpretationen der Dramen Hebbels kranken an dem Vorurteil, daß der Dichter als Ideen-Dramatiker seine Stücke vom abstrakten Ablauf der dialektischen Formel her entwickelt habe. Erst Benno v. Wiese, der entscheidend Bahn brach zum Verständnis des inneren metaphysischen Zusammenhangs der deutschen Dramendichtung seit Lessing als eines dichterisch-theologischen Prozesses, hat die künstlerische Eigengesetzlichkeit der Dramaturgie Hebbels aufgedeckt. Danach vollendet sich die Handlung wesentlich sowohl aus der Fabel des Stückes wie aus der psychischen Beschaffenheit der Figuren. Dem Geistigen so Gestalt zu verleihen, setzt unbedingt eine außergewöhnlich imaginative Fähigkeit voraus. Die Aufeinanderfolge der Dramen Hebbels zeigt ein sicheres Fortschreiten auf diesem Wege. In der *Judith*, den alttestamentarischen Stoff behandelnd, gibt es noch Mängel der figürlichen Plastik, vor allem angesichts der rednerischen Selbstcharakterisierung des Holofernes; zwingend wirkt jedoch die tragische Atmosphäre des Konflikts. Die Reife der differenzierenden Psychologie in der *Genoveva* ist unverkennbar, wurde aber erkauft mit einer Zerdehnung des dramatischen Ablaufs. In der Tragödie der bürgerlichen Befangenheit *Maria Magdalena* zeigt sich bereits eine dichte Einheit von Seele und Schicksal, wenn auch noch nicht die distanzierte Überlegenheit des Gestaltenden über sein Motiv. Mit *Gyges und sein Ring*, nach einer Erzählung des Herodot, erlangt Hebbel die Meisterschaft einer streng vereinfachenden Klassizität; sie entfaltet sich welthaft und geschichtshaltig dann in *Herodes und Mariamne*, politisch und gesellschaftlich in *Agnes Bernauer*, ersteigt zuletzt in dem nur einiger abschließender Szenen entratenden Fragment *Demetrius* die absolute Höhe des großen Dramas. Dem Demetrius geht die *Nibelungen-Trilogie* voraus; Hebbel wahrt möglichst den Gang der Handlung, wie ihn der Dichter des Heldenliedes gab – wodurch er denn freilich etwas in den Schatten des Epikers gerät und sich erst dann von der Dramatisierung zum Drama erhebt, wenn es die Vorlage ermöglicht: bei der Rache Kriemhilds. Sein Eigentum aber ist der riesige Horizont, der heidnisches und christliches Germanentum umfängt.

Als Hebbel am 13. Dezember 1863 in Wien starb, hatte er sich als Bürger und als Autor durchgesetzt – aber er bemerkte es resigniert. Dabei bleibt es verwunderlich, daß der Norddeutsche gerade in der österreichischen Metropole seßhaft wurde und arrivierte: denn wie groß sind die Unterschiede zwischen seiner Welt und der musikalischen, das halb orientalische Fluidum des Balkans bereits ausstrahlenden deutschen Südstadt! Obwohl sie nebeneinander lebten, fanden Grillparzer und Hebbel nicht zueinander; die zweite Dichtergestalt Österreichs jener Tage, Adalbert Stifter, war dem friesischen Dramatiker vollends verschlossen. Spöttisch versprach er die Krone Polens demjenigen, der es fertigbringe, Stifters «Nachsommer» zu lesen; es bleibt schwer auszumachen, ob diese Verkennung allein zusammenhängt mit der Individualität Hebbels – oder ob sie nicht auch ein Urteil der Epoche war, für die Stifters Schaffen zunächst einmal jenen zeitlichen Tod erleiden mußte, dem beinahe jedes Kunstwerk unterworfen ist, bis es sich entscheidet, ob ihm eine Auferstehung in der Überzeitlichkeit bereitet ist.

Ein Sprecher der älteren Generation, Eichendorff, witterte in den Erzählungen Stifters «die religiöse Weltansicht, die geistige Auffassung der Liebe und das innige Verständnis der Natur», in die sich das romantische Erbe verwandelt und dabei den Realismus einbezogen hatte. Der am 23. Oktober 1805 in Oberplan (Böhmerwald) geborene Adalbert S t i f t e r konnte für das ihm innerlich aufgetragene Werk zeitlebens nicht mit der Aufmerksamkeit der Umwelt rechnen: sie war bereits zu stark beschäftigt mit «Revolutionspoesie, Tendenzroman, Parteidichtung» – denen er urtümlich abgeneigt bleiben mußte. Man fand seine Geschichten altväterisch, borniert, eine schier endlose Reihe von beschreibenden, nicht einmal artistisch erregenden Sätzen um ein Minimum von Handlung – ohne Beziehung zum Tagesgeschehen. Man vermißt das «Große», wie es dem Tag und der Stunde groß erscheint.

Weil wir aber schon einmal von dem Großen und Kleinen reden, so will ich meine Ansichten darlegen, die wahrscheinlich von denen vieler anderer Menschen abweichen. Das Wehen der Luft, das Rieseln des Wassers, das Wachsen der Getreide, das Wogen des Meeres, das Grünen der Erde, das Glänzen des Himmels, das Schimmern der Gestirne halte ich für groß: das prächtig einherziehende Gewitter, den Blitz, welcher Häuser spaltet, den Sturm, der die Brandung treibt, den feuerspeienden Berg, das Erdbeben, welches Länder verschüttet, halte ich nicht für größere als obige Erscheinungen, ja, ich halte sie für kleiner, weil sie nur Wirkungen viel höherer Gesetze sind. Sie kommen auf einzelnen Stellen vor und sind die Ergebnisse einseitiger Ursachen ... So wie es in der äußeren Natur ist, so ist es auch in der inneren, in der des menschlichen Geschlechtes. Ein ganzes Leben voll Gerechtigkeit, Einfachheit, Bezwingung seiner selbst, Verstandesgemäßheit, Wirksamkeit in seinem Kreise, Bewunderung des Schönen, verbunden mit einem heiteren, gelassenen Sterben, halte ich für groß: mächtige Bewegungen des Gemütes, furchtbar einherrollenden Zorn, die Begier nach Rache, den entzündeten Geist, der nach Tätigkeit strebt, umreißt, ändert, zerstört und in der Erregung oft das eigene Leben hinwirft, halte ich nicht für größer, sondern für kleiner, da diese Dinge so gut nur Hervorbringungen einzelner und einseitiger Kräfte sind wie Stürme, feuerspeiende Berge, Erdbeben. Wir wollen das sanfte Gesetz zu erblicken suchen, wodurch das menschliche Geschlecht geleitet wird:

So antwortete Stifter selbst auf alle Kritik, die das Maß vergessen hatte. Wer dahinter einen idyllischen, schicksallosen, behäbigen Charakter sucht, braucht sich nur das Antlitz Stifters anzuschauen: eine Photographie des k. u. k. Schulrates aus den letzten Lebensjahren zeigt den zwar ein wenig von traumblickenden Augen gemilderten, doch unverkennbar herrischen, ja, wie der gepreßte Mund verrät: vielleicht gewalttätigen Typus eines Mannes, der von sich selbst etwas «Tigerhaftes» eingestanden hat. Wie sicher das geistpoetisch Legendäre seiner Darstellungsweise auch anmutet – es birgt verschwiegene Leidenschaft, zu zerstörerischer Gewalt in rasendem Ausbruch fähig, unausgesetzt der Bändigung bedürftig. In seinem Schaffen hielt Stifter diese sittliche Herrschaft durch; in der schließlich mit wahnsinnigen Schmerzen auftobenden Krankheit seines Körpers, Leberkrebs, verlor sie der seelenstarke, zudem religiös unbedingt gefestigte Mensch: in der Nacht zum 28. Januar 1868 brachte er sich die tödlich wirkende Verletzung mit einem Rasiermesser bei. Die Lehrer seines Geistes waren Goethe und Jean Paul. Alles, was an geheimer Schwärmerei, Phantasie, Trieb und auch Lust der Erkenntnis sein Herz bewegte, sah er in Jean Paul vorgeformt, ja vorweggenommen; den Willen zur Ordnung, stets mit einem Entschluß zur Entsagung verbunden, und zur Verkündigung des «sanften Gesetzes» bestärkte ihm Goethes Vermächtnis. Die stilistischen Anklänge an Jean Paul verloren sich bald; erhalten blieb die seelenhafte Naturfrömmigkeit, die das Reale in seinem deutschwörtlichen Sinne als «Wirklichkeit», als natürliche Wirkkraft erfuhr und mit gehaltener, ruhig fließender Prosa dichterisch darstellte. In den *Studien* wird die für sich seiende, ungesellschaftliche Individualität des Menschen fast ausschließlich in der Beziehung zur Natur – auch ihrer untergründig verwirrenden Gesetze! – behandelt; sie sind teils Erzählungen, teils Novellen, weitgehend schon stilisiert, bis dann in den *Bunten Steinen* das Reale legendär wird.

Die beiden Romane Stifters, *Der Nachsommer* und *Witiko*, zeigen hingegen die Individualität im Verhältnis wie zur Natur, so auch zur humanen Gesellschaft und zur Geschichte. Man sollte die Symbolik des Titels «Nachsommer» beachten: Das so Beruhigte, Verklärte in der Unterweisung eines jugendlichen Menschen durch eine gereifte, aus einfachen Ursprüngen zu gewichtiger Lenkung öffentlicher Geschäfte aufgestiegene Persönlichkeit – so weit schließt sich das Buch dem deutschen Grundtyp des Entwicklungs- und Sucherromans an – hat eine geprüfte Leidenschaftlichkeit, also eine erlittene Durchdringung mit dem Leben, zur Voraussetzung. Es war ein glutiger Sommer gewesen, was in den «Nachsommer» noch von fern hineinbebt. Von Wilhelm Meister unterscheidet sich Stifters Werk, indem es sich zum Richtungweisenden, ja Gesetzgeberischen des Staatsromans erhebt, dessen Ordnungen der Freiherr v. Riesach als der Erzieher des jungen Kaufmannssohns Heinrich ausspricht. Der *Witiko* ist der erste Roman einer größeren epischen Komposition, deren Abschluß dem Dichter nicht mehr vergönnt war. Er spielt im Staufen-Zeitalter und hat die damaligen geschichtlichen Umstände Böhmens zum Thema. Die sprachliche Stilisierung zielt bewußt auf die Einfachheit des Chronikalischen, die selbst das Karge, scheinbar Eintönige, unermüdet Gleichmäßige und Wiederholende nicht verschmäht. Entpersönlicht wird Stifter zum Berichterstatter des Genauen – doch wenn auch jedes Detail ungemindert sein Recht erhält, verliert sich nicht die einordnende Beziehung zum Ganzen.

Während das Werk Stifters mit dem Großreich des deutschen Idealismus noch Beziehungen unterhielt, hatten die Geschichtsschreiber Ranke, Mommsen und Burckhardt diese schon gelockert; ihre Teilhaberschaft an dem kritisch sondernden Sinn des 19. Jahrhunderts und die klare Substantialität ihrer Darstellungsweise beförderten aber eine Wirkung von abendländischer Reichweite. Der entschiedene Gegensatz Leopold v. Rankes, 1795–1886, zur Geschichtsdeutung Hegels bestimmte für Generationen die Methodik: der Erforscher der Vergangenheit habe sich der Objektivität zu befleißigen – «er will bloß sagen, wie es eigentlich gewesen»: diese schlichte Formel Rankes wurde wegweisend, ihre Durchführung begründete seinen Ruhm. Mit dieser Auffassung, die sich an die realistische Vielfalt in den Begebenheiten hält und einen höheren «Sinn» des Geschehens zwar nicht bestreitet, ihn jedoch ehrerbietig als nur ahnendes, nicht auszusprechendes Geheimnis beläßt, wird die metaphysische Spekulation abgewiesen. Ranke wahrt eine geistige Gelassenheit der Umschau und berührt sich in seiner Wertung der Persönlichkeiten mit Hegels Interpretation, weil er auch an die Initiativkraft des einzelnen glaubt, obwohl selbst das größte individuelle Leben «doch nur ein Moment in der Verflechtung des allgemeinen Lebens» sei. Die Reife dieses Geschichtsschreibers hat nichts mit einer flauen Relativität gemein: Ranke kennt sehr wohl

Maßstäbe der Wertung. Humane Größe sieht und fordert er, wenn er den Charakter einer Persönlichkeit nach dem Verhältnis «der auferlegten oder von ihr übernommenen Verpflichtung zu den angeborenen Eigenschaften» beurteilt. Rankes wichtigste Werke: *Deutsche Geschichte im Zeitalter der Reformation, Die römischen Päpste in den letzten vier Jahrhunderten* und die *Weltgeschichte* bezeugen die universale Breite seiner Arbeit.

Für Theodor M o m m s e n, 1817–1903, ist die Empirie allein maßgebend. Außerdem rückt er die Forschung bewußt in den Dienst der Gegenwart; der Glaube an ein Allgemein-Menschliches weicht einer Auffassung von der Zeit- und Raumbedingtheit alles Geschehens und aller darin verflochtenen Gestalten. Aus dem Schauen wird ein Eifern: der Liberalist und Positivist Mommsen gleicht oftmals einem Parlamentarier oder Advokaten. Trübt sein Temperament gelegentlich die weise Vornehmheit des klassischen Historikers, so verleiht sie seiner Darstellung die Wucht eines aktiven Pathos, dem die Vergangenheit nicht abgeklungen, sondern beschworene Gegenwart ist. Mommsens *Römische Geschichte*, kraft ihres Themas d i e Staatsgeschichte überhaupt, erscheint als ein Bericht über etwas, das gerade jetzt, in diesem Augenblick, vorgeht. Im Vergleich zu Mommsen ist Jacob B u r c k h a r d t, 1818–1897, zwar nicht minder den erforschbaren Tatsachen zugewandt, aber er sieht sie aus einer musischen Grundstimmung, mehr an den kulturellen, als an den politischen Zuständen interessiert, bei den Persönlichkeiten überwiegend die Geste und das Seelische wahrnehmend. Sein Hausphilosoph war Schopenhauer; er teilte nicht mehr mit der älteren Generation das Sicherheitsgefühl eines Geborgenseins im Geiste; die Vorahnung von der Heraufkunft einer verpöbelten Massenwelt verließ ihn nie. Als der vielleicht letzte große europäische Humanist, tätig auf dem klassischen Boden humanistischer Überlieferungen in Basel, als ein Geschichte-Schauender von europäischem Habitus und Rang erregt er das geistige Leben unserer Gegenwart, weil er, vornehmlich in den *Weltgeschichtlichen Betrachtungen*, die Methodik einer vergleichenden Betrachtung der historischen Potenzen zukunftsmächtig einem Neu-Humanismus des 20. Jahrhunderts weiterreicht.

Ohne die abendländische Repräsentanz des Historikers zu erlangen, ergänzen ihn zwei andere Schweizer als große Erzähler. Gottfried K e l l e r, 1819–1890, verfiel sogar eher dem Heimatlich-Bodenständigen, gelegentlich selbst dem Schwyzerisch-Engen. Dieser eifrige Volksmann und Kanton-Demokrat war mächtig angerührt von den diesseitigen, naturwissenschaftlichen und modernistisch aufklärerischen Tendenzen, die das Selbstbewußtsein, das aller Aufklärung innewohnt, als Bürgerlichkeit, manchmal mit dem Bildungsstolz der Bourgeoisie, betont zur Schau trugen. Der Atheismus Ludwig Feuerbachs hatte weitgehend Schule gemacht, und als Keller sich mit dieser Weltanschauung einließ, fand er darin die intellektuelle Stütze für seine realistische Entromantisierung: für seinen Kampf um «Unabhängigkeit und Freiheit des Geistes und der religiösen Ansichten». Nunmehr fühlte er sich bestärkt, seine Ablehnung der Unsterblichkeit als einen respektabel und poetisch gemachten Atheismus zu bekennen. Die innere Entwicklung Kellers zeigt deutlich die Entstehung seines Romans *Der grüne Heinrich*, der Biographisches bis zur Anekdote birgt und in dem die romantischen Elemente einer Frühfassung abgestoßen wurden, um einen bürgerlichen Wilhelm Meister herauszuarbeiten. Während der Erzähler zunächst einen tragischen Abschluß plante, weil ihm eine überzeugende positive Sinngebung unwahr erschien, wendete er später den Verlauf gemäß einem entschlossenen, wenngleich untergründig melancholisch durchtönten, praktischen Empirismus. Kellers Poetentum spricht sich besonders in seinen Novellen aus: *Die Leute von Seldwyla*, die *Züricher Novellen* und *Das Sinngedicht*. Manchmal gerät sein Humor etwas grausam; außerdem waltet bei ihm «ein beständiger Gebrauch der anmutigen Ironie, der schließlich ungeduldig macht» – wie Hofmannsthal sagt, daneben aber bemerkt, daß das Lesen Kellers den Sinn wecke «für ganz unglaubliche Übergänge vom Lächerlichen ins Ergreifende, vom Patzigen, widerlich Albernen ins Wehmütige». Fast immer strömt von seiner Epik eine unwiderstehliche Wirkung ins Gemüt, wobei die inneren Sinne von der durchsonnten Art der Schilderung ebenso entzückt werden, wie man der körnigen und doch feinen Sprache lauscht. Im ganzen ist seine Prosa dichterischer als seine Lyrik.

Umgekehrt hat man vielfach die Gedichte Conrad Ferdinand Meyers, 1825–1898, den *Novellen* übergeordnet – wohl zu Unrecht, denn seinen Versen und seiner Prosa eignet dieselbe künstlerische Ausgeglichenheit. Meyer entstammte einer patrizischen Schweizer Familie als ein vornehmer, jedoch seelisch gefährdeter Spätling. Seine Epik wählte ausschließlich geschichtliche Stoffe, häufig durch die Form der Rahmenerzählung ästhetisch abgerückt. Nach eigenem Hinweis bediente er sich dieser Form «lediglich zu dem Zweck, meine persönlichen Erfahrungen und Empfindungen darin niederzulegen», so daß seine Figuren Masken für ihn selbst wurden. Der so auf Zeremoniell bedachte Dichter litt unter einem quälenden Widerspruch zwischen strenger, fast calvinistisch rechtlicher Gesinnung und der Irrsal schaffenden Entzückung an Dämonie, Gewalttat und Immoralität – wenn sie nur die Gebärde der Größe haben. Erst in seinen vierziger Jahren gelangte der vorher neurotisch Deprimierte zum Schaffen; er schwankte zwischen der französischen und der deutschen Sprache, bis er sich 1870 zum deutschen Dichter entschied. Das brokatene Gewebe seines Stils und seiner Kompositionen leuchtet in satten, adlig gedämpften Farben; immer vollkommener stimmte er die Gesamtwirkung ab, nachdem einige Effekte dramatisch-theatralischen Arrangements in den Anfängen seinen reifenden Kunstsinn störten. Conrad Ferdinand Meyer gestalte die historischen Motive realistisch; die Stilisierung betrifft ausschließlich den sprachlichen Vortrag und die exakt novellistische Konzentration der Szenenführung. Erst bei ihm erreicht die neuere geschichtliche Epik der deutschen Literatur absolute Kunsthöhe, die Form der historischen Novelle Klassizität. Die rotgolden glühende, verschattet-durchsichtig lasierte Pracht seiner Prosaepik erinnert selten an das freie, reine Firnenlicht, das in manchen seiner *Gedichte* verklärend und geisterheiternd schimmert. Meyer war der letzte bedeutende deutsche Lyriker, der noch im Jahrhundert Goethes geboren wurde; nach ihm kam für Jahrzehnte kein wesentlicher Versdichter in Deutschland zu Wort. Seine Lyrik bevorzugt formal genauen Bau, erstrebt das bildhaft und gleichnishaft Geschlossene, liebt die scheinbar persönlichste Objektivierung, die überhaupt ein Merkmal der neuesten europäischen Verskunst ist. Das Melos verbirgt sich, die Gewichtigkeit bedeutungsvoll gefügten Wortes und die Sprachrhythmik herrschen vor.

Vielleicht poetischer als Meyers Lyrik, mit einigen Stücken sogar betörend, muten die Gedichte Theodor Storms, 1817–1888, an, aber sie haben auch das Sentiment, ja, die Sentimentalität des Norddeutschen, der sein inneres Leben nach außen hin abzuschirmen versucht, um es dann wiederum dem Nächsten, dem Nachbar, aufzuschließen. Wie bei Meyer, so gerät man bei Storm in Verlegenheit, wenn man seine Lyrik und seine Novellen miteinander vergleichen will: wahrscheinlich erhielte die Prosa dabei ein gewisses Übergewicht. Storms Erzählungen beginnen mit gefühl- und stimmungsvollen, zuweilen etwas philiströsen Arbeiten, sättigen sich aber bald mit reicher, vielfältiger Phantasie und schreiten zuletzt zum gemeisterten Stil der Chronik vor. Zwar ging Fontane mit seinem wenn auch freundschaftlichen, so doch eindeutigen Vorwurf der «Provinzialsimpelei» bei Storm etwas zu weit, denn trotz aller Weihnachtsbaumfamiliarität und gelegentlich lästigem

Heimwehbrüten brach in dem Menschen Storm immer wieder eine höchst verwirrende, ja erschreckende Problematik zwischen erotisch-sexueller Sinnengier und seelischer Selbstpeinigung durch, die auch in seinen künstlerischen Motiven oft spürbar ist. Die zwischen später Romantik und psychischem Impressionismus angesiedelte Kunst Theodor Storms bleibt zwar literarisch auf den deutschen Sprachraum eingeschränkt, gehört aber infolge der angedeuteten Elemente zu den seelischen Stimmungen des modernen europäischen Schrifttums.

Ein deutscher Sonderfall ist die Erscheinung Wilhelm Raabes, 1831–1910. Wie Storm begann auch dieser Niederdeutsche mit lyrischer Idylle und bewahrte sich stets die romantische Domäne von Dachstuben-Träumerei, Sternen-Sehnsucht, ja innerlicher Ausschweifung einer Phantasie, die selbst kriminelle Spannungen nicht verschmäht. Daneben stehen eine herzhafte Anerkennung der Wirklichkeit trotz Not und Tod, ein verschämter Idealismus und die ewig deutsche Neigung zum Erziehen. Während sich um ihn die soziale Struktur veränderte, hielt er eigenbrötlerisch fest an einer bereits versinkenden Welt schrulliger Käuze, kurioser Liebhabereien und schnörkliger Kleinstädte. Seine große Gemeinde zeigt, daß der deutsche Individualismus nicht völlig gebrochen ist und auf die Anerkennung der menschlichen «Originale» pocht, wie sie Raabe «nach bestem Vermögen abgestäubt, gewaschen und gekämmt» überreichlich in einem vielbändigen Schaffen darstellte. Das Jeanpaulische im deutschen Wesen hat hier bürgerlich verständliche und akzeptable Züge angenommen; selbst das Philistertum tritt in ein seelenvolles Licht. Man zitiert gern Raabes Wort:

Wohin wir blicken, zieht stets und überall der germanische Genius ein Drittel seiner Kraft aus dem Philistertum. In dem Lande zwischen den Vogesen und der Weichsel herrscht ein ewiger Werkeltag, dampft es immerfort wie frischgepflügter Acker und trägt jeder Blitz, der aus den fruchtbaren Schwaden aufwärts schlägt, einen Erdgeruch an sich, welchen die Götter uns endlich, endlich gesegnen mögen. Sie säen und sie spinnen alle, die hohen Männer, welche uns durch die Zeiten voraufschreiten, sie kommen alle aus Nippenburg, wie sie Namen haben: Luther, Goethe, Jean Paul.

Kundige und liebevolle, dabei sehr anschauliche Schilderungen der Werktage, aber auch der Feste, wie sie das deutsche Volkstum in den fast zweitausend Jahren eines geschichtlich aufgehellten Lebens geformt und erhöht haben, entwarf Gustav Freytag, 1816–1895, in den *Bildern aus der deutschen Vergangenheit,* die man mit Recht die schönste deutsche Kulturgeschichte genannt hat. Das Werk entstand aus anfangs mehr gelegentlichen Arbeiten für die liberale, eine kleindeutsche Lösung der Reichsfrage verfechtende Wochenzeitschrift «Der Grenzbote». Als Historiker bot der national-liberale, die Politik Bismarcks auch nach 1871 sehr reserviert beurteilende Freytag wohl die reifste und bleibende Leistung seiner im Grunde mehr lehrhaften als eigentlich schöpferischen Anlage – obschon unter seinen erzählenden Schriften besonders dem Kaufmannsroman *Soll und Haben*, dem freilich Stifter jegliche Poesie absprach, die Bedeutung eines Zeitdokuments ostdeutscher Bürgerlichkeit der Jahrhundertmitte zukommt.

Obschon sein Leben bis in das Schicksalsjahr 1914 reichte, gehört der 1830 geborene Paul Heyse nicht der modernen deutschen Literatur an. Er war zeitlebens hoch geehrt und in des Wortes wahrem Sinne ein Kind des Glücks. Er erhielt den Nobelpreis, genoß das Vertrauen des deutschen Bürgertums, dessen Sprecher er als Lyriker und Dramatiker war. Diese Werke seiner breiten Produktivität sind heutzutage ebenso verblaßt wie seine Romane. Jedoch aus der Fülle seiner formal oft ausgezeichnet gebauten *Novellen* bleibt – gerade im Vergleich mit so manchem modernen Literaturdokument einer absinkenden Kunst – vielleicht ein Dutzend als immer noch wertbeständiger Bestandteil guter deutscher Erzählprosa.

ERNEUERUNG DER DICHTUNG IN FRANKREICH UND ENGLAND

In der zweiten Hälfte des 19. Jahrhunderts hatte der psychologische und gesellschaftskritische Roman in Frankreich seine formale Vollendung erhalten; als Ausgestaltung eines besonderen Kunsttypus erfuhr diese literarische Gattung wohl noch inhaltliche und weltanschauliche Differenzierungen, und sie halten an von Zola bis zu der großen Zahl tüchtiger Romanciers in der Gegenwart. Aber dieser Roman vermag unsere ästhetische Erfahrung nicht mehr zu bereichern. Die Autoren haben deshalb neue Wege versucht, um dem Prosapoem zu einer Metamorphose zu verhelfen, die ungeachtet aller anerkannten Tradition doch legitimer und originaler Ausdruck der Gefühls- und Bewußtseinslage des 20. Jahrhunderts sei. Das bedeutendste Unternehmen dieser Art ist der siebenbändige Roman «Auf der Suche nach der verlorenen Zeit» von Marcel Proust. Es wird noch näher darauf einzugehen sein; vorläufig genüge der Hinweis, daß diese neue Formung des Romans mit der Erneuerung der französischen Versdichtung durch die Parnassiens und Symbolisten zusammenhängt.

Für die erste Orientierung ist es dienlich, die französischen P a r n a s s i e n s – so nach ihren Publikationen in einer Zeitschrift genannt – als Neu-Klassiker, die S y m b o l i s t e n als Neu-Romantiker anzusprechen. Beide Richtungen, die sich in Baudelaire vereinigen, waren an der realistischen, sogar der naturalistischen Welterfahrung und -darstellung mitbeteiligt – aber sie blieben nicht darin befangen, sondern verwandelten dieses Material zu einem neuen Guß. Außerdem treffen sie sich in einem ästhetischen Bekenntnis: das Kunstwerk soll eine autonome Organisation sein, wie es die Formel «l'art pour l'art» ausspricht. Bedeutsam ist die Interpretation, die Théophile G a u t i e r, 1811–1872, jenem Grundsatz gab:

Wir glauben an die Unabhängigkeit der Kunst. Die Kunst ist für uns nicht das Mittel, sondern der Zweck.

Die l'art-pour-l'art-Dichtung der Parnassiens und Symbolisten wahrt als humane Funktion ihre Bindung an eine echte und lebendige Substanz. Es genügt ihr aber nicht die Mitteilung von Bekenntnissen und Geständnissen des Gefühls, sondern sie will ebenso die gegenständliche Welt erfassen wie die wesenseigenen Kunstmittel und -möglichkeiten des Wortes auswerten. Gautier sagt in diesem Sinne:

Ich bin ein Mensch, für den die äußere Welt da ist,

und:

Von der Poesie Gefühl fordern, das ist nichts. Funkelnde Worte, Worte voll Lichtglanz, voll Rhythmus und Musik, das ist Poesie.

Den Jüngeren galt er als der «unfehlbare Dichter», wie ihn Baudelaire in seiner Widmung zu den «Blumen des Bösen» feiert. Attribute wie dieses impeccable, «unfehlbar», lagen in der Luft. Sie weisen in eine sakrale Sphäre, wie umgekehrt das später aufkommende Wort vom «poète maudit», vom verdammten Dichter, zwar das Gegenteil besagt, aber gleichfalls der sakralen Terminologie entlehnt ist. Diese Künstler beten die Kunst an: die romantische Erhöhung und Verselbständigung der Kunst als einer Offenbarung religiösen Ranges war also nicht nur erhalten geblieben, sondern wurde sogar noch zur feierlichen Liturgie gesteigert. Die Apotheose der Kunst als eigentlicher und sublimster Religion näherte sich dem Kultischen, wurde selbst Kult. Ihr Triumph währte, von außen betrachtet, für die abendländische Bildungsgeschichte etwa bis 1914 – in redensartlichen Ausläufern geistert er noch immer als «Kunsterlebnis» und bei der Selbstrechtfertigung des ansonsten aus allen geistigen und musischen Bindungen «geworfenen» Menschen.

Es ist aber charakteristisch, daß so wesentliche Dichter wie Baudelaire und Verlaine nicht nur lange Zeit ohne Wirkung auf ihre Umwelt blieben, sondern obendrein verfemt waren – völlig verkannt in ihrer tragischen Artung und Passion. Ihr Schicksal trug bereits Gérard de Nerval, 1808–1855, den die heutige französische Literaturkritik und -ästhetik wiederentdeckt, ja als den eigentlichen großen Vorläufer und Ankündiger der modernen symbolischen Verskunst herausgestellt, in dieser Bedeutung sogar Gautier übergeordnet und so mit Baudelaire, Mallarmé, Verlaine und Rimbaud in eine große Verbindung gebracht hat. Gérard de Nerval, der übrigens die dichterisch schönste Übertragung des Ersten Faustteils geleistet und zum deutschen Geist eine so kennerisch-intime Beziehung unterhalten hat, daß er Jean Pauls Bedeutung erfassen konnte, wirkt heute vor allem als der Autor der Sonette *Die Chimären* und der magischen, ja gewissermaßen «surrealistischen» Prosadichtung *Aurélia*. Der Dichter schildert darin sein Leben und sein seelisch-geistiges Werden als eine imaginäre, traumhafte, dennoch von mythischer Erinnerung und Schau welthaft geweitete Reise durch landschaftliche, psychische und historische Räume.

Der Kult mit der Kunst, die Kunst als Kult gipfelt nicht in der Dichtung, sondern in der Musik. Denn dieses Verlangen konnte letztlich nicht der Geist, sondern nur der Rausch erfüllen. Der Kunstrausch verdeckte eine Weile lang die Weltangst des auf sich selbst verwiesenen, privaten Menschen. Die romantische Musik seit oder nach Beethoven hatte sich immer mehr zum Persönlich-Stimmungshaften entwickelt; nun trat Richard Wagner, 1813–1883, auf den Plan und mit ihm die höchstmögliche Steigerung des Anspruches der Musik, als «Gesamtkunstwerk» das Mysterium zu enthalten und auszustrahlen: die Opernbühne ein sakraler Begehungsort der Weihe, das Bühnen-Weihe-Festspiel Krönung der Kunst als ein Hochamt, das Kult und zugleich Gegenstand des Kults sei! Die epochale Leistung Wagners als Komponist erleidet durch diese Feststellung seines Wollens keine Kritik; die Idee des Gesamtkunstwerkes wird hier lediglich als Kundgebung und Symptom des Zeitalters genommen: denn bis zu welcher Steigerung war der noch relativ bescheidene Begriff der «progressiven Universalpoesie» Friedrich Schlegels in der Botschaft Richard Wagners gediehen!

Nicht in Deutschland, sondern in Frankreich wurde ihm zuerst der Altar geschichtet. Nach der verunglückten «Tannhäuser»-Aufführung in Paris erhob sich hier eine panegyrische Stimme:

Kein anderer Musiker reicht an Wagner in der Fähigkeit, den Raum und die Tiefe, im wirklichen wie im spirituellen Sinne, zu malen. Das ist eine Beobachtung, die schon oftmals mehreren, und nicht den Schlechtesten, aufgefallen ist. Er besitzt die Kunst, durch feine Abstufungen alles, was im geistigen und natürlichen Menschen an Außerordentlichem, Maßlosem, Brünstigem vorhanden ist, auszudrücken.

Zwar war dies die Hymne eines Rufers aus der Minderheit – aber diese Minderheit wurde gerade von denjenigen Autoren beschickt, die der neuen Dichtung die Wege bahnten. In Deutschland wurde Wagner erst durch Nietzsche ein allgemeingeistiges Ereignis, in Frankreich durch den Größten, der Parnaß und Symbol verbindet: Charles Baudelaire, von dem die zitierten Sätze stammen.

Daß Baudelaire, am 7. April 1821 in Paris geboren, als junger Mensch eine Reise in die Tropen unternommen, als Künstler Gautier und das Werk Poes kennengelernt hat, gehört schicksalhaft zu seiner Begabung. An Gautier schulte er seine Formkraft; in Poe grüßte er einen Eingeweihten aus der Sphäre der intellektuellen Dämonie und der Drogen-Träume; die Tropen schenkten seiner dichterischen Imagination üppige Farben und eine unerschöpfliche Erinnerung an die Phantasien, welche von den würzigen Düften des Haars, der Parfüms, aber auch der Verwesung ausgelöst werden. Er erschloß für die Poesie das Rauschreich der Sinne mit einer vorher nicht geahnten Vollständigkeit und Fülle. Themen, die früher in der Lyrik unbekannt waren, griff er auf: die moderne Großstadt und ihre Bewohner, zwielichtige, abgründige Geschicke, Sensationen, Lüste bis zur Perversion, selbst das Häßliche und Ekelhafte. Gedichte mit derartigen Motiven überwiegen jedoch nicht. Ihnen stehen gegenüber Bilder des Adels und der Reinheit, Pathos der Würde und des Mutes, Aufschwung der Seele

durch die Unermeßlichkeiten
mit männlicher, unsagbar großer Lust,

hymnische Preisungen und verzückter Gesang von den harmonischen Einklängen aller Lebenssphären. Den breitesten Anteil aber haben Gedichte von der seelischen Passion zwischen «Spleen» und «Ideal», Trübsinn und Vergeistigung – Gedichte, um deretwillen man Baudelaires existentiellen Ort im Gefüge der christlichen Wertordnung zu erkennen glaubt: seien es auch *Die Blumen des Bösen*, die sein dichterisches Werk darbietet, dann sei es wohl das Satanische in seiner Verstoßenheit, die aber unter metaphysischem Aspekt niemals ihre Beziehung zum Göttlichen verliere. Der Aufbau der *Fleurs du Mal* gleiche mit seinen zyklischen Unterteilungen der gotischen Kathedrale: teuflische Chimären mögen an diesem mächtigen Gebirge ihr Unwesen treiben, es selbst türme sich doch strebend und gezogen zum Himmel empor. In dieser an sich bedeutungsvollen Interpretation verschieben sich aber die Maße; es entsteht eine perspektivische Verkürzung der satanischen Mächte und Kräfte; die aristokratische, aber zugleich dandyhafte Arroganz Baudelaires verliert ihre brennenden Farben – und dabei glühen sie doch auch in den kleinen Prosagedichten *Die künstlichen Paradiese*, in den Bekenntnissen und Invektiven seiner aphoristischen *Raketen*, in den Tagebuchnotierungen *Entblößtes Herz*. Als «Die Blumen des Bösen» leuchten und duften sie nicht minder die Schönheit der Welt – und sollte in der Schöpfung Satans Einfluß und Mitwirkung walten, ja gerade ihm die Erschaffung des irdisch Berückenden und Beglückenden zuzuschreiben sein, so bleibt die Schönheit immer noch die Schönheit. Baudelaires Seele ist schmerzlich zerrissen vom paradoxen Zwiespalt, daß Schönheit eine Offenbarung Gottes ist – und zugleich in ihr Verführung und Untergang drohen. Der Jahrhunderte alte Konflikt des Künstlers im christlichen Abendlande: zu lieben und zu rühmen das Erhabene, Heitere und Schöne, wenn sie dem unbefangenen Erdensohn irdisch entgegentreten, um der seelischen Innerlichkeit willen aber vorsichtig, mißtrauisch, ablehnend alles Irdische abzutun, wenn man nicht vermag, es in der Transzendenz zu heiligen: dieser stets latente und daher stets ausbrechende Konflikt hat sich auch in Baudelaire ereignet. Die positiven Energien des Menschen Baudelaire haben dem gouffre, dem «Schlund», lange Widerstand geleistet – bis zuletzt der Körper zusammenbrach, nachdem der Geist vorher schon die eisigen Schwingen des Wahnsinns verspürte: am 31. August 1867 starb er in Paris. Der Dichter Baudelaire aber meisterte gleicherweise die Gestaltungen, die aus dem Licht und die aus der Finsternis stammen; sein Genius konnte die Segnung aussprechen:

Preis dir, o Gott, der uns zu Drangsal leitet,
Uns, die wir unrein sind zum Heilungs-Fluß,
Zum klaren Filter, der uns vorbereitet,
Die Starken auf den heiligen Genuß!

Ich weiß: der Dichter hat der Sitze besten
Mit seliger Legionen Schar gemein,
Ich weiß, du lädst ihn zu den ewigen Festen
Der Kräfte, Mächte und der Thronen ein.

Ich weiß: vom Adel ist der Schmerz, der echte,
Den Erde nie und Hölle niederwarf,
Und daß, wenn ich mein göttlich Stirnband flechte,
Ich aller Weltenkreise Zins bedarf.

Doch Schätze lang verschütteter Palmyren,
Verborgen Gold und Perlen in dem Meer,
Von dir emporgeholt, dürft ich nicht küren
Zu dieser Krone sonnenhell und hehr.

Denn sie wird nur geprägt aus reinem Lichte,
Das ich vom heilgen Strahlenherd erlas,
Dem aller Glanz der menschlichen Gesichte
Nichts ist als armes trübes Spiegelglas.

Von Baudelaire geht eine neue Ära der französischen Dichtkunst
aus; sie währt, im Zusammenhang gesehen, fort bis heute in den
Erben seines Thrones: Mallarmé, Valéry, Apollinaire. Baudelaire
wurde zugleich ein mittelbarer Anreger der neuen deutschen
Versdichtung: nachdem er die nach Frankreich wogende Strömung
der deutschen Romantik vollends der autochthonen Geistigkeit seines Landes einverwandelt hatte, empfingen junge deutsche Dichter
durch sein Werk Muster und Auftrag einer neuen Kunst, ja sogar
einen neuen Zug zur eigenen volkhaften Vergangenheit. Daß auch
Baudelaires Abseitigkeiten Schule machten bis zu der seither nicht
mehr abreißenden Affektiertheit, Alltagstrivialitäten als lyrikfähig
auszugeben, lief dabei unter; George vertraute leider zu sehr, als
er in der Vorrede seiner Baudelaire-Übersetzung schrieb: «Es bedarf
heute wohl kaum noch eines Hinweises, daß nicht die abschrecken-
den und widrigen Bilder, die den Meister eine Zeitlang verlockten,
ihm die große Verehrung des ganzen jüngeren Geschlechts eingetragen haben, sondern der Eifer, mit dem er der Dichtung neue
Gebiete eroberte, und die glühende Geistigkeit, mit der er auch die
sprödesten Stoffe durchdrang.»
Der «Satanismus» als dezidierter Lebensgenuß, ohne die religiösen
Ausstrahlungen Baudelaires, erscheint in den Novellen von Jules
B a r b e y d'A u r e v i l l y, 1808 bis 1889; aber in seinen Geschichten
von den *Teuflischen* verläuft nur *Das Glück im Verbrechen* unangefochten durch eine Katastrophe. Auf ähnlicher Linie liegen die
Grausamen Geschichten von Auguste de V i l l i e r s d e l'I s l e -
A d a m, 1838–1889, zuweilen kälter, aber auch poetischer vor-
getragen. Das Laster als erregender Motor der göttlichen Gnade ist
ein durchgehendes Motiv bei Ernest H e l l o, 1828–1885, der die
Wiederbelebung des Katholizismus von der Romantik Chateaubriands in den Realismus hineinlenkt; sein kleiner Roman *Ludovic*

berichtet von der Dämonie des Geizes als jener Todsünde, die als Sünde wider den Geist nicht vergeben werden kann. Es bestehen Zweifel, ob der literarische Katholizismus in der outrierten Fassung, die ihm in seinen späteren Werken Joris Karl Huysmans, 1848 bis 1907, gegeben hat, einen vergleichbar wahren Karatgehalt aufweist wie Hellos Schriftstellerei. Umschwünge der Haltung wie bei Huysmans, der seinen früheren dekadenten Satanismus über mystische Transmissionen führt, um mit ausgesuchten Exzessen an Leib und Geist – wie in den Romanen *Da unten* und *Gegen den Strich* – sozusagen die Geburtswehen der «Metanoia», der christlichen Umkehr, zu gestalten, dürften doch die nach wie vor schwelende, hektisch-intellektuelle Lust mehr an der schwarzen Teufels- als an der weißen Gottesmesse verraten. Huysmans' Roman *Die Kathedrale* aber ist ein einziger Hymnus auf die steingewordene Inbrunst der Gotik.

Die aus den Stiltendenzen einer neuen Versdichtung zur Klassizität strebenden Autoren bekamen die Genugtuung, daß Victor Hugo der Akademie vor seinem Tode empfahl, seinen Sitz an Leconte de Lisle, 1818–1894, zu vergeben: der so kreierte «Unsterbliche» galt als Wortführer der Parnassiens. Ihre Tendenzen sind bis heute nicht abgeklungen; von der früheren Generation dürfte der väterlicherseits von einem Spanier abstammende José Maria de Hérédia, 1842–1905, wohl der bedeutendste sein. *Trophäen* heißt das Buch seines Ruhmes; es sind überwiegend durchziselierte, auf strenge Versdichtung von Stimmung und Bild gearbeitete Sonette. Mythische und geschichtliche Gestalten aus Griechenland und Sizilien, Rom und den Barbarenländern, Mittelalter und Renaissance, Orient und Tropen ergeben eine prunkende Komposition objektiver Darstellungen, denen der Zyklus «Natur und Traum» folgt. Im «Romanzero»-Teil der «Trophäen» stehen drei längere, erzählende Dichtungen in gehämmerten Terzinen; den Schluß bildet ein Kleinepos *Die Eroberer des Goldes*.

Ein Inbegriff großer Lyrik und wie Baudelaire nicht einer besonderen Richtung allein zugehörig, auserwählt zu einsamer Höhe und zugleich gezeichnet mit dem Mal, ja mit dem Makel der Verderbtheit, ein Meister in der Kunst und ein Höriger im Leben: so ging Paul Verlaine durch seine Zeit. Er war Ostfranzose, geboren am 30. März 1844 in Metz. Als ein Sohn des burgundischen Reiches zwischen Frankreich und Deutschland wird er wohl die Schwingungen des «Gemüts» – der französischen Sprache fehlt ein passendes Wort dafür – inniger in sich erfahren haben als andere romanische Autoren; sie verleihen seinen Gedichten häufig den schwebenden Rhythmus des «Liedes» – begreiflich, daß kein französischer Versdichter so oft ins Deutsche übertragen wurde wie Verlaine. Lange ein Souverän des poetischen Wortes, ehe Zerknirschung ihm die oft ermüdenden Strophen religiöser Zudringlichkeit diktierte, war er im alltäglichen Leben labil, wie ein Kind empfindlich für jeden Eindruck und Einfluß, verführbar zu Ausschweifungen, denen ein heimliches Kleinbürgertum in ihm eigentlich abgeneigt war, die er fürchtete, ohne doch ihren Behexungen entrinnen zu können. Zum Schicksal wurde ihm die Begegnung mit dem kaum dem Knabenalter entwachsenen Rimbaud, dessen unfaßbar frühreifes Talent ihn nicht weniger in Bann schlug als die erotische Ausstrahlung, die von dem Jüngling ausging. Um dessentwillen zerbrach er seine Häuslichkeit, sein Leben überhaupt, sklavisch dem Freunde hingegeben. Als dann Zwistigkeiten entstanden und bis zum entwürdigenden Gezänk, ja zur Schlägerei ausarteten, tat Verlaine jene Schüsse auf Rimbaud, die ihn ins Gefängnis führten. Er lernte mehrere kennen, dazwischen auch die Spitäler seines Selbstruins. Immer wieder versuchte er sich aufzurichten, dem verfolgenden Dämon zu entrinnen; zitternd und lamentierend floh er mehrmals in den Schoß der christlichen Erbarmung – doch eine sichere Hut war ihm nicht beschieden. In seinen letzten Lebensjahren sahen junge Verehrer den gebrochenen Mann über die Boulevards im südlichen Stadtteil von Paris schlurfen, und er sah aus wie eine leibhaftige Elendsfigur aus den allmählich in Mode kommenden naturalistischen Dramen. Am 8. Januar 1896 starb er in der Metropole.

Es gibt Anlässe, wo es sich geziemt, das berufene Wort lediglich zu zitieren – wenn ein solches den Genius zeichnet. Statt einer dürftigen Psychologie mit ihrem schamlosen Tasten und Schnüffeln im Leide, deren sich manche an Verlaine erdreistet haben, soll die Lobrede Stefan Georges die Wirkung des französischen Dichters auf eine begeisterte deutsche Poetenjugend widerspiegeln:

Das sokratische Haupt mit der übermäßigen gebuckelten Stirne, unter den langgezogenen Brauen träumende und tierhaft begehrliche Augen, gutmütige barsche Laute zu Bewegungen, die selbst in Schwachheit und Elend des Adels und der Einfalt nicht entbehren: sie sind des Mannes, der in jeder Erhebung zittert und in jeder Sünde brennt. Nach seinen ersten *Saturnischen Gedichten*, wo der Jüngling in persischem und päpstlichem Prunke sich berauscht, aber noch gewohnte parnassische Klänge spielt, führt er uns in seinen eigenen Rokoko-Garten der *Galanten Feste*, wo gepuderte Ritter und geschminkte Damen sich ergehen oder zu zierlichen Gitarren tanzen, wo stille Paare in Kähnen rudern und kleine Mädchen in versteckten Gängen lüstern zu den nackten Marmorgöttern aufblicken.

Über dieses leichte lockende Frankreich aber haucht er eine nie empfundene Luft peinigender Innerlichkeit und leichenhafter Schwermut. Was aber ein ganzes Dichtergeschlecht am meisten ergriffen hat, das sind die *Lieder ohne Worte* – Strophen des wehen und frohen Lebens ... hier hörten wir zum erstenmal frei von allem redenden Beiwerk unsre Seele von heute pochen: wußten, daß es keines Kothurns und keiner Maske mehr bedürfe und daß die einfache Flöte genüge, um den Menschen das Tiefste zu verraten. Eine Farbe zaubert Gestalten hervor, indes drei spärliche Striche die Landschaft bilden und ein schüchterner Klang das Erlebnis gibt. Wir erinnern uns, daß wir keines Wortes mächtig von diesen Weisen erklingend durch die Straßen und Felder gingen in einem beengenden Schmerzens- und sprengenden Glücksgefühl. Dann das Buch der *Weisheit*, der Reue und der himmlischen Liebe ... nach wilden Fahrten erwacht die Sehnsucht nach knabenhafter Reinheit, der Drang, sich vor dem Heiligen in den Staub zu werfen, die glühende Hingabe an ein Denkbild. Hier liegt etwas von der christlichen Brunst der Ordensväter, und auch hier zeigt die Maßlosigkeit die Echtheit der Liebe. Doch während der Verzückungen des Beters dringen in die friedliche Kapelle hie und da wieder die Lichter des bunten und lauten Tages. Und daneben und dahinter Blätter mit niedern Wirklichkeiten, kindlichem Lallen, zweideutigen Scherzen! – dann wieder das Spiel sich lösender Klänge, verbleichender Farben, verschwimmender Linien: die Bücher vom *Guten Liede*, von *Einst und Jüngst*, von *Liebe*, von *Gleich und Gleich*, von *Glück* ...

Ein wenig älter als dieser «poète maudit» war Stéphane Mallarmé, geboren am 18. März 1842 in Paris. Aber er gelangte später denn Verlaine zu nachhaltiger Wirkung. Seine Produktion begann zögernd, sich allmählich erst aus der Nachfolge Baudelaires lösend, bis sie in ein paar Dutzend Gedichten eine symbolistische Wortkunst meisterte, die absolute Durchbildung zeigt – soweit überhaupt Dichtung jemals absolute Kunst wie etwa die Musik und wohl nur die Musik werden kann. Im Gegensatz zu Verlaine führte er ein bürgerlich korrektes, einfaches Leben als Lehrer der englischen Sprache, verheiratet mit einer Deutschen, in seiner Haltung ein Gentleman. In Frankreich selbst konnten seine Verse kaum Schule machen, weil sie den Typ des symbolistischen Gedichts unüberbietbar vollendet haben. Das unterstreicht auch André Gide mit seiner Charakterisierung der Kunst Mallarmés: «Im Gegensatz zu damals weiß die kultivierte Welt heute, daß Mallarmé unseren klassischen Vers zu einem Grad klanglicher Vollendung, plastischer Schönheit, gesanglicher Kraft brachte, wie sie nie zuvor erreicht worden waren und, dessen bin ich gewiß, wohl auch nie mehr erreicht werden können. Denn was in der Kunst vollkommen ist, kommt meist nicht wieder. Darüber muß man sich hinwegsetzen können und anderwärts die Vollendung suchen.»

Aber Mallarmé als geistige und musische Persönlichkeit verkörpert das bis heute letzte, noch immer nicht abzusehende Ereignis nachhaltigster Anregungskraft der französischen Literatur. In seiner bescheidenen Wohnung trafen sich jeweils an Dienstagnachmittagen beinahe alle Autoren, die seither das Schrifttum Frankreichs bedeuten: mit Verlaine war er befreundet, Maupassant war zu Gaste, sodann Villiers de l'Isle-Adam, Régnier, Claudel, Gide, Valéry, Rodenbach und Huysmans. Während seines Pariser Aufenthaltes fand auch Stefan George Zutritt. In Valvins, im Departement Seine, starb Mallarmé am 9. September 1898.

Den aus dem Parnaß sich entwickelnden Symbolismus und damit seine eigene Poesie beschrieb Mallarmé selbst:

Die Parnassiens nehmen eine Sache als Ganzes und zeigen sie; dadurch ermangeln sie des Geheimnisvollen ... einen Gegenstand nennen, heißt drei Viertel des Genusses am Gedicht unterdrücken, der im Glück des allmählichen Erratens besteht; ihn suggerieren, das ist der Traum. Im vollkommenen Gebrauch dieses Geheimnisses besteht das Symbol. Langsam einen Gegenstand hervorzaubern, um einen Seelenzustand zu zeigen, oder umgekehrt, einen Gegenstand wählen und ihm durch eine Reihe von Entzifferungen einen Seelenzustand ablesen.

In einem solchen Gedicht sind Ich und Du, Subjekt und Objekt, dasselbe. Diese Identität kommt bei Mallarmé in einer Sprache zum Ausdruck, die man zwar nicht eine Geheimrede nennen darf, deren grammatikalischer und syntaktischer Gebrauch jedoch rationale Bestimmtheit dann außer acht läßt, wenn es die Suggestion verlangt; die Unklarheit oder Mehrdeutigkeit in der gegenseitigen Beziehung der Worte, die manchmal einen Vers des Dichters selbst seinen Landsleuten schwer verständlich macht, enthalten gerade in ihrer schwebenden Doppelwertigkeit die unsagbar sublime Durchdringung dessen, was Sinne und Verstand trennen. Mallarmé steigert sie zu einer Durchsichtigkeit, die seine Gedichte wie silberne Schrift auf weißem Grunde empfinden läßt.

Bei allem Gemeinschaftssinn der Engländer als Nation nach außen hin hält ein jeder auf seine persönliche Exklusivität; auch die Kunst durfte sich deshalb gemäß ihrem eigensten Wesen entfalten bis zur sublimsten Esoterik. Als dies in der Dichtung seit der Mitte des 19. Jahrhunderts geschah, haben nicht einmal die englischen Sozialisten ein Veto eingelegt; umgekehrt geschah das Erstaunliche, daß gerade in dem distinguierten Orden der neuklassischen und neuromantischen Dichter mehrere Autoren mit einer republikanischen Freiheitlichkeit sympathisierten und sogar direkt an den sozialistischen Bestrebungen teilnahmen. Diese Entwicklung war bereits von Carlyle angebahnt und hatte in Ruskin, wie schon ausgeführt, einen angesehenen Wortführer.

Es bedeutet deshalb für das englische Geistesleben durchaus kein Paradoxon, daß im Jahre 1848 junge, revolutionierende Künstler in bewußtem Widerspruch zum starren Konservatismus der Königlichen Akademie die Bruderschaft der Präraffaeliten gründeten – und daß wenig später der aus Deutschland ausgewiesene Verfasser des ebenfalls 1848 publizierten «Kommunistischen Manifestes» in London ein unangefochtenes Asyl fand. Karl Marx, 1818–1883, schuf erst in England seine Hauptwerke: *Zur Kritik der politischen Ökonomie* und *Das Kapital*. Englische Verhältnisse der wirtschaftlichen Folgeerscheinungen aus Kapitalismus und Proletariertum haben die Dialektik des Marxismus mit konkreten Erfahrungen entscheidend bereichert – jene Dialektik, die von Hegel entlehnt, aber «umgestülpt» wurde, indem die, nach Marx, mystische Hülle oder Mystifizierung der dialektischen Methode einem rationellen Kern wich: nicht das Bewußtsein der Menschen bedingte ihr Sein, sondern ihr gesellschaftliches Sein bedinge ihr Bewußtsein. Auf seine Weise verabsolutierte der orthodoxe Marxismus mit seiner materialistischen Geschichtsauffassung ebenso den einen Pol aller Menschengeschichte – die Materie, die Gesellschaft – gegen den anderen – den Geist, das Ich –, wie es umgekehrt Kierkegaard, Nietzsche oder Stirner taten. Karl Marx selbst, als ein Genie, war insofern über den Marxismus erhaben, als er den kommunistischen Gesellschaftszustand keineswegs als den paradiesisch-endgültigen ansah. Der Teufel «Kapitalismus» müsse durch den Beelzebub «Kommunismus» ausgetrieben werden – «die Expropriateure seien zu expropriieren!» –, damit sich danach die erlösende klassenlose Gesellschaft in echter humaner Freiheit erhebe; der verwirklichte Kommunismus als Staatskapitalismus wird, wie Marx erkannte, diese humane Freiheit aber nicht schaffen und auch die Würde des Einzelmenschen nicht achten. Im Kern fühlte und dachte Marx eschatologisch: seine Lehre ist die verweltlichte Fassung des alttestamentarischen jüdischen Königtums Gottes auf Erden, aber auch beseelt vom Humanismus der deutschen Klassik. Das von ihm zusammen mit Friedrich Engels verfaßte *Kommunistische Manifest* zeugt von hoher Sprachkraft. Als die Epigonen dieses Prosagedichts und mit ihnen die Rechtgläubigen auftraten, erhob sich Marx mit dem souveränen Wort über die neuen Universalisten: «Je ne suis pas Marxiste» – ich bin kein Marxist ...

Die englischen Sozialisten waren es auch nicht. Natürlich haben sie im Laufe der Zeit viel von Marx gelernt – wie denn nicht nur die Sozialisten sehr viel von Marx lernen können. Die Literaturgeschichte kann nicht weiter auf diese wirtschaftspolitischen Dinge eingehen: sie hat es an dieser Stelle mit den nationalökonomischen und sozialistischen Tangenten innerhalb der englischen Literatur seit der Mitte des vorigen Jahrhunderts zu tun. Der in Deutschland fast nur als Urheber einer neuen Richtung der dekorativ angewandten Künste, vielleicht noch als Begründer einer den modernen Buchdruck und Bucheinband kultivierenden Presse bekannte William Morris, 1834–1896, verkörperte diese Berührung mit der Umwelt besonders eindrucksvoll und wirksam. Er gehörte zu den Präraffaeliten. Die Nachwelt wird eines Tages seine taggebundene Aktivität nur noch historisch interessieren; seine Dichtungen aber sind nach wie vor lebendig – für einen «exklusiven» Kreis, versteht sich ... In seinen Versepen zeigt sich der Augenmensch, der Morris war; bildhaft gerieten ihm auch die vierundzwanzig Legenden und romantischen Versnovellen seines Hauptwerks *Das Irdische Paradies*. Die Motive entnahm er der antiken und der nordischen Mythenwelt; wie ein moderner Chaucer, den er leidenschaftlich bewunderte, fügte er sie zusammen zu größeren Zyklen.

Auf dem Kontinent verbindet man mit den Präraffaeliten überwiegend die Vorstellung von Malern. Ihre Bilder, träumerisch, oft geschichtliche Szenen poetisierend, voll einer schweren und zugleich leisen Feierlichkeit, mit Frauen voll unnahbarer Hoheit und verborgener Erotik, von blumigen Zieraten und mystischen Sternenkränzen geschmückt: diese Bilder wurden gewiß durch die «Pre-Raffaelite Brotherhod» inspiziert, erschöpfen die Bewegung aber keineswegs. Für die unverkennbaren Typen ihres Stils war vor allem Dante Gabriele Rossetti, 1828–1882, maßgebend, Sohn eines Italieners und einer nur mütterlicherseits englisch-blütigen Halbitalienerin. Welch ein Geist in Rossettis Elternhaus herrschte, beweist der erlauchte Vorname, auf den man ihn getauft hatte. Er war Maler und Dichter in einer Person: das Bildnis seiner maßlos geliebten Gattin Elizabeth Eleanore hat das präraffaelitische Frauenideal geschaffen. Wie Rossetti Bilder malte, so dichtete er auch Sonette auf Bilder, auf wirkliche der Kunstgeschichte und auf imaginäre, die in seiner einem parnassischen Formbegriff entsprechenden Lyriksammlung *Das Haus des Lebens* stehen. Wie die französischen Parnassiens, so befleißigte sich auch Rossetti einer sorgsam gewählten Verssprache, die alles eingängig Herkömmliche, die «verheirateten Worte», ablehnte. Bei den gemalten Frauen der Präraffaeliten erinnert ein schwer benennbarer Zug um Mund und

Augen an die verzehrende, nachtmahrisch unersättliche und durch unergründliche Gelassenheit nur noch stärker erregende Schönheit einer Dämonie, die ihr zuerst Rossetti, von Eleanora berückt, verliehen hat; in seinen Gedichten heißt dieser Typ oft Lilith, wie Adams erste Frau nach talmudischer Sage, deren weichem Blick und Duft der Mann verfällt und den sie mit ihrem goldenen Haar erdrosselt. Der Lilith gegenüber steht die verklärte Beata Beatrix.

Nicht der «Bruderschaft» zugeschworen, aber gewissermaßen klimatisch von ihrer Sphäre angerührt war Alfred T e n n y s o n, 1810 bis 1892, als Poeta laureatus in den Lordstand erhoben und jahrzehntelang für das breitere englische Publikum schlechthin d e r Dichter. Weil er die Viktorianische Ära literarisch repräsentierte, verfiel er später einer übertriebenen Geringschätzung, die in ihm nur den angenehmen Barden sah, der inmitten sehr zweckbewußter britischer Politik und Geschäftlichkeit nach Taines Urteil die Vergangenheit romantisierte. Gegenwärtig revidiert man dieses Urteil; Yeats spricht von der «erlesenen Passivität» Tennysons, Eliot setzt sich für objektive Würdigung seiner sprachlichen und kunsttechnischen Fähigkeit ein. Nach dem Titel einer kleinen Versnovelle Tennysons hat man in die literarische Ästhetik das *Enoch Arden*-Motiv eingeführt; es handelt sich hier um die unvermutete Heimkehr eines totgeglaubten Seefahrers, der sein Weib als Gattin eines anderen Mannes wiederfindet. Die bleibende Bedeutung des Lord-Poeten beruht auf seiner Lyrik.

Noch zu seinen Lebzeiten, im langen Mittag seiner lorbeergekrönten Popularität, hob ein kleiner Kreis eigensinniger Verehrer einen anderen Dichter auf den Königsschild: Robert B r o w n i n g, 1812 bis 1899, um den sich die Engländer heute noch streiten, dessen Werk – Dramen, *Pippa geht vorüber*, Lyrik, das Versepos *Der Ring und das Buch* – von der «Browning-Society» gehütet und mit ausführlichen Exegesen versehen wird, während andere ihn so unverständlich finden, wie er sich angeblich selbst gefunden haben soll ... Das Für und Wider erörtert einmal Oscar Wilde mit seiner geistreichnervigen, intellektuellen Einfühlungsgabe: «Als Gesamterscheinung betrachtet, war dieser Mann groß. Er war nicht vom Rang der Olympier, die ganze Unvollkommenheit des Titanen haftete an ihm. Er konnte nicht komponieren, auch Wohllaut war ihm nur selten vergönnt. Sein Werk zeigt die Spuren des Kampfes, heftiger Erregung und Anstrengung. Er ging nicht vom Gefühl aus und formte es, er wurzelt vielmehr im Gedanklichen und verschwimmt im Chaos ... Man hat ihn nie einen Denker genannt – er war sicherlich stets von Gedanken bewegt, und immer dachte er laut. Aber es war nicht das Denken, das ihn reizte, vielmehr waren es jene Vorgänge, die das Denken erregen.»

Allmählich überschattet ihn die dichterische Kraft seiner Gattin Elizabeth B a r r e t t - B r o w n i n g, 1806–1861, die er selbst so hoch stellte, daß er ihre Liebessonette für die schönsten seit Shakespeare erklärte. Als *Sonette aus dem Portugiesischen* wurden sie von ihm veröffentlicht, um durch diese Anonymität die Glut des Liebesgeständnisses artistisch zu verschleiern. Die Lyrik der Barrett-Browning eroberte sich auch den Kontinent, der sie für die bedeutendste englische Frauendichtung der neueren Zeit hält – eine Auffassung, zu der sich aber gegenwärtig das englische Urteil nicht mehr bekennt.

Die präraffaelitische Erneuerung der Dichtung, die beflügelnden Mächte der so wiederbelebten Romantik und Klassik im Bunde mit tatenfrohem und tatenforderndem Glauben an die Zukunft der Menschheit, fanden ihren prunkvollsten Ausdruck in Algernon Charles S w i n b u r n e. Er entstammt einer alten Familie dänischer Herkunft; am 5. April 1837 kam er in Henley, an der Themse, zur Welt. Schon als Knabe zeigte er die eingeborene Leidenschaft seines erregbaren Temperaments; als er noch nicht dreißig Jahre alt seinen Versband *Gedichte und Balladen* herausbrachte, raste ein Sturm der Entrüstung über diesen Sprecher der «fleischlichen Schule», den man «wie einen tollen Hund niederschlagen» müsse! So schockierten die Dithyramben einer heidnischen Feier des Lebens und der Liebe die sehr ehrenwerten Gemüter. Bereits in dem vorher veröffentlichten chorischen Versdrama *Atalanta in Kalydon* hatte der Glutatem dieses Dichters einen von den Klassizisten allenfalls als Bildungsgleichnis verwertbaren Mythos innerlich erweckt: Dionysos und sein Zug bacchantischer Mänaden waren mit unheimlicher Pracht erstanden und verkündeten die Schauer des blühenden und tödlichen Lebens. Aus der Vielfalt der Motive und der strophischen Bildungen, die Swinburnes für die neuere englische Lyrik epochaler Erstlings-Versband darbot, überflutete die Ergriffenen eine poetische Mythologie des Eros und der Aphrodite; der junge Hofmannsthal beschreibt das Wunder dieser Dichtung.

Der Inhalt dieser schönen Formen ist eine heiße und tiefe Erotik, ein Dienst der Liebe, so tieftastend, mit solchem Reichtum der Töne, so mystischer Eindringlichkeit, daß er im Bilde der Liebesrätsel die ganzen Rätsel des Lebens aufzufassen scheint. Was hier Liebe heißt, ist eine vielnamige Gottheit, und ihr Dienst kann wohl der Inhalt eines ganzen Lebens sein. Es ist die allbelebende Venus, die ‹ allnährende, allbeseelende Mutter› des Lucrez, die vergötterte Leidenschaft, die Daseinserhörerin, die durch das Blut die Seele weckt; dem Gott des Rausches verwandt, verwandt der Musik und der mystischen Begeisterung, die Apollo schenkt; sie ist das Leben und spielt auf einer wunderbaren Laute und durchdringt tote Dinge mit Saft und Sinn und Anmut; sie ist ... die Lust der Qual und der Rausch der Schmerzen; sie ist in jeder Farbe und in jedem Beben und jeder Glut und jedem Duft des Daseins.

Auch in den späteren Versbüchern Swinburnes leuchtet noch die Pracht, betört noch der Duft, besonders in den *Liedern vor Sonnenaufgang;* zugleich aber räumt der Dichter, enthusiastischer Republikaner, dem politischen Zeitgeschehen leider einen zunehmend größeren Platz ein – die mythische Weite wird dann Weitschweifigkeit, der Dithyrambus wandelt sich in Rhetorik – «das Rohr, in dem jeder Hauch Musik wird», wie der so gegensätzlich geartete Tennyson doch anerkannte, erschrillt nun zuweilen von Fanfarenstößen. Er schuf nach der *Atalanta* noch andere Versdramen hohen Stils, wie die *Maria-Stuart*-Trilogie, erneuerte im heroischen Versmaß das Epos von Tristan und Isolde, bereicherte den Essay um geschliffene Abhandlungen.

Als der jugendliche Swinburne zu den Präraffaeliten stieß, ergriff sie der seltsame Widerspruch in der körperlichen Erscheinung des Dichters, der wie ein Gleichnis für seine Kunst wirkte: elementischer Heroismus und unendlicher Wohllaut. «Ein kolossaler, von goldroten Locken umwallter Kopf und der kolossale Hals eines Vespasian oder Caracalla ruhen auf einem kleinen, gebrechlichen, fast frauenhaft zarten Körper»: so malte ihn Leigh Hunt. Im Alter ertaubte der Dichter; noch immer nahm man offiziell keine Notiz von ihm, als er schon längst einer der wesentlichsten, wenn auch nicht der entscheidende Lyriker der englischen Literatur seiner Zeit geworden war. Am 10. April 1909 ist er in London gestorben.

Nicht Swinburne, kaum Rossetti, wohl aber nachahmerische Begabungen der Präraffaelitischen Bruderschaft tendierten zum Ästhetismus, der in ein ideales Dasein, in idealisierte Zeitalter verliebt ist und dem Imaginären ein Treibhaus wunderbarer oder seltsamer Orchideen errichtet. In England erschien er, narzißtisch in sich selbst beschlossen, weit exklusiver und esoterischer als auf dem Kontinent. Deshalb ist er auch nicht so fruchtbar für das zeitgenössische Schrifttum der Insel geworden wie die Parnassiens und Symbolisten für das gegenwärtige Frankreich. In dem Essayisten und Kritiker des englischen Ästhetismus, Walter P a t e r , 1839–1894, verkörpert sich die Geisteshaltung sehr beispielhaft: ihr kennerisches Verstehen, ihr Talent für den Charme der Impressionen, zugleich ihre Ohnmacht vor der lebendigen Schönheit. Deshalb gelangen Pater die Nacherschaffungen der italienischen Künstlergestalten in seiner *Renaissance* und die Paraphrasen über die Ideenlehre in *Plato und der Platonismus*, zeigen sich seine Grenzen in den *Imaginären Porträts*, versagt er in dem Roman *Marius der Epikuräer*.

DIE SKANDINAVISCHE MODERNE

Die literarischen Wandlungen im letzten Viertel des 19. Jahrhunderts erfolgten in Europa wie unter dem starken Eindruck des russischen Romans, so auch im Zeichen der «skandinavischen Moderne», die vor allem in den Dramen Ibsens gebieterisch auftrat. In abendländischen Zusammenhängen betrachtet, war vorher der germanische Norden kulturell gewissermaßen im Stadium der Provinz verblieben – von einigen Ausnahmen abgesehen.

Daß ein 1813 in Dänemark geborener Philosoph allmählich eine geistige Weltmacht werden sollte, ist erst in unserem Jahrhundert offenbar geworden. Während Europa seit den Revolutionen des 19. Jahrhunderts unaufhaltsam das Anwachsen von kollektivistischen und materialistischen Weltanschauungen zu Ungunsten des Individuums zeitigte, schrieb Sören Kierkegaard, 1813–1855, in verhältnismäßig rascher Folge seine Bücher, die sich ausschließlich mit dem Dasein des Einzelmenschen beschäftigen: also jene philosophische Strömung nachdrücklich wieder in Gang bringen, für die man gegenwärtig die Bezeichnung «Existenz-Philosophie» anwendet. Der Existentialismus war weder bei Kierkegaard noch gar heute etwas vollständig Neues: er ist beinahe so alt wie das abendländische Philosophieren überhaupt. Als Sokrates, wie auch seine Gegner, die Sophisten, zunächst um erkenntnistheoretischer und moralgrundsätzlicher Untersuchungen willen – nach der voraufgegangenen objektiven «Naturphilosophie» – den Menschen, als Typus wie als Individuum, zum problematischen Gegenstand ihrer Betrachtung machten, war der Existentialismus entstanden: die Frage nach dem Dasein im Sein. Kierkegaard selbst hat auf die Urheberschaft des Sokrates aufmerksam gemacht. Später, im sinkenden Altertum, als die ethischen Systeme aufkamen, differenzierte sich die Existenzphilosophie erneut; in früher christlicher Zeit wurde dann Augustinus unter anderm auch ein Vertreter des existentialistischen Denkens. Mit diesen Andeutungen soll klargemacht werden, daß «Existentialismus» keineswegs ein in sich abgeschlossenes Denksystem ist, sondern eine Methode, entwickelt in einem schon sehr früh eingenommenen Standpunkt des Denkens, und daß er zu sehr entgegengesetzten Ergebnissen führen kann.

Kierkegaards Werk blieb lange unbeachtet, weniger weil es entgegen der Breitenwirkung etwa des Sozialismus und des Positivismus exklusiv das Individuum behandelt, als weil es ein christlicher Existentialismus ist. Das Neue, höchst Folgenreiche seiner Schriften ist die durchgehende Psychologisierung des christlichen Religionserlebnisse, womit Kierkegaard in das Christentum Erfahrungen der modernen Gefühls- und Bewußtseinslage hineintrug, wie sie mit solcher radikalen Intensität vorher unbekannt waren. Er befocht als religiöser Individualist ebenso die Geltung der Hegelschen Philosophie im allgemeinen, wie insbesondere die protestantische Landeskirche seiner dänischen Heimat, die ihm als ein Zerrbild des Christentums erschien. Intellektuell war er ein extremer Dialektiker; aber auch psychisch lebte er in einer anhaltenden Polarität, die man als den Gegensatz von Musikalität und Erotik zu Rationalität und Askese bezeichnen kann. In einem seiner frühesten Bücher, schon einem Hauptwerk, deutet bereits der Titel diese Struktur an: *Entweder – oder* behandelt im ersten Teil die Absolutheit von Gefühl und Trieb an Hand einer glänzenden Analyse der «Don Juan»-Musik Mozarts; der zweite Teil untersucht die Möglichkeiten einer Ethisierung des Geschlechtlichen in der Ehe, angeschlossen dem *Tagebuch eines Verführers,* worin Kierkegaard bekennend «büßt» für die Aufhebung seines Verlöbnisses mit einem jungen Mädchen. Es ist sehr merkwürdig, daß die beiden entscheidenden Existenz-Philosophen des vorigen Jahrhunderts, Kierkegaard und Nietzsche, jeweils mit einem Buche romantisch-dialektischer Musikanalyse debütieren: der Deutsche in seiner «Geburt der Tragödie aus dem Geiste der Musik». Kierkegaard variiert diese Antithese des Entweder-Oder in seinem ganzen Schaffen als Forscher und Verkünder der seiner Ansicht nach überhaupt im Christentum bestehenden Paradoxie, daß die Botschaft Christi einen Menschen angehe, der zwar geistig für sie zubereitet sei, ihr aber sinnlich nicht gehorchen könne. Deshalb polemisiert Kierkegaard gegen die offiziellen Gebrauchs-Theologien – denn das paradoxale Christentum gleiche einer scharfgeschliffenen Waffe, die nur Narren wie einen Blumenstrauß überreichen. Sein dialektisch-paradoxales Welt- und Religionsgefühl konnte sich nie zu einer Überwindung jenes «Entweder–Oder» in einem höheren «Sowohl-als–auch» entschließen oder bereitfinden: so extrem war er Christ, also purer Ethiker – einerseits; andererseits lebte er ebenso extrem in der Sphäre des Ästhetischen und rein Sinnlichen. In dieser Gespaltenheit konnte er eine totale Einsamkeit nicht überwinden, wollte es auch gar nicht; derjenige Mensch müsse einsam leben, der «nicht offenbar werden kann». Die seltsamen Pseudonyme, unter denen Kierkegaard seine Schriften publizierte, deuten auf diese psychische Situation hin. Die unausweichliche Folge ist seine «Geworfenheit» – um mit dem zeitgenössischen deutschen Existenz-Philosophen Martin Heidegger zu sprechen –, sein rettungsloses Ausgesetztsein in der Zone der Angst.

Der offensive Radikalismus der Forderung, von zwei Möglichkeiten unbedingt die eine zu bejahen und die andere ebenso unbedingt zu verneinen, der bei führenden Autoren der skandinavischen Moderne so oft durchbricht, scheint germanisches Seelenerlebnis zu sein. Dieser Wille, der als Anfang aller Dinge nur «die Tat» weiß: Dynamik an sich, ohne Rücksicht auf fruchtbares Gedeihen der heroischen Leistung für eine Gemeinschaft – zuletzt einsam genarrt von den gespenstischen Lemuren des Schicksals – kennzeichnet einen großartigen und herausfordernden Individualismus. Die Siege, die Henrik Ibsen während der letzten Dezennien des vorigen und zu Beginn dieses Jahrhunderts mit seinen gesellschaftskritischen Dramen auf den Kampffeldern der modernen Zivilisation errang, waren geistige Offensiven eines solchen radikalen Individualismus. Der hatte sich nunmehr auf Probleme der Ethik geworfen: Dichten sei «Gerichtstag-Halten», bekannte Ibsen. Der Norweger wurde am 20. März 1828 in Skien geboren; er sollte Apotheker werden – fühlte sich jedoch zum Theater hingezogen und fand zunächst als Bühnendichter in Bergen eine Anstellung. Die praktischen Erfahrungen hier und später in Oslo sicherten seine dramaturgische Technik, die sich theoretisch an der französischen Literatur geschult hatte. Als ihn steigende Erfolge zu einer europäischen Prominenz machten, hielt er sich meist in Deutschland oder Italien auf: ein Stammgast in Großstadtcafés, unersättlich Zeitungen lesend auf der Fährte nach typischen Fällen des aktuellen Geschehens. Der imposante Kopf mit seiner weißen Mähne, den funkelnden Augengläsern, dem kriminalrichterlich gepreßten Mund vergegenwärtigte seiner Zeit wieder einmal einen Herrscher des Geistes. Als er am 23. Mai 1906 in Oslo starb, glaubte man allgemein, daß er der größte moderne Dramendichter gewesen sei. Seine Geltung hielt noch lange an, bis sich kritische Urteiler mehrten, die seine Probleme fast ausschließlich für zeitgebunden erklärten, dabei jedoch übersahen, daß Ibsen von einer monologisierenden, unverkennbar auch poetischen Romantik mitbestimmt war und daß seine zeitüber-

dauernden Werke vielleicht heute erst klarer und tendenzloser gewürdigt werden können.

Hugo v. Hofmannsthal hat den damals zunächst überraschenden
Hinweis gegeben, daß in der scheinbar so reichen, profilierten Ge-
staltenfülle von Ibsens Dramen tatsächlich immer nur ein einziger
Mensch, eine einzige Seelenwelt zu Worte kommt: nämlich

Varianten eines sehr reichen, sehr modernen und sehr scharf geschauten
Menschentypus. Außerdem Hintergrundsfiguren, flüchtige Farbenflecke
für den Kontrast, Explikationsfiguren, die den Haupttypus kritisieren und
Details hinzufügen, und Parallelfiguren, in die einzelne Züge der Hauptfigur projiziert sind, die gewissermaßen eine grell beleuchtete Seelen-
seite des ganzen Menschen darstellen. So weit die beiden Individualitäten
auch voneinander abstehen, es ist ganz dieselbe Erscheinung wie bei
Byron: hier wie dort diese eine durchgehende Figur mit dem Seelenleben
des Dichters, mit den inneren Erlebnissen, die sich nie verleugnen, ein
wenig stilisiert, ein wenig variiert, aber wesentlich eins ... Sie ist gar kein
geradliniges Wesen; sie ist sehr kompliziert; sie spricht eine nervöse,
hastige Prosa, unpathetisch und nicht immer ganz deutlich; sie ironisiert
sich selbst, sie reflektiert und kopiert sich selbst. Sie ist ein fortwährend
wechselndes Produkt aus ihrer Stimmung und ihrer eigenen Kritik dieser
Stimmung. Alle diese Menschen leben ein schattenhaftes Leben; sie erleben fast keine Taten und Dinge, fast ausschließlich Gedanken, Stimmungen und Verstimmungen. Sie wollen wenig, sie tun fast nichts. Sie
denken übers Denken, fühlen sich fühlen und treiben Autopsychologie.
Sie sind sich selbst ein schönes Deklamationsthema, obwohl sie gewiß oft
sehr wirklich unglücklich sind; denn das Reden und Reflektieren ist ihr
eigentlicher Beruf ... Sie ermangeln aller Naivität, sie haben ihr Leben
in der Hand und betasten es ängstlich und wollen ihm einen Stil geben
und Sinn hineinlegen; sie möchten im Leben untersinken, sie möchten,
daß irgend etwas komme und sie stark forttrage und vergessen mache
auf sich selbst ... Sie glauben an die unendlichen Möglichkeiten des Wunderbaren, die im Menschen selbst liegen: sie glauben an den schöpferischen, verklärenden, adelnden Schmerz. Das ist ein persönlicher Lieblings-
glauben von Herrn Henrik Ibsen: er glaubt, daß das Wunderbare in den
Menschen dann aufwacht, wenn sie etwas sehr Schweres erleben ...

Diese hellsichtige Diagnose wurde bereits 1893 niedergeschrieben,
als das Theaterpublikum und die Literaturkritik sich erbittert um
gewisse Zeitthemen in Ibsens Dramen stritten, von deren welt-
bewegender Bedeutung man durchdrungen war. Sei es nun die
Erörterung darüber, was die echten *Stützen der Gesellschaft* seien,
oder das Generationen quälende Gesetz der alles entscheidenden
Vererbung, auf die der Vitalismus die Mächte des Geschicks reduziert hatte, in *Gespenster*, oder die Entlarvung der noch immer

ungemindert nachgeschwatzten demokratischen Massenlüge von der Stimmzettel-Gleichheit aller Individuen im *Volksfeind*, der Kriegserklärung eines Verächters der Mehrheit, oder die Emanzipation der Frau in *Nora* mit ihren die Gesellschaftzirkel wie eine Psychose heimsuchenden Debatten: alle diese Probleme sind allmählich von der Tagesordnung abgesetzt worden – wobei man übrigens rigoros verfuhr, denn im Untergrund selbst der scheinbar nur aktuellen Dramen entfaltet sich oft ein menschlicher Konflikt von weit tieferem Ernste. Um das Beispiel *Nora* heranzuziehen: sicherlich interessiert in der Mitte des 20. Jahrhunderts nicht mehr das Oberflächenthema der Emanzipation – aber die Unzulänglichkeit des durchschnittlichen Menschen, für den die Liebe eine rettende Tat wagt über sein Verstehen, über seinen beschränkten Instinkt hinaus: das ist durchaus ein tragischer, «ewig»-menschlicher Konflikt.

Wahrscheinlich wird Ibsens Werk mit jenen Stücken noch einige Zukunft erreichen, in denen er seine innere Problematik zwischen Mögen und Können, Wollen und Leisten unbeschwert von Tagesfragen dargestellt hat. Die Entscheidung «Alles oder Nichts», von der die schroffe idealistische Forderung Brands an sich selbst – in der verhältnismäßig frühen Vertragstragödie *Brand* – gespannt ist, überzeugt heute; der ebenfalls in Versen geschriebene *Peer Gynt* bleibt das zwielichtige Manifest dieses modernen nordischen Seelentums: der windbeutelige «Gedankenkaiser» mit seinen phantasmagorischen Erlebnissen, in denen sich seine innere, halb verlogene, halb wahrhafte Träumerei scheinverwirklicht.

Während der Jahrzehnte seines populärsten Ruhmes wurde Ibsen oft zusammen genannt mit einem anderen norwegischen Schriftsteller: die beiden waren gleichsam die skandinavischen Dioskuren. Aber wie die Mythologie ursprünglich nur dem einen Heros Unsterblichkeit verlieh vor dem andern, so dürfte auch die literarische Legende nur Ibsen auserkoren haben, während Björnstjerne Björnson, 1832–1910, in den Hintergrund treten muß. Realistische Darstellungsweise eignet beiden; aber Björnson verfügte von Haus aus eigentlich mehr über diejenigen Kräfte, die Kunstwerken über die Vergänglichkeit helfen. Er war weit naiver, gefühlsmächtiger, «bärenhaft» – wie sein Name andeutet – kampfesfroh, gesicherter in Welt- und Menschengläubigkeit als Ibsen; dennoch erwies sich dessen komplizierte, gebrochene Natur als nicht nur interessanter, sondern auch überzeugender. Dabei ging es Björnson sowohl in seinen Gesellschaftsdramen wie in seinen Erzählungen ums Überzeugen: er hatte etwas Pastorenhaftes an sich, eiferte als

Belehrer, richtete konkrete Ziele eines volkskulturellen Ideals auf – leider nicht frei von Kannegießerei, wie Knut Hamsun bemerkt.

Der intellektuelle Agitator des «Skandinavismus» war Georg Brandes, 1842–1927. Mit seinen behenden, eine Art von literarischem Pointillismus anbahnenden Essays übte der gebürtige Däne, auf ausgedehnten Reisen zum europäischen Weltbürger geworden, eine ständig wachsende Wirkung aus. Sein Blick war gern nach England und Frankreich gerichtet, deren zeitgenössische Literaturen sein Eintreten für den modernen Realismus bestärkten. Zur literarischen Großmacht der Zeit wurde Brandes mit seinem Hauptwerk *Hauptströmungen der Literatur des 19. Jahrhunderts;* der Autor glänzt besonders in der Analyse der geistig-sozialen Zusammenhänge. Erfolge hatten auch seine Schriften über Holberg, Voltaire und Goethe; enthusiastische Verehrung für den gewählten Helden spricht aus Brandes' weitschichtigem *Julius Caesar.*

In der Gestalt des Dänen Jens Peter Jacobsen ersteht nun derjenige nordeuropäische Dichter aus dem Zeitalter des Realismus, der neben Ibsen und sicherlich vor Strindberg zu den repräsentativen Führern der skandinavischen Moderne gehört. Am 7. April 1847 in dem jütländischen Thisted geboren, widmete er seine Studien den Naturwissenschaften, vor allem der Botanik, nicht minder eindringlich als künstlerischen und geistigen Dingen. Er fühlte sich besonders von Darwin angezogen und übersetzte dessen beide Hauptwerke «Der Ursprung der Arten» und «Die Abstammung des Menschen» ins Dänische.

Könnte ich die ewigen Gesetze, die Herrlichkeiten und Wunder der Natur in die Welt der Dichtung übertragen, so würde mein Werk mehr sein als nur ein gewöhnliches Werk; das fühle ich wohl. Aber diese Dichtung würde keine christliche sein; sie würde die Bibel wie eine Edda betrachten und keine anderen Werke der Göttlichkeit anerkennen als die Naturgesetze in ihrer weitesten Ausdehnung,

so notierte sich Jacobsen schon als Zwanzigjähriger in sein Tagebuch – noch unklar über seine eigentliche Aufgabe. Vielleicht versuchten seine höchst anfällige und früh schon von tödlicher Krankheit gefährdete Körperlichkeit, seine zähe intellektuelle Beharrlichkeit sich durch exakte Naturforschung zu sichern gegen den träumerisch entgleitenden Lyrismus und die Einsamkeit seiner Seele. Eine Art von Schutzmaßnahme dürfte wahrscheinlich auch sein beflissen ins Optimistische, ja Liebesschwärmerische gesteigerter Atheismus gewesen sein, der sich bei ihm geradezu trostsucherisch ausnimmt, verglichen etwa mit Gottfried Kellers sinnenfreudiger

Ablehnung der Transzendenz. Sein literarischer Anreger wurde Flaubert, besonders mit «Madame Bovary». Durch den Franzosen fühlte er sich ermächtigt zu einer zeitromanhaften, realistischen und auch kritischen Epik von ähnlichem Pessimismus der Grundstimmung.

Jacobsens aparte Stilkunst sublimiert das Gegenständliche seiner epischen Themen über alle zeitnahe und zeitdienende Kritik: sie wurde zum melancholisch wissenden, sehnsüchtigen, trotz allen Zweifels, ja aller Verzweiflung eine verklärte Schönheit erträumenden Bekenntnis. Sie vermeidet das Pathos und gewinnt dennoch eine unvergeßliche Bestimmtheit von Darstellung und Seelenkunde – vorzugsweise bei Frauengestalten, wie ihre Folge in den Romanen *Niels Lyhne* und *Frau Marie Grubbe* zeigt. Das Männliche wird entgegen jeglicher konventionellen Heldenverehrung desillusioniert geschildert; am schonungslosesten geschieht es mit den Illusionen des Künstlertums und wird so eine Art von Selbstzüchtigung: «Niels Lyhne» wurde ein unmittelbares Vorbild für Thomas Manns Entlarvung des Künstlers in «Tonio Kröger». Jacobsens ausdauernder Wille zur Verdichtung, seine erarbeitete, obschon im Ergebnis unbemüht anmutende genaue Bezeichnung des Sichtbaren und Fühlbaren verbinden sich mit einer Stimmungsgewalt, die man psychischen Impressionismus nennen möchte. So werden bei ihm die Menschenseele und die Naturgezeiten auf eine hochpoetische Weise zu Offenbarungen einer höheren Identität. Als selbständige, arabeskenhafte Gedichte in Prosa erscheinen manchmal solche Partien in seinen beiden Romanen und in seinen Novellen – doch ist ihre psychisch-epische Funktion im Werke stets von innerer Notwendigkeit. Wenn derartige Erfahrungen für Jacobsen von absoluter Bedeutung wurden, dann formte er sie direkt als Versgedicht: auch hier sparsam – aber haltbar, wie seine Lyrikauslese bezeugt.

Was Jacobsens Personen wohl kaum sind: Helden nämlich – er selbst war es als zuchtvoller Künstler und reiner Dichter; er durfte sich schon den «Marschall der dänischen Literatur» nennen und ist darüber hinaus ein moderner Klassiker geworden. Obwohl ihm bis zu seinem Tode am 30. April 1885 nur ein an Umfang schmales Oeuvre vergönnt war, hat es Beständigkeit erlangt: an keiner Stelle verblaßt, vielmehr abendländisch geschätzt und eine Nachfolge auslösend, zu der nach Hermann B a n g s , 1857–1912, seines dänischen Landsmanns, unmittelbarer Schülerschaft die faszinierende, erotisch-impressionistische Erzählungskunst des Deutschbalten Eduard v. Keyserling, Rilkes Prosa, so in «Malte Laurids

Brigge», die lyrische Erinnerungsepik des Franzosen Marcel Proust zählen – im ganzen ein Werk von vielleicht längster Dauer des Nachruhms unter den neueren Skandinaviern.

Denn Intensität ist immer ein Kriterium der großen Meisterschaft – nicht der laute Schrei und Aufschrei des Bekenners um jeden Preis, sei es auch der Preis der Wahrhaftigkeit, wie sie August Strindberg, 1849–1912, verstanden wissen wollte. Mitten in die Hochflut des «Nora»-Kults brach der fanatische Protest Strindbergs ein: sein Schauspiel *Der Vater* zeigte die Vergewaltigung eines Mannes durch die unbarmherzig berechnende, kalt-dämonische Herrschsucht eines Weibes. Aber nicht nur mit diesem Werk skandalisierte der schwedische Autor die öffentliche Meinung – immer wieder führte er den «Kampf der Geschlechter» auf der Rampe vor: jenen Ur-Haß, der – wie nicht nur Strindberg glaubte – polar zugeordnet ist dem Urtrieb des geschlechtlichen Begehrens. Obwohl er in seinem Leben und Schaffen manche Wandlungen durchgemacht hat, so bleibt doch eine unveränderliche Artung des Gefühls bei ihm wahrzunehmen, die ihn jagte und die er deshalb befocht: Empörertum aus Ressentiment. Aber damit deutet man nur auf die eine Hälfte, den Abgrund seiner Seele – die andere war romantisch süchtig nach Verklärung und quälte sich auf dem Wege zur Läuterung.

August Strindberg erzählt in dem autobiographischen Buche *Der Sohn der Magd* seine Kindheit; es ist ein Bekenntnis dessen, der sich erniedrigt und beleidigt fühlte, der sich selbst einen verächtlichen Sklavensinn zusprach und dafür seine Herkunft – die Mutter war Kellnerin – mitverantwortlich machte. In diesem Werke, dann vor allem in der *Beichte eines Toren* suchte er sich leidenschaftlich von seinen «Komplexen» zu entlasten durch schonungslose Wahrhaftigkeit. Einzig zu diesem Zwecke betrieb er auch einen Aufwand mit philosophischen und naturwissenschaftlichen Spekulationen – bis er erkannte, daß diese Versuche ihn, wie er nun einmal beschaffen war, in die Wüste der Einsamkeit und Unfruchtbarkeit führen mußten. Um seine Umkehr «nach Damaskus» zu begreifen, muß man die Stationen seiner Produktion verfolgen.

Literarisch gesehen begründete er den schwedischen Naturalismus. *Das rote Zimmer* zusammen mit vielen Aufsätzen und einigen Erzählungen kennzeichnet diese Phase. Verfeindet bald mit fast allen maßgebenden Kreisen Schwedens, versuchte er, in der Schweiz, in Deutschland und schließlich in Paris mit verschiedenen Tätigkeiten seinen Unterhalt zu erwerben; ständig begleitete ihn auch auf diesen Bahnen seine literarische Arbeit in raschem, wie gepeitscht anmutendem Tempo: ein «Gehirn zu Pferde» nach Hamsuns Wort. Strindberg, der Hasser des Geschlechtstriebes, war immer wieder dessen hypnotisch behextes Opfer; er taumelte von Ehe zu Ehe, die Scheidungen schürten seine ekstatische Wut über das Ausgeliefertsein der Seele an das Fleisch. Es berührt oftmals widerlich, diesen Entladungen in den naturalistischen Triebdramen und Prosaschriften nachzugehen; unleugbar aber ist hier ein Gestalter am Werk, dessen durchschlagende Kraft zu geballter Szene eine künstlerische Potenz verrät, deren die geistesklare dramaturgische Technik Ibsens, des verspotteten «Eskimos», enträt. Das Dichterische wagt sich in diesem Inferno nur zaghaft hervor – aber wenn es rein erblüht, bestürzt es durch Schönheit und Innigkeit. Dem Erlebnis Paris frönt sein Drama *Rausch*, das bereits symbolische Tendenzen verrät, mit denen er zum Anbahner eines neuen dramatischen Stils wurde. «Rausch» fällt in eine Epoche, die dem Naturalismus allenthalben schon neuromantische Bewegungen entgegenstellte. Aber Strindberg verweilt nicht bei einem poetisierenden Impressionismus. Wie er als Künster die Bresche legt für einen ausdrucksstarken, sinnbildlichen Gestalterwillen, der – teils intellektuell, teils balladesk – die ihm gemäße Form findend eine objektive Verdichtung subjektiver Erfahrungen im Gleichnis der Figuren und Szenen meistert, so läßt er auch den beim Publikum freilich noch lange wirksamen Vitalismus der materialistischen Welträtsel-Löser hinter sich. Man denunzierte ihn nunmehr als einen Bekehrten aus Angst, dessen in früher Jugend aufgesogene pietistische Erinnerungen sich zwar mit dem alten Bekennereifer, jedoch gescheiterten Geistes in einer religiösen Reaktion erneuert hätten. Aber *Nach Damaskus* enthüllt sich als ein Dokument weit höheren Ranges. Diese große Trilogie vergegenwärtigt als das umfassendste Dichtwerk Strindbergs ein Verlangen nach überpersonaler Einfügung des Individuellen in die gegenständlichen und doch beseelten Ordnungen des Religiösen, das sich seither als integrale Kraft der zeitgenössischen Literatur erwies. Nun hatte er jenes Empörertum, das instinktiv und prinzipiell protestierte wider Gottheit und Menschheit, in sich überwunden. Damit soll nicht gesagt sein, daß die Bußedramen des späteren Strindberg – *Ostern*, *Advent*, *Scheiterhaufen* und das wenn nicht bedeutendste, so doch kühnste von allen: *Traumspiel* – den kämpferischen Drang erloschen, die Plastik zerbrochen, die Farben verwelkt zeigen; nein, trotzige Urfehde allem Halben, Schwächlichen, Opportunen und Kompromißlerischen gewittert nach wie vor über jener europäischen Gesellschaft, die dem seit 1914 offenbaren Chaos zusteuerte – in genüßlicher Sättigung und Leichtlebigkeit über den Abgründen des vernehmbar aufgrollenden Aufstandes der Massen hinweg: geistreich, frivol, neugierig und ohne humanen Schwerpunkt in sich selbst.

DIE RUSSISCHE LITERATUR DES 19. JAHRHUNDERTS

Das russische Schrifttum wurde weltliterarisch mündig durch Puschkin; es wirkt auf die Weltliteratur ein seit Gogol. Mit diesen beiden Dichtern kann die Schilderung der russischen Literatur beginnen – sofern sie von abendländischen Aspekten aus betrachtet und als ein zwar sehr wesentlicher, aber erst verhältnismäßig spät entwickelter Teil der europäischen Kultur aufgefaßt wird. Das ist sie zwar auch – wenn nicht ihre ältere Vergangenheit und möglicherweise ihre Zukunft darauf hindeuteten, daß sie, beinahe wie die Literaturen Indiens und Ostasiens, im Grunde eine eigen-artige und urtümliche Erscheinung sei. Alsdann gehört sie jedoch nur teilweise in jenes geistig-musische Gefüge, das wir «Weltliteratur» nennen: denn dies ist eine abendländische Schöpfung.

Man darf nicht in den Fehler verfallen, der in früheren Darstellungen der russischen Geistesgeschichte unterlief, die östlichen Länder bis zum Ural nach abendländischen Gesichtspunkten zu würdigen und ihre Leistungen etwa als ein Nachhinken hinter der europäischen Kultur zu begreifen. Die russische Haltung zu Europa war demgegenüber weit einsichtiger: sowohl die Westler wie die Slawophilen waren sich ungeachtet der sie trennenden Ziele stets darin einig, «Europa» als eine höhere Einheit – als «das Gebiet der romano-germanischen Kultur», wie der russische Philosoph Danilewskij sagt – zu betrachten, zu der Rußland nicht gehöre! «Leider oder erfreulicherweise, zum Glück oder Unglück – nein, es gehört nicht dazu. Es nährt sich nicht durch eine einzige der Wurzeln, durch welche Europa sowohl wohltätige wie schädliche Säfte unmittelbar einsog... es hatte weder Anteil am europäischen Guten noch am europäischen Bösen... wie kann es dann zu Europa gehören?» – um es wiederum mit Danilewskijs Worten aus seinem Buche *Rußland und Europa*, 1869, auszudrücken.

Rußland und sein Schrifttum wahrten ihre charakteristischen Wesenszüge selbst durch die Jahrhunderte der Tatarenherrschaft; als 1480 die Befreiung gelang, verlagerte sich der Schwerpunkt der Macht nach Moskau; Großfürst Iwan IV. nahm 1547 den Titel

«Zar» an – also Kaiser, von Caesar gebildet. Auch unter ihm, dem «Schrecklichen», wie man fälschlich den Beinamen «grosny»: grausam, wiedergibt, lief die hagiographische Produktion weiter: er selbst hatte übrigens bibliophile Neigungen und sammelte Klassiker-Manuskripte. Als dann Zar Peter der Große, 1689–1725, seine atemlose Reorganisation unternahm und dabei, wie so oft zitiert wird, das «Fenster nach Westen» öffnete, schieden sich das russische Volkstum und mit ihm seine Wortführer in zwei unversöhnliche Parteien. Die Westler griffen nach allen Anregungen des Abendlandes; sofern sie sich am Hofe rührten und ihm ein Aussehen verleihen wollten, wie es der herrschende Absolutismus damals in Frankreich bot, versuchten sie eine russische Literatur nach klassizistischem Zuschnitt, vermischt mit Zügen aus dem deutschen Barock. Die Slawophilen hingegen hielten zäh an der russischen Eigenart und Orthodoxie fest: seltsame Diskussionen über formalistische Dinge des Kultus im Bunde mit naiv-elementarer Frömmigkeit erfüllten ausschließlich ihr Denken und Fühlen. Aus diesem Lager war also vorerst kaum eine freie literarische Tätigkeit zu erwarten – aber auch die beflissenen Imitationen der petrinischen Westler reichten nicht zu höheren Leistungen aus. Damals begann der Import französischer Wörter, die man russifizierte; das Französische vornehmlich bereicherte die russische Sprache, wenngleich viele Ausdrücke für Verhältnisse und Gegenstände, die vorher unbekannt waren, auch aus dem Deutschen entlehnt wurden. Dieser Prozeß, von einigen begabteren Autoren gefördert, war noch zu Puschkins Zeiten im Gange. Man orientierte sich dabei auch an westlichen Literaturgattungen und -formen. Peter der Große interessierte sich zwar kaum für «schöne» Literatur, begünstigte aber doch das Übersetzen, erstellte Druckereien und fand immerhin am Theater ein Wohlgefallen; einige Autoren, die während seiner Regierungszeit und in den darauffolgenden Dezennien geboren wurden, haben im 19. Jahrhundert noch Anerkennung gefunden: so Gawriil Dershawin, 1743–1816, als Vollender dieses älteren Klassizismus, früh in Europa bekannt als Dichter der bedeutenden deistischen *Ode an Gott*; der gefühlvolle lyrisch gerichtete Nikolaj Karamsin, 1766–1826; der Fabeldichter Iwan Krylow, 1768 bis 1844; der Komödienautor Alexander Gribojedow, 1795–1829, dessen gereimtes Lustspiel *Verstand schafft Leiden* mit dem verzweifelten Ringen eines Idealisten gegen dumpfe Spießigkeit zum ergiebigen Zitatenschatz wurde. Mittlerweile hatten sich die literarischen Strömungen umgruppiert: die kirchenslawische Tendenz verband sich mit dem Klassizismus; ihr stand eine modernistische

mit sentimental-französischen Akzenten der Aufklärung gegenüber.

So war die allgemeine Lage um 1820 beschaffen, als jener Genius
auftrat, der unbeschadet aller Verdienste seiner Vorgänger eine
russische Literatur wie aus dem Nichts ins Leben rief und zugleich
schon ihr größter Dichter wurde. Wie Dante, trotz älterer Ansätze,
als der Schöpfer der neueren italienischen Sprache und Literatur
gelten muß und auch ihren Höhepunkt bildet, so gibt es erst seit
Puschkin die neue russische Hochsprache, deren dichterische Vollendung gleichfalls durch ihn geschah. Er gilt unbestritten allen
späteren russischen Autoren als Meister.

Alexander Sergejewitsch Puschkin wurde am 6. Juni 1799 in
Moskau geboren. Die väterliche Linie führt zu einem alten, aber
armen Adelshaus; mütterlicherseits war der abessinische Fürst Han-
nibal, zur Zeit Peters des Großen nach Rußland gekommen, einer
seiner Ahnen. Aber auch deutsches Blut floß in Puschkins Adern.
Betrachtet man ein Bildnis des Dichters, so fühlt man sich versucht,
darin jene afrikanischen – keineswegs negerhaften! – Züge der
Blutmischung zu erkennen; jedenfalls offenbart es die kühne Freiheitlichkeit und die beherrschte Leidenschaft seines Wesens, das
wahrhaft vornehm und überlegen, schauend und wollend vor die
Welt trat. Schon als Lyzealschüler fiel der sich auf die übliche Laufbahn seiner Schicht vorbereitende Dichter durch eine ganz außergewöhnliche Begabung auf; wenn er auch nicht direkt Mitglied
eines der politischen Geheimbünde wurde, wie sie damals die gesellschaftliche Struktur Rußlands revolutionär neu zu gestalten
versuchten, so stand er doch geistig dem Aufbruch in ein anderes
Zeitalter nahe genug, daß es auffiel und man ihn in den Süden
Rußlands versetzte – also in Wirklichkeit verbannte. Ausgerechnet
im Zusammenhang mit dem Dekabristenaufstand vom 14. Dezember 1825 erfolgte seine Rückberufung; nach der Niederlage der
Aufständischen wollte man durch eine Reihe von äußeren Gnaden-
akten die gesicherte Herrschaft nur um so deutlicher manifestieren.
In diesen Jugendjahren war Puschkin ebenso produktiv mit einer
Reihe von Werken, von denen fast ein jedes musterhaft für die
erwachte russische Literatur wurde, wie auch rezeptiv mit der An-
eignung der entscheidenden Dokumente der abendländischen Kultur. Der Ruhm des Autors bereitete der Regierungszensur dauernd
heikelste Probleme: scheinbar gab sie vor, ihn zu fördern – andererseits minierten Cliquen unablässig gegen ihn. Einer gemeinen
Intrige fiel endlich der Dichter zum Opfer. Seine Frau, kokett und
verständnislos, wurde ihm zum Verhängnis: man inszenierte mit

ihren gesellschaftlichen Erfolgen einen Skandal, der öffentlich Puschkins Ehre als Offizier und Gatte bedrohte; er mußte eine Duellforderung an einen vorgeschobenen Strohmann ergehen lassen – und wurde am 8. Februar 1837 tödlich getroffen; zwei Tage später verschied er unter gräßlichen Schmerzen.

Die russische Hochsprache der Literatur schuf Puschkin aus aktualisierbaren Elementen des Kirchenslawisch und der lebendigen Umgangsrede; die Syntax regelte er vornehmlich nach Anregungen des Französischen, soweit sie dem Organismus des Russischen fügsam und dienlich waren. Mit seinen Versen reformierte, ja besiegelte er eine russische Metrik und Rhythmik. Außerdem begründete er als ein schöpferischer Stilist eine echte Kunstprosa. Unter der Hand geriet ihm auch die Beschäftigung mit wissenschaftlichen Disziplinen zu originaler Produktivität; kleinere Schriften bezeugen seine breiten und tiefen Kenntnisse, vor allem auf geisteswissenschaftlichen Gebieten, so daß er ein klarer, genauer und deshalb schöpferischer Kritiker war. Seine Rezeption weltliterarischer Vorbilder verwandelte sie zu klassischen Arbeiten von ebenso arteigenem russischem wie persönlichem Gepräge. In älteren europäischen Schilderungen Puschkins wird häufig gesagt, daß er der russische Byron gewesen sei. Diese Meinung stützt sich auf seinen Versroman *Eugen Onegin*, weil der Dichter selbst während der Arbeit auf Lord Byron hingewiesen hat und man vorschnell glaubte, einen moskowitischen «Childe Harold» in der Titelfigur wahrzunehmen. In der Tat sind kaum größere Gegensätze denkbar als der sich in jeder Gestalt seines Werkes selbst bekennende englische Dichter und Puschkin, der objektive Darsteller angeschauter und gedeuteter Welt! Schon Bjelinskij, der einflußreichste russische Literaturkritiker der älteren Generation vor Dostojewskij, nannte den «Jewgenij Onegin» «eine Enzyklopädie des russischen Lebens und eine im höchsten Grade volkstümliche Dichtung».

In der zu keiner fruchtbaren Handlung fähigen, oberflächlich genießenden, alles versuchenden und nichts vollendenden Titelgestalt zeichnet Puschkin mit souveräner Distanz einen «überflüssigen» Menschen, wie er seither so oft in der russischen Literatur wiederkehrt. «Onegin» entstammt, wie sein Dichter in einem Widmungsprolog sagt,

Dem Unmut bittrer Lebensglossen
Und meines Herzens tiefstem Leid.

Dieser Versroman gehört zu Puschkins Hauptwerken. Vor und nach ihm stehen Dichtungen gleichen Ranges: so das märchenhafte

Versepos seiner Jugend *Ruslan und Ludmilla* und andere Kunstmärchen; die dramaturgisch von Shakespeare inspirierte, aber in
der Führung großer Volksszenen das Pathos des 20. Jahrhunderts
vorwegnehmende historische Tragödie *Boris Godunow;* mehrere
meisterhafte Kleindramen; das symbolistische Poem *Der eherne Reiter,* um dessen Auslegung sich bedeutende Schriftsteller gemüht
haben, weil der Konflikt zwischen den Notwendigkeiten des Ge-
meinwohls und dem unwiderleglichen Anspruch auf individuelles
Glück anscheinend ungelöst bleibt. Der Prosaepiker Puschkin begründet mit seiner breiten Erzählung *Die Hauptmannstochter,* vor
dem Hintergrund des Pugatschewschen Aufstandes, den russischen
Kunstroman, mit einer Reihe von kleineren Erzählungen wie *Pique
Dame* und *Der Postmeister* die russische Kunstnovelle. Von Themen,
die er andeutungsweise oder ausführlicher mündlich erzählte, wie
von kurzen Skizzen für geplante Ausarbeitungen haben sich mehrere große Autoren genährt: so empfing, um das wichtigste Beispiel zu erwähnen, Gogol das Sujet für die «Toten Seelen» und
damit für den Eingang Rußlands in die Weltliteratur von
Puschkin.
Alles überstrahlt aber Puschkins *Lyrik.* Sie ist die Krone seines
Dichtertums und leider auch die Ursache seiner immer noch unzureichenden Würdigung im Auslande. Das Verständnis für Puschkins Gedichte setzt Kenntnis der russischen Sprache voraus oder doch
Übertragungen, die nicht nur philologisch richtig, sondern dichterisch sind. Gerade daran fehlt es aber in der Übersetzungsliteratur
des Abendlandes; ältere deutsche Umdichtungen vermitteln nur ein
oberflächliches Wissen von den Motiven, ja sie können dazu führen,
Puschkins Lyrik als Versifizierung gängiger Themen zu verkennen,
weil die Originale fast durchweg «Gelegenheitsgedichte» – im
Sinne Goethes – sind und die «ewigen» Erregungen des Menschen
voraussagen. Erst durch Henry v. Heiseler, sodann durch eine Folge
gerühmter Übertragungen bei Victor Meyer-Eckhardt geht dem
deutschen Ohr ahnungsvoll die Größe, Schönheit, Tiefe, Lebenskraft
und Geistesmacht der Lyrik Puschkins auf. In Rußland besteht
Übereinstimmung bis in die jüngste Gegenwart, daß die Vollkommenheit des russischen Gedichts zuerst bei Puschkin und in vergleichbarem Ausmaße seither nie wieder offenbar wurde. Er ist
d e r russische Klassiker.

Dostojewskij sah in der seelischen und schöpferischen Totalität
Puschkins eine ungeheure russische Verheißung: Herz und Seele des
Meisters seien so allhaltig gewesen, daß sie sich zum Menschentum

überhaupt erweiterten; das aber könne nur möglich sein eben bei einem russischen Typus! Schon in Gogols, dann gesteigert in Dostojewskijs Bewunderung für Puschkin schlägt die Eigenart der russischen Kunstauffassung überhaupt durch, die sich keineswegs an das Ästhetische hält, ja bereit ist, es zu opfern oder doch zu vernachlässigen um des ethischen Gehaltes willen: sei es, wie bei diesen beiden und einigen anderen Autoren, ein sehr hoher, religiös-metaphysischer – sei es aber ein tendenziöser von nur soziologischer Bestimmung: Damit aber entfernten sich schon Gogol und mehr noch Dostojewskij von Puschkins eigener Meinung: er nahm das geistige Schaffen durchaus autonom und arbeitete, unbekümmert um außerkünstlerische Wertforderungen, bewußt im Dienste des Werkes, das sich selbst erfüllt und nur sich selbst bedingt.

Das durch Puschkin sprachfähig gewordene russische Schrifttum trat mit dem Werke Gogols in die abendländische Weltliteratur ein. Nikolaj Wassiljewitsch G o g o l war Ukrainer; er wurde am 1. April 1809 in Sorotschince, Ukraine, geboren. Er entstammte dem Kleinadel, versuchte es aber nicht mit einer Ämterlaufbahn, sondern ging nach Petersburg, um Schauspieler zu werden. Als man ihn abwies, trat er in die zivile Verwaltung ein, ohne hier Erfolge zu haben, weil er sie wohl kaum anstrebte. Aber er lernte Puschkin kennen. Diese Begegnung bestimmte sein Schaffen, obschon er andere Bahnen einschlug als der verehrte Freund. Er wurde zum Beobachter der kleinen, namenlosen Leute: ihrer vorher kaum wahrgenommenen inneren Leidenschaften und Ideale, ihrer geheimen Sehnsüchte und Süchte. Zugleich stand ihm die volkhafte Motivwelt seiner Heimat zu Gebot: der Sagen und Märchen, aber auch der derben Alltäglichkeiten. Er war so ganz dem Osten verhaftet, daß sein Aufenthalt in Italien wie spurlos an seinem Geiste verblieb und er im Süden sein episches Hauptwerk *Die toten Seelen* begann. Ein früh regsamer mystischer Hang vertiefte sich; religiöse Selbstquälereien suchten ihn heim, sein Schaffen geriet in Stockungen und Schwankungen; zuletzt unternahm er eine Fahrt nach Palästina. Am 4. März 1852 starb er in Moskau.

Schon Gogol wurde in Europa lange Zeit als ein Vertreter der sozialen Anklageliteratur angesehen, weil man die russischen Autoren zunächst fast unterschiedslos so verstand und mißverstand. Die satirischen Züge in Gogols Werken sind jedoch nur intellektuelle Ausläufer eines tiefen Humors, der mit seinen untersten Verwurzelungen ins Spukhafte, Zwielichtige und Rätselhafte hinübergreift. Wie E. T. A. Hoffmann, den er kannte und schätzte, die realistische Umwelt verwandelte in einen Bereich metaphysischer Phantastik, so schuf auch Gogol seine dichterischen Gesichte aus einer breiten Fülle realer Details: das Wirkliche wird phantastisch, das Phantastische wird wirklich. Während aber Hoffmanns transzendentale Idealität keineswegs zum Dualismus führt, der Traum und Erfahrung beziehungslos trennt, neigt die Mystik Gogols stets dazu, die Sinnenwelt als ein verführerisches Gaukelspiel erscheinen zu lassen, wobei sie tatsächlich ein «Schein», quälend und bodenlos, wird. Was aber offenbart sich in diesem Trug der Sinne und des Herzens? Nicht die sozialreformatorisch zu verbessernde Welt – nein: der Teufel! Er, der überall gegenwärtige Gegenspieler Gottes, wirft als die Hauptperson in Gogols Dichtungen Verblendung über die Menschen, und sie verfallen ihm leicht: nicht weil diese und jene arm sind, sondern weil die Kreatur anfällig und schwach ist. In Gogols Novelle *Der Mantel* verwirrt das Satanische den kleinen Erdensohn mit einer Vorstellung von bürgerlicher Wohlansehnlichkeit einzig durch den Besitz eines eleganten Mantels; weitab von philanthropischen Tendenzen, die man herausgelesen hat, handelt es sich wesentlich um dämonische Magie. Stellt Gogol hier deren leidvolle Folgen dar, so entfaltet er in der ebenso phantasmagorischen Geschichte *Die Nase* die Burleske einer teuflischen Genarrtheit. Denn Grauen und Heiterkeit wohnen beieinander, wie es viele Novellen Gogols aus den Zyklen *Abende auf dem Gutshof bei Dikankar* und *Mirgorod* zeigen. Der weitgespannten seelischen Polarität entspricht die reiche Skala der epischen Motive und die Elastizität des dichterischen Vortrags. Älteste, fast mythische Erinnerungen des ukrainischen Volkstums beschwört Gogol in *Schreckliche Rache;* urweltlichen Schrecken und komisch derben Scherz vereinigt die Erzählung von dem Elementarwesen *Der Vij;* ein heroisch-rhapsodisches Prosaepos ist der kleine Kosakenroman *Taras Bulba.*

Mit der Komödie *Der Revisor* eroberte Gogol die Bühnen Europas. In diesem Drama, wie auch in anderen dramatischen Skizzen, ist der Einfluß der Technik vornehmlich Molières zu erkennen; aber der Autor durchtränkt sie mit seinem Ingenium und mit einem spezifisch volkhaften Gehalt. Selbst das auf den ersten Blick wie ein Spott auf kleinstädtische Subalternität und Korruption anmutende Lustspiel von der Selbstdemaskierung aller Beteiligten lediglich durch einen irrig als Kontrollbeamten angesehenen Fremdling variiert Gogols Grundthema von der Verblendung des Menschen; allerdings geschieht es auf eine so wunderbar erheiternde Weise, daß man es als Wohlgelauntheit der diabolischen Macht hinnehmen kann.

Wie unzulänglich die ästhetischen Kategorien Romantik und Realismus, Lyrik und Humor zur Charakterisierung Gogols bleiben, scheint er selbst einmal anzudeuten, als er seine Aufgabe gar nicht einmal eine literarische nannte:

Gott hat mich erschaffen, und er hat mir nichts von meiner Mission verheimlicht. Ich bin nicht dazu geboren, um eine Epoche in der Literaturgeschichte zu begründen. Mein Beruf ist weit einfacher und naheliegender: er besteht darin, woran überhaupt jeder Mensch und nicht ich allein vor allem denken sollte. Mein Gebiet ist die Seele, die starke, solide Sache des Lebens. Und daher muß auch mein Handeln und mein Schaffen stark und solide sein.

Freilich blieb der Dichter mächtig genug in ihm, um die Sache des Lebens in ihrer lebendigen Vielfalt, Doppelgesichtigkeit und zugleich Ganzheit zu schauen und darzustellen, so daß der religiöse Metaphysiker niemals Gestalten und Gestaltung aus dem Auge verlor. Als er sein umfassendstes Werk in Angriff nahm – *Die Abenteuer Tschitschikovs oder Die toten Seelen* –, arbeiteten der Epiker und der Ethiker so einträchtig zusammen, daß man den einen für den andern halten konnte. Das hatte zur Folge, daß man Gogols Repertoire von Figuranten selbstzufriedener Mittelmäßigkeit, wie er es hier ausbreitet, abgeschwächt nur als Satire betrachtet. In Wahrheit aber entwickelt sich ein Spektrum von Seelen, durchsichtig bis zur Überwirklichkeit, weil sie reaktiv werden in der Berührung mit dem, was für sie nicht vorhanden ist: mit den Toten. Die Komik wird hier gespenstisch, hybride – denn wenn auch alle metaphysischen Werte vom Intellekt bestritten oder gar verneint werden mögen: die Seinsmacht des Todes bleibt unwiderleglich. Gogol hat nur den ersten Teil seines Romans vollendet; der zweite ist bruchstückhaft vorhanden, weil der Dichter während der Ausarbeitung immer mehr in einen Mystizismus geriet, der sich mit dem künstlerisch Verwirklichten nicht begnügen wollte. Als einen Auftrag Gottes empfand er die Bewältigung dieses Themas; einige Abschriften deuten die Richtung des zweiten Teils an, nachdem Gogol das Manuskript selbst verbrannt hat.

Wie später bei Dostojewskij, so strömt schon bei Gogol der Glaube der Slawophilen an die menschliche Sendung des russischen Wesens in die metaphysisch-religiöse Spekulation des Werkes. Am Schlusse des ersten Teils der «Toten Seelen» entschwindet vor unserem Blicke die Troika Tschitschikows, und während der Sinn noch bei diesem originellsten Hochstapler der Weltliteratur verweilt, wandelt sich die schnelle Fahrt um in ein Symbol: die Troika wird der vorwärtsstürmende Wagen Rußlands!

Oh, ihr Rosse, ihr wunderbaren Rosse! Lebt ein Wirbelwind in euren Mähnen? Bebt ein wachsames Ohr euch in jeder Ader? Lauscht ihr auf ein trautes altbekanntes Lied von oben und spannt jetzt einträchtig eure ehernen Brüste? Kaum rühren eure flüchtigen Hufe die Erde, in eine langgestreckte Linie verwandelt fliegt ihr durch die Lüfte, und fort stürmt das ganze, gottbegeisterte – Rußland?! Wohin jagst du, gib Antwort! Du bleibst stumm. Wundersam ertönt der Gesang des Glöckchens. Wie von Winden zerfetzt, braust und erstarrt die Luft; alles, was auf Erden lebt und webt, fließt vorüber. Und es weichen vor dir, treten zur Seite und geben dir Raum: alle anderen Staaten und Völker.

Das ist im Kern als eine religiöse Frohbotschaft gemeint – aber es fällt nicht schwer, sich vorzustellen, welche sehr irdischen Aktivitäten und Realitäten darin demjenigen verheißen werden, der diese Worte weniger als ein Evangelium denn als ein politisches Manifest vernimmt.

Zunächst fand dergleichen aber kein Echo. Im Gegenteil: jene Strömung der russischen Literatur, die als ein zynischer, müder oder rigoroser Nihilismus auf die europäische «fin de siècle»-Stimmung am Ende des vorigen Jahrhunderts traf, beherrschte das Feld. Sie kam bereits mit einem glühenden Verehrer Puschkins zu Wort, dessen Lebenslauf eine seltsame Parallele mit Puschkins Erdenbahn bietet: bis zum Tode in einem Duell! Michail Jurjewitsch Lermontow, 1814 bis 1841, zog mit einem Schlage die allgemeine Aufmerksamkeit auf sich, als er, ein noch junger Mensch, mit einer Hymne voll leidenschaftlicher Verehrung und voll lodernden Zornes beim Tode Puschkins hervorgetreten war. Und Lermontow wurde nun wirklich der, als den man Puschkin fälschlich ausgegeben hatte: der russische Byron! Eine innerlich unselige, klüftige Natur, oftmals abstoßend, selten gewinnend: so gleicht er seelisch dem *Dämon*, der imaginären Symbolgestalt seines manfredischen, eher an Faust als an Mephisto gemahnenden Empörergeistes, dessen sündige Liebe zu einer Büßerin er in dem so benannten kleinen Versepos dargestellt hat. Diese Dichtung machte den Autor frühzeitig bekannt; bald gab er mit einem Prosaroman noch ein zweites Zeugnis seiner originalen Begabung. *Ein Held unserer Zeit* ist der erste russische Roman, der ausschließlich psychologisch durchgeführt wird: Petschorin, der «Held», ist zum Prototyp einer ganzen Folge von fragwürdigen, «überflüssigen» Menschen geworden, deren zynische Übersättigung an flüchtigen Erlebnissen zum sumpfigen, gedehnten, jeden Sinn ableugnenden Nihilismus ausartet. Man begann bald in Rußland erbittert über Lermontow zu streiten: so stark bewegten er und seine Gestalten das Denken der Zeitgenossen.

Die russische Literaturkritik hat sich im allgemeinen dahin geäußert, daß wohl noch einige Zeitgenossen, später aber nur wenige Versautoren neben den Klassikern des russischen Gedichts, Puschkin und Lermontow, eine originale Lyrik geschaffen haben. Die größte Bedeutung räumt man Jewgenij Baratynskij, 1800 bis 1844, ein; man findet bei ihm metaphysische, von starkem Temperament erfüllte Reflexionen in klarer Formgebung, die seinem Pessimismus den Ton des echten Pathos verleihen:

Stets sproßt das Denken drängender und neuer:
Für dich, des Denkbilds Meister, gibts kein Ruhn –
Hier sind das All, der Mensch, sein Sinn und Tun,
Sind Tod und Werden, Wahrheit ohne Schleier.
Glücklich, wem Meißel, Orgel sind gewährt,
Wer ganz der Sinne Faßlichkeit ergeben!
Im Sinnlichen ein Rausch der Freude gärt!
Jedoch vor dir, wie vor entblößtem Schwert,
Gedanke, scharfer Strahl, erbleicht das Leben.

In den geschliffenen rhetorischen Versen Fjodor Tjutschews, 1803–1873, eint sich ein visuelles Naturgefühl mit stolzem Selbstbewußtsein:

Vom Anger flog der Geier auf,
Zum Himmel strebt sein Siegeslauf,
Stets höher schwingt er sich empor,
Nun schwand er in dem Ätherflor.

Verliehen hat ihm die Natur
Zwei kraftbelebte Flügel nur –
Und mich, den Erdenfürsten, hält
In Staub und Schweiß die Erdenwelt!

Eine unangefochtene Religiosität christlichen Gottvertrauens, selten unmittelbar ausgesprochen, aber gleichsam als seelische Kraft ständig fühlbar, erhebt die volkstümliche, leicht idealisierende Bauernlyrik Alexej Kolzows, 1808–1842. Er bildete sich als Autodidakt und blieb lange Gehilfe seines Vaters, der mit Vieh und Holz handelte. Er verwendet kurzzeilige, sangbare Strophen, wie sie das Volk rasch auffassen konnte; man glaubt ihm die ungebrochene, ganz unsklavische Freiheitlichkeit und die Freude an Natur und Körperkraft:

Jetzt jedoch, da des Geschickes Haß
Mir die schnellen Flügel zugestutzt,
Hat der Freunde und Gefährten Schar
Überlassen mich der Einsamkeit ...

Hei, du meine Kraft, du Leibeskraft!
Einen Dienst begehr ich jetzt von dir:
Mach mich frei, wie einstmals frei ich war,
Und die Seele sagt dir tiefsten Dank!

Bewußter, ja kämpferischer Nationalismus aus dem Selbstgefühl ukrainisch-kosakischer Eigenart und Heldenhaftigkeit klagt, lodert und hofft in den Gedichten des Volkslyrikers Taras S c h e w t s c h e n - k o , 1814–1861, den die Ukrainer wie einen Propheten geliebt haben. Von seinen balladesken und zugleich liedhaften Versen strahlten auch Wirkungen auf andere slawische und sogar balkanische Volkstümer aus, die sich wider jegliche zentralisierte Vorherrschaft sträubten.

Das rasche Erstarken einer politischen und sozialen Tendenzliteratur und damit die Bevorzugung der Prosa waren der Versdichtung auf Jahrzehnte ungünstig. Die stürmischen Auseinandersetzungen zwischen den russischen Westlern, die meist liberal und fortschrittlich dachten, und den zum Konservatismus neigenden Slawophilen verliefen ebenso weltanschaulich wie aktivistisch. Es konnte sich in diesem heftigen Feuerstrom geistigen und oft nicht nur geistigen Streites natürlich kaum eine junge Begabung den andringenden Forderungen des Tages entziehen; außerdem darf nicht vergessen werden, daß beinahe jede dieser Fronten, sei es aus sich, sei es als Antwort auf den Gegner, über eine bloße Tagesmeinung hinaus zu grundsätzlichen Entscheidungen getrieben wurde, weil der dem Volkstum eingeborene mystische Hang sich auf überweltliche oder bewußt verweltlichte Weise zu verkünden strebte. Selbst ein Schriftsteller von so überlegener Noblesse – die in Rußland selten ist – wie Iwan G o n t s c h a r o w , 1812–1891, nahm, wenn auch stets mit einer gewissen Nachlässigkeit, Partei in diesem Konflikt. Aber das Tendenziöse bleibt bei ihm doch am Rande und wirkt wie eine halb ironische Arabeske, wenn er in seinem Roman *Oblomow* einen vornehmen Grundbesitzer schildert, dessen Lebensführung nur in einem Zeichen steht: der Unschlüssigkeit, das geringste zu tun. Sie hängt mit unglaublicher Faulheit zusammen, obgleich die «Oblomowerei» – von der später Dostojewskij als von einer russischen Gefahr und Selbstgefährdung spricht – nicht allein Trägheit genannt werden darf. Als Kontrastfigur wird ein Deutscher eingeführt; aber sein Antreiben wirkt nicht eben sympathisch, sondern als etwas oberflächliche, ja peinliche Geschäftigkeit. Gontscharow hat in seinen Oblomow so viel menschlich Anziehendes hineingelegt, daß man ihn hinnimmt als den, der er nun einmal ist. Am Schlusse des Romans tritt, leicht inkognito, Gontscharow selbst auf – und man ahnt, wie sehr er sich dem Geschöpf seines Werkes verwandt wußte. Nur streckenweise wird Oblomows Dasein von jener menschlichen Heimsuchung gestreift, die Gontscharow in seinem letzten Roman *Die Schlucht* zum Hauptmotiv gewählt hat: die Langeweile. Wiederum handelt es sich um einen Menschen, der sich nicht von der Bequemlichkeit lösen kann; aber im Gegensatz zu Oblomow steht er dem Nihilismus nahe und führt sein Leben in der Nichtigkeit und Ödnis einer für ihn entgotteten Welt.

Gontscharow trat später erst in den Gesichtskreis der europäischen Literaturkritik, während Iwan Turgenjew, jünger als er, 1818 bis 1883, schon zu Lebzeiten als ein repräsentativer russischer Autor galt. Das dürfte vornehmlich darauf beruhen, daß Turgenjew lange im Ausland lebte, literarische Anregungen besonders von den französischen Romanciers aufnahm und deshalb nicht so dezidiert «russisch» wirkte wie Gontscharow, Dostojewskij oder Tolstoj. Die Slawophilen haben Turgenjew als Westler bald aufs schärfste angegriffen. Obwohl auch er Romane mit sozialen Themen geschrieben hat, eignet seinen Erzählungen mit rein menschlichen Motiven doch die größere künstlerische Qualität. Mit seinem gepflegten Stil vermochte er impressionistisch Naturstimmungen und -schilderungen zu geben, die zugleich als Atmosphäre Personen und ihre Handlungen charakterisieren. So leuchtet über seinen von der russischen Kritik am höchsten gewerteten Romanen *Rudin* und *Das Adelsnest* eine leise poetische Verklärung, ohne daß Turgenjew absichtlich idealisiert. Dasselbe gilt von den *Aufzeichnungen eines Jägers*. Aber sein Name lebt, ungeachtet der auch in Europa ausgesprochenen Schätzung dieser Werke, mit einem anderen Buche, das in Rußland selbst nicht einmal so bewundert wurde: *Väter und Söhne* – dem Roman mit der Hauptfigur des Nihilisten Basarow. Damit machte der Autor die Welt eindrucksvoll mit jenem russischen Nihilismus bekannt, der von Eugen Onegin über Petschorin und Oblomow wandert – um dann in Basarow einen extremen Vertreter zu finden. An epischer Gewalt muß Turgenjew wohl Gontscharow weichen; an metaphysischer Tiefe tritt er hinter Dostojewskij zurück – aber er ist ein reiner Künstler: ein Solitär also vor dem Hintergrund der russischen Prosaliteratur.

In Rußland selbst ging die geistige Offensive von den Westlern aus: stellten sie doch im allgemeinen das Hauptquartier der politischen Opposition, deren sozialrevolutionäre Parolen den Vorrang hatten vor allen rein literarischen Absichten. Ihr kritisches Haupt war Wissarion Bjelinskij, 1811–1848, dessen Entwicklung von Hegel und Schelling zu Feuerbach den Wandel der weltanschaulichen Wertsetzungen anzeigte: Metaphysik und Romantik wurden vom

Materialismus verdrängt, obschon Bjelinskij noch die Schönheit neben Realismus und Volkstümlichkeit als Forderungen an ein Kunstwerk beibehielt. Er prägte eine russische Terminologie für philosophische Untersuchungen; seine Autorität verschaffte der Tendenzliteratur den Vorrang. Der nur wenig jüngere Alexander Herzen, 1812–1870, setzte diese Strömung fort; der Gefahr einer Verwilderung des Niveaus, die fast jedem aktivistischen Schrifttum droht, begegnete er als vorbildlicher Meister des Prosastils. Er war einer der ersten, die nach der Lektüre von Dostojewskijs Frühwerk «Arme Leute» erkannten, daß mit diesem Buche eine große russische Literatur ihren Anfang nehmen werde. Fjodor Michailowitsch Dostojewskij wurde im Todesjahre Napoleons, am 11. November 1821, in Moskau geboren; dieser Zufall unterstreicht die Bedeutung, die der Kaiser für sein Werk insofern gewonnen hat, als die napoleonische Legende unmittelbar in eine seiner Dichtungen eindrang und auch später noch im Schaffen Dostojewskijs ersichtliche Spuren hinterließ. Er war der Sohn eines mittleren Beamten von kleinem Edelmannsrange und wurde auf eine halbmilitärische, technische Laufbahn hin erzogen. Schon in der Jugend erfüllten ihn geistige und musische Dinge: er erwarb sich die Dichtungen Puschkins, griff zu ausländischen Autoren, Lord Byron, Balzac, Goethe, begieriger noch zu Schiller, mit besonderer Neigung zu E. T. A. Hoffmann. Ebenso früh bewegte ihn das Neue Testament – doch zog ihn auch die Philosophie mächtig an: vor allem Hegel, weil seine Anteilnahme am Politischen leidenschaftlich nach grundsätzlichen Klärungen verlangte. Eben diese tagbedingten Probleme brachten ihn in eine lose Verbindung zu revolutionären Kreisen und ließen ihn ahnungslos in eine Verhaftungsaktion der Polizei hineingeraten, deren Folge sein schweres Leid in einer sibirischen Strafabteilung war. Formell wurde er zum Tode verurteilt; er mußte die scheinbar letztmalige Verlesung des Urteils angesichts der Vorbereitungen auf der Hinrichtungsstätte mit anhören, schon waren die Delinquenten bereitgestellt – als man überraschend die Umwandlung der Strafe in Deportation verkündigte. Bereits vor der sibirischen Zeit war Dostojewskij mit einigen Büchern hervorgetreten, von denen der Erstling *Arme Leute* einen aufsehenerregenden Erfolg hatte, weil sein empfindsames Mitleiden von der Kritik vorschnell als Anklagedichtung gewertet wurde. Bezeichnend genug: schon der zweite Roman, *Der Doppelgänger*, enttäuschte die Literaten, weil sie dessen weit tiefer reichende und schon die Meisterschaft verheißende Psychologie nicht begriffen. Aber die etwa zehnjährige Verbannung befreite den Genius Dostojewskijs zu seiner eigentlichen Bestimmung.

Als politischer Sträfling war er mitten unter Verbrechern; die Aufzeichnungen *Aus einem Totenhaus* berichten davon – und sie berichten ohne Haß, ohne Vergeltungswillen. Dostojewskij hatte unter den verstockten Herzen selbst der Asozialen hie und da den menschlich guten oder doch brauchbaren Kern erfühlt; er war dem Volk, gerade in der Tiefenschicht, näher gekommen als die intellektuellen Terroristen des Umsturzes; er hat endlich keine Anklage erhoben gegen das System, das ihn, den Unschuldigen, verurteilte. Unter Alexander II., dem «Zar-Befreier», wie man ihn pries nach seiner Aufhebung der Leibeigenschaft, durfte der Konzentrationslagerbericht Dostojewskijs veröffentlicht werden. Der Zar verfügte nach der ihn erschütternden Lektüre weitgehende Erleichterungen beim Vollzug der politischen Urteile; man hat ihn übrigens später ermordet ... Aber eine schlimme Krankheit begleitete den Dichter seit Sibirien: vermutlich als Folge einer körperlichen Bestrafung litt er nunmehr an epileptischen Anfällen und wurde dann gleich seinem edlen Helden Myschkin das Opfer eines Entsetzens, dem «sogar etwas Mystisches anhaftet».

Die Bahnen seines äußeren Lebens verliefen nach der Freilassung teils in Rußland, teils in Europa: so auch in Italien und Deutschland. Nicht Bildungsmächte lockten ihn in die Ferne; Museen und Architekturen interessierten ihn kaum – er eilte ohne ein schauendes Verhältnis an Landschaften vorbei: denn ihn hatten die Menschen erfaßt, ihn ließen die Seelen nicht los. Er hielt sich an möglichst dichte Ansammlungen von Menschen, an die großen Städte – oder er war allein, in der nächtlichen Einsamkeit des Schaffens. Von Persönlichem sei seine wohl glückliche zweite Ehe erwähnt – und ein paar Anfälle fast widerstandsloser Spielerpassion am Roulette. Doch reizte ihn nicht das Spiel als solches; ihn trieb ein fiebriger Eifer, sich die immer fehlenden Geldmittel zu erwerben; phantastische Hoffnungen, sich nach großem Gewinn endlich in Freiheit ganz der Arbeit hingeben zu können. Dostojewskij rang stets mit lastenden Schulden, die ihm einige Bücher abzwangen, die er vielleicht sonst nicht oder doch anders geschrieben hätte. Aber selbst in einigen als Nebenwerke zu bezeichnenden Arbeiten der Hauptschaffenszeit hat er Bedeutsames geleistet: so in dem Roman *Erniedrigte und Beleidigte* – eine sehr kennzeichnende Titelgebung! – oder in der abgründigen Darstellung der Eifersucht in *Der ewige Gatte*. Wichtig sind ein paar Novellen: aus der vorsibirischen Zeit etwa *Helle Nächte* und *Das junge Weib*, aus der nachsibirischen *Eine dumme Geschichte*, die Aufzeichnungen *Aus dem Dunkel der Großstadt* und *Die Sanfte*.

Die Grundrichtung seines gestalterischen Willens zielte jedoch auf das Romanepos. Und so errichtete Dostojewskij denn fünf Roman-bauten: zuerst *Schuld und Sühne* – wie man ungenau den russi-schen Titel jenes Werkes wiedergibt, das nach der Hauptfigur auch *Raskolnikow* heißt; sodann erschien *Der Idiot* mit einer erschüttern-den Durchsichtigkeit auf das Christusthema; daran schloß sich die Abrechnung mit dem Sozialismus und Nihilismus in *Die Dämonen;* aus einem Zyklus, geplant unter der Aufschrift *Aus dem Leben ei-nes Sünders* und gedacht als vielfältige Spiegelung des Atheismus, verselbständigte sich ein wichtiges Teilmotiv zu der Darstellung des Geltungswillens in dem Roman *Der Jüngling*. Das abschlie-ßende Vermächtnis sind *Die Brüder Karamasow:* es bringt bereits früher angeschlagene Motive und Probleme in neuer, wesentlicher und deshalb mehr als nur variierter Fassung, erweitert um die in der Unendlichkeit und Abgründigkeit der Seelen ausgetragenen Kämpfe einer innermenschlich erscheinenden oder sich offenbaren-den Gotteskraft mit wahrhaft satanischen Gewalten. Der Dichter plante die Themenmassen dieses Werkes noch mehr auszubreiten, als ihm – wie mit sinnbildlicher Verweigerung – der Engel des Todes im sechzigsten Lebensjahre, am 9. Februar 1881 in Peters-burg, Schweigen gebot: gleichsam um zu verdeutlichen, daß in unserem Zeitalter ein Dichter wohl die Höllen und die Läuterungen einer mehr als nur menschlichen, aber doch nicht göttlichen Komödie aussagen könne – daß ihm der Himmel jedoch nur ahnbar, nicht sichtbar sei.

Der russische Roman seit den «Toten Seelen» darf trotz seiner literarischen Technik nicht als Parallelerscheinung zur realistisch-psychologischen Romankunst des Westens angesehen werden. Be-reits bei Gogol läßt sich die alte, stammgebundene epische Welt der Russen erspüren: die Welt der Märchen, Heldensagen und Legenden. Deren elementar Sinnenhaftes im Bunde mit einer an die «magische» Weltzeit erinnernden Körper-Seelenhaftigkeit er-leichterte nicht nur die Aufnahme des westlichen Realismus und der Psychologie, sondern rechtfertigte sie überhaupt von genuinen Ursprüngen her. So entstand der spezifisch russische Realismus mit dem Untergrund, ja Urgrund des Phantastischen. Er braucht kei-neswegs mystisch zu sein, wenngleich er den Europäer manchmal so anmutet, weil sein körper-seelenhaft Magisches oft wie ein Spuk wirkt. Dieses Bild überlagern nun zusätzlich empfindsame Züge gemäß jener «russischen Ambivalenz» des Charakters: des gleich-zeitigen Bestehens verschiedener, sogar gegensätzlicher Gefühls- und Willensregungen, wie sie schon bei Gogol dargestellt werden.

Über die Ambivalenz der Gefühle als einer nach Dostojewskij typisch russischen Erscheinung heißt es im «Jüngling»:

Und das ist mir immer ein Geheimnis gewesen: ich habe mich wohl schon tausendmal über diese Fähigkeit des Menschen (und wie mir scheint, besonders des Russen) gewundert, das höchste Ideal neben der niedrigsten Gemeinheit in seiner Seele hegen zu können – und beides mit vollkommener Aufrichtigkeit. Die Frage ist jetzt nur, ob das eine besondere Weitherzigkeit des russischen Menschen ist, die ihn noch weit führen wird, oder aber – einfach menschliche Gemeinheit?

Die Abgründigkeit dieser Feststellung deutet bereits unmittelbar auf die Soteriologie, auf die Heilslehre Dostojewskijs, ist aber auch in seiner Behandlung soziologischer Themen zu berücksichtigen.

Jedem Leser Dostojewskijs fällt die breite Ausdehnung des Dialogs auf. Zuweilen wird der epische Vortrag nur auf knappe Striche eines angedeuteten Szenariums eingeschränkt: meistens eines Zimmers oder eines Hauses, eines Stadtteils, selten der reinen Natur. Die Handlung als solche wirkt künstlerisch untergeordnet; wenn sie schwer zu durchschauen ist, wie in den «Dämonen» oder im «Jüngling», so enthüllt sich das als eine Art Spannungstrick; unstreitig ist die Romanfabel oft durchsetzt von Kolportage. Die eigentliche Handlung aber offenbart sich als seelisches Drama – kraft eines sicheren dichterischen Instinkts fast niemals mit psychologischer Erörterung umschrieben, sondern vergegenwärtigt als Ereignis, als ein Sich-Ereignen: wobei denn das Übergewicht der Wechselrede notwendig wird.

Dostojewskijs hochgesteigerte Darstellung triebhafter und geistiger Innenmächte ist oft als spezifisch russisch bezeichnet worden. Aber große tragische Dichtungen des Abendlandes zeigen die gleiche Gestaltungsweise: hier wie dort sind die Seelen von welthaften Spannungen erfüllt. In den Krisen ihres Daseins werden sie für den Ansturm der kosmischen Gewalten besonders anfällig oder fordern ihn gar heraus infolge ihres Anspruches, ja ihrer bloßen Artung; bei Dostojewskij ist es vornehmlich die Versuchung durch das Dämonische, der die Seelen ausgesetzt sind. Denn unsere Welt erscheint ihm wesentlich erschaffen um der Erlösung willen; sie kann sich aber auch teilhaft, niemals aber als Ganzes, offenbaren als das Reich des Gegenspielers Gottes – des Antichrists. Der Dichter gibt in seinem Werke nicht nur Summe und Symbol eines Volkstums und einer Epoche, sondern eröffnet unter furchtbaren Apokalypsen visionär andeutend ein lichteres Reich der Versöhnung zwischen Gottheit und Menschheit. So vollenden sich die Ausmaße eines Mysteriums in seinen Roman-Dramen: das Weltseelen-Meer Dostojewskijs wogt unter einem immerwährenden Jüngsten Gericht. Denn es ging ihm nicht um selbstzweckhafte psychologische Analysen und Sensationen – es ging ihm überhaupt nicht um Literatur, sondern um eine Wertsetzung und um eine Heilslehre: seine Bücher sind religiöse Botschaften. Sie sprechen aber zu Menschen einer intellektuellen Epoche; deshalb führen ihre Schilderungen in psychische Tiefen: in die bestürzenden Erfahrungen von der Bewußtseinsspaltung und der Doppelwertigkeit der Gefühle, wie sie auch Probleme des Zeitalters – Liberalismus, Sozialismus, Katholizismus – aufgreifen.

Wandte sich Dostojewskij gegen den läßlichen Individualismus der liberalen Selbstherrlichkeit noch mit spöttischer Ruhe, so verschärfte er seine Angriffe erheblich im Kampfe gegen den seiner Ansicht nach zur Unfreiheit führenden Sozialismus. Dostojewskijs entschiedene Verwerfung des Sozialismus zeigt sein Roman *Die Dämonen* – jenes Buch, das mit dem ihm beigegebenen biblischen Motto die Umstürzler vergleicht mit den unreinen Teufeln, die in die Säue fuhren und sich ins Meer stürzten. Die Handlung des Romans geht auf einen historischen Vorfall zurück: Eine russische Terroristengruppe hatte eines ihrer Mitglieder, einen Studenten, ermordet, weil man seiner Verschwiegenheit mißtraute, nachdem er sich von der Partei losgesagt hatte. Dostojewskij nennt die Nihilisten und Sozialisten «papierne Menschen voll Haß und Eitelkeit»; er

werde von jenem gemeinen Sklaven reden, von jenem stinkenden, verderbten Sklaven, der als erster mit dem Messer auf die Leiter steigt und das göttliche Antlitz des großen Ideals zerschneiden will – im Namen der Gleichheit, des Neides und der Verdauung ... Der Sozialismus ist nicht nur eine Arbeiterfrage oder eine Frage des sogenannten vierten Standes, sondern hauptsächlich eine atheistische Frage, die Frage der gegenwärtigen Inkarnation des Atheismus, die Frage des ‹Turmes zu Babel›, der gerade ohne Gott gebaut wird, nicht zur Erreichung des Himmels von der Erde aus, sondern zur Niederziehung des Himmels auf die Erde.

Nicht minder erbittert kämpfte er gegen die von ihm als machtlüstern verdächtige katholische Kirche, der er den Gebrauch schnöder politischer Mittel vorwirft. Er geißelte den politischen Katholizismus als atheistisch und betrachtete als eine seiner «Ausgeburten» den eingestanden atheistischen Sozialismus; für ihn war «der Katholizismus ebenso gut wie ein unchristlicher Glaube». Der Dichter in Dostojewskij verkannte aber nicht das gewaltige Schicksal des Abendlandes: den Glanz und Ruhm großer Taten und Leiden seit dem Altertum. Er beschränkte sich keineswegs kühl auf die Diagnose eines untergangsreifen Europas infolge des Anwachsens von Nationalismus, Atheismus und Sozialismus – sondern im «Jüngling» wird eine schwermütige, trauernd anteilnehmende Klage über eben dieses Europa erhoben.

Für Dostojewskij erblüht die Erlösung aller zeitlichen Wirrsale aus religiöser Volklichkeit – nicht aus Vergesellschaftung oder Verstaatlichung. Angesichts der seelischen Ausgelaugtheit des Abendlandes war es seine unverbrüchliche Überzeugung, daß die Erneuerung und Auferstehung der ganzen Menschheit einzig durch den «russischen Gedanken», den «russischen Gott», den «russischen Christus» erfolge. Zur Prophetie steigerte er diese Anschauung in einer Rede vom russischen «Gott-Träger-Volk», die sich im «Dämonen»-Roman über mehrere Seiten erstreckt. In diesem wahrhaft besessenen Ausbruch fallen furchtbare Worte, voll der erschreckenden Ketzerei einer Vermischung des Nationalen – nein: des Nationalistischen mit dem Religiösen, erinnernd an alttestamentarischen Gotteserror; hier fallen Worte von imperialem Macht- und Sendungsbewußtsein, ja von der Vergöttlichung eben dieser Macht. Ein paar Stellen seien herausgegriffen:

… das ewige Ziel der ganzen Bewegung eines Volkes, jedes Volkes, und jedes besondere Ziel in jedem Abschnitt seiner Geschichte ist immer und einzig sein Suchen nach Gott, nach s e i n e m Gott, unbedingt nach seinem eigenen, seinem besonderen Gott … Je stärker aber ein Volk ist, desto ausschließlicher ist auch sein Gott. Noch nie hat es ein Volk ohne Religion gegeben, das heißt ohne Vorstellung von Gut und Böse … Wenn ein großes Volk nicht glaubt, daß in ihm allein die Wahrheit ist, wenn es nicht glaubt, daß es ganz allein fähig und berufen ist, alle anderen Völker zu erwecken und sie mit seiner Wahrheit zu erretten, so wird es sofort zu ethnographischem Material, doch nicht zu einem großen Volk. Ein wahrhaft großes Volk kann sich auch nie mit einer Rolle zweiten Ranges in der Menschheit zufriedengeben, ja noch nicht einmal mit einer Rolle ersten Ranges, sondern es muß unbedingt und ausschließlich das erste unter den Völkern sein wollen … Das einzige Gottträgervolk aber – das sind wir, das ist das russische Volk!

Dostojewskij bleibt geistig objektiv genug, um diesem Redner von dem Zuhörer einwerfen zu lassen: daß er Gott zu einem Attribut des Volkes erniedrige – und das ist der wichtigste Einwand.

Zu der überrennenden Wucht solcher Ausbrüche rassisch-kriegerischer Religiosität mit ihrer damals noch gehemmten, später erst unter anderslautenden Wortfanfaren militärisch-politisch gesteigerten Durchschlagskraft hätte sich Dostojewskij nicht ermächtigt geglaubt, wenn ihr nicht vorangegangen wäre eine ethische Forderung höchsten Ausmaßes und heilig-heldischer Gültigkeit. Damit eröffnet sich das Feld seiner eigentlichen Heilslehre, die in der Schau und Darstellung, womöglich in der Bannung des Dämonischen zu suchen ist: der sündigen Anlage des Menschen zu Habgier, Wollust und Hoffart. Man beachte, daß beinahe alle Helden Dostojewskijs Jünglinge sind. Diese Jünglinge sind in wesentlichen Zügen miteinander verwandt: ein hoher Sinn, ein hoher Mut erfüllt sie – in ihnen zuckt ein Wille zu unerhörten Taten, der aber den erstrebten Zielen, eigentlich der erstrebten Verwirklichung ihrer selbst, nicht gewachsen ist. So kommt es zu Verzerrungen: der hohe Mut wird Hochmut, Hoffart, ein empfindliches, überempfindliches Selbstgefühl – für tatsächliche Kränkungen nicht einmal so anfällig wie für vermutete. Deshalb bewegt sie der Wille zur Macht mehr an der Oberfläche: in Wahrheit wollen sie nur allein sich selbst! Die Folgen gekränkten Selbstgefühls drohen bereits den jungen Menschen seelisch zu zersetzen. Doch zumeist rettet Dostojewskijs Figuren eine innere Spannkraft über die jugendlichen Phasen dieser Leiden, um sie dafür später immer mehr in eine Zerrissenheit hineinzutreiben, deren äußerstes Merkmal der Nihilismus im Denken und Empfinden, der Ruin aller positiven Instinkte ist. So entstehen, zwiegeformt aus Trauer und Spott, aus Glauben und Zweifel seine grauenhaften Nihilisten: die bis zum Luziferischen emporgereckten Verkörperungen dämonischer Hoffart – man möchte sagen: heroische Nihilisten, wenn der absolute Nihilismus nicht eigentlich jede Bezeichnung aus der Ordnung der Werte ausschlösse. Dieser Nihilismus wagt es, sich gegen Gott zu empören, indem er mit ihm rechtet, wie seit dem Buche Hiob nie wieder Gottes Rechtfertigung herausgefordert wurde.

Rettung aus dem Nichts verbürgt für Dostojewskijs Glaube einzig das göttliche Sein – kraft des im russischen Christen so elementaren Instinkts für das Sein: ein Instinkt, der nicht minder ursprünglich reagiert als das Ichgefühl des problematischen Menschen Europas. Im Nichts lauert der geistige Tod. Dostojewskijs Gottesglaube ist, ungeachtet seiner tiefen Verwurzelung im Seinsgefühl, nicht gestaltlos oder gar abstrakt gemeint: die endgültige Bestätigung schenkt ihm die unfaßbare und doch menschengeschichtlich Gewißheit gewordene Verkörperung des Heldischen und Leidenden in Christus. Gottesglaube heißt ihm Christusglaube; ohne Christus weiß er um keine Schönheit und Güte; man hat darauf hingewiesen, daß Dostojewskijs Liebe zu Christus wohl noch größer war als sein Glaube an ihn.

Die Heilslehre Dostojewskijs ist Darlegung und Darstellung. Mit breitem Vortrag hat er sich einmal in dem allumfassenden Vermächtnis der «Karamasows» geäußert: in den Sterbereden des Starez Sossima. Die heilskundigen Erfahrungen Sossimas kreisen um die Tatsache, daß der Mensch ein Wesen ist, welches sich leidenschaftlich selbst belügt. Sich selbst nicht belügen und wenigstens die Illusion über sich selbst zu durchschauen, sei einer der sichersten Wege zur Überwindung des Nihilismus. Noch weiter führe die Erkenntnis:

Wer in der Lage ist, sich selbst zu verzeihen – der glaubt an alles! Denn es ist die Ehre vor dem Heiligen Geist.

Immer wieder prägt Dostojewskij es ein:

Alle Menschen sind schuldig, alle sind schuldig, und wenn doch alle das einsehen würden!

Alle seien an allem schuldig, auch an der «Welt-Schuld» – ja jeder Einzelne sei an allem schuldig! Wer es fühle und erkenne, überwinde den luziferischen Nihilismus in allen seinen Verlarvungen. So dezidiert christlich war Dostojewskijs Lebensgefühl: denn die Größe des christlichen Menschen in der unendlichen Seinswelt bemißt sich nach seiner Schuld, i s t seine Schuld: als Schuldiger, der sich läutert in der Umkehr zu Gott – während der antike Mensch in seiner umgrenzten Körperwelt groß war als Erfüller und Vergegenwärtiger typischer Maße hohen Menschentums, der modern-abendländische Mensch in seiner sehnsüchtigen Werdewelt als Persönlichkeit.

Wenn der Nachgeborene nun einiges zu bemerken, wohl auch anzuzweifeln hat, so eben deshalb, weil Dostojewskijs Mysterien wohl bis zur Schlichtung des Kampfes, sogar bis zum Siege führen – aber noch nicht zur Verklärung gediehen sind. So tauscht man mit dem Dichter noch immer geheime Rede und Widerrede aus: ein Gespräch, halb Frage, halb Kritik. Man macht sich Gedanken über die völkische Einkleidung seines Gottes- und Christusglaubens – und er antwortet freimütig-schwermütig über die «karamasowsche» Erdkraft:

Das ist die grimmige, entfesselte, rohe, rasende Erdkraft ... Und ich weiß nicht einmal, ob Gottes Geist über dieser Kraft schwebt ...

Auf eine andere Frage antwortet er:

Wir haben das Tatarenjoch ertragen und dann die zweihundertjährige Sklaverei der Leibeigenschaft, und das, versteht sich, nur deshalb, weil das eine wie das andere nach unserem Geschmack war.

Auf eine letzte Frage endlich, wie es überhaupt zum Terror der «Dämonen» kommen konnte, erwidert er durch den Mund eines der Wissenden und Führenden aus diesem Roman,

daß unsere Lehre im Grunde genommen die Verneinung der Ehre ist, und daß man mit dem öffentlichen Recht auf Ehrlosigkeit einen Russen am leichtesten ködern kann.

Welch bedenkliches, geisterhaftes Gespräch über das Thema vom «Gott-Träger-Volk»!

Der Universalismus seiner sittlichen und künstlerischen Energien reiht Dostojewskij ein in den hohen Zug maßgebender, wertesetzender Menschenbildner und -führer. Nach Dante, Shakespeare und Goethe gebar die östliche Christenheit mit Dostojewskij einen neuen Weltdichter; er entdeckte die menschliche Seele als den unendlichen, welthaltigen Schau- und Kampfplatz eines überzeitlichen Mysteriums. Es ist apokalyptisch, zugleich eine Prophetie. Dieses Prophetische kann zum Stein des Anstoßes werden für überwiegend rationalistische Naturen; daß der Dichter von den vereinfachenden Verwirklichern einer tatsächlich sterilen und reaktionären Weltanschauung heute gar als «Reaktionär» verdächtigt wird, erhellt grell den umgekehrten Tatbestand. Dostojewskij gelesen zu haben, nannte Nietzsche einen der schönsten Glücksfälle seines Lebens, weil der russische Dichter der einzige Psychologe gewesen sei, von dem er etwas zu lernen hatte. Die religiöse Metaphysik Dostojewskijs begann in Europa später zu wirken als seine Psychologie; in Rußland selbst fand sein Prophetisches unmittelbare Nachfolge bei den Philosophen Solowjew und Berdjajew.

Dostojewskij und Tolstoj rückten mit ihrem Schaffen fast alle Autoren der gleichen Generation in den Schatten. Die Literaturgeschichte bewahrt wohl noch den Namen Nikolaj N e k r a s s o w, 1821–1878, als Lyriker und Verfasser der Verserzählung *Wer lebt glücklich in Rußland?* deren Titel zum Schlagwort wurde; lediglich die Tendenz trug ihm allgemeinere Aufmerksamkeit ein, heute verblaßt ihre journalistische Akzentuierung. Die soziale Dramatik von Alexander O s t r o w s k i j, 1823–1886, ging mit anhaltendem Erfolg über die Bühne, so daß er der meistgespielte Theaterschriftsteller seiner Zeit war. Bleibenden Rang aber erwarb Michail S a l t y - k o w - S c h t s c h e d r i n, 1826–1889, dessen religiöse Bestrebungen sich mit sozialen Forderungen verbanden; sein Roman *Die Herrschaften Golowljow* ist einer der Höhepunkte der russischen Prosaepik. Hier wird die Begierde nach Geld zu einer schleichenden, dumpfen Sucht; scheinbar sind es leere Alltäglichkeiten, in denen sich ein pharisäisches Heuchlertum verzehrt: es verbreitet, ohne sonderlich aktiv in Erscheinung zu treten, eine Atmosphäre von erstickendem Staub um sich – aber wie sehr auch die Einzelheiten realistisch, ja naturalistisch gesehen und geschildert werden: dieser «Staub» ist geradezu das Dämonische, die bereits auf Erden offenbar gewordene Hölle der totalen Nichtigkeit.

Die reine Lyrik verblieb fast im Schatten der Publizisten und Romanautoren. Aber einer war doch berufen nach den Klassikern, der russischen Poesie zu dienen mit einem dichterischen Reifen, das gerade in den späteren Lebensjahren immer edlere Früchte zeitigte: Afanassij F e t h , 1820–1892, der melodiöseste Lyriker Rußlands. Er hat Goethes «Faust» übertragen und auch Schopenhauer, Shakespeare, Horaz, Juvenal, Ovid für das russische Kulturbewußtsein als Übersetzer vergegenwärtigt. Tief empfundene Gelegenheitsgedichte in unaufdringlich kunstvoller Sprache, Strophen süßer, bebender und begehrender Liebe, reine Schau der Natur – so vollendete er sich:

Daß Liebe und Gebet dir folgt auf deiner Spur,
Nicht Laune ists von mir, noch gar des Zufalls Scherzen:
Geliebte, Kind, glaub mir – dich zu behüten nur
Hält mich geheime Macht beständig an im Herzen.

Nachdem ich deine schöne Harmonie gesehn –
Die Mischung dein aus Kraft und zärtlicher Erschöpfung,
Fühlt etwas Leidvolles die Vorahnung erstehn,
Und mir ist weh um dich, du wunderbare Schöpfung!

Aus diesem Grunde seh ich dich zuweilen an,
Wenn über Büchern du und farbgen Stickereien
Dein scheues Köpfchen beugst, dich ihnen ganz zu weihen,
Und wenn gleich Schlangen deine schwarzen Locken dann,

Die Blässe des Gesichts zerschneidend, abwärts drängen
Und deiner schwarzen Wimpern schwarze Pfeile dicht
Aufschimmern in des Tageslichtes Übergängen
Und unter ihnen licht das dunkle Auge spricht.

Europa nahm Saltykow-Schtschedrin und Feth zunächst kaum wahr – so ungeheuerlich ragte das titanische Monument der Epik Tolstojs auf. Die überwältigende Macht seiner Schöpfungen zeigte gestalt- und sprachgeworden geradezu einen Kontinent des Lebens; der Gigant, der ihn trug, redete aber auch als Prediger der ganzen Welt, und selbst die russische Regierung war gezwungen, ihm Rede und Antwort zu stehen, als er gebieterisch Stellung nahm zu außenpolitischen und militärischen Fragen während des Krieges mit Japan; endlich war es die Lebensführung dieses Mannes, die immer wieder seine Zeitgenossen erregte, so daß man auf das entlegene Jasnaja Poljana, seinen Wohnsitz, hinschaute wie auf eine heilige Stätte und ihn Menschen aller Stände und Länder raterbittend aufsuchten. Hier, wo er meist lebte, war Graf Lew Nikolajewitsch T o l s t o j auch geboren: am 9. September 1828. Er hat später selbst seine Kindheit und Jugend erzählt mit der fast homerischen Gegenständlichkeit seiner Epik. Zunächst schien er den herkömmlichen Weg des russischen Großgrundbesitzers zu gehen: er trat als Offizier in Staatsdienste und machte die Kämpfe um Sewastopol mit. Seine Schilderung davon verzichtet auf heroische Momente und gibt schlichte, sachliche Details – aber in ihnen lebt der einfache Soldat des Heeres, wie er nie zuvor dargestellt worden ist. Ebenfalls den Anfängen gehört Tolstojs kleiner Roman *Die Kosaken* an; er spielt im Kaukasus und beschwört die Landschaft, ihre Menschen, ihre ungebrochene, von keiner Reflexion oder Gefühlsirrung getrübte Sicherheit mit einer Vollkommenheit, die selbst von den späteren, riesigen Epen nicht mehr überboten wurde. Doch schon hier ist eine Grundrichtung Tolstojs deutlich erkennbar: die psychologische Sezierung von Menschen der höheren Gesellschaftsklassen lediglich zu dem Zwecke, ihre sittliche Fragwürdigkeit im Gegensatz zur Gediegenheit des einfachen Volkes anzuprangern. Dennoch hat diese so früh spürbare Tendenz des Dichters gar nichts gemein mit den Anklagen und Forderungen der Sozialisten; es geht ihm überhaupt nicht um Soziales, sondern ausschließlich um Moral!

Lediglich für die Zwecke dieses sittlichen Programms betrieb Tolstoj Psychologie. Aber seine Sinnenhaftigkeit, seine Sinnlichkeit, seine stets durchbrechende Vitalität hatte auch Züge von elementarem Heidentum: In diesem sektiererischen Christen wohnte eine Art von Fruchtbarkeitsdämon, der gelegentlich selbst zu Scherzen wie ein Waldschrat aufgelegt war. Niemals schlossen sich die vielspältigen Kräfte seines Wesens zu einer reinen, höheren Einheit zusammen: gewaltig wirkt es als Künstlerschaft, kompromittierend jedoch mit seinen eifernden Traktätchen, ergreifend in seinen Anfällen von rigoroser Selbsterziehung zum Bauern-Muschik, verdächtig mit seinen täglich frischgewaschenen und gebügelten Bauernblusen. Immer wieder irritierte er seine Anhänger, wenn er plötzlich den adligen Bojaren herauskehrte – denn der kommunistisch-urchristliche Prediger hatte sich um seiner moralischen Botschaft willen gegen alle Zivilisation, Kultur, Kunst und Schönheit in einer zelotischen Position versteift, die eigensinnig wider sich und die Gesellschaft wütete. In seiner Jugend schon gab es verräterische Züge der inneren Widersprüche; er litt an seinem Aussehen – «eine so breite Nase, so dicke Lippen und kleine graue Augen» –, er konnte durch unberechenbare Ausfälligkeiten die nächsten Menschen verstören, seine Erdenlust schlug plötzlich um in eine vor sich hin stierende Entrücktheit. Als er dann für sich privat eine neue rationalisierte Christlichkeit aussann, dogmatisierte er sie sogleich auch zu einer Ideologie von gewaltigem Anspruch. Der letzten, nächtlichen Flucht von Jasnaja Poljana «in völlige Weltabkehr» gingen ähnliche Eskapaden vorauf; diese aber brachte das quälende Ende des Genies, das keines sein wollte: im Bahnhofsgebäude von Astapowo ereilte ihn der Tod am 20. November 1910.

Das erste Großwerk Tolstojs, das Gipfelmassiv seiner Produktion, ist der vierbändige Roman *Krieg und Frieden*. In diesem Epos wird das Geschick Rußlands während der napoleonischen Zeit geschildert – einsetzend mit Vorgängen, die kurz vor dem Ausbruch des Krieges von 1805 liegen, dann die Zwischenzeit bis 1812, die Invasion der Franzosen und ihre endgültige Niederlage. Tolstoj studierte zu diesem Zweck sorgsam die militärisch-strategischen Vorgänge; er kam zu dem Ergebnis, daß von der herkömmlichen Ansicht, wonach Schlachten «gelenkt» würden, nichts übrigbleibe, wenn auf dem Felde selbst das Chaos der Bewegungen und Gegenbewegungen einsetze. Die russische Volkskraft, verkörpert und verbürgt im Bauerntum, ist der wirkliche «Held» und bewährt sich in einem alltäglichen, ganz und gar nicht effektvoll beleuchteten Ausdauern; man hat deshalb diesen riesigen Zeit- und Kriegsroman «eine heroische Idylle» nennen dürfen. Als eine solche ist sie tatsächlich optimistisch: das Rechte und Gute liegen, was auch immer von vermeintlichen «Persönlichkeiten» – an die Tolstoj grundsätzlich nicht glaubt – meist zum Schlimmen angerichtet werde, zuletzt im Zuge der Dinge, die sich nach ihren unlenkbaren, eigenen Gesetzen ausgleichen im Sinne des ewig fortschreitenden Lebens. Tolstoj hat sich kunsttechnisch an französische Muster, vor allem an Stendhal, gehalten; ohne die Darstellung der Schlacht bei Waterloo in der «Kartause von Parma» wäre er nicht zu einer Wiedergabe kriegerischer Vorgänge gelangt, wie er selbst gesagt hat. Flauberts exakter Kunstverstand formulierte bereits grundsätzlich die Beschaffenheit von Tolstojs Roman: «Was für ein Schilderer, was für ein Psychologe! Die beiden ersten Bände sind prachtvoll – nur der dritte fällt scheußlich ab: der Mann wiederholt sich und philosophiert; der Verfasser und der Russe sind zu spüren. Aber vorher sieht man nichts als Natur und Menschheit. Zuweilen sind, wie mir scheint, Dinge von Shakespeares Wucht darin.»

Natur und Menschheit: das ists! Es gibt weder bei den französischen noch bei den englischen Autoren im neunzehnten, also im klassischen Jahrhundert des realistischen Romans einen Dichter, der mit einer solchen Fülle genauesten Details, unvergeßlich und unverwechselbar, zugleich den großen, breiten Strom epischen Atems offenbart, wie Tolstoj; «Krieg und Frieden» wurde der großartigste Zeitroman der neueren Literatur. Aber die eingestreuten, oft sehr ausgedehnten Partien geschichtsphilosophischen Raisonnements stören nicht nur, sie machen sich gelegentlich selbständig; sie verbergen weder ein Ressentiment noch einen patriotischen, das heißt: einen bewußt volkhaften, volkstümlichen, ja volkstümelnden Nationalismus und dessen Einseitigkeit – sie bleiben ganz einfach unter dem zu fordernden geistigen Niveau! Selbstverständlich hat Tolstoj darin recht, wenn er bestreitet, daß Geschichte ausschließlich von den «großen Männern» gemacht werde, und dieser heroisch-romantisierenden Deutung das stets als Gegebenheit übermächtig wirksame Gewicht der allgemeinen Verhältnisse und somit auch der Volksmassen entgegenhält; er übertreibt nun aber diese Faktoren des Geschehens als die allein entscheidenden Potenzen.

Der zweite große Roman Tolstojs verzichtet auf diese volkhafte und politische Weite, um dafür die Psychologie der Gestalten einer begrenzteren Handlung um so eindringlicher durchzuführen. *Anna Karenina* ist das Epos der Ehe: deren nur gesellschaftlich-konventionelle Form zeigt sich in dem Verhältnis Karenins zu seiner Gattin Anna; ihr Ehebruch mit Wronski geschieht aus der nur kreatürlich-animalischen Naturbeziehung; Annas Schwager Lewin gelangt nach vielen seelischen Verwicklungen mit Kitty zu einer Ehe, getragen von menschlich-freundschaftlicher Verbundenheit. Wiederum erweist sich Tolstoj als ein Epiker von überragender Größe: sinnenhafte Gegenständlichkeit und seelische Eindringlichkeit sind zur Einheit verschmolzen. Die moralisierenden und reformierenden Tendenzen sind unverkennbar, zuweilen stark aufgetragen, aber doch nicht so isoliert wie in dem Kriegsroman. Wie immer, so ist auch hier Tolstoj dann am stärksten, wenn er lediglich als Dichter produziert und ihm der Prediger nicht hineinredet. Im Ganzen fühlt man eine Zunahme von Pessimismus in der Beurteilung der Menschen und auch der menschlichen Zukunft: Tolstojs sich rasch radikalisierende Wendung zum Religionspädagogischen wirft schon während der Abfassung von «Anna Karenina» ihre Schatten. Wohl sind einige Novellen – darunter so vollkommene Meisterwerke wie

Der Tod des Iwan Iljitsch oder *Herr und Knecht* – kaum belastet von undichterischen Absichten; dann aber gelangt Tolstoj in der *Kreutzersonate* zu einer fast abstrusen Verdammung der Geschlechtlichkeit auch in der Ehe, so daß es einen Rückschluß nahelegt auf den «Pfahl im Fleische», auf die heimliche und verheimlichte sexuelle Gier, die so oft die Gedanken dieses Mannes auf das Fleischliche hingezwungen hat. Nunmehr setzte auch jene Publizistik Tolstojs ein, die ihn zuletzt Beethoven und Shakespeare, ja die Schönheit überhaupt als Verführung verdammen ließ: er stäupt den Künstler in sich um eines moralischen Idols willen. In die Spätzeit fällt der Roman *Auferstehung* von der Bekehrung des Fürsten Nechljudow nach einem ausschweifenden Leben: immer noch voll imponierender Strecken einer dichterischen Epik, doch überwuchert von den Sermonen eines skythischen Savonarola.

In einem Gespräch mit Gorkij stellte Tolstoj noch über sich selbst und über Dostojewskij einen russischen Erzähler, dessen Werk damals von seinen Landsleuten kaum in der gebührenden Weise gewürdigt wurde. Aber Nikolaj Ssemjonowitsch L j e s s k o w, 1831 bis 1895, galt als orthodoxer Reaktionär, den die Sozialrevolutionäre einfach nicht brauchen konnten – so sehr verfinsterte ihr politisches Programm die unbefangene Urteilskraft. Ljesskow, der viele Jahre hindurch als Vertreter einer großen englischen Firma reiste, kannte die Länder Rußlands wie kein zweiter Schriftsteller neben ihm; auf weiten Fahrten schulte sich sein Blick für die volkhaften Verhältnisse weit eindringlicher, als es den disputierenden Literaten je vergönnt war. Bei ihm wird man nicht von mystischen Spekulationen, psychologisierenden Analysen und theoretischen Tageserörterungen – die für den Europäer nun einmal zur russischen Literatur gehören – angerührt: Ljesskow ist der reine Erzähler und Fabulierer ohne Tendenz, dafür aber gelegentlich voll eines leisen, gütigen Humors, wie ihn das östliche Schrifttum kaum wieder hervorgebracht hat. Übersetzungen vermitteln nur annähernd einen Begriff von ihm, weil er zur Charakterisierung seiner Figuren häufig Anklänge an besondere Dialektformen gebraucht und dabei volkstümliche Etymologien nicht verschmäht. Seine dichterische Bedeutung liegt vor allem in den *Novellen* und in einigen *Legenden* nach frühchristlichen Fassungen; die ästhetischen Gesetzmäßigkeiten der Novelle – Konzentrierung des Berichts auf eine spannende Begebenheit, in deren Brennpunkt die beteiligten Gestalten seelisch durchsichtig werden – erfüllt er auf eine exemplarische Weise. Ljesskows Romane werden von der unvoreingenommenen russischen Literatur nicht so hoch gestellt wie seine kleineren Erzählungen – mit Ausnahme der *Klerisei*, worin das den Europäern so unbekannte Leben der russisch-orthodoxen Geistlichkeit geschildert wird; hier blüht der Humor des Autors in vollem seelischem Glanz – die Frömmigkeit wird ohne das geringste erbauliche Stimmtimbre, jedoch groß in ihrer Innigkeit glaubhaft gemacht. Ljesskows dichterischer Rang weist ihm gediegenere, zukünftigere Wirkung zu, als sie beispielsweise der langsam verblassenden Produktion Turgenjews oder Tschechows, von Gorkij zu schweigen, beschieden ist.

Lew N. Tolstojs Name war und ist den meisten Lesern der einzige Vertreter seiner Sippe geblieben, mit dem man literarische Vorstellungen verbindet. Deshalb hat er den Dramatiker und Romancier Alexej K. Tolstoj, 1817–1875, fast aus dem allgemeinen Bewußtsein verdrängt. Dabei wurden die drei historischen Tragödien *Der Tod Iwans des Grausamen, Zar Fjodor Iwanowitsch* und *Zar Boris* die bedeutsamsten Dokumente ihrer Art nach Puschkins «Boris Godunow»; Alexej Tolstojs Roman *Fürst Serebriany*, ein historisches Epos aus der Zeit Iwans IV., gilt in Rußland als eines der schönsten und vollkommensten Volksbücher, getragen von dem unauslöschlichen Haß seines Verfassers gegen allen moskowitisch-tatarischen Despotismus.

LITERATUR UM DIE JAHRHUNDERTWENDE

Literatur des Auslandes

Innerhalb einer Epoche gibt es keinen
Standpunkt, eine Epoche zu betrachten.
Goethe, «Maximen und Reflexionen».

Bei der zeitgenössischen Weltliteratur betritt ihr Geschichtsschreiber schwankenden Boden. Aber war dieser Boden nicht seit jeher auch für die Vergangenheit in Bewegung? Eigentlich befand man sich beim Überblick der bisher geschilderten Epochen doch fortgesetzt auf unsicherem Terrain; man hat sich bei der Orientierung – neben dem eigenen «Gefühl» – fast immer verlassen müssen auf ältere und älteste Unternehmungen des geistigen Wagemutes, Werke zu deuten, zu werten, zu preisen und zu verschweigen – zu verdammen sollte nicht die Aufgabe sein! –, Werke, die nicht meßbar, beweisbar, die eben «inkommensurabel» sind. Obwohl alle geschichtlichen Darstellungen von Zeit zu Zeit neu geschrieben werden müssen – nicht deshalb, weil der Unterschied von ein, zwei Generationen bereits eine wesentliche Veränderung der perspektivischen Verhältnisse herbeiführen könnte, sondern infolge der veränderten Fragen, die man an die Vergangenheit richtet, weil sich die Bedürfnisse des G e i s t e s verändern –, so erschwert es doch «des Z e i t e n geists gewaltig freches Toben» dem Miterleider seiner eigenen Zeit, die Gegenwart reinlich zu überblicken und ihre berufenen Stimmen deutlich herauszuhören. In Beziehung zur zeitgenössischen Literatur soll damit die Behinderung und Befangenheit vornehmlich dem ausländischen Schrifttum gegenüber eingestanden werden. Was kann als gesichert gelten? Was wird nur vorübergehend von einigem Interesse sein? Obwohl nun die Literaturgeschichte lehrt, daß gelegentlich ein Autor außerhalb seiner Heimat stärker wirkt oder früher verstanden wird als bei seinen Landsleuten, so wird bei der Gebundenheit sprachlicher Kunstwerke an ihren sprachlichen Raum im allgemeinen doch das Gesetz gelten, daß Rang und Repräsentanz einer Leistung vorerst in dem natürlich-geschichtlichen Bereiche seiner Ursprünge geklärt werden; erfordert dieser Prozeß immer einiges Abwarten, so dauert es noch länger, ehe ein Literaturwerk von nationaler zu übernationaler Bedeutung aufsteigt. Man wird sich bei der Betrachtung eines zeitgenössischen Dokumentes des Auslandes meistens daran halten müssen, was die Wortführer der fremden Sprachgemeinschaft bewegt und anregt, worin sie den Geist ihres Volkstums genau, vorbildlich-urbildlich, also mustergültig erkennen. Im exakten Sinne gehört Zeitgenössisches eigentlich nicht zur Geschichte.

Von drei Ereignissen wird die französische Literatur unserer Epoche überwiegend bestimmt, weil sich von ihnen neue Strömungen herleiten und die älteren Richtungen durch ihre Reaktion darauf charakteristisch sichtbar werden. Zwei davon trugen sich im geistigen, eines im politischen Leben zu.
Die Dreyfus-Affäre führte zu Frontenbildungen von so prinzipieller Bedeutung, daß alle späteren Variationen, so weitgehend sie sich auch selbständig gemacht haben, mitbedingt wurden durch diesen Staatsprozeß; oft haben französische Schriftsteller auf den ja selbst Europa so nachhaltig berührenden Fall als auf die tiefste nationale Krise vor 1914 hingewiesen – sogar nach dem ersten Weltkrieg sei er immer noch eine der innerlichsten Ursachen für politische und kulturelle Parteiungen. Die permanente Polarität der französischen Kultur, wie sie symptomatisch durch die Gegensätzlichkeit Rabelais und Ronsard, Montaigne und Pascal, Molière und die Tragiker,

Voltaire und Rousseau – die Beispiele ließen sich noch vermehren – ausgedrückt wird, erfuhr in den Auswirkungen des Dreyfus-Prozesses neue Akzente. Bei der so ausgeprägten gesellschaftlichen Haltung des französischen Schrifttums kann man wie nationalen Ruhm, so auch nationale Krisen in ihrer Gewichtigkeit für das literarische Leben kaum überschätzen.

Daß die Philosophie Henri Bergsons, 1859–1941, um die Jahrhundertwende zwar nicht gerade Epoche in Frankreich machte, wohl aber dem intellektuellen Bedürfnis der Epoche besonders entgegenkam, läßt sich selbst heute, da es um den Ruhm des Denkers etwas stiller wurde, leicht aufzeigen. Man war auch in Frankreich schließlich den rationalistischen und empirischen Positivismus leid geworden. Wie sich schon in den neunziger Jahren der Übergang von der impressionistischen Malerei als einer zwar nicht gerade materialistischen, aber doch wohl sensualistischen Kunstart zum Expressionismus metaphysischen, dekorativen und exotischen Stils zeigte, so begannen ähnliche Richtungen auch in der Literatur die Herrschaft des realistischen und naturalistischen Romans zu verdrängen; die nunmehr breit einsetzende Wirkung der neuen Poesie bezeichnet diesen Wandel. Bergsons stark vom Ästhetischen beeinflußte Philosophie entspricht ihm. Er bestritt die Zulänglichkeit der naturwissenschaftlichen Arbeitsweise als der exakten Methode schlechthin; an ihre Stelle setzte er die Intuition als eine weit umfassendere und tiefere Erkenntnis: nur durch sie gelange man zu einer weltanschaulichen Synthese, während das mechanistische Weltbild als Analyse starr und leblos sei. Die Innenerfahrung der Intuition offenbare den schöpferischen Lebensdrang in allem Sein – den «élan vital» in seiner ganzen Freiheit! Man kann Bergsons Lebensphilosophie wie auch Nietzsches vitalen Existentialismus als Spielarten eines Vitalismus ansehen, die sich von dessen materialistischer Fassung nur durch den Einstrom neuromantischer Züge unterscheiden; das soll hier nicht näher untersucht werden, weil es auf das Zeitsymptomatische in der Metaphysik Bergsons ankommt.

Wohl nachhaltiger als die sensationelle Botschaft vom «élan vital» hat sich Bergsons Philosophie der Zeit erwiesen. Aus seiner Untersuchung des Zeitbegriffes der klassischen Mechanik kam er zu dem Schluß, daß dessen Verräumlichung formal und leer sei; allein das Bewußtseins- und Gefühlsgeschehen habe eine wirkliche, konkrete Dauer, weil im Seelenleben des Individuums nicht nur ständig etwas Neues vor sich gehe, sondern auch das Alte als Erinnerung gewahrt bleibe – außerdem spiele bereits die Zukunft als Ahnung in diese wirklich gefüllte innere Zeit hinein.

In der Erinnerung allein gewinnt die konkrete, erfüllte Zeit ihre Wirklichkeit, die Erinnerung bewahrt das Gewesene als ein Gewesenes, Unwiederholbares auf, während die Gewohnheit immer das Gleiche als Gegenwärtiges wiederkehren läßt.

Dieses individuelle und humane, mit dem menschlichen Dasein verbundene Zeitgefühl und dieses Zeitbewußtsein sind für wesentliche Romandichtungen unseres Jahrhunderts keineswegs bloß zu intellektuell anregenden Momenten geworden – sie sind geradezu ihr eigentliches Thema. Die seelische, die erlebte Zeit und ein Raumempfinden, das nicht nur dem angeschauten oder gedachten Raum der Mechanik gilt, sondern einem allhaften welthaften Innenraum, bilden gleichsam das Koordinationssystem, das Kreuzungssystem zweier Linien, worin und wonach sich die Kurve der seelischen Handlung sinnhaft bestimmt. Die moderne Philosophie der Erinnerung ermöglicht infolge ihrer Bewußtheit ein Nachdenken über Erinnerung – und das besagt für die Literatur: ein Dichten über das Dichten. Markante Beispiele einer meditativen Epik über «Zeit» und «Erinnerung» liefern das Hauptwerk Prousts, der «Ulysses» von Joyce, einige Romane Thomas Manns, der Romantorso Thomas Wolfes, Epik und Dramatik Pirandellos – eine Aufzählung, die bequem noch zu verlängern wäre. Die artistischen Möglichkeiten einer Kombination mehrerer Zeit-Schichten werden nunmehr durchgespielt: Die objektiv «gemessene» Zeit, die Uhr-Zeit, und die subjektiv «gelebte» Zeit, die Seelen-Zeit – wechselseitig aufeinander und gegeneinander abgestimmt durch die kontrollierende Erzähl-Zeit des Autors. Das Überblenden verschiedener Zeitphasen ist aber ein sehr alter Kunstgriff: daß Homer in der Odyssee den Helden seine Abenteuer in der Vergangenheit erzählen läßt, ist ein formal gar nicht mehr zu überbietendes Verfahren bereits im Anbeginn der abendländischen Literatur! Der Unterschied liegt darin, daß die Autoren der Gegenwart bewußt das Pathos der zeitlichen Sphärenbrechung erleben und anwenden – ja, daß es ihnen ein abgründiges Mysterium für die ohnehin schon überproblematisch gewordene Individualität ist.

Der große Befeuerer für die französische Literatur unserer Tage aber war ein schöpferisches Genie: Arthur Rimbaud. Gestalt und Werk dieses Dichters sind das seltsamste Phänomen des modernen Schrifttums: Im Alter von etwa fünfzehn Jahren schrieb der am 20. Oktober 1854 in Charleville geborene Rimbaud seine ersten Verse – mit neunzehn Jahren verstummte er endgültig, nachdem er sich für ein völlig andersgeartetes Leben entschieden hatte. Er verließ Europa, war in Holländisch-Indien, arbeitete als Aufseher in

Zypern, reiste zwischendurch mit einem Zirkus durch Europa, hielt sich dann wiederum in Vorderasien und schließlich in Abessinien als Leiter einer Exportfirma auf, forschte nach Karawanenwegen, trieb Waffenhandel, schleppte sein verdientes Geld in schweren Rollen Goldmünzen am Leibe mit sich herum – und zog sich zuletzt eine schwere Erkrankung am Knie zu, die zu einer Amputation des rechten Beines in einem Marseiller Krankenhaus führte. Dort ist er auch gestorben: am 10. November 1891; seit achtzehn Jahren hatte er keine dichterische Zeile mehr geschrieben. Von seiner Begegnung mit Verlaine wurde schon erzählt. Die Wirkung seiner Lyrik und seiner poetischen Prosa bei den Kennern war elementar: einen solchen Alchimisten der Sprache schien die französische Literatur eigentlich kaum noch hervorbringen zu können. Dieser gebieterische Verwandler des Wortes entfesselte inmitten der parnassisch sublimierten Rede die Katarakte des Expressionismus: einer Ausdrucksgewalt, die buchstäblich «unerhört» war. Von seinem großen Gedicht *Das trunkene Schiff* her datiert die französische Kritik eine neue Epoche. Rimbaud scheut kein Motiv; das Gräßliche, Furchtbare, Widerliche – bereits in einigen Stücken von Baudelaires «Blumen des Bösen» lyrisch behandelt, fast immer mit einem Unterton luziferischer Passioniertheit – wird bei ihm mit einer unerschütterlichen Gelassenheit, einer ästhetischen Selbstverständlichkeit ausgesagt, für die es keine herkömmlichen Wertgrenzen gibt; aber auch das Visionäre, das Grandiose, die heidnische Feier vergöttlicht-dämonischer Leiblichkeit; Seelen- und Sinnenrausch triebhafter Wollust und geistige Ekstase, liedhaft süße Bezauberung und herausfordernder Hohn in Chansons – man fände kaum ein Ende, Fülle und Gegensätzlichkeit aufzuzählen: all das bezwingt die Dichtersprache dieses jungen Menschen.

Die jungen Dichter Frankreichs sind alle mehr oder minder «Rimbaldisten»; ohne Rimbaud wären die metaphysische Lyrik und Dramatik Paul Claudels, der stärksten dichterischen Kraft, wenn auch wohl nicht des freiesten Gestalters im heutigen Frankreich, kaum erweckt worden. Auch den deutschen Expressionisten, vorzüglich seinen Größten: Trakl und Heym, hat er den Mund geöffnet. Rimbauds kometenhaftes Erscheinen erschütterte selbst die klaren Bahnen der Parnassiens und Symbolisten; bei der gesicherten Ahnenschaft dieser Dichtergruppe schon seit Ronsard bestimmen sie aber dennoch das Bild der französischen Literatur mit jener elastischen Traditionsmacht, die in Frankreich immer den längsten Atem hat. So verwirklichte der Rimbaud fast gleichaltrige Jean Moréas, 1856–1910, das parnassische Ideal mit strenger, aber gelöster Meisterschaft. Er war der Geburt nach ein Grieche, sein eigentlicher Name ist Papadiamantopoulos; sein zuchtvoll konzentriertes Werk «zeugt dafür, wie aus bemühten Anfängen mit fortschreitender Lebensreife eine klassisch anmutende, aber äußerst vielsagende und vielvermögende Schlichtheit erwuchs, die man, durchsichtig wie sie ist, weiter zu etikettieren sich versagen sollte. Mit den bleibenden Seiten aus seinem späten Buch *Les Stances* fiel das Werk des Griechensohnes und echten Europäers Jean Moréas dem heimlich-gemeinsamen Schatze des Abendlandes zu», wie sein deutscher Interpret Gotthard de Beauclair sagt.

Zur französischen Literatur gehören auch diejenigen belgischen Schriftsteller, die sich der französischen Sprache bedienen. Bei einem ihrer Repräsentanten allerdings gerät man in Zweifel, ob er nicht im Zusammenhang mit den modernen holländischen und vlämischen Autoren dargestellt werden müsse. Denn Charles de C o s t e r, 1827–1879, will gar nicht in ein französisches Ensemble hineinpassen: die Gefühlswelt und die epische Vortragsart seines wichtigsten Romans *Geschichte von Uylenspiegel und von Lamme Goedzak* verdanken sich dem westgermanischen Kulturraum. Aber de Coster schrieb diese wie auch seine anderen Bücher französisch, und sie fanden vielleicht deshalb bei denen, die seine wirklichen Leser hätten sein sollen, zunächst nicht die gebührende Aufnahme. Gestern verkannt und morgen lebendig, so nannte ihn der zweite bedeutende Prosaepiker Belgiens, Camille L e m o n n i e r, 1845–1913, der in seinen prallen Romanen das eingeborene Vlamentum und dessen üppige Lebensfreude verbindet mit dem französischen Naturalismus in der Prägung Zolas. Im «Uylenspiegel» de Costers wird die alte Volksfigur des niederdeutschen Schwanks, Till Eulenspiegel, in historische Szenerie hineinkomponiert: er ist ein Mitkämpfer während des Abfalls der Niederlande von der spanischen Herrschaft unter Philipp II. In den heiteren Partien des Buches erinnern Farbigkeit und Plastik an die saftig strotzende Welt der großen brabantischen Malerei; der ungebundenen Überlegenheit Uylenspiegels ist die massive, aber grundgediegene Erdenschwere Lamme Goedzaks, eines begeisterten Fressers, entgegengehalten – das Gespann der beiden wiederholt gewissermaßen das urbildliche Paar Don Quijote und Sacho Pansa. De Costers substanzenstarke Epik zeigt sich auch in den *Vlämischen Legenden* und in dem kleineren Roman *Die Hochzeitsreise*.

Der dritte und größte der französisch schreibenden Vlamen, Emile V e r h a e r e n, hat sich in einem Bekenntnis zu de Costers Hauptwerk auch zu ihrer gemeinsamen Heimat bekannt:

Es ist als ein Glück zu betrachten, daß gerade in unfruchtbaren Tagen ein solches Werk entstand: zum Beweis, daß Flandern – wie Uylenspiegel sagt –, selbst wenn man es begraben will, lebt und immer wieder aufersteht.

Verhaeren wurde am 21. Mai 1855 in Saint-Amand bei Antwerpen geboren. Er war längere Zeit als Jurist in Brüssel tätig, ehe er sich ganz seiner Produktion widmete. Während des ersten Weltkrieges, am 27. November 1916, geriet er auf dem Bahnhof von Rouen unter einen fahrenden Zug. Als er noch ein junger Dichter war, schrieb er in der Nachfolge der französischen Symbolisten; wie bei so manchen von ihnen, so bestärkte auch bei Verhaeren das ästhetische Ideal eine träumerische, zur Trauer gestimmte Abgeschlossenheit vor dem natürlichen Leben und erst recht vor dem unmittelbaren Leben des Zeitalters. Aber bei dem Vlamen handelte es sich schon damals nicht so sehr um eine artistisch verbrämte Müdigkeit und Daseinsangst, als vielmehr um die noch zaghaften, innigen Stimmungen einer hingegebenen Frömmigkeit, die sich später – nach seinem Durchbruch zu einer weltumfangenden und alles Jetzt und Hier gewaltig bejahenden Hymnik – in eine herzensstarke Religiosität steigerte. Verkündigung Gottes als des lebendigen Gottes, als der Gottesmacht, die sich im Leben offenbart, ist der Generalbaß der gereiften Dichtung Verhaerens. Sie scheut nicht das Antlitz der vom menschlichen Forscher- und Arbeitsgeist gewandelten Welt.

Der lobsingende Dichter ehrt jede Form der Wandlung; seine Liebe gilt jedoch der Helligkeit:

Sonne, wie hab ich deine Kraft geliebt!
All meine Kunst, die störrische und milde,
Zwang dich hinein ins heiße Herz meiner Gedichte,
Und wie ein goldnes Feld, das Sommerwind durchstiebt,
So feiert dich mein Werk in vielem Ebenbilde.

Mit diesem «störrisch und milde» charakterisiert Verhaeren übrigens seine Sprachkunst, deren subjektive Freiheiten in der Versbehandlung auffallen.

Theaterpopularität erlangten die sentimental-dekorativen Bühnenwerke von Maurice Maeterlinck, 1862–1949. Die orchideenhafte Überzüchtung abseits erotischer Psychologeme – müde, schemenhaft, aber auch gräßlich und effektbewußt – in diesen Dramen ist jedoch mit der literarischen Mode ostensibler Dekadenz verklungen. Beständiger erscheinen die lyrisch-spekulativen Schriften Maeterlincks über *Das Leben der Ameisen* und *Das Leben der*

Bienen. Neuromantik und Symbolismus, wie sie sich im Schaffen dieses Autors durchdrangen mit artistisch versierter Mischung, versagten im allgemeinen in den epischen Formen. Nur ein kleiner Roman, hervorgegangen aus jener Kombination, büßte nichts ein von der schwermütigen Berückung, die ihm manche Nachahmung eingetragen hat. Sein Verfasser gehört zu den französisch schreibenden Vlamen: Georges Rodenbach, 1855–1898 – sein Buch heißt *Das tote Brügge*. Erzählt wird von der lemurischen Behexung eines Mannes durch eine Frau, die seiner toten Gattin gleicht; sinnverwirrend vertauschen sich die Sphäre der Toten und der Lebendigen bis zur Katastrophe des Mordes. Diese Vorgänge überschattet schicksalhaft die Stadt Brügge mit ihrer gleichsam konservierten, stillestehenden Vergangenheit.

Die Versuchsformen in den Nachahmungen dieses Prosapoems deuten auf die Bemühungen, die standardisierte Form des realistischen Romans aufzulockern, zu verwandeln, womöglich einen neuen Typ gemäß der veränderten Schau- und Gefühlsweise des Zeitalters zu entwickeln. Daß es nicht damit getan sei, die von Künstlern und Wissenschaftlern gewonnenen psychologischen Erkenntnisse anzuwenden, war eine offenkundige Feststellung. Abgesehen davon, daß die Dichter ohnehin den empirisch arbeitenden Psychologen oft schon vorangegangen waren, mußte die Weiterführung des überkommenen psychologisch-kritischen Romans unbedingt um originelle Konstellation der inneren Motive besorgt sein, wenn man wenigstens vom Inhalt her interessant und neu sein wollte. Natürlich ist die nun einmal in Gang gesetzte Produktion derartiger Romane zählebig, wie alle perfektionierten Industrien, und sie deckt nach wie vor einen großen Publikumsbedarf. Im allgemeinen steigt der Wert einer solchen Romankunst in dem Maße, wie sie zum gediegenen Spiegel ihrer Zeit wird; aber selbst in Frankreich, wo der Roman formal häufig ein respektables Durchschnittsniveau bewahrt, hat sich eine Leistung wie «Rot und Schwarz» als Einheit subtiler Psychologie der handelnden Figuren mit einem großen Zeitbild nicht wiederholt, wie auch trotz mehrerer Zyklus-Kompositionen von Einzelromanen kein neuer Balzac erstanden ist. Der epische Schaupunkt wird nun einmal durch die totale Vereinzelung und Einsamkeit des Individuums bestimmt; dem Schaffenden ist auferlegt, in dieser Verlorenheit die Welt als Ganzes innerlich neu zu erschaffen – eine Schöpfung zu «erinnern».

Das Werk dreier repräsentativer französischer Romanciers soll die Phasen dieser zeitgenössischen Epik vorführen: die ethische bei

Romain Rolland, die analytische bei André Gide, die meditative bei Marcel Proust.

Daß der dreibändige Roman *Johann Christoph* von Romain Rolland, 1866–1944, gerade in Deutschland eine so breite Resonanz fand, hängt nicht nur mit seinem Hauptmotiv zusammen; die sittliche Tendenz wurde mindestens ebensosehr begrüßt. Johann Christoph Krafft, der Held des Romans, gemahnt in einigen Zügen seines Wesens an Beethoven; Rolland schrieb ja auch eine vielgelesene Biographie des von ihm so bewunderten Komponisten. Krafft ist Musiker – er ist außerdem ein Deutscher, dessen Lebensweg nach Paris führt. Ein bestimmtes Ziel hat der Dichter vor Augen: die Aussöhnung zwischen Deutschen und Franzosen, die er als europäische Voraussetzung für den Frieden ansieht. Es ist bezeichnend für die ästhetische Empfindlichkeit der Franzosen, daß sie sich ungeachtet der Schätzung Rollands als eines Vorkämpfers der Humanität vor der künstlerischen Qualität dieses und anderer Romane reserviert verhalten. Romain Rollands Biographien: wie über Beethoven, so über Tolstoj und Michelangelo, wurden bereitwilliger aufgenommen.

Das Bemerkenswerte am «Johann Christoph» für die Entwicklung der französischen Prosaepik ist seine Nähe zum deutschen Sucher-Roman. Auch damit eignet dem Roman für das französische Urteil etwas Abseitiges – während die analytische Epik Gides dem Volke Montaignes und Pascals im ganzen mehr bedeutet. André Gide, 1869–1951, ist ein später Enkel des hugenottisch-protestantischen Frankreich. Er verleugnet die überkommenen Ursprünge in keiner Wandlung seines Wesens und Schaffens: Gide, obenhin als Relativist oder gar als Nihilist angesprochen, ist im Kern Ethiker. Er ist es so unausweichlich, daß die reflektierte Form seiner Produktion nicht eine artistische Tendenz, sondern eine Selbsterforschung ausdrückt. Als Paradigma dafür diene jener Roman André Gides, der besonders klar seine Stellung in der zeitgenössischen Literatur markiert.

In dem Roman *Die Falschmünzer* handelt es sich auch um das Delikt, welches der Titel anzeigt – außerdem aber, und das ist die eigentliche Handlung, wird die Falschmünzerei der Gefühle als typisch für den modernen Menschen dargestellt. Junge Leute sind die Opfer, zugleich auch die Urheber dieses Lasters; es verseucht miasmisch das Milieu ihrer seelischen Entwicklung. André Gide legt dabei einen Querschnitt durch das moralische Gefälle des Zeitalters; bei aller Kälte der Schilderung spürt man eine geheime Traurigkeit des Autors, die auch in seinen anderen Werken dunkle Schatten wirft. Sein latenter Calvinismus betätigt sich bei einem Menschen unserer Epoche mit intellektuellen Sezierungsmethoden, nur scheinbar übertragen auf den artistischen Sektor der modernen Existenz. Es geht ihm um ein altes Problem in neuer, analytischer Wendung und Konstruktion: um die Wahrheit des Lebens und die Wahrheit der Kunst. Nur oberflächlich verobjektiviert in den «Falschmünzern» selbst, dann resolut subjektiv im *Tagebuch der Falschmünzer* wird der zeitgenössische point de vue des Epikers deutlich: die Analyse bezieht sich weniger auf die Umwelt, auch nicht auf die «Welt», sondern wesentlich auf das produzierende Ich. Eine solche Autarkie der Literatur untergräbt die Substanz; der Engländer E. M. Forster, selbst ein guter Romancier und Kritiker, bemerkt zu Gides Unterfangen:

Er ist nicht gut beraten, wenn er Romane des Unterbewußten schreiben will und dabei so klarsichtig und einfühlsam vom Unterbewußtsein handelt; er führt so das Mystische im falschen Stadium des Werkes ein. Doch das ist seine Sache. Als kritischer Geist ist er höchst anregend, und die verschiedenen Wortbündel mit dem Titel Les Faux-Monnayeurs werden allen denen Genuß bereiten, die nicht sagen können, was sie denken, ehe sie nicht sehen, was sie sagen – oder die mit der Tyrannei der Fabel oder mit ihrem Gegenteil, der Tyrannei der Charaktere, nicht zurechtkommen ... Ein Romancier, der zu viel Interesse für seine eigene Methode verrät, kann nie mehr als interessant sein; er verzichtet auf die Schöpfung von Gestalten und fordert uns zur Analyse seiner selbst auf; das Ergebnis ist ein starkes Absinken des emotionellen Thermometers. Les Faux-Monnayeurs gehört zu den mehr interessanten modernen Romanen, nicht zu den vitalen Schöpfungen.

Wahrscheinlich werden deshalb Gides *Tagebücher* als legitime Formen der Analyse und Selbserforschung anregender und bestandkräftiger bleiben als seine Romane und Dramen.

Aber die bewußtgewordene Situation des Zeitgenossen ist nun einmal die radikale Isoliertheit des Ichs: er muß von hier aus, auf so schmaler, unsicherer Basis, die Schöpfung erneuern – er muß sie «erinnern». Das tat, wenn man es positiv wertet – das versuchte, wenn man sich kritisch distanziert: Marcel P r o u s t in seinem siebenteiligen Lebenswerk *Auf der Suche nach der verlorenen Zeit*. Brachte der am 10. Juli 1871 in Paris geborene Dichter die Voraussetzung dafür mit? Der junge Proust konnte sich als Sohn aus reicher Familie einen eleganten Lebenswandel leisten: Verkehr in den Salons des Faubourg Saint-Germain, preziöse Manieren und Anzüge, unverkennbar snobistische Allüren. Dann warf ihn Krankheit in die Einsamkeit seiner selbst: immer mehr gezwungen, das

Bett zu hüten, machte er sich an die riesige Schreibarbeit seiner «Recherche». Er empfing zuweilen Besucher

völlig angezogen mit Kragen, Krawatte und Handschuhen auf seinem Bett liegend in ständiger Furcht vor einem Geruch, einem Hauch, einem halb geöffneten Fenster oder einem Sonnenstrahl ..., so wie wir seine sterbliche Hülle später zum letztenmal bewunderten, neben einem Stoß Hefte seines Werkes, welches zu seiner Linken weiterlebte,

wie Jean Cocteau erzählt. Am 18. November 1922 starb Marcel Proust – der bisher letzte französische Romancier großen Stils und vollendeter Eigenform. Anatole France schrieb ein Vorwort zu Prousts Jugendwerk *Freuden und Tage* mit dessen die Lyrik Mallarmés in Prosa transponierender Stilkunst:

Seine Jugend ist die Jugend seines Schöpfers. Aber es ist altersmüd unter dem Alter der Welt. Es ist der junge Frühling, das sprossende Laubwerk an den Zweigen mitten im jahrhundertealten Walde. Darf man sagen, daß die frischen Triebe angekränkelt sind von dem urtiefen Gewesensein des Waldes, daß sie Trauer tragen um so viele Frühlingszeiten, die in den verwehten Jahreskreisen dahingegangen sind? ... Marcel Proust ist gleicherweise verliebt in die Schilderung einer in Strahlengewittern sinkenden Sonne wie in die aufgeregten Eitelkeiten eines Snobs. Er glänzt im Erzählen von eleganten Leiden, von künstlichen Schmerzen, die zumindest an Grausamkeit mit denen wetteifern können, die die Natur in mütterlicher Verschwendung über uns ausschüttet ... Er zieht uns an, er hält uns fest in einer Treibhausatmosphäre, bringt uns Orchideen nahe, die ihre krankhafte, fremdartige Schöne nicht aus gemeinem Erdboden nähren. Bisweilen bricht durch diesen schweren, geheimnisvoll bezaubernden Brodem ein Bündel überirdisch starken Glanzes – mit einem einzigen Zuge hat der Dichter den geheimen Gedanken, die uneingestandene Begierde getroffen ... Er ist nicht unberührt, nicht unschuldig. Aber er ist so aufrichtig, ist so wahr, daß er wieder naiv wird und so gefällt. Er hat etwas an sich von einem verdorbenen Bernard de Saint-Pierre, von einem arglosen Petronius.

Eigentlich gilt diese wunderbare Charakterisierung nicht nur für das Früh-, sondern auch schon für das Hauptwerk. Wer die schwierige Wanderung durch die sieben Romane der «Suche nach der verlorenen Zeit» unternimmt – schwierig infolge ihrer höchst persönlichen, durchaus unklassischen Prosodie mit weithinschwingenden, fast «unfranzösischen» Satzkadenzen, ihrer lyrischen und zuweilen hintergründigen, hinterhältigen Nuancierung der Wortbedeutungen, ihrer Absichtlichkeit von schwebenden, grammatisch mehrdeutigen Wortbezeichnungen –: der wird in diesem aus kostbarem Material auferbauten Palast einer modernen Zivilisations-Revue vor allem die lyrisch-meditativen Strecken lieben, um deret-

willen man die häufig minuziös ausschweifenden und zuweilen
preziös anmutenden Schilderungen einer sich selbst zelebrierenden
Gesellschaft geduldig oder fasziniert – je nach Temperament –
verfolgt. Denn in jenen ausgesparten Schönheiten, in denen sich
Meditation und Lyrik und Anschauung unscheidbar vermählen,
ersteht die wieder-«erinnerte» Welt der vergangenen, der verlorenen
Zeit als seelische Gegenwart, beschworen mit einem subtilen Wort-
zauber, jenseits dessen alles sofort ins Leere, ja Nichtige abstürzen
müßte. Marcel Proust hält sich mit einer ebenso traumwandle-
rischen wie trainierten Equilibristik auf dem unsagbar schmalen
Grat des eben noch künstlerisch Möglichen, und man weiß nicht:
ist es Instinkt, ist es Bewußtsein – so sehr sind hier Lyrik und
Intellekt ein und dasselbe. Sie können sich in dieser Einerleiheit
jedoch nur bewahren, weil sie im Seelenraume des Ichs wirksam und
wirklich sind. Der «erinnernde» Dichter bietet das so sensible wie
sensitive, so chirurgische wie nervöse Instrument einer absolut gewordenen Betrachtsamkeit auf, um die mechanisch meßbare, aber
seelisch sinnlose Zeit zu annullieren und an deren Stelle die für ihn
einzig gültige sinnhafte Zeit der seelischen Wirklichkeit zu setzen.
Wenn aber in dieser vergegenwärtigenden und befestigenden Erinnerung doch von einem Ablaufen der Seelenzeit gesprochen werden kann, dann am besten im Vergleich mit der musikalischen
Kompositionstechnik der Fuge. Prousts «Suche nach der verlorenen
Zeit» ist sozusagen eine unendliche Fuge; ganz und gar nicht
ähnelt sie der Sonate – denn das Kämpferische, mit einem Wort:
der Wille, wird hier außer acht gelassen, außer Kraft gesetzt, ja
ignoriert. Allein der Fähigkeit zur Kontemplation eignet für Marcel
Proust ein echter Wert – eben der Wert der Erinnerung!
Mit dem robusten Ungestüm seines auch geistig etwas vierschrötigen
Wesens protestierte Paul Claudel voller Verachtung gegen die
Lakaien- und Noblesse-Sozietät Prousts. Denn Claudel ist ein unbedingter Widerpart der artifiziellen, relativierenden, psychologisierenden und seinem Glauben wie seiner Natur nichtig erscheinenden «littérature pure» des heutigen Frankreichs. Wenn man ihn
nennt, nennt man den aggressivsten und massivsten Dichter des
geistig wiedererwachten Katholizismus, der in Frankreich, aber
auch in England und Amerika, schließlich in Deutschland vielleicht
eine neue Gestalt anzunehmen beginnt. Da es sich um eine
planetarische Erscheinung handelt, wird erst die Zukunft lehren,
ob er sich als eine aktuelle Katholizität behauptet. Claudel selbst
weist wohl in diese Richtung, enträt aber nicht gewisser Trübungen,
ja man kann sagen: Verdickungen, Versteifungen des Geistes, für

die sein vorbehaltloses katholisches Bekenntnis nach der Konversion und somit das Kirchendogma verantwortlich zu machen verfehlt ist: schon seine persönliche, charakterliche Artung macht sich in der angedeutet einschränkenden Weise geltend. Deshalb gibt es unter den katholischen Autoren Frankreichs auch Stimmen, die ihn ablehnen: so Georges Bernanos, 1888–1948, der Royalist und hochpersönliche Bekenner, der unerschrockene Kritiker selbst von kirchlichen Schwächen und Halbheiten in seinen Romanen *Die Sonne Satans, Tagebuch eines Landpfarrers, Die großen Friedhöfe im Mondlicht*.

Claudel, am 6. August 1868 zu Villeneuve-sur-Fère, Aisne, geboren, erlebte nach Jugendjahren des Zweifels die Erweckung zum katholischen Glauben; seit jener Zeit verfügte der französische «Renouveau catholique» in diesem Dichter über die intensivste musische Energie. Der Autor war nie Berufsschriftsteller; im diplomatischen Außendienst der Republik war er mit konsularischen, später mit Botschaftervollmachten der Vertreter Frankreichs im Nahen und Fernen Osten, vorübergehend auch in Washington. Sein sinnenhaftes Weltgefühl erfuhr in solchen Stellungen jene globale Fülle unmittelbarer Anschauung, die in dem Hauptwerk «Der seidene Schuh» die mächtigste Gegenständlichkeit der zeitgenössischen französischen Literatur ergab. Er selbst hat als seine wichtigsten Anreger die antiken Tragiker, Vergil, Dante und Shakespeare benannt; der unmittelbarste sei jedoch Rimbaud gewesen. Dessen Freilegung von vorher ungeahnten Ausdruckskräften in der Sprache ermöglichte Claudels dichterische Rede: einen neuen frei-rhythmischen Vers von breit ausladender und oftmals gewagter Schwingung. In zahlreichen Prosaarbeiten berichtete Claudel von seinen Erfahrungen im Osten, schrieb er über seine Konversion wie über allgemein religiöse Themen, äußerte er sich kultur- und kunstkritisch zur Vergangenheit – betrieb er endlich seine Bekehrungs-Leidenschaft, wie vornehmlich die freund-feindliche Auseinandersetzung mit André Gide erhellt. Es ist freilich kaum eine Brücke denkbar zwischen diesen Männern: Welten trennen die beiden – aber auch ihre Charaktere schließen sich aus. Gide ein aristokratisches Naturell – Claudel eine rustikale Natur; hier die Potenz, dort die Intelligenz. Claudel starb am 23. Februar 1955.

Das Monument seines Dichtertums ist *Der seidene Schuh*. Claudel wählte für sein weltumspannendes, Europa, Afrika, Amerika und Asien einbeziehendes dramatisches Mysterienepos als Hauptmotiv das Urthema aller großen französischen Dichtung seit dem Tristan-Isot-Motiv: die pathetische Liebesbeziehung von tragischer Unerfüllbarkeit. Durchgeführt wird dieses Motiv an weltgeschichtlichen, zum Teil abenteuerlichen Ereignissen während der großen spanischen Eroberungen nach der Entdeckung Amerikas. In diesem Rahmen ließen sich Vielfalt von Atmosphäre und Figuren, künstlerisch ein barocker Wechsel aller Instrumentierungen darstellen. Die Register dieses Werkes enthalten wohl das Weltsüchtigste, Weltverliebteste, was im gegenwärtigen Frankreich dichterischen Ausdruck fand, nachdem die Spannweite von persönlicher wie zugleich auf die Menschheit gerichteter Religiosität und leidenschaftlicher Daseinsfreude schon in früheren Dramen Claudels – *Goldhaupt*, *Ruhetag*, selbst in dem mystischen Mirakel *Verkündigung* – und in seinem lyrischen Hauptwerk *Fünf große Oden* andeutungsweise erkennbar war. Aus der Personenmasse des *Seidenen Schuhs* ragen Don Rodriguo und Donna Proëza hervor. Äußerlich bleibt ihre Liebe unerfüllt – innerlich hat sie die Liebenden zur vollen Selbst-Erfüllung, Verwirklichung und Steigerung ihres Menschentums befähigt. Nach ihrem Tode wird Proëza die unerschöpfliche Quelle des Daseins für Rodriguo: nun ist sie immer anwesend in ihm, sie ist der Stachel seines Lebens – bis er endlich als ein armer, invalider Mann nach strahlenden Herrschaftshöhen ausgebrannt und wortlos ergeben die Kreatur wird, die Gott anheimfällt im Tode: denn unverlierbar im Gefüge der irdischen wie der überirdischen Welt bleibt jedes Geschöpf in der Gottheit – wie Claudel glaubt und verkündet.

Auf den Bahnen einer in Frankreich traditionsgesicherten Findung klassischer Kunsturteile vereinigt Paul Valéry wohl die Mehrheit befugter Stimmen auf sein Werk: sie anerkennen ihn als den bisher letzten großen Lyriker der Nation. Er stammte aus dem Süden: am 30. Oktober 1871 wurde er in Cette, Languedoc, geboren. Als sehr junger Mann veröffentlichte er ein paar Gedichte, aber danach unterwarf er den Poeten in sich strenger Entsagung – jener Enthaltsamkeit, die Rilke, ein Freund Valérys und sein unübertroffener Übersetzer ins Deutsche, bewundert haben mag, weil er selbst seine üppige Frühproduktion später sehr bedauert hat. Scheinbar war also der Dichter Valéry völlig verstummt; nur wenige Essays wurden veröffentlicht. Rund fünfundzwanzig Jahre hielt die Stille an; unterdessen hatte sich aber in dieser Tiefe und Unberührtheit, in diesem Unversuchtsein steten Reifens der Sprachgeist so geläutert und abgelagert, daß Valéry mit den Zyklen *La jeune Parque* und *Charmes*, die zusammen mit einer Auslese der älteren Verse nur einen einzigen, verhältnismäßig schmalen Band ausmachen, als ein adligster Meister französischer Poesie auftrat.

Außerdem gehören zu seinem Oeuvre noch mehrere Prosabände mit allgemein-geistigen und naturwissenschaftlich-mathematischen Meditationen. Am 20. Juli 1945 starb er in Paris, vollendet – wie ein Freundeswort ihm nachrühmt – als «ein Höhepunkt der reinen Gattung, eine der seltensten Blüten am Baume der Menschheit».

Valérys Dichtung ist eine Synthese von Symbolismus und Parnaß – Mallarmés Silberschrift auf lichter Helle scheint bei ihm erst zu leuchten vor lebensvollem, farbentiefem Urgrunde. Diese Verse stellen sich dar als Werkform einer mathematisch-rationalen Sprachmystik: analytisch und stoisch die Methode der Mathematik verbindend mit dem eigentlich doch unerrechenbaren Geheimnis des Wortes. Es war keine forcierte, künstliche Alchemie aus widersinnigen Elementen, wie man vermuten möchte – falls man vergäße, daß ein solches Verfahren im Prinzip von gediegener Ancienität ist: überliefert nicht nur in Frankreich, man denke an Pascal, sondern auch in Deutschland, wo ähnliche Wege Novalis einschlug. Die Funktion der Ratio in den Künsten erörtern auch theoretische Schriften Valérys. Seine Sparsamkeit und Zucht im poetischen Schaffen unterstreichen, daß für Valéry ein Gedicht stets auch ein Erkenntnisvorgang ist; weil er aber als Gedicht manifest wird, wird er sowohl Vollzug wie Ereignis derjenigen Kräfte, die das Erkannte bewirken. Es eignet der Dichtung Valérys eine geistige und seelische Schönheit, die sinnenhaft mit suggestiver Wirkung selbst den nur ahnenden Hörer berückt. Je mehr man sich ihr hingibt und eindringt in sie, die wie jede hohe Kunst wohl wartet, jedoch nicht entgegenkommt – um so klärend-verklärender leuchtet ihre wunderbare Einheit von Magie und Ratio. In einem Essay fand Ernst Robert Curtius treffende Worte zur Charakterisierung der «Metapoesie» Paul Valérys; es heißt da: «Valérys Musik baut sich auf diesen drei Grundtönen auf: Intellektualität, Sinnlichkeit, Trauer. Valérys Dichtung hat einen luziferischen Blick. Sie hat etwas Unmenschliches. Sie wechselt zwischen der Eisregion eines Denkens, das pures Spiel mit Formen ist, und dem trockenen Feuer einer Sinnlichkeit, die purer Drang ist und an keinem Gegenstand haftet. Das ist ihre eigentümliche Polarität. Es ist die Poesie sinnlicher Intellektualität. Das Mittlere zwischen Geistigkeit und Sinnlichkeit: das Reich der Seele und ihrer Schönheit, in dem wir die wahre Heimat der Poesie zu sehen gewohnt sind, fehlt bei Valéry. Hier ist, wenn man will, eine leere Stelle. Sie ist angefüllt mit Trauer.»

Während des italienischen Realismus scheidet sich die im Risorgimento noch durch ihr ideales Ziel vereinte nationalpolitische Bewegung in eine nationalistisch-liberale oder -republikanische Richtung mit mehr oder minder offener Gegnerschaft zum Papsttum und in einen volksnah modernisierten Katholizismus. Nach der Befreiung Italiens und der Gründung des Königreiches beruhigten sich die Fronten: jedenfalls zeigt die Entwicklung des stärksten dichterischen Talents seit Leopardi einen Wandel vom Radikalen zum Legitimen. Giosuè Carducci, 1835–1907, begann als energischer Feind der Romantik; glühender Patriot und Republikaner, der er war, erinnert er an Victor Hugo, denn auch Carduccis Verse sind rhetorisch und deklamatorisch, wenngleich von stärkerer formaler Geschlossenheit als bei dem Franzosen. Er feierte die antike Vergangenheit, die Freiheitskämpfer, das Heidentum, voller Zorn auf die «kleine, christlich-frömmelnde Ängstlichkeit und Heuchelei» der Mitwelt. In der funkelnden, berauschten Hymne *An Satanas* preist er den vom Christentum verfemten Herrscher der Welt und der Schönheit wie einen Adonis und Dionysos, zugleich wie einen Erlöser vom Dogma.

Der Dichter selbst wollte später nicht stets als der Autor gerade dieser Hymne angesprochen werden: denn mit reifender Menschlichkeit und Künstlerschaft gab er die *Odi barbare* mit ihrer Nachformung antiker Maße in zeitgenössische italienische Versgestaltung, außerdem die gelösten *Reime und Rhythmen*. Karl Voßler faßt die Leistung Carduccis zusammen:

Natur, Mythos, Geschichte, von der ägyptischen und griechischen Kultur bis zur Gegenwart, werden in diesen prächtigen, großzügigen Oden lebendig. Immer steht Italien als das von Natur und Schicksal bevorzugte Land und Volk im Mittelpunkt seiner episch-lyrischen Evokation. Diese Dichtung hat etwas Gepanzertes, ist ganz auf nationales Heldentum gegründet und in eine sprachliche Meisterschaft verschlossen, die ohne philologische Schulung weder möglich noch verständlich wäre. Sie hat das formale Künstlergewissen der Italiener außerordentlich geschärft und freilich auch das moderne Ästhetentum vorbereitet.

Ein Schüler Carduccis war Giovanni Pascoli, 1855–1912. Seine Lyrik erwächst aus der Reinheit der Naturbetrachtung und -versenkung; sie leuchtet und nährt zugleich, gekräftigt von seinem Willen, die theokritische und vergilische Idyllik immer besser zu begreifen und

die Natur nicht mit Blicken zu betrachten, die vom Rauche der Städte getrübt sind.

Der Romancier jener Zeit war Antonio Fogazzaro, 1842–1912, der Erbe Manzonis als Vertreter eines liberalen Katholizismus. Sein Hauptwerk ist *Die Kleinwelt unserer Väter:* ein Zeitroman aus den fünfziger Jahren, in dem der Autor eigene Kindheitserfahrungen mit allgemeinen Strömungen verflochten hat; das Buch bringt die menschen-bildnerische Absicht des Autors – Läuterung von mystischer Schwärmerei zu tüchtiger Lebensnähe – in reiner epischer Gestaltung, spannungsreich durch dramatische Akzente. «Die Kleinwelt», der Fogazzaro noch drei fortsetzende Romane nachschickte, errang zwar nicht wie Manzonis «Verlobte» weltliterarische Wirkung, blieb aber in der an großen Romanen armen italienischen Literatur wertbeständig. Denn der «Verismo» – wie man entsprechend der neueren italienischen Musik die naturalistische Schule nennt – gelangte trotz einiger tüchtiger Autoren nicht zum repräsentativen Roman. Zola regte die Schriftsteller zu Schilderungen aus dem Leben der einfachen Landbevölkerung und Arbeiterschaft an – aber sein Bestes verdankt der Sizilianer Giovanni Verga, 1840–1922, doch nicht dem literarischen Muster, sondern seiner eigenen epischen Kraft und seiner Einfühlsamkeit. Von seinen Bauernnovellen wurde *Sizilianische Bauernehre* in ganz Europa dadurch bekannt, daß er den Stoff auch dramatisch bearbeitete; in der Vertonung Mascagnis – «Cavalleria rusticana» – eroberte das Motiv die Opernbühnen.

Ohne seine Beziehung zu einer berühmten Schauspielerin wäre Gabriele d'Annunzio, 1863–1938, für das europäische Publikum vielleicht nicht zu der interessanten, vielbewunderten und vielgeschmähten Erscheinung der zeitgenössischen italienischen Dichtung geworden. Eleonora Duse verkörperte tragende Rollen in seinen effektvollen Dramen und verhalf ihnen zu größerer Beachtung, als sie von sich aus besitzen; der Fall ist übrigens theatergeschichtlich gar nicht einmal so selten, daß ein Darsteller aus dichterisch zweitrangigen Rollen mehr herauszuholen vermag als aus Werken vollendeter Gestaltung, die der Selbständigkeit des Komödiantischen bestimmte Grenzen setzt. D'Annunzios Arbeiten erstrecken sich auch auf Romane und Novellen, aber im ganzen dürfte wohl nur eine schmale Auslese aus seiner Lyrik, die von Carducci den Ausgang nahm, übrigbleiben. Schon der junge Hofmannsthal wies auf die innere Brüchigkeit des Italieners hin: «Die sämtlichen merkwürdigen Bücher von d'Annunzio hatten ihr Befremdliches, ja, wenn man will, ihr Entsetzliches und Grauenhaftes darin, daß sie von einem geschrieben waren, der nicht im Leben stand. Der sie geschrieben hatte, wußte alle Zeichen des Lebens: wundervoll wußte er sie alle, und doch glaube ich heute, er war bis jetzt kein großer Dichter, überhaupt kein Dichter. Aber er war von der ersten Zeile an ein außerordentlicher Künstler ...»

Und daran sollte man freilich festhalten, obschon d'Annunzio mit bestem Erfolge bemüht war, sein menschlich-persönliches Bild zu trüben, ja lächerlich und albern zu machen. Zwar hat der zeitliche Abstand heute die Dinge geklärt: man würde sich kaum noch einfallen lassen, den Italiener mit Baudelaire zu vergleichen, wie man es lange getan hat. D'Annunzio war und blieb stets der Schauspieler seines eigenen Ruhmes, der Ausplauderer seiner Lüste und Genüsse, der Kompromittierer auch jener Künstlerin, der er Glanz und Geld verdankte.

Origineller, allerdings auch bizarrer als er war der Sizilianer Luigi Pirandello, 1867–1936, der eine Zeitlang mit seinem Drama *Sechs Personen suchen einen Autor* Aufsehen erregte. In diesem Stück entsteht die Handlung vor den Zuschauern dadurch, daß nach und nach fremde Leute in eine Theaterprobe eindringen, zunächst andeutend erzählen, um dann ihre Erlebnisse zu agieren und als das eigentlich gemeinte Stück vorzuführen beginnen. Pirandellos Unternehmen illustriert die gegenwärtigen Tendenzen einer Aufsprengung des überkommen, klassisch in sich abgeschlossenen Dramenraumes zugunsten einer desillusionierenden, «existentialistischen» oder expressionistischen Symbolik, Meditation und Überblendung – gemäß dem allmählich modisch-obligat gewordenen psychoanalytischen Thema der Bewußtseinsspaltung. Aber der sizilianische Autor bietet mehr als nur einen interessanten Beitrag zu diesem Motiv, wie es über die «Sechs Personen» hinaus die auch von ihm selbst als wesentlichste Leistung gewertete Tragödie *Heinrich IV.* beweist. Das Drama spielt in der Gegenwart und handelt von einem Menschen, der sich für den salischen Kaiser Heinrich iv. hält; zuweilen bricht aus der psychischen Atmosphäre sinnverwirrend eine Art von Gaukelei, weil dieser Mensch dann durchblicken läßt, daß er sehr wohl um das Schauspiel weiß, das er aufführt. Die Maskenhaftigkeit des Daseins wird hier durchsichtig, wie es Pirandello auch in anderen Werken zeigt: so in dem Roman *Mattia Pascal* und in einigen seiner ausgezeichneten Novellen.

Soweit es sich gegenwärtig überblicken läßt, dürfte das italienische Schrifttum unseres Zeitalters mit reinster Wirkung ein Philosoph repräsentieren: Benedetto Croce, 1866–1952. In seiner großen und umfassenden Denkarbeit tritt noch einmal geistige Zusammenschau auf methodisch gediegener Grundlage vor eine Welt, die von einer ersichtlich im Essayistischen oder gar Feuilletonistischen landenden Lebensphilosophie vager, unverbindlicher Ordnungen noch zusätzlich zu den politischen Wirren außer Rand und Band gebracht wird. Croce baut auf der letzten umfassenden Philosophie des Abendlandes, dem deutschen Idealismus: die Dialektik Hegels erneuert er kritisch unter Ausscheidung ihrer scholastischen Ideologien. Nach seiner Erkenntnislehre eignet der Ästhetik ein wesentlicher Rang, weil durch die Kunst eine Wahrheitserkenntnis zustande komme. Der relativistischen Müdigkeit des Abendlandes und ihrem Widerspiel: dem Terror der Diktaturen, hält Croce eine geläuterte Willensphilosophie entgegen; der gefährlichen Einseitigkeit einer Vorherrschaft der Geisteswissenschaften in der Philosophie beugt er vor durch die Einbeziehung der Nationalökonomie in eine wahrhaft synthetische Weltdeutung. Als Herausgeber seiner Zeitschrift *La Critica* – unangefochten übrigens von Mussolini, obschon sich der Philosoph entschieden vom Etatismus distanzierte – verkörperte Croce die große Stimme der italienischen Tradition und Humanität.

Auch der spanische Geist scheint sich in unserem Zeitalter mit Vorrang vor der schönen Literatur in einem Philosophen darzustellen. Miguel de U n a m u n o , geboren am 29. September 1864 in Bilbao, der langjährige Rektor der Universität Salamanca, war Geisteswissenschaftler u n d Dichter. Die Konzeption des Don Quijote galt ihm, wie wohl allen Spaniern, als das überzeitliche nationale Symbol; Unamuno glaubte jedoch, daß Cervantes nicht alle Möglichkeiten der Gestalt erschöpft und ihr Wesentliches häufig nur berührt, nicht eigentlich herausgearbeitet habe. Deshalb schrieb er den Roman um – oder von neuem, wenn man will. So anregend auch diese episch eingekleidete Deutung des Don-Quijote-Stoffes ist – sie bleibt zuletzt doch ein Experiment. Wertvoll ist es aber als ein Symptom für Unamunos Verhältnis zur Realität. Im Prolog zu einer Novelle sagt der Autor:

Es gibt nichts Zweideutigeres als den sogenannten Realismus in der Literatur. Was ist eigentlich die Realität dieses Realismus? In Wahrheit ist dieser sogenannte Realismus eine rein äußerliche, phänomenale, epidermale oder anekdotische Angelegenheit, die lediglich mit der Literatur und nichts mit der Dichtkunst oder mit einer wirklich schöpferischen Kunst zu tun hat. In einer Dichtung – und die besten Romane sind Dichtungen –, in einer S c h ö p f u n g ist die Realität nicht die Realität des Realismus, wie ihn die Kritiker verstehen. In einer wirklichen Schöpfung ist die Realität etwas Inneres, Schöpferisches, eine Willensangelegenheit. Ein Dichter erfindet, erschaut seine Gestalten und die Geschöpfe seiner Dichtung – die lebendige Wesen sind – nicht nach der Methode des sogenannten Realismus. Die Figuren der Realisten pflegen angekleidete Mannequins zu sein, die sich erst bewegen, wenn sie an einer Schnur gezogen werden, die in ihrer Brust einen Phonographen tragen ...

Unamuno bemerkt dann, daß bereits in jeder «wirklichen» Unterhaltung von zwei Leuten sich tatsächlich sechs Personen unterreden: nämlich jeweils das reale Ich, das «nur seinem Schöpfer bekannt ist», außerdem das ideale Ich, das sich ein jeder von sich selbst erschafft und das dem realen oft sehr wenig gleicht, endlich das vorgestellte Ich, das sich ein jeder von dem anderen schafft und das meist weder dem realen noch dem idealen Ich gleicht.

Daher sage ich: Außer dem, was j e d e r für Gott ist – jawohl! Jeder ist etwas für Gott! –, außer dem, was er für den andern ist, und außer dem, wofür er sich selbst hält, gibt es noch einen Menschen, nämlich den, der zu sein er sich wünscht. Und ich behaupte, dieser Mensch, der zu sein ein Mensch sich wünscht, ist der Schöpfer in ihm, das heißt in seinem tiefsten Innern, ist der wahrhaft r e a l e Mensch. Und durch das, was wir sein w o l l t e n, und nicht durch das, was wir wirklich waren, werden wir erlöst oder verdammt werden. Gott wird einen jeden von uns belohnen oder strafen, indem Er ihn die ganze Ewigkeit hindurch das sein läßt, was er sein wollte.

In dieser grundsätzlichen Betrachtung – die überhaupt wichtig ist für die Wertbestimmung des literarischen Realismus – kommen die metaphysischen Aspekte zum Ausdruck, in deren Zeichen Unamunos wahrhaft zeitgenössisch-weltliterarische Novellenkunst steht. Er hat darin, wie er sagt, «eine gewisse Vorliebe für tragische Scherze», die zwar auch artistisch, ebenso jedoch ethisch gemeint sind – weshalb sie keineswegs aus einem pessimistischen Lebensgefühl herrühren. Unamuno, der Lehrer für antike Klassiker, vereint in sich als Denker und Gestalter die religiösen Überlieferungen der fast dreitausend Jahre alten abendländischen Kultur mit der Gefühls- und Bewußtseinssituation des heutigen Menschen auf eine ebenso persönliche wie musterhafte Weise; daher halten sich Klassizität und Gefährdung bei ihm die Waage. Es ist die Gefährdung des modernen Menschen – aber Unamuno hat sie erkannt als eine Problematik nicht erst von heute, sondern als integrales Moment der abendländischen Existenz seit jeher, angebahnt bereits in der Tragödie der Antike, permament vorhanden in dem, was er *Die Agonie des Christentums* nennt. In diesem – neben dem *Tragischen Lebensgefühl* – wichtigsten philosophischen Buche Unamunos wird der Kampf der Seele mit dem Tode als der Sinngehalt des Christentums dargestellt; diese ständige «Agonie» bedeutet also durchaus das Gegenteil zu Kierkegaards Auffassung des christlichen Daseins als einer «Krankheit zum Tode». In edler Vergeistigung ertönt aus dem Werke Unamunos die kämpferische Männlichkeit Spaniens.

Miguel de Unamuno starb 1936 in Salamanca. Ohne sein Werk wäre die neuere spanische Literatur kaum repräsentativ im gegenwärtigen Schrifttum vertreten – denn selbst die bedeutsameren Autoren im Zuge der romantisch-realistischen Strömungen des 19. Jahrhunderts erlangten nur annähernd übernationale Reichweite. Vor allem verdient José de Espronceda, 1808–1842, als der ausdrucksmächtigste Bekenntnislyriker der spanischen Romantik auch heute noch Beachtung, ja Bewunderung. Seit Lope de Vega sprach sich kein spanischer Dichter mit einer solchen stürmischen Kraft der Empfindung aus. Er erinnert zuweilen an Lord Byron, enträt aber jeder Spur von Dandytum; das Erlittene seiner visionären Bilder ist echt spanisch, zwischen Verzweiflung und Monumentalität gespannt. José Zorilla, 1817–1893, schrieb Dramen romantischen Stils; sein *Don Juan Tenorio* hat sich auf spanischen Bühnen als Repertoirestück des Allerseelentages behauptet. Auf den vielseitigen José Echegaray, 1832–1916, wurde man nach der Zuerteilung des Nobelpreises allgemein aufmerksam; er versuchte eine Wiederbelebung des alten Mantel- und Degen-Lustspiels, ahmte aber auch französische Sittendramatiker nach; in Deutschland lernte man seine Modernisierung eines Dante-Motivs *Gran Galeoto* kennen. Ein ausgezeichneter Novellist war Pedro de Alarcón, 1833–1891; die anmutige Schwankerzählung *Der Dreispitz* diente Hugo Wolf als Stoff für eine komische Oper, Manuel de Falla für eine Ballettkomposition; aber auch ernste Stoffe wie die Novelle *Der Nagel* behandelte der Autor mit Meisterschaft. Von der spätromantischen, schon zum Symbolismus hinneigenden Lyrik Frankreichs wurde Gustavo Adolfo Bécquer, 1836–1870, beeinflußt; außerdem hielt er sich aber an die spanische Verstradition mit ihrer Bevorzugung der Assonanz. Bécquer, einer eingewanderten deutschen Familie entstammend, ist der Erneuerer der spanischen Lyrik geworden, weil er die überkommenen Anregungen mit echter und starker Eigenbegabung aufgriff:

Eine Hymne gigantisch und eigen
Verkündet den Tag in der Nacht meiner Seele;
Diese Blätter sind ihre Kadenzen,
Die weit mit der Luft in das Dunkel verbeben ...

So leitet er die Sammlung seines Gedichtbandes *Rimas* ein, mit Strophen von schwermütiger und inniger Liebe, von gedrungener Sinnbildlichkeit der Anschauung, von schicksalsumwogter Trauer.

Seine in Prosa geschriebenen *Legenden* – zwielichtig-prächtig mit einer Phantastik des Realen, die an Poe, wohl auch an Hoffmann erinnern – sind Zeugnisse seines intensiven Dichtertums.

Im äußersten Westen Europas, in Portugal, fand die Erinnerung an die große Zeit der Nation und an Camões ihren poetisch beredten Rühmer, als Almeida-Garret, 1799–1854, nach klassizistischen Dramen seiner Jugend in Versepen den dahindämmernden Geist der Nation aufrüttelte. Er trat auch als Lyriker mit Gedichten hervor, die von portugiesischen Literaturhistorikern als die besten der neueren Zeit gewertet werden. Er machte als Herausgeber seine Landsleute wieder mit den alten Romanzen der Vergangenheit und mit den Dramen des Gil Vicente vertraut. Vornehmlich diese Arbeit hat sich als fruchtbar erwiesen, denn Julio Dantas, geboren 1877, hat mit mehreren Bühnenwerken teils naturalistisch-tendenziösen, teils poetisch-stilisierten Charakters zunächst in Portugal selbst, dann auch im Auslande Beachtung gefunden; die versifizierte Causerie dreier Kirchenfürsten über die Liebe in dem Einakter *Das Nachtmahl der Kardinäle* entzückt mit einer Sprachkunst, die

... wie Champagnerschaum
Im Glas sich wirbelnd dreht, ein Spitzenwerk, das kaum
den Boden streift ...

Über die künstlerisch sublimste Gestalt unter den angelsächsischen Romanciers unseres Zeitalters streiten sich Engländer und Amerikaner, welchem Schrifttum sie zuzurechnen sei. Denn Henry James wurde 1843 in New York geboren, siedelte aber – nach mehrjährigen Aufenthalten in Europa während seiner Kindheit und Jugend – schließlich 1875 nach England hinüber, wo er 1916 auf seinem Landsitz gestorben ist. Wie sein Leben zwischen der Neuen und Alten Welt verlief, so behandelte er auch in seinen Romanen häufig die Beziehung zwischen amerikanischem und europäischem Wesen. James' psychologische Schriftstellerei wurde lange Zeit fast nur im engen Kreise von Kennern geschätzt, bis etwa seit den zwanziger Jahren sein Schaffen als beispielhaft für den zeitgenössisch-psychologischen Roman immer aktueller wurde. Hans Hennecke, Übersetzer einer berühmten Novelle von James – *Der Altar der Toten* –, charakterisiert den Autor:

Er ist unter den nordamerikanischen Romanciers des 19. Jahrhunderts der erste konsequente Psychologe; er blieb bis heute – neben Dostojewskij und Marcel Proust – einer der größten und bahnbrechendsten. So ähnlich ihr Rang, so verschieden ist ihre Thematik; auch wenn sie bei ihnen allen um den Bestand oder Untergang der Zivilisation kreist. Wo diese bei

Dostojewskij – in dem abgründigen Ernst der Selbstergründung seiner Menschen – im Zustand ihrer Selbstauflösung Ausdruck findet, und bei Proust – in dem Solipsismus seiner Gestalten, in der genießerisch resümierenden Suche des Ich nach seiner verlorenen Zeit – im Zustande des Verfalls, da wurde Henry James der Vertreter ihrer eigensten Wertmaßstäbe und der erfinderische Darsteller ihrer Wirklichkeit und ihres Gesichts. Er nahm sie durchaus ernst – wie keiner der großen geborenen Psychologen sonst –, weil er ihre Welt zugleich leidenschaftlich ‹befragte› und ‹ignorierte›; und das heißt hier: weil er sie als Romancier zugleich zu einer mit erregendem Detail gesättigten Wirklichkeit und zu seinem schöpferischen Traumbild machte ... Wenn der Mensch Dostojewskijs letzthin Gott sucht, der Mensch Marcel Prousts vor allem die erinnerungsträchtige ‹Sensation› des Geistes und der Seele, so geht es Henry James immer wieder um die heimlichsten und zartesten Spielregeln des Lebens der Menschen unter- und miteinander: um den inneren Takt und den äußeren Dekor des Zusammenlebens.

Ein solches Künstlertum ist europäisch und fand denn auch, wie T. S. Eliot, seine wahre Heimat in der Alten Welt. Der Schilderer des einzelnen Menschen im Gefüge der Gesellschaft wurde aber dadurch ein Romancier des 20. Jahrhunderts, daß er von seiner bewußt ausgeübten darstellerischen Technik – ähnlich wie André Gide – seinen Romanen schließlich jeweils selbständige Rechenschaftsberichte vorausschickte: ein Referat über Entstehung, Umwandlung der Motive und formale Kristallisation. Insofern gehört er zu den analysierenden und meditierenden Autoren der Zeit, die den Roman-Verfasser als «modernen Alchimisten» ansehen. Als Hauptwerke gelten *Die Gesandten, Bildnis einer Dame* und *Prinzessin Casamassima*. Die distinguierte Stilkunst James' wird in England auch von jenen Kritikern anerkannt, die sich sonst von ihm distanzieren – weil sie, wie E. M. Forster schreibt, sich nicht für James erwärmen können, obwohl sie ihn verstehen und Organ für seine Wirkungen haben. Sie können seine Voraussetzung nicht mitmachen, «daß nämlich das menschliche Leben größtenteils zum Verschwinden gebracht werden müsse, ehe er uns einen Roman schreiben kann».

Im ersten und zweiten Jahrzehnt unseres Säkulums wurde jener amerikanische Dichter einer der aktivsten Geistesväter des poetischen Expressionismus, der in demselben Jahre wie Melville geboren war – aber lange vor dem Epiker sozusagen als d e r moderne amerikanische Dichter überhaupt galt. Walt W h i t m a n, 1819–1892, brach entschlossen mit allen formalen Traditionen, als er seine *Grashalme* veröffentlichte: eine Sammlung von Gedichten, deren sprachlicher Rhythmus allein die Schwingungen der Zeilen bestimmt, ohne Reime, nur der inneren Aktion des Ausdrucks gehorchend. Halb episch, halb hymnisch sind die Rhapsodien – geformt, wenn man überhaupt von Form reden kann. Vielen erschien diese Dichtung als prophetischer Anruf eines neuen Menschheit-Zeitalters: des Amerikanismus, der Demokratie, der Massen – und war doch mehr und auch weniger. Emerson ahnte das Ereignis Whitman voraus, als er schrieb: «Vergebens schaue ich nach dem Dichter aus, den ich beschreibe. Wir wenden uns weder mit genug Einfachheit noch mit genug Tiefe an das Leben, noch wagen wir, unsere eigene Zeit oder unsere sozialen Umstände zu besingen. Wenn wir unseren Tag mit Tapferkeit ausfüllen, so sollen wir nicht davor zurückschrecken, diese auch zu verherrlichen ... Wir in Amerika hatten noch keinen Genius, der mit souveränem Blick den Wert unserer unvergleichlichen Zeit erkannt und im Barbarismus und Materialismus einen neuen Maskenball derselben Götter gesehen hätte, deren Gemälde er so sehr bei Homer, im Mittelalter und im Calvinismus bewundert. Banken und Tarife, die Zeitung und die Wahlen, Methodisten und Unitarier sind langweilig und stumpfsinnig für stumpfsinnige Menschen, ruhen aber auf denselben wunderbaren Gründen wie Troja und der Tempel von Delphi und vergehen ebenso schnell wie diese. Unser Gemeinschaftsgeist, unsere Volksreden und ihre Politik, unser Fischfang, unsere Neger und Indianer, unsere Schiffe, unsere Schuldverwerfungen, die Wut der Schurken und der Kleinmut der Anständigen, der Handel im Norden, die Pflanzungen im Süden, die Urbarmachung im Westen, Oregon und Texas sind noch immer unbesungen. Dennoch ist Amerika in unseren Augen ein Gedicht, seine weite Ausdehnung erfüllt die Vorstellungskraft mit Glanz, und es wird nicht mehr lange auf sein Versmaß warten müssen.»

Und dann erlebte der große Essayist dieses amerikanische Versmaß, als Whitman die Kaskaden seiner Anrufungen verströmen ließ:

Walt Whitman, ein Kosmos, von Manhattan der Sohn,
Ungestüm, fleischlich, sinnlich, essend, trinkend und zeugend,
Kein Empfindsamer, keiner, der über Männern und Weibern steht oder
Nicht bescheiden, noch unbescheiden ...   [abseits von ihnen,
Durch mich schwellen und schwellen die Fluten des Geists,
Durch mich der Sturm und Zeiger.
Ich spreche die urerste Losung, ich gebe das Zeichen der Demokratie,
Bei Gott! Ich will nichts haben, woran nicht alle zu gleichen Bedingungen
Durch mich viel langverstummte Stimmen,   [teilhaben können.
Stimmen endloser Geschlechter, Gefangener und Sklaven,
Stimmen der Kranken und Verzweifelnden und von Dieben und Zwergen,

Stimmen von Kreisläuften des Werdens und Wachsens
Und von Fäden, die die Sterne verbinden, und von Vatersamen und
Und von dem Rechte derer, die unterdrückt sind von andern,   [Mutterschoß
Der Verwachsenen, Blöden, Flachen, Narren, Verfemten,
Des Dunsts in der Luft, der Käfer, die Bällchen aus Dünger rollen.
Durch mich verbotene Stimmen,
Stimmen der Geschlechter und der Begierden, verschleierte Stimmen, ich
                                                    [ziehe den Schleier weg,
Unzüchtige Stimmen, durch mich erhellt und verklärt ...
Ich glaub an das Fleisch und an die Begierden,
Sehen, Hören und Fühlen sind Wunder, und jeder Teil und Fetzen von
                                                    [mir ist ein Wunder.
Göttlich bin ich innen und außen und heilige, was ich berühre oder was
Der Duft dieser Achselhöhlen ist ein feinres Arom als Gebete, [mich berührt,
Dies Haupt mehr als Kirchen, Bibeln und jedes Bekenntnis ...

So bejaht er sich selbst und das All – der bärtige Mann, den eine
Photographie im zweiundsiebzigsten Lebensjahre vorführt wie
einen Patriarchen, der zugleich erinnert an ein urmythisches Totem-
wesen, tierhaft und heilig. Dieser Eroberer eines Kontinents für die
Poesie war mehr als nur ein Bereicherer der literarischen Stoffe,
obwohl zunächst die Faszination eben von seinen Beschwörungen
gewaltiger Länder, Berge und Ströme, zugleich der Zeitwelt mit
ihren monströsen Städten, Industrien und ihrer Rassenmischung
ausging. Er deutet in eine Zukunft der Dichtung, in der für neue
Gesichte neue Formen erforderlich sein werden. Er war jedoch ein
vorläuferhaftes Ereignis – noch nicht die Erfüllung: denn die Fülle
ruht nicht in der Masse –, und wer die Fülle dicht machen will,
damit sie Erfüllung werde, wird ihr zwar ein neues, aber be-
zwingendes, auswählendes Gesetz der Form auferlegen: ein Be-
rauschter, aber nicht minder ein Beherrschender.
Selbst die angelsächsische Literaturkritik und -geschichte hat erst
um die Zeit des ersten Weltkrieges diejenige dichterische Kraft
Amerikas wirklich erkannt, die man als etwa gleichgewichtig neben
das Ereignis der modernen Hymnik Whitmans setzen konnte: die
Lyrikerin Emily Dickinson, 1830–1886. Ihre Verse wurden jahrzehntelang überhaupt nicht annähernd vollständig aufgelegt; heute
ist man geneigt, sie zu den größten Dichterinnen zu zählen. Ein
Zeitgenosse hat ihr sozusagen transparentes Wesen beschrieben:

Ein Schritt wie das Trippeln eines Kindes, und herein glitt eine kleine
unscheinbare Frau mit rötlichen Haaren, die wie zwei glatte Bänder ihr
Gesicht umrahmten ... Sie kam mir entgegen mit zwei Lilien, die sie mir
mit einer kindlichen Geste in die Hand gab, und sagte: ‹Dies ist meine

Einführung›, in einer leisen, ängstlichen, atemlosen, kindlichen Stimme und fügte flüsternd hinzu: ‹Verzeihen Sie, wenn ich ängstlich bin; ich sehe nie fremde Menschen und weiß kaum, was ich sagen soll.›

In Emily Dickinsons Lyrik, die bereits Einflüsse auf die Verskunst unserer Tage ausübt, verrät sich der schöpferische Impuls im Willen zum fast aggressiven Ausdruck des Angeschauten oder Gefühlten in knapper und dennoch gedrängter Fülle. Man hat ihre Wesensart mit derjenigen der Droste-Hülshoff verglichen, sie «Heilige und Kobold in einem» genannt. Sicherlich treffen solche Andeutungen jene geheime Mitte, in der die Auseinandersetzung zwischen dem Naturhaften und dem Geistigen bei ihr produktiv wurde.

Daß in der zweiten Hälfte des 19. Jahrhunderts derjenige Dichter englischer Zunge lebte, der vor allen Genossen seiner Zeit als der wahre Poeta Laureatus gilt und dessen Schaffen, mehr denn zwanzig Jahre nach seinem Tode erst entdeckt, bis heute die kühnste, modernste und großartig-tiefste sprachgeistige Offenbarung unseres Zeitalters im gesamten angelsächsischen Raume ist: dieses Phänomen zu bemerken, bedurfte es der metaphysischen Literatur des heutigen Englands. Gerard Manley Hopkins wurde 1844 geboren. Schon in seiner Jugend fiel die poetische Begabung auf: er erhielt zweimal einen Preis für lyrische Gedichte – aufgewachsen «in einem Lande, das noch die Dichterkrone verleiht und lyrischen Drang nicht als Pubertätserscheinung ansieht, die sich verwächst», wie Hopkins' deutsche Übersetzerin Irene Behn in ihrer Einführung sagt. In Oxford hat sich dann jene innere Umwandlung vollzogen, die den Zweiundzwanzigjährigen zum Katholizismus konvertieren ließ. Hopkins hatte kurz zuvor an Kardinal John Henry Newman, 1801–1890, geschrieben:

Ich bedarf keiner Führung zu irgendwelchen Glaubensergebnissen; denn ich bin dankbar, sagen zu können: mein Geist ist bereitet. Doch die unumgängliche Notwendigkeit, katholisch zu werden, überkam mich plötzlich (obgleich ich lange zuvor schon eingesehen habe, wo die einzige unanfechtbare Position liegt) – und das hat meinen Geist in qualvolle Verwirrung gebracht hinsichtlich meiner unmittelbaren Pflicht in meinen Umständen.

Zwei Jahre nach dem Übertritt begann Hopkins' Noviziat in der Societas Jesu; als Pater Hopkins S. J. starb der Dichter im Jahre 1889.

Nach seinem Eintritt in den Jesuitenorden legte er sich jahrelang strengste Enthaltsamkeit von jeder poetischen Produktion auf; erst ein direkter Auftrag eines Ordens-Oberen eröffnete wieder den

Quell seiner Dichtung. In dieser Zeit des Schweigens hatte sich seine innere Erfahrung geklärt, seine Sprachkraft konzentriert, seine sinnenhafte Anschauung gereift und erweitert. Nunmehr brach ein Katarakt geballter, überwältigender und buchstäblich «unerhörter» Expression hervor. Diese Sprache bestürzte seine ersten Leser; selbst Robert Bridges, lange offizieller «poet laureate» und ein wohlmeinender Freund des Dichters, dessen Verse ihn «mehr als alle andern außer sich hinrissen», wagte es nicht, sich ganz zu dieser neuen Kunst zu bekennen. Nach Hopkins' Tode machte Bridges das Publikum nach und nach durch Aufnahme in Anthologien mit diesen Dichtungen versuchsweise vertraut; deshalb zeigt sich die mit Rimbaud an Schöpferkraft vergleichbare Gestalt Hopkins' erst gegenwärtig in einer Wirksamkeit, die der französische Dichter-Jüngling sogleich bei seinem Erscheinen ausübte. Nachdem die modernen englischen «metaphysicals» Hopkins entdeckt haben – ihn, «einzig unter den Viktorianern, weil seine rein dichterische Kraft so viel größer war», wie sein Herausgeber Charles Williams sagt –, dringt seine Lyrik allmählich auch in Amerika und in den Kontinent ein. Große Dichtung ist immer identisch mit Erneuerung der Sprache. Hopkins hat den Reichtum des Englischen, den germanische Idiome und deren romanisierte Abwandlung im Bunde mit antiken und keltischen Sprachwelten hervorgebracht haben, befreit aus den Banden der akademisch-konventionellen Glätte; die Tonsilben als die tragenden Akzente verstärkt; stabreimende Wucht mit vielverschränktem Melos der Binnen- und Endreime gepaart; gelegentlich archaische Wortformen wiederbelebt.

Hopkins' Lyrik – sein Tagebuchwerk harrt noch der Erschließung – und die Verse von Francis Thompson, 1859–1907, haben die zeitgenössische englische Dichtung begründet. Es war gut, daß gerade diese beiden der Anruf des inneren Zeitgeistes traf: denn sie waren grundverschieden in ihrem Naturell und als Meister des Wortes – aber es vereinte sie derselbe Glaube. Auch Thompson war katholisch, und wenn die neueste englische Literatur eine Festigung des Royalismus und der Religiosität trotz und sogar mit der Demokratie zeigt, dann wird es deutlich, wie sehr das Auftreten von Hopkins und Thompson der «Forderung des Tages» entsprach. Thompson, eine franziskanische Gestalt, seinem Äußeren nach «etwas zwischen einem Laternenanzünder und einem Literaten», wie Everard Meynell als Biograph berichtet, leitet die neue Ära der Poesie ein, als er, ein noch völlig Unbekannter, ein Gedicht durch die Post an eine Londoner Zeitung zur Veröffentlichung sandte; der Schriftleiter muß ein witternder Mensch gewesen sein, denn er bemühte sich sofort, den Absender ausfindig zu machen. Diese neue Lyrik hat Shelley zum Ahnherrn, dem Thompson einen klassischen Essay widmete, der mit den Worten beginnt:

Die Kirche, welche einstmals die Mutter der Dichter war, nicht weniger als der Heiligen, hat während der letzten beiden Jahrhunderte die Herrlichkeiten der Dichtkunst Fremdlingen überlassen, wenn auch die Herrlichkeit sie für sich behalten hat ... Dichtkunst im weitesten Sinne, auch wenn nicht erklärterweise irreligiös, ist zu lange unter vielen Katholiken entweder Mißachtung oder Mißtrauen begegnet; zu stark und zu allgemein ist das Gefühl gewesen, daß sie im besten Falle überflüssig sei, im schlimmsten verderblich, sehr oft gefährlich. Einst war Dichtkunst, wie es sein sollte, die geringere Schwester und Gehilfin der Kirche; Wärterin des Geistes, wie die Kirche der Seele. Aber die Dichtkunst sündigte, die Dichtkunst fiel; und anstatt sie zurückzuleiten in Liebe, warf der Katholizismus sie vor die Türe, daß sie den Füßen ihres heidnischen Verführers folge. Die Absonderung ist schlimm gewesen für die Dichtkunst; sie ist nicht gut gewesen für die Religion.

Thompsons Lyrik gipfelt in zwei sehr verschiedenen, gewaltigen Hymnen. Die weltliche ist ein *Korymbos für den Herbst* mit Rhythmen von dionysischer Pracht. Die geistliche Hymne heißt *Der Jagdhund des Himmels*, worin der Dichter die Gnade Gottes, die selbst die widerspenstige Seele findet, vergleicht einem aufstöbernden Jagdhunde – eine Erfahrung, der Augustinus einmal Ausdruck gab in den Worten: «Die Gnade ist unwiderstehlich.»

Als Hopkins und Thompson auf dem Kontinent bekannt wurden, richtete sich die Aufmerksamkeit auch auf einen dritten katholisch konvertierten Lyriker Englands, der jenen beiden voraufging. Coventry Patmore, 1823–1896, als der weitaus ältere, gehört nach dem strophisch-formalen und sprachlichen Zustand seiner Kunst denn auch mehr der Viktorianischen Zeit an. Seine Wirkung beruht nicht eigentlich auf urtümlicher Kraft der Aussage; sie verdankt sich eher der Inbrunst des Gefühls – vor allem aber seiner Fähigkeit, das Sinnenhafte gleichsam ätherisch, das Visionäre als ein Irdisches zu gestalten. Neben vergessenen konventionellen Versen sind es vornehmlich sein lyrischer Zyklus *Der Engel des Hauses* als religiöse Feier der ehelichen Liebe – in deren Ausklang Hopkins «eine Welt von Weisheit und Witz» wahrnahm –, sodann die späteren *Oden*, mit denen Patmore für die englische Versdichtung eine eigentümliche und weiterwirkende Bedeutung errang. Paul Claudel hat Gedichte Patmores ins Französische übertragen.

Der metaphysische Strom in den Dichtungen von Hopkins und Thompson scheint vorderhand auf das englische, ja selbst auf das

ernst zu nehmende amerikanische Schrifttum stärkere Einflüsse auszuüben als die symbolistische Literatur, deren Repräsentant in England Oscar Wilde gewesen ist. Oscar O'Flahertie Wilde wurde in
Dublin am 15. Oktober 1856 geboren. Sohn eines interessanten El-
ternpaares, der er war, fiel er unter den Studenten schon als aus-
nehmende Frühbegabung auf – mindestens ebenso auch als Dandy,
Snob, immoralistischer Ästhet und Faulpelz. Seine bonmots illu-
minierten die Salons, seine divinatorische Einfühlungsgabe und
glänzende Terminologie verstreuten Einsichten in Kunst und Psychologie. Den puritanischen Gesellschaftskreisen war der Dandy
Wilde längst ein Stein des Anstoßes, und so war man nur allzu
bereit, die Beziehungen des Dichters zu einem jungen Mann der
höchsten Zirkel zum Anlaß einer gründlichen Verfolgung auszu-
werten: Wilde wurde mit Zuchthaus bestraft, seine öffentliche Rolle
war ausgespielt, ein gebrochener Mann schien zurückzukommen.
Aber eine Wandlung hatte dieses Schicksal in ihm bewirkt: «de
Profundis» tönte nunmehr seine mit den ewigen Mächten vertraut-
gewordene Stimme. In Paris ist der Dichter am 30. November 1900
gestorben.
Nicht seine Lyrik hebt ihn ins Überzeitliche, so gewandt sie technisch gearbeitet ist mit ihren impressionistischen Assoziationen der
Anschauung und des Gefühls. Auch viele seiner glitzernden Paradoxen leuchten nicht mehr wie am Tage ihrer Improvisation; aber
wenn Oscar Wilde sie in seinen atemlos geistreichen Gesellschafts-
komödien – *Eine Frau ohne Bedeutung*, *Lady Windermeres Fächer*
und *Bunbury* – versprüht, bewähren sie noch ihre Zündkraft, weil
sie Energien einer elektrisierenden Dialogführung sind. Der Stilist
Wilde siegt auch in den verspielt-poetischen Märchen und in einigen
Novellen. Sein Roman *Das Bildnis des Dorian Gray* streift die Zone
der Dichtung: das Thema hat Beziehungen zur Welt Hoffmanns
und Stevensons, dessen Jekyll- und Mr.-Hyde-Motiv in Wildes
Buch metaphysisch und ethisch zum Symbol gesteigert wird. Aus
Wildes Spätwerk klingt die *Zuchthausballade* erschütternd über die
Zeiten; ob sich die anfangs französisch geschriebene *Salome* halten
wird, wird die Zukunft lehren.
Weil über ein halbes Jahrhundert seit dem Tode Oscar Wildes vergangen ist, hält man ihn unwillkürlich für älter und einer früheren
literarischen Phase zugehörig als George Bernard Shaw, 1856
bis 1950. In Dublin geboren, lebte der Autor zäh und hartnäckig,
und so gehörten ihm lange der Tag und die Gegenwart im Ge-
denken des Publikums. Bereits als über Neunzigjähriger hielt er die
Lebensdauer des Menschen keineswegs für ausreichend; selbst bei

patriarchalischem Alter befände man sich immer noch in höchst unreifer, geradezu «grünschnäbeliger» Verfassung; man brauche mindestens 300 Jahre, um alle menschlichen Möglichkeiten auszuschöpfen – so meint er in seinem gedanklichen Debatten-Mysterium «Zurück zu Methusalem», dem, wie so vielen seiner Stücke, ein für seine biologisch orientierte Weltanschauung ungemein aufschlußreiches Essay-Vorwort beigegeben wurde. «G.B.S.» kapitulierte denn auch erst 1950 vor dem Tode, der ihm buchstäblich ein Bein gestellt hatte: der Greis konnte sich von einem Oberschenkelbruch nicht mehr erholen.

Bemerkenswert ist die Doppelrichtung seiner Natur, mit der er sich in seinen schriftstellerischen Anfängen legitimierte: ebenso vertraut mit der Musik Richard Wagners wie mit dem «Kapital» von Karl Marx, begann er als Musikreferent und als sozialkritischer Bühnenautor. Als Sozialist fühlte sich Bernard Shaw; er meinte aber nicht den kontinentalen, marxistischen Sozialismus, sondern den Sozialismus der Fabian Society, der mit typisch englischer, realistischer Wahrung einer organischen Tradition die zeitgemäße Erneuerung des mittelalterlichen Zunftwesens im Sinne eines Gilden-Sozialismus anstrebt. Zu den Führern dieser Gesellschaft gehörte Shaw längere Zeit selbst, nachdem er häufig seine Einwände gegen den «dialektischen», also auf überwiegend verstandesmäßiger Basis gegründeten Marxismus formuliert hatte. Denn Bernard Shaws Lebens- und Weltanschauung gipfelt in einer ethischen und fast gläubigen Verehrung der sich evolutionistisch zwar langsam, dennoch aber sinnvoll vollziehenden Herrschaft des Geistes. Von diesem Gedanken sind seine Dramen erfüllt, deren stattliche Reihe sein eigentliches Werk ausmacht und die zusammen mit ihren Vorreden die Wirkung seiner Romane und sicherlich auch seines vorgeblich für die Frau geschriebenen Buches über den Sozialismus überdauern werden.

Der Schauspielautor Shaw wurde von Ibsen erzogen. Diese Schülerschaft ist bei der gedankenklaren Architektur seiner Stücke, für die er bei Ibsen das exakte Vorbild fand, durchaus begreiflich. Aber Shaw bewegte sich anfangs auch in der gesellschaftskritischen Bahn seines Meisters, wobei ihn jedoch von vornherein der Humor vor bloßen Konstruktionen bewahrte. Außerdem pulsiert in seinen Spielen ein so vitales Temperament, daß er sich nur ein einzigesmal als Künstler vergriff: das geschah, als er *Zurück zu Methusalem* schrieb, worin das Spekulative überhandgenommen hatte und der Autor ein Nachlassen seiner Kraft glaubte bekennen zu müssen. Doch hatte er sich dabei in sich selbst geirrt: ihm war noch *Die heilige Johanna* vergönnt, die, von reinem Gerechtigkeitssinn, ungestümem Leben und zart verborgener Liebe durchströmt, ein Höhenwerk seiner mehrmals das große geschichtliche Schauspiel meisternden Dramatik wurde.

Es bleibe dahingestellt, inwieweit sich die vom Dichter selbst ironischerweise als «unerquicklich» charakterisierten Dramen – *Frau Warrens Gewerbe* – mit ihren bitteren Fragestellungen und herben Lösungen behaupten werden. Gesicherter erscheint dies bei den «Komödien des Glaubens» und den «Stücken für Puritaner» infolge ihrer geistigen Souveränität: *Major Barbara, Der Arzt am Scheidewege, Caesar und Cleopatra* gehören hierhin. Die Höhen eines vergeistigten Spiels erreichen manche «erquickliche» Stücke, etwa *Candida*, aber auch *Pygmalion* und *Man kann nie wissen*.

Shaw sah in der Zuerteilung des Nobelpreises an einen anderen irischen Dichter einen Glücksfall für die öffentliche Würdigung einer großen schöpferischen Begabung. Denn William Butler Yeats, 1865–1931, hat die mit dem europäischen Symbolismus aufkommende «keltische Renaissance» durch seine Leistungen legitimiert. Mit Erzählungen, mythisch-mystisch die Wirklichkeit durchschauend und gestaltend, mit geheimnisvoll funkelnden Gedichten, vor allem mit seinen Versdramen meist aus den heroischen und legendären Überlieferungen irischer Volkssagen schuf er eine hochpoetische Welt:

Literatur unterscheidet sich von erklärendem und wissenschaftlichem Schreiben dadurch, daß sie um eine Gemeinschaft von Stimmungen gewirkt ist wie der Körper um eine unsichtbare Seele … Mir scheint, daß diese Stimmungen die Arbeiter und Boten des Herrschers über das All, die Götter der uralten Tage, die noch auf ihrem geheimen Olymp wohnen, die Engel neuerer Tage sind, die auf ihrer schimmernden Leiter auf und nieder steigen, und daß Beweisführung, Theorie, Gelehrsamkeit, Beobachtung nur Illusionen unseres sichtbaren vergänglichen Daseins sind, die zu Dienern der Stimmungen gemacht werden müssen – oder wir haben keinen Teil an der Ewigkeit.

Der späte Yeats stieg aus keltisch-irischen Ursprüngen empor zu weltliterarischer Sphäre; der Dichter und Kritiker T. S. Eliot beschreibt diesen Vorgang:

In seiner letzten und größten Periode zeigt seine Dichtung das Bestreben, sich von den äußeren Requisiten Irlands freizumachen, und offenbar ist sie um so irischer, je weniger sie es sein möchte. Es handelt sich um einen bestimmten Rhythmus, um eine gewisse Modulation, eine gewisse Art, in einer Mindestzahl schmuckloser Worte etwas entscheidend auszusagen, die Mr. Yeats und niemandem sonst eigen sind.

Gerade der englische Roman des 20. Jahrhunderts liefert einen eindrucksvollen Beweis dafür, daß Zeitgenössischsein nicht an aktuelle Tagesdaten gebunden ist – denn über ein Vierteljahrhundert schon weilt die stärkste epische Kraft des modernen Englands nicht mehr unter den Lebenden, aber ihre Bücher sind zeitgenössischer denn das meiste, was seither an englischen und amerikanischen Romanen geschrieben wurde. Der Pole Joseph Korzeniowski, der sich nach seiner Naturalisierung in England als Schriftsteller Joseph C o n - r a d nannte, wurde am 6. Dezember 1857 in der Ukraine geboren. Trotz dieses kontinentalen Ursprungs rief ihn aber ein anderes Element als Heimat seines Herzens und seiner Seele an: der Ozean! Conrad hat die Weltmeere als Seemann kennengelernt – nicht nur bereist, denn in diesem Polen lebte die abendländische Unruhe, der individuelle Freiheitsdrang, ein Eroberertum, aber nicht wikingerhaft, sondern eher zivilisationsfeindlich. Sein Mißbehagen an dem saturiert eingerichteten Milieu des Bürgerlichen, sein Verlangen nach reinen, naturhaften Zuständen, nach Gefahr, seine Männlichkeit in Fühlen und Denken trieben ihn zum Kongo, nach Südamerika, ins malaiische Inselreich; dieser Zug ist bei ihm durchaus Natur – im Gegensatz zu Gides afrikanischen Episoden, die Korrekturen einer durch Überschärfe gefährdeten Intellektualität sind. Der französische Schriftsteller bewunderte die großartige Einheit in der sittlichen und künstlerischen Existenz Joseph Conrads, um deretwillen er sich die englische Sprache aneignete. Die See ist in den meisten Romanen des polnischen Engländers Schauraum des Epischen, so in *Taifun, Nostromo, Lord Jim* – nur ein paar Titel aus diesem vitalen Schaffen. Conrad hat seine Kunst nicht analysierend zerdacht, obschon er sich und der Öffentlichkeit gelegentlich Rechenschaft ablegte von der Verpflichtung des Autors. So schrieb er einmal:

Die Kunst selbst kann als ein zielbewußter Versuch bestimmt werden, der sichtbaren Welt die höchste Art der Gerechtigkeit zuteil werden zu lassen, indem sie die Wahrheit, die vielfältige und eine, ans Licht bringt, die jeder ihrer Erscheinungen zugrunde liegt. Sie ist ein Versuch, in ihren Formen, in ihren Farben, in ihren Lichtern, in ihren Schatten, in den Erscheinungen des Stofflichen und in den Tatsachen des Lebens das zu finden, was bei ihnen allen das Zugrundeliegende, was dauernd und wesentlich ist – ihre eine erleuchtende und überzeugende Eigenschaft – die eigentliche Wahrheit ihres Daseins. Der Künstler sucht also, wie der Denker und Wissenschaftler, die Wahrheit und macht seinen Appell ..., er steigt in sich selbst hinab und findet in dieser einsamen Region des Sturms und Drangs, wenn er würdig sein sollte und glücklich, die Bedingungen seines Appells. Er wendet sich an unsere weniger offenkun-

digen Fähigkeiten: an jenen Teil unseres Wesens, der wegen der kriegs-
mäßigen Bedingungen des Daseins notwendig innerhalb der widerstands-
fähigeren und härteren Eigenschaften versteckt wird – wie der verwund-
bare Körper in seiner Stahlrüstung ... Der Künstler wendet sich an den
Teil unseres Wesens, der nicht von der Weisheit abhängig ist; an das in
uns, das eine Gabe und nicht ein Erworbenes ist und daher dauernder
währt. Er wendet sich an unsere Fähigkeit zur Freude und Verwunde-
rung, an das unser Leben umgebende Gefühl des Geheimnisvollen, an
unseren Sinn für Mitleid, Schönheit und Schmerz, an das verborgene
Gefühl der Gemeinschaft mit der ganzen Schöpfung – und an die zarte,
aber unbesiegliche Überzeugung der Verbundenheit, welche die Einsamkeit unzähliger Herzen verknüpft, die Verbundenheit in Träumen, in
Freude, Leid, Sehnsüchten, Illusionen, Hoffnung, Furcht, die Menschen
miteinander verbindet, die die ganze Menschheit miteinander verbindet,
die Toten mit den Lebenden, mit den Ungeborenen.

Ein echter und rechter Erzähler soll Erzählenswertes behandeln,
nicht Belangloses artistisch aufhöhen zu einer Bedeutung, die es für
das Verlangen nach dem Substantiellen gar nicht hat. Joseph Conrads Gestalten geraten oft in das Außerordentliche, häufig der
äußeren Umstände, stets der seelischen Zerreißprobe; Motive und
Formung haben die Spannweite zwischen dem Tragischen und dem
Grotesken. Als der Dichter am 3. August 1924 in Kent gestorben
war, hatte er sich in der Elite englischer Autoren viele Bewunderer
erworben. Zu diesem guten Durchschnitt darf man trotz des milden
Lächelns leutseliger Literaten doch wohl auch John Galsworthy,
1867–1933, rechnen. Gewiß verbinden diesen Schriftsteller zähe
Fäden mit der viktorianischen Abenddämmerung, wenngleich ein
liebenswürdig-humoristisch gedämpfter Zug von Satire gelegentlich durch seine Bücher geht. Aber im ganzen gesehen ist es noch
das familiär behütete England der sicheren Staatsaktien, uner-
schütterlich regiert von der Bank von England, in denen seine impressionistisch aufgelockerten Romane spielen mit oft sehr privaten
Seelenschmerzen. Aber es gelang ihm in der Trilogie der *Forsyte-
Saga* ein plastisches Zeitbild der mittleren und höheren Gesellschaft
der Vorweltkriegs-Epoche; der verwirrende Einbruch der Schönheit
in eine moralisch und finanziell wohlanständige Welt wird dargestellt mit ein wenig melodramatisch anmutenden Kunstmitteln. Die
Fortsetzung dieser Trilogie in der gleichfalls drei Romane umfassenden *Modernen Komödie* hält als geschlossene Komposition nicht
die Höhe der «Forsyte-Saga». Galsworthy steht mit seiner Modernisierung der Tradition den Quellen des epischen Erzählens weit
näher als Herbert George Wells, 1866–1946, den man eine Zeitlang gegen ihn auszuspielen pflegte. Wells' gesellschaftskritische,

utopische und reformatorische Romane fanden wegen ihrer Themen und Probleme eine breite Leserschaft, in der sich fortschrittliche Bürger und rationalistische Kritiker zusammenscharten. Sein positivistischer Vitalismus hinkte zwar dem höheren geistigen Weltbild der Zeit nach; aber der optimistische und rationalistische Zukunftsglaube an das «Leben» bei Wells hat eine entwaffnende Naivität, während der religiös-kultisch aufgehöhte Prophetendrang gewisser moderner Autoren, dem triebhaften Leben oder gar dem anonymen Sexus zu huldigen und den Geist als den Feind zu verdammen, oftmals exaltiert und zudem unwahrhaftig erscheint: bekämpfen sie doch mit Waffen des Geistes – eben den Geist! David Herbert Lawrence, 1855–1930, schürte mit seinen fiebrig und monomanisch um das Geschlechtliche, besonders um den Haß im Geschlechtsverlangen kreisenden Romanen diese Stimmungen des modernen Großstadt-Europäers: eine vielleicht nicht beim Autor, wohl aber bei vielen seiner Bewunderer literarisch befriedigte Süchtigkeit. Im Mittelpunkt dieser übrigens früh schon vom Geraun und bald vom Skandal umwitterten Zelebrierung des Triebes steht der Roman *Lady Chatterleys Liebhaber;* das Erscheinen des Buches bis zu seinem Jahrzehnte später erst behördlich gestatteten, vollständigen Text im Jahre 1960(!) war pikant und interessant gemacht worden durch das eingreifen des Staatsanwalts. Heute mutet manche indezente und überdeutliche Partie übrigens nicht nur dieses Romanes von Lawrence ein wenig jugendstilverbrämt an. Als künstlerisch vielleicht gelungenstes Buch aus der reichen Produktivität des Erzählers möchte man *Die gefiederte Schlange* bezeichnen; einige irritierend anziehende *Novellen* gehören ebenfalls zu dem für unser Jahrhundert wohl Bleibenden.

Während sich vor dieser Selbstauflösung von Kunst und Geist ein gesunder Instinkt in England für Rudyard Kiplings, 1865–1936, männliche und ungebrochene Epik, wie sie sein *Dschungelbuch* und der Roman *Kim* bieten, entschied, den Schriftsteller auch als einen «Empire»-Mann schätzend im teils wissenden, teils unbewußten Vorgefühl vom Ende eben dieses Empire, erhoben die Wortführer der Zivilisationsliteratur jenen Autor, dessen Werk den Zusammenbruch der überlieferten Kunstform des Romans überhaupt darstellt. Es handelt sich um den Iren James Joyce, 1882–1941, vornehmlich um seinen Roman *Ulysses*. Man hat dieses Werk in einem Atem mit Marcel Prousts «Suche nach der verlorenen Zeit» genannt, wenn man die symptomatischen Romane des 20. Jahrhunderts hervorheben wollte. Welch ein Verkennen des an sich doch offenbaren Tatbestandes, daß der Franzose zwar einen äußersten

Grad der analysierenden, solipsistischen Prosaepik erreicht, aber doch den inneren und äußeren Maßen seines Berichtens ein kunsthaft organisierendes Formgesetz verliehen hat – während der Ire eine Bestandaufnahme von diffusen, simultanen, naturalistisch-psychologisch notierten Einzelheiten bietet, die mit dem Wesen der Kunst als organischer und organisierter Form nichts zu schaffen hat. Die Zertrümmerung der Form entspricht dem Chaos der zeitgenössischen Daseinsstimmung, deren ethisches und ästhetisches Wertgefüge zugrunde gerichtet wurde – ein Prozeß, an dem sich die Mitwelt obendrein noch herostratisch beteiligt! Den sachlichen Befund spricht einmal der englische Romancier E. M. Forster aus:

Diese bemerkenswerte Angelegenheit, vielleicht das interessanteste literarische Experiment unserer Zeit, hätte nicht zustande kommen können, ehe Joyce als Leitseil und Angelpunkt die Welt der Odyssee besaß. Ich berühre hier nur eine Seite des Ulysses: natürlich ist es weit mehr als ein phantastischer Roman – es ist ein hartnäckiger Versuch, die Welt in den Schlamm zu ziehen, eine Umkehrung des Victorianismus (!), ein Versuch, die anmutige und lichte Seite des Lebens scheitern und statt dessen Verkehrtheit und Unflat triumphieren zu lassen, eine Vereinfachung des menschlichen Charakters im Dienste der Hölle. Alle Vereinfachungen faszinieren und führen von der Wahrheit ab (die dem Wirrwarr von ‹Tristram Shandy› näher liegt), und daß Ulysses auch eine Moral enthält, will nichts besagen ... Ulysses gehört hierher, weil Joyce es mittels eines Mythos fertiggebracht hat, das besondere Gerüst und die Gestalten zu schaffen, die er brauchte. Was sich in diesen 400 000 Worten abspielt, ist ein einziger Tag, die Szene ist Dublin, das Thema eine Reise eines Mannes unserer Tage von morgens bis mitternachts, vom Aufstehen zu den schmutzigen Obliegenheiten des gemeinen Durchschnitts, zu einem Begräbnis, zur Redaktion, Bibliothek, Kneipe, zum Abort, Krankenhausbett, Strandbummel, Bordell, Café und wieder ins Bett. Das hat Zusammenhalt, weil es an die Irrfahrt eines Helden durch die griechischen Meere angeknüpft ist wie eine Fledermaus, die an einem Dachsparren hängt. Ulysses selbst ist Mr. Leopold Bloom, ein getaufter Jude, habgierig, geil, ängstlich, würdelos, sprunghaft, oberflächlich, sanftmütig und immer dann am elendesten, wenn er emporzustreben meint. Er versucht im Fleischlichen dem Leben auf den Grund zu kommen ... Himmel und Erde füllen sich mit infernalischem Leben, Personen lösen sich auf, die beiden Geschlechter vertauschen sich, bis das ganze Universum, mit dem armen amüsierfreudigen Mr. Bloom, in eine einzige freudlose Orgie verstrickt ist. – Ist das nun gelungen? Nein, nicht ganz. Entrüstung in der Literatur glückt nie ganz, weder bei Iuvenal, noch bei Swift, noch bei Joyce ... Und das ganze Buch hindurch gibt es ähnliche Experimente – mit dem Ziel, alles und jedes, insbesondere Zivilisation und Kunst, herabzuwürdigen, indem das Innere nach außen und das Oberste zuunterst gekehrt wird.

Der «innere Monolog», der sich besonders gegen Ende des «Ulysses» auf breiten Strecken des Romans ausdehnt, hat vielfach in der Machart späterer Romane nachgewirkt; kunsthaft wurde aber dieser technische Trick, der bei Joyce im Stenogramm verbleibt, erst im «Tod des Vergil», dem wesentlichsten Roman Hermann Brochs. Von den Parteigängern und Bewunderern Joyces werden neben dem «Ulysses» andere Bücher zum Teil noch höher geschätzt, so vor allem *Finnegans Wake*, in einer abseitigen, traumartigen Sprache verfaßt, die wohl gänzlich unübersetzbar bleibt. Daß Joyce einen im Grunde destruktiven Künstlertyp verkörpert, mag auch damit zusammenhängen, daß er ein heftiges Ressentiment gegen seine Jugend und gegen die Stadt Dublin nicht überwinden konnte; der rätselhafte Mensch und Autor schlug sich erbittert gleichsam auf die Gegenseite seiner selbst – soweit der ethische Sinn angesprochen wurde. Sein Einfluß auf Zeitgenossen und auf Jüngere ist symptomatisch für die intellektuelle Bösartigkeit mancher Literatenkreise nach dem zweiten Weltkrieg.

Es war überwiegend ein literatenhafter Kreis, an den sich die Romane des verabsolutierten Bewußtseins wandten; den Bedarf des breiteren Publikums deckten nach wie vor Ereignisromane mit möglichst neuen stofflichen Themen und populären Tendenzen. Unter der ungeprüften Voraussetzung, daß die Neue Welt auch eine junge Welt sei, stürzte man sich begierig auf die amerikanische Romanproduktion, deren materiale Massen schon als solche wie Entdeckungen wirkten, vorgetragen in einem handfest realistischen oder naturalistischen Halbstil, gemischt aus verspäteter Nachahmung Zolas und ähnlicher europäischer Autoren mit «zeitnaher» Reportage für begebenheits- und spannungshungrige Schnelleser. Die Romane von Theodore D r e i s e r, 1871–1945, darunter die wegen ihres einem Kriminalfall entlehnten Themas weitverbreitete *Amerikanische Tragödie*, leiten eine neue, anfangs mehr dem Dokumentarischen als dem Psychologischen verpflichtete Phase des Naturalismus ein. Die wesentlichere Leistung Dreisers dürfte jedoch eher als in seinen reportagehaften Romanen in seinen short stories liegen: hier offenbart sich zuweilen eine fast visionäre Schau naturhafter Triebmächte des Schicksals, gelegentlich selbst die Sphäre einer dämonischen Mythik berührend. Mit Dreisers Arbeiten verglichen hat Upton S i n c l a i r s, geboren 1878, vielbändiges, weitgehend der sozialistischen Propaganda dienendes Werk mit einer Literatur als Kunst eigentlich kaum etwas zu tun; einige Romane erzielten aber nicht nur um ihrer Tendenz, sondern um ihrer thematisch-neuen Eindringlichkeit willen geradezu Bestseller-Erfolg. Die weitaus stärkste epische Kraft war Jack London, 1876–1916, der mit seinen Kurzgeschichten aus Alaska und der Südsee realistisch-romantische, atemberaubende Abenteuermotive packend, aber oft stilistisch sorglos geschrieben hat; sein dichtestes Buch dürfte *Der Ruf der Wildnis* sein. Die gesellschaftskritische Satire in den Romanen von Sinclair Lewis, 1885–1951, errreicht gelegentlich die künstlerisch reine Sphäre eines verhalten tragischen Humors, wie es sein den Typus des Durchschnittsamerikaners schildernder *Babitt* zeigt. Vielleicht wird aber die Nachwelt diese Romane nur noch in einer historischen Inventur verzeichnen – denn auf dem Parnaß bewahren unweigerlich nur formgeprägte Werke dauernden Kurswert: die meisten Romane gleichen nun einmal im Hinblick auf den, wie man ein wenig emphatisch sagt, «ewigen Vorrat» doch nur dem rasch abgewerteten Papiergeld. Möglicherweise hält sich als ein Gebilde härterer Währung *Der letzte Puritaner* von George Santayana, 1863–1952, dem gebürtigen Spanier, der seine Jugend- und Mannesjahre in den USA verbracht hat. Dieser Roman ist die epische Summe eines Philosophen, der wie mancher Amerikaner seiner Generation geistig zwischen den Kontinenten, in gewisser Beziehung nirgendwo beheimatet war und dennoch – oder gerade deshalb – die Alte und die Neue Welt miteinander zu konfrontieren vermochte.

Die Zeit wird darüber befinden, ob die nach Walt Whitmans anfeuerndem Ruf unternommenen Versuche einer eigenständigen nordamerikanischen Lyrik in die Zukunft weisen, sei es als Vorbereitung, wie das Poesie und Groteske originell verschmelzende Werk Edwin Arlington Robinsons, 1869–1935 – sei es als neuer Typus, wie die mit ihren realistisch-bukolischen Idyllen so beachtliche, mit manchen Naturgedichten überzeugende Verskunst des mehrfach offiziell ausgezeichneten Robert Frost, 1875–1963. Diesem Dichter gelingen oft Strophen von eindringlichem, Menschenseele und Naturgezeiten vermählendem Gehalt.

In der angelsächsischen Welt wurde vor allem die «imagistische» Lyrik, deren Programm der Amerikaner Ezra Pound, geboren 1885, entwickelt und durchgeführt hat, von weitreichender Bedeutung. Weil dieser neue Kunststil die Lehre vom «reinen Bild» – einer Wortaussage, unbeeinflußt von gefühlsmäßigen wie von gedanklichen Zusätzen aus der Sphäre des Persönlichen – verkündete, nannte Pound sie «imagism», von dem lateinischen «imago» = Bild. Aber das imagistische Ideal wurde bald abgelöst von dem «Vortizismus»: der Dichter solle das innere Bild geben, das sich aus einem schöpferischen Wirbel (vortex) forme. Wiederum war es Ezra Pound, der auch diese Tendenz beförderte – bis sie sich verflüchtigte und neuen Zielsetzungen wich. Jedesmal sah die englische und die amerikanische Jugend Pound in der vordersten Linie der Avantgardisten, wobei man zugleich die Verbundenheit des Wortführers mit der dichterischen Überlieferung früherer Epochen beachtete. Denn Ezra Pound hatte sich teils wissenschaftlich, teils kennerisch mit älteren romanischen, vornehmlich provenzalischen Lyrikformen beschäftigt – außerdem trachtete er dem inneren Kunstgesetz der chinesischen und japanischen Poesie nahezukommen. Für die moderne angelsächsische Lyrik wurden von Ezra Pounds Werken zuhöchst die *Cantos,* ein etwa 1916 begonnener und noch nicht abgeschlossener Zyklus von freirhythmischen Gedichten, das Dokument wahrhaft zeitgenössischer Verskunst. Die Cantos sind das Unternehmen einer sozusagen neuen Mythologie

von Büchern, Waffentaten,
Männern von großen Gaben
vorzeiten und auch heute – kurzum, dem üblichen
Gesprächsstoff intelligenter Leute –

wie es mit einer der vielen bezeichnend trockenen, absichtlich unaufgehöhten Wendungen einmal heißt. Die Gegenwart und vergangene abendländische wie asiatische Geschichte durchdringen sich motivlich, auch, wie angedeutet, formal-stilistisch; die zeitlose Natur und das zeitverhaftete Ich werden gleichfalls diesem intellektuellen Neo-Mythos eingeschmolzen. Den künstlerischen Wert der Cantos anerkennen selbst die Gegner, die sich Ezra Pound als Befürworter einer neuen, von unentwegt in politischen Schablonen denkenden Leuten als faschistisch denunzierten Weltanschauung gemacht hat. Aber das letzte Wort über Pound wird nicht von seinen zeitgenössischen Freunden oder Feinden gesprochen – und das gleiche gilt auch für seinen ein wenig jüngeren Landsmann Eliot, dessen frühes Verspoem *J. Alfred Prufrocks Liebesgesang* erst Ezra Pound auf jene Fassung zusammengestrichen hat, in der es nunmehr von seinem Urheber selbst als gültig angesehen wird.

Thomas Stearns E l i o t, 1888 geboren, studierte an der amerikanischen Harvard-Universität, dann an der Pariser Sorbonne, schließlich in Oxford. Seit 1914 weilt er für immer in England, erwarb die englische Nationalität und ging nach akademischer Lehrtätigkeit zu dem Verlagshaus Faber and Faber, das er heute leitet. Sehr wichtig wurde seine Herausgeberschaft der Zeitschrift *Criterion.* Äußerlich betrachtet umfaßt sein Oeuvre nur ein paar schmale Bände: das frühe, extrem moderne Versbuch *Das wüste Land*, ein Folge von Essays, einige Versdramen und schließlich als lyrische Summa *Die vier Quartette*. Sein Ruhm in der gesamten angelsächsischen Welt ist noch immer im Steigen begriffen – Eliot selbst aber nennt sich bescheiden einen «minor poet», einen Dichter geringeren Grades.

Eliot bezeichnet seinen Standort als «katholisch in der Religion, royalistisch in der Politik, klassisch in der Literatur» – und erkennt dabei, daß er, wie überhaupt der Mensch seit eh und je, besonders aber in einer abgebrühten und selbstvernichtungssüchtigen Epoche, nur eine einzige Weisheit hoffen könne zu erwerben:

die Weisheit der Demut – Demut ist endlos.

Mit dieser Erkenntnis verbindet sich aber das Wissen, stets unterwegs zu sein: also fern vom Ziele – wohl aber das Ziel im Blickfeld. Die Sicht neuer geistiger, musischer und gesellschaftlicher Wirklichkeiten verbürgt noch nicht deren Verwirklichung – es war jedoch ein ehrfurchtgebietender sittlicher und künstlerischer Mut bei Eliot, sich diesen Standpunkt überhaupt wieder zu erwerben. Denn «Das wüste Land» berichtete noch kraß von der Verzweiflung des heutigen Menschen, von der sumpfigen Gemeinheit der zeitgenössischen Welt mit ihrer innerlichen Entseeltheit und Gottlosigkeit. Nun zeigte sich aber, daß «Zeit» für Eliot ein metaphysischer Terminus ist: ein Geheimnis, weil das Ich innerhalb und außerhalb der Zeit beheimatet sei, verkörpert sowohl wie körperlos. Seine gedanklichen Untersuchungen in Kritiken und Essays umkreisen ebenso wie seine späteren Verse das Motiv der «Unterbrechung der Zeit durch das Zeitlose»; es gelte, den Indifferenzpunkt zwischen der Verlorenheit in der Zeit und der Geborgenheit im Sein für sich wie für die Epoche zu finden. In diesem Augenblick halte das Schicksal ein; die Indifferenz könne nihilistisch, aber auch mystisch geraten: eine Dunkelheit – aber es sei «die Dunkelheit Gottes», und «Glaube, Liebe und Hoffnung sind alle am Warten».

Eliot bekennt sich zu einer christlichen Gesellschaft –

nicht nur, weil ich selbst Christ bin, sondern weil ich mich mit dem Studium der modernen Gesellschaft befaßt habe. Das Ende des Christentums wäre das Ende unserer ganzen Kultur.

Als Dichter sucht er, auf den Spuren Vergils, Dantes und Miltons, einen genuin zeitgenössischen, dem 20. Jahrhundert legitim entsprechenden Stil der Poesie. Er fordert für das Drama nachdrücklich den Vers als Gesetz der Rede, eine den antiken Tragödien nachempfundene Komposition als dramaturgische Ordnung: nach diesen Prinzipien schrieb er seine Stücke, unter ihnen *Der Familientag* und

Mord im Dom. Das Heikle daran ist die liturgische Ausrichtung einer Kunst, die, wie das Drama, unter allen Umständen eine geformte Religiosität oder mindestens doch ein allen gemeinsames Weltgefühl bei den Zuschauern voraussetzt. Eliot ist sich darüber im klaren, wenn er sagt:

Je bestimmter die religiösen und sittlichen Grundsätze eines Zeitalters, desto freier kann sich das Drama auf das zubewegen, was man heute photographische Treue nennt. Je fließender, je chaotischer die religiösen und sittlichen Glaubensüberzeugungen, desto mehr muß sich das Drama auf die Liturgie ausrichten.

In apokalyptischen oder adventistischen Epochen hat wohl der «Logos» die Prärogative vor allen Künsten – ausgenommen die Dichtung, sofern die Macht des schöpferischen, das heißt unter Menschen: des benennenden, gestalt- und wertbestimmenden Wortes in ihr wirksam ist. Ob der Logos in der Dichtung Eliots, zuhöchst in seinen «Vier Quartetten», sich kunsthaft verwirklicht hat, kann man nicht wagen zu entscheiden. Anthropomorphisch, wie der Mensch eben urteilt und alles sieht, entscheidet er vorerst nach seinen dringlichsten Bedürfnissen. Daß T. S. Eliot zu ihm in der heutigen Situation als einer der Berufenen spricht, muß man anerkennen.

Als ein erhabenes Opfer der gegenwärtigen abendländischen Geisteskrise ragt der wesentlichste zeitgenössische Dichter unter den Skandinaviern hervor: vielbewundert als Autor, aber verfolgt vom Haß und Hohn politisch getrübten Urteils. Knut H a m s u n hatte die erste Jugend hinter sich, als Dostojewskij starb; der am 4. August 1859 Geborene stand damals in seinem einundzwanzigsten Lebensjahr. Dieser Hinweis bezweckt keineswegs nur eine äußerliche Verknüpfung von literargeschichtlichen Daten – es handelt sich um einen inneren Zusammenhang. Denn der norwegische Schriftsteller führt mit dem wichtigsten Buche seiner Anfänge, mit dem 1888 veröffentlichten schmalen Werke *Hunger*, das künstlerische Vermächtnis des russischen Dichters mit entscheidender Initiative für den modernen abendländischen Roman weiter. Hamsun übernahm von dem Russen den zugleich beunruhigenden wie suggestiv spannenden Kunstgriff einer indirekten Handlungsführung: der Leser wird scheinbar als ein Vertrauter des Milieus und der Personen angesprochen oder vielmehr mitten in die Vorgänge hineingestellt und verkehrt mit den Gestalten, die er allmählich kennenlernt, ohne daß ihm der Autor deren Charaktere, Lebensumstände und Pläne vorher bekanntgibt. Dadurch wird der Leser in den psychischen Kraftstrom der Begebenheiten zwingend hineingezogen; die Voraussetzungen der Ereignisse erschließen sich ihm manchmal erst kurz vor dem Ende des Buches, nachdem er sie vorher als eine immer dichtere atmosphärische Ausstrahlung an sich selbst erfährt.

Herkunft, Ausbildung und Tätigkeit seiner ersten Jugend- und Mannesjahre haben Hamsun nicht für die Literatur oder gar für das Literatentum geschaffen. Zwar erzog ein Pfarrer, Onkel des Knut Pedersen – dies der eigentliche Name Hamsuns –, den Knaben; aber er wurde dann in die Schuhmacherlehre geschickt. Seither betrieb er alles mögliche, nur keinen geistigen Beruf: er war Kohlenträger, Wegearbeiter, Holzhauer, Heizer, Matrose, Landarbeiter, Straßenbahner und Schlafwagenkontrolleur. Endlich wurde Hamsun gar zum Outsider am Rande der menschlichen Gesellschaft in Paris, wo er als Schriftsteller begann. Der Bericht über diese Zeit liegt in «Hunger» vor; aber das Buch ist mehr als nur eine autobiographische Schilderung: es ist der «Werther» eines modernen Menschen, den zwar die Schrecken einer sozialen Situation heimsuchen, zugleich aber auch die Qualen dessen, der außerhalb einer jeden Ordnung, der kulturellen wie der seelischen, steht.

Wohl schrieb der Dichter bald nach «Hunger» eine Reihe von zeitkritischen und zeitsatirischen Büchern; sie bilden aber nicht das Schwergewicht seines Oeuvres. Wenn in seinen späteren Arbeiten ähnliche Elemente oder gar Tendenzen auftreten, besonders plastisch in dem Doppelroman *Kämpfende Kräfte*, dann zielt Hamsuns Absage an den Streber- und Gründergeist nicht auf tagespolitische Anklage, sondern auf jenes Thema, das mit im Zentrum seiner Welterfahrung und seines Weltverhältnisses steht: auf die Spannung zwischen Natur und Zivilisation. Künstlerisch entfaltet sie sich als lyrischer Realismus und intellektuelle Ichbezogenheit. Das Publikum sah und sieht im allgemeinen nur die erste Seite; es hält Knut Hamsun für «naturverbunden» und nimmt die Hingerissenheit mancher Partien seiner Bücher als gefühlvoll-romantischen Vitalismus. Genauere Kenner der Bücher Hamsuns durften mit Recht auf die manchmal bis zu extremen Aussagen eines nihilistischen Intellekts getriebenen, trotz des verhüllend andeutenden Stils fast zynisch und sadistisch geratenen Züge hinweisen. Dieser höchst ungemütliche und für jede Naturschwärmerei unbrauchbare Hamsun spricht sich in einigen epischen, vielverbreiteten Werken aus – wie im *Letzten Kapitel* und in *Die Weiber am Brunnen*; selbst in den Liebesromanen *Rosa* und *Benoni* befindet man sich auf sehr zweideutigem Terrain.

Wahrscheinlich gehen diese Eigenschaften des Schriftstellers Hamsun auf seine Menschlichkeit zurück, in der Empörertum und eine selbstverfallene Einsamkeit triebhaft entwickelt sind. Damit hängt die lakonische Verachtung zusammen, die hinter seinem temperierten Vortrag zu spüren ist: Entlarvung aller verbrämten Gefühle bis zur kaum noch verhüllten Verzweiflung des letzten Hamsun in den *Landstreicher*-Romanen, in denen die Odyssee eines modernen Lebens über Trümmern des Daseins in Ödnis verrinnt. Im Werke Hamsuns sind aber auch die Früchte des guten Leides dargeboten: es sind die dichterisch gelungenen Partien in fast allen Büchern. Hierzu möchte man das eine und andere seiner Gedichte rechnen, sodann Kostbarkeiten, wie *Victoria* oder die *Wanderer*-Trilogie mit den Romanen *Unter Herbststernen, Gedämpftes Saitenspiel* und *Die letzte Freude*. Hier meistert er das Erbe Jacobsens als der einzige nordische Schriftsteller der Gegenwart, ständig von anderen kopiert, andere anregend, von keinem aber erreicht. Hier erklingt häufig eine lyrisch durchseelte Anschauung, deren zarteste Fasern bis ans Herz der Schöpfung langen. Vielleicht wird von seinem umfangreichen Werke nicht eben viel die Zeiten überdauern; über dem Bleibenden Hamsuns, der am 19. Februar 1952 starb, ruht ein Segen – nicht «der Erde», sondern der Seele.

Unter den großen epischen Begabungen der zeitgenössischen Skandinavier erscheint eine Frau. Gewiß hat der realistische Roman in Deutschland, England und Frankreich eine stattliche Reihe gediegener Leistungen auch von Frauen aufzuweisen – aber genial war doch nur eine einzige von ihnen: die Schwedin Selma L a g e r l ö f, 1858–1940. Sie war einer hohen dichterischen Inspiration gewürdigt, und wenn man je vom Buche einer Frau sagen darf, daß es die Eingebung der Musen widertöne, dann gilt das für *Gösta Berling!* Die Dichterin besaß von sich aus ein genuines Fabuliertalent; zugleich waltete in ihr eine Kraft, epische Stoffe träumerisch-imaginativ zu «erinnern»: sie wurden ihr gleichsam geschenkt, unvermutet – als echte Konzeptionen. Auf diese Weise fiel ihr die Geschichte vom kraftvollen und strahlenden Pastor Berling ein – dem weltfrohen, aber dämonisch geschüttelten Mann, der es allzusehr liebt, sich zu berauschen: ein hervorragender Zechgenoß, leider nicht stets brauchbarer Seelsorger. Anfangs wollte sie die Saga in Versen schreiben; dann hielt sie ein Theaterstück für die gemäße Form – bis sie sich glückhaft zur Prosa entschloß, ermutigt von Carlyles Werk über die Französische Revolution. In dieser Prosa schwingt jedoch eine heimliche Rhythmik mit, die vielen Kapiteln ein strömendes Brio verleiht und jene poetische Verwandlung der Motive bewirkt, daß sie schließlich etwas Mythisches oder doch Sagenhaftes gewinnen, die «über harte Felsen und schwarze Wälder Poesie ausbreiten» und die Personen wie Halbgötter erscheinen lassen. In dieser Dichterin wob sich aus Realität der Märchenteppich des idealen Wunders weltweit und welttief. Mit zwei anderen Romanen – *Wunder des Antichrist* und *Jerusalem* – bewies sie ebenfalls erzählerische Kraft; mit einigen Novellen, wie *Herrn Arnes Schatz*, *Der Fuhrmann des Todes* und der *Löwenskjölds*-Trilogie, erreichte sie wiederum die Höhe der dichterischen Epik.

Selma Lagerlöf teilt ihren Ruhm, die größte skandinavische Autorin zu sein, für die katholische Welt mit Sigrid U n d s e t, 1882–1949, der Verfasserin der Romantrilogie *Kristin Lavranstochter*. Daß die Norwegerin zur Römischen Kirche konvertierte, wird nicht ausschlaggebend für diese Schätzung gewesen sein, dürfte aber dazu beigetragen haben. Unstreitig verfügt Sigrid Undset über eine außergewöhnliche Darstellungsmacht in diesem breiten Prosawerk, dessen Geschehnisse im 14. Jahrhundert spielen und mit ihrer elementaren Leidenschaftlichkeit an die eddische Vorzeit gemahnen; dennoch geht von den häufigen Schilderungen der Geschlechtlichkeit etwas Brodelndes aus, Instinkt und Geschmack zuweilen irritierend: die Beziehungen zwischen Religiosität und Sexualität können sehr zweideutig geraten. Man mag über die hier vorgetragene Auffassung anderer Meinung sein, sollte jedoch nicht zur Kunstsache gehörige konfessionelle Anschauungen aus dem Spiele lassen. Dasselbe gilt, um einen weltanschaulich entgegengesetzten Fall zu behandeln, von dem Schaffen des Dänen Martin A n d e r - s e n - N e x ö, 1869–1954. Es erhöht für die sozialistisch-kommunistische Gruppe den Rang dieses bedeutenden Schriftstellers, daß er sich zum Marxismus bekennt. Ganz unabhängig davon bleiben seine Romane epische Kunstwerke von reiner, ergreifender und überzeugender Menschlichkeit. In *Pelle der Eroberer* schildert er die Entwicklung Pelle Karlssons, der das Elend der Armut kennenlernen muß und schließlich ein Kämpfer für die sozialen Forderungen des Proletariats wird: nicht als Ideologe, sondern aus einem gelebten, durchlittenen und bemeisterten Leben. *Ditte Menschenkind* handelt von Leid und Erlösung eines Mädchens; ihr Name deutet schon an, von welchen Aspekten aus der Dichter zu seinem Buch und zu seiner Willensbildung gelangte.

Trotz des überwiegend Realistischen in der neueren skandinavischen Epik spürt man immer einen lyrischen Ton in ihren Romanen und Novellen: vielleicht die alte Mitgabe des nordischen Gemütes und seiner meist verhüllten Sentimentalität. Von den neueren Versdichtern des Nordens zog jedoch nur der Schwede Gustaf F r ö d i n g , 1860–1911, noch die Aufmerksamkeit des übrigen Europa auf sich, das sich so wenig um skandinavische Lyrik zu bekümmern pflegt. Fröding war Gelegenheitsdichter im Sinne Goethes; es bestehen bei ihm auch Verbindungen zur Romantik, wie sie Byron vertritt, vor allem aber zu Bellman, dessen Genius hier noch einmal seine lieder-reiche Laute anzuschlagen scheint.

Wie die populäre Vorstellung von neuerer skandinavischer Literatur fast ausschließlich von ihrer Prosa beherrscht wird, so nimmt man gemeinhin auch von den modernen vlämischen und holländischen Autoren nur als von Romanverfassern Kenntnis. In der Tat liegt hier jedoch das Schwergewicht fast ausschließlich bei der Lyrik. Sie recht zu würdigen, stößt bei Deutschen auf Schwierigkeiten. Denn gerade die Verwandtschaft des Vlämischen und Holländischen mit dem Deutschen belastet die ästhetische Einfühlung: man nimmt die Idiome der kleinen Brudervölker sozusagen als provinzielle Dia-lekte, die in ihrer Entfaltung steckengeblieben seien. Dabei handelt es sich um eine Verwandtschaft mehr der Sprachwurzeln als des Sprachstammes; älteste literarische Denkmäler aus den Niederlan-den zeigen eine größere Nähe zum Gotischen als zum Althoch-deutschen; mithin muß man das niederländische Schrifttum in der-selben Eigenständigkeit ansehen wie die skandinavischen Literaturen. Außerdem empfindet man in Deutschland gewisse Sprachklänge des Holländischen als unästhetisch; auch hier nörgelt ein Vorurteil, wie es eben nur in der freundfeindlichen Beziehung unter Verwandten vorkommt. Schließlich – und das ist das wichtigste –: Sprache im kunsthaften Sinne ist stets nur Sprache der Dichtung, ihr Volks-tümliches wird volkhaft durch das Medium der Kunst, wird Aus-druck einer höheren, umfassenderen Gemeinschaft durch die be-seelte Geistigkeit großer Dichter.

Nachdem Joost van den Vondel holländische Poesie im Barockzeit-alter zu europäischer Repräsentanz religiös-humanistischer und ge-schichtshaltiger Kräfte geadelt hatte, blieb die Poesie in den niede-ren Ländern bald hinter der Malerei weit zurück; was bis über die Mitte des 19. Jahrhunderts an Dichtung geboten wurde, war über-wiegend prosaische, calvinistisch-nützliche Bürger-Reimerei und stets der kirchlichen Orthodoxie verdächtig. Diesem Zustand ver-mochten selbst jene gravitätischen Gelehrten, die auf patrizische Weise die Zugehörigkeit zu den spätbarocken und frühklassizisti-schen Stiltendenzen Europas bekunden wollten und als «Rheto-riker» auftraten, nicht abzuhelfen. Als dann der Sprachgeist neu

erweckt wurde, war es zugleich die Schöpfung und Mündigkeitserklärung auch des vlämischen Stammes: ihm erstand in Guido
Gezelle der große Meister und Erzieher. In demselben Jahre, da
das Vereinte Königtum der Niederlande aufgeteilt wurde, erblickte
er das Licht der Welt: am 1. Mai 1830, in Brügge. Der Dichter, geistlichen Standes als Priester der katholischen Kirche, zog sich mit der
schon in jungen Jahren betriebenen Pflege des vlämischen Volkstums
die Mißbilligung der Oberen zu; man versetzte ihn von seiner Lehrtätigkeit in Roeselare als Unterpriester nach Kortrijk, wo er fern
aller geistigen Wirksamkeit, aber beladen mit vielen Amtspflichten, sein Leben verbringen mußte. Für viele Jahre unterbrach
diese Verbannung seine Produktion; als er sie dann wieder aufnahm
und endlich die gebührende Anerkennung fand, berief man ihn nach
Brügge – es war rund ein Jahr vor seinem Tode. Gezelle starb am
30. November 1899.

Sein Werk enthält ausschließlich Lyrik. Mit ergreifender Schlichtheit hat er in einem Vorwort den Sinn seines Schaffens einmal umschrieben:

Diese meine vlämischen Dichtübungen werden angeboten mit den Gefühlen eines Mannes, der ein Spielzeug des Mittelalters wieder einzu-
führen trachtet: mit dem eigensten Zweifel am guten Gelingen als auch
mit der nicht geringen Überzeugung, daß – in besseren Händen – wohl
etwas zu beginnen sei ... Ich vertraue darauf, daß Einfalt und Schlichtheit
sehr wohl mit edler Vornehmheit gepaart sein können, wo dies notwendig;
und bin keineswegs der Meinung, eigenes vlämisches Dichten müsse not-
wendigerweise in Liedchensängerei verfallen.

Er hat dies Vorhaben erfüllt. Der religiöse Kosmos, der alles bei ihm
trägt und allem die rechten Maße verleiht, umschließt eine Einheit
von elementarem Naturgefühl und erprobter Frommheit in vollendet dichterischer Gestalt. Ungebrochen von subjektiver Problematik vergegenwärtigt Gezelles Lyrik eine reinliche, ebenso
schlichte wie vieltönige Ordnung des geschöpflichen Seins, so daß
sich nichts Einzelnes aus dem Gefüge löst und der Fragwürdigkeit
ausgesetzt wird.

In den achtziger Jahren des vorigen Jahrhunderts fanden sich in
Holland einige junge Autoren, angeregt vom europäischen Symbolismus, zusammen, um auch in ihrer Heimat der neuen Dichtung
die Wege zu bereiten. Die Zeitschrift *De Nieuwe Gids* war das
Sprachrohr der Bewegung, die es wagte, mit der Losung:

Schönheit, du, deren Name heilig sei,
Einziger Gott, dem hier unser Gelübde gilt

einer vom Utilitarismus gesättigten Umwelt die Herausforderung der Musen anzukündigen. Die Achtziger Bewegung hatte das Glück, daß ein großer Meister sie führte, dessen Schaffen eine zeitgenössische holländische Klassizität begründete und mit abendländischem Range vertritt. Es war Albert Verwey, 1865–1937. Er machte seine Landsleute mit moderner europäischer Literatur vertraut, er gab ihnen das absolute Musterbild abendländischer Hochdichtung, die *Göttliche Komödie*, in einer Übertragung; er ist in Holland, wie Stefan George sagt, «aus der ruhmvollen für uns vorbildlichen Kunsterhebung der achtziger Jahre als der wesentliche Dichter übriggeblieben».

Von allen Dichtern des jungen Holland, die Schönheitspriester oder Künder einer neuen geistigen Gemeinschaft sein wollten, schmolz Verwey diese Kräfte in ein lebenhaltiges, ideenreiches Gesamtwerk ein. Seine Heimat, das flache Land am Meer, und das helle Weltall runden sich zu großer Schau. In hymnisch instrumentierten Versen und einsiedlerischen Liedern, Allheit und Ichheit in reinem Zusammenklang, feiert der Dichter das Fest des Lebens, nicht rednerisch ausschweifend und deklamatorisch vom Vitalen berauscht, sondern heilig-trunken als sichtbares Geheimnis, das Übergeschichtliche mit dem Natürlichen und Kulturellen verschwisternd. Es wäre unrichtig, Verwey lediglich aus der Internationalität des europäischen Symbolismus begreifen zu wollen; er knüpfte an das Vermächtnis Joost van den Vondels an, und es ist, als ob jahrhundertelang ein lauterer Strom von Dichtung seit den Tagen des Barocks unterirdisch-unsichtbarunhörbar geflossen sei, um nunmehr plötzlich wieder hervorbrechend zu bezeugen, daß auch der Sang wie der Geist kommt und geht, wie er will.

In den niederen Landen darf sich nur noch ein zweiter Dichter annähernd Verwey vergleichen. Der Vlame Karel van de Woestijne, 1878–1929, spricht in der berückenden Musikalität seiner Verse mythische Überlieferungen des Altertums geheimnis-schwer und traum-natürlich aus, aber auch persönliche Innen-Erfahrungen seiner Jugend, der heimatlichen Landschaft und ihrer Gezeiten. Etwas Fragiles lebt in seinen Rhythmen und Melodien, aber Sinnlichkeit und Gläubigkeit widerklingen dunkel-getrost den zarten, aparten Oberstimmen.

Ein Abglanz der neuen Dichtkunst fiel auf die zeitgenössische Prosaliteratur der Holländer und Vlamen. Das breite Lesepublikum hat sich mit unverkennbarer Zuneigung einigen dieser Autoren erschlossen. Vor allem gewann in Deutschland Felix Timmermans, 1886–1947, eine Gemeinde – doch dürfte ihm Stijn Streuvels, geboren 1871, wohl überlegen sein. Dessen Romane, wie *Knecht Jan* oder *Der Flachsacker*, atmen eine erdhafte, von Sentiments nicht gefühlvoll-beschönte Natürlichkeit: echt in der Darstellung, echt im Kern.

Während der hohen Zeit des Realismus entstammten die großen Prosaepen fast ausschließlich dem russischen Sprachraum; aber wie sich in Rußland selbst alsdann wiederum die Versdichtung weiterentwickelte, so empfingen auch andere slawische Völker, Polen und Tschechen, die entscheidenden Anregungen für ihren Eintritt in die moderne Weltliteratur durch den neuen Versstil aus Parnaß und Symbol. Wohl nur ein einziger Roman zeitgenössischen Gepräges ragt noch bleibend aus dem europäischen Osten hervor: *Die Bauern* des polnischen Schriftstellers Wladyslaw Reymont, 1868–1925, der für dieses Werk ein Jahr vor seinem Tode den Nobelpreis erhielt. Während man vielfach beobachtete, daß sich der abendländische Großstädter zuweilen erzählerischen Büchern überläßt, in denen das bäuerliche Leben im Prisma einer gleichsam neu-rousseauistischen Flucht aus der Zivilisation pseudomythisch aufgehöht geschildert wird oder der Darstellende selber seine Illegitimität dem Thema gegenüber durch romantische Zwischentöne verrät, gelang es im Großen nur Reymont, ein objektives, gegenständliches, völlig unromantisches und die kreatürliche Einerleiheit von Bauer und Natur spiegelndes Epos zu schreiben. Es ist tendenzlos: eine unberedet in sich geschlossene Welt. Sie erscheint nicht weniger abgedichtet als die Sphäre der exklusiven Ästheten.

Den bedeutenden polnischen Mitgenossen der Verlaine, Mallarmé, Swinburne, Verwey, Vrchlicky und Block, den Dichter Waclaw Rolicz-Lieder, 1866–1912, nennen die meisten modernen Literaturgeschichten noch immer nicht. Übernervös damit beschäftigt, sich auch nicht die leisesten Ausschläge experimentierender Prosa entgehen zu lassen, vernimmt man nicht den adligen Ton einer Kunst voll ritterlicher und doch zarter Kraft. Obschon es an Übertragungen nicht fehlt, hat Rolicz-Lieder vorläufig zu nur wenigen Menschen gesprochen. Seiner Gestalt und seinem Werk eignet jene Noblesse, die einst Europa an Mickiewicz und Chopin bewunderte; aber der moderne Dichter hat die nationalgebundenen Tendenzen der polnischen Romantiker abgestreift und bewiesen, daß auch in polnischer Sprache eine abendländische Poesie möglich ist. Er bekannte sich gleichsam als ein geheimer Fürst zur reinen Herrlichkeit des Schaffens:

Von allen Tagen die Gott günstig gibt
Ist nur ein schöner Tag: der Tag der Dichter.

Die Schwermut der musischen Menschen in unserer Zeit verleiht
seinen Versen einen Mollton, der an Platen gemahnt; polnisch ist
die träumerische Eleganz seiner inneren Gesichte.

Während Rolicz-Lieder ein gerühmter Name vorerst nur für Kenner verblieb, gewann Jan Kasprowicz, 1860–1926, ebenfalls
einer der Anreger zu neuen Formen des lyrischen Ausdrucks, schon
früher die allgemeine Aufmerksamkeit durch die prophetenhafte
Rhetorik seiner Hymnen, besonders mit dem Zyklus *Mein Abendlied*. Noch stärkere Wirkungen beim Publikum erzielte Stanislaus
Wyspianski, 1860–1907, vornehmlich mit legendären, romantischen und gegenwartsnahen Dramen infolge ihrer farbenkräftig
dekorativen und auch romantischen Züge.

Die tschechische Literatur, jahrhundertelang in sich selbst lebendig,
aber stets eine Binnenliteratur, erhielt mit Jaroslav Vrchlicky,
1853–1912, ein Genie von umfassender Bildung und intensiver
volklicher Ausdruckskraft. Er übertrug Hauptwerke Goethes, Schillers, Dantes, Tassos, Ariostos, Camões', Calderons, Byrons, Poes, Hugos, Lamartines, Leopardis und vieler anderer Dichter ins Tschechische: an sich schon eine universale Leistung, der sich seine eigene
Produktion – Lyrik, Balladen und kleinere Novellen – einfügt als
Selbstoffenbarung eines Ingeniums der «hundert Masken», wie er
von sich gesprochen hat. Die mächtige Arbeitskraft dieses Künstlers
neigte zu Ungestüm und dämonischer Unrast; er wähnte sich
schließlich unter einem unentrinnbaren Verhängnis – das Damo-
klesschwert über sich, wie er in einem späten Gedichte sagt. Ehe
denn diese Schrecken seine Seele heimsuchten, fand Vrchlicky Töne
voll Entzücken und heiterer Schönheit, oft quellend aus der böh-
mischen Heimat, aber auch meisterlich eingefügt dem zwanglos
beherrschten Sonett. Des Lebens schicksalhafte Bitterkeit war ihm
nicht minder vertraut wie die alabasterne Unberührtheit des ewig
morgendlich tagenden Lichtes, und in einem vollkommenen Gedicht fand er die Synthese eines schöpferisch und schmerzlich ge-
spannten Daseinsgefühls:

Nicht Taues helle Tropfen, die verschönen
Der Morgenröte sonngeküßtes Antlitz;
Hier lohen Harzes schwere goldne Tränen.

Bin Stamm, und Schicksal schnitt in meine Rinde
So tief, daß Seele überfließt von Zähren,
Und nicht verharscht sind meiner Wunden Schründe.

Erstarrt zu Bernstein in vergangnen Lenzen
Erklingen meine Tränen, schimmern golden
Und duften Körnern gleich an Rosenkränzen.

Die Tschechen sehen die Höhe ihrer modernen Poesie in Otokar
Březina, 1868–1929. Er würde längst allgemein von der Literaturkritik als der Erfüller dessen, was Walt Whitman verhieß,
gewürdigt sein – engte nicht die Sprache seines Landes den Raum
des Widerklanges ein und erfreute sich der Amerikaner nicht der
Gunst eines globalen Idioms. Březina ist d e r Hymniker unserer
Epoche geworden: die realen Substanzen, deren bloße Nennung bei
Whitman oft die Verwandlung in die eigentliche, somit in die
geistig-dichterische Seins- und Wirkmacht ersetzen muß, fängt sein
weitgeöffnetes, dennoch von der Einheitlichkeit des visionären Bild-
raums formhaft-organisch bestimmtes Gedicht auf. Das Materielle
erleidet keine Einbuße durch das Spirituelle der Idee, auf die hin
alle Einzelheiten durchsichtig werden. Das Optimistische, Gläubige
und Verheißungsvolle, das bei Whitman fordernde Ansprache, bei
Verhaeren bekennerischer Ausdruck war, nimmt bei dem tschechi-
schen Dichter die Züge einer messianischen, allgemeinen, ebenso
humanen wie transzendierenden Prophetie an. Sie ist nicht demo-
kratisch, wie bei dem Amerikaner, auch nicht humanistisch, wie bei
dem französierten Vlamen – sie ist tragisch-wissend und religiös-
bejahend; Březina gehört selbst zu den Propheten, von denen er
sagt:

In die Städte, deren Türme und Paläste ein Erdbeben dereinst
Zerrütteln wird, bis die seltsam gestalteten Wolken
Aufstöhnen vor Zorn, von den Blitzen der eigenen Tiefen verwundet,
Und das Feuer, das in tausend verborgenen Höhlen vom Ruhme geträumt
[hat,
Sich rächt, zu rächen den ewig Eingekerkerten,
Und mit all seinen Stimmen aufschreit deinen Namen,
Und die Sonne ihr Antlitz, wie's den Zeiten vertraut war, verändert:
Schreiten sie, unbemerkt, deine Gesandten,
Die deines Königreichs Eroberer sind.

Herz der Herzen muß ein solcher Seher-Dichter sein, Stimme aus
vorfühlendem Herzen.
Noch nie glückte einem Dichter der Dithyrambus der Freude, wenn
er nicht gekostet hatte von der Bitternis und vom Vergessen des
Todes; so denn kannte Březina auch die Trauer, die in der Materie
haust: das Leid der Bäume, die Schauer der Abgründe und die
schwarzen, verrunzelten Hände, die im Tiefdunkeln die Feuer
schüren.

Zu Vrchlicky als dem extensivsten, Březina als dem intensivsten Dichter, tritt Antonin S o v a, 1864–1928, der lyrische Beseeler böhmischer Landschaft, aber auch ein Pathetiker des Sozialen. Allmählich steigerte sich seine Kunst zu reingefühlter und -gedeuteter Schau, besonders in dem Versband *Ernte*:

Mein Gast aus Sternenauen, nicht mehr jung,
Du weißt, was Schwelgen heißt und Taumeltrunk ...
Gereifte Nacht, ich sah dich, in das Schweigen
Der Horizonte trugst du Lichterreigen,
In Flut und Roggengold erglomm dein Schein.
Und doch fiel schwarzer Schatten auf den Rain ...

Durch deine Tiefe trug der Wind Gesang,
Im Sphärenschein irrlichterte dein Gang,
Und deinem Schoß entsprossne Stimmen sangen,
Gedämpften Lachens Laut und Küsse klangen,
Da letzter Scheidegruß von Baum und Wasser sucht,
Was jäh herangereift zu Ähre und zu Frucht ...

Mystischer Gast, bekannt und unbekannt ...
Den reifen Frauen, die die Sehnsucht bannt,
Sei Freund. Und ihres Haares blonde Welle
Aufleuchten laß in goldner Flackerhelle,
Und laß, wenn ihre Hand nach Paradiesen greift,
Sie in dein Dunkel ein, wo Evas Apfel reift ...

Die europäische Romantik erweckte auch in den Ländern des Balkans neue Regungen der Literatur. Man versuchte häufig mit Gelingen den Anschluß an die Kunstformen der großen europäischen Nationen, man belebte die eigene Vergangenheit. Gegenwärtig hat sich die Internationalität des Romanstils über diese südosteuropäischen Völker, zumeist ihre an Frankreich orientierten schmalen Bildungsschichten, verbreitet; ungewohnte, fast als halb-morgenländisch empfundene Stoffgebiete sichern solchen romanhaften, häufig raffiniert psychologisierenden Darstellungen balkanischer Autoren gelegentlich auflagenhohe Aufmerksamkeit. Weltliterarisch im genauen Sinne kann diese Produktion deshalb doch nicht genannt werden, und so bewahrt bis heute eine Sammlung weit älterer Dichtwerke den Rang eines originalen Beitrags. Es handelt sich um die kurzepischen, manchmal auch lyrischen Lieder der Serbo-Kroaten, die V u k Stefanovitsch K a r a d s c h i t s c h 1814/15 erscheinen ließ. Bereits 1775 hatte Goethe «aus dem Morlackischen» den «Klagegesang von der edlen Frauen des Asan Aga» auf Grund einer schon deutschen Version für Herders «Volkslieder» übertragen. Er hatte größte Teilnahme für Vuks Anthologie, die auch von

W. v. Humboldt und Jakob Grimm begeistert gewürdigt wurde. Man machte die deutsche Öffentlichkeit durch Übersetzungen mit diesem Schatz alter, volkhafter Dichtung bekannt, die nunmehr ihren Weg auch nach dem Westen fand. Goethe äußerte sich zweimal zu diesen «Serbischen Liedern», hob ihren noch unter der kirchlichen und türkischen Lasur wahrnehmbaren heidnischen Charakter hervor, verglich ihr Heroisches mit Herkules und dem (persischen) Rustan, pries die Liebeslieder als von «der größten Schönheit» und faßte zusammen:

Alles, was es auch sei, ist kurz, aber zur Genüge dargestellt, meistens eingeleitet durch eine Naturschilderung, durch irgendein landschaftliches Gefühl oder Ahnung eines Elements. Immer bleiben die Empfindungen die wahrhaftesten.

Auf die Symphonik der russischen Romanepen folgte das zarter gestimmte, differenzierte und impressionistische Nachspiel einer jüngeren Generation. Es liegt etwas Müdes, Verzichtendes in dieser späteren Prosa, und nicht nur Tschechow, sondern auch Gorkij zollen den Tribut des Epigonentums. Mit blasseren Akzenten wiederholt sich bei diesen Autoren der alte Gegensatz zwischen Westlern und Slawophilen. Anton Tschechow, 1860–1904, von Haus aus Arzt, wurde früher oft als der russische Maupassant ausgegeben: ein Fehlurteil, denn der Franzose ist reiner Künstler, während der Russe niemals eine persönliche, lyrisch-sehnsüchtige Gestimmtheit selbst in seinen abgerundetsten Schöpfungen, tragischen Novellen, verleugnet. Maupassant war nie entrüstet, abgesehen von seinem gelegentlich ausbrechenden Haß auf die Geschlechtlichkeit; er sah und erzählte das Dasein meist durchschnittlicher Menschen mit unbefangener, ungetrübter Distanz. Tschechow aber litt am Leben, das ihm grau und verworren erschien; obschon er den Menschen resigniert bewertete als dumm und böse, allenfalls als krank im seelischen Kern, so warf er doch, russisch und chiliastisch im innerlichsten Grunde trotz aller Mäßigung, nicht die Hoffnung von sich, daß Demut und Dienen zuletzt das Leid und die Bosheit überwinden. Seine Novellen werden ihn vielleicht länger im Gedächtnis der Nachwelt leben lassen als seine psychologischen Situationsdramen, mit deren Premieren seinerzeit das Moskauer Künstlertheater Weltruhm erwarb. Maxim Gorkij, 1869–1935, der jahrzehntelang als der moderne russische Klassiker von den Naturalisten gefeiert wurde, tritt sowohl als Dramatiker wie als Erzähler hinter Tschechow zurück. Seine Theaterstücke, u. a. *Nachtasyl*, täuschten nur durch ihre Stoffe darüber hinweg, daß sie schwächere Nachklänge Tschechows sind; seine Romane verflüchtigen sich als ins Breite ausgesponnene Erzählungen. Gorkij war jedoch mit einigen kleineren Novellen und Skizzen im Element seiner eigentlichen Begabung: sie vereinen Naturalismus und Romantik durch innige Naturempfindung.

Der russische Beitrag zum symbolistischen Schrifttum zeitigte mehrere außerordentliche Leistungen. Er ist mit Dostojewskijs Vermächtnis und mit französischen Mustern verbunden. Wladimir S o l o w j e w, 1853–1900, persönliche Schülerschaft bei dem Dichter der «Karamasows» wird dadurch für immer festgehalten, daß er das verklärte Urbild für den Aljoscha aus diesem Roman ist: jenes von Dostojewskij «in die Welt» entlassenen jungen Klosterbruders, dessen natürliche Frommheit sich so zwanglos den Menschen mitteilt, daß ihn die Knaben und Jünglinge am Schluß der «Karamasows» mit Hurrarufen hochleben lassen. Solowjews Bedeutung liegt in seiner Religionsphilosophie. Ein Glanz von Witzigkeit blitzt zuweilen aus dem mystischen Tiefsinn seiner Spekulationen, deren größtes Denkmal die *Drei Gespräche* mit ihrer Legende vom Antichrist und dessen Überwindung durch eine neue allumfassende christliche Kirche sind: katholische, orthodoxe und protestantische Religiosität werden sich dann endgültig zusammenfinden, wenn die Macht des Gottesfeindes scheinbar ihren unbesieglichen Höhepunkt erreicht hat.

Abendländisch und humanistisch entfaltete sich nach esoterischen Anfängen die Produktion Wenceslas I w a n o w s, 1866–1950, mit Versen und Abhandlungen. Von seiner Hand rührt das größte dramatische Gedicht der modernen russischen Literatur her: die chorische Tragödie *Tantalos*. Henry v. Heiseler, der sie ins Deutsche übertrug, weist auf den Gehalt hin; er

entsteht aus dem kosmisch-mythisch angeschauten Zusammentreffen von Titanentum und Erlösertum in einer und derselben heldenhaften Persönlichkeit. Titan und Heiland waren schon im Prometheus der Antike enthalten, nur kommt im Prometheus, wie das bei der Antike selbstverständlich ist, die heldische Eigenpersönlichkeit kaum in Betracht. Prometheus will sich auflehnen, will helfen – Tantalos will werden – damit ist der Unterschied kurz und sehr summarisch angedeutet. Tantalos will ‹Licht werden›, will ‹Sonne werden›, aber schon im Willen zum Ikarosflug liegt die Notwendigkeit des Sturzes, freilich auch die Erfüllung. Im siegreichen ‹Niedergehen› des Tantalos, der die Schale der Unsterblichkeit herab ins Tal zu den Menschen trägt, sind Sieg und Untergang im gleichen Sinnbild verschmolzen und dargestellt.

Des Tantalos geisttrunkene Botschaft umrauscht die dionysische Pracht der Chorstrophen; er selbst verkündet:

Vom heiligen Berg, des Kelches Träger, steig ich her
Zur tiefen Welt, im Rausch der Götter, und empor
Heb ich in lichter Schale mit vermessner Hand
Die Schreckensgabe ... o mein voller Augenblick! ...
Dir meinen Gruß, o tiefe Welt! o schöne Welt!
Erstandne Welt! o neuverwandelte reine Welt!
Neuheilig neugeoffenbarte! Welt des Prunks!

Daß jedoch abendländische Klassizität nicht – oder noch lange nicht
– das eigentliche Wesen der russischen Dichtung beeinflußt, zeigt
ein Genie, das aus symbolistischen Einwirkungen wiederum ein
Werk hinterließ, wie es russischer kaum gedacht werden kann. Mit
Alexander Block ersteht der größte moderne Dichter Rußlands –
und er ist ein Inbegriff des Volksgeistes: in seiner Vielfalt, vielleicht
auch Vielspältigkeit, sich jeder Deutung entziehend.
An einem Sonntag, am 16. November 1880, wurde Alexander
Alexandrowitsch Block in Petersburg geboren. Nicht äußere Lebensumstände trugen Verwirrung in das Herz des angehenden Dichters,
sondern er selbst schuf sie sich und erlitt sie, weil in ihm eine
ähnliche Dämonie wie in Lermontow, etwas Aufrührerisches, nie
zu Beschwichtigendes, die Grenzen des Fühlens und Schauens
leidenschaftlich befocht. Aber nicht weniger suchte seine Seele
die Zone der frommen Verklärung auf, demütig anbetend und
träumerisch selig. Er, der herausfordernd sein russisches «Skythen-
tum» betonte, war ein Freund der antiken Sprachen und begei-
sterter Verehrer Shakespeares; dem romanischen Wesen abgeneigt,
liebte er Deutschland – das alte, vergangene, «gotische» Deutschland. Aus Nauheim schrieb er, von einer Reise nach Italien zurückkehrend:

Hier ist es ungewöhnlich gut, still und ausruhend. Mich überraschen die
Schönheit und Verwandtheit Deutschlands, seine Sitten, die mir verständlich sind, und sein hoher Lyrismus, mit dem alles durchtränkt ist. Jetzt
ist mir völlig klar, daß die Hälfte der Müdigkeit und Apathie davon
herrührte, daß man in Italien nicht leben kann. Dies ist das allerun-
lyrischste Land der Welt – hier herrscht kein Leben, hier gibt es nur
Kunst und Altertum ... Nur Deutschland ist die Heimat der Gotik, das
Land, das Rußland am allernächsten steht – der ewige Vorwurf für Rußland. Oh, wenn doch die Deutschen Rußland unter ihre Vormundschaft
nähmen! Dadurch würde es uns nur leichter zu atmen, und es würde
nicht so viel schmachvolle Existenz mehr geben. Nur hier ist die wirkliche
Religion des Lebens zu finden – das gotische Leben.

Alexander Blocks heftig forderndes Naturell, auf radikale Entscheidungen angelegt, stand politisch der maximalistischen Gruppe

des Sozialismus, in Rußland ‹Bolschewiki› genannt, unleugbar nahe; er bejahte die revolutionäre Aktivität in der Hoffnung auf eine «gewaltige Demokratie». Die Oktoberrevolution begrüßte er als den Anbruch eines neuen Zeitalters; damals schrieb er sein berühmtes balladeskes Verspoem *Die Zwölf* vom Vormarsch der zwölf Rotgardisten durch schwarzen Abend über weißen Schnee – mit dem irritierenden Schluß:

... Alltagsschritt sieht man sie gehen ...

Hungerköter hinten dran,	Sanft mit sturmjenseitgen Schritten,
Vorn der blutgen Fahnen Wehen,	Von Schneeperltau überglitten,
Hinterm Schnee doch unsichtbar,	Ein weiß Rosenkränzlein dran –
Kugelfest für immerdar	Jesus Christus – vornean.

Block starb am 7. August 1921 an einem schweren Herzleiden in Petersburg – keineswegs verelendet und verhungert, wie man ausgestreut hat.

Es ist charakteristisch, daß Blocks Schaffen eine untrennbare Synthese dessen, was im Abendlande als Symbolismus auftrat, und eines russisch-volkhaften Urelements der Poesie darstellt. Block war durchaus «Gelegenheitsdichter» bis zum Vagantischen, ein Nachfahr jenes dichterischen Geschlechts, dessen abendländischer Prototyp Archilochos ist. Sein Dichten hält sich nicht in der modernabendländischen Schwebe zwischen Persönlichkeits-Bekenntnis und gleichnishafter Beziehung zur Welt – ihm, dem Russen, ist das Vergängliche keineswegs nur ein Gleichnis, sondern kraft der östlichen Körper-Seelenhaftigkeit eine real-magische Offenbarung des Seins. Da er ein Lyriker war, erfuhr er die Eingebung seiner «russischen» Muse seltener glückhaft, als vielmehr unter Schmerzen, wie es ein Anruf *An die Muse* aussagt:

In den Rätseln von dir liegt und Liedern
Von des Untergangs Schicksal ein Sinn.
Heilger Satzungen Fluch und Erniedern
Und die Schändung des Glücks liegt darin.
Doch dabei so viel Zauber betörend,
Daß ich sag mit der Anderen Schar,
Du zögest Engel herab, sie verstörend,
Sie verlockend, so schön seist du gar ...

Trotz der «Zwölf», trotz der «Skythen»-Drohung: Blocks Dichtung ist kein Programm und höhnt jeden, der Formeln gefunden haben will, durch eine Gegenformel. Sie ist die Stimme eines Voll-Menschen; ihresgleichen wird aber nicht mehr erklingen in einer parzellierten Gesellschaft.

Es ist sehr aufschlußreich, literarische Kritiken etwa aus den Jahren 1890 bis 1914 durchzusehen, weil damals die Dichter und Schriftsteller, die der deutschen zeitgenössischen Literatur angehören, noch junge Leute waren. Viele von ihnen galten in jenen Tagen als Hoffnungen, manche wurden als Genies gefeiert – und nur fünfunddreißig Jahre genügten, um unübersehbare Massen von Produktion der Vergessenheit zu überantworten, Korrekturen von oftmals radikaler Schärfe an der Bewertung vorzunehmen, einige bewunderte Gestalten in völlig verändertem Lichte zu sehen, ein paar endlich überhaupt erst wahrzunehmen. Nur den Literaturhistoriker interessieren noch die Kämpen der naturalistischen Bewegung, die zehn bis zwanzig Jahre lang als die Modernsten der Modernen laut gepriesen und laut gescholten wurden.

In den dreißiger, vierziger und fünfziger Jahren des vorigen Säkulums gebar Deutschland keinen wirklich überragenden Dichter – als ob die nach 1871 mit «Gründungen» beschäftigte Nation seiner nicht würdig gewesen sei. In dieser Zeit war nur ein «Unzeitgemäßer» wahrhaft am Platz – und er mußte dabei ein Verzweifelter werden. Eigentlich war er zum Dichter geboren, wie es einige Verse lehren, in denen sich deutscher Lyrikstil des 20. Jahrhunderts ankündigt; jedoch der «unbekannte Gott», dem er

in tiefster Herzenstiefe / Altäre feierlich geweiht,

zwang ihn zu einem anderen Dienste: Prophet zu sein, Kenner und Erkenner seiner selbst wie der Epoche – aber auch Selbsthenker werden zu müssen! Friedrich N i e t z s c h e , 1844–1900, ist das letzte große Ereignis des deutschen Geistes geworden, das bis jetzt auf das Abendland eingewirkt hat. Der protestantische Pastorensohn war dazu berufen, die ältere Romantik zu vernichten – an deren Stelle aber nicht die rentablen Lehrmeinungen des rationalistischen Materialismus zu setzen, wenngleich er vorübergehend diesen Komplex streifte, sondern eine Lebensphilosophie auf dem Boden des Individualismus, ja recht verstanden: eines aristokratischen «Existentialismus» zu propagieren, zunächst dionysisch begeistert, später exaltiert und hysterisch. Er begann als Jünger Schopenhauers, und wenn er auch dem pessimistischen Nein dieses seit der Mitte des 19. Jahrhunderts zu europäischem Ruhm aufsteigenden Denkers sein tragisch-enthusiastisches Ja entgegensetzte, so verließ er doch die Grundkonzeption des Meisters sein Leblang nicht: er hielt fest an dessen Deutung der Welt als einer Macht des blinden

Lebensdranges und änderte nur das wertende Vorzeichen. Auch die Musikalität verbindet Nietzsche mit Schopenhauer; aber der romantisch-süchtige Rausch seiner Musik-Verfallenheit bezeugt sich durch die von ihm inspirierte Deutungsweise der Kultur, wie durch die Anbetung Richard Wagners. Gleich Kierkegaard eröffnete Nietzsche mit einer musikbestimmten Schrift die Folge seiner Produktion: *Die Geburt der Tragödie aus dem Geiste der Musik* interpretiert die Entstehung der antiken Dramen aus den

getrennten Kunstwelten des Traumes und des Rausches; zwischen welchen physiologischen Erscheinungen ein entsprechender Gegensatz wie zwischen dem Apollinischen und dem Dionysischen zu bemerken ist.

Nietzsche, Geist-, Gefühl- und Ohren-Mensch, der er war, lieferte mit den Begriffen des «Apollinischen» und «Dionysischen» zwei Richtmaße für die Antike von hohem kulturpsychologischem Wert – übersteigerte jedoch deren Bedeutung, weil er für die Mächte des Logos und der Plastik weniger Organ hatte: er war kein Augenmensch. Aber seine dichterische Weiterarbeit am Bilde des griechischen Altertums schränkte die lange Herrschaft der einseitigen Winckelmann-Interpretation von hellenischer Kunst zugunsten neuer Einsichten ein.

Die Kultur- und Moralpsychologie Nietzsches im einzelnen zu betrachten ist Aufgabe der Philosophiegeschichte. Von allgemeingeistigem Einfluß wurde er als der unaufhaltsam sich radikalisierende Verneiner aller bisher ordnenden Werte des Abendlandes wenigstens in deren verbürgerlichter Fassung, für die er das Christentum verantwortlich machte. Christliche Ethik nahm er als Pöbel- und Massenethik; sein «Übermensch», den er in den oft parodistisch den Evangelien nachgeahmten, aber auch hymnisch hingerissenen Reden seines Buches *Also sprach Zarathustra* verkündete, verrät sich bei näherem Zuschauen immer mehr als eine forcierte Kompensations-Erscheinung für die eigene anfällige, übernervöse, empfindlich-empfindsame Natur. Aber man darf Nietzsche nicht vor ein Zufallsgericht von Politikern laden, weil einige Leute mit Zarathustra-Floskeln oder mit anderen Thesen aus dem schillernden Nietzschewerk um sich geworfen haben: über Nietzsche, wie überhaupt über seinesgleichen, entscheidet ein höherer Areopag. Es muß ja auch den Feinden des Marxismus klargemacht werden, daß Karl Marx nicht verantwortlich ist für den Faschismus, den – obwohl sie es nicht so nennen – zeitgenössische Marxisten aus ihm herauspraktiziert haben. Wie fruchtbar, ja, wie notwendig es ist, einen sorgfältig und kritisch verstandenen Marx mit einem ebenso verstandenen Nietzsche für den Aufbau der Zukunft zu beherzigen, lehrt gerade das Spätwerk Nietzsches: *Der Wille zur Macht*. Die hier aus einander verwandten Wurzeln hergeleiteten Ursachen für den Verfall, oder doch für die Bedrohung unserer Kultur: Sozialismus und Nationalismus, gilt es nicht nur auf die vernünftigen Maße des Sozialen und Nationalen einzudämmen – nachdem sie sich als Ideologien schließlich sogar alliiert haben –, sondern ihnen den positiven Kern der Vermächtnisse von Marx und Nietzsche regulativ aufzuzwingen: Forderung nach Herrschaft durch das von privatem wie von staatlichem Kapitalismus wahrhaft befreite, erlöste Individuum – und somit auch durch eine Elite von Individuen!

Nietzsche als Zertrümmerer und Umwerter aller Werte, der sich dabei in den Wahnsinn des Wütens wider sich selbst hineinsteigerte, ist die persongewordene Krise des modernen Abendlandes. Er ist der heroische Nihilist, der mit dem vollen Einsatz seiner Existenz auftrat; Nietzsche schrieb mit seinem Blute – und so bleibt er ein erhabenes, tragisches Opfer seiner und der spätabendländischen Verzweiflung. Für die deutsche Literatur aber wurde er der bisher letzte große Prosaist, der unsere Sprache zu einer europäischen Geistessprache von zeitgenössischem Stil erhoben hat. Ihn wieder und wieder zu lesen bringt höchsten Gewinn – gerade weil er zwingt, Stellung zu nehmen: denn er ist auch ein Terrorist mit den Mitteln der Sprache, fast immer bestechend in seinen Formulierungen, häufig entzückend und hinreißend. Ein großartiges, ein gefährliches Werk steht so am Eingang der gegenwärtigen deutschen Literatur. Daß es die Züge des Antichrist und des «Gekreuzigten» – wie sich Nietzsche unterschrieb in den letzten Wochen, ehe ihn die Nacht der geistigen Erkrankung umhüllte – trägt, verdeutlicht zugleich seine ungeheuren metaphysischen Aspekte: denn es sind diejenigen Spannungen, die seit dem Erscheinen Christi das innere Gesetz der Bewegungen nicht nur des Abendlandes, sondern in allmählicher Ausweitung auch dieser unserer Menschenerde bestimmen.

Als den Klassiker ihrer modernen deutschen Literatur feiert die Schweiz Carl S p i t t e l e r, 1845–1924. Das Erscheinen der rhythmischen Prosafassung des den Epiker zeitlebens beschäftigenden Prometheusmotivs, die weitgespannte Dichtung *Prometheus und Epimetheus*, fand zunächst kaum Beachtung – sie wurde vom blendenden Lichte des «Zarathustra» Nietzsches überstrahlt, der ein wenig später als Spittelers Buch veröffentlicht wurde. Der Schweizer sah seine realistischen Romane, Erzählungen und Balladen nur als Nebenarbeiten an; seine wahre Berufung sei die Erneuerung des mythischen Versepos, glaubte er und suchte dies auch theoretisch zu fundieren. *Olympischer Frühling* heißt das in sechstaktigen, paarweise gereimten Jamben gehaltene Hauptwerk seines Lebens. Die griechischen Götternamen geben eigentlich nur die Pseudonyme für eine ganz anders, nämlich modern allegorisch gesehene und phantasievoll gedeutete Menschheitsmythik. Von seinen Anhängern gefeiert als der «heimliche Kaiser der deutschen modernen Dichtung», im Jahre 1919 mit dem Nobelpreis geehrt, blieb Spitteler bis heute der Meister einer kleineren Gemeinde.

Daß gegenwärtig fast die gesamte außerdeutsche Kritik, viele Kenner sodann in Deutschland selbst, das Schaffen Thomas Manns als die größte schriftstellerische Leistung unseres Zeitalters bezeichnen, weist mittelbar auf die Wirkung Friedrich Nietzsches hin. Denn Thomas Manns Stil ist ohne den Philosophen gar nicht zu denken, obschon er natürlich auch anderen Ursprüngen und Vorbildern verpflichtet ist. Er ist es kaum den deutschen Spielarten des Naturalismus, oder doch nur in dem Sinne, wie es, auf sie reagierend, schließlich die meisten deutschen Autoren der Gegenwart sind. Schon der erste moderne Romancier, den wir haben: Theodor F o n t a n e , 1819–1898, gab nach publizistischen Schriften erst in verhältnismäßig späten Jahren diejenigen Bücher, die ihm seine große Vorläuferrolle für den modernen deutschen Roman verliehen – und sie haben die Romane der Naturalisten überdauert. Dieser märkische Preuße mit hugenottischer Ahnenschaft schrieb nach Immermann wiederum echte Zeitromane; denn die Bücher der Gutzkow, Spielhagen und anderer, die man einmal als Zeitromanciers angesprochen hat, fristen nur in den Archiven der Literaturwissenschaft ein Dasein. Fontane, skeptisch und ironisch, immer auf Dämpfung bedacht, wußte selbst, daß er eigentlich kein «richtiger» Dichter sei:

Ich bin keine große und keine reiche Dichternatur. Es drippelt nur so. Der einzelne Tropfen mag ganz gut und klar sein; aber es ist und bleibt nur ein Tropfen, kein Strom, auf dem die Nationen fahren und hineinsehen in die Tiefe und das himmlische Sonnenlicht, das sich darin spiegelt.

Das klingt wie jene Lessing-Selbstcharakterisierung von dem Druckwerk und den Röhren, durch die er alles aus sich herauspressen müsse; Fontane und Lessing, diese beiden Wahlpreußen, gleichen sich denn auch in ihrem Rationalismus und ihrem Mangel an Lyrik. Aber Fontane als Miterleber einer zwar äußerlich glanzvollen, innerlich jedoch fragwürdigen Epoche hat nicht mehr das gläubige Zukunftsvertrauen des Gesetzgebers der deutschen Literaturästhetik:

Anregendes, Heiteres, wenn's sein kann, geistvolles Geplauder, wie es hierzulande üblich ist, ist die Hauptsache an dem Buch,

womit er seinen Erstlingsroman *Vor dem Sturm*, den er als Sechziger schrieb, meint; dasselbe könnte er im Grunde von allen anderen auch sagen. Dieser Hang zu Causerien, der ihn seine Figuren immer mehr als Produzenten von geistreichen Bemerkungen hinstellen ließ und selbst solche damit begabte, die es nach ihrer Funktion im Roman kaum fertigbringen dürften – diese meist charmante, zuweilen durch ihr Zuviel lästige Moquerie Fontanes glitzert an einer gemächlichen Oberfläche, unter der sich wissende Seelenkunde und verhalten-ergriffene Menschlichkeit offenbaren. Sie befähigen ihn vornehmlich zur Schilderung von Frauengestalten, wie sie in solcher überzeugenden Echtheit nur dem wirklichen Poeten gelingen. Denn das war Fontane nebenbei nun doch – oder er wurde es: einfach, weil er als treuer Werker arbeitete, dem der redlich besorgte Acker schließlich edle Früchte eintrug. Hier ist besonders zu denken an seine Romane *L'Adultera*, *Cecile*, *Frau Jenny Treibel* und die Meisterleistung *Effi Briest*. Von kleineren Werken dürften die Chroniknovelle *Ellernklipp*, die preußische Adelsgeschichte *Schach von Wuthenow* und das berlinische Idyll der *Poggenpuhls* ihrem Autor auch künftig noch zur Ehre gereichen, während sich der allzu redselige *Stechlin*, sein letztes Buch, in der liebenswürdigen Médisance einer versunkenen Zeit auflöst.

Geringer an geistiger Ideenweite, kühler auch an Humanität ist die schmale, aber einem anspruchsvolleren Kunstsinn kaum verblaßte Prosa Eduard v. Keyserlings, 1855–1918. Der baltische Graf übertrifft an Schliff und Prägnanz espritreicher Formeln und Feststellungen den vergleichsweise bürgerlichen Fontane. So sehr er sich auf sein heimatliches Milieu als Stoffgebiet beschränkt und stets die Welt der Nobilität nur zu zeichnen scheint – er scheint es, denn in Wahrheit verwandelt er seine Motive in eine überwirkliche, bei allem gegenständlichen Impressionismus poetische Welt der Noblesse überhaupt –: sein Antrieb zur Gestaltung rührt aus einer abgründigen, schicksalhaften Vertrautheit mit der Sphäre des Erotischen her, die weit über den Zeitroman hinausgreift. Zwar ist es nicht der Eros selbst, den er zeigen kann – aber er umkreist witternd seine Sphäre, und so gewährt ihm dieser Gott denn eine Atmosphäre der Geschlechterbeziehung, wie sie mit solcher erregenden, narkotisierenden, oft auch erschütternden Allmacht in deutscher Prosa-Epik der Gegenwart nur selten beschworen wurde. «Beschworen» ist jedoch ein viel zu pathetischer Ausdruck, wenn man an Keyserlings gelassene Sprache und elegant durchgeführte Dialogkunst denkt, in der ein bei Deutschen seltener Kunstverstand waltet. In seinen Büchern wartet auf den Leser ein weltmännisch-europäischer Sinn – daneben nicht zuletzt eine dichterische Magie, die zwar auch von den Romanen anderer, gemüthaft eingängiger oder gar, wie man ihnen nachrühmt, volkhaft-elementarer Autoren der Zeit vor und nach 1900 behauptet wird, jedoch nur in einer rein deutschen Binnen-Literatur kursfähig ist.

Man muß es heute ausdrücklich hervorheben, daß Weltliteratur nicht Internationalität einer Literatur meint. Ohne volkhaften Gehalt steht jedes Kunstwerk im leeren Raum. Es war aber seit je Wert und Ehre des deutschen Schrifttums, daß in seinen bedeutendsten Werken dieser Gehalt fast identisch wird mit einem weltbürgerlichen, allgemein-menschlichen Sinn – obschon gerade heutzutage bestritten wird, daß es etwas «Allgemein-Menschliches» geben könne. Nehmen wir einmal an, daß es jedoch von großen deutschen Künstlern erstrebt wurde; in diesem Sinne sei es zu verstehen, wenn man das Schaffen Thomas M a n n s national-deutsch nennt. Thomas Mann wurde am 6. Juli 1875 in Lübeck geboren; er wuchs in einem vornehm-bürgerlichen Hause auf. Einen großen Teil seines Lebens hat er in München verbracht; er mußte es 1933 verlassen, wohnte eine Zeitlang in der Schweiz, ging dann in die Vereinigten Staaten von Nordamerika, deren Bürger er wurde, um einige Jahre nach dem Weltkriege wieder in die Schweiz zurückzukehren. Als Thomas Mann seinen Roman «Die Buddenbrooks» veröffentlichte, erhob er den deutschen Zeit- und Familienroman zu europäischer Gültigkeit. Eine Reihe von Novellen, darunter der sehr wichtige «Tonio Kröger», folgten, ferner ein «Lustspiel in Romanform», wie er es genannt hat: «Königliche Hoheit». Essayistisch-publizistische Arbeiten schlossen sich an. Die nächsten Höhepunkte seiner Produktion bezeichnen die Novelle «Der Tod in Venedig» und der Roman «Der Zauberberg». Zwischen 1919 und 1933 nahm die Zeit-Publizistik erheblichen Raum in seiner Tätigkeit ein; man wird wahrscheinlich aber einigen Aufsätzen über große Autoren wie Goethe und Tolstoj künftighin die stärkere Beachtung zollen. Schon vor seiner Emigration nahm er das umfangreichste Werk seines Oeuvres in Angriff: den vierteiligen biblischen Roman «Joseph und seine Brüder»; fertig wurde das Epos während des zweiten Weltkrieges. Ebenfalls in diesem Kriege entstand sein Goethe-Roman «Lotte in Weimar»; begonnen wurde, jedoch erst nach dem deutschen Zusammenbruch abgeschlossen, «Doktor Faustus».

Stil und Komposition Thomas Manns dürften ihre künstlerische Vollendung bereits in den *Buddenbrooks* erreicht haben; außerdem ist die Gestaltung der fast ausschließlich nach Modellen gearbeiteten Figuren und des Milieus in diesem Roman seither nicht mehr mit vergleichbarer epischer Anschaulichkeit und Lebensfülle wiederholt worden. Werfel hielt die «Buddenbrooks» für Manns bestes Buch – und der Autor scheint das gelegentlich zu bestätigen. Die meisten Schriftsteller verfügen eigentlich nur über einen einzigen Stoff, zu dem sie berufen sind als diejenigen, die ihn allein bewältigen können; es ist schon bemerkenswert, wenn sie außerdem noch den «Werther»-Typ des jugendlichen Geständniswerkes legitim und original erfüllen. Nun: Thomas Mann hatte seinen «Buddenbrook»-Themenkreis – er hatte auch seinen «Werther»: es ist die Novelle *Tonio Kröger*. Die gesamte folgende Produktion variiert diese Grundkonstellationen. Der *Joseph*-Roman bildet nur scheinbar eine Ausnahme, denn er erneuert die alten Anliegen des Romanciers, überwölbt sie jedoch mit der fabulierenden Illustration eines allgemeinen, geistig-theologischen Weltthemas so, wie es Thomas Mann sieht: als vergegenwärtigende Humanisierung mythischen Urgeschehens, das sittlich entwickelt und dabei mit den Erfahrungen der modernen Psychologie gedeutet wird. In allen Schichten der Lebensarbeit Thomas Manns erkennt man als determinierende Geisteseindrücke die Bezogenheit auf Wagner, Schopenhauer und Nietzsche – um die entscheidendsten zu nennen; als Urbild einer angestrebten Selbstgestaltung wirkt ständig wachsend Goethe, als Vorbild der schriftstellerischen Leistung früh schon Tolstoj auf Thomas Mann ein.

Seine ethisch-ästhetische Situation als Konflikt zwischen dem Bürgerlichen und dem Künstlerischen ist stets in der Schwebe geblieben, mühsam im Gleichgewicht gehalten durch den Willen, Kunst als sittliche Erfüllung des Lebens auszuüben. Ins Bodenlose und Hintersinnige erweitert sich dieser Konflikt durch den ausgekosteten, zugleich auch verworfenen Hang, den Beziehungen zwischen Krankheit und Genialität nachzugehen: eine Neugier, die eine dauernde Sympathie mit dem Tode bis zum Ruin aller Werte in sich hegt – und ebendeshalb mit allen Mitteln des Geistes in Schach gehalten wird. Als ethische Schamhaftigkeit und ästhetische Schamlosigkeit hat Thomas Mann diesen Zwiespalt bezeichnet. Zu dessen Überbrückung betreibt er einen Aufwand an Parodie, die in glücklichen Fällen humoristisch, zuweilen aber blasphemisch wirkt. Kultur, die eigene der Persönlichkeit wie die allgemeine der Gesellschaft, sei «Parodie und Liebe»: so definiert es der Autor – und trifft dabei exakt nur jenen Zustand, in dem sich die vom Kultus getrennte Kultur schon in der Peripetie zum Untergang befindet. Da jeder hohen Geistesmacht dieses Gesetz aber verhängt ist, erledigt sich eine sittlich-entrüstete Kritik daran als ahnungslose Zensur der Schicksallosen, in deren Kleinwuchs eben nicht der Sturm des Weltenatems greift. Aber der Geist ist in allen Menschenzeiten

der Bote der Mahnung, das Prinzip der Anstoßnahme, des Widerspruchs und der Wanderschaft, welches die Unruhe übernatürlichen Elendes in der Brust eines Einzelnen unter lauter lusthaft Einverstandenen erregt, ihn aus den Toren des Geworfenen und Gegebenen ins abenteuerlich Ungewisse treibt und ihn dem Steine gleich macht, der, indem er sich löst und rollt, ein unabsehbar wachsendes Rollen und Geschehen einzuleiten bestimmt ist,

wie Thomas Mann, der sich selbst parodistisch den «raunenden Beschwörer des Imperfekts» nennt, in seiner unheimlichen, «Höllenfahrt» betitelten Einleitung zum «Joseph»-Roman sagt. Der Geist sei aber auch ein Bote Gottes, der als Geist der Wahrheit unser Tröster, Fürsprecher und Beistand werde. Mit seiner Hilfe begegnet Thomas Mann dem tragischen Mysterium der «Zeit», des «Einst», welches heißen kann: «einst war» oder «einst wird», und sich geistig-musisch verewigt in dem «es ist». Dieser Artist des Wortes, der mit ihm eine Equilibristik betreibt, die ebenso entzückt wie sie manchmal lästig fällt, ist so leidenschaftlich Protestant, daß er der Sympathie mit dem Tode – das heißt zugleich den eigenen Lüsten und Bequemlichkeiten – Urfehde ansagt:

Der Mensch soll um der Güte und Liebe willen dem Tode keine Herrschaft einräumen über seine Gedanken,

wie der einzige gesperrt gedruckte Satz in dem Roman der unendlichen Diskussionen, im *Zauberberg*, lautet.

Man läßt es am besten mit diesen Feststellungen bewenden, nachdem Thomas Mann später – mit Ausnahme des «Joseph»-Romans – nicht nur in stark zunehmendem Maße essayistische und diskutierliche Themen wohl romanhaft eingekleidet, jedoch nicht gleicherweise episch durchgestaltet hat. Das gilt bereits für *Lotte in Weimar*, erst recht für den *Doktor Faustus*, das Bekenntnisbuch des Autors zum deutschen Schicksal. Daß der Wahlamerikaner damit das Vorhandensein eines «deutschen Schicksals» überhaupt anerkennt, ja voraussetzt – obwohl es nach der Meinung der Zivilisationsliteraten, die Thomas Mann selbst einmal so scharf befocht, ein solches nicht gibt oder geben darf –, bezeugt klar den nationaldeutschen Gehalt seines Werkes. Dieser Gehalt trägt also den Gewinn davon: sei es durch Bekräftigung, sei es auch durch Kritik. Vielleicht deutet es auf Wandel und Wachstum im Spätwerk Thomas Manns, daß er in seinem Roman *Der Erwählte* – mit der Neufassung des mittelalterlichen Legendenthemas von «Gregorius auf dem Steine» – der Unerforschlichkeit der Gnade höheren Rang als aller Kritik zuweist.

Als einen exquisiten Glücksfall der deutschen zeitgenössischen Literatur muß man es werten, daß der Dichter seine frühe, fragmentarisch gebliebene Erzählung *Bekenntnisse des Hochstaplers Felix Krull* erheblich weiterführen konnte. Zwar blieb dieses sich rasch als klassisch enthüllende Musterstück eines modernen Schelmen-Romans wiederum ein Torso; dennoch kann man aus der Anlage des Ganzen die nunmehr bestehende Fassung dieser heiter-hintergründigen «Memoiren» als einen in sich abgeschlossenen Roman ansehen. Als Thomas Mann am 12. 8. 1955 in Zürich starb, hatte er zum «Felix Krull» keine Notizen einer weiteren Handlungsführung hinterlassen. Dafür aber erschien der vollständige Text seiner ergreifenden und hinreißenden Rede zur Schillerfeier 1955: eine Rede, die nicht nur die Aussöhnung des Autors mit der deutschen Öffentlichkeit bestätigte, sondern auch bezeugt, daß ihm trotz des intellektuellen Einschlags seiner Natur das schöpferische Fabulieren ebenso wie das gestaltend Deutende doch zunächst am Herzen lag.

Denn ungeachtet der Ausdehnung, die bei Thomas Mann das essayistische und kritische Werk einnimmt, dürfte in ihm ein Mißtrauen gegen alle Verselbständigung dieser Art von Schriftstellerei stets lebendig geblieben sein. Aus diesem Grunde und – nicht zu vergessen! – aus einem gewissen «Patriotismus» mag er wohl die abwertende Bezeichnung «Zivilisationsliteratur» für den immer nur widersetzlichen und verneinenden, ja selbst für den vorwiegend intellektuell-kosmopolitischen Typus geprägt haben, als den er auch seinen Bruder Heinrich Mann, zumindest während des ersten Weltkrieges, hinstellte. Der in den «Betrachtungen eines Unpolitischen» seines Bruders Thomas so scharf Abgewiesene war übrigens der Ältere: Heinrich Mann wurde 1871 in Lübeck geboren; er starb 1950 in Los Angeles. Der Tod hatte seine Absicht, nach Berlin zurückzukehren, zunichte gemacht – vielleicht auch seinen Wunsch, die Sowjet-Union kennenzulernen. Am Schlusse seiner spät geschriebenen *Skizze meines Lebens* hatte er es klar eingestanden:

Die Sowjet-Union liebe ich voll gegenwärtig. Sie ist mir nahe – und ich ihr. Sie liest mich massenhaft, gibt mir zu leben, und ich sehe ihr zu, als wäre sie schon die Nachwelt, die mich kennt.

Daß es zu einer solchen, allmählich sich immer mehr verschärfenden Wendung eines literarischen und politischen Kurses nach Links kommen sollte, war bei den früheren Arbeiten Heinrich Manns seinerzeit kaum vorauszusehen. Als er nach einer in der Jugend schon verwirklichten Annäherung an die romantische Welt seine Lebensberufung einzig als schaffender Künstler zu erfüllen schien, hatte er in sich eine Idee von absoluter Kunst entwickelt, der eine seiner Gestalten so Ausdruck verleiht:

Bedenke, daß die Welt nur Stoff ist, um Sätze daraus zu formen. Alles, was du siehst und genießt, deine Mauern von San Gimignano, über die deine Kinderträume huschten wie Eidechsen, mir wäre nichts an ihrem Genuß gelegen, nur an der Phrase, die ihn spiegelt. Jeder goldne Abend, jeder weinende Freund, alle meine Gefühle und noch der Schmerz darüber, daß sie so verderbt sind, es ist Stoff zu Worten.

Aber die «hysterische Renaissance» von Heinrich Manns bedeutendstem Werk der Vorweltkriegszeit, der Romantrilogie *Die Göttinnen*, ist auch das Zeichen eines gegenbürgerlichen Rebellentums, einer bewußten Anlage zur Herausforderung, die mit ihrem Sinnenrausch an den «Ardinghello»-Dichter Wilhelm Heinse denken lassen. Wie es diesen nach Italien drängte, so auch Heinrich Mann, der früh sich erkannt hatte:

Man geht grelle Wege, legt das Viehische neben das Verträumte, Enthusiasmus neben Satiren, koppelt Zärtlichkeit an Menschenfeindschaft. Nicht der Kitzel der anderen ist das Ziel: wo wären denn andere? Sondern man schafft Sensationen für einen Einzigen.

Dieser Artung, diesem Verlangen entspricht der aus naturalistischen und expressionistischen Zügen gemischte Stil jener früheren Schaffensperiode. Er ist durchweg greller, feuriger, manchmal auch härter als bei Thomas Mann: so ungleich sind die Brüder.

Heute jedoch liest man aus jener eingestandenen Lust am Empörertum deutlicher den eingeborenen Zwang zu unablässiger Kritik an allem, was er mit seiner eigentümlich aus Radikalität und Aristokratentum gewobenen Vorstellung von menschlichem Forschritt nicht vereinbaren wollte oder konnte. Selbst als das hohenzollerische Kaiserreich zugrunde gegangen war, verwand er nie gewisse hartnäckige Restbestände seiner eingefleischten Opposition dawider, wie er sie in den Tendenzromanen *Professor Unrat* und *Der Untertan* dargestellt hatte. Immerhin war es ihm später vergönnt, sein vielbändiges und ungleichwertiges Werk von Romanen, Novellen, Dramen und Essays durch künstlerisch so reife Leistungen wie die beiden Romane *Die Jugend des Königs Henri IV* und *Die Vollendung des Königs Henri IV* bleibend zu bereichern. Hinzu kommt die Selbstbiographie *Ein Zeitalter wird besichtigt.*

Der vor zwanzig, dreißig Jahren oft dem Autor des «Zauberberg» gleichgeachtete, ihm sogar zuweilen vorgezogene Jakob Wassermann, 1873–1934, scheint mit der Zeit nun doch an Wirkung zu verlieren. Trotz der mitschwingenden zeitkritischen Absichten etwa in den Romanen *Das Gänsemännchen* oder *Christian Wahnschaffe* war es aber hier wie in der großen Trilogie seiner späteren Zeit *Der Fall Maurizius, Etzel Andergast, Dr. Kerkhovens dritte Existenz* ein religiöses Anliegen, das ihn erfüllte: es war die Entlarvung und damit die Austreibung eines menschlichen Grundübels – nämlich der «Trägheit des Herzens».

Ein ähnlich gerichteter ethischer Wille, zugleich eine kältere oder doch rücksichtslosere Intellektualität hielten und halten sich in dem breiten Schaffen von Alfred Döblin, 1878–1957, die Waage. Künstlerisch scheint diese Spannung als ein sozusagen sachlicher Expressionismus in den wichtigsten Romanen des Schriftstellers vor seiner Konversion zur katholischen Kirche: dem von der Tao-Lehre Lao Tses vergeistigten Chinaroman *Die drei Sprünge des Wang-lun,* dann der ausschweifenden Zukunftsvision *Berge, Meere und Giganten,* endlich der tragischen Saga eines proletarischen Hiobs unserer Zeit *Berlin Alexanderplatz.* Später wandelten sich Weltgefühl und Darstellungsweise Döblins zu einer «thomistischen» Gegenständlichkeit, die ihm einen sicheren Standpunkt inmitten der entfesselten Dämonie des zweiten Weltkrieges gewährte.

An Künstlerschaft dürfte Wassermann und Döblin der in der Emigration durch Freitod gestorbene Stefan Zweig, 1881–1942, überlegen sein; an sittlicher Verantwortungskraft wie an menschlicher Leidensfähigkeit stand er ihnen nicht nach. Es bleibt jedoch abzuwarten, ob sich seine stilistisch sorgsam geschriebenen, von einem ästhetischen Impressionismus zu strafferer und dennoch ungezwungen anmutender Komposition hinentwickelten Novellen über Generationen hinweg halten, weil sie weitgehend der Psychoanalyse und somit deren allmählich sichtbar werdender Anfälligkeit verhaftet sind. Als sorgsam gezeichnetes Bild der ihm begegneten Welt eignet Stefan Zweigs Selbstbiographie mit dem verzichtenden Titel *Die Welt von gestern* der Rang eines wesentlichen Zeugnisses unserer Zeit. Unveraltende Meisterschaft erwarb der Autor als Schilderer großer Persönlichkeiten in den Lebensbeschreibungen *Fouché, Marie Antoinette, Erasmus von Rotterdam, Maria Stuart, Magellan* und *Balzac.*

Auch der kosmopolitische «Morgenlandfahrer» Hermann Hesse, der am 2. Juli 1877 im schwäbischen Calw geboren wurde und im romanischen Teil der Schweiz, in Montagnola, wohnte, hat als Substanz seines ganzen Schaffens einen volkhaften, zudem noch schwäbisch-stammlich betonten Gehalt. Er vergegenwärtigt ihn dichterischer als Thomas Mann: weniger in seinen Versen als in der Prosa. Hesse ist niemals Romancier, sondern dichterischer Erzähler. Schien es anfangs, als ob er ein liebenswerter, neuromantischer Nachfahr einer edlen, ein wenig heimatlich-engen Überlieferung sei, so enthüllte sich der wahre Hesse seit dem nach dem Weltkrieg zuerst pseudonym veröffentlichten Demian als eine schöpferische Natur von gefährlicher Gefühls- und Geistesspannung: Rausch und Klarheit, Morgenländisches und Abendländisches miteinander, widereinander, ineinander verbindend. Radikaler Individualist, Hasser aller Uniformität auf jedem Gebiet, als «Steppenwolf» die Gehege der Bürgerlichkeit bösartig, aber auch sehnsüchtig umkreisend: das ist die eine Seite – die andere jedoch unterwirft sich den Gesetzen hoher Form, voller Lust an der erlauchten Ordenshierarchie musischer Geistesdiener und Geistesvirtuosen. Er ist, im Gleichnis gesprochen, Lustmörder und Mönch: voll träumerischer, hellsichtiger, bacchantischer Liebesmythologie – erfüllt zugleich vom strengen Gebot des Appolinischen. Er trachtet nach einem Dichtertum, das «ein großes, kühnes Lied der Sehnsucht und des Lebens» sei: hymnischer Preis der Männer- und Geistesfreundschaft, Vision vom eiskalt-hellen Göttergelächter über den Wahn der Irdischen, bereit auch zum liedertrunkenen Untergang des «sterbenwollenden Europamenschen», wie ihn *Klingsors letzter Sommer* austönt. Er ersann zuletzt die phantasmagorische, abendländisch-weite, geisteskultische Gemeinschaft der «Glasperlenspieler» in dem zusammenfassenden und umfangreichsten Werke überlegener und eingeweihter Alterserfahrung; doch zeigt das *Glasperlenspiel* Hesses Lebensmitgift einer unaufhörlichen Daseinstragik, vorher gebannt durch Geistesmacht, nunmehr ausgedehnt auch auf das Reich des Musischen, das in seiner Herrlichkeit und zugleich mit dem Todeskeim der Selbstbezweiflung erscheint. Hermann Hesse starb am 9. August 1962 in Montagnola.

Zwischen den einander ausschließenden Rausch- und Geist-Sphären vermittelt zuweilen der Humor. Hesses Charakterisierung des Humors wurde schon an einer früheren Stelle dieses Buches – bei Gelegenheit der großen englischen Romane des 18. Jahrhunderts – zitiert. Sein Humor ist minder ironisch als die Parodie Thomas Manns, und so kommt er wohl nicht so apart zu Worte, dafür jedoch lebensnäher und wärmer. Dem Urtyp deutschen Erzählertums gehört Hesse an mit seiner Neigung zu jugendlichen, jünglinghaften Figuren, deren seelisches Erleben und Erleiden im Kontakt zur Landschaft, zur Natur stehen – anders als die überwiegend zivilisatorische Umwelt Thomas Manns dessen Gestalten bedingt. Die dichteste Gestaltung seiner zwar auch personalen, aber ebenso menschheitlichen Polarität von Logos und Eros gab er in *Narziß und Goldmund*; sein originalstes Buch, *Der Steppenwolf*, erneuert den romantischen Roman auf zeitgenössisch-psychologischer Ebene. Unsere Zeit brachte neben den epochalen Prosa-Epen Thomas Manns noch einen anderen großen dichterischen Zeitroman hervor, der vorläufig nur ein Besitz derjenigen ist, die den inneren, geheimen und zukünftigen Vorrat deutscher Wortkunst kennen. Er stammt von einem Autor, der zwar auch mit einigen anderen Büchern sein reiches Talent als ein Wahrer lebendiger Überlieferung in Anpassung an unser Jahrhundert bewiesen, aber den eigentlichen Auftrag seiner Berufung meisterlich gestaltet hat. Albrecht S c h a e f f e r, geboren 1885 und nach 1933 ausgewandert. Im Jahre seiner Rückkehr nach Deutschland, 1950, starb der Dichter. Das Werk seines Ruhmes und Ranges ist der dreibändige Roman *Helianth* mit dem Untertitel: «Bilder aus dem Leben zweier Menschen von heute und aus der nordischen Tiefebene», erschienen im Jahre 1920. «Helianth» meint keine Anspielung auf die mittelhochdeutsche Bezeichnung des Heilandes, sondern auf den lateinischen Namen für die Sonnenblume. Als Zeitroman spiegelt das Werk die deutsche Gesellschaft vor dem ersten Weltkrieg. Diese Gesellschaft befand sich weitgehend in der Auflösung; die soziale Gliederung war nur noch in den entleerten, hülsenhaften Modellen der Überlieferung vorhanden. Albrecht Schaeffer verdeutlicht diesen Befund nicht als Gesellschaftskritiker, sondern als Dichter, der sich mit der Analyse nicht begnügt, sondern die in Krisenepochen in den Einzelseelen als Potential überzeitlich geborgenen Werte und Ordnungen darstellt – wie es angesichts einer nicht mehr aktuellen Gegenwärtigkeit hoher Leitbilder allein möglich ist. Kraft, Schönheit, Vernunft: diese Mächte zeichnen immer noch auserwählte Seelen aus und können das rechte Verhältnis von Herrschaft und Gemeinschaft wieder erneuern. Von einer ähnlichen Idee vergeistigten und geläuterten Herrschertums ist Albrecht Schaeffers umfangreiches Vers-Epos *Parzival* getragen. Der Dichter schuf es aus einem von ihm empfundenen Ungenügen an Wolframs mittelhochdeutscher Gestaltung; er glaubte, daß der höfische Epiker nur eine ferne Ahnung von den Möglichkeiten des Parzival-Stoffes gehabt habe.

Schaeffers Parzival ist nach Gerhart Hauptmanns Hexameter-Epos «Till Eulenspiegel» bis heute das wesentlichste, formvollendetste und gehaltreichste Vers-Epos der modernen deutschen Literatur geblieben. Auch einige *Novellen*, neben klassizistischer *Lyrik*, haben sich im Werke Schaeffers als bestandkräftig erwiesen.

Deutsche Prosa im Sinne des Entwicklungsromans dürfte wohl auch für die Zukunft noch anhalten, weil nach dem Tode ihres bis in unsere Tage eindringlichsten Dichters, Hermann Hesse andere Autoren sie legitim fortsetzen. Obwohl sie im allgemeinen eine Angelegenheit des innerdeutschen Geisteslebens ist, sollen doch hier einige Namen nicht vorenthalten werden; deshalb stehe Hans C a r o s s a, 1878–1957, als Repräsentant dieser genuin deutschen Darstellung des Individuellen für eine Reihe anderer Autoren, Hermann S t e h r, 1864–1940, als Sprecher für ein volksmythisches Element unseres Schrifttums, Emil S t r a u ß, 1866–1960, als Meister eines reifen Erzählertums in seinen Novellen und in den frühen Romanen *Freund Hein* und *Der Spiegel*.

Zur gediegenen Frucht war der deutsche Naturalismus im geistdurchdrungenen realistischen Roman gereift, nachdem sich das Programm als solches nicht schöpferisch bewährt, wohl aber der Wahrhaftigkeit des Kunstwerks im allgemeinen, nicht nur in der sinnenhaften Darstellung, gedient hatte. Dem leeren Nachschreiben vorgeformter Muster durch die Epigonen hatte er ein Ende bereitet; erschloß der Naturalismus auch nicht die Ganzheit der Natur, so führte er doch wieder hin zu ihr als einer ewigen Substanz alles musischen Schaffens. Manche Autoren, die in ihren Anfängen der neuen Richtung huldigten, entwickelten aus sich teils korrigierende, teils bereichernde Gegenkräfte zum Naturalismus; allmählich rief dann der Einfluß der symbolischen Literatur des Westens auf andere Schriftsteller und Dichter eine bereits im Ursprung unnaturalistische Bewegung ins Leben.

Daß spürsinnige Psychologen schon früh den Naturalismus umgestalteten, wird an der Produktion Arthur S c h n i t z l e r s, 1862 bis 1931, des vom Arztberuf zur Literatur stoßenden Wieners, ersichtlich. Seine große Folge von Dramen bot zu Beginn eine seinerzeit sensationelle, ja skandalisierende Verquickung von naturalistischen und vornehmlich sexualpsychologischen Zügen; mit ihren Thesen heute abgetan, offenbart sie eine ebenso leichte wie sichere Kunst des Dialogs, und wenn der österreichische Charme überwiegt, entrückt er gewagte, selbst peinliche Details in den Bereich des Ästhetischen. Dasselbe trifft für Schnitzlers Romane und Novellen zu.

Immerhin spiegelt dieses breite Oeuvre vorwiegend die läßliche, saturierte, mit ihren Subjektivitäten narzißtisch beschäftigte Bildungsbourgeoisie der Zeit vor den Weltkriegen; auch die dekorativen Versdramen machen kaum eine Ausnahme. An kunstgewerblichem Filigran wie an symbolistischen Bezügen übertrifft Eduard Stucken, 1865–1936, in seinen Dramen die leichtere Theatralik Schnitzlers; die artistische Virtuosität besonders des Zyklus der *Gral*-Dramen ist das Äußerste, wozu damals in Deutschland die gegennaturalistische Bühnenliteratur gelangte. Aber seine Epik bildete Stucken zu reineren Leistungen aus. Er schrieb den gediegenen historischen Roman *Im Schatten Shakespeares*, den russisch-mystischen *Larion* und einen *Medici*-Roman. Doch nicht um dieser Bücher willen soll er im Gefüge moderner Weltliteratur erscheinen, sondern ein anderes Werk sichert seinem Namen die Bedeutung des zeitgenössischen Klassikers einer dichterischen Historienepik. Nach jahrelangen Vorbereitungen zum Studium der spanischen Conquistà, der versunkenen Aztekenkultur und der Mayasprache legte Eduard Stucken seinen ungeheuren Roman *Die weißen Götter* der Öffentlichkeit vor. Das Thema ist die Eroberung Mexikos durch Cortez und der Untergang des letzten Aztekenkönigs Montezuma. Stucken hält sich genau an die Vorgänge der Geschichte. Aber das wäre auch vielen anderen Schriftstellern möglich gewesen. Des Autors Eigentum hingegen bleibt die vollkommene Durchdringung des riesigen Ganzen und aller Einzelheiten mit dichterischer Gegenwart, die kein anderer deutscher Historienroman seither bieten konnte. Eine Welt ersteht in seinem Epos, und man erfährt deshalb die Begebenheiten nicht nur aus wissenschaftlich fundierter Fernenschau, sondern aus dem Zeitengeist, der sich darin offenbart.

In jener Überlieferung des Realismus, die von Gottfried Keller und Conrad Ferdinand Meyer ausging, glaubte Ricarda Huch, 1864 bis 1947, auch «die endlich gereiften Früchte der Romantik» mit enthalten. Als Erzählerin, vor allem mit ihren Novellen, blieb die Dichterin stets in der Nachfolge der beiden großen Schweizer; ihre Lyrik hingegen nähert sich bereits dem Symbolismus. Für das geistige Leben unseres Jahrhunderts gab Ricarda Huch wohl den entscheidenden Beitrag durch ihre historischen und literargeschichtlichen Arbeiten. Denn hier lagen ihre besonderen Neigungen und Fähigkeiten: während in den frei erfundenen Themen ihrer Romane die Figuren und deren Umwelt leicht verschwimmende Umrisse zeigen, verleiht die geschichtliche Bestimmtheit ihrer Kunst auch genauere Darstellungs- und Deutungsform. So gelang ihr das breite Fresko einer Schilderung des Dreißigjährigen Krieges.

Liebe und Kenntnis des volkhaften Raumes der deutschen Nation ermöglichten ihre abgerundeten Miniaturen deutscher Städte; humanistische Geistigkeit bestärkte sie in ihrem unbeirrbaren Kampf gegen jede Tyrannei und für sittlich-verantwortliche Freiheit des einzelnen.

Längst nicht diese hohe, schöpferische Freiheit, sondern vorwiegend doch nur die Emanzipation des Individuums aus den Schranken bürgerlicher Ordnungen: vornehmlich als Sturmlauf wider die sexuellen Konventionen – das waren Antrieb und Programm Frank Wedekinds, 1864–1918. Überwiegend als Dramatiker entlud er sein Aufbegehren in einem Mimus-Theater mit abenteuerlichen Begebenheiten, zirzensischen Effekten und bewußt antinaturalistisch, um seelisch-elementare Ur-Situationen der eigentlich immer einsamen Menschen auszuformen. Ihm, der auch als Schauspieler und Bänkelsänger aufgetreten ist, haften selbst Züge des Tierbändigers «in zinnoberrotem Frack, weißer Krawatte, langen schwarzen Locken, weißen Beinkleidern und Stulpstiefeln» an – aber auch diejenigen eines blasphemisch-sinnlichen Tartuffe, den Olaf Gulbransson in ihm erkannt hat. Denn der «Immoralist» Wedekind, der perverse Beleidiger und Gedankenschänder mit ersichtlicher Lust am öffentlichen Skandal, wie ihn seinerzeit die Dramen *Frühlingserwachen*, *Erdgeist* und *Die Büchse der Pandora* auslösten – dieser Mann war zugleich ein verkappter Moralist, ein immer wieder sich Bekennender, der sich zurief:

Du hast einen Sparren! Du giltst infolge deiner Schriften seit Jahren als der unmoralischste Mensch, der unter Gottes Sonne herumläuft; in Wirklichkeit läufst du aber tagaus, tagein mit einem ungestillten moralischen Heißhunger umher! Du bist moralisch ein Monomane!

Seine historische Rolle bleibt die eines Wegbereiters neuer Dramatik jenseits der naturalistischen Abzeichnungstechnik.

Aus dem Naturalismus und dem ihm zwar nicht begrifflich, aber stimmungsmäßig verwandten Sozialismus ging ein Schriftsteller hervor, der beider Gegner wurde. Paul Ernst, 1866–1933, versuchte mit den ethisch-ästhetischen Mitteln des Geistes einen neuen Weg zu gestalteter Form zu bahnen. In einer Fülle von meist kürzeren Aufsätzen über künstlerische, soziologische und religiöse Probleme analysierte er die Erscheinungen des Zeitalters mit entschiedener Wendung zu einer deutsch-volkhaft-klassischen Idealität. Obwohl er den Roman als eine untergeordnete literarische Gattung bewertete, schrieb er doch einige Romane von erzieherischer Tendenz; sie bleibt auch in vielen seiner Novellen zu spüren, aus deren großer Zahl die *Komödianten- und Spitzbubengeschichten* als die farbigsten anregen. Denn Paul Ernst war letztlich mehr Erzieher und Prediger als Schöpfer und Dichter; Gedanke, Meinung, Wille setzten sich nicht immer in lebendige Gestalt um. Er wird häufig als Wortführer des Neuklassizismus ausgegeben, wobei man besonders seine Dramen im Auge hat. In der Tat hielt Paul Ernst sein dramatisches Schaffen, dem er später noch das breite versepische *Kaiserbuch* mit seiner reim-chronikalischen Behandlung der sächsischen, salischen und staufischen Kaiserzeit zur Seite stellt, nicht nur für das entscheidende, sondern diese Dramen verkünden ihren Gehalt auch in der strengsten Form, angelehnt an die antiken Vorbilder, im Sinne einer rein vergeistigten Ethik für unser Zeitalter. – Als Verbündeten Paul Ernsts und zweiten Wortführer bei der Schaffung eines neuklassizistischen Dramas sah man lange Zeit Wilhelm v o n S c h o l z, geboren 1874, an. Seine frühen Dramen *Der Jude von Konstanz* und *Meroe* erfüllen in der Tat diese ästhetischen Bestrebungen. Aber der Dichter, obschon gerade in seiner Lyrik und in seinen Balladen mehr dem Gedanken als dem Gefühl dienend, offenbart besonders in seinen Romanen *Perpetua* und *Der Weg nach Ilok* eine epische Begabung, die von literarischen Grundsätzen nicht beengt ist. Seine oft sehr kunsthaft abgerundeten Novellen zeugen von der Anteilnahme des Autors an okkulten Erscheinungen, wobei er dem Verhältnis von Zufall und Schicksal nachspürt.

Es hat sich auch gezeigt, daß von einem auf Klassizität angelegten Versdrama her nachdrücklichere und bleibendere Leistungen ausgingen als von den Bühnenstücken der Neuromantik. Deren Vertreter waren vielfach Anleihen beim Naturalismus oder bei der Psychoanalyse nicht abgeneigt; ganz stilrein kam das neuromantische Drama, frühe Formen der deutschen Romantik und gelegentlich des Wiener Zauberdramas aufgreifend und umwandelnd, nur in einigen Stücken von Herbert E u l e n b e r g, 1876–1949, heraus: sie gehören der jugendlichen Arbeitsperiode dieses Autors an, dem Thomas Mann schon vor Jahrzehnten den Ehrentitel eines «deutschen Dichters» einräumte, während er sich selbst diese Bezeichnung aberkannte. Eine sehr persönliche Art der Einfühlung in fremde Seelen bezeugt sich in den imaginativen *Schattenbildern* Eulenbergs.

Der symbolische Gegenzug zum Naturalismus erfolgt nach dem Urteil der «fin de siècle»-Kritik durch Richard D e h m e l, 1863 bis 1920. Als er seine ersten Gedichtbände veröffentlichte, glaubte man in ihm das neue Lyrikgenie der Moderne am Werk: die Erfüllung dessen, was der den Naturalismus weit mehr als Dehmel poetisch durchdringende Detlev v. Liliencron, 1844–1909, angekündigt und verheißen hatte. Die beiden Autoren waren übrigens miteinander befreundet, und Liliencron – gewinnend in seiner ritterlichen Begeisterung – ordnete sich willig Dehmel unter. Aber dieser menschlich bewegende Geist, der sich für den Generalfeldmarschall der modernen Verskunst hielt, warf nur selten die Schlacken des Allzu-Persönlichen, des auch peinlich Bekennerischen, selbst Geschmacklosen, ab; etwas brodelnd Brünstiges, sehr zum Konkreten neigendes Sexuelles, trübt das Melos seiner Verse; der Aufschwung zur seelischen Verklärung erfolgt mehr im Rhetorischen, als daß er zu geistesreiner Hymnik gelangt.

Mit dem Namen Stefan George, 1868–1933, berief man für ein paar Menschen der jungen Generation um 1890, dann allmählich wachsend für seinen «Kreis» beinahe eine sakrosankte Macht der Gegenwart: seinen Verehrern war er nicht nur ein großer, ja größter Dichter, sondern auch ein Meister, Führer und Seher, zuletzt gar ein religiöses Ereignis von lästerlich mit den erlauchtesten Verkörperungen der Gottheit verglichenem Range. Seine Gegner wiederum wußten sich zuweilen in erbitterter Feindschaft nicht genug zu tun mit Schmähungen, Verhöhnungen und Parodien: sie griffen ihn als Schönling und gestelzten Wortvergewaltiger, wenn nicht einfach als Schwindler an, sie verspotteten seine Orthographie und Kleinschreibung aller Hauptwörter – die übrigens schon von den Brüdern Grimm in ihrem deutschen Wörterbuch innegehalten wurde –, scheuten endlich nicht vor persönlicher Diffamierung zurück.

Über die Romania, besonders über Frankreich, fand George zu seiner Dichtung: als ob das französische Blut seiner väterlichen Vorfahren erst in der alten Heimat wach geworden wäre. In Paris verkehrte der junge Dichter mit den Symbolisten; er war Gast Mallarmés. Seine Übertragungen aus den «Blumen des Bösen» Baudelaires liegen größtenteils vor den eigenen Hauptwerken: es dürfte zutreffen, wenn man vermutet, daß er selbst während und an dieser Arbeit erst die rechte Schulung für seine Schaffensart erwarb. Die Antike wurde für George in ihrem römisch-fränkischen Weiterleben eine spürbare Macht; das Griechische kam ihm eher auf dem Wege über Hölderlin und Goethe, aber auch durch den persönlichen Ursprung nahe: im Rheingau geboren und aufgewachsen, im Bereich des Limes, war ihm Natur überwiegend garten- und parkhaft, zugleich ein Bedürfnis des Dionysischen und bäuerlich Volkhaften. Der Katholizismus, zu dem sich George nicht konfessionell bekannte, waltet als Stufenordnung und Weihe des Kreatürlichen in seiner Kunst und Weisung. Nach maskenhaft-dekorativen Anfängen und der Orientierung an den überkommenen Bildungsmächten des Altertums, des Mittelalters und des Morgenlandes wurde Stefan George der Dichter seines Eigentlichen und Eigentümlichen mit dem *Jahr der Seele:* der lyrischen Vermählung von Seele und Naturgezeiten. Der Symbolismus geriet ihm zu originaler und modern-deutscher Gefühls- und Bildaussage: im *Teppich des Lebens* erscheinen das gelebte Leben und die gedeutete Vergangenheit objektiviert zu geprägter Kunstgestalt; doch wird der Mittelzyklus, nach dem sich der Band nennt, umgeben von den programmatisch-bekennerischen Gedichten des *Vorspiels* und den *Liedern von Traum und Tod.* Die Zusammenfassung aller geistig-musischen Sphären brachte *Der Siebente Ring;* dessen Mitte sind die «Maximin»-Gedichte: Feier der Liebe zu einem Jüngling – sinnbildlich wohl doch ins Pseudo-Religiöse übertrieben. Die spruchhaften Verse des Siebenten Rings zeigen bereits den Rüge- und Mahn-Dichter George, der im *Stern des Bundes* eine jahrelang als deutsch-volkhaftes Weisungsbuch gläubig aufgenommene Komposition von hundert gnomischen Gedichten gab; vom Autor selbst wurde der «Stern» ausdrücklich als Gesetzes-Tafel-Werk nur Seines Kreises, des für ihn allein wahren Geheimen Deutschlands, des *Neuen Reiches,* wie auch der Titel des letzten Zyklus von Georgegedichten lautet, bezeichnet.

Diese verkennende Zustimmung gerade der deuschen Jugend zu dem esoterischen Buch des Georgekreises hatte dennoch gute Ursachen: der Dichter sprach hierin ahnungsvoll nicht nur die Geschicke des Abendlandes aus, sondern auch allgemein-gültige Satzungen einer Selbst- und Gemeinschaftszucht, die Idee der hellenischen Kalokagathia – des Tüchtig-Schönen – erweckend und füllend mit unmittelbarem Leben. Es gibt eine berühmte Formulierung Georges, die Geste und Sinn seines Dichtertums enthält; auch sie war gedacht als Losungswort nur der zugeschworenen «Templer» seiner, Georges, Person und Wirksamkeit, ist aber von weiterer Gültigkeit:

Wie wir gediehn im schooße fremder amme:
Ist unser nachwuchs nie aus unsrem stamme –
Nie alternd nie entkräftet nie versprengt
Da ungeborne glut in ihm sich mengt.

Und jede eherne tat und nötige wende:
Nur unser-einer ist der sie vollende –
Zu der man uns in arger wirrsal ruft
Und dann uns steinigt: fluch dem was ihr schuf't!

Und wenn die große nährerin im zorne
Nicht mehr sich mischend neigt am untern borne,
In einer weltnacht starr und müde pocht:
So kann nur einer der sie stets befocht

Und zwang und nie verfuhr nach ihrem rechte
Die hand ihr pressen, packen ihre flechte,
Daß sie ihr werk willfährig wieder treibt:
Den leib vergottet und den gott verleibt.

Das ist die urtümliche Haltung Georges: ein Dichter, oft willentlich-formend wider die Natur – manchmal ihr ein gelungenes Versgebild gleichsam abringend, manchmal unterliegend. Sein maßloser Ruhm und seine maßlose Anfeindung erstarrten nach dem Tode in einer vereisenden Zone; es ist anzunehmen, daß er als vorbildliche Erscheinung der Zucht und Würde – wie er in seinen Tagen mitentscheidend wurde für die moderne deutsche Dichtung – aus diesem Zwischenzustande eingesargten Lebens wiedererstehen und daß dabei auch einem großen Teil seines Schaffens ein neues Erklingen beschieden sein wird.

Von den echten Begabungen des Kreises der *Blätter für die Kunst* ging ein wesentlicher Kraftstrom der deutschen Geistesbildung aus. Vor allem muß der Gewinn für die Geisteswissenschaften, den Friedrich G u n d o l f, 1880–1931, und Ernst B e r t r a m, 1884–1957, bedeuten, hervorgehoben werden. Diese beiden Männer sind selbständige Potenzen; sie verhalfen einer Bewegung, deren Ahnherren Herder und Goethe sind, die später Wilhelm Dilthey erneuerte, zu grundsätzlichen und bleibenden Ergebnissen. Die Geschichtsschreibung als eine Kunst wurde ebenfalls durch George inspiriert, wie die Biographie des Staufenkaisers *Friedrich II.* von Ernst K a n t o r o w i c z, geboren 1895, zeigt. Zum Begriff der Klassik gehört auch geistige Zeichendeuterschaft: sie wurde von George und den Besten seines Kreises klassisch gemeistert.

Ein Siebzehnjähriger war es, der sich unter dem Pseudonym «Loris» verbarg, womit er eine Reihe von Abhandlungen unterzeichnet hatte, deren Wissen und Stil auf einen gereiften Autor von erlesenster Kultur schließen ließen. Betroffenes Staunen allenthalben löste es aus, als man den jungen Hugo v. H o f m a n n s t h a l persönlich kennenlernte und seine ersten Gedichte und lyrischen Dramen das Wunder einer Frühbegabung offenbarten, die zugleich Besorgnis für die Entwicklung erregte. Der am 1. Februar 1874 in Wien Geborene veröffentlichte mehrere seiner vollkommensten Frühgedichte in den «Blättern für die Kunst» – und so schien es, daß er in dieser Sphäre aufgehen, vielleicht von ihr gedrosselt werden würde. Die

Beziehungen Hofmannsthals zu George lockerten sich aber, als der junge Dichter seinen eigenen Weg weiterschritt und sich – was ihm als Abfall angerechnet wurde – mit dem Theater und mit der Musik einließ. Hofmannsthals Bündnis mit Richard Strauß, dem er mehrere Texte schrieb, bedeutete eine Berührung mit einem naturhaften, bajuwarischen Temperament, aus der sich für den Autor eine Bereicherung der eigenen gefährlich-differenzierten Begabung entwickelte.

Erst nach dem Tode des Dichters – er starb am 15. Juli 1929 in Rodaun bei Wien – erfuhr man durch die *Nachlese der Gedichte*, daß sein lyrisches Werk keineswegs mit den wenigen, jahrzehntelang allein mehrmals publizierten Gedichten erschöpft war. Daß dennoch die schmale Auswahl genügte, um Hofmannsthal sogleich als einen der ersten Versdichter der modernen deutschen Literatur auszuweisen, spricht für die Vollkommenheit dieser Lyrik. Die schwebenden Stimmen dieser Verse glitten nicht durch einen ätherisch entkörperten Raum, sondern strömten auch in Gestalten ein und waren überdies kontrapunktisch begleitet von dunklen, tragisch eingeweihten Tönen des Schicksals.

Hofmannsthals dichterische Dramatik erneuert das Vermächtnis größter abendländischer Epochen, so daß durch seine Stücke auch eine neue Erfahrung vom Geiste nur scheinbar abgeklungener Zeiten möglich wird. *Elektra* und *Ödipus und die Sphinx* knüpfen an die antike Tragödie an; *Jedermann* erweckt die Mysterien der Gotik, *Das große Welttheater* die geistlichen Spiele des Barocks; *Das gerettete Venedig*, nach einem Stück von Otway, wiederholt elisabethanisches Theater. Die früheren Lustspiele vergegenwärtigen das Rokoko, atmosphärisch erinnernd an die mozarthaft musikalische Bildwelt Watteaus und an das Venedig Guardis. Aber der Dichter genügte sich selbst und seiner Vorstellung von moderner tragischer oder komischer Form nicht mit diesen Leistungen; jahrelang mühte er sich um die endgültige Fassung eines Lustspiels und eines Trauerspiels von typenbildender Gestalt gemäß dem Lebensgefühl und der Geistigkeit unseres Zeitalters. Calderons Drama «Das Leben ein Traum» gab ihm lediglich den Stoff für das ernste Werk, das unter dem Namen *Der Turm* kurz vor dem Hinscheiden des Dichters bekannt wurde: aus der wahrhaft personenhaften Entfaltung eines geschichtshaltigen Raumes ergibt sich ein musterbildliches Trauerspiel für die menschliche Situation unserer Epoche. Eine Komödie von gleicher Aktualität ist *Der Schwierige;* Stoff und Handlung zeigen das Nachweltkriegs-Österreich, aber das Werk bleibt dennoch dieser Zeit nicht verhaftet, frei schaltet der Dichter mit den äußeren Gegebenheiten; die Charaktere werden nicht psychologisch erörtert, sondern erscheinen plastisch in der heiterdoppelbodigen Dramatik des Stückes.

Hofmannsthals erzählende Prosa ging einen ähnlichen Weg wie seine Dramatik, wenn man die klassizistische, manchmal auch traumklare Stilkunst der früheren Arbeiten mit dem leider nicht vollendeten Entwurf *Andreas oder Die Vereinigten* vergleicht: hier ein Vortrag, ganz persönlich artikuliert, ein atmendes, die Erzählung gleichsam erzeugendes Sprechen. All die Jahre seines Schöpfertums begleiten Aufsätze, Ansprachen, Deutungen. Vorworte und mehrere große Essays. Hofmannsthals Fähigkeit, tiefe Erkenntnis und schwierige Gedankengänge mit unnachahmlicher, liebenswürdiger und weltmännisch entgegenkommender Ausdrucksweise zu formulieren: in den «Loris»-Beiträgen meist lyrisch untertönt, in der späten Sammlung der *Berührung der Sphären* völlig gemeistert – diese Fähigkeit war seit Goethe in Deutschland selten nur noch am Werk.

Hofmannsthal ist moderner Humanist und Kulturklassiker. In diesem Sinne deutete er das Schrifttum als geistigen Raum einer Nation; in einer Rede über dieses Thema, zwei Jahre vor seinem Tode gehalten, sprach der Dichter die Weisung für deutsche Geisteszukunft aus,

daß ohne geglaubte Ganzheit zu leben unmöglich ist – daß im halben Glauben kein Leben ist, daß dem Leben entfliehen, wie die Romantik wähnte, unmöglich ist: daß das Leben lebbar nur wird durch gültige Bindungen. Wie kein Menschengeschlecht vordem weiß ich dieses und das nächste ... der Ganzheit des Lebens gegenüberstehend, und dies in einem strengeren Sinne, als ihn romantische Generationen auch nur zu erahnen fähig waren. Alle Zweiteilungen, in die der Geist das Leben polarisiert hatte, sind im Geiste zu überwinden und in geistige Einheit überzuführen; alles im Äußeren Zerklüftete muß hingerissen werden ins eigene Innere und dort in eines gedichtet werden, damit außen Einheit werde, denn nur dem in sich Ganzen wird die Welt zur Einheit. Hier bricht dieses einsame, auf sich gestellte Ich des titanisch Suchenden durch zur höchsten Gemeinschaft, indem es in sich einigt, was mit tausend Klüften ein seit Jahrhunderten nicht mehr zur Kultur gebundenes Volkstum spaltet. Hier werden diese Einzelnen zu verbundenen, diese verstreuten wertlosen Individuen zum Kern der Nation. Denn von Synthese aufsteigend zu Synthese, mit wahrhaft religiöser Verantwortung beladen, nichts auslassend, nirgend zur Seite schlüpfend, nichts überspringend – muß ein so angespanntes Trachten, wo anders der Genius der Nation es nicht im Stiche läßt, zu diesem Höchsten gelangen: daß der Geist Leben wird und Leben Geist, mit anderen Worten: zu der politischen Erfassung des Geistigen und der geistigen des Politischen, zur Bildung einer wahren Nation.

Kultur, vor allem abendländische Kultur, ist ein Spannungsfeld, oft auch ein Kriegsschauplatz der Geister mit unversöhnlichen Fronten, gegenwärtig anscheinend ein Kampf Aller gegen Alle. Daß «Geist Leben wird und Leben Geist», dürfte überzeitlicherweise sicher sein – geschichtlich konkrete Gewißheit für eine besondere Kultur ist es keineswegs. Oswald S p e n g l e r, 1880–1936, stellte eine Morphologie der Geschichte auf mit Gesetzmäßigkeiten ähnlich dem Biologischen: eine jede Kultur durchlaufe die Phasen des Erblühens, der vitalen, der geistigen Reife, sodann den Umschwung zum Niedergang in seelisch ersterbender Zivilisation als verlarvter Barbarei, die tatsächlich ein getriebig-ödes Fellachentum sei. Dem Abendland, dessen «faustische» Kultur etwa 800 nach Christus beginne, drohe jetzt unausweichlich der Zusammenbruch: der Titel von Spenglers stilistisch großartiger, gedanken-genialer Schrift *Der Untergang des Abendlandes* verschaffte dem Werk, erschienen nach dem ersten Weltkrieg, einen ungeheuren Erfolg. Er hat sich im Kern als gediegener erwiesen, denn solche Sensationen es vermuten lassen. Zweifellos mangelt der Geschichtsdeutung Spenglers die rechte Einschätzung der außer- oder übervitalen, der geistigen Faktoren der Kulturentfaltung; wenn der Philosoph bestreitet, daß jemals eine Kultur die anderen wahrhaft verstehen könne, so widerspricht er sich selbst durch seine Auslegungen der großen Kulturkreise; deren sublimes Geisteserbe wird schließlich, unabhängig von Ort und Zeit der Entstehung, in sich selbst gültig und beständig – wie sich ein Feuer übertragen läßt. Spengler erscheint als Wortführer aller jener Tendenzen, die heutzutage den Geist bekämpfen, wobei sie allerdings der Mittel eben dieses Geistes nicht entraten können; aber er ist es mit zuletzt tragischer Einzigkeit und Einsamkeit. Von solchen kultur- und geschichtsphilosophischen Werken sind viele Autoren unseres Zeitalters weit mehr beeinflußt als von den Arbeiten der akademischen Philosophen. Man ist ohnehin aller Systematik abhold – mit der bezeichnenden Ausnahme der zu innerer Folgerichtigkeit ausgebauten Psychoanalyse, wie sie mit übernationaler Reichweite Sigmund F r e u d, 1856–1939, vertrat. Aus seinen Schriften lernte man genauer die unbewußten Seelenschichten kennen – auch die ins Unbewußte abgedrängten «Komplexe», die Freud als ein moderner Beschwörer anzurufen und dadurch zu bannen lehrte. Die Überbetonung des Geschlechtlichen als der fast einzigen Triebmacht alles Handelns, Fühlens und auch Denkens entsprach nur zu sehr dem zu Anfang des Jahrhunderts herrschenden Materialismus. Mit der kritischen Zurechtweisung dieses Standpunktes erneut sich auch eine Ethik der Verantwortlichkeit und

Schuld, die von der Psychoanalyse aus weggeleugnet werden konnte.

Daß der am 4. Dezember 1875 in Prag geborene Rainer Maria Rilke zu der Generation von Thomas Mann und Hermann Hesse gehört, mutet bei aller Gegenwärtigkeit seines Werkes fast unbegreiflich an: so sehr rückt sein Bildnis in die Zeit- und Raumferne dessen, was als der Geist einer Volkheit, ja einer Kultur ausgenommen erscheint vom Wandel zum Taumel der Meinungen, der Historie, des Tages. Heute erscheint er vielen als d e r Repräsentant zeitgenössischer deutscher Lyrik, nachdem die Bahn seines Lebens und seines Schaffens von einer modischen Empfindsamkeit, die mit den Namen Worpswede und Jugendstil bezeichnet sei, über die späteuropäische Artistik des Pariser Impressionismus in die schauende Verkündigung der dalmatinischen (Duino) und schweizerischen (Muzot) Abgeschiedenheit eingelenkt war.

Der Versuch, auf Rilkes Dichtung aus fühlendem oder deutendem Bewußtsein zu antworten, erfolgte bald: eine etwas geziert-feierliche Anteilnahme besonders bei Frauen wähnte sich umschmeichelt und glorifiziert von den Versen und der Prosa seiner Jugend. Dieser schöngeistige Kult stand längere Zeit dem rechten Widerhall seines Werkes im Wege, und Rilke selbst hatte einige Mühe bei der Ablehnung solcher Sentimentalitäten. Er ließ später seine Verse vor der Jahrhundertwende – *Erste Gedichte* und *Frühe Gedichte* –, auch den allzu beliebten *Cornet* nicht mehr recht gelten; tatsächlich erreichte er die ihm auferlegte Form und Wesentlichkeit mit den *Aufzeichnungen des Malte Laurids Brigge* und dem *Stundenbuch*, wobei der Prosa des «Malte» der Vorrang gebührt. Erst die zweiteilige Sammlung *Neue Gedichte* enthält seinen originalen Beitrag zur deutschen Lyrik. Aber sein Frühschaffen war doch nicht ohne Gewinn: es bildete seine Sprache aus zu einem elastischen und treffend-genauen Instrument – «er war ein Dichter und haßte das Ungefähre!» –, das die gleitenden, vermeintlich mühelosen und klangreichen Reime, die eleganten, manchmal überladenen Kadenzen läuterte und substanzkräftig machte, bis es der überströmend gefüllten Plastik des reifen, der hymnisch-elegischen Symphonik des späten Werkes gewachsen war.

Man hat Rilke einen «Gottsucher» genannt und sich an ihm gewissermaßen erbaut. Hier liegt aber ein problematischer Zwiespalt. Daß sein «reifender Gott» aus dem Stundenbuch, dogmatisch gesehen, ebensowenig christlich ist wie sein «Engel» aus den Duineser Elegien, hat Rilke deutlich gewußt; ob es sich nicht eigentlich um einen gedichteten Gott handeln sollte? Im kulturgeschichtlichen Begriffssinne des Abendlandes genommen war Rilke gar nicht einmal eine «Persönlichkeit», war ihm dieses ideelle Bildungsziel fremd, wenn nicht bedeutungslos. Seine religiös-dichterische Welt zielt auf schicksalsloses, geschichtsloses Dasein, auf ruhevolles Sein überhaupt – das aber aufgeschlossen und hingabewillig und -fähig erblüht in wehrloser Schöne.

Dieses absolute Dasein enträt anscheinend der humanen Mitte des Individuellen, weshalb bei Rilke das persönlich-bekennerische Gelegenheitsgedicht auffallend zurücktritt vor dem objektivierten reinen Bildgedicht, wie es die auf ein zeitlos-ewiges Sich-Ereignen abgestimmten und dennoch plastischen Neuen Gedichte zeigen. Der Mangel an «Persönlichkeit» ermöglicht dieses völlige Aufgehen in fremde Lebewesen, Schicksale und selbst in Artefakte, das gerade die Neuen Gedichte offenbaren, es bedingt zugleich ein fast neurasthenisches Ausgeliefertsein an die Schrecknisse des alltäglichsten Lebens, wie sie im «Malte» aufgezeichnet sind – für Rilkes Menschentum zuletzt aber ein nie zu beschwichtigendes Gefühl des Verstoßenseins aus dem Reiche der Gnade und der Liebe. Denn nur dem Individuum, das sich als solches fühlt und weiß, dennoch aber hingibt: nur ihm eröffnen sich Liebe und Gnade. In Rilkes späten Gedichten, nach seinem Tode veröffentlicht, stehen die furchtbaren Verse:

unfaßbar beriet es
über sein fühlbares Herz,
über sein durch den schmerzhaft
verschütteten Körper
dennoch fühlbares Herz
beriet es und richtete:
daß er der Liebe nicht habe.
(Und verwehrte ihm weitere Weihen.)
Denn des Anschauns, siehe,
ist eine Grenze,
und die geschautere Welt
will in der Liebe gedeihn.

Vielleicht an keinem unserer großen Zeitgenossen zehrte die Daseinsangst des modernen, «geworfenen» Menschen so zerstörerisch wie an Rilke; als Schaffender aber hat sie keiner so groß überwunden wie er. Nachdem ihn der 1914 auflodernde Krieg gerade im Anbeginn seiner höchsten dichterischen Phase für Jahre fast verstummen ließ, er in geduldigem und häufig übergewissenhaftem Antworten die entscheidendsten der ohnehin bei ihm so wichtigen

Briefe schrieb – brach jäh der gestaute Strom seines Dichtertums aus zur Erfüllung nicht nur der umgrenzten Räume seiner plastischen Verse von 1903 bis 1908, sondern zu dem von den Engeln als den zeitlos-dynamischen Werde-Mächten durchwirkten All-Raum der *Duineser Elegien* und der entromantisierten Musik der *Sonette an Orpheus*. Nun bekannte er sich zu seinem Gesang, der nicht menschenhaft werbend sich sehnt nach einem endlich doch Erreichbaren, sondern nach jenem Gesang, der reines Dasein ist. Nun gelobte er unbedingte Treue und unaufhörlichen Ruhmesgesang dem, was immer ist und was immer geschieht:

Erde, du liebe, ich will. O glaub, es bedürfte
nicht deiner Frühlinge mehr, mich dir zu gewinnen, einer,
ach, ein einziger ist schon dem Blute zu viel.
Namenlos bin ich zu dir entschlossen, von weit her.
Immer warst du im Recht, und dein heiliger Einfall
ist der vertrauliche Tod.
Siehe, ich lebe. Woraus? Weder Kindheit noch Zukunft
werden weniger ... Überzähliges Dasein
entspringt mir im Herzen.

Er, dem als Menschen beschieden war, lebenslang zu leiden an dem niemals reinlich Aus-Gefühlten der Kindheit, zu leiden an der Schändung des Menschen in unserer Zeit, die ihn um sein eigenes Leben und um seinen eigenen Tod betrügt inmitten einer parzellierenden Mechanisierung – zu leiden endlich an der versagten Liebes-Entschiedenheit, die den Mann nie so ganz einem höheren Auftrag gemäß verwandelt wie die liebende Frau und den alles überstehenden Heiligen: er, Rainer Maria Rilke, war als Schaffender, als Stimme gehorsam geworden getreu seiner Weisung, die gültig bleibt für Menschensitte und -kunst:

Du mußt dein Leben ändern!

Nun geht es nicht mehr um den ästhetischen Genuß, sondern um die Wandlung, um die Selbstverwandlung in läuternder Umkehr.
Rilke hat die Sprache in seinen Haupt- und Spätwerken so eigenartig behandelt, daß bereits er selbst Gefahr lief, in Manier zu verfallen; bis zur Selbstparodie erlagen diesem Geschick seine zahllosen Nachahmer. Alltägliche Wörter werden häufig in Rilkegedichten lyrikfähig, gleichsam erlöst aus Verschlissenheit und Unbeachtetheit, Fremdwörter treten im Reim auf, herkömmlich als Substantiva verwendete Wörter werden verbal, Verben substantivisch gebraucht, abstrakte Begriffe erlangen Leben, Intransitiva werden transitiv und umgekehrt. Der Gewinn dieses dichterischen

Schaltens und Waltens überwiegt den ungelösten Rest des nur Gewollten. Die rhythmischen und strophischen Formen nahm Rilke immer freier; das Gleitende, Strömende seiner Sprache bedient sich oft des den Zeilenausgang teils verwischenden, teils – im Falle reicher Wiederholungen – auch hervorhebenden Enjambements: des Übergreifens der Aussage ohne akzentuierende Pause auf die folgende Verszeile. Dadurch steigert sich die sprachliche Musikalität – es kann aber auch zur Auflösung der Form führen. Wenn man in den Duineser Elegien zwar noch das Distichon als das klassische Maß der Elegie heraushört, so bleibt festzustellen, daß dieses brüchig wurde. Der Zerfall der Form deutet jedoch immer auf eine labile, dahintreibende Verfassung auch des Ethos.

Rilkes Spätdichtung fällt zusammen mit der Hochflut des literarischen Expressionismus nach dem ersten Weltkrieg. Diese Tendenz hat sich fast durchgängig als ephemer und modisch überlebt; aus ihrem dissonanten Chorus gelangten jedoch einige Autoren zu eigenen Formen, die in ihrer Art auch gesetzmäßig sind.

In der zu anhaltend hymnischer Tonlage gesteigerten Ausdruckslyrik Alfred Momberts, 1872–1942, wirkte weniger der europäische Symbolismus in seinen expressionistischen Ausformungen, als die Prophetie Nietzsches nach. Das Irdische, Körperliche und Sinnenhafte der meist freirhythmischen Gesänge enthebt sich zu einem kosmischen Rausch, bei dem das Geistige, oft auch ein Geisterhaftes, in eine weltraumhafte, ozonklare und -kühle Strömung gerät. Nicht immer entgeht der Dichter der Gefahr, in eine Art von hochgestimmter und hochgesinnter Monotonie zu verfallen; dann wieder überrascht, ja überwältigt er durch sieghaften Zustoß auf eine scharf eräugte Vision – etwas Adlerhaftes offenbart sich darin, wie es gleichermaßen das Antlitz Momberts mit der kühnen Führung der Profillinie andeutet.

Im Vergleich zu Mombert war schon rein physisch Theodor Däubler, 1876–1934, eine wesentlich anders geartete Erscheinung. Aber in der schweren und massigen Gestalt dieses Mannes lebte im Bunde mit einer sinnenfreudigen und genußfroh auskostenden Beziehung zur Welt und Kunst doch noch eine zartere, traumhafte, still entrückte Seele. Däubler war eine Vollnatur mit vielen Möglichkeiten, und nicht immer hat er sie weislich überwacht und jener strengeren Zucht unterworfen, die gerade seiner dichterischen Anlage wohlgetan hätte. Er vergeudete sich oftmals, so in dem monströsen, an die «Légende des siècles» von Victor Hugo erinnernden- lyrisch-epischen Riesengebilde *Das Nordlicht*. Er tat es nicht minder oft in seinen zyklisch komponierten Gedichtkreisen, obwohl er im Innersten ein Mensch des antikischen Süd-Erlebnisses war. Die ungeschichtlich-zeitlose, die panische Seite der hellenischen Epoche sprach ihn besonders an; wenn er, leicht und enthusiastisch entzückt, einer lyrischen Anregung folgte, dann geriet sie ihm allerdings eher spätantik und gleichsam geschwellt von den Rauschmächten Asiens.

Nicht nur Verlockung, sondern wiedererinnerte, uralte Stimme aus dem Morgenlande tönt aus den Gedichten der Else Lasker-Schüler, 1876–1945. Als den Prinzen Jussuf von Theben wie auch unter anderen Verkörperungen orientalischer Phantasie sah sie sich selber – und es waren das nicht etwa schwärmerische Pseudonyme ihrer Seele, wenngleich eine schweifende Sehnsucht, eine liebe-erflehende Hingabeseligkeit ihren Geist in vorher nicht so erschaute Fernen der Einbildungskraft immer wieder entrückten. Denn die Fernen breiteten sich in ihrem eigenen Innern aus; deshalb verlor sich die formal vom literarischen, thematisch auch vom malerischen Expressionismus befeuerte Lyrik Else Lasker-Schülers nicht in angemaßten Gebärden und Klängen. Diese Lyrik wird ihren Namen für die Nachwelt bewahren, wenn die Erzählerin und die seinerzeit so eindringlich wirkende Autorin des Schauspiels *Die Wupper* mehr der Geschichte als der bleibenden Gegenwart reiner Poesie angehört.

Mit erstaunlicher Fähigkeit des Hinhorchens und Sich-Einhörens in die sprachlichen Möglichkeiten der modernen Lyrik, zugleich auch mit einer an das Wunderbare grenzenden Rückverwandlung in die Ausdruckswelten vergangener Zeitalter schuf Rudolf Borchardt, 1877–1945, sein immer originelles Werk der Übertragung fremdsprachlicher Dichtungen. Auf die genaue Entsprechung in kristallen klarer Form kam es ihm einzig an. Erscheinen vielen Lesern und Hörern die Wege, die der Nachdichter Borchardt dabei einschlug, auch manchmal abseitig, so bereichert er stets als Essayist und Deuter das Verständnis für musische Dinge oft mit anregenden und erregenden Einsichten – etwa in dem berühmten *Eranos-Brief*. Von der eigenen Lyrik Borchardts möchte man, mit einem scheinbaren Selbstwiderspruch, sagen, daß sie ein höchstes Maß von epigonaler und originaler Leistung darstellt in Gebilden von modern-klassizistischem Gepräge.

Wie nach vorgedachtem Plane schuf Oskar Loerke, 1884–1941, übrigens einer unserer gehaltvollsten Essayisten, in rund fündundzwanzig Jahren das lyrische Werk seiner sieben Versbücher, das eine Komposition von höherer Einheit ausmacht. Man darf ihn, ungeachtet einiger Bizarrerien, keinen Expressionisten nennen, wie denn Loerke anscheinend kaum Einflüsse von der zeitgenössischen Dichtung empfangen hat; weit inniger war sein Verhältnis zur metaphysischen Lyrik des Dreißigjährigen Krieges – überhaupt zum Barock, vor allem zu dessen Musik. Außerdem hatte ihn die Geist-Poesie des Morgenlandes, besonders die chinesische Philosophie, angerührt – und so erinnert Loerke gelegentlich an Rückert, den er liebte und aus der allgemeinen, verständnislosen Bewertung wieder ins rechte Licht setzte. Loerkes «Sieben»-Buch ist mit Georges und Rilkes Lyrikzyklen wohl die einzige großumfassende lyrische Summa der deutschen Gegenwartsliteratur. Das reinste Gleichbild für den Bestand des Lebens war ihm der Wald, konkret und symbolisch, durchweht vom Atem der Erde.

Der Expressionismus begünstigte zunächst die Lyrik; seine Techniken sind schließlich im Roman wie im Drama kaum durchzuhalten, ohne daß sie maniert wirken. Immerhin gelang es einem Autor, die Ekstatik der Ausdruckskunst mit einer eisigen Intelligenz gleichsam zu unterkühlen, so daß als Ergebnis das sogenannte «Denkspiel» entstand. Sein Schöpfer und unerreichter Könner war und blieb Georg Kaiser, 1878–1945. Die Bestimmung dieser neuen Dramatik durch Kaiser selbst gibt zugleich eine Vorstellung von seinem Sprachstil:

Das Heißblütige muß in Form starr werden; und härter und kälter die Sprache, je flutendüberflutender Empfindung bedrängt.

Kaisers Denkspiel zielt auf eine sittliche Reinigung des Menschen; es gemahnt an Kleists Auffassung von der Wiedergewinnung einer paradiesischen Unschuld dadurch, daß der Mensch bewußt noch einmal vom Baume der Erkenntnis essen solle. Im Vertrauen auf seine Vision «von der Erneuerung des Menschen» rühmte Kaiser seine dramatische Form:

Ins Denkspiel sind wir eingezogen und bereits erzogen aus karger Schaulust zu glückvoller Denklust.

Große Bühnenerfolge waren Kaisers Dramen *Die Bürger von Calais*, *Gas* und *Nebeneinander*.

Schnitzler, Rilke und Hofmannsthal sind Österreicher: welch auffallende Erscheinung, daß mit einemmal eine Reihe bedeutender Autoren gerade des österreichischen Kulturraums zu ersten Sprechern der zeitgenössischen Literatur geworden ist; damit verglichen, ist der österreichische Beitrag zur Klassik und Romantik geringer – aber die nunmehr in krisenhafter Zeit so eindrucksvoll mitintonierende Stimme aus dem deutschen Südosten bezeugt ein schwermütiges Gesetz: daß nämlich der Untergang die Musen erregt zu traurig-festlicher Begehung eines großen Abschieds. Der Zusammenbruch der Donaumonarchie nach dem ersten Weltkrieg war auch der Zusammenbruch der letzten Völkergemeinschaft, die noch ein heilig-väterliches Geistesgesetz verbunden hatte – vornehmer, hierarchischer als in den nationalen Staatsgefügen des übrigen Europa, die Machtgebilde bloß aus dem Nationalbewußtsein und überwiegend zweckhafte Real-Politica sind. Mit dem Erlöschen der Majestas Apostolica verglomm endgültig der letzte, schon so schwach gewordene Funke jener transzendierenden Flamme, die Karl der Große als irdisches Gleichnis der augustinischen Civitas Dei – ein Held auf den Spuren des Heiligen – entzündet hatte.

Inmitten des Zerfalls der österreichischen Macht hob nun der unendlich abgründige Klagegesang eines Sohnes ihrer Lande an – und es klang daraus persönliche, volkhafte, abendländische Schwermut:

So leise sind die grünen Wälder	Der Nacht, trauernde Adler.
Unsrer Heimat,	So leise schließt ein mondener Strahl
Die kristallne Woge	Die purpurnen Male der
Hinsterbend an verfallner Mauer	Schwermut ...
Und wir haben im Schlaf geweint;	Gewaltig ängstet
Wandern mit zögernden Schritten	Schaurige Abendröte
An der dornigen Hecke hin	Im Sturmgewölk.
Singende im Abendsommer	Ihr sterbenden Völker!
In heiliger Ruh	Bleiche Woge
Des fern verstrahlenden Weinbergs;	Zerschellend am Strande der Nacht,
Schatten nun im kühlen Schoß	Fallende Sterne.

Der diese gesichteschweren Rhythmen intonierte, war die Verkörperung eines Dichtertums, in dem Person, Werk und Schicksal Eines sind. Georg Trakl entstammte einer alten protestantischen schwäbischen Familie, gleichwohl lange schon ansässig im katholischen Salzburg, wo er am 3. Februar 1887 zur Welt kam. Daß er nach einer Apothekerlehrzeit Pharmazie studierte, war eine Berufswahl um des Broterwerbs willen – hat aber eine geheime, im Geschick des Dichters nunmehr offenbare Bedeutung: seine Hingezogenheit zu den künstlichen Paradiesen des Rausches führte ihn in die Sphäre der Drogen als der Mittel, sich als Individuum fallen zu lassen und zugleich zu erheben durch Berührung mit dem Chaos. Denn Trakl war seelisch behaust

im Untergang zwischen Leiden und Tod, am Rande des Chaos in einer Welt düster von Schuld, wie der Dichter Emil Barth in seinem grundlegenden Essay über Trakl schreibt, Schwermut, in die Hölderlin nach heroischen Geistesanstrengungen versank, von Apoll geschlagen – Schwermut, oder Melancholie als das Element des Dichtergenies, wie Goethe einmal sagt – Schwermut ohne Ausweg und Hoffnung, wie sie dergestalt keinen großen deutschen Dichter umhüllte – Schwermut als Lebensstimmung des Geistes aus dem Gefühl der Urschuld schon von Anbeginn aller Menschengeschlechter: sie war Trakls innerste Artung schon vor der Erschaffung seines eigentlichen, in sich ausnahmslos vollendeten und vollkommenen Werkes. Seine letzten Wochen und dann sein Tod zeigen mit furchtbarer Gleichniskraft den Dichter unmittelbar ausgesetzt einer zerschellenden Welt: nach der Schlacht bei Grodek, die für die Österreicher verlorenging, hatte Trakl mit unzureichenden Medikamenten neunzig Schwerverletzte zu betreuen – verzweifelnd in dieser Hölle der Schmerzen suchte er Beschwichtigung seines Herzens draußen im Freien – hier sah er die Leichname von Gehenkten an den Bäumen ... Sein Geist überstand diese Schrecknisse nicht – physisch war er ein bärenstarker Mann. Er wurde zur Beobachtung in eine psychiatrische Anstalt nach Krakau gebracht, dort nahm er eine überstarke Giftdosis und starb in der Nacht vom 3. zum 4. November 1914.

Gereimte Gedichte, die gleichsam dort anheben, wo der letzte Hölderlin geendet hatte, eröffnen den ersten Kreis seines Werkes; reimlose, rein rhythmische Bildungen ergeben den zweiten Kreis; kristallene, hochhymnische Formen – denen Verse in Prosa voraufgehen – runden den dritten Kreis. Trakls Sprache hat im einzelnen oft etwas Simples: Hauptwörter, dinglich-genau, ein paar Adjektiva meist aus dem Bereich der nicht nur sinnlichen, sondern auch bedeutungsvollen Farben und Gerüche, einfache, verbale Feststellungen: als Wortgefüge aber von oft mythischer Einprägsamkeit, fallend im Rhythmus – wie verströmend in die uralt-ewige Nacht vor allem geschöpflichen Sein.

Angesichts des Ranges, den Georg Trakls ständig anwachsende Wirkung erlangt hat, wird es besonders sinnfällig, wie wenig mit seiner früheren Einordnung unter die Weltkriegs-Expressionisten gesagt war. Dasselbe trifft für Georg Heym zu. Man hat diese beiden Dichter, auch weil sie im gleichen Jahre geboren wurden, oft in einem Atem zusammen genannt, doch sind sie eher Antipoden. Trakl und Heym haben allerdings gemeinsam einige Visionen vom gesamtabendländischen Verhängnis unserer Zeit – außerdem eint sie das Letztgültige ihrer Aussage. Aber Heym, der beim Schlittschuhlaufen auf der Havel im Jahre 1912 verunglückte, war eine Verheißung – keine Vollendung. Er gleicht in seinem steilen Pathos, in der radikalen, titanischen Wölbung seiner Bilder Rimbaud und Baudelaire – und wenn er manchmal unreifer wirkt als die Franzosen, so eignet ihm doch eine plastische und ungemein aktive Energie der Gestaltung. Heym hat die Dämonie der modernen Metropolen erschaut und vorverkündet wie kein zweiter – und er sah am Horizont den ungeheuren Schatten des künftigen Krieges:

Aufgestanden ist er, welcher lange schlief,
Aufgestanden unten aus Gewölben tief.
In der Dämmerung steht er, groß und unbekannt,
Und den Mond zerdrückt er in der schwarzen Hand.

Von welchem Dichter ließe sich bereits aus dem Jugendschaffen sagen, daß es nicht der Nachsicht bedürfe mit einem wohl hohe Gipfel erwählenden, aber noch nicht zur Höhe gelangten Wollen? Neben einigen Frühvollendeten hat sich Heym mit etwa zehn, zwölf gelungenen Gedichten vor der Nachwelt ausgewiesen als wahrhaft berufen und auserwählt! Georg Heym trägt den Lorbeer des heroischen Lyrikers.

Der Abschluß dieser Schilderung der deutschen Literatur unseres Zeitalters sei dem Dichter gewidmet, der bei nur chronologischen Gesichtspunkten bereits zu Beginn hätte aufgeführt werden müssen. Aber die Tabelle der Daten stimmt nicht immer mit der eigentlichen Geistesform einer geschichtlichen Entwicklung überein: gerade bei dem nunmehr in Rede stehenden Falle ergäbe die Anlehnung an die vordergründige Historie eine verzerrte Perspektive. Denn Gerhart H a u p t m a n n wurde allmählich erst jene Einkörperung der reichsten dichterischen Kraft der Gegenwart, als welche er ungeachtet seines leiblichen Todes nicht nur unter uns lebt, sondern auch in kommenden Jahrzehnten erst allmählich sichtbarer und deutbarer werden wird. Er, der anfing zu schaffen, als der Naturalismus noch in den frühesten Regungen begriffen war, überdauerte als Gestalt wie als Gestaltender diese wie noch manche spätere Tendenz unseres Schrifttums – einige von ihnen in sein Werk mehr oder weniger einlassend, keiner jedoch hörig: auch nicht dem Naturalismus. Schon deshalb wäre es falsch gewesen, ihn in irgendwelchen literarischen Zusammenhängen zu schildern – denn er ist ein Dichter durchaus eigener Art und wesentlich verbunden nur einer ungeschichtlichen Macht: der Natur.
Zu Ober-Salzbrunn in Schlesien am 15. November 1862 geboren,

stets der Heimat durch seinen Wohnsitz in Agnetendorf treu geblieben, ziehen die Bahnen seiner Erdenfahrt beinahe durch das ganze deutsche Land, berühren viele europäische Staaten, verweilen immer wieder im mittelmeerischen Süden und schwingen zweimal in die Neue Welt hinüber. Dem entspricht eine ständig produktive Fühlung mit der Überlieferung und mit der Gegenwart all dieser Räume, und das will bei Hauptmann sagen: er erfuhr nicht nur das kulturelle Erbe, nicht nur Land und Leute – sondern er anverwandelte sich die elementaren, zeitlos-übergeschichtlichen, naturhaften Mächte dieser Erde, als deren echtbürtiger Sohn er ernährt wurde von dem lebenspendenden Mark der Götter, nicht minder heimgesucht auch von den Leiden, die uns die Dämonen verhängen. Seine ureigenste Antwort darauf, stets voll des Dankes und der Demut, wie auch voll der Preisung und der magisch bannenden Abwehr, war die des Menschen lediglich kraft des eingeborenen menschlichen Mittels der Sprache, unbedürftig eines fremden, außermenschlichen Stoffes und Werkzeugs: es war die Antwort des Dichters.

Ich kam vom Pflug der Erde
zum Flug ins weite All
und vom Gebrüll der Herde
zum Sang der Nachtigall.

Die Welt hat manche Straße,
und jede gilt mir gleich,
ob ich ins Erdreich fasse,
ob ins Gedankenreich.

Es wiegt mit gleicher Schwere
auf Erden jedes Glied.
Ihr gebt mir eure Ähre,
ich gebe euch mein Lied,

– so dankte Hauptmann allem Dasein der Welt. «Pflug der Erde» und «weites All» umfingen ihn stets dinglich nah und mystisch fern; so war er dauernd mitten im Leben, welcher Gleichnisse und Gleichbilder er sich auch immer bediente. Als der achtzigjährige Meister seiner Ausgabe der Werke «letzter Hand» ein Geleitwort schrieb, faßte er es zusammen:

Ich hatte viel mit euch zu tun:
Gestalten!
Und darum laßt mich Alten ruhn:
im Alten!
Ihr seid in meinem Sinnen wach,
wie immer,

und allem Lebensungemach
ein Abendschimmer. –
Das Dasein selber ist zu groß,
selbst um es nur
zu ahnen: es versinkt im Mutterschoß,
wie es entstanden, ohne Spur.

Im vierundachtzigsten Jahr, am 6. Juni 1946, starb Gerhart Hauptmann in Agnetendorf; die irdische Hülle wurde auf Hiddensee, der Insel westlich von Rügen, beigesetzt.

Über den Dichter zu schreiben, versetzt jeden Spätergeborenen in die heikle Lage, nach dem geistigen Wandel im Verlaufe zweier Generationen eine neue Deutung und damit eine neue Klärung des gegenseitigen Verhältnisses zwischen ihm und der Epoche zu versuchen. Man nähert sich dieser Aufgabe nicht ohne Scheu, weil von Hauptmanns Schaffen eine dunkel-heitere, geheimnisvolle Überlegenheit und Unberührbarkeit ausströmten, die den gewissenhaft betrachtenden Sinn überwältigen. Das Stichwort «Natur» zur Charakterisierung dieses Werkes sei zunächst einmal aufgegriffen. Vieldeutig ist diese Losung, doch man vertraue ihr – zuletzt, nach einiger Einsicht, wird man sie wiederum anwenden in vertiefter Sicherheit, die das Wesensbild des Dichters erklärt und zugleich verklärt. Längst historisch geworden sind die Theaterschlachten der Hauptmann-Premieren auf der «Freien Bühne» in Berlin, historisch und unerheblich die leidenschaftlichen Auseinandersetzungen über den Naturalismus oder gar den Sozialismus in jenen Frühdramen. Man propagierte und diffamierte sie – vor allem *Die Weber* – rund zwanzig Jahre: so groß war ihre aktuelle Bedeutung. Aber der Ruhm des Tages ist windig, wie diejenigen, die ihn spenden – und so wird er für reinere Aspekte unwichtig, wie auch die Krisen der Popularität unwichtig sind, der Hauptmanns Arbeiten bald ausgesetzt waren.

Gerhart Hauptmann war ein Dichter schon in seiner naturalistischen Phase, die vorwiegend die frühe und jungmännliche Schaffenszeit ausmacht. Die sichtliche Wandlung zu freiem Dichtertum erfolgte während seiner Reise nach Griechenland, die auch seine physische Erscheinung veränderte: aus dem lang aufgeschossenen, von einer Lungenerkrankung bedrohten Mann wurde die breit ausgelegte, machtvolle Persönlichkeit, gesund, körperlich und geistig sich mehrmals verjüngend. Die Umwandlung war eine Entfaltung: deshalb erinnert auch der alte Gerhart Hauptmann, der Dichter des Symbols, immer wieder an den jungen und zeigt selbst im Spätwerk noch Strecken desjenigen, was man einst naturalistisch genannt hatte. Seine schöpferische Spannung erscheint anfänglich als Polarität von Natur und Zeit; versöhnend waltet darin das Mitleid. Der von gewissen Gruppen als tendenziöser Autor bejubelte frühe und gelegentlich auch mittlere Hauptmann mit seinen überwiegend passiven, erleidenden Helden produzierte aber nicht um der Tendenz willen; Menschlichkeit hatte ihm, dem Mitleidigen und Miterleidenden, den Mund geöffnet. Noch war der Dichter nicht zu den Ursprüngen des Seins vorgedrungen; darum stellte sich dieses Mitleid vorläufig nur als soziales Theaterstück dar. In der späteren

Epoche offenbarte sich Hauptmanns Polarität inniger und tiefer; Natur und Seele möchte man sie nennen, vermählt in der Magie: ihr Werkergebnis gipfelt im symbolischen Kunstgebilde. Dessen sprachlicher Leib wird auf dieser Stufe immer mehr der Vers, die Rede der Götter. Aus Hauptmanns Begegnung mit den «Müttern», den Lebens-Ursprüngen, erblühte ihm Eros, beschworen in der dichterischen Verwandlung der Daseinssphären, und erhob sich über jenes soziale Mitleid – weil Eros der Dinge Urgrund ist als die umfassende Liebesmacht alles Werdens. Neben dieser unleugbar heidnischen Gotteserfahrung des Dichters aber erscheint an allen Kreuzwegen der tragischen Konflikte seiner Gestaltenwelt immer wieder die erbarmende Liebe als unmittelbare oder mittelbare Gegenwart Jesu Christi: in den drei größten Werken Hauptmanns ist er der Letzte und Höchste. Mit seiner panischen Naturmystik verbliebe das Schaffen des Dichters noch im Rahmen der kreatürlichen, irdischen Gegensätze, wenn ihm nicht von frühauf aus der mehr denn schauenden, aus der teilnehmenden, mitleidenden Menschenliebe die Gnade und Heilkraft des Menschenherzens zur Gewißheit geworden wäre. Es ist die christliche Charis, die den deutsch-hellenischen Elementargeist Hauptmanns innig beseelt und ihm so dieselbe Beseelung seines Gestaltenreiches schenkt. Die Tragödie sei bei aller Erhabenheit eine luziferische Kunstform, schreibt einmal der Dichter in Aufzeichnungen seiner spätesten Zeit. Er wies damit hin auf den Abfall des Lichtfürsten von der Liebesfülle der Gottheit – nichts anderes meinte auch die von den Griechen trotz aller Bewunderung als Frevel gedeutete Urtat des Prometheus, die den Titanen aus dem Bunde der Olympischen verbannte.

Als Kampf- und Schauplatz leidenschaftlicher Auseinandersetzung und Wiedervereinigung kreatürlicher Strebungen verzehrt sich das Elementargeistige in Hauptmann derart, daß für ihn Passion und Drama eng zusammengehören. Er definiert, daß ein Drama stets aus dem «mehrgespaltenen Ich» hervorgehe. Bei solcher Anlage ist als Kunstform das Drama die natürliche Verwirklichung seines Schaffens; doch heißt das keineswegs, daß es nun genau als Bühnenstück erscheint. Daß die drei Monumente seiner Leistung episch gerieten, deutet auf das breite, austragende Fundament seines Wesens, das ihn als Charakter und Schicksal bestimmt. Der Prosaroman *Der Narr in Christo Emanuel Quint* ist das Hauptwerk der früheren, *Till Eulenspiegel*, das modern-homerische Hexameterepos, und *Der Große Traum*, die danteske Terzinen-Dichtung einer Zusammenschau von Selbstbiographie und Biographie der Epoche, sind die Hauptwerke der späteren Schaffenszeit. Jedesmal bewährt sich die «Natur» in Hauptmann. Anschauung und Gedanke, Geschichte und Traum wachsen gleichnishaft gestaltet in eins. Natur und Seele verwandeln sich ineinander, Räume und Zeiten durchdringen sich: die Phantasmagorie – jener von Goethe herrührende ästhetische Begriff, den Hauptmann so gern anwandte – verwirklicht sich in einer seit der Klassik und Romantik nicht mehr so intensiv erreichten Weltbreite. Denn zwischen den Körpern der sichtbaren Welt webt für Hauptmann die Magie, fortwährend erlebbar im Traum. Daher, erklärt der Dichter, seien die drei Phasen seiner Produktion

das am Tag Erlebte, der Traum, der es gestaltet, und schließlich der Wachzustand, der das Gestaltete in Formen zwingt.

In diesem Zusammenhang ist Hauptmanns Beziehung zur Antike zu berühren, weil seine Verwandlung der natürlichen, der traumhaften und der geschichtlichen Umwelt nicht nur im Griechentum das abendländische Urbild findet, sondern weil auch fast jede große deutsche Kunstentscheidung in einem bestimmten Verhältnis zum Altertum steht. Hauptmann bereichert unser erlebbares Wissen von hellenischer Überlieferung um das Panische, nachdem Winckelmann und Goethe das Apollinische, Kleist das Dionysische, Hölderlin das Orphische erschaut und vergegenwärtigt haben. Durch die Welt Pans, eine Welt vegetativer Gottheiten, schreitet der leidendsehnsüchtige Mensch mit einem inbrünstigen Aufblick zu den Sternen, mit einer dunklen Gebundenheit an die erdhaften, abgründigen, chthonischen Gewalten. Im Till Eulenspiegel – dem sprachgewaltigsten Werk der modernen deutschen Dichtung seit 1890 – rauscht die Hauptmann-Symphonie, daß der Mensch zuletzt nur Durchgangsort und Schlachtfeld der vor- und übermenschlichen, der kosmischen Tragikomödie sei, mit ihren vollsten Akkorden; dieses Epos ist die Vereinigung aller wesentlichen Motive des Dichters.
Erst im Hochalter entband Gerhart Hauptmann den dramatischen Zug seines Wesens zu jener Vollendung, in der alles Zeithafte dem zeitlosen Mysterium des Tragischen weicht. Dieser Prozeß war selbstverständlich schon von frühauf im Gange: er bekundet sich in den «klassischen» Dramen Hauptmanns – *Der arme Heinrich, Und Pippa tanzt, Kaiser Karls Geisel, Der weiße Heiland, Indipohdi, Veland, Die Goldene Harfe*. Heitere Spiele runden diese Folge zu einem umfassenden dramatischen Weltbild: *Der Biberpelz, Schluck und Jau, Griselda, Ulrich von Lichtenstein*. Mit kleineren epischen

Arbeiten unterbrach der Dichter immer wieder seine Dramatik; genannt seien die Novelle *Der Ketzer von Soana,* das dionysisch-heitere Capriccio *Die Insel der Großen Mutter,* die mythische Erzählung *Das Meerwunder.* In dem Maße, wie Hauptmann eingeweiht wurde in das Weben der unteren Gewalten, wuchsen die absolut dramatischen Situationen und Gestalten seines Spätwerkes empor: vornehmlich in der Erneuerung der uralt-griechischen Mythosfiguren seiner beiden «*Iphigenie*»-Dramen. Hier offenbaren sich die Urmacht und der Abgrund der Pan-Welt – jenseits der klassizistisch-stilisierten Antike Racines und Goethes; es ist ein archaisches Altertum, in das Hauptmanns Seherblick und Beschwörertum hinabdringt: das originale Wiederfinden der Ursprünge der reinen Tragödie, die Erschließung des tragischen, unaufhebbaren Zwiespalts in Kern und Tiefe des Lebens.

Aber je mehr Gestalt und Werk des Dichters hinreiften ins zeitlos Wesentliche und Monumentale, desto unpopulärer und unbequemer wurden sie. Umleuchtet von der weißen Schönheit des hochväterlichen und seherischen Alters weilte Gerhart Hauptmann lange unter den Mitlebenden – jedermann kenntlich als der Meister, der die starke Saat warf in die Ewigkeit des Natürlichen. Sein kaum zu überblickendes Schaffen vergegenwärtigt beispielhaft die Entwicklung unseres zeitgenössischen Schrifttums, die er widerspiegelt und überdauert. Sein Wesen und Schaffen besteht, jenseits aller Diskussion, von Gnaden elementarer Gültigkeit. Niemals ist es möglich gewesen, Gerhart Hauptmann bestimmten irdisch-aktuellen Bindungen zuzuordnen – seien sie politisch, literarisch oder weltanschaulich gemeint. Er, ein Sohn der Erde, gehört seinem Volk und gehört zugleich der Welt: ein Repräsentant glorreich schöpferischen Menschentums. Von seinem Schaffen gilt das gleiche, was André Gide von seiner Gestalt sagte:

Ich bewundere ihn, der es verstand, sich unaufhörlich zu erneuern.

Geschichtlich erfaßbar ist nur das Vergangene. Geschichte der Gegenwart ist ein Widerspruch in sich selbst. An der Gegenwart ist man beteiligt, auf irgendeine Weise; während sie sich vor unseren Augen vollzieht, kennen wir sie kaum, erkennen wir sie erst recht nicht. Wer sich zum Zeitgeschehen äußert, tut es auf eigene Gefahr: jeder streitet da mit jedem. Unterdessen wächst und reift ein Unbekanntes. Was heute wirklich geschieht, was wirksam ist – ganz eigentlich, von langer Hand her und deshalb bestimmend für größere Zeiträume –: kommende Geschlechter erst werden ihm Ausdruck verleihen können. Über das geistige Geschehen unserer Gegenwart werden sie richten, indem sie urteilen auf Grund beständiger Wirkungen. Dem Mitlebenden sind nur Vermutungen möglich.

Der Umriß einer Geschichte der Weltliteratur, behutsam fortgeführt bis zur Einbeziehung dessen, was heute abgeschlossen und überschaubar erscheint, hat nicht die Aufgabe, einen Wegweiser durch das Labyrinth des Gegenwärtigen zu liefern. Diesem Unternehmen dienen die Auseinandersetzungen in der Tageskritik. Auch fehlt es nicht an ersten Versuchen der Zusammenstellung von Material und Quellen. Der Standpunkt dafür sollte zunächst bewußt begrenzt sein: es braucht nicht stets ein weltliterarischer Aspekt berufen zu werden, um die Bedeutung einzelner Arbeiten zu würdigen. Man geht heute sehr leichtfertig um mit der Zuerteilung höchsten Lobes, verführt oft von dem unmittelbaren Interesse am stofflichen Gehalt, zu dem auch die ethischen Probleme der Individuen und der geglaubten oder erstrebten Gemeinschaften gehören – häufig benommen von lautem Lob und lautem Tadel –, leider selbst einer Massensuggestion verfallend, wie sie Massenauflagen erzeugen. Halte man sich also ans Vertraute: an den Sprachraum der eigenen Nation, wenn man das Einzelne mit dem Allgemeinen verbindet, vergleicht, abwägt; natürlichen und legitimen Zugang hat man vor allem zur Dichtung und Literatur des angestammtens Volkes.

Gleichermaßen gelangen fremde Leistungen auch zur Dauerhaftigkeit für uns, nachdem über solche Werke im Bereich ihrer Ursprünge eine gewisse Klarheit erreicht ist. Eine Beschleunigung erfährt nur die Zeitpublizistik im Hinblick auf Zeitprobleme; wenn sie jedoch in der Form von Kunstliteratur auftritt, liegt der Verdacht nahe, daß deren Eindrücklichkeit nur vom Inhalt her gefördert wird.

Es hängt mit der Auflösung aller Weltsysteme zusammen, daß die

Kunst nunmehr eine Aufgabe zu lösen trachtet, die tatsächlich nicht ihres Amtes und Sinnes ist: Erforschung der Gegebenheiten, innerhalb deren und kraft deren der Mensch überhaupt existiert; Versuch zur Sicherung der weltanschaulichen Folgerungen – wenn es zu solchen kommt; Bemühung, sich mit negativen Resultaten abzufinden – entweder durch Selbstsetzung des Individuums oder auch Verzicht darauf. Die Literatur usurpiert theologische Funktionen – wobei «theologisch» als methodischer Begriff gelte, keineswegs immer die wörtliche Beziehung meine: die verschiedenen atheistischen Denkarten haben ja längst eine «Theologie» entwickelt und operieren dogmatisch mit Universalien, deren Auslegung nicht mehr Sache des Einzelnen sein darf, weil man sich nach den Entscheidungen der neuen Führer zu richten hat – unter welcher Betitelung diese Würdenträger auch immer figurieren. Beinahe nirgendwo wird eine lediglich ästhetische, also der Kunstsache doch angemessene Bewertung geduldet: das Anathema über Werke, die anstoßerregend außerhalb oder gar oberhalb des gerade ausgetragenen Kampfes um die Weltherrschaft stehen, wird einhellig von allen Widersachern verhängt.

Es wäre ein reiner Glücksfall, wenn in dieser Situation ein lauteres Kunstwerk der Literatur entstünde, es verdankte sich alsdann der Berufung lediglich eines Individuums, das mit naiver Neutralität – nein: mit göttlicher Unberührtheit inmitten einer babylonischen Sprach- und Geistesverwirrung schaffen könnte. Ist das nicht völlig ausgeschlossen? Es ist gar nicht ausgeschlossen! Denn der echte Künstler hegt trotz aller Schwermut seiner Seele stets etwas lustvoll Unverpflichtetes in sich; er genießt, unverständlich allen amusischen und kategorischen Naturen, sogar die Lust am Tragischen – «notre plaisir de la tragédie», wie Racine schrieb; der Künstler will spielen – und je genuiner er Künstler ist, desto ungestümer wird er es tun. Leider wird gerade dem Künstler sein Spielplatz im Wohlfahrtszeitalter sehr beengt, weil man ihm den Mäzen wegsozialisiert; er wird den Mäzen am allerwenigsten in der anonymen Despotie der Behörden finden. Notgedrungen muß der Künstler ein neues, eigenes, nicht zu «erfassendes» Spielfeld in sich selbst suchen. Schlechte Zeiten für den spielenden Musensohn – aber sie fördern andererseits die Feinheit und Schönheit des inneren Spiels, weil oftmals gerade eine zäh sich in der Vereinsamung behauptende Elite das Außerordentliche leistet.

Die Inflation amerikanischer Romane auf dem Alten Kontinent dürfte zwei Ursachen haben. Die eine ist der Überdruß breiter

Leserschichten am Problemroman und an der Inzucht überspitzter Stilistik. Der Ereignisroman aller formalen Gütegrade erobert den Markt für meist eine Saison, gelegentlich auch für einige Jahre. Die Literaturgeschichte wird ihn, wenn sie sich auf ihre Aufgabe besinnt und kein Neuigkeitenkatalog sein will, nur in seltenen Fällen registrieren und dem Produktionszweig selbst eine mehr sitten-historische als ästhetische Funktion beimessen. Nun läuft aber über eine Reihe von amerikanischen Romanen, die zwischen Begebenheit und Problem angesiedelt sind, eine lebhafte Erörterung um, nach deren Durchsicht man resigniert feststellt, welche Verwirrung hinsichtlich der künstlerischen Forderungen an den Roman eingerissen ist. Gewiß kann der kunsthaft komponierte Roman im englischen oder französischen Stil des 19. Jahrhunderts bis 1914 kein Ewigkeitsmodell abgeben; sicherlich ist es zu begrüßen, wenn nach einer allzu hochgezüchteten Psychoanalyse und formalen Artistik wiederum ein unbefangenes Erzählen von Erzählenswertem und auch Spannendem die Laboratmosphäre der intellektuellen Halbepik lüftet für ein lebendig-neues Wachstum.

Der englische Dichter und Kritiker Stephen Spender äußert sich dazu einmal:

Der amerikanische Schriftsteller ist der isolierteste der Welt. Sofern er nicht gerade zufällig aus Boston oder New York stammt, ist er in seiner Jugend im Westen, Mittelwesten oder Süden isoliert aufgewachsen, und diese Vereinzelung inmitten einer Art von Gesellschaft, die den Wert des Künstlers nicht anerkennt, kann zeit seines Lebens die gültige Voraussetzung seines Schaffens bleiben, und er wird sich insgeheim vielleicht stets schämen, ein Schriftsteller zu sein, und kein ‹tough guy›. Er ist isoliert mangels kultureller Zentren, die Paris oder London entsprächen und wo er ein geistiges Zuhause fände. Er wird isoliert durch den Erfolg, der seine literarische Berühmtheit ausbeutet und ihn gleichzeitig sozial und wirtschaftlich sowohl aus der Literatur wie aus der Sphäre seiner frühen Sensibilität vertreibt; und er wird schließlich isoliert durch den Mißerfolg, der ihn zu akademischer und kritischer Arbeit nötigen und ihm den Wunsch einflößen mag, seine Talente in einem Maße zu intellektualisieren, das sein Schöpfertum gefährdet. Und doch kommen die größten Leistungen des amerikanischen Schrifttums gerade aus dieser Isolierung – der uranfänglichen Einsamkeit inmitten einer zutiefst erlittenen Umgebung, die für Literatur nur Verachtung übrig hat, und der späteren Vereinzelung in Erfolg oder Mißerfolg, die beide noch immer auf einem Mißverständnis der Literatur beruhen. Tiefe Einsamkeit verleiht aller großen amerikanischen Literatur etwas Gemeinsames, etwas wie die Vorstellung eines einsamen Tiers, das im Dunkeln heult, der Wölfe in einer Geschichte von Jack London, des Weißen Wals Melvilles, der durch die Wasserwüsten der Meere gejagt wird; oder man denkt an den sensiblen und so leicht auszunützenden jungen Amerikaner, der seine eigene Seele in den verfallenden Palästen Europas sucht, so wie James ihn gezeichnet hat. Das immer wiederkehrende Thema der amerikanischen Literatur ist die große, mißverstandene ursprüngliche Kraft schöpferischer Kunst, abgewandelt in den Gestalten des Betrunkenen, des leidenden Stiers, des Sensiblen, des Homosexuellen, des verlorenen Kindes ... Diese Vereinzelung erklärt auch einen verwirrend seltsamen Zug im amerikanischen Schrifttum – die Betonung von Gewaltsamkeit, Brutalität und Dekadenz ... Irgend jemand hat einmal gesagt, Amerika sei ein Land, das von primitivem Pioniertum zur Dekadenz übergegangen sei, ohne dazwischen einen Zustand organischer Kultur erlebt zu haben. Richtiger wäre zu sagen, daß in Amerika Primitivismus, Verfall und lebensmächtige kulturelle Kräfte gleichzeitig nebeneinander bestehen. Die amerikanische Literatur spiegelt dieses Nebeneinander von Extremen wider, diese Einsamkeit, wie sie aus Verhältnissen fließt, die nichts miteinander zu tun haben, diese Enttäuschung und Gewaltsamkeit.

Ergänzend läßt sich dazu sagen, daß der amerikanische Roman der Gegenwart überwiegend materialistisch und naturalistisch, somit in formaler Beziehung eigentlich rückständig ist. Infolge der Herkunft der meisten Erzähler aus dem Reportertum scheint er das Ziel der völligen Lebenswirklichkeit, das der europäische Naturalismus besonders seit Zola erstrebte, erreicht zu haben; tatsächlich aber mangelt ihm die stilistische und kompositorische Könnerschaft jener älteren Richtung.

Die ältere Psychoanalyse mit ihrem Hange zur detaillierenden Beschreibung wird von den meisten zeitgenössischen Romanciers in Nordamerika zurückgedrängt und, zuweilen mit Erfolg, durch die unmittelbare Gestaltung der Figuren selbst als deren Reagieren auf die Ereignisse ersetzt. Denn das Inhaltliche, das Thema, die Begebenheit, also der wieder «durchfabelte» Roman, genießen den Vorrang, zuweilen kraß wie bei John Steinbeck, geboren 1902, oder wie bei John Dos Passos, geboren 1896, in dessen Adern auch portugiesisches Blut fließt. Dieser Autor verwendet eine weitgehend an den Film und seine überblendende Schnitt-Technik erinnernde Form; er wurde einer der Epiker der modernen Weltstadt – etwa in seiner *Manhattan-Fähre*. Seiner gesellschaftskritischen Arbeitsphase war eine mehr ästhetisch gestimmte vorausgegangen; später erfolgte eine Wandlung des Autors vom Sozialisten, der zunächst die sich vor dem Bürgerkrieg in Spanien anbahnende kommunistische Entwicklung positiv aufnahm, dann aber von der praktizierten Ideologie abgestoßen wurde, mehr und mehr zum Individualisten. Ein Hauptwerk der späten Schaffensstrecke von Dos Passos ist seine Roman-Trilogie *USA*, in der die Technik der objektiven Kamera konsequent durchgeführt erscheint. Der gerade im Naturalismus so oft zu beobachtende Hang zu grellen, phantastischen, ja insgeheim romantischen Motiven und Szenen bricht sich leidenschaftlich Bahn bei William Faulkner, 1897–1962; der Autor bevorzugte soziale und rassenproblematische Themen: so in dem auch durch zahlreiche deutsche Inszenierungen bekanntgewordenen Schauspiel *Klage um eine Gefallene,* dessen Titel falsch mit «Requiem für eine Nonne» wiedergegeben wird. Im Jahre 1949 erhielt er den Nobelpreis. Faulkner spielt als stilistischer Anreger für den modernen amerikanischen Roman eine ähnlich bedeutsame Rolle wie Dos Passos. Aber wie es von Faulkner auch Verse mit unleugbar romantischer Innerlichkeit des Erlebens gibt, so hat er von Grund auf eine andere Einstellung zur Wirklichkeit als Dos Passos. Er neigt, wie so viele moderne Schriftsteller, zum «inneren Monolog»; als er den Nobelpreis erhielt, umriß er seine sittlich-künstlerische Aufgabe mit diesen Worten:

Der Romancier darf in seiner Werkstatt nichts anderem Raum geben als den alten Wirklichkeiten und Wahrheiten des Herzens, jenen alten, allgemein-gültigen Wahrheiten, ohne die jede Erzählung ephemer und gerichtet ist: Liebe und Ehre und Mitleid und Stolz und Erbarmen und Opfer.

Besondere Schätzung äußerte Faulkner für den etwas jüngeren Thomas Wolfe, 1900–1938. Der bisher einzige Ansatz zu einem wirklich neuen point de vue und eine schöpferische Antwort auf Whitmans Forderung an den amerikanischen Dichter scheint manchen Beurteilern in Thomas Wolfes großem zyklischem Prosaentwurf vorzuliegen. Der Autor begann verheißungsvoll mit *Schau heimwärts, Engel!,* vermochte jedoch schon im zweiten Fortsetzungsroman das erdrückende Gewicht der stofflichen Massen nicht mehr seelisch so zu kontrapunktieren wie in dem Erstling. «Eine kolossalische Schöpfung», meinte Sinclair Lewis dazu. Thomas Wolfe starb allerdings viel zu früh, um eine völlige menschliche und künstlerische Reifung in sich zu erbilden; vielleicht hätte er die große innere und äußere Spannweite seiner epischen Schau gemeistert, wenn er zu distanzierter Souveränität dem Stoffe gegenüber gelangt wäre. Mit der üppigen Sprache Wolfes verglichen, wirkt der Stil Ernest Hemingways, 1898–1961, fast primitiv; aber diese Kargheit sowohl in den beschreibenden Partien wie in den fast diktaphonisch anmutenden Dialogen seiner Romane ist nicht Armut, sondern Wille des Autors. Hemingway verbirgt ganz offensichtlich seine Empfindsamkeit, ja Weichheit seines Gefühls unter der kühlen, skeptischen, lakonischen Diktion. Aber auch bei ihm forderte, wenigstens in den Anfängen, die Romantik ihr Recht oder ihr Opfer – wenn man es so nennen will; das zeigt sich in dem spanischen Roman *Fiesta* vor allem und selbst noch in dem so aufsehenerregenden, aus Erfahrungen im spanischen Bürgerkrieg gespeisten Roman *Wem die Stunde schlägt*. Wahrscheinlich werden sich von Hemingways Büchern die kürzeren, wie überhaupt einige seiner short stories, vor den umfangreicheren Romanen behaupten; vielleicht war der Autor noch auf dem Wege zu seiner eigentlichen Höhe, wenn man an die seelisch so ausgewogene und schicksalsvertraute Geschichte *Der alte Mann und das Meer* denkt. In dieser variiert Hemingway aus dem zeitgenössischen Desillusionismus heraus die alte Klage des Koheleth von der Eitelkeit aller Dinge, die er so oft schon angestimmt hat und der vielleicht bewußt ein forciertes Männliches, ja Brutales selbst in einigen seiner Liebesromane entgegengestemmt wird. Manche Beurteiler schätzen die *Kurzgeschichten* Hemingways höher ein als seine Romane. Jedenfalls bricht sich in den knappen epischen Arbeiten das vitale Fabuliertalent des Autors üppig Bahn. Und wie bei Hemingway, so darf überhaupt die Meinung Aussicht auf Bewährung haben, daß die reinere künstlerische, d. h. formschaffende Leistung vieler nordamerikanischer Epiker auf dem Gebiet der «short story» liege. Mancher Schriftsteller hat sich ohnehin auf diese Aufgabe konzentriert – so der geschichten-trächtige William S a r o y a n, 1908 als Sohn eines armenischen Einwanderers geboren. Ein morgenländisches Element, fast märchenhaft, fast ausschweifend und romantisch, webt in seinen Erzählungen, die durch einen gewissen Humor oft das Bizarre oder Groteske streifen.

Diente lediglich die internationale Auflagenhöhe als Gradmesser der bleibenden literarischen Bedeutung – man müßte der zeitgenössischen nordamerikanischen Roman- und Kurzgeschichtenliteratur den Vorrang zuerkennen vor den strengeren Stilformen des Dramas und der Lyrik. Jedoch wie in der Alten, so dürfte auch in der Neuen Welt bei diesen beiden Kunstgebieten der nachhaltigere Antrieb zu einer mehr als nur zeitgenössischen Dichtung zu suchen sein. Ragend erhebt sich das dramatische Werk von Eugene O' N e i l l, 1888–1953. Ire von Geburt und ursprünglich Schauspieler, fand er zu einem expressionistischen Symbolismus in seinen starkfarbigen, auf grelle Effekte angelegten, dabei von religiösen Impulsen getragenen Dramen; von etwa fünfzig Stücken seien hier *Kaiser Jones*, *Der große Gott Brown*, *Dynamo* und eine trilogische

Orestie genannt; der 1936 mit dem Nobelpreis gekrönte Autor hat dem modernen nordamerikanischen Drama die Welt erobert. Seine radikale Kritik an der neu-amerikanischen Gesellschaft spitzte sich so scharf zu, daß der Dramatiker testamentarisch die Inszenierung nachgelassener Stücke den Bühnen der USA vorenthalten ließ. Diese postumen Uraufführungen fanden daraufhin in Stockholm statt.

Während ein tragisches Dschungel, das nicht nur von der schicksalsschweren Moira zu Häupten der O'Neill-Gestalten, sondern auch vom Alkohol wirrsälig heraufbeschworen wird, erst von der jüngeren, durch den zweiten Weltkrieg wie durch die politische Verflechtung der USA allmählich erfaßten Generation der Nordamerikaner, wenn nicht verstanden, so doch geahnt wird, bleibt dieses Lebensgefühl des Dramatikers den älteren, zukunfts-optimistischen Amerikanern fremd und unsympathisch. Und wie sich O'Neill vor diesem Hintergrund als ein Einsamer abhebt, so auch der neben ihm wohl bedeutsamste amerikanische Dramatiker John Robinson Jeffers, 1887–1962. Nach Jeffers' eigenen Worten ist seine poetische Philosophie «unhumanistisch»; daß sie sich bewußt und willentlich vom ewig lächelnden Optimismus des erfolgsbestrebten amerikanischen Zeitgenossen unterscheidet und ihn auch scharf bekämpft, das läßt seinen Pantragismus mehr als sittliche Forderung, denn als Ereignis, Zustand, Atmosphäre wie bei O'Neill erscheinen. Die literarische Kritik stellt jedoch die knapperen *lyrischen* Dichtungen über die Dramen von Jeffers.

Der Rang eines absoluten Tragikers, wie ihn O'Neill erworben hat, kann von keinem anderen zeitgenössischen Dramatiker Nordamerikas behauptet werden – weder von Faulkner noch von Tennessee Williams, geboren 1914. Dieser Schriftsteller fand allerdings sowohl in den Staaten wie in der Alten Welt einen großen Kreis von Freunden, die vor allem *Die Glasmenagerie* und *Endstation Sehnsucht* bewundern. Eine noch unerprobte Novität von Williams' leidenschaftlichem und triebhaftem Theater ist sein *Orpheus steigt herab*. Hingegen fand sein eigentlich widerwärtiges, ja vulgäres Stück *Die Katze auf dem heißen Blechdach* vor allem auf europäischen Bühnen weites Echo: ein nicht gerade für den inneren Gehalt dieses Theaterlebens überzeugendes Ereignis. Williams hat jedenfalls mit seinen Dramen nichts zur Katharsis des von der Tragik ja stets bedrohten Menschen vollbracht – ebensowenig wie manche arrivierten Großverdiener unter den modernen französischen Theaterautoren. Aber Nihilismus macht in der Mitte des zwanzigsten Jahrhunderts ein besonders gutes Geschäft.

Langsamer wirkt die jüngste Lyrik der USA über den Raum ihrer

Sprache hinaus. Sie unterhält Beziehungen zur überlieferten Kultur des europäischen Abendlandes, gelangt aber doch zu eigenständigen Aussagen trotz einer Neigung zu hamletischer Selbstergrübelung inmitten einer fragwürdigen, ja berstenden Innen- und Außenwelt – wie es besonders eindrucksvoll der Weg zu sich selbst bei Archibald MacLeish, geboren 1892, beweist. Nach dem subjektivistischen Symbolismus seiner Jugend wandelte sich der Dichter zum «Sprecher aller», der als ein solcher mithin «die Sprache aller» versfähig zu machen sucht.

> Von uns wird gefordert, die Grenzen zwischen den Jahrhunderten zu erkennen. Und uns ein Herz zu fassen und überzusetzen,

sagt er einmal, denn trotz des nicht mehr aufzuhebenden Wissens um eines jeden, um aller Menschen angstvolles Leid in der Welt müßten wir das Leben wagen, ausharren und dennoch lieben. Ein gefaßter Heroismus spricht aus solchen Versen:

> Unsre Geschichte ist groß, edel und tragisch,
> Viele von uns starben und blieben ohne Erinnern,
> Viele Städte vergingen, und ihre Kanäle verfielen,
> Wir lebten sehr lange in diesem Land und mit Ehre.

Noch mehr betont humanistisch eröffnete Thornton Wilder, geboren 1897, seine Produktion. Klassizistische Form der Novelle verbindet mit einer Art von theologisch-statistischem Test über die göttliche, aber von den Menschen nicht einzusehende sinnvolle Lenkung aller Erden- und Menschengeschicke Wilders berühmte *Brücke von San Luis Rey*; ergreifend in ihrer lyrisch-adligen Schönheit ist die einem Thema des Terenz nachgedichtete *Frau aus Andros*; eine groteske Donquijotterie, dabei insgeheim tragisch oder doch tragikomisch ist die Geschichte eines Bekehrungseifrigen: *Dem Himmel bin ich auserkoren*; mehr interessant als wahrscheinlich dauerhaft dürfte sich der Cäsar-Roman *Die Iden des März* erweisen. Wilders größere und kleinere Dramen, darunter das Erfolgsstück nach dem zweiten Weltkriege *Wir sind noch einmal davongekommen*, sind formal Experimente während eines Unterwegs nach neuen Stilen. MacLeish und Wilder haben ersichtlich positivere seelische Akzente als der Lyriker Wystan Hugh Auden, geboren 1907, der gebürtige Engländer und später naturalisierte Bürger der USA. Audens Poeme setzen die Lebensangst des zeitgenössischen Menschen als Gegebenheiten voraus, er diskutiert sie in seiner Bar-Ekloge *Das Zeitalter der Angst*, offenkundig formal beeinflußt von T. S. Eliot. Dieses moderne «Hirtengedicht» ist in der Zone einer eiskalten Intellektualität angesiedelt.

«Einen nie abreißenden Diskurs über den Menschen» hat Ernst Robert Curtius die Entfaltung der französischen Literatur genannt. In dem cartesianischen Worte «Diskurs» klingen Logik, Methode und Analyse an – eine Dreiheit, die tatsächlich denn auch in der gegenwärtigen Romanprosa Frankreichs ihre beherrschende Stellung nicht verloren hat: beziehe sich nun der Diskurs auf Gemeinschaften oder auf Einzelne. Die zyklische Serie von Romanen als kompositionelle Form behauptet sich weiter. Sie trägt *Die Thibaults* von Roger M a r t i n d u G a r d, 1881–1958, mit ihrer Zeit- und Sippenchronik aus der Epoche der Dritten Republik bis zum Ausgange des ersten Weltkrieges. Georges D u h a m e l s, geboren 1884, Romanserien *Leben und Abenteuer Salavins* und *Chronique des Pasquier* sind getragen von den Leitgedanken eines bürgerlich-demokratischen Humanismus. Der Autor nennt sich selbst einen Agnostiker, verfiel jedoch nicht in den melancholischen oder zynischen Unglauben oder Anti-Glauben mancher anderen Zweifler und Verzweifler, sondern hält an der Möglichkeit einer Erkenntnis des Göttlichen durch einen «Akt der Liebe» fest. Ehrfurcht und Aufgeschlossenheit machten Duhamel zu einer einsamen Gestalt unter den zeitgenössischen Autoren Frankreichs – ähnlich dem großen modernen Tragiker unter den französischen Romanautoren, dem 1900 geborenen Julien G r e e n. Er ist vom Vater her amerikanischer Herkunft; zusammen mit seinem Vater trat er zum Katholizismus über. Dennoch kann man ihn nicht als einen Vertreter des «renouveau catholique» bezeichnen. Weit eher fühlt er sich einem pantragischen Lebensgefühl nahe. Seine überaus konzentriert aufgebauten und straff durchgeführten Romane – unter ihnen *Adrienne Mesurat*, *Leviathan*, *Varouna*, *Moira* – erfüllt Magie und die Schicksalsgewalt der Nachtseite des Lebens. Allmählich aber macht sich ein moralisch-humanes Gegengewicht bei ihm bemerkbar. Schärfer betont Jules R o m a i n s, geboren 1885, die Verflochtenheit des einzelnen Menschen mit der Gruppe, mit dem Kollektiv, die ihrerseits wiederum ein teilhaftes Offenbarwerden einer «All-Seele» seien. Nach dem Titel einer seiner Gedichtsammlungen, *La vie unanime*, hat Romains diese philosophisch-künstlerische Überzeugung «Unanimismus» genannt. Romains' Fähigkeit, seinen Unanimismus unmittelbar sinnenhaft, episch bewegt und spannend durchzufigurieren, zeigt sein immer weiter anschwellendes Roman-Epos *Die guten Willens sind:* die Lust der Franzosen an der zyklischen Reihe ist metaphysisch unterbaut und doch nicht in jedem Einzeltitel des Kolosses pedantisch der «Weltanschauung» unterworfen; der zuweilen herkömmliche, aber fesselnde, sogar filmische Roman bietet dem ideologisch nicht versierten Leser fast gewohnte Unterhaltung.

Religiösen Unanimismus als Sinngebung selbst in einer von den überzeitlichen Gewalten des Bösen und der Sünde für alle Menschen-Äonen zerklüfteten Welt möchte man den zähen, alldurchdringenden Katholizismus des «renouveau catholique» nennen, wie ihn nach dem Vortritt des Bauernsohnes Charles Péguy, 1873 bis 1914, mit wuchtiger Schöpferkraft Claudel, lyrisch-zart dessen Freund Francis Jammes, 1868–1938, bis zum Sektiererischen grübelnd Georges Bernanos als die markantesten Verfechter einer etwas älteren Generation ihren Nachfolgern überantworteten. François Mauriac, geboren 1885, Nobelpreisträger von 1952, bereichert diese Strömung um seine moralistischen Meditationen; sehr langsam fand dieser mit den Mysterien des Höllischen, wie sein Roman *Das Natterngezücht* ahnen läßt, vertraute Schriftsteller zu dem stoischen Willen, in der hoffnungslos verlorenen Sache des Menschengeschlechts zu fordern:

Verkündigen wir unseren Glauben an diese verlorene Sache!

Denn in Mauriac wie in Bernanos steckt viel von dem «protestantischen» Rigorismus Kierkegaards, und es ist derselbe Rigorismus, der auch die atheistischen Gegner des renouveau catholique: den unbeirrbaren Zweifel Gides, die fast unverfrorene Freiheitsattitüde Sartres, erfüllt. Denn als eine Attitüde scheint sich allmählich der «existentialistische Humanismus» Jean Paul Sartres, geboren 1905, zu entlarven, wenn man das Lavieren seines Urhebers zwischen den weltanschaulichen Fronten der Gegenwart und die bemerkenswerte Vorsorge für einen eventuellen späteren politischen Landeplatz verfolgt. Sartre will den «zu Freiheit verurteilten Menschen», wie er den existentialistischen Befund von der «Geworfenheit des Menschen» umschreibt, zu einer bruchlosen Einheit von Tat und Gedanke dadurch bringen, daß sich das Individuum zu seiner Tat als zu seiner Selbstermächtigung und zur Bestätigung seiner Freiheit bekennt. Die Freiheitserklärung, die der zeitgenössische atheistische Existentialismus durch den Mund seines anerkannten Wortführers abgibt, täuscht aber nicht hinweg über den nach wie vor wirksamen Untergrund der trotz oder gerade durch Psychoanalyse und Relativismus das «frei»-gestellte Individuum aushöhlenden Lebensangst. Die theoretischen Fundamente seines Existentialismus hat Jean Paul Sartre in dem Buche *Das Sein und das Nichts* vorgetragen; bekannt wurden seine Romane *Die Mauer* und *Der Ekel*, seine Dramen *Die Fliegen*, *Die ehrbare Dirne*, *Die*

schmutzigen Hände und *Die Eingeschlossenen* – dieses zuletzt-
genannte Theaterstück behandelt ein Thema aus dem zweiten
Weltkrieg. Daß Sartre seine Philosophie einen «Humanismus»
nennt, soll man hinnehmen, wie man ja auch hinnehmen soll, daß
der Marxismus-Leninismus erst in stalinistischer, dann in Chrusch-
tschowscher Prägung ein Humanismus sei.

Als Dramatiker führt die theistische Gegenstimme zu Sartre aus
dem katholischen Autorenlager Frankreichs Gabriel Marcel, geboren 1889. Wohl nur die Parteigänger Marcels werden die These
verfechten, daß dem Autor die angestrebte Umsetzung von philosophischen Antinomien in unmittelbare, dichterisch-dramatische Aktion gelungen sei. Thesenstücke mithin hüben wie drüben, bei
Marcel wie bei Sartre – nunmehr auch bei Jean Anouilh, geboren
1910, dem existentialistischen Ausbeuter antiker Themen für die
Gegenwart des 20. Jahrhunderts mit *Antigone* und *Eurydice*, eines
shakespearischen Stoffes mit *Romeo und Jeanette*. Aber allmählich
müßte man einen wahren Dramentitel-Katalog bringen, wollte
man die emsige Arbeit Anouilhs registrieren. Die Bühnenstücke
folgen dicht aufeinander; oft unmittelbar nach den Pariser Premieren rangieren die serienweise in Westdeutschland optierten Neu-
heiten. Die Technik ist rasche und geschickte Routine geworden.
Der jüngste, international prominent gewordene atheistische Exi-
stenzialist ist Albert Camus, 1913–1960, der unter Verzicht auf
den Glauben an irgendeinen «Sinn» Mut und Verantwortung des
Menschen bejaht; große Erfolge wurden sein Roman *Die Pest* und
sein Drama *Caligula*. 1957 erhielt er den Nobelpreis für Literatur.
Der allzu frühe Tod des mit hoher Aufrichtigkeit auch wider sich
selbst denkenden und arbeitenden Autors ist sehr zu beklagen. Denn
Camus stand offensichtlich im regen Flusse einer geistigen Entwicklung und Wandlung, die im Bunde mit seinem Talent vielleicht
eine schärfere Ablösung des nihilistischen Existentialismus in Frankreich bewirkt hätten, als sie vorab erkennbar scheint. Aus einer
früheren Bindung an den renouveau catholique fand Henry de
Montherlant, geboren 1896, zu seiner späteren Verkündigung
eines Ideals aristokratischer Rangordnung von starken Geistern in
kraftvollen Körpern.

Jedoch außerhalb oder, wenn man es lieber so sehen möchte: oberhalb dieser weltanschaulich-literarischen Fehden entfaltet sich mannigfach erregbar, eindrucksvoll und zugleich souverän schaltend
zeitgenössische französische Literatur, von profilierten Kräften getragen. Immer eigenwillig im sprachlichen Stil, einer reichen Kla-
viatur mächtig, wandelte sich die Produktion Jean Giraudoux',

1882–1944, von impressionistisch-lyrischen zu symbolistischen, selbst eine romantische Mythik nicht verschmähenden Dramen und Romanen. Er ist künstlerisch sicherer und wohl auch gediegener als Jean Cocteau, geboren 1892, der mit experimentierfreudiger, in allen möglichen künstlerischen, nicht nur literarischen Techniken probierender, kaleidoskopisch einfallsreicher, häufig aber auch eklektischer Beweglichkeit immer von neuem anzieht und überrascht – ein Mann von prinzlichem Charme, der Enthusiasten, darunter sogar einem Rilke, wie eine leibhafte Mythengestalt vorgekommen sein mag. Freilich nehmen die Merkmale einer zwar immer noch kapriziösen, aber dennoch reklametüchtigen und beflissenen Scharlanterie zu. Cocteau zu den «Unsterblichen» der Academie Française gewählt zu haben, ist selbst eine Caprice dieser Körperschaft; übrigens hielt bei diesem Anlaß der Schriftsteller eine der bewunderungswürdigsten sophistischen Reden, die je formuliert worden sind.

Immerhin glänzt oder gleißt doch noch viel an Cocteau – sehr im Gegensatz zu den jüngsten französischen Dramatikern, die mit überraschender Geschwindigkeit die Bühnen von Paris und die des Auslandes, selbstverständlich Westdeutschlands, erobert haben. Unter ihnen sind zwei ursprünglich nicht einmal dem Geiste Frankreichs zuzurechnende Autoren zu weltweiter Geltung gekommen: nämlich der Ire Samuel Beckett, geboren 1906, und der Rumäne Eugène Ionesco, geboren 1912. Beider Bühnenstücke sind eine Art von «endzeitlichem» Theater. Dabei hat sich weitgehend jegliches Wertgefüge aufgelöst. Das unterstreicht auch ein Formzerfall, der in Komposition und Sprache zwischen Unsinn und Groteske schwebt – von deutschen Kritikern oftmals philosophisch-weltanschaulich in Richtung auf Tiefsinn gedeutet, von den Franzosen letztlich doch mehr als witziges oder ephemer anregendes Experiment hingenommen. Beide Autoren suchen das Absurde, ihre szenischen Wirkungen sind oft oder jedenfalls zunächst verblüffend. Becketts *Warten auf Godot* und *Endspiel* waren besonders erfolgreich; Ionesco fand Beifall mit *Die kahle Sängerin* und vor allem mit *Die Nashörner*. Unterscheidend für beide Schriftsteller mag gelten, daß der Ire absolut pessimistisch, der Rumäne auch gesellschaftskritisch eingestellt ist; beide bedienen sich des Französischen als einer für den Intellekt und seine Arrangements besonders leicht anwendbaren und erlernbaren Sprache.

Bewußter Außenseiter der Gesellschaft war und wollte auch sein Jean Genet, geboren 1910, den viele sogenannte «Nonkonformisten» als eine Art von modernem Villon ausgeben. Die Gefängnisaufenthalte teilt er tatsächlich mit dem spätmittelalterlichen Lyriker. Genets Themen sind zumeist abstoßend und vulgär; seine Sprache ist freilich einfallsreich, häufig durchsetzt mit Argot-Ausdrücken. Er schrieb nicht nur Dramen. Diese waren jedoch seine Erfolge, wie etwa *Die Zofen, Unter Aufsicht* und *Der Balkon.* Frankreichs alter ritterlicher Ruhm verkörpert sich in einem Schriftsteller von so mannhafter Humanität wie Antoine de Saint-Exupéry; nur 44 Jahre alt geworden, ist der 1900 geborene Dichter von einem Aufklärungsflug nicht mehr zurückgekehrt. Vor seinem Einsatz, der nicht um kriegerischer Lorbeeren willen geschah, sondern um den Krieg – «eine Seuche wie den Typhus» – durch mithelfende Aktivität sobald wie möglich zu beenden, hatte der Autor der Fliegerromane *Nachtflug* und *Wind, Sand und Sterne* bekannt:

Jahrhunderte hat meine Kultur durch den Menschen Gott gesehen. Die Menschen waren Brüder in Gott. Dieser Abglanz Gottes verlieh jedem Menschen eine unveräußerliche Würde. Die Beziehungen des Menschen zu Gott begründeten allen erkennbar die Pflichten des einzelnen gegen sich und den Nebenmenschen ... Ich glaube daran, daß der Vorrang des Menschen die einzige Gelegenheit und die einzige Freiheit begründen kann, die einen Sinn haben. Ich glaube an die Rechte des Menschen in jedem Individuum. Und ich glaube, daß die Freiheit der Aufstieg des Menschen ist. – Ich werde für den Menschen kämpfen, ich werde gegen seine Feinde kämpfen, aber ich werde auch gegen mich selbst kämpfen.

Wie Saint-Exupéry der erzählenden Prosa reine und positive Substanzen zugeleitet hat, so zeigt Jean Giono, geboren 1895, der südfranzösische Provenzale, in seinen Erzählungen und Romanen eine Erweckung elementarer Naturmächte. Dieser provenzalische Pan, der von der Bibel und von der Odyssee dereinst einmal ausgegangen war, hat allerdings innerhalb einer so traditionell durchgehaltenen Romanliteratur, wie es die französische ist, den schweren Stand des nicht ganz «zivilisierten» Außenseiters.

Eine christlich-mystische Gegenstimme zu dem panischen Dionysiker Giono erhebt sich in dem bedeutendsten französisch schreibenden Erzähler der modernen schweizerischen Literatur. Sie hat etwas vom Prediger und vom Propheten, diese Stimme des Charles-Ferdinand Ramuz, 1878–1947; doch verfügt sie auch über die Kraft der plastischen Darstellung und der atmosphärischen Verbundenheit ihrer Menschenwelt mit dem westalpinen Schicksalsraum. Das Leid und die Schönheit allen menschlichen Daseins kennt und gestaltet Ramuz in höherer evangelischer Einheit; es gibt für ihn:

nicht mehr Tod, nicht mehr Leben. Es gibt nur noch dieses große Bild der Welt, in dem alles enthalten ist, aus dem nichts hinausgeht, in dem nichts zerstört wird. Es ist eine Stufe weiter, man muß sie überschreiten. Aber man sieht dieses Gesicht vor sich aufsteigen: es ist das Antlitz Gottes.

So schreibt er in dem Roman *Samuel Belet*. Bekannt wurden auch seine Romane *Adam und Eva, Das Regiment des Bösen, Das große Grauen in den Bergen*. Für den russischen Komponisten Igor Strawinskij verfaßte Ramuz das Textbuch zur *Geschichte vom Soldaten*.

Esoterischer Ruhm knüpft sich an einige Namen der neuesten französischen Lyrik. Nur zunächst schien es, als ob Parnassiens und Symbolisten abgetan seien durch die Manifeste eines literarischen Kubismus, Dadaismus und Über-Realismus – für welch letzte Strömung sich allgemein das Losungswort André B r e t o n s, geboren 1896, aus dessen Aufruf von 1924, «Surrealismus», international durchgesetzt hat. Echte Eroberungen wurden mit surrealistischen Kunstgriffen vor allem in der Malerei erzielt. Für die Literatur gewann hier und da die Lyrik einige Anregungen, freilich in steter Gefahr, durch die Elemente des Gedanklich-Bewußten dieser Arbeitsweise höchstens effektvoll zu geraten, vielfach aber auch effekthascherisch auszuarten. Die direkte Metapher, also die Ablehnung des lediglich vergleichenden Bildes, konnte durch den Surrealismus bestärkt werden. Das bewirkten aber nicht nur französische, sondern auch amerikanische Muster. Allmählich verbreitete sich diese Technik und ermöglichte bei zahllosen nachahmerischen «Nonkonformisten» die Serienherstellung montierter Gedichte. Beziehungen zu den Kubisten unterhielt anfangs Guillaume A p o l l i n a i r e, 1880–1918, ein gebürtiger Pole; viele Kritiker rühmen ihn als den bedeutendsten französischen Lyriker nach Valéry. Ob sich André Gides Urteil über den Lyriker Louis A r a g o n, geboren 1897, bewährt – «übrigens ist Aragon einmalig: er hat Genie» –, wird sicher erst in kommenden Generationen ausgehandelt werden. Solenne Nachrufe anläßlich seines Todes von Kommunisten, zu denen er sich bekannte, aber auch von anderen Kritikern, würdigten den «Widerstands»-Autor Paul E l u a r d, 1895–1952, der neben «engagierter» auch «reine» Lyrik geschrieben hat.

Die Zuerkennung des Nobelpreises 1960 für Literatur an Saint-John P e r s e (eigentlich Marie-René Alexis Saint-Léger), geboren 1887, ließ schlagartig einen der bedeutendsten modernen französischen Dichter ins Licht der Öffentlichkeit treten. Der äußere Umfang seines ausschließlich rhythmischen Oeuvres ist schmal – ähnlich dem Rimbauds oder den Dichtungen Valérys. Bei den eingeweihten Spürern der Literatur fand er eigentlich früh schon Beachtung – aber, wie gesagt, es bedurfte der äußeren Ehrung, um Saint-John Perse, den wie Paul Claudel in hohen Staatsdiensten tätigen Mann, bekannt zu machen. Seine Dichtungen sind in freien, rhapsodisch dahinströmenden Versen geschrieben. Sie gemahnen an Claudels Technik, stehen dem großen Klassiker der modernen französischen Katholiken jedoch als panisch-heidnische Anrufungen entgegen. Saint-John Perse ist der Dichter der Bejahung. Sein Humanismus verherrlicht den Menschen und seine stets von Tragik umwitterte Schöpfungskraft. Die Welt ist für diesen Hymniker göttliche Gegenwärtigkeit und Bekundung. Sein schätzenswerter Eindeutscher Friedhelm Kemp ehrt das Werk von Saint-John Perse als den Widerpart einer «Literatur der schlechten Laune, der gereizten Schwäche. Gegen die grämliche Orthodoxie einer Weltauslegung durch Kerichtwühler und Abfallsammler stellt Saint-John Perse die leuchtenden Seiten seiner Preisungen wie hohe Wappenschilde menschlicher Größe.» Er dürfte der würdigste aller der Lyriker sein, die vor Generationen durch Whitman und Rimbaud in neue Bahnen gerufen wurden.

Anfechtungen der persönlichen wie der gemeinschaftlichen Lebenssicherheit als Folgen existentialistischer Problematik sind, jedenfalls bisher, in der gegenwärtigen Literatur der Engländer nicht so häufig wie in der französischen Literatur zum Ausdruck gekommen – vielleicht eignet dafür dem Inselvolk, wie ihm sein bei den Landsleuten nicht immer bequemer Geschichtsphilosoph Arnold J. Toynbee mit englischer Gelassenheit bestätigt, zu viel Snobismus. Außerdem verhütete es die alles abschirmende Insular-Glocke, daß man sich in der Öffentlichkeit all der möglichen Gefahren in der Zukunft bewußt wurde, nachdem zwei Weltkriege sehr viel dahinschwinden ließen: zuerst ein Kolonialreich, dann die Verfügungsgewalt über Dominien. Immerhin dürften die berufenen Lenker des Inselreichs diese Situation, die sich aus zwei eigentlich verlorenen oder doch nur mühsam durchgestandenen Kriegen ergab, frühzeitig genug erfaßt haben – denn sie leiteten eine geschichtlich-politische Umwandlung ein, deren Ziel vielleicht am besten dem zivilisatorischen und politischen Anliegen unserer Epoche entspricht: die Organisation einer auf vernünftiger und überlieferungsmäßiger Verständigung beruhenden Wohlfahrtsgemeinschaft der Völker, des Commonwealth of Nations. Aber wieder einmal fehlt, wie bei der Gründung des Kolonialreiches, der englische Schriftsteller oder Dichter, diesem Vorgang die geistige Stimme zu schenken.

Gemessen an der internationalen Publizität der amerikanischen Autoren in der Gegenwart gewinnt man den Eindruck, als ob die englischen Schriftsteller in der ohnehin gern bewahrten Rolle der «vornehmen Isolation» erst recht verharren. Man kann diese Beobachtung erklären als ein erzwungenes Verhalten, weil nunmehr die Nordamerikaner, auf die Dauer vielleicht auch einige überseeische Glieder des englischen Commonwealth als Erben den jahrhundertelangen Auftrag des Inselreiches, Beherrscher und Hüter der Seewege zu sein, übernehmen mußten. Wer wagt es, darüber jetzt schon zu befinden? Wer wagt zu befinden, ob die gegenwärtig etwas geringere Einflußnahme der englischen unter den angelsächsischen Literaturen wirklich ein Zeichen von snobistischer Selbstgenügsamkeit sei – oder vielleicht doch ein Symptom, ja ein Charakteristikum von verhaltener Kraft? In England arrangiert man nun einmal nicht einen solchen öffentlichen Zirkus von Literatentum, das sich selbst zum Gaudium und zum Lebensgenuß wie in Frankreich öffentlich aufspielt. Der ohnehin allem verwirrend Zeitgenössischen ausgelieferte Zeitgenosse fühlt sich eindringlich zur Zurückhaltung ermahnt, wenn er urteilen, d. h. wägen und auswählen soll.

Zu der im heutigen psychoanalytischen Roman stark nachwirkenden Vererbungslehre des 19. Jahrhunderts, im Bunde mit einem Hang zur Theorie überhaupt, kommt bei Aldous H u x l e y , geboren 1894, eine gewissermaßen englische Variante des Existentialismus hinzu; seine Romane wollen den erotischen Kontrapunkt zum vermeintlich gelebten Leben des Oberflächenbewußtseins aufzeigen. Aber die unpersönliche Theorie behält doch den Generalbaß, weil nach Huxley in den menschlichen Ideen die allgemeinen Triebe lediglich in rational verarbeiteter Form offenbar werden. Noch intensiver betrieb Virginia W o o l f , 1882–1941, ihre Erschürfung des Bewußtseins, und einige Zeit hindurch sahen die Literaturkritiker Englands in ihren Romanen – vornehmlich im *Orlando* mit der Schilderung von mehreren Einkörperungen eines «Ichs» seit den Tagen der Königin Elisabeth 1. bis zur Gegenwart so etwas wie eine neue Romantechnik neben dem Verfahren Prousts und Joyces. Freier von zeitgenössischen Theoremen der Kunst und Weltanschauung erscheint die noble Epik Charles M o r g a n s , 1894–1958; vielleicht hat ihm gerade die Wahrung einer Tradition von Thackeray über Meredith und James, somit eigentlich ein exklusiv englischer Habitus, infolge der gesicherten Qualität auch die Aufmerksamkeit der übrigen Welt eingetragen; Romane wie *Der Quell* und *Die Flamme* dürften sich im raschen Zerrinnen so vieler saisonlang diskutierter Bücher eine gute Weile behaupten. Liebe und Tod in der metaphysischen Ahnungstiefe des menschlichen Einsamseins sind für Morgan auch Kontakte in einem Dasein des Göttlichen.

Erstaunlich ist die allgemeine Beachtung, die sich die Produktion englischer Konvertiten zum Katholizismus in der westlichen Hemisphäre verschaffen konnte. Hilaire Belloc, 1870–1953, ein Franzose, der sich in England naturalisieren ließ, bestärkt den schon mit Hopkins und Thompson anhebenden Strom katholischer Literatur; ein schmales, aber edles Lyrikwerk und eine humoristische Erzählprosa wurden zu bemerkenswerten Akzenten der Moderne. Gilbert Keith Chesterton, 1874–1936, wurde durch eine frappierende Mischung von orthodoxem Katholizismus mit einer selbst das Groteske nicht verschmähenden Komik zu einem doch unverwechselbaren englischen Geistesereignis. Die Detektivgeschichte hat er um einen wunderlichen, unvergeßlichen Typ bereichert: es ist der *Pater Brown*, der Verbrechen aufdeckt, indem er sich metaphysisch in die Gefühlslage der Untäter einzuleben vermag. Welch ein Gegensatz der lebensfreudigen und sinnenfrohen Welt Chestertons zu dem verquälten Grübeln seines Glaubensgenossen Graham Greene, geboren 1904! Doch soll nicht verkannt werden, daß Greenes Roman *Die Kraft und die Herrlichkeit* vielen Menschen der Zeit nach dem zweiten Weltkriege zum Anlaß einer tieferen Selbstbesinnung geworden ist.

Die heutige englische Lyrik, anfänglich auf den Bahnen einer sozusagen neopräraffaelitischen Schönheit wie bei Walter de la Mare, 1873–1957, bietet in dem 1930 zum Poeta laureatus gekrönten John Masefield, geboren 1878, das Antlitz einer Zwiespältigkeit zwischen einem aufgeschlossenen Modernismus und der Wiederaufnahme ältester Anregungen, besonders aus dem Werke Chaucers. In der meist als erledigt angesehenen Verserzählung hat dieser Dichter wohl seine gelungensten Leistungen vollbracht; außerdem fand er Beachtung als Dramatiker, Romancier und Kritiker. Eine starke Begabung verlor die englische Poesie mit dem allzu frühen Tode Wilfried Owens, 1893–1918, der in Flandern wenige Tage vor dem Waffenstillstand fiel. Nur Kriegsgedichte fand man in seinem Nachlaß; Owen hat dazu in einer Notiz geschrieben:

Vor allem: in diesem Buch geht es nicht um Dichtung. Sein Gegenstand ist der Krieg und das Leid des Krieges. Die Dichtung ist ganz in dem Leid enthalten.

Eine erschütternde Vision beschwört sein wohl berühmtestes Gedicht «Seltsame Begegnung», darin zwei tote Soldaten, nun weder Freund noch Feind, ein geisterhaftes Gespräch führen:

Mut war mein Teil – ich lebte im Geheimnis;
Weisheit mein Teil – und königliche Fülle;
So blieb ich fern dem Rückzug dieser Welt
In leere, mauerlose Zitadellen.
Doch spritzte Blut um ihre Wagenräder,
So stünd ich auf und wüsche sie aus Quellen
Mit Wahrheiten aus makelloser Tiefe.
Verströmen ließe ich mich grenzenlos,
Doch nicht durch Wunden; nicht im Gram des Kriegs.
Ich weiß vom Bluten wundenloser Stirnen.
Ich bin der Feind, den du erschlugst, mein Freund.
Sterbend erkannt ich dich: so finster sahst du
Mich gestern an, als du mich tötetest.
Ich wehrte dir ja nur mit müder Hand.
Nun laß uns schlafen ...

Der Ruhm T. S. Eliots hat der Versdichtung in England intensive
Neubelebung eingetragen. Viele jüngere Begabungen folgen bereits Eliot als maßgeblichem Vorbild. Den walisischen Lyriker
Dylan Thomas, 1914–1953, hat die Kritik als sehr eigentümliche,
alle Anzeichen der Größe tragende Erscheinung begrüßt; *Tode und
Tore* heißt Thomas' allgemein als bisher eindruckvollste Sammlung
seiner Lyrik anerkannter Zyklus. Auch Dramatisches ging aus seiner Feder hervor; *Unterm Milchwald* fand besondere Verbreitung,
vielleicht auch infolge der bei diesem Stück geradezu nach einer
Hörspielbearbeitung rufenden thematischen Anlage von geisterhaf-
ten Stimmen. Die Wendung zum Vers ist auch in der dramatischen
Literatur erfolgt: für das ernste Schauspiel von Eliot selbst in Gang
gebracht – für das Lustspiel durch die Komödien Christopher Frys,
geboren 1907, mit auch ungewöhnlichem Publikumserfolg dank
einer übersprühenden, metaphorisch selbstseligen Poetensprache.
Sie triumphiert vor allem in den «Jahreszeiten»-Komödien; das
sind die Dramen *Die Dame ist nicht fürs Feuer, Venus im Licht* und
Das Dunkel ist licht genug. Ein viertes Stück dieses Zyklus' steht
noch aus. Selbst in diesen heiteren Stücken, deren dunkler Untergrund stets mitschwingt, fühlt man die christliche Komponente im
Wesen des Dichters, wenngleich nicht in der lehrhaften oder gar
lehrsatzhaften Bestimmtheit wie bei den Orthodoxen des Neuen
Katholizismus in Frankreich oder den konservativen Anglikanern
und Konvertiten in England. Außerhalb der genannten Jahres-
zeiten-Komödien stehen Frys Dramen *Ein Schlaf Gefangener,* der
tragische *Erstgeborene,* endlich *Ein Phönix zuviel.* Die Polarität der
Welt verglich Christopher Fry einmal in dem Bild: «Leben und Tod
sind wie Hund und Katze in diesem Doppelbett von einer Welt.»

Unter den jüngeren Bühnenautoren Englands fanden einige Namen Gehör, die man den «zornigen jungen Männern» nach dem Drama *Blick zurück im Zorn* von John Osborne, geb. 1929, zurechnet. Wie lange ihr strenger Wille zu wahrhaften Erneuerungen im englischen Geistes- und Gemeinschaftsleben anhalten wird, hängt noch von ihrer Entwicklung ab. Osborne selbst scheint bereits durch den Erfolg gezähmt zu sein; seit seinem *Unterhalter* paßt er sich der Konvention an.

Ungeachtet der regen Übersetzertätigkeit, die sich vornehmlich in Deutschland nach wie vor neben der Weltliteratur auch die internationale Literatur der gegenwärtigen Zeitströmungen aneignet, bleibt das Gesetz in Kraft, nach dem die wirksame Ausstrahlung literarischer Arbeiten doch zumeist von der Weltverbreitung der Sprache des Originals bestimmt wird. Die Streuung über fremde Länder hinweg, wie sie besonders dem einen oder anderen Roman aus Gründen der Mode, des Zeitdokumentarischen, des Problems selbst bei kleineren Herkunftsländern zuteil wird, hat meist kaum etwas zu schaffen mit echter weltliterarischer Wirkung. Daß aber selbst diese Wirkung nicht immer im genauen Verhältnis zum Range steht, wurde bereits mehrfach hervorgehoben. So bleibt denn notwendig ein Ausblick auf die gegenwärtigen Literaturen vieler außerhalb der vorläufig noch tonangebenden Großmächte des Schrifttums liegenden Nationen sehr fragmentarisch. Nicht einmal die mit Wahrscheinlichkeit doch anzunehmenden Eigenentfaltungen gewisser fast schon kontinentaler Literaturgruppen, wie beispielsweise der südamerikanischen und der australischen, können heute von der Alten Welt aus auch nur einigermaßen zulänglich anvisiert, also nicht lediglich in einer unkontrollierten und unkontrollierbaren Kaskade von Namen und Titeln aufgeführt, geschweige denn geistig und ästhetisch geordnet werden. So wechselt denn die Position des Historikers zwangsläufig zu der des Betrachters, nein: des Beobachters, dem der Zufall die eine und andere Erscheinung vorführt.

Aus der südlichen Neuen Welt dringen immer zahlreicher Autoren in das literarische Bewußtsein der Europäer ein; aber es bedarf wohl noch einiger Zeit, ehe man sie bei uns nicht mehr als Anhangsfiguren zur spanischen oder portugiesischen Literatur wertet. Eine schon anhaltende Schätzung gilt Schriftstellern wie dem Brasilianer Machado de Assis, 1839–1908, dessen Romane *Die nachträglichen Memoiren des Bras Cubas* und *Dom Casmurro* bekannt wurden, oder dem Argentinier Ricardo Guiraldes, 1886–1927, mit dem als ein Meisterwerk Lateinamerikas geltenden Roman *Don*

Segundo Sombra. Auch ein Lyriker fand Beachtung: Ruben D a r i o, 1867–1916, übrigens Diplomat in argentinischen Diensten, dessen Verse bereits in den Kanon moderner spanischer Dichtung aufgenommen wurden. Denn man hat nicht ohne Grund gesagt, daß man allen neueren spanischen Gedichten anhören könne, ob sie vor oder nach Dario geschrieben worden sind. Und der Einfluß des Lyrikers erstreckt sich auf die gesamte hispanische Welt; die symbolistisch dichtende Generation wandelt auf seinen Pfaden. Von den neueren Lyrikern Südamerikas wären noch Julio H e r r e r a y R e i s s i g, 1875–1910, vor allem aber Gabriela M i s t r a l, 1889 bis 1957, zu nennen; die chilenische Autorin wandte sich bereits wieder weitgehend dem bekennenden Gedicht zu. Der Nobelpreis wurde ihr «für die von mächtigem Mitgefühl getragene Lyrik, die ihren Dichternamen zu einem Symbol für die ideellen Bestrebungen der ganzen lateinamerikanischen Welt gemacht hat», zuerkannt. In seiner spanischen Heimat wie jenseits des Atlantiks bilden die zahlreichen Dramen des mit dem Nobelpreis geehrten Jacinto B e n a v e n t e, 1866–1954, die erfolgssichere Mitte der Theaterspielpläne; seine Stärke ist die madrilenische Komödie, die zwar in sehr alter Tradition, nämlich in der Konversationskunst der barocken Dialog- und Szenenführung, wurzelt, aber diese ersichtlich noch lebenskräftigen komödiantischen Kräfte mit unmittelbarer, virtuoser und auch poetischer Erfindung neu vergegenwärtigt. Bei ihm, wie auch bei dem großen spanischen Lyriker Juan Ramon J i m e n e z, 1881 bis 1958, bestätigt sich wiederum jene enge Verflochtenheit artistischer und nationaler Elemente, die ja bis zum Barock hin in Spanien keine dauernde Trennung zwischen Bildungs- und Naturpoesie aufkommen ließ. Zwanglos fügte sich deshalb auch die so unverwüstliche spanische Romanze in sehr moderne Kunstwerke ein; sie ermöglicht sogar ein fast mythisches Ritual in den balladesken Dramen Federico G a r c í a L o r c a s, 1899–1936, der zweifellos einer der wahrhaft großen Dichter unserer heutigen Weltliteratur ist. In García Lorcas Lyrik haben sich Strömungen zeitgenössischer Verskunst mit der elementar-spanischen Ursprünglichkeit des Autors zu einer Einheit zusammengefunden, die suggestiv, neu und doch volkhaft wirkt:

Seelen gibt es mit blauen
Leuchtenden Morgensternen,
Modernen Morgenstunden
Zwischen den Blättern der Zeit –
Mit keuschen Winkeln, in denen
Ein altes Raunen von Sehnsucht,

Von Schlaf und Träumen sich birgt.
In anderen Seelen dunkeln
Der Leidenschaft schmerzvolle Schatten,
Von Maden zerfressene Früchte,
Nachhall verbrannter Schreie,
Die her aus der Ferne fluten
Wie ein chimärischer Fluß.
Hohle Erinnrung an Klagen
Und Brosamen, Krumen von Küssen.
Seit langem ist reif meine Seele,
Zerfällt, von Geheimnis umnachtet.
Noch jugendlich stürzen sich Steine,
Von Illusionen benagt,
Auf das Wasser meiner Gedanken.
Jeder Stein sagt: Gott ist sehr weit!

In García Lorcas Dramen, so der lyrischen Tragödie *Bluthochzeit*, vollzieht sich jenseits des analysierenden und psychologisierenden Zeit- oder Thesenstücks, jenseits aber auch des Symbolismus ein archaischer, chorischer Reinigungsritus, wie er einst Sinn der Tragödie war. Es fällt auf, daß in seinen Dramen die Frauen verhältnismäßig stark handelnd und auch in größerer Anzahl unter den Personen auftreten. Man hat von einem mutterrechtlichen, vielleicht dem Dichter nur halb bewußten Zustand seiner Welt gesprochen. Unter seinen Gedichten nehmen die *Zigeuner-Romanzen* eine Sonderstellung ein: sie hängen innigst zusammen mit der lyrischen Sprachüberlieferung Spaniens, während in den anderen Gedichten «surrealistische» Elemente neben einem neuen Barock zu finden sind. Und wie dank T. S. Eliot in der angelsächsischen Welt eine Wiederbesinnung auf die metaphysischen Poeten geschah, so hat García Lorca erst den Spaniern, dann auch der übrigen Welt die große Bedeutung Góngoras wieder klargemacht.

Ein zwar verwirrendes, aber wohl doch vitales Durcheinander bietet die heutige Literatur Italiens. Der Verismo trägt hier teils skeptische, fatalistische Züge, wie sie bereits Italo S v e v o, 1861–1928, als Romancier der Prosa verlieh; teils drängt ein Zukunftsglaube, oft sozialistisch gefärbt, voran – so bei Ignazio S i l o n e, geboren 1900. Silone, Autor der Romane *Fontamara*, *Brot und Wein*, *Der Same unterm Schnee*, arbeitet auch als Journalist; während der faschistischen Ära war er Emigrant in der Schweiz. Die Vorstellung von einem objektiven, modern-klassischen Typus des zeitgenössischen Romans gab, im Gegensatz zu manchen Auflösungstendenzen der Form, Riccardo B a c c h e l l i, geboren 1891, nicht auf. Deshalb verschmähte er auch nicht die artistisch noch auswertbaren

Möglichkeiten selbst des historischen Romans, wie es besonders eindrucksvoll sein dreiteiliger Generationsroman *Die Mühle am Po* zeigt. Von den jüngsten Autoren hat sich Alberto Moravia, geboren 1907, mit mehreren Romanen, darunter *Die Römerin* und *Agostino*, einen bereits internationalen Namen gemacht.

Die junge italienische Lyrik durchläuft eine Skala von «futuristischen» bis zu «hermetischen» Aussagen: auf der einen Seite eine je nach Ideologie radikal betriebene Zukunftsentschlossenheit, deren Wortführer der Autor des futuristischen Manifestes Filippo Tommaso Marinetti, 1876–1944, war – auf der anderen bewußt umhüllt vom Geheimnis irrationalistischer, absoluten Kunstzwecken allein zugewandter Beschwörung. Diese Tendenz vertritt Giuseppe Ungaretti, geboren 1888. Nach Ungaretti gilt der Nobelpreisträger Salvatore Quasimodo, geboren 1901, als einer der führenden Köpfe des lyrischen «Hermetismus»; dennoch ist sein Werk nicht ohne entschiedene Engagements bei politischen Strömungen der Gegenwart, wie sie vor allem durch einen gewissen Linksradikalismus der europäischen Intellektuellen betrieben werden. Aber der dritte gerühmte italienische Lyriker, Eugenio Montale, geboren 1896, dürfte doch mit Abstand der dichterisch reinste und reichste der Modernen sein. Seine Dichtungen sind legitime und eigenartige Weiterführungen jener italischen Tradition, die mit Vergil anhebt und während der Romantik durch Foscolo, später durch Pascoli gehalten wird.

Die nördlichen Räume Europas werden immer noch von zwei großen Schatten der Vergangenheit beherrscht: von Strindberg und von Hamsun. Gemessen an deren Überwucht fällt es der literarischen Gegenwart Skandinaviens schwer, die Aufmerksamkeit Europas auf sich zu lenken. Soziale und existentialistische Tendenzen erdrücken fast – für den Blick des Außenstehenden – eine freiere Kunst des Wortes, doch spricht immerhin weit vernehmbar mit einer passionierten Stimme aus breiter Produktion der Schwede Pär Lagerkvist, geboren 1891, als Lyriker, Dramatiker und Prosaist; die Zuerteilung des Nobelpreises 1951 verhalf seinem berühmten Roman *Barrabas* wieder zu neuen Erfolgen. Unberührter von diesem so bewegten Kaleidoskop des zeitgenössischen Literaturtreibens hält sich als Repräsentant Islands besonders bei seinen deutschen Verehrern Gunnar Gunnarsson, geboren 1889; sein Roman *Die Leute auf Borg* bleibt als ein volkhaftes Buch. Ähnliche nationale Substanzen sichern nicht nur bei seinen Landsleuten dem Finnen Frans Eemil Sillanpää, geboren 1888, die Sympathien der

Leser – und so vertritt er gegenwärtig seine Heimat bei den anderen Europäern, die aus der älteren finnischen Erzählungskunst meist nur den Roman *Die sieben Brüder* von Aleksis K i v i, 1834 bis 1872, kennen und bewundern.

Aus den Donauländern und dem südlichen Balkan fluten von Jahrzehnt zu Jahrzehnt immer neue Namen auf den Büchermarkt und auch in die exklusiven Konsistorien hellhörig aufmerkender Kritiker und Essayisten zwischen Berlin und New York. Alles läßt darauf schließen, daß aber nicht die dem zivilisierten Westeuropa und Amerika nachgeahmten Romane und Dramen der südöstlichen Autoren das eigentlich Neue, das Echte und womöglich Zukünftige bergen – sondern die genuin epischen, und das will sagen: heroisch-epischen Substanzen werden es sein, sodann die Lyrik. Eingeweihte Kenner verkünden Lob und Ruhm bereits einiger dieser Dichter – man muß es wohl gutgläubig so hinnehmen. Besonders stark werden ein paar neugriechische Namen gefeiert. Wohl mit Recht schätzt man den Lyriker Konstantin K a v a f i s, 1863–1933, dessen Tonart anmutet wie eine modern-dichterische Umsetzung des trockenen archaischen Stils der antiken Vasenmalerei. Niko K a - z a n t z a k i s, geboren 1885, gilt einigen Experten wegen seiner Weiterführung der «Odyssee» als der größte lebende Versepiker; auch seine Romane, darunter *Griechische Passion*, *Die letzte Versuchung* und *Mein Franziskus*, fanden anhaltende Beachtung.

Mit der Drehung des Blickwinkels nach Südosteuropa gerät die Umschau aber auch in eine ständig intensiver verschleierte, ja gewaltsam für das verhaßte fremde Urteil abgedichtete Zone. Diese Gemarkung entzieht sich übrigens nicht erst nach dem Ende des zweiten Weltkrieges der beargwöhnten, ja verworfenen Außenwelt. So manchen weltanschaulichen Verfalls- oder Abartungszeugnissen des Westens entspricht im Osten eine universalistische Zuspitzung der Idee, die zur Ideologie geworden ist: zum alleingültigen Credo derer, die daran glauben oder glauben müssen – zum Todesurteil derer, die nicht glauben wollen, ja die sich nur einen neutralen Ort zum Versuch einer objektiven Anschauung vorbehalten. Das Quälende, ja das Widerliche im Treiben so vieler Ideologen bleibt die Tatsache, daß immer wieder kluge Menschen sich und ihre Begabung im ergebenen Dienste von Politikern verschleißen – obwohl die Ingenieure des Staatsautomaten für jedes unbeirrbare Ranggefühl von vornherein unter den Dienern des Geistes stehen. Dieser kompromittierende Selbstverrat der Geistigen geschieht oft aus Betäubung, aus Schwachheit, aus Opportunismus, auch aus leider begreiflicher Angst; außerdem beweist dieser Vorgang, wie nahe verwandt Materialismus und Intellektualismus sind – eben als sich gegenseitig ergänzende Erscheinungen. Aber in politicis wiederholt sich seit je dasselbe auf diesem Planeten: die im Peloponnesischen Kriege besiegten Athener haben einem brutalen spartanischen General als einem «Gott» Altäre geweiht – die Intellektuellen des Literatentums überschlagen sich als nationale oder soziale Funktionäre in Huldigungsadressen für diesen oder jenen Massenhäuptling. Jacob Burckhardt deutet in seinen «Weltgeschichtlichen Betrachtungen» darauf, daß wir in uns ein Gefühl der unechten Art entdecken:

nämlich ein Bedürfnis der Unterwürfigkeit und des Staunens, ein Verlangen, uns an einem für groß gehaltenen Eindruck zu berauschen und darüber zu phantasieren. Dies gilt freilich nur von dem Eindruck der politisch und militärisch Mächtigen, denn den intellektuell Großen (Dichtern, Künstlern, Philosophen) macht man die Anerkennung bei Lebzeiten oft beharrlich streitig. Ganze Völker können auf solche Weise ihre Erniedrigung rechtfertigen, auf die Gefahr, daß andere Völker und Kulturen ihnen später nachweisen, daß sie falsche Götzen angebetet haben. Endlich sind wir unwiderstehlich dahin getrieben, diejenigen in der Vergangenheit und Gegenwart für groß zu halten, durch deren Tun unser spezielles Dasein beherrscht ist und ohne deren Dazwischenkunft wir uns überhaupt nicht als existierend vorstellen können ... Aber auch im Gegenteil halten wir diejenigen für groß, die uns großen Schaden zugefügt haben. Kurz, wir riskieren, Macht für Größe und unsere eigene Person für viel zu wichtig zu nehmen. Und dazu kommt nun gar die so häufig nachweisbar unwahre, ja unredliche schriftliche Überlieferung durch geblendete oder direkt bestochene Skribenten usw., welche der bloßen Macht schmeichelten und sie für Größe ausgaben.

Im Range eines Volkskommissars stand Anatol Lunatscharskij, 1875–1933, dessen Dramen bereits das Wort vom Schriftsteller als einem «Ingenieur des Geistes», selbstverständlich des Geistes der bolschewistischen Oktoberrevolution, erfüllen. Der Schriftsteller führe lediglich den Auftrag der werktätigen Massen aus, ein Handwerker im Dienste der Weltrevolution. Nach wie vor ist Lunatscharskijs These verbindlich:

Das Sowjet-Theater hat zum Gegenstande die Grundprobleme des sozialistischen Aufbaus.

Damit ist die propagandistische und agitatorische Generallinie eindeutig festgelegt. Als Romanautor auf den Spuren Gorkijs schrieb Fjodor Gladkow, 1883–1958, seine massiven Romane *Zement* und *Neue Erde* mit der Tendenz einer Förderung des Kollektivgedankens. Die schillernde Gestalt des virtuos begabten, in vielen Stilarten blendend sicheren, mehr dem Reporter als dem Dichter verwandten Ilja Ehrenburg, geboren 1891, hat sich mit erstaunlichem Geschick während der wechselnden Kurse des autoritären Regimes behauptet. An ursprünglicher Begabung war ihm Wladimir Majakowskij, 1894–1930, weit überlegen: ein zündender Sprecher zu den lauschenden Massen, als eine «karamasowsche» Elementarkraft vergleichbar dem Dmitri aus Dostojewskijs Roman. Er feuerte die Bataillone der neuen Sowjetmenschen mit dem stampfenden Rhythmus seiner Verse an – er, dessen erster Lyrikband den herausfordernden Titel *Ohrfeige dem gesellschaftlichen Geschmack* getragen hatte. Ein mächtiger Satiriker, unleugbar von dichterischen Qualitäten, der bisher hinreißendste Propagandist aus der Macht des Wortes im Rußland der Kommunistischen Partei: dieser Mann schied freiwillig aus dem Leben aus Verzweiflung über das «Scheitern seines Liebesschiffes». In nachgelassenen Versen deutet er so etwas an wie die Möglichkeit des Bagnos, das seiner harre … Von starken epischen Substanzen wie auch von psychologischer Spürkraft ist das erzählerische Werk des Grafen Alexej Nikolajewitsch Tolstoj, 1882–1945, erfüllt. Der Autor war ein entfernter Verwandter Leo Tolstojs; anfänglich war er vor der Oktoberrevolution ins Ausland entwichen, kehrte jedoch 1922 wieder nach Rußland zurück. Aus seiner umfangreichen Produktion seien die Romane *Der Leidensweg* und *Das Brot* hervorgehoben.

Bemerkenswert lange hat sich die moderne russische Lyrik verhältnismäßig frei nur auf dichterische Ziele hin entfalten können, wobei zwei Richtungen, die der «Imagisten» und der «Futuristen», nebeneinander gediehen. Erst der nach dem zweiten Weltkrieg mächtig anschwellende kommunistische Faschismus verengte selbst auf diesem Gebiete der russischen Literatur, das über ein Jahrhundert hindurch eine dichte Schar großer und eigentümlicher Meister zeitigte, die dem Volkstum als solchem eingeborenen urtümlichen Gaben. Mit wunderbaren Liebesstrophen ist Anna Achmatowa, geboren 1888, hervorgetreten. Der genialische Sergej Jessenin, 1895–1925, mutet oft tragisch zerrissen an mit seiner Polarität von sublimer Verskunst und vagabundischer Volksnähe; zu seinen schönsten Gedichten zählen ein paar Stücke, in denen er erschütternd und schicksalsfromm die Spannung seiner Natur wenigstens als Dichter ausgleichen und vermählen konnte. Dieser russische Villon hat sich selbst den Tod gegeben:

Ich bin allein. Ringsum der Ebne Stille,
Die Kraniche hat längst der Wind verweht,
Ich sehne mich nach meiner Jugend Fülle,
Und doch ist nichts, das mir zu Herzen geht.

Ich klage nicht um Jahre, die entlaufen,
Um Seelenblüten, duftig und verschwärmt,
Im Garten brennt ein großer Scheiterhaufen,
An dem sich aber keines wirklich wärmt.
Wie auch die Flammen sich zusammenballen,
Das gelbe Ebereschenlaub bleibt fest.
Ich lasse meine Worte traurig fallen,
So wie der Baum die Blätter fallen läßt.
Und wenn die Zeit, im Zeichen neuer Sterne,
Sie einmal wegfegt, anderm Unrat nach,
So sollt ihr sagen, daß der Herbstwald gerne
In seiner Birkensprache zu ihm sprach.

Man hat Boris Pasternak, 1890–1960, anfangs zu den russischen Futuristen gerechnet – vornehmlich im Hinblick auf seine *Lyrik*. Aber auch sie hat sich doch mehr ins gefühlsmäßig Stimmungshafte gewandelt, das auch breite Partien seines Romans *Doktor Schiwago* erfüllt. Dieser Roman hat seinem Dichter den Nobelpreis und damit die geistige Verfolgung in seiner Heimat eingetragen. Der ausladend geschriebene Roman verarbeitet auch autobiographische Elemente. Er übertrifft keineswegs den guten Durchschnitt der älteren russischen Romanepik, der allerdings doch ziemlich hoch liegt. Der ungeheure buchhändlerische Erfolg des «Doktor Schiwago» mag nicht ganz ohne vorbereitende Aktionen von managenden Verlegern vor sich gegangen sein; der Autor dürfte aber an dieser dunklen Seite seines jähen Ruhmes unbeteiligt sein. Für die Russen bleibt er einmalig als Übersetzer Goethes und Shakespeares.

Die Sowjets spielten nach der Nobelpreis-Verleihung gegen Pasternak vor allem Michail Scholochow, geboren 1905, aus. Wahrscheinlich wird dessen mächtiger Roman *Der stille Don* auch in der Tat lange Zeit für die russische Romanliteratur seit der Oktoberrevolution repräsentativ bleiben.

Natürlich kann keine politische Ideologie das innerst-eigentliche Wesen des Menschen, des einzelnen Menschen – aber schließlich setzen sich auch die Massen aus einzelnen Menschen zusammen – verändern. Wenn sich die politischen Schwaden verflüchtigen, wie es mit Zuverlässigkeit der gleichmütige Gang der Zeiten bewirkt, offenbart sich die Unzerstörbarkeit des Herzens und des Geistes. Es ist zwar nicht zu beweisen, sondern zunächst nur eine Meinung, ein Vertrauen, wenn man gerade von den russischen Völkern noch Zeugnisse hoher geistig-musischer Formen erwartet – woran zwei so verschiedene deutsche Schriftsteller wie Rilke und Spengler, allerdings jeder aus anderen Gründen, geglaubt haben.

Und Deutschland? Das Land der europäischen Mitte zwischen Westen und Osten spiegelt gegenwärtig in seiner Literatur die moderne babylonische Sprachverwirrung vielfältig wider. Bei den deutschen Autoren überschneiden sich die Tendenzen des «Zeitgeistes» häufig in ein und derselben Person. Es geht wohl darauf zurück, daß der deutsche Schriftsteller selbst da, wo er maßvoll kritisch vorgeht oder sich streng an irgendeine Bestandsaufnahme macht, indem er nur die Kurven des psychischen und intellektuellen Barometerstandes ziehen will, zur Verkündigung neigt. Das wird ihm vielerorts übelgenommen: vor allem im Ausland, aber auch im Inland. Der Deutsche sei unsozial, ungesellschaftlich, sperre sich gegen jede darauf gerichtete Erziehung, bilde sich gar etwas ein auf seine «Tiefe», die meist nur Dunkelheit aus mangelnder Klarheit sei – auf seine «Innerlichkeit», die seinem rettungslos verstiegenen, weltfremden, aber auf Weltverbesserung erpichten Idealismus die lyrische Lasur verleihe. Aus der gedrückten Stimmung nach schweren Niederlagen mögen sich deutsche Kritiker diese konventionelle Meinung des Auslandes zu eigen gemacht haben. Die fremden Beurteiler aber verkennen vielleicht, daß die zweifellos widerspenstige Einfügung der deutschen Stimme in das Ensemble der Internationalität keineswegs darüber Schlüsse zuläßt, ob nicht der anhaltende deutsche Hang einer unmittelbaren Betrachtung des außerzeitlichen Ich- und Weltverhältnisses, die gerade deshalb das sozialkritische Feld minder pflegt, eben unser Beitrag zu einer Welt-Literatur bleibt. Ob sich dabei die Zeitgenossen als echtbürtige Erben mit wenigstens hier und da der deutschen Klassik und Romantik vergleichbaren Schöpfungen bewähren: das dürfte, wenn auch nicht hinsichtlich einer künstlerischen Verfeinerung, so doch einer originalen Leistung fraglich geworden sein. Sollte sich, wie bei den Russen, nunmehr bei den Deutschen eine Doppelheit der Wesensart, als sittliche wie künstlerische Widersprüchlichkeit, herausgebildet haben, nachdem im Laufe der Jahrhunderte das slawische Element in seiner preußischen Metamorphose immer breiteren Raum gewann? Die Antwort darauf wird erst von einer späteren Geschichtsschreibung gegeben werden können.

Dem «O Mensch!»-Rufen der expressionistischen Literaten nach dem ersten Weltkrieg hat selbst Franz Werfel, 1890–1945, zuweilen mehr Tribut entrichtet, als gut war für seine Begabung – aber in den jünglinghaft vertrauenden, all-liebeseligen frühen Gedichten Werfels war es echt gemeint, hie und da sogar poetisch gelungen. Es lag in ihm ein Zug zur großen Hymne, zum Dithyrambus der Trunkenheit in Leiden und Freuden, ein geigerisch süßer, verführender Klang; sobald er intellektuelle Restbestände des bloß Rednerischen und manchmal Satirischen ausließ, war ihm, dem ungestüm produktiven Naturell von breiter Lebenssinnlichkeit, auch dichterische Erfüllung beschieden. Werfels Lyrik ist bedeutsamer als seine Dramatik, deren Erstlinge vom Experiment nicht loskommen, deren ausgereiftes Zeugnis aber, *Paulus unter den Juden*, reine Gestaltung der Figuren und ausgeglichene Komposition der Handlungskurve zeigt. Bereits in diesem Stück ist Werfels innerer Weg zu spüren, der ihn schließlich zum Christentum führte. Daß diese Bahn weder ein Bruch mit sich selbst noch mit dem Geiste der angestammten Religion war, wird an der Folge seiner Romane erkennbar. Sie sind nicht immer episch ausgewogene Kunstwerke; nur zwei bilden eine Ausnahme: der Roman der Oper *Verdi* – vor allem *Die vierzig Tage des Musa Dagh*, ein Romanepos vom Kampfe der Armenier gegen die Türken während des ersten Weltkrieges.

Mit seinen Romanen versuchte der Dichter keineswegs neuartige Formen von Prosaepik wie sein Landsmann, der ebenfalls aus Prag stammende Franz K a f k a, 1883–1924. Dessen Bücher haben geraume Zeit nach dem Tode des Autors eine geradezu internationale Wirkung erzielt – nicht so sehr durch ihre Technik, denn Kafka weicht schließlich nicht so auffallend wie Joyce und andere Romanciers von der natürlichen Form des Berichtens ab –, sondern durch den philosophischen Standpunkt, von dem aus das individuelle, unausweichlich im Schicksal verstrickte Dasein der Figuren dargestellt wird. Dieser point de vue bleibt im Ergebnis stets offen, so daß die verschiedensten Deutungen an Kafkas Werk herangetragen worden sind. Ob es sich als dauernd erweist, bleibt abzuwarten; zwar dürfte es die Entwicklung der zeitgenössischen Epik für die Zukunft mitbestimmen – vielleicht nicht als vorbildliches Muster, eher als Anregung.

Während Albrecht Schaeffer bereits in Umrissen charakterisiert wurde, muß der ein wenig ältere Robert M u s i l, 1880–1942, vorläufig noch als problematisch angesehen werden. Denn sein Hauptwerk, auf das sich nach mehr vorbereitenden Arbeiten rund zwanzig Jahre der Autor geradezu monomanisch konzentrierte, der Roman *Der Mann ohne Eigenschaften*, ist trotz seiner gewaltigen Ausdehnung ein Fragment geblieben – allerdings dem Abschluß wohl ziemlich nahe, wie die aus dem Nachlaß bekannt gewordenen Partien zeigen. Bewundert wegen der unermüdlich um sachliche Prägnanz bemühten Formulierungskunst und seiner in breitesten

Strecken des Romans fast ausschließlich psychoanalytischen, geradezu röntgenhaften Diagnostik vorzüglich der Bewußtseins- und Gefühlssituation des Österreichertums vor dem ersten Weltkriege, errang Musil auch im Ausland Ansehen. Aus den Nachlaßteilen des «Mannes ohne Eigenschaften» meint man die Steigerung der gesellschaftlichen Wirklichkeitskritik im Sinne einer «taghellen Mystik» reineren, besseren Lebens wahrzunehmen.

Wie Musil, so wurde auch Hermann B r o c h , 1886–1951, gleichfalls ein Österreicher, ein Geheimname eingeweihter Kennerschaft. Bereits seine Romantrilogie *Die Schlafwandler* galt als legitime deutsche Anknüpfung an den internationalen Typ einer modernen comédie humaine; noch größerer Ruhm umgibt den *Tod des Vergil* – eine Darstellung der letzten Tage des sterbenden römischen Dichters in Brundisium. Das Werk kreist um das Thema des Sinnes aller menschlichen und auch aller dichterischen Existenz, dargestellt an der wohl verbürgten, aber nicht durchgeführten letzten Verfügung Vergils, seine «Äneis» als unvollkommen zu verbrennen. Brochs Roman ist eine einzige innerliche, lyrisch-intellektuelle, in barock überwuchernden assoziativen Visionen gipfelnde Meditation, der ein paar ausgesparte Szenen nur als Auslösung dienen. Der «innere Monolog», nicht durch James Joyce eingeführt, wohl aber durch seinen «Ulysses» in breite Schichten zeitgenössischer Romantechnik eingedrungen, hat sich als ästhetisches Verfahren wohl nur im «Vergil»-Epos Brochs bewährt. Hans Henny J a h n n s , 1894–1960, des Orgelbauers, Musikwissenschaftlers, Biologen und mystisch-spekulativen Schriftstellers unvollendete Romantriologie mit dem ungewollt ominösen Titel *Fluß ohne Ufer* reiht sich Musils und Brochs Arbeiten an als ein drittes Dokument deutscher zeitgenössischer Romane, die von bewußt auf internationale Weltläufigkeit ausgerichteten Kritikern ähnlichen Leistungen des Auslandes an die Seite gerückt werden. Eine expressive, wogenhaft überschwellende Diktion, formlos und doch produktiv, verbindet in Jahnns letztem Werk – nach dem früher erschienenen, tastenden Roman *Perrudja* und mehreren Dramen – die Psychoanalyse mit dem Surrealismus.

Ob die deutsche Binnengeltung der lyrisch schwermütigen Romane und Novellen Ernst W i e c h e r t s , 1887–1950, selbst bei uns zulande Bestand haben wird, dürfte, die *Missa sine nomine* vielleicht ausgenommen, zweifelhaft sein. Hingegen braucht die geringere Reichweite der Epik Werner B e r g e n g r u e n s , geboren 1892, in die mondäne Internationalität nicht zu beirren; das reinste Kunstwerk seiner Begabung, der Roman *Der Großtyrann und das Gericht*, besteht die immer so heikle Feuerprobe wiederholten Lesens. Dasselbe möchte man von Alfred Neumanns, 1895–1952, Roman *Der Teufel* glauben; hier schoß die auch sonst von dem Autor betriebene Durchdringung von Intellektualität und szenisch-plastischer Durchführung seines Urmotivs – die unentrinnbare, tragische Schuld aller Macht – zu einem Kristall zusammen. Unter den deutschen Prosaisten unserer Zeit wird Ernst Penzoldt, 1892–1955, wegen eines seltenen Glücksfalles wohl auch künftig noch eine Anziehungskraft bewahren; ein echter Poetenhumor voller Grazie und kunstvoll beherrschter Schrullenhaftigkeit, lyrisch untertönt und der Idylle zugewandt, beseelt und vergeistigt seine kleinen Romane, Novellen, und Causerien.

Der Mangel an Publikum, über den sich einerseits der zeitgenössische Schriftsteller bei uns beklagt und der ihm andererseits vorgeworfen wird, trifft heute auch den Dichter – obschon nicht aus genau denselben Gründen. Schließlich spricht der Lyriker, wenn sein Gesang nicht gemeinschaftliche Hymne ist, ohnehin meist als Einzelner zu Einzelnen. War seine Kunst der gehobene oder gedrängte Ausdruck einer ständischen Gruppe, wie während der Blütezeit des Mittelalters, dann milderte sich die Einsamkeit des Dichters – nunmehr aber steht er beinahe allein! Eine Ausnahme davon macht gegenwärtig der religiöse Dichter besonders dann, wenn er als Stimmführer einer konfessionellen Gruppe gilt: das kommt dem wesentlichen Dichter allerdings ebenso zugute wie dem erbaulichen Reimer. Einen positiven Beitrag zur deutschen Lyrik unserer Epoche gab Konrad Weiß, 1880–1940; er fand nach loser Berührung mit dem Expressionismus zu einer Verskunst von ganz persönlichem, den modernen Stilen kaum verpflichtetem Gepräge. So paradox es klingt: man könnte sich Konrad Weiß als Zeitgenossen Meister Ekkeharts oder der Barocklyriker denken – ohne daß sein Werk, Gedichte und Dramatisches, Entlehnungen aus jenen Jahrhunderten aufwiese. Es handelt sich in seinen Gedichten um eine naturhaft religiöse, sinnenhaft geistige Wortmystik.

Aus dem katholischen Raume kam Weiß – aus dem protestantischen Rudolf Alexander Schröder, 1878–1962. Aber dieser von bremensisch-patrizischem Geiste und auch von genießendem Weltverstand erfüllte Dichter ist zugleich ein Humanist: ohne den Bruch der Sehnsucht übrigens, weil er auf einer allmählich erworbenen Glaubensbasis das Hiesige ohne Ausschluß zu erheben vermag in die religiöse, bei ihm mehr innerliche als transzendierende Sphäre. *Geistliche Gedichte* und *Weltliche Gedichte* unterscheidet man nur thematisch in seinem Werk; der großen Fülle formaler Überlieferungen getreu und mächtig, doch nicht akademisch verhaftet, ist Schröders Lyrik in lebendiger Lust der Bewahrung von unmittelbarer, reifer Sinnenkraft. Hofmannsthal erkannte schon früh das «Heroische» in dem ihm befreundeten Dichter:

Der Inhalt ist das gesamte Dasein, durch die Gewalt der Sittlichkeit geordnet. Kein Werden, keine Entwicklung verschleiert, was alles, und immer wieder, zur Entscheidung steht, wo es darum geht, ein Mensch zu sein ... Auf geheime Weise fällt die Schranke zwischen Sein und Nicht-Sein: alles Menschliche hat in dieser Sphäre den Tod, die eigentliche Lebensprobe, schon überwunden und kehrt wieder.

Zum Werke Rudolf Alexander Schröders gehört legitim seine ausgedehnte Übersetzungsarbeit: so an Homer, an Vergil und Horaz. Gleichgewichtig zählt bei ihm neben der Dichtung die Lehre. Wie häufig in seiner Lyrik, so durchleuchtet er in seinen Reden und Abhandlungen aus schöpferischer Treue Ursprünge abendländischer Seinsart: die antiken, die christlichen, die nationalen.

An Formgewandtheit steht Josef Weinheber, 1892–1945, nicht hinter Schröder zurück, ja er genießt sie zuweilen in virtuosem Formenspiel. Die Dichtung Weinhebers scheint ein Janus-Antlitz zu tragen: dem steilen, düster-pathetischen und gelegentlich zu rednerischer Gnomik neigenden Verfasser der Zyklen *Adel und Untergang, Späte Krone* und *Zwischen Göttern und Dämonen* steht entgegen der sangesselige Duzbruder und Heurigen-Pokulant mit der «Weaner» Praterseele, der Kalenderpoet und pyknische Volksmann aus *Gib acht, o Mensch* und *Wien wörtlich.* Immer war er wohl im Tiefsten ein unglücklicher Mensch, und echt wirkt seine sehnsüchtige Verbundenheit mit Pindar und Hölderlin, echt seine naive Genugtuung über offizielle Ehrungen, echt zuletzt seine bittere Enttäuschung und sehr späte Einsicht in die Fragwürdigkeit jenes lauten Rühmens.

Zwei deutsche Autoren der Gegenwart haben als Diagnostiker der Epoche auch die außerdeutsche Welt nach dem zweiten Weltkriege aufhorchen lassen. Ernst Jünger, geboren 1895, wird wegen einiger Kriegsbücher, vor allem *In Stahlgewittern*, und als ein sogenannter «Wegbereiter» des Nationalsozialismus, wegen des die «totale Mobilmachung» durchaus nicht fordernden, aber als Zeitsymptom feststellenden Buches *Der Arbeiter*, von den Adepten der Politik erbittert umstritten. Daß Jünger als Erzähler wohl nur ein Vorläufer für die Wandlung der Epik vom psychologischen Roman zu noch nicht erkennbaren Formen ist, dürfte nach der in späteren Veröffentlichungen, wie *Heliopolis*, nicht erfüllten Verheißung seiner symbolistischen Legende *Auf den Marmorklippen* leider kaum anzuzweifeln sein. Der Essayist Jünger aber mag wohl eine Phase deutscher Zeichendeuter-Prosa einleiten, die den Hang der Nation zu mystisch-lyrischer Verinnerlichung durch klare, heraldisch prägende Stilkunst mitkorrigieren hilft; allerdings hat der Autor sein *Abenteuerliches Herz* sowie *Blätter und Steine* später durch die immer redseligeren sentenzsüchtigen Ich-Spiegelungen einer zum Selbstzweck ausartenden Tagebuch-Manufaktur, in der ihm, bezeichnend für die schöpferische Ohnmacht der Zeit, Scharen von Autoren folgen, nicht mehr erreicht. Immer deutlicher wird, daß die dichterische Kraft seines Bruders F r i e d r i c h G e o r g J ü n g e r , geboren 1898, ursprünglicher ist – allerdings auch die Gefahr, durch Überproduktion an Versen das Talent nicht mehr zuchtvoll auszuprägen, sondern spielerisch mit leichter Hand treiben zu lassen. In seinen *Erzählungen* erlangte sein Künstlertum eine stetige Reife. Eine gleichsam abgelagerte Sprache voller reiner Anschauung und Rhythmik bekundet den großen Schriftsteller; geistiges Deutertum im Bunde mit diesen Eigenschaften trägt sein umfangreiches essayistisches Werk.

Gottfried B e n n , 1886–1956, läuterte in aller Stille, die ihm, man möchte sagen: zu seinem Glück! – jahrelang auferlegt war, den krassen Ton seiner frühen, die Motive geflissentlich der Charité, der Morgue und der venerischen Quarantänestation entlehnenden, formal nicht eigentlich expressionistischen, sondern kaltblütig desillusionistischen Verse zu einer statischen, andeutend raunenden, gedrungenen und gleichsam geisterhaft schwebenden Lyrik. Nicht eben wenige Gedichte von Benns späterem Stil gehören zu den reinsten, einige Male vielleicht klassischen Zeugnissen einer modernen deutschen Verskunst, die wohl gerade deshalb eine innerliche Wirksamkeit ausströmt, weil sie auf außerkünstlerische Absichten bewußt verzichtet. Aus den langsam und voll tönenden Kadenzen seiner nur für das Auge, nicht aber für das Ohr schmal ausschwingenden Zeilen raunt die romantische Schwermut des einsamen Sehnsüchtigen; eine Melancholie bedient sich pompöser Anrufungen; der Bürgerschreck enthüllt sich als ein Freund der valses tristes, der schwärmerischen Schlager und kaschierten Kulte. Benns Prosa hingegen, aufregend, kartätschend, in einer Sprache überstülpter Ballung oft von bisher unerhörten Fremdwörtern, mit ihren Polemiken wie die Salven eines wild um sich schießenden, auf eigene Faust korsarenden Kriegsschiffes anmutend: diese Prosa dient zur Diagnose einer offensichtlich für massenepidemisch erachteten Verseuchung im Lebensgefühl und im Denken des Individuums unserer Zeit.

Das jüngste deutsche Drama soll, nach den Verlautbarungen der für expert geltenden Intendanten und Regisseure, nichts taugen. Von diesem Verdikt wird eigentlich nur Carl Zuckmayer, geboren 1896, Autor des einst skandalisierenden Lustspiels *Der fröhliche Weinberg*, einiger Volksstücke, des *Hauptmanns von Köpenick* und des en-suite-Erfolges *Des Teufels General*, nicht betroffen. Ungleich an Wert, leistet Zuckmayer ein Dichterisches meist in der Einzelszene sowohl seiner Dramen wie seiner Erzählungen. Und üppig schafft in beiden Formen die gestaltenreiche Phantasie, voller Spannungen, selbst die Kolportage nicht scheuend, wie in der meisterhaften Novelle *Die Fastnachtsbeichte*, aber auch der verobjektivierten Abrundung mächtig, wie wiederum einige Novellen beweisen.

Im Kerne war Bert Brechts, 1898–1956, vagantisches, dabei intellektuell kontrapunktiertes, schwermütiges und zugleich provokatorisch vorstoßendes Poetennaturell intensiver als das Talent Zuckmayers – wie noch so manches anderen Großstadt- und Vorstadtliteraten. So war es, ehe sich Brecht zum propagandistischen und ungemein produktiven «Lehrstück»-Dramatiker zu wandeln begann. Manchen erregenden und bestürzenden Vers fand er in seiner nach wie vor bedeutsamen lyrischen Sammlung *Die Hauspostille*, wenngleich zuweilen getrübt durch allzu redereiche Phrasierung.

Wir wissen, daß wir Vorläufige sind,
Und nach uns wird kommen nichts Nennenswertes ...,

so sagt einmal Bert Brecht, ein Demi-Villon, dessen Stärke im spukhaft Balladesken und Hintergründigen des unbehausten Abenteurerlebens der Ausgestoßenen liegt. Von seinen Dramen, die in stattlicher Zahl die Ausgabe Sämtlicher Werke anbietet, haben einige auch außerdeutsche Bühnen erobert. Aber der ungeheuerlichste Erfolg war und blieb *Die Dreigroschenoper:* ein Spectaculum aus allen möglichen Formen des wirklich-überwirklichen Moritatenstils, voller Keckheit, ja zynischer Frechheit – und zugleich immer wieder voll eines geheimen Lyrismus, der sich manchmal gerade in der gewollten Unfähigkeit zu gehobenem Ausdruck bekundet. Allerdings wird wohl für immer auch die Musik von Kurt Weill dazu gehören müssen.

Wie weit sich die Gruppierungen mehr oder weniger dem Zeitgeist und der jüngsten Vergangenheit teils als Diagnostiker, teils als «Bewältiger» verschworenen Autoren behaupten werden, ist völlig offen. Gesichert aber ist das Überdauern mindestens für ein Jahrhundert der Lyrik und Prosa Emil B a r t h s, 1900–1958. In reiner, abgelagerter, geistig-sinnlich genau formulierender Sprache sind seine selbstbiographischen Bücher gehalten – aber auch sein Roman *Das Lorbeerufer*. Barths Lyrik vereinigt Intimität und Pathos; in den *Xantener Hymnen* hat er die bedeutendste dichterische Aussage über den zweiten Weltkrieg gefunden. In eine völlig andere Welt, in die Bereiche üppig fabulierter Phantasmagorie, führt *Der blaue Kammerherr* des bei vielversprechender Begabung so früh verstorbenen Wolf v. N i e b e l s c h ü t z, 1913–1960.

Von den jüngsten deutschen Dramatikern wären zwei schweizerische Autoren zu nennen: Max F r i s c h, geboren 1911, und Friedrich D ü r r e n m a t t, geboren 1921. Der ältere der beiden sucht nach dem Rettenden im menschlichen Seelen-Innern, das der von Politikern todbedrohten Welt ein Gegengewicht zu bieten vermöge – die «Kontinente der eigenen Seele». Bekannt wurden von seinen Theaterstücken die Komödie *Don Juan oder Die Liebe zur Geometrie* sowie der zwielichtige *Biedermann und die Brandstifter;* sein Roman *Stiller* lotet die moderne Schizophrenie aus mit ihren Verdrängungen, Selbstverleugnungen, Selbstverschätzungen und Fluchtversuchen. Dürrenmatt ist vielleicht der interessantere Autor; er umkreist das Thema der ganz und gar von den Menschen unvermeidbaren tragischen Schuld auf dem Grunde der einzelnen wie der gemeinschaftlichen Existenz. *Der Besuch der alten Dame* war unter seinen Stücken mit Recht ein Welterfolg. Die Novelle *Das Versprechen* zeigt den Meister der szenischen Komposition; die «Oper einer Bank» *Frank V.* verrät das nur allzu leicht üppig wuchernde Vergnügen am draufgängerisch Schockierenden. Aber Dürrenmatt hat auch einen praktischen Theaterinstinkt; aus dem Handwerklichen heraus kann er, der immer wieder neue Fassungen seiner Dramen ausprobierende Schriftsteller, zuletzt denn doch das Gelungene filtrieren.

Die Schwelle des 20. Jahrhunderts und mit ihm einer verwirrenden, vorerst kaum zulänglich zu klärenden Wortmeldung der nunmehr Geborenen ist überschritten. Jede weitere Darstellung verlöre sich in unvermeidlich sehr persönlichen, sehr subjektiven Hinweisen auf diese, auf jene Autoren. Der eine Betrachter entwirft ein Bild, das von dem eines jeden anderen erheblich abweichen muß. Hier mitzusprechen, gehört aber nicht zur Aufgabe einer Geschichte der «Weltliteratur», die, wie eingangs dieses Buches bemerkt, sowohl ein Begriff der Wirkung wie auch des Ranges ist. Erst zeitlicher Abstand gewährt für deren rechte Einschätzung jenen Überblick, der die wirklichen Maßstäbe wahrnimmt.

Da jedoch dieses Buch die abendländischen Literaturen besonders berücksichtigt, ist hinsichtlich der Zeitumstände eine abschließende Betrachtung noch immer so am Platze, wie bei der ersten Auflage: Wem die Zahl der Schaffenden und der Anteilnehmenden heute zu gering erscheint – oder wem jene nicht genügend Aktivität zur Überwindung der «Krise» des Zeitalters entfalten bzw. entfalten können: dem sei gesagt, daß es zum Wesen Europas gehört, seit mehreren tausend Jahren von einer gerade überstandenen in eine neue Krise zu geraten. Unsere Kultur, wie die Deutschen, unsere Zivilisation, wie die Ausländer es nennen, ist ein geistig-sittliches Phänomen auf dem seit jeher gefährdeten kleinen Schauplatz des westlichen Ausläufers Eurasien. Dieses Europa schützt keine eigene überall natürliche Grenze – es ist kein Kontinent, es ist eine Halbinsel. Ebensowenig ist es in einer archaischen Art zu leben und zu glauben abgeschirmt, wie es einst die Kulturen Indiens oder Chinas waren. Manche Europäer sehnen sich nach jenen Räumen und Zeiten; sie halten deren Stil des Daseins, des Seins, wohl gar für reifer als den europäischen. Das ist ein Irrtum aus Müdigkeit oder Gebrochenheit. Reifer, und um ein zweideutiges, darum fast verfemtes Wort zu gebrauchen: fortschrittlicher ist Europa. Es hat in seinem Bilde vom Menschen einen kühnen und somit gefährlichen Schritt auf dem Wege des selbstbewußten Menschseins, im Fühlen wie im Denken, gewagt. Es forderte dabei die Tragödie und die Dialektik bereits in vorchristlicher Zeit heraus – und es schuf darum die Tragödie und die Dialektik. Es forderte die Natur, Gott, das Schicksal heraus. Aber Natur, Gott, Schicksal fordern ebenfalls den Menschen heraus – weil er ein bildendes Wesen ist kraft seiner Natur. Krisen als Ausbrüche der Tragödie und der Dialektik gehören zur Seinsart Europas: sein Charakter ist sein Geschick. Bisher hat man sich den Krisen gestellt – keineswegs immer sehr gern. Aber man tat es schließlich doch, bereit zu bestehen, bereit zu überstehen. Vielleicht hat der neueste Gott «Lebensstandard» noch nicht allerorts den schwierigeren Gott, die schwierigeren Götter höherer, mühevoller, adelnder Hierarchien der Werte abgelöst, damit sich Europa wiederum der «Krise» stellt und sie dadurch überwindet. Dann siegt es wiederum – und wiederum nur für eine kleine geschichtliche Weile.

Personen- und Sachregister

Die *kursiv* gesetzten Zeilen sind
Werktitel. Der deutsche Artikel ist
jeweils nachgestellt. Die Umlaute
ä, ae, ö, ü sind wie a, o, u behandelt. Zahlenangaben in *Kursiv* geben die Stelle an, wo der Autor
ausführlich und mit Lebensdaten
behandelt wird. In Klammern
steht nach den Titeln der Autor.

*Abende auf dem Gutshof bei
   Dikanka* (Gogol) 297
Abendlied (Claudius) 84
*Abenteuer des Chevalier des Grieux
   und der Manon Lescaut* (Pré-
   vost) 34, 35
– *Huckleberry Finns* (Mark
   Twain) 246
– *in der Sylvesternacht*
   (E. T. A. Hoffmann) 167
– *Tschitschikows, Die*, s. *Tote
   Seelen*
Abenteuerliches Herz (E. Jünger)
   439
Abstammung des Menschen
   (Darwin/Jacobsen) 287
Achmatowa, Anna 432
Adam und Eva (Ramuz) 421
Addison, Joseph 18
Adel und Untergang (Weinheber)
   438
Adelsnest, Das (Turgenjew) 302
Adolphe (Constant) 226
Adonais (Shelley) 196
Adrienne Mesurat (J. Green) 416
Advent (Strindberg) 290
Ae fond kiss (Burns) 50
Agathon (Wieland) 29, 81
Agnes Bernauer (Hebbel) 259
Agostino (Moravia) 429
Agonie des Christentums (Una-
   muno) 336 f.
Ahnfrau, Die (Grillparzer) 183
Ahnung und Gegenwart (Eichen-
   dorff) 177
Aischylos 170, 194
Aladdin (Oehlenschläger) 205
Alarcón, Pedro de 337
Albigenser (Lenau) 179
Alembert, Jean le Rond d' 33

Alexander der Große 40
Alfieri, Vittorio Graf *37* f., 210 f.
Almeida-Garret 338
Almquist, Jonas Love 206 f.
Alpen, Die (v. Haller) 60
Also sprach Zarathustra (Nietzsche)
   372, 373
Alte Mann und das Meer, Der
   (Hemingway) 413
Altar der Toten, Der (James) 338
Amerikanische Tragödie (Dreiser)
   352
Amphitryon (Kleist/Molière) 169
An die Muse (Block) 370
– *Satanas* (Carducci) 332
Andersen, Hans Christian 207 f.
Andersen-Nexö, Martin 359
Andreas oder Die Vereinigten
   (Hofmannsthal) 392
Aenëis (Vergil) 436
Anna Karenina (Tolstoj) 204, 315 f.
Annunzio, Gabriele d' 333 f.
Anouilh, Jean 418
Antigone (Anouilh) 418
– (Sophokles) 171
Aphorismen (Lichtenberg) 81
Apollinaire, Guillaume 272, *421*
Apollonios Rhodios 71
Aragon, Louis *421*
Arbeiter, Der (E. Jünger) 438
Archilochos 46, 370
Ardinghello (Heinse) 82, 380
Argonautika (Apollonios Rhodios)
   71
Ariosto 57, 364
Aristophanes 31
Aristoteles 76, 154
Arme Heinrich, Der (Hauptmann)
   406
– *Leute* (Dostojewskij) 303
– *Spielmann, Der* (Grillparzer)
   185
*Armut, Reichtum, Schuld und
   Buße der Gräfin Dolores*
   (Arnim) 176
Arnim, Achim von 89, 174, *175* f.
– Bettina von 175, 225
Arnold, Matthew 186, *243*
Arzt am Scheidewege, Der (Shaw)
   347
Atala (Chateaubriand) 216
Atalanta in Kalydon (Swinburne)
   280, 281

Auden, Wystan Hugh *415*
Auf den Marmorklippen (E. Jünger) 438
Auf der Suche nach der verlorenen Zeit (Proust) 267, 326, 350
Auf mich selbst (Leopardi) 214 f.
Auferstehung (Tolstoj) 316
Aufruhr der Engel (France) 237
– *in den Cevennen* (Tieck) 164
Aufzeichnungen eines Jägers (Turgenjew) 302
Aufzug der Romanze (Tieck) 164
Augustinus 282, 344
Aurélia (Nerval) 269
Aus dem Dunkel der Großstadt (Dostojewskij) 304
– – *Leben eines Sünders* (Dostojewskij) 305
– *einem Totenhaus* (Dostojewskij) 304

Babbitt (Lewis) 353
Bacchelli, Riccardo 428
Bach, Johann Sebastian 75
Balkon, Der (Genet) 420
Balladen (Goethe) 94
– (Schiller) 129
– *und Romanzen* (Mickiewicz) 223
Balzac, Honoré de 167, 220, *229* ff., 233, 237 f., 303
Balzac (St. Zweig) 381
Bang, Hermann 288
Baratynskij, Jewgenij 300
Barbey d'Aurevilly, Jules 272
Barbier von Sevilla, Der (Beaumarchais) 36
Bardieten (Klopstock) 72
Barrabas (Lagerkvist) 429
Barrett-Browning, Elizabeth 280
Barth, Emil (geb. 1900) 401, *441*
Bartleby (Melville) 247
Baudelaire, Pierre Charles 167, 191, 197, 203, 214, 219, 268, 269, *270* ff., 273, 275, 334, 402
Baudissin, Wolf Heinrich Graf von (1789–1878) 163
Bauern, Die (Balzac) 232
–, – (Reymont) 363
Bayle, Pierre 30
Beauclair, Gotthard de (geb. 1907) 322
Beaumarchais, Caron de 11, *36*, 39

Beckett, Samuel 419
Bécquer, Gustavo Adolfo 337 f.
Beethoven, Ludwig van 70, 269, 316, 325
Behn, Irene (geb. 1886) 342
Beichte eines Toren (Strindberg) 289
Bekenntnisse (Augustinus) 45, 115
– (Rousseau) s. *Confessions*
– *des Hochstaplers Felix Krull* (Th. Mann) 379
– *eines Ich-Menschen* (Stendhal) 228
– – *Opiumessers* (Quincey) 197
Bellman, Carl Michael *38*, 360
Belloc, Hilaire 424
Benavente, Jacinto 427
Benoni (Hamsun) 357
Benn, Gottfried 439
Béranger, Pierre Jean de 51, *217*, 225
Berdjajew, Nikolaj Alexandrowitsch (1874–1948) 311
Berge, Meere und Giganten (Döblin) 381
Bergengruen, Werner 436 f.
Bergson, Henri *319* f.
Berkely, George *17*
Berlin Alexanderplatz (Döblin) 381
Bernanos, Georges *329*, 417
Bertram, Ernst 158, *390*
Berührung der Sphären (Hofmannsthal) 392
Bestie im Menschen, Die (Zola) 236
Besuch der alten Dame, Der (Dürrenmatt) 441
Betrachtungen eines Unpolitischen (Th. Mann) 379
– *über die Ursache der Größe der Römer und ihren Untergang* (Montesquieu) 31
Beyle, Henry, s. Stendhal
Biberpelz, Der (Hauptmann) 406
Biedermann und die Brandstifter (Frisch) 441
Bilder aus der deutschen Vergangenheit (G. Freytag) 266 f.
Bildnis des Dorian Gray, Das (Wilde) 345
– *einer Dame* (James) 339
Billy Budd (Melville) 247

Bitzius, Albert, s. Jeremias Gotthelf

Bjelinskij, Wissarion 294, *302* f.

Björnson, Björnstjerne 286 f.

Blake, William 29, *51* ff., 198

«Blätter für die Kunst» 390

Blätter und Steine (E. Jünger) 439

Blaue Kammerherr, Der (Niebelschütz) 441

Bleakhouse (Dickens) 241

Blick zurück im Zorn (Osborne) 426

Block, Alexander 363, *369* f.

Blonde Eckbert, Der (Tieck) 164

Blumen des Bösen, Die (Baudelaire) 203, 268, 270 ff., 321

Blumen-, Frucht- und Dornenstücke, oder Ehestand, Tod und Hochzeit des Armenadvokaten F. St. Siebenkäs (Jean Paul) 137, 139

Bluthochzeit (Lorca) 428

Bodmer, Johann Jakob 59

Böhme, Jacob 56

Boileau, Nicolas 8

Borchardt, Rudolf 397

Boris Godunow (Puschkin) 295, 317

Börne, Ludwig 141

Bouvard und Pécuchet (Flaubert) 234

Brand (Ibsen) 286

Brandes, Georg 197, *287*

Braut von Korinth, Die (Goethe) 130

– – *Messina, Die* (Schiller) 127

Brecht, Bert 440

Breitinger, Johann Jakob 59

Brentano, Clemens 89, *174* f., 177

Bret Harte, Francis 245 f.

Breton, André 421

Březina, Otokar 365, 366

Bridges, Robert (1844–1930) 197, 343

Briefwechsel mit Schiller (Goethe) 94

Broch, Hermann 352, *436*

Brockes, Barthold Heinrich 60 f.

Brontë, Emily 244

Brot, Das (A. N. Tolstoj) 432

Brot und Wein (Hölderlin) 82

– – – (Silone) 428

Browning, Robert *279* f.

Browning-Society 279

Brücke von San Luis Rey, Die (Wilder) 415

Brüder Karamasow, Die (Dostojewskij) 305, 310, 368

Buber, Martin (geb. 1878) 209

Buch der Lieder (Heine) 253

Büchner, Georg 256

Büchse der Pandora, Die (Wedekind) 386

Buddenbrooks, Die (Th. Mann) 82, 376

Buffon, George Louis Leclerc 31

Bunbury (Wilde) 345

Bunte Steine (Stifter) 261

Burckhardt, Jacob 39, 262, *263*

Bürger, Gottfried August *83* f., 250

Bürger von Calais, Die (Kaiser) 399

Bürgerliches Trauerspiel 77

Burns, Robert 29, *50* f.

Byron, George Gordon Noel, Lord 8, 29, 178, 187, *189* ff., 195, 197, 211, 216, 218, 223, 294, 303, 337, 360, 364

Calderon de la Barca, Pedro 90, 184, 220, 364, 391

Caligula (Camus) 418

Camõens, Luis de 242, 338, 364

Camus, Albert 418

Candida (Shaw) 347

Candide (Voltaire) 32

Cantos (Pound) 354

Carducci, Giosuè *332*, 333

Carlyle, Thomas 50, 133, *198*, 238, 239, 242, 243, 277, 358

Carossa, Hans 384

Carus, Carl Gustav 180 f.

Cäsar Birotteau (Balzac) 232

Caesar und Cleopatra (Shaw) 347

Cato (Metastasio) 37

Cavalleria rusticana (Mascagni) 333

Cecile (Fontane) 375

Cenci (Shelley) 194

Cervantes Saavedra, Miguel de 213, 220, 249

Chagrinleder, Das (Balzac) 231

Chamisso, Adalbert von 167

Charmes (Valéry) 330

Chateaubriand, François René Vicomte de 44, 161, *216* f., 272

Chatterton, Thomas 49 f.

Chaucer, Geoffrey 278, 424

Chénier, André 46 ff., 217

Chesterfield, Philipp Dormer Stanhope, Lord 18

Chesterton, Gilbert Keith 239, 424

Childe Harolds Pilgerfahrt (Byron) 189, 190 f., 192, 294

Chimären, Die (Nerval) 269

Chinesisch-deutsche Jahres- und Tageszeiten (Goethe) 106

Chloe (Meredith) 245

Chodowiecki, Daniel (1726–1801) 81

Christenheit oder Europa (Novalis) 161

Christian Wahnschaffe (Wassermann) 381

Chronika eines fahrenden Schülers (Brentano) 175

Chronique des Pasquier (Duhamel) 416

Chronique scandaleuse 10

Clarissa (Richardson) 19

Claudel, Paul 276, 321, *328* ff., 344, 422

Claudius, Matthias 84

Clavigo (Goethe) 36, 93, 113

Clemens, Samuel Langhorne, s. Mark Twain

Cocteau, Jean 226, 327, *419*

Code civil (Napoleon) 227

Coleridge, Samuel Taylor *186*, 189, 192, 198

Comédie humaine (Balzac), s. *Menschliche Komödie*

Comédie larmoyante 10

Comte, Auguste 235

Confessions (Rousseau) 41, 44 ff., 291, 311

– *d'un enfant du siècle / Bekenntnisse eines Kindes der Zeit* (de Musset) 215, 218

Congreve, William 13

Conrad, Joseph 245, *348* f.

Constant, Benjamin 44, *226*

Contrat social (Rousseau) 39, 40, 41 ff.

Cooper, James Fenimore *200* f., 204

Corneille 32, 76, 220

Coster, Charles de 322

Cowper, William *50*, 186

«Criterion» 354

«Critica» 335

Croce, Benedetto 90, *334* f.

Curtius, Ernst Robert (geb. 1886) 89 f., 331, 416

Da unten (Huysmans) 273

Dame ist nicht fürs Feuer, Die (Fry) 425

Dämon (Lermontow) 299

Dämonen, Die (Dostojewskij) 305, 306, 307, 308, 311

Danilewskij, Grigorij (1829–1890) 291

Dantas, Julio 338

Dante, Alighieri 90, 97, 98, 220, 232, 249, 293, 311, 329, 355, 364

Dantons Tod (Büchner) 256

Daphnis und Chloe (Longus) 81

Dario, Ruben 427

Darwin, Charles 287

Däubler, Theodor 397

Daudet, Alphonse 237

David Copperfield (Dickens) 240

De la littérature allemande (Friedrich d. Gr.) 63

«De Nieuwe Gids» 361

Defoe, Daniel 13, *14* f., 18

Dehmel, Richard 387

Dekker, Eduard Douwes, s. Mutatuli

Dem Himmel bin ich auserkoren (Wilder) 415

Demetrius (Hebbel) 259

– (Schiller) 123

Dershawin, Gawriil 292

Des Knaben Wunderhorn (Arnim/Brentano) 89, 173

– *Lebens Überfluß* (Tieck) 164

– *Meeres und der Liebe Wellen* (Grillparzer) 184

– *Teufels General* (Zuckmayer) 440

Desbordes-Valmore, Marceline 217

Descartes, René 17

Deutsche Dichtung (George und Wolfskehl) 130

– *Gelehrtenrepublik* (Klopstock) 74

– *Geschichte im Zeitalter der Reformation* (Ranke) 263

Deutsches Wörterbuch (Brüder Grimm) 173

Dichter und ihre Gesellen (Eichendorff) 177

Dichtung und Wahrheit (Goethe) 27 f., 33, 45, 60, 62, 93, 94, 115, 116, 117

Dickens, Charles 27, *238* ff.

Dickinson, Emily 341 f.

Dictionnaire historique et critique, Historisch-kritisches Wörterbuch (Bayle) 30

Diderot, Denis 33, *34*, 39

Dido (Metastasio) 37

Die guten Willens sind (Romains) 416

Dilthey, Wilhelm (1833–1911) 151, 390

Diotima s. Susette Gontard

Ditte Menschenkind (Andersen-Nexö) 359

Döblin, Alfred 381

Doktor Bonnard (France) 237

– *Faustus* (Th. Mann) 376, 378

– *Pascal* (Zola) 236 f.

– *Schiwago* (Pasternak) 433

Dom Casmurro (Machado de Assis) 426

Don Carlos (Schiller) 127

– *Juan* (Byron) 192 f.

– – (Lenau) 179

– – oder *Die Liebe zur Geometrie* (Frisch) 441

– – *Tenorio* (Zorilla) 337

– – *und Faust* (Grabbe) 256

– *Quijote* (Cervantes) 20, 22, 159, 163, 213, 335

– *Segundo Sombra* (Guiraldes) 426

Doppelgänger, Der (Dostojewskij) 303

Dornrosenbusch (Almquist) 206

Dos Passos, John 411

Dostojewskij, Fjodor Michailowitsch 167, 294, 295 f., 298, 301, 302, *303* ff., 316, 338 f., 356, 367, 432

Dr. Jekyll und Mister Hyde (Stevenson) 245

– *Katzenbergers Badereise* (Jean Paul) 137

– *Kerkhovens dritte Existenz* (Wassermann) 381

Dramatisches Gedicht 77

Drei Gespräche (Solowjew) 368

Drei Musketiere (Dumas) 222

Drei Sprünge des Wang-lun, Die (Döblin) 381

Dreigroschenoper, Die (Brecht) 440

Dreiser, Theodore 352

Dreispitz, Der (Alarcón) 337

–, – (Hugo Wolf) 337

–, – (Manuel de Falla) 337

Dreyfus-Affäre 318 f.

Drollige Geschichten (Balzac) 232

Droste-Hülshoff, Annette von *251*, 254, 342

Droysen, Johann Gustav (1808 bis 1884) 40

Dryden, John (1631–1700) 8

Dschungelbuch (Kipling) 350

Duhamel, Georges 416

Duineser Elegien (Rilke) 394, 396

Dumas, Alexandre 222

Dunkel ist licht genug, Das (Fry) 425

Dürrenmatt, Friedrich 441

Duse, Eleonora 333 f.

Dynamo (O'Neill) 413

Echegaray, José 337

Eckehart von Hochheim 56

Eckermann, Johann Peter (1792 bis 1854) 50, 94, 100, 112, 119, 212

Effi Briest (Fontane) 375

Egmont (Goethe) 94, 113

Egoist, Der (Goethe) 112

–, – (Meredith) 244 f.

Eherne Reiter, Der (Puschkin) 295

Ehrbare Dirne, Die (Sartre) 417

Ehrenburg, Ilja 432

Eichendorff, Joseph Freiherr von *176* f., 260

Ein Bruderzwist in Habsburg (Grillparzer) 185

– *Held unserer Zeit* (Lermontow) 299

– *Phönix zuviel* (Fry) 425

– *Schlaf Gefangener* (Fry) 425

– *schlichtes Herz* (Flaubert) 234

– *Traumgesicht* (Coleridge) 186

– *treuer Diener seines Herrn* (Grillparzer) 184

– *Volksfeind* (Ibsen) 286

– *Zeitalter wird besichtigt* (H. Mann) 381

Eine dumme Geschichte (Dosto-
jewskij) 304
– *Frau ohne Bedeutung* (Wilde)
345
Einen Kuß noch (Burns),
s. *Ae fond kiss*
Eingeschlossenen, Die (Sartre) 418
Einsiedler, Der (Wordsworth)
187
Ekel, Der (Sartre) 417
Elektra (Hofmannsthal) 391
Elenden, Die (Hugo) 222
Eliot, George 244
–, Thomas Stearns 279, 339, 347,
354 ff., 415, 425, 428,
Elixiere des Teufels (E. T. A. Hoff-
mann) 167
Ellernklipp (Fontane) 375
Eluard, Paul 421
Emerson, Ralph Waldo 121, *201* f.,
204, 340
Emile (Rousseau) 42
Emilia Galotti (Lessing) 76 f.
Empedokles (Hölderlin) 145, 148
*Empfindsame Reise, Sentimental
Journey* (Sterne) 25
Endspiel (Beckett) 419
Endstation Sehnsucht (T. Williams)
414
Engel des Hauses, Der (Patmore)
544
Engels, Friedrich 277
Englische Geschichte (Macaulay)
243
Enoch Arden (Tennyson) 279
Entblößtes Herz (Baudelaire) 271
Entweder – oder (Kierkegaard)
283
Enzyklopädie 33
–, *Die große* 30
Epigonen, Die (Immermann) 280
Epilog zu Schillers Glocke (Goethe)
133 f.
Epipsychidion (Shelley) 194
Eranos-Brief (Borchardt) 397
Erasmus von Rotterdam
(St. Zweig) 381
Erbförster, Der (Ludwig) 256
*Eremit in Griechenland, Der/
Hyperion* (Hölderlin) 146
Erdgeist, Der (Wedekind) 386
Erinnerungen jenseits des Grabes
(Chateaubriand) 216

*Erlesene Proben poetischer Neben-
stunden* (Hagedorn) 61
Erniedrigte und Beleidigte (Dosto-
jewskij) 304
Ernst, Paul 386
Eroberer des Goldes, Die (Hérédia)
273
Ernte (Sova) 366
Erste Gedichte (Rilke) 394
Erstgeborener, Der (Fry) 425
Erwählte, Der (Th. Mann) 379
Erzählungen (F. G. Jünger) 438
Es geht schon (Almquist) 206
Esprit des Lois, Geist der Gesetze
(Montesquieu) 31
Espronceda, José de 337
Etzel Andergast (Wassermann)
381
Eugen Onegin (Puschkin) 294
Eugenie Grandet (Balzac) 231
Eulenberg, Herbert 164, *387*
Euphemismus 116
Euripides 183 f.
*Europäische Literatur und latei-
nisches Mittelalter* (Curtius) 89 f.
Eurydice (Anouilh) 418
Ewige Gatte, Der (Dostojewskij)
304

Fabeln (Gellert) 61
Fabian Society 346
Fall Maurizius, Der (Wassermann)
381
Falla, Manuel de 337
Falschmünzer (Gide) 325
Familiengemälde (Gellert) 61
Familientag, Der (Elliot) 355
Farbenlehre (Goethe) 117
Fastnachtsbeichte, Die (Zuck-
mayer) 440
Faulkner, William 412, 414
Faust (Goethe) 70, 93, 94, 107,
118, (Urfaust) 119, 191, 193
– (Goethe/Feth) 312
– (Lenau) 178
Feth, Afanassij 311
Feuerbach, Ludwig (1804–1872)
302
Fichte, Johann Gottlieb *149* f.
Fielding, Henry 19, *20* ff., 27, 28,
238
Fiesko (Schiller) 127

Fiesta (Hemingway) 413
Figaros Hochzeit (Beaumarchais) 36
Finnegans Wake (Joyce) 352
Flachsacker, Der (Streuvels) 363
Flamme, Die (Morgan) 423
Flaubert, Gustave 10, 203, 217, 222, 227, *233* ff., 244, 288, 314
Flegeljahre (Jean Paul) 137 ff.
Fleurs du Mal s. Blumen des Bösen
Fliegen, Die (Sartre) 417
Fluß ohne Ufer (Jahnn) 436
Fogazzaro, Antonio 333
Fontamara (Silone) 428
Fontane, Theodor 265, *374* f.
Forster, Edward Morgan (geb. 1879) 326, 339, 351
Forsyte-Saga (Galsworthy) 349
Foscolo, Ugo *211* f., 429
Fouché (St. Zweig) 381
Fouqué, Friedrich de la Motte 166
Fragmente (Novalis) 114, 162 f.
France, Anatole *237*, 327
Frank V. (Dürrenmatt) 441
Franklin, Benjamin 200
Franz Sternbalds Wanderungen (Tieck) 163
Frau aus Andros, Die (Wilder) 415
– *Jenny Treibel* (Fontane) 375
– *Marie Grubbe* (Jacobsen) 288
– *Warrens Gewerbe* (Shaw) 347
Fredman s. Bellman
Fredmans Episteln (Bellman) 38
– *Lieder* (Bellman) 38
Freud, Sigmund 393
Freuden und Tage (Proust) 327
Freund Hein (E. Strauß) 384
Freytag, Gustav 266 f.
Friedrich II. (Kantorowicz) 390
Friedrich, Caspar David 181
Friedrich der Große (Biographie von Carlyle) 198
Friedrich der Große 62 f.
Frisch, Max 441
Frithjofs-Saga (Tegnér) 205
Fröding, Gustaf *360*
Fröhliche Weinberg, Der (Zuckmayer) 440
Frost, Robert 353
Frühe Gedichte (Rilke) 394
Frühling (E. v. Kleist) 63
Frühlingserwachen (Wedekind) 386

Fry, Christopher 425
Fuhrmann des Todes, Der (Lagerlöf) 359
Fünf große Oden (Claudel) 330
Fünfte Mai, Der (Manzoni) 213
Fürst Serebriany (Alexej K. Tolstoj) 317
Futuristen 432

Galante Feste (Verlaine) 274
Galsworthy, John 349
Gänsemännchen, Das (Wassermann) 381
Garcia Lorca, Federico 427 f.
Gargantua und Pantagruel (Rabelais) 11
Gas (Kaiser) 399
Gautier, Théophile *268* f., 270
Geburt der Tragödie aus dem Geist der Musik, Die (Nietzsche) 283, 372
Gedämpftes Saitenspiel (Hamsun) 358
Gedichte (Hebbel) 258
– (C. F. Meyer) 265
– (Schiller) 128
– *und Balladen* (Swinburne) 280
Gefährliche Liebschaften (Laclos) 34
Gefesselte Prometheus, Der (Shelley) 194 f.
Gefiederte Schlange, Die (Lawrence) 350
Gegen den Strich (Huysmans) 273
Geist der Gesetze, Esprit des Lois (Montesquieu) 31
Geist des Bösen, Der (Poe) 203
– *des Christentums* (Chateaubriand) 161, 216
Geisterseher, Der (Schiller) 131
Geistliche Lieder (Novalis) 161
– *Gedichte* (R. A. Schröder) 437
– *Jahr, Das* (Droste-Hülshoff) 251
Gelegenheitsdichtung 99 ff.
Gellert, Christian Fürchtegott 61
Genesis 192
Genet, Jean 419 f.
Genie-Zeit 104
Genoveva (Hebbel) 259
George, Stefan 73, 130, 135, 136, 138, 272, 274 f., 276, 362, *388* ff., 399

Gerettete Venedig, Das (Hof-
  mannsthal) 391
– –, – (Otway) 8
Germinal (Zola) 236
Gesamtausgabe (Goethe) 94
Gesandten, Die (James) 339
Geschichte der Girondisten (La-
  martine) 217
– – *Kunst des Altertums* (Winckel-
  mann) 67
– *des Gil Blas* (Le Sage) 11
– *Englands* (Hume) 17
– *Gottfriedens von Berlichingen*
  (Goethe) 89
– *vom braven Kasperl und vom
  schönen Annerl* (Brentano) 175
– – *Soldaten* (Ramuz) 421
– *von Uylenspiegel und von
  Lamme Goedzak* (de Coster) 322
Geschichten von der Alhambra
  (Irving) 200
Gespenster (Ibsen) 285
Geßner, Salomon 81
Gezelle, Guido 361
Gib acht, o Mensch (Weinheber) 438
Gibbon, Edward 29
Gide, André 221, 275, 276, *325* f.,
  329, 339, 407, 417, 421
Gil Blas (Le Sage) 10, 20, 226
Gil Vicente 338
Giono, Jean 247, 420
Giraudoux, Jean 418
Gladkow, Fjodor 431 f.
Glanz und Elend der Kurtisanen
  (Balzac) 232
Glasmenagerie, Die (T. Williams)
  414
Glasperlenspiel, Das (Hesse) 382
*Glaubensbekenntnis eines savoya-
  rischen Vikars* (Rousseau) 45
Gleich und Gleich (Verlaine) 275
Gleim, Johann Ludwig *61* f.
Glöckner von Notre-Dame, Der
  (Hugo) 222
Glück (Verlaine) 275
–, *Das* (Schiller) 129
– *im Verbrechen, Das* (Barbey
  d'Aurevilly) 272
Gockel, Hinkel und Gackeleia
  (Brentano) 175
Godwi (Brentano) 175
Gogol, Nikolaj Wassiljewitsch 291,
  296 ff., 305

Goldene Harfe, Die (Hauptmann)
  406
– *Topf, Der* (E. T. A. Hoffmann)
  166
– *Vlies, Das* (Grillparzer) 183
Goldhaupt (Claudel) 330
Goldoni, Carlo 37
Goldsmith, Oliver 27, 39, 238
Góngora, Luis de 428
Gontard, Susette 142 f.
Gontscharow, Iwan 301 f.
Gorkij, Maxim 316, 317, *367*, 431
Gösta Berling (Lagerlöf) 358
Goethe, Johann Wolfgang von 18,
  19, 20, 25, 27, 32, 33, 34, 50, 57,
  59, 60, 61, 62, 63, 67, 68, 72, 76,
  77, 80, 82, 83, 85, 86, 89, 90,
  91 ff., 123, 124, 129 f., 133 f.,
  136, 138, 141, 150, 154, 155, 163,
  165, 169, 170, 177, 181, 183, 188,
  189, 192, 193, 198, 201, 205, 211,
  212, 216, 220, 221, 223, 226, 232,
  233, 249, 258, 261, 265, 266, 287,
  303, 311, 360, 364, 366, 367, 376,
  377, 388, 390, 392, 401, 406, 407,
  433
*Goethes Laufbahn als Schrift-
  steller* (Th. Mann) 113
Gott und die Bajadere, Der
  (Goethe) 129
Götter dürsten, Die (France) 237
– *Helden und Wieland* (Goethe)
  92
Gotthelf, Jeremias 251 f.
Göttinnen, Die (H. Mann) 380
Göttliche Komödie (Dante) 362
Gottsched, Johann Christoph *57* ff.,
  71, 182
Götz von Berlichingen (Goethe)
  63, 92, 93, 105, 113
Götz-Übertragung (Scott) 189
Gozzi, Graf Carlo 37
Grabbe, Christian Dietrich 77, *256*
Graf von Monte Christo, Der
  (Dumas) 222
Gral (Stucken) 385
Gran Galeoto (Echegaray) 337
Grashalme (Whitman) 339 f.
Grausame Geschichten (Vielliers de
  l'Isle-Adam) 272
Green, Julien 416
Greene, Graham 424
«Grenzbote» 267

Gribojedow, Alexander 292
Griechische Passion (Razantzakis) 430
Grillparzer, Franz *181* ff., 226, 260
Grimm, Hermann 225
–, Jakob *173* f., 209
–, Wilhelm *173* f.
–, Brüder *173* f., 388
Grimmelshausen, Hans Jakob Christoffel von 12
Griselda (Hauptmann) 406
Große Erwartungen (Dickens) 240 f.
– *Gott Brown, Der* (O'Neill) 413
– *Grauen in den Bergen, Das* (Ramuz) 421
– *Traum, Der* (Hauptmann) 405
– *Welttheater, Das* (Hofmannsthal) 391
Großen Friedhöfe im Mondlicht, Die (Bernanos) 329
Großtyrann und das Gericht, Der (Bergengruen) 436
Grüne Heinrich, Der (Keller) 264
Gryphius, Andreas 71
Gullivers Reisen (Swift) 15 f.
Gundolf, Friedrich 153, *390*
Gunnarsson, Gunnar 429
Günther, Johann Christian 57
Gutzkow, Karl 135, 374
Gyges und sein Ring (Hebbel) 259

Hagedorn, Friedrich v. 61
Hainbund 83, 185
Haller, Albrecht von 60 f.
Hamann, Johann Georg 85 f.
Hamburgische Dramaturgie (Lessing) 75
Hamsun, Knut 287, 290, *356* ff., 429
Hardy, Thomas 244
Häßliche junge Entlein, Das (Andersen) 207
Hat der Fortschritt der Wissenschaften und Künste die Sitten gereinigt oder verdorben? (Rousseau) 41
Hauptmann, Gerhart 171, 256, 257, 384, *402* ff.
Hauptmann von Köpenick, Der (Zuckmayer) 440
Hauptmannstochter, Die (Puschkin) 295

Hauptströmungen der Literatur des 19. Jahrhunderts (Brandes) 287
Haus des Lebens, Das (Rosetti) 278
Hauspostille, Die (Brecht) 440
Hawthorne, Nathaniel 203 f., 245, 246, 247
Haym, Rudolf 164
Hebbel, Friedrich 120, 172, 178, *257* f., 267
Hebel, Johann Peter 84
Hegel, Georg Wilhelm Friedrich 88, 142, *151* ff., 156, 257, 262, 277, 302, 303, 335
Heidegger, Martin (geb. 1889) 284
Heilige Hymnen (Manzoni) 213
– *Johanna, Die* (Shaw) 347
Heine, Heinrich 178, 213, 227, *253* ff.
Heinrich IV. (Pirandello) 334
– *von Ofterdingen* (Novalis) 141, 162
Heinse, Wilhelm 82 f.
Heiseler, Henry von 295, 368
Helden und Heldenverehrung (Carlyle) 198
Helianth (Schaeffer) 383
Heliopolis (E. Jünger) 438
Helle Nächte (Dostojewskij) 304
Hello, Ernest 272 f.
Helvétius 34
Hemingway, Ernest *412* f.
Hennecke, Hans (geb. 1897) 338
Henriade (Voltaire) 32
Henry Esmond (Thackeray) 242
Herbstblätter (Hugo) 222
Herder, Johann Gottfried 49, 77, *86* ff., 93, 97, 132, 149, 150, 173, 390
Hérédia, José Maria de 273
Hermann (J. E. Schlegel) 71
– *und Dorothea* (Goethe) 83, 94, 115
– – *Ulrike* (Wezel)
Hermannsschlacht (Kleist) 171
Hernani (Hugo) 220
Herodes und Mariamne (Hebbel) 259
Herr und Knecht (Tolstoj) 316
Herrera y Reissig, Julio 427
Herrn Arnes Schatz (Lagerlöf) 359
Herrschaften Golowljow, Die (Saltykow-Schtschedrin) 311 f.

Herzen, Alexander 303
Herzlieb, Minna 93
Hesperus (Jean Paul) 137, 139
Hesse, Hermann 23, 135, *382* f.,
    384, 394
Heym, Georg 321, *401* f.
Heyse, Paul 267
Hillebrand, Karl 211, 215
*Himmel rühmen des Ewigen Ehre,
    Die* (Gellert) 61
– *und Erde* (Byron) 192
Hinkende Teufel, Der (Le Sage) 11
*Historisch-kritisches Wörterbuch,
    Dictionnaire historique et cri-
    tique* (Bayle) 30
Hochzeitsreise, Die (de Coster) 322
Hoffmann, Ernst Theodor (Ama-
    deus) Wilhelm 159, *164* f., 175,
    176, 202, 296 f., 303, 338, 345
Hofmannsthal, Hugo von 8, 84 f.,
    121, 132, 177, 185, 257, 264,
    280 f., 284, 333, *390* ff., 399, 438
Hofmiller, Josef (1872–1933) 52
Hohenstaufen, Die (Grabbe) 256
Holbach, P. H. Dietrich von 34
Holberg, Ludwig *13*, 37, 38, 287
Hölderlin, Friedrich 46, 68, 70, 82,
    141 ff., 160, 161, 172, 173, 177,
    194, 196, 213, 388, 401, 406, 438
Hölty, Ludwig Heinrich Christoph
    83
Homer 57, 97, 98, 125, 188, 438
Hopkins, Gerard Manley *342* f.,
    344, 424
Horaz 312, 438
«Horen» 94
Huch, Ricarda 385
Hugo, Victor Marie *220* ff., 273,
    332, 364, 397
Humboldt, Wilhelm von 125, 132
Hume, David *16* f., 67
Hunger (Hamsun) 356, 357
Hunt, Leigh (1784–1859) 281
Huxley, Aldous 423
Huysmans, Joris Karl *273*, 276
*Hyazinth und Rosenblüt/Die Lehr-
    linge von Sais* (Novalis) 162
Hymne an die Dichter (Hölderlin)
    144
Hymnen an die Nacht (Novalis)
    160
Hymnus an die Freude (Schiller)
    129

Hyperion (Hölderlin) 141, 145 f.,
    148; (Keats) 196

Ibsen, Henrik 236, 282, *284* ff.,
    287, 290, 346
*Ideen zu einem Versuch, die Gren-
    zen der Wirksamkeit des Staates
    zu bestimmen* (Humboldt) 132
– *zur Philosophie der Geschichte
    der Menschheit* (Herder) 87
Iden des März, Die (Wilder) 415
Idiot, Der (Dostojewskij) 305
Idyllen (Geßner) 81
Ilias (Homer/Voß) 83
Im Schatten Shakespeares
    (Stucken) 385
Imagisten 432
Immermann, Karl 82, 248, *249* f.,
    374
In Stahlgewittern (E. Jünger) 438
Indipohdi (Hauptmann) 406
Innere Stimmen (Hugo) 222
Insel der Großen Mutter, Die
    (Hauptmann) 407
Ionesco, Eugène *419*
Iphigenie (Goethe) 94, 105, 113
– (Hauptmann) 407
Irdische Paradies, Das (Morris)
    278
Irdisches Vergnügen in Gott
    (Brockes) 60
Irving, Washington 200
Irydion (Krasinski) 224
Isla, José Francisco de 35
Italienische Märchen (Brentano)
    175
– *Reise* (Goethe) 115, 117
Ivanhoe (Scott) 188
Iwanow, Wenceslas *368*

J'accuse! (Zola) 237
Jacobsen, Jens Peter 287 f.
Jacques, der Fatalist (Diderot) 34
Jagdhund des Himmels, Der
    (Hopkins) 344
Jahnn, Hans Henny 436
Jahr der Seele, Das (George) 389
Jahreszeiten (Thomson) 48
Jahrmarkt der Eitelkeit
    (Thackeray) 241, 242
Jamben (Chénier) 46

James, Henry 338 f., 423
Jammes, Francis 417
Jean Paul 20, 23, 25, 79, 91, 123, 126, *135* ff., 139, 155, 163, 164, 165, 220, 221, 261, 266, 269
Jedermann (Hofmannsthal) 391
Jeffers, John Robinson *414*
Jerusalem (Lagerlöf) 359
Jessenin, Sergej 432 f.
Jesus Christus 146, 161, 235, 309
Jiménez, Juan Ramón 427
Johann Christoph (Rolland) 325
Johannisabend-Spiel (Oehlenschläger) 205
Johnson, Dr. Samuel 28
Joseph und seine Brüder (Th. Mann) 188, 376, 377, 378
Joyce, James *350* ff., 423, 435, 436
Jude von Konstanz, Der (Scholz) 387
Judenbuche, Die (Droste-Hülshoff) 251
Jüdin von Toledo, Die (Grillparzer) 185
Judith (Hebbel) 259
Jugend des Königs Henri IV, Die (H. Mann) 381
Julie oder die neue Heloïse (Rousseau) 44
Julius Caesar (Brandes) 287
Junge Gefangene, Die (Chénier) 46 f.
Junge Weib, Das (Dostojewskij) 304
Jünger, Ernst 438 f.
Jünger, Friedrich Georg 73 f., *439*
Junges Deutschland 253, 255
Jungfrau vom See, Die (Scott) 187
– *von Orleans, Die* (Schiller) 127
Jüngling, Der (Dostojewskij) 305, 306, 308
Junius-Briefe (Johnson) 28
Justinian 10
Juwelenschmuck der Königin, Der (Almquist) 206
Juvenalis 312

Kabale und Liebe (Schiller) 127
Kafka, Franz 435
Kahle Sängerin, Die (Ionescu) 419
Kain (Byron) 192
Kaiser, Georg 399

Kaiser Jones (O'Neill) 413
– *Karls Geisel* (Hauptmann) 406
Kaiserbuch, Das (Ernst) 387
Kalewala-Epos (Lönnrot) 209 f.
Kampanertal, Das (Jean Paul) 137
Kämpfende Kräfte (Hamsun) 357
Kant, Immanuel 17, *65* ff., 85, 97, 121, 124, 129, 149
Kantorowicz, Ernst 390
Kapital, Das (Marx) 277, 346
Karadschitsch s. Vuk
Karamsin, Nikolaj 292
Kartause von Parma, Die (Stendhal) 227, 241, 314
Kasprowicz, Jan 364
Kaßner, Rudolf (geb. 1873) 26, 193
Käthchen von Heilbronn, Das (Kleist) 171
Kathedrale, Die (Huysmans) 273
Katze auf dem heißen Blechdach, Die (T. Williams) 414
Kavafis, Konstantin 430
Kazantzakis, Niko 430
Keats, John 47, 189, *195* f., 213
Keller, Gottfried 81, 135, 139, 252, *263* f., 287, 385
Kemp, Friedhelm 422
Kenilworth (Scott) 188
Ketzer von Saona, Der (Hauptmann) 407
Keyserling, Eduard von 288, *375* f.
Kierkegaard, Sören 87, 97, 111, 277, *282* ff., 336, 372, 417
Kim (Kipling) 350
Kinder- und Hausmärchen (Brüder Grimm) 173
Kipling, Rudyard 350
Kivi, Alexis 430
Klaggesang von den edlen Frauen des Asan Aga (Goethe) 366
Klein Dorrit (Dickens) 241
– *Zaches* (Hoffmann) 166
Kleine Seejungfrau, Die (Andersen) 208
Kleinwelt unserer Väter, Die (Fogazzaro) 333
Kleist, Ewald von 63
–, Heinrich von 63, 159, *168*, 185, 399, 406
Klerisei (Ljesskow) 317
Klinger, Friedrich Maximilian 104
Klingsors letzter Sommer (Hesse) 382

Klopstock, Friedrich Gottlob 65, 71 ff., 83, 142

Kloster von Sendomir, Das (Grillparzer) 185

Knecht Jan (Streuvels) 363

Kochanowski, Jan 222 f.

Kolzow, Alexej 300 f.

Komet, Der (Jean Paul) 137

Kommunistisches Manifest (Marx/Engels) 277

Komödianten- und Spitzbubengeschichten (Ernst) 387

König Oidipous (Sophokles) 170

– *Ottokars Glück und Ende* (Grillparzer) 184

Königliche Hoheit (Th. Mann) 376 f.

Korymbos für den Herbst (Hopkins) 344

Korzeniowski, Joseph s. Joseph Conrad

Kosaken, Die (Tolstoj) 313

Kraft und die Herrlichkeit, Die (G. Greene)

Krasinski, Sigmund 223

Kreisleriana (Hoffmann) 166

Kreutzersonate (Tolstoj) 316

Krieg und Frieden (Tolstoj) 188, 314 f.

Kristin Lavranstochter (Undset) 359

Kritik der praktischen Vernunft (Kant) 66

– – *reinen Vernunft* (Kant) 66, 168

– – *Urteilskraft* (Kant) 66

Kritische Dichtkunst (Bodmer) 59

– – (Gottsched) 59

Kronenwächter (Arnim) 176

Krylow, Iwan 292

Kubla Khan oder Ein Traumgesicht (Coleridge) 186

«Kunst und Altertum» 94

Künstlichen Paradiese, Die (Baudelaire) 271

Kurzgeschichten (Hemingway) 413

L'Adultera (Fontane) 375

La Fontaine 10, 61

La jeune parque (Valéry) 330

La Mettrie Julien Offray de (1709 bis 1751) 34

La Réligieuse (Diderot) 34

La Rochefoucauld, François de 11

La Scienza nuova (Vico) 90

La vie unanime (Romains) 416

Labé, Louise 217

Laclos, Choderlos de 34

Lady Chatterleys Liebhaber (Lawrence) 350

– *Windermeres Fächer* (Wilde) 345

Lagerkvist, Pär 429

Lagerlöf, Selma 358

Lakers (Hainbund) 185 f.

Lamartine, Alphonse de 217 f., 364

Lamentationen (Heine) 253

Landarzt, Der (Balzac) 232

Landstreicher (Hamsun) 358

Lao Tse 381

Larion (Stucken) 385

Lasker-Schüler, Else 398

Lästerschule (Sheridan) 29

Laune des Verliebten, Die (Goethe) 104

Lawrence, David Herbert 350

Le Sage, Alain René 10 f.

Leben der Ameisen (Maeterlinck) 323 f.

– – *Bienen* (Maeterlinck) 323 f.

– – *der berühmtesten englischen Dichter* (Johnson) 28

– *des vergnügten Schulmeisterlein Maria Wuz in Auenthal* (Jean Paul) 137, 139

– *ein Traum, Das* (Calderon) 391

– *Fibels* (Jean Paul) 137

– *Jesu* (Renan) 235 f.

– *und Abenteuer Salavins* (Duhamel) 416

– – *die Ansichten Tristram Shandys, Das* (Sterne) 25 f.

Lebensansichten des Katers Murr (E. T. A. Hoffmann) 166, 167

Leconte de Lisle 273

Lederstrumpf (Cooper) 200

Legende der Zeitalter, Légende des siècles (Hugo) 222, 397

Legenden (Ljesskow) 316

– (Bécquer) 338

Leibniz, Gottfried Wilhelm Freiherr von 17, 32, 65, 107

Leiden des jungen Werthers, Die (Goethe) 92; s. a. *Werther*

Leidensweg, Der (A. N. Tolstoj) 432

Lemonnier, Camille 322

Lenau, Nikolaus 178

Lenz (Büchner) 256
Leonce und Lena (Büchner) 256
Leonore (Bürger) 83
Leopardi, Giacomo 36, *213* ff., 332, 364
Lermontow, Michail Jurjewitsch *299, 300,* 369
Les bijoux indiscrets (Diderot) 34
Les Stances (Moréas) 322
Lessing, Gotthold Ephraim 25, 62, 63, 71, *75* ff., 80, 81, 83, 85, 97, 182, 259, 374
Letzte der Abencerragen, Der (Chateaubriand) 216
Letzte Freude, Die (Hamsun) 358
Letzte Kapitel, Das (Hamsun) 357
Letzten Briefe des Jacopo Ortis, Die (Foscolo) 211
Letzte Puritaner, Der (Santayana) 353
Letzte Versuchung, Die (Kazantzakis) 430
Leute auf Borg, Die (Gunnarsson) 429
Leute von Seldwyla, Die (Keller) 264
Levana oder Erziehlehre (Jean Paul) 137
Levetzow, Ulrike von 93
Leviathan (J. Green) 416
Lewis, Sinclair *353,* 412
Libussa (Grillparzer) 185
Lichtenberg, Georg Christoph *81,* 138
Liebe (Verlaine) 275
Lieder der Dämmerung (Hugo) 222
– *ohne Worte* (Verlaine) 275
– *von Traum und Tod* (George) 389
– *vor Sonnenaufgang* (Swinburne) 281
Lilie im Tal, Die (Balzac) 232
Liliencron, Detlev von 251, *388*
Literarische Porträts (Sainte-Beuve) 235
Literarischer Sanskulottismus (Goethe) 64
Ljesskow, Nikolaj Ssemjonowitsch 316 f.
Locke, John 16, 67
Lockenraub, Der (Pope) 9
London, Jack 353

Londoner Skizzen (Dickens) 239
Longfellow, Henry Wadsworth 201
Lönnrot, Elias 208 ff.
Lope de Vega 184, 185, 220, 337
Lorbeerufer, Das (Barth) 441
Lord Jim (Conrad) 348
Loerke, Oskar 178, *398*
Lotte in Weimar (Th. Mann) 376, 378
Louis Lambert (Balzac) 232
Löwenskölds, Die (Lagerlöf) 359
Lucinde (Fr. Schlegel) 156
Ludovic (Hello) 272 f.
Ludwig, Otto 128, *256* f.
Luise (Voß) 83
Lunatscharskij, Anatol 431
Luther, Martin 120, 266
Lyrik (Puschkin) 295
– (Schaeffer) 384
Macauly, Thomas Babington 243
Machado de Assis 426
MacLeish, Archibald 415
Macpherson, James 49
Madame Bovary (Flaubert) 233, 244, 288
Maeterlinck, Maurice 323 f.
Magellan (St. Zweig) 381
Mahomet (Voltaire) 32
Majakowskij, Wladimir 432
Major Barbara (Shaw) 347
Makkabäer, Die (Ludwig) 257
Maler Nolten (Mörike) 179 f.
Mallarmé, Stéphane 269, 272, *275* f. 327, 331, 363, 388
Malte Laurids Brigge, Aufzeichnungen des (Rilke) 288 f., 394 f.
Man kann nie wissen (Shaw) 347
Manfred (Lord Byron) 191 f.
Manhattan Transfer, Manhattan-Fähre (Dos Passos) 411
Mann, Heinrich 379 ff.
–, Thomas 25, 113, 167, 288, 320, 374, *376* ff., 383, 387, 394
Mann der Menge (Poe) 199
Mann ohne Eigenschaften, Der (Musil) 435 f.
Manon Lescaut (Prévost) 34, 226
Mantel, Der (Gogol) 297
Manzoni, Alessandro *212* f., 333
Marcel, Gabriel 418
Märchen (Andersen) 207
– (Goethe) 115
– *meines Lebens* (Andersen) 207

Mare, Walter de la 424
Maria Magdalena (Hebbel) 259
– *Stuart* (Schiller) 127
– – (Swinburne) 281
– – (St. Zweig) 381
Marie Antoinette (St. Zweig) 381
Marinetti, Filippo Tommaso 429
Marius der Epikureer (Pater) 282
Marivaux, Pierre de 12 f.
Mark Twain 246
Markheim (Stevenson) 245
Marmorbild, Das (Eichendorff) 177
Martin Chuzzlewitt (Dickens) 240
Martin du Gard, Roger 416
Marx, Karl 277 f., 372
Marquise von O. (Kleist) 172
Masefield, John 424
Mattia Pascal (Pirandello) 334
Mauer, Die (Sartre) 417
Maupassant, Guy de 10, 237 f.,
    276, 367
Mauriac, François 417
*Max Havelaar oder die Kaffee-
    auktionen der Niederländischen
    Handelsgesellschaft* (Multatuli)
    242 f.
Maximen und Reflexionen
    (Goethe) 118, 317
Medea (Grillparzer) 183
Medici (Stucken) 385
Méditations (Lamartine) 217
Meerwunder, Das (Hauptmann)
    407
Mein Abendlied (Kasprowicz) 364
– *Franziskus* (Kazantzakis) 430
Meister Floh (E. T. A. Hoffmann)
    166
Melville, Herman 204, 246 f., 339
Memoiren (Beaumarchais) 36
– (Casanova) 35
– (Saint-Simon) 10
Mémoires d'Outre-Tombe (Cha-
    teaubriand) 216
Memorabilien (Immermann) 248 f.
Menschliche Komödie, Die (Balzac)
    229, 231, 232, 237, 243
Meredith, George 244, 423
Mereschkowskij, Dmitri 216
Mérimee, Prosper 232 f.
Merlin (Immermann) 250
Meroe (Scholz) 387
Mérope (Voltaire) 32
Messias (Klopstock) 73, 74

Metastasio, Pietro Antonio 36 f.
Meyer, Conrad Ferdinand 125,
    264 f., 385
Meyer-Eckhardt, Victor (1889 bis
    1952) 295
Meynell, Everard 343
Michelangelo 325
Mickiewicz, Adam 222, 223
*Militärische Größe und Knecht-
    schaft* (de Vigny) 218
Milton, John 28, 48 f., 54, 57, 186,
    355
Minna von Barnhelm (Lessing)
    75 f., 170
Mirgorod (Gogol) 297
Miss Sara Sampson (Lessing) 77
Missa sine nomine (Wiechert)
    436
Mistral, Gabriela 427
Moby Dick (Melville) 246 f.
Moderne Komödie (Galsworthy)
    349
Moira (J. Green) 416
Molière, Jean Baptiste 12, 13, 37,
    220, 297, 318
Moll Flanders (Defoe) 15
Mombert, Alfred 397
Mommsen, Theodor 262, 263
Montagsplaudereien (Sainte-
    Beuve) 235
Montaigne, Michel de 201, 318
Montale, Eugenio 429
Montesquieu, Charles de 30 f.
Montherlant, Henri de 418
Moralische Kleinarbeiten
    (Leopardi) 214
Moravia, Alberto 429
Mord im Dom (Eliot) 356
Moréas, Jean 321 f.
Morgan, Charles 423
Mörike, Eduard 177, 179, 258
Morris, William 243, 278
Mozart auf der Reise nach Prag
    (Mörike) 180
Mühle am Po, Die (Bacchelli) 429
Müller, Friedrich von 100
Multatuli 242 f.
Münchhausen (Immermann) 250
Musaios 184
Musäus, Johann Karl August 80 f.
Muse, Gepuderte 10
Musil, Robert 435 f.
Musset, Alfred de 215, 218 ff.

Nach Damaskus (Strindberg) 290
Nachlese der Gedichte (Hofmanns-
    thal) 391
Nachsommer (Stifter) 260, 261 f.
Nachtasyl (Gorkij) 367
Nächte (de Musset) 219
Nachtflug (Saint-Exupéry) 420
*Nachtgedanken über das Leben,
    den Tod und die Unsterblichkeit*
    (Young) 48, 217
Nachtgesänge (Hölderlin) 148
Nachtmahl der Kardinäle, Das
    (Dantas) 338
*Nachträgliche Memoiren des Bras
    Cubas* (Machado de Assis) 426
Nachtwachen des Bonaventura, Die
    (Wetzel) 164
Nagel, Der (Alarcón) 337
Nana (Zola) 236
Napoleon 36, 48, 110, 149, 155,
    171, 179, 201, 210 ff., 216, 228,
    230, 232, 241
*Narr in Christo Emanuel Quint,
    Der* (Hauptmann) 405
Narziß und Goldmund (Hesse) 383
Nase, Die (Gogol) 297
Nashörner, Die (Jonescu) 419
Nathan der Weise (Lessing) 77
Natterngezücht, Das (Mauriac)
    417
Natürliche Tochter, Die (Goethe)
    94, 113
Natur und Traum (Hérédia) 273
Nebeneinander (Kaiser) 399
Nekrassow, Nikolaj 311
Nerval, Gérard de 269
Nestroy, Johann 182
Neuber(in) 58
*Neue Beiträge zum Vergnügen des
    Verstandes und des Witzes*
    (Schlegel) 71
– *Erde* (Gladkow) 431
– *Gedichte* (Heine) 253
– – (Rilke) 394, 395
– *Heloïse* (Rousseau) 159
– *Reich, Das* (George) 389
Neumann, Alfred 437
Newman, Kardinal John Henry
    (1801–1890) 342
Nibelungen-Trilogie (Hebbel) 259
Nibelungenlied 60
Niebelschütz, Wolf von 441
Niels Lyhne (Jacobsen) 288

Nietzsche, Friedrich 48, 90, 110,
    121, 126, 172, 227, 228, 232, 270,
    277, 283, 311, 319, *371* ff., 374,
    377, 397
Nikolaus Nickleby (Dickens) 241
Noah oder Noachide (Bodmer) 60
Nora (Ibsen) 286
Nordlicht, Das (Däubler) 397
Norris, Frank 247
Nostromo (Conrad) 348
Novalis 114, 156, 159, *160* ff., 164,
    177, 331
Novelle (Goethe) 94, 115
Novellen (Mérimee) 233
– (Maupassant) 237
– (C. F. Meyer) 264
– (Heyse) 267
– (Ljesskow) 316
– (Lawrence) 350
– (Schaeffer) 384
November (Flaubert) 234

Oberon (Wieland) 80
Oberhof, Der (Immermann) 250
Oberst Chabet (Balzac) 232
Oblomow (Gontscharow) 301
Octopus, Die goldene Fracht
    (Norris) 247
Ode an die preußische Armee
    (E. v. Kleist) 63
– *an Gott* (Dershawin) 292
Oden (Klopstock) 73, 74
– (Patmore) 344
– *an Behrisch* (Goethe) 104
– *und Balladen* (Hugo) 222
Odi barbare (Carducci) 332
Ödipus und die Sphinx
    (Hofmannsthal) 391
Odyssee (Homer) 320
– (Homer/Voß) 83
Oehlenschläger, Adam 205
*Ohrfeige dem gesellschaftlichen
    Geschmack* (Majakowskij) 432
Oliver Twist (Dickens) 241
Olympischer Frühling (Spitteler)
    374
O'Neill, Eugene 413 f.
Operette morali (Leopardi) 214
Opitz, Martin 57
Orestie (O'Neill) 414
Orientalen, Die (Hugo) 222
Orlando (V. Woolf) 423

Orpheus steigt herab (T. Williams) 414
Ortega y Gasset 30
Osborne, John 426
Ossian (Macpherson) 49
Ostern (Strindberg) 290
Ostrowskij, Alexander 311
Otway, Thomas *8*, 391
Ovid 312
Owen, Wilfried 424

Pamela (Richardson) 19
Pan Tadeusz (Mickiewicz) 223
Pandora (Goethe) 94, 105, 113
Papadiamantopoulos s. Moréas
Parzival (Schaeffer) 383
– (Wolfram) 60
Pascal, Blaise 318, 331
Pascoli, Giovanni *332*, 429
Pasternak, Boris 433
Pater, Walter 281 f.
Pater Brown (Chesterton) 424
– *Gerundio* (de Isla) 35
Patmore, Coventry 344
Paul und Virginie (Saint-Pierre) 40
Paulus unter den Juden (Werfel) 435
Peer Gynt (Ibsen) 286
Péguy, Charles 417
Pelle der Eroberer (Andersen-Nexö) 359
Pendennis (Thackeray) 242
Pentamerone (Basile) 175
Penthesilea (Kleist) 170
Penzoldt, Ernst 50, *437*
Percy, Thomas *49*, 83, 187
Perpetua (Scholz) 387
Perrault, Charles 80
Perrudja (Jahnn) 436
Perse, Saint-John 421
Persische Briefe (Montesquieu) 30
Pest, Die (Camus) 418
Pestalozzi, Johann Heinrich *132* f.
Peter Schlemihl (Chamisso) 167
Petöfi, Alexander *224* f.
Petrarca, Francesco 69
Phänomenologie des Geistes (Hegel) 152 ff.
Philosophie der Komposition (Poe) 202
«Phosphorus», Phosphoristen 205

Physiologie der Ehe (Balzac) 230
Pickwickier, Die (Dickens) 18, 239, 240
Pindar 177, 438
Pippa geht vorüber (Browning) 279
Pique Dame (Puschkin) 295
Pirandello, Luigi 320, *334*
Platen-Hallermünde, Graf August von 123, *177* f., 249
Plato und der Platonismus (Pater) 282
Platon 18, 102 f., 131, 151, 154, 201
Plutarch 37
Poe, Edgar Allan 186, 199, *202* f., 204, 213, 245, 270, 338, 364
Poggenpuhls, Die (Fontane) 375
Ponce de Leon (Brentano) 175
Pope, Alexander *9*, 48, 49
Postmeister, Der (Puschkin) 295
Pound, Ezra 353 f.
Preußische Kriegslieder (Gleim) 62
Prévost, Abbé *34*, 39
Prinz Friedrich von Homburg (Kleist) 171
Prinzessin Brambilla (E. T. A. Hoffmann) 166 f.
– *Casamassima* (James) 339
Professor Unrat (H. Mann) 380
Prokopios 10
Prometheus und Epimetheus (Spitteler) 373
«Propyläen» 94
Proust, Marcel 226, 320, 325, *326* ff., 338 f., 350, 423
Proverbes (de Musset) 219
Prufrocks Liebesgesang, J. Alfred (Pound) 354
Psalmen (Kochanowski) 223
Psyche (Carus) 181
Pucelle (Voltaire) 32
«Punch» 242
Puschkin, Alexander Sergejewitsch 167, 220, 291, *293* ff., 300, 303
Pygmalion (Shaw) 347

Quasimodo, Salvatore 429
Quell, Der (Morgan) 423
Quentin Durward (Scott) 188
Quincey, Thomas de *197* f.
Quintus Fixlein (Jean Paul) 137
Quo vadis (Sienkiewicz) 224

Raabe, Wilhelm 139, *266*

Rabelais, François 11, 229, 232, 318

Racine, Jean 9, 32, 76, 220, 407, 409

Raimund, Ferdinand *182*, 184

Raketen (Baudelaire) 271

Rameaus Neffe (Diderot) 34

Ramuz, Charles-Ferdinand 420

Ranke, Leopold von 262 f.

Rappaccinis Tochter (Hawthorne) 204

Räuber, Die (Schiller) 124 ff.

Rausch (Strindberg) 290

Rede des toten Christus vom Welt-gebäude herab, daß kein Gott sei (Jean Paul) 140

Reden an die deutsche Nation (Fichte) 149

– über die Religion an die Ge-bildeten unter ihren Verächtern (Schelling) 151

Regiment des Bösen, Das (Ramuz) 421

Régnier 276

Reime und Rhythmen (Carducci) 332

Reineke Fuchs (Goethe) 94, 115

Reise von Paris nach Jerusalem (Chateaubriand) 216

Reisetagebücher (Heinse) 83

Renaissance (Pater) 282

Renan, Ernest 217, *235 f.*

René (Chateaubriand) 216

Requiem für eine Nonne, Klage um eine Gefallene (Faulkner) 412

Revisor, Der (Gogol) 297 f.

Reymont, Wladyslaw 363

Rheinmärchen (Brentano) 175

Richardson, Samuel *19* f., 27, 34

Riemer 112

Rilke, Rainer Maria 288, *394* ff., 399, 419, 433

Rimas (Bécquer) 337 f.

Rimbaud, Jean Arthur 269, 274, *320* f., 329, 343, 402, 421, 422

Ring und das Buch, Der (Brow-ning) 279

Robert Guiskard (Kleist) 168

Robespierre 39, 46

Robinson, Edwin Arlington *353*

Robinson Crusoe (Defoe) 14 f.

Rodenbach, Georges 276, *324*

Roderick Random (Smollet) 27

Rolicz-Lieder, Waclaw 363

Rolla (de Musset) 219

Rolland, Romain 325

Romains, Jules 416

Romanzen vom Rosenkranz (Brentano) 175

Romanzero (Heine) 253

– (Hérédia) 273

Romeo und Jeanette (Anouilh) 418

Römerin, Die (Moravia) 429

Römische Elegien (Goethe) 94

– Geschichte (Gibbon) 29

– – (Mommsen) 263

Römischen Päpste in den letzten vier Jahrhunderten, Die (Ranke) 263

Ronsard, Pierre 235, 318, 321

Rosa (Hamsun) 357

Rosetti, Dante Gabriele *278* ff.

Rot und Schwarz (Stendhal) 227, 228, 324

Rote Lilie, Die (France) 237

Rote Zimmer, Das (Strindberg) 289

Rougon Macquart (Zola) 236, 237

Rousseau, Jean-Jacques 20, 39, *41* ff., 50, 59, 97, 132, 319

«Rowly» 49

Rübezahl (Musäus) 81

Rückert, Friedrich *178*, 399

Rudin (Turgenjew) 302

Ruf der Wildnis (London) 353

Ruhetag (Claudel) 330

Ruskin, John *243*, 277

Ruslan und Ludmilla (Puschkin) 295

Rußland und Europa (Danilewskij) 291

Sadis, Hans 105

Saint-Exupéry, Antoine de 420

Saint-Pierre, Bernardin de 40

Saint-Simon, Herzog Louis von 10

Sainte-Beuve, Charles Auguste 11, 12, 44, 46, 217, 218, *235*

Salammbô (Flaubert) 188, 234

Salome (Wilde) 345

Saltykow-Schtschedrin, Michail 311

Same unterm Schnee, Der (Silone) 428

Samuel Belet (Ramuz) 421

Sanctis, Francesco de (1817–1883) 36

Sand, George 217

Sanfte, Die (Dostojewskij) 304

Santayana, George 353

Sappho (Grillparzer) 183

Sardanapal (Byron) 189

Saroyan, William 413

Sartre, Jean Paul 417 f.

Saturnische Gedichte (Verlaine) 274

Savonarola (Lenau) 178 f.

Scarron, Paul 20

Schach von Wuthenow (Fontane) 375

Schaeffer, Albrecht 79, 209, 383 f., 435

Scharlachrote Buchstabe, Der (Hawthorne) 204

Schattenbilder (Eulenberg) 387

Schatzkästlein des rheinländischen Hausfreunds (Hebel) 84

Schau heimwärts, Engel! (Wolfe) 412

Schaubühne als moralische Anstalt betrachtet, Die (Schiller) 126

Scheiterhaufen (Strindberg) 290

Schelling, Friedrich Wilhelm Joseph 118, 142, 150 f., 154, 165, 302

Scherz, Satire, Ironie und tiefere Bedeutung (Grabbe) 256

Schewtschenko, Taras 301

Schiefner, Anton 209

Schiller, Johann Christoph Friedrich von 18, 29, 37, 46, 60, 67, 70, 71, 74, 77, 90, 93, 105, 110, 114, 123, 124 ff., 136, 141, 142, 154, 155, 156, 171, 183, 185, 205, 223, 225, 257, 303, 364

Schlafwandler, Die (Broch) 436

Schlegel, Brüder 155

–, August Wilhelm 155 f., 163

–, Friedrich 76, 155 f., 159, 163, 269

–, Johann Elias 71

Schleiermacher, Friedrich 151

Schlucht, Die (Gontscharow) 302

Schluck und Jau (Hauptmann) 406

Schmelzles Reise nach Flätz (Jean Paul) 137

Schmutzigen Hände, Die (Sartre) 418

Schnitzler, Arthur 384, 399

Scholochow, Michail 433

Scholz, Wilhelm von 387

Schopenhauer, Arthur 66, 135, 158, 180, 181, 189, 263, 312, 371, 377

Schreckliche Rache (Gogol) 297

Schröder, Rudolf Alexander 175, 437 f.

Schücking, Levin (1814–1883) 254

Schuld und Sühne (Dostojewskij) 305

Schwierige, Der (Hofmannsthal) 391

Scott, Walter 11, 15, 50, 162, 187 ff., 190, 192, 197, 200, 212, 242

Sechs Personen suchen einen Autor (Pirandello) 334

See-Schule (Lakers) 185 ff.

Seidene Schuh, Der (Claudel) 329 f.

Sein und das Nichts, Das (Sartre) 417

Seingalt, Herr de s. Casanova

Selbstbiographie (Franklin) 200

Seltsame Begegnung (Owen) 424

Sentimental Journey (Sterne) 25

Sentimentale Erziehung, Die (Flaubert) 234

Seraphita (Balzac) 232

Serbische Lieder (Vuk) 367

Shaftesbury, Antony Ashley Cooper Earl of 18

Shakespeare, William 22, 28, 48, 57, 58, 71, 76, 77, 81, 89, 90, 113, 120, 128, 132, 138, 163, 185, 186, 194, 201, 220, 232, 249, 256, 258, 280, 311, 312, 315, 316, 329, 369, 433

Shakespeare-Studien (Ludwig) 256

Shaw, George Bernard 345 ff.

Shelley Percy Busshe 189, 192, 193 ff., 196, 197, 344

Sheridan, Richard Brinsley 29

Sibyllinische Bücher (Hamann) 86

Sie taugte nichts (Andersen) 208

Sieben Brüder, Die (Kivi) 430

Siebente Ring, Der (George) 389

Sienkiewicz, Henryk 224

Sillanpää, Frans Eemil 429

Silone, Ignazio 428

Simplizissimus (Grimmelshausen) 12

Sinclair, Upton 352 f.
Sinngedicht (Keller) 264
Siroes (Metastasio) 37
Sizilianische Bauernehre (Verga) 333
Sketch Book of Gooffrey Crayon, Esq. (Irving) 200
Skizze meines Lebens (H. Mann) 379
Skythen, Die (Block) 370
Slowacki, Julius 222, *223* f.
Smollet, Tobias 27, 238
Sohn der Magd, Der (Strindberg) 289
Sokrates 282
Solger, Karl Friedrich (1780–1819) 159
Soll und Haben (Freytag) 267
Solowjew, Wladimir 311, *368*
Sonette an Orpheus (Rilke) 396
– *aus der Krim* (Mickiewicz) 223
– *aus dem Portugiesischen* (Barrett-Browning) 280
Sonne Satans, Die (Bernanos) 329
Sophokles 57, 170
Sova, Antonin 366
Späte Krone (Weinheber) 438
«Spectator» 18
Spender, Stephen 410
Spengler, Oswald 90, 132, *393*, 433
Spiegel, Der (E. Strauß) 384
Spielhagen, Friedrich 374
Spinoza, Baruch Benedictus de (1632–1677) 17, 121
Spitteler, Carl 373 f.
Staël, Madame de 217
Stechlin, Der (Fontane) 375
Steele, Richard 18
Stehr, Hermann 384
Stein, Charlotte von 93, 111
Steinbeck, John 411
Stella (Goethe) 93, 113
Stendhal 44, 112, *226* ff., 233, 238, 241
Steppenwolf, Der (Hesse) 383
Stern des Bundes, Der (George) 389
Sterne, Laurence 19, *24* ff., 27, 28, 39, 238, 250
Stevenson, Robert Louis *245*, 345
Stifter, Adalbert 139, 187, 201, *260* ff., 267
Stille Don, Der (Scholochow) 433

Stiller (Frisch) 441
Stimmen der Völker in Liedern (Herder) 88 f., 173
Stirner, Max 277
Storm, Theodor 265 f.
Strahlen und Schatten (Hugo) 222
Strauß, David Friedrich 60
–, Emil 384
–, Richard 391
Streuvels, Stijn 362 f.
Strindberg, August 16, 287, *289* ff., 429
Stucken, Eduard 385
Studien (Stifter) 261
– zur Natur (Saint-Pierre) 40
Stundenbuch, Das (Rilke) 394
Sturm (Shakespeare) 193
Sturm und Drang 76, 83, 104, 124
Sturm und Drang (Klinger) 104
Sturmhöhe (Brontë) 244
Stützen der Gesellschaft (Ibsen) 285
Suche nach dem Absoluten (Balzac) 232
Svevo, Italo 428
Swedenborg, Emanuel *52*, 201, 206
Swift, Jonathan 13, *15* f., 18, 32
Swinburne, Algernon Charles *280* f., 363

Tagebuch der Falschmünzer (Gide) 326
– *eines Landpfarrers* (Bernanos) 329
– – *Verführers* (Kierkegaard) 283
Tagebücher (Gide) 326
– (Hebbel) 258
Taifun (Conrad) 348
Taine, Hippolyte 232, *235*, 279
Tannhäuser (Wagner) 270
Tantalos (Iwanow) 368
Tante Lisbeth (Balzac) 231
Taras Bulba (Gogol) 297
Tartarin in den Alpen (Daudet) 237
– *von Tarascon* (Daudet) 237
Tasso, Torquato 36, 364
Tasso (Goethe) 94, 105, 113, 148
Taugenichts (Eichendorff) 176
Tegnér, Esaias 205
Tennyson, Alfred 197, *279*, 281

Teppich des Lebens, Der (George) 389

Teufel, Der (Neumann) 437

Thackeray, William 22, 238, *241* f., 423

Theokrit 104 f.

Thibaults, Die (Martin du Gard) 416

Thomas, Dylan *425*

– von Aquino 147

Thompson, Francis *343* f., 424

Thomson, James *48* f., 186

Tieck, Dorothea 163

Tieck, Ludwig 13, 205

Tiger, Der (Blake) 52

Till Eulenspiegel (Hauptmann) 405, 406

Timmermans, Felix 362

Titan (Jean Paul) 137 ff.

Titus (Metastasio) 37

Tjutschew, Fjodor 300

Tod des Iwan Iljitsch, Der (Tolstoj) 316

– – *Vergil* (Broch) 352, 436

– *in Venedig, Der* (Th. Mann) 376

– *Iwans des Grausamen, Der* (Alexej K. Tolstoj) 317

Tode und Tore (Thomas) 425

Tolstoj, Alexej K. 317

–, Graf Alexej Nikolajewitsch 432

–, – Lew (Leo) Nikolajewitsch 206, 236, 241, 302, 311, 312, *313* ff., 325, 376, 377, 432,

Tom Jones, die Geschichte eines Findlings (Fielding) 20 ff., 23 f.

Tom Sawyer (Mark Twain) 246

Tonio Kröger (Th. Mann) 288, 376, 377

Tote Brügge, Das (Rodenbach) 324

Totenfeier (Mickiewicz) 223

Tote Seelen (Gogol) 295, 296 f., 298 f., 305

Toynbee, Arnold J. 422

Tragische Lebensgefühl, Das (Unamuno) 336

Trakl, Georg 321, *400* f.

Traum ein Leben, Der (Grillparzer) 184

Traumspiel (Strindberg) 290

Treny (Kochanowski) 223

Tristram Shandy (Sterne) 159, 250

Tristan und Isolde (Swinburne) 281

Trophäen (Hérédia) 273

Trunkene Schiff, Das (Rimbaud) 321

Tschechow, Anton 317, *367*

Turandot (Gozzi) 37

Turgenjew, Iwan 302, 317

Turm, Der (Hofmannsthal) 391

Über Anmut und Würde (Schiller) 126.

– *den menschlichen Verstand* (Hume) 17

– – *Ursprung der menschlichen Ungleichheit* (Rousseau) 41

– *Deutschland* (de Staël) 217

– *die ästhetische Erziehung des Menschen in einer Reihe von Briefen* (Schiller) 130, 131

– – *Liebe* (Stendhal) 228

– – *Notwendigkeit des Atheismus* (Shelley) 193

– *naive und sentimentalische Dichtung* (Schiller) 133

Uli der Knecht (Gotthelf) 252

– – *Pächter* (Gotthelf) 252

Ulrich von Lichtenstein (Hauptmann) 406

Ulysses (Joyce) 320, 350 ff., 436

Unamuno, Miguel de *335* f.

Und Pippa tanzt (Hauptmann) 406

Undine (Fouqué, E. T. A. Hoffmann, Pfitzner) 166

Undset, Sigrid 359

Ungaretti, Guiseppe 429

Ungöttliche Komödie (Krasinski) 224

Unsichtbare Loge, Die (Jean Paul) 137

Unter Herbststernen (Hamsun) 358

– *Aufsicht* (Genet) 420

Unterhaltungen deutscher Ausgewanderten (Goethe) 18

Untergang des Abendlandes, Der (Spengler) 393

Unterhalter, Der (Osborne) 426

Unterm Milchwald (Thomas) 425

Untertan, Der (H. Mann) 380

Urphänomen, Goethesches 101 ff., 107

Ursprung der Arten (Darwin/ Jacobsen) 287

Ursprünge des zeitgenössischen Frankreich (Taine) 235
USA (Dos Passos) 411

Valéry, Paul 272, 276, *330* f., 421
Varouna (J. Green) 416
Vater, Der (Strindberg) 289
– *Goriot* (Balzac) 231
Väter und Söhne (Turgenjew) 302
Veland (Hauptmann) 406
Venus im Licht (Fry) 425
Verdi (Werfel) 435
Verfall und Untergang des Römischen Kaiserreiches (Gibbon) 29
Verga, Giovanni 333
Vergil 57, 97, 188, 329, 355, 429, 438
Verhaeren, Emile *322* f., 365
Verkündigung (Claudel) 330
Verlaine, Paul 217, 269, *273* ff., 275, 276, 321, 363
Verlobten, Die (Manzoni) 188, 212, 333
Verlorene Illusionen (Balzac) 231 f.
Verlorene Paradies, Das (Milton) 28, 54, 60, 72
Vernünftige Gedanken von den Kräften des menschlichen Verstandes und ihrem richtigen Gebrauch in Erkenntnis der Wahrheit (Wolff) 65
Versprechen, Das (Dürrenmatt) 441
Verstand schafft Leiden (Gribojedow) 292
Versuchung des heiligen Antonius (Flaubert) 234
Verwey, Albert 362 f.
Vetter Pons (Balzac) 232
Vico, Giambattista 90 f.
Victoria (Hamsun) 358
Vier Quartette, Die (Eliot) 355, 356
Vierzig Tage des Musa Dagh, Die (Werfel) 435
Vigny, Alfred de 50, 218
Vij, Der (Gogol) 297
Vikar von Wakefield (Goldsmith) 27
Villiers de l'Isle-Adam, Auguste de 272, 276
Vittoria Accorombona (Tieck) 164
Vlämische Legenden (de Coster) 322

Volkslieder (Herder) 366
Volksmärchen der Deutschen (Musäus) 80
Vollendung des Königs Henri IV, Die (H. Mann) 381
Voltaire (François Arouet le ieune) *31* ff., 38, 39, 41, 77, 184, 287, 319
Vondel, Jost van den 360, 362
Vor dem Sturm (Fontane) 375
Vorschule der Ästhetik (Jean Paul) 136, 137
Vorspiel (George) 389
Voß, Johann Heinrich 83
Voßler, Karl 332
Vrchlicky, Jaroslav 363, *364*, 366
Vuk Stefanovitsch Karadschitsch 366
Vulpius, Christiane 93, 110

Wagner, Richard *269*, 346, 372, 377
Wahlverwandtschaften (Goethe) 94, 115, 120, 138
Wallensteins Tod (Schiller) 127, 132, 171; (Coleridge) 186
Walpole, Graf Horace 18
Wanderer, Der (Hamsun) 358
Wandsbeker Bote (Claudius) 84
Warten auf Godot (Beckett) 419
Warton der Jüngere, Thomas 49
Wassermann, Jakob 381
Watteau, Antoine, (1684–1721) 10
Waverly (Scott) 187
Weber, Die (Hauptmann) 404
Weber, Max 198
Wedekind, Frank 386
Weg nach Ilok, Der (Scholz) 387
Weh dem, der lügt (Grillparzer) 184
Weiber am Brunnen, Die (Hamsun) 357
Weihnachtserzählungen (Dickens) 241
Weill, Kurt 440
Weinheber, Josef 438
Weisheit (Verlaine) 275
Weiß, Konrad 437
Weiße Heiland, Der (Hauptmann) 406
Weißen Götter, Die (Stucken) 385
Wells, Herbert George 349 f.

Welt als Wille und Vorstellung, Die (Schopenhauer) 158, 180, 181
– *von Gestern, Die* (St. Zweig) 381
Weltgeschichte (Ranke) 263
Weltgeschichtliche Betrachtungen (Burckhardt) 39, 263, 431
Weltliche Gedichte (R. A. Schröder) 437
Weltliteratur (Goethe) 91
Wem die Stunde schlägt (Hemingway) 413
Wer lebt glücklich in Rußland? (Nekrassow) 311
Werfel, Franz 376, *434* f.
Werther (Goethe) 27, 34, 44, 93, 105, 109, 113, 148, 211, 212, 357
Westöstlicher Diwan (Goethe) 93, 94, 106, 107, 111
Wetzel, Friedrich Gottlob 164
Wezel, Johann Carl 82
Whitman, Walt 204, *339* ff., 353, 365, 412, 422
Wiechert, Ernst 436
Wieland, Christoph Martin *79* f., 81, 82, 83, 107, 138, 168 f.
Wien wörtlich (Weinheber) 438
Wiese, Benno von (geb. 1903) 259
Wilde, Oscar O'Flahertie 279, *345*
Wilder, Thornton 415
Wilhelm Meister (Goethe) 81, 94, 114, 141, 150, 156, 159, 262
Wilhelm Tell (Schiller) 60, 127
Williams, Charles 343
Williams, Tennessee 414
Willemer, Marianne von 93
Wille zur Macht (Nietzsche) 373
Winblad, Ulla 38
Winckelmann, Johann Joachim 67 ff., 82, 85, 88, 97, 226, 406
Winckelmann (Goethe) 69 f.
Wind, Sand und Sterne (Saint-Exupéry) 420
Winkler, E. G. 143
Wir sind noch einmal davongekommen (Wilder) 415
Wissenschaftslehre (Fichte) 149, 150
Witiko (Stifter) 188, 261 f.
Woestijne, Karel van de 362
Wolfe, Thomas 320, *412*
Wolff, Christian 65
Wolfram von Eschenbach 383

Wolfskehl, Karl 130
Woolf, Virginia 423
Wordsworth, William 29, *186* f., 189
Woyzeck (Büchner) 256
Wunder des Antichrist (Lagerlöf) 359
Wunderbare Reisen zu Wasser und zu Land und lustige Abenteuer des Freiherrn von Münchhausen (Bürger) 84
Wupper, Die (Lasker–Schüler) 398
Wüste Land, Das (Eliot) 355
Wyspianski, Stanislaus 364

Xanthener Hymnen (Barth) 441

Yeats, William Butler 279, *347*
Young, Edward *48*, 186

Zadig (Voltaire) 32
Zaïre (Voltaire) 32
Zar Boris (Alexej K. Tolstoj) 317
Zar Fjodor Iwanowitsch (Alexej K. Tolstoj) 317
Zauberberg, Der (Th. Mann) 376, 378, 381
Zeitalter der Angst, Das (Auden) 415
Zement (Gladkow) 431
Zerbrochene Krug, Der (Kleist) 170
Zibaldone (Leopardi) 214
Zigeuner-Romanzen (Garcia Lorca) 428
Zofen, Die (Genet) 420
Zola, Émile 227, 231, *336* f., 247, 267, 322, 333, 411
Zorilla, José 337
Zuchthausballade (Wilde) 345
Zuckmayer, Carl 440
Züricher Novellen (Keller) 264
Zur Kritik der politischen Ökonomie (Marx) 277
Zurück zu Methusalem (Shaw) 346
Zwei Städte (Dickens) 241
Zweig, Stefan 381
Zwischen Göttern und Dämonen (Weinheber) 438
– *Himmel und Erde* (Ludwig) 257
Zwölf, Die (Block) 370